COORDENADORES

Alexandre Jorge **Carneiro da Cunha Filho**

Marcelo **Manhães de Almeida**

Wilson **Levy**

APRESENTAÇÃO *Geraldo* **Alckmin**
PREFÁCIO *Daniela* **Campos Libório**

Direito Urbanístico, Ambiental e Imobiliário

A Partir *de* Casos Complexos

Alessandro **Soares**
Alexandra **Fuchs de Araújo**
Alexandre **G. N. Liquidato**
Alexandre Jorge **Carneiro da Cunha Filho**
Alexandre **Levin**
André **Medeiros Toledo**
Angela **Moulin Simões Penalva Santos**
Arthur **Paku Ottolini Balbani**
Carmen Silvia **Lima de Arruda**
Carolyne **Ribeiro**
Cynthia **Thomé**
Daniela **Campos Libório**
Denival **Cerodio Curaça**
Domicio **Whately Pacheco e Silva**
Emerson Affonso **da Costa Moura**
Estela **L. Monteiro Soares de Camargo**
Fabyola **En Rodrigues**
Felipe **Jardim**

Fernanda **Costa Neves do Amaral**
Gilberto **Azevedo de Moraes Costa**
Henrique **Anders**
Ivan **Martins Motta**
Jose Antonio **Apparecido Junior**
José Carlos **de Freitas**
Leonardo **Castro**
Luisa **Quintão Ubaldo**
Luiz Antonio **A. Prado Jr.**
Luiz Felipe **Hadlich Miguel**
Marcelo **Kokke**
Marcelo **Manhães de Almeida**
Marcos **Alcino Azevedo Torres**
Marcos **Lopes Prado**
Odete **Medauar**
Paula Fernanda **de Souza Vasconcelos Navarro**
Paulo Vitor **Paula Santos Zampieri**
Pedro **Marino Bicudo**
Rachel Leticia **Curcio Ximenes**
Rafael **Lessa Vieira de Sá Menezes**
Rafael **R. Garofano**
Rafael **Tocantins Maltez**
Raphael **Assef Lavez**
Regina Vera **Villas Boas**
Safira **De La Sala**
Thaís **Tereciano**
Vera Lucia **Angrisani**
Vicente **de Abreu Amadei**
Victor Bernardo **Kupper**
Victor **Carvalho Pinto**
Vinicius **da Silva Martins**
Vinícius **Monte Custodio**
Wilson **Levy**

Dados Internacionais de Catalogação na Publicação (CIP) de acordo com ISBD

T268

Direito urbanístico, ambiental e imobiliário: a partir de casos complexos / Alessandro Soares ... [et al.] ; coordenado por Alexandre Jorge Carneiro da Cunha Filho, Marcelo Manhães de Almeida, Wilson Levy. - Indaiatuba, SP : Editora Foco, 2022.

440 p. : 17cm x 24cm.

Inclui bibliografia e índice.

ISBN: 978-65-5515-547-1

1. Direito. 2. Direito urbanístico. 3. Direito ambiental. 4. Direito imobiliário. I. Soares, Alessandro. II. Araújo, Alexandra Fuchs de. III. Liquidato, Alexandre G. N. IV. Cunha Filho, Alexandre Jorge Carneiro da. V. Toledo, Alexandre Levin. VI. Medeiros, André. VII. Santos, Angela Moulin Simões Penalva. VIII. Balbani, Arthur Paku Ottolini. IX. Arruda, Carmen Silvia Lima de. X. Ribeiro, Carolyne. XI. Thomé, Cynthia. XII. Curaça, Denival Cerodio. XIII. Silva, Domicio Whately Pacheco e. XIV. Moura, Emerson Affonso da Costa. XV. Camargo, Estela L. Monteiro Soares de. XVI. Rodrigues, Fabyola En. XVII. Jardim, Felipe. XVIII. Amaral, Fernanda Costa Neves do. XIX. Alckmin, Geraldo. XX. Costa, Gilberto Azevedo de Moraes. XXI. Anders, Henrique. XXII. Motta, Ivan Martins. XXIII. Apparecido Junior, Jose Antonio. XXIV. Freitas, José Carlos de. XXV. Castro, Leonardo. XXVI. Ubaldo, Luisa Quintão. XXVII. Prado Jr., Luiz Antonio A. XXVIII. Miguel, Luiz Felipe Hadlich. XXIX. Kokke, Marcelo. XXX. Almeida, Marcelo Manhães de. XXXI. Torres, Marcos Alcino Azevedo. XXXII. Prado, Marcos Lopes. XXXIII. Medauar, Odete. XXXIV. Navarro, Paula Fernanda de Souza Vasconcelos. XXXV. Zampieri, Paulo Vitor Paula Santos. XXXVI. Bicudo, Pedro Marino. XXXVII. Ximenes, Rachel Leticia Curcio. XXXVIII. Menezes, Rafael Lessa Vieira de Sá. XXXIX. Garofano, Rafael R. XL. Maltez, Rafael Tocantins. XLI. Raphael Assef Lavez. XLII. Boas, Regina Vera Villas. XLIII. Sala, Safira De La. XLIV. Tereciano, Thaís. XLV. Angrisani, Vera Lucia. XLVI. Amadei, Vicente de Abreu. XLVII. Kupper, Victor Bernardo. XLVIII. Pinto, Victor Carvalho. XLIX. Martins, Vinicius da Silva. L. Custodio, Vinícius Monte. LI. Levy, Wilson. LII. Título.

2022-1654

CDD 341.374 CDU 349.44

Elaborado por Vagner Rodolfo da Silva - CRB-8/9410

Índices para Catálogo Sistemático:

1. Direito urbanístico 341.374

2. Direito urbanístico 349.44

COORDENADORES

Alexandre Jorge **Carneiro da Cunha Filho**

Marcelo **Manhães de Almeida**

Wilson **Levy**

APRESENTAÇÃO *Geraldo* **Alckmin**
PREFÁCIO *Daniela* **Campos Libório**

Direito Urbanístico, Ambiental e Imobiliário

A Partir de Casos Complexos

Alessandro **Soares**
Alexandra **Fuchs de Araújo**
Alexandre **G. N. Liquidato**
Alexandre Jorge **Carneiro da Cunha Filho**
Alexandre **Levin**
André **Medeiros Toledo**
Angela **Moulin Simões Penalva Santos**
Arthur **Paku Ottolini Balbani**
Carmen Silvia **Lima de Arruda**
Carolyne **Ribeiro**
Cynthia **Thomé**
Daniela **Campos Libório**
Denival **Cerodio Curaça**
Domicio **Whately Pacheco e Silva**
Emerson Affonso **da Costa Moura**
Estela **L. Monteiro Soares de Camargo**
Fabyola **En Rodrigues**
Felipe **Jardim**

Fernanda **Costa Neves do Amaral**
Gilberto **Azevedo de Moraes Costa**
Henrique **Anders**
Ivan **Martins Motta**
Jose Antonio **Apparecido Junior**
José Carlos **de Freitas**
Leonardo **Castro**
Luisa **Quintão Ubaldo**
Luiz Antonio **A. Prado Jr.**
Luiz Felipe **Hadlich Miguel**
Marcelo **Kokke**
Marcelo **Manhães de Almeida**
Marcos **Alcino Azevedo Torres**
Marcos **Lopes Prado**
Odete **Medauar**
Paula Fernanda **de Souza Vasconcelos Navarro**
Paulo Vitor **Paula Santos Zampieri**
Pedro **Marino Bicudo**
Rachel Leticia **Curcio Ximenes**
Rafael **Lessa Vieira de Sá Menezes**
Rafael **R. Garofano**
Rafael **Tocantins Maltez**
Raphael **Assef Lavez**
Regina Vera **Villas Boas**
Safira **De La Sala**
Thaís **Tereciano**
Vera Lucia **Angrisani**
Vicente **de Abreu Amadei**
Victor Bernardo **Kupper**
Victor **Carvalho Pinto**
Vinicius **da Silva Martins**
Vinícius **Monte Custodio**
Wilson **Levy**

2022 © Editora Foco

Coordenadores: Alexandre Jorge Carneiro da Cunha Filho, Marcelo Manhães de Almeida e Wilson Levy

Autores: Alessandro Soares, Alexandra Fuchs de Araújo, Alexandre G. N. Liquidato, Alexandre Jorge Carneiro da Cunha Filho, Alexandre Levin, André Medeiros Toledo, Angela Moulin Simões Penalva Santos, Arthur Paku Ottolini Balbani, Carmen Silvia Lima de Arruda, Carolyne Ribeiro, Cynthia Thomé, Denival Cerodio Curaça, Domicio Whately Pacheco e Silva, Emerson Affonso da Costa Moura, Estela L. Monteiro Soares de Camargo, Fabyola En Rodrigues, Felipe Jardim, Fernanda Costa Neves do Amaral, Gilberto Azevedo de Moraes Costa, Henrique Anders, Ivan Martins Motta, Jose Antonio Apparecido Junior, José Carlos de Freitas, Leonardo Castro, Luisa Quintão Ubaldo, Luiz Antonio A. Prado Jr., Luiz Felipe Hadlich Miguel, Marcelo Kokke, Marcelo Manhães de Almeida, Marcos Alcino Azevedo Torres, Marcos Lopes Prado, Odete Medauar, Paula Fernanda de Souza Vasconcelos Navarro, Paulo Vitor Paula Santos Zampieri, Pedro Marino Bicudo, Rachel Leticia Curcio Ximenes, Rafael Lessa Vieira de Sá Menezes, Rafael R. Garofano, Rafael Tocantins Maltez, Raphael Assef Lavez, Regina Vera Villas Bôas, Safira De La Sala, Thaís Tereciano, Vera Lucia Angrisani, Vicente de Abreu Amadei, Victor Bernardo Kupper, Victor Carvalho Pinto, Vinicius da Silva Martins, Vinícius Monte Custodio e Wilson Levy

Diretor Acadêmico: Leonardo Pereira

Editor: Roberta Densa

Assistente Editorial: Paula Morishita

Revisora Sênior: Georgia Renata Dias

Revisora: Simone Dias

Capa Criação: Leonardo Hermano

Diagramação: Ladislau Lima e Aparecida Lima

Impressão miolo e capa: DOCUPRINT

DIREITOS AUTORAIS: É proibida a reprodução parcial ou total desta publicação, por qualquer forma ou meio, sem a prévia autorização da Editora FOCO, com exceção do teor das questões de concursos públicos que, por serem atos oficiais, não são protegidas como Direitos Autorais, na forma do Artigo 8º, IV, da Lei 9.610/1998. Referida vedação se estende às características gráficas da obra e sua editoração. A punição para a violação dos Direitos Autorais é crime previsto no Artigo 184 do Código Penal e as sanções civis às violações dos Direitos Autorais estão previstas nos Artigos 101 a 110 da Lei 9.610/1998. Os comentários das questões são de responsabilidade dos autores.

NOTAS DA EDITORA:

Atualizações e erratas: A presente obra é vendida como está, atualizada até a data do seu fechamento, informação que consta na página II do livro. Havendo a publicação de legislação de suma relevância, a editora, de forma discricionária, se empenhará em disponibilizar atualização futura.

Erratas: A Editora se compromete a disponibilizar no site www.editorafoco.com.br, na seção Atualizações, eventuais erratas por razões de erros técnicos ou de conteúdo. Solicitamos, outrossim, que o leitor faça a gentileza de colaborar com a perfeição da obra, comunicando eventual erro encontrado por meio de mensagem para contato@editorafoco.com.br. O acesso será disponibilizado durante a vigência da edição da obra.

Impresso no Brasil (07.2022) – Data de Fechamento (07.2022)

2022

Todos os direitos reservados à
Editora Foco Jurídico Ltda.
Avenida Itororó, 348 – Sala 05 – Cidade Nova
CEP 13334-050 – Indaiatuba – SP

E-mail: contato@editorafoco.com.br
www.editorafoco.com.br

PREFÁCIO

A obra reúne três grandes profissionais do Direito em sua coordenação, tanto na magistratura quanto na advocacia. Grandes porque, entre outros feitos, são conhecidos por seu envolvimento no debate das questões urbanas, urbanísticas e imobiliárias, nas questões concretas e nos desafios que as cidades contemporâneas, mormente a vida metropolitana brasileira, trazem à cidadania, ao Direito e à efetivação da Justiça.

A aplicação da norma ao fato é um enfrentamento cotidiano do profissional do Direito e a presente obra aborda diversos desses momentos. Sem dúvida, impossível esgotar as possibilidades de uma realidade social crua, que renova seus desafios a cada dia que amanhece. A dificuldade em trazer um conteúdo ajustado à norma jurídica em uma aplicação teleológica é enfrentada em contraponto à aplicação literal da norma seca, rígida, de controle objetivo. É uma discussão recorrente nos tribunais, nos textos da doutrina e na formatação da legislação e que estrutura (ou não) as políticas públicas que devem, ou deveriam, existir para avançar na construção de uma sociedade urbana mais sustentável, justa e igualitária.

Hodiernamente, há um descompasso evidente entre as necessidades sociais urbanas, a produção normativa, o esforço na construção de políticas públicas transformadoras e a direção das decisões judiciais. Não parecem refletir a mesma base de dados e evidências. Como aproximá-los, então?

Os artigos trazidos nessa obra enfrentam muitas das situações advindas desse cenário real e instigante. Há um esforço coletivo em pensar e refletir casos e caminhos que possam ensaiar um futuro melhor a ser ofertado pelo Direito.

Dividido em três partes, ensaios introdutórios, precedentes em Direito Urbanístico/Ambiental e precedentes em Direito Imobiliário, trinta e três artigos e cinquenta autores, o livro surge com impacto de peso nos temas que trata. Em verdade, cada artigo poderia ser objeto de uma obra específica por seu fôlego, por sua autoria e pela complexidade temática. A metodologia proposta, na apresentação de decisões judiciais dos tribunais brasileiros, evoca uma abordagem pouco desenvolvida no Brasil e, por isso mesmo, tão necessária.

Não é uma obra introdutória ao Direito Urbanístico e demonstra claramente por onde esse ramo direito público tem sido suscitado. A organização territorial, por meio de planos e planejamento, loteamentos, irregulares ou não, bem como o acesso à terra urbana, é dos temas mais necessários e menos tratados nos tribunais. A proteção ao patrimônio cultural, o instrumento do tombamento, ainda precisam ser enfrentados seja na atualização de seu procedimento seja na interface com questões ambientais ou convencionais. Aliás, o tema ambiental é recorrente no trato das questões urbanísticas.

IPTU verde, equilíbrio ecológico e área de preservação permanente são alguns dos cortes temáticos aqui abordados.

Ainda na temática urbana, a profunda mudança jurídica que o Estatuto da Cidade (lei federal nº 10.257/01) trouxe aqui é refletida na ainda imatura absorção de instrumentos complexos e inéditos no conservador sistema judicial brasileiro. Por isso, o estudo de caso de decisões judiciais deve ser cultivado e abraçado posto que ainda é incipiente a proporção de processos judiciais que resultam em soluções no direito material.

Por seu turno, o Direito Imobiliário é trazido em debates que demonstram um ambiente no qual a insegurança jurídica espreita e que deve ser combatida, a exemplo de conflitos possessórios, a busca pela proteção à confiança, o combate à lavagem de dinheiro, cancelamento de averbações, entre outros temas de impacto.

Seja nos Tribunais Superiores ou nos Tribunais Estaduais, o fato das decisões estarem sendo colacionadas por seus temas, analisadas por doutrinadores experientes, cada qual expondo suas ideias e pensamentos faz, dessa obra, algo absolutamente invulgar, inédita e para ser guardada como referencial de pesquisa e reflexão.

Espera-se que escritos como os que aqui se encontram possam espraiar o bom debate e trazer referências para o aumento de um círculo virtuoso que almeje a efetividade dos princípios da República, inclusive e principalmente a redução das indesejadas desigualdades reais e urgentes que compõem o cenário urbano brasileiro.

São Paulo, 16 de maio de 2022

Daniela Campos Libório

APRESENTAÇÃO

Já se disse que o século XIX foi o século dos impérios, o século XX, das nações e o século XXI será o século das cidades. Essa previsão estava certa: o grande motor do desenvolvimento econômico, social e cultural, na contemporaneidade, são as metrópoles.

Nesses assim chamados centros urbanos globais nascem ideias inovadoras e disruptivas, empreendimentos arrojados, oportunidades de trabalho diversificadas, novas tendências de comportamento são fomentadas com influência nas relações afetivas daqueles que aí vivem. Nos lugares de passagem e de interação, por sua vez, vão se formando memórias que constituem a história de cada indivíduo. Na rua, casa da democracia, visões diferentes sobre a política disputam a preferência dos cidadãos.

A despeito da potência criadora que abriga, a cidade pode ser também um lugar de sofrimento e aflição. Da urbanização caótica surgem as mais variadas patologias do corpo e da alma. A poluição atmosférica está na raiz de doenças respiratórias graves. Depressão, ansiedade e síndrome do pânico são afecções cada vez mais comuns entre os habitantes das grandes cidades.

Além das patologias que acometem a saúde das pessoas, a vida urbana abriga também as moléstias que atacam o corpo social. O escandaloso número de pessoas que dormem sob viadutos e em praças públicas, entregues a toda sorte de violações, é sintoma de um organismo com comprometimentos múltiplos. Além de incompatível com a gramática de direitos consagrada na Constituição Cidadã de 1988, esse cenário escancara nossas contingências morais. A indignidade de existências assim em nada se coaduna com a perspectiva de uma vida cristã.

Bem por isso tem alertado o Papa Francisco para a necessidade de uma comunhão de esforços em prol da nossa "casa comum". Das páginas da encíclica *Laudato Si*, de 2015, extrai-se uma denúncia vigorosa contra a relação predatória dos homens com o meio ambiente e contra a precariedade da vida urbana.

A *Laudato Si* não é, no entanto, uma carta pessimista: ela nos lembra que o amor sempre prevalece e que, da vida difícil nas periferias mais pobres, surge um sentido forte de pertencimento comunitário que está na raiz de uma resiliência libertadora. Isso, evidentemente, não autoriza a banalização da exclusão e do sofrimento. Pelo contrário: mostra que todos são chamados à responsabilidade de edificar uma cidade que partilhe de maneira mais igualitária os benefícios da urbanização.

Construir cidades melhores passa, nesse sentido, por articular esforços coletivos. Do ponto de vista institucional, cabe aos administradores públicos observar o recado dado pelo legislador constituinte de 1988, que assim definiu os contornos da política urbana, no artigo 182 da Constituição Federal: *"A política de desenvolvimento urbano, executada pelo Poder Público municipal, conforme diretrizes gerais fixadas em lei, tem por objetivo ordenar o pleno desenvolvimento das funções sociais da cidade e garantir o bem-estar de seus habitantes"*.

Não há dúvidas de que o Poder Executivo Municipal é o grande protagonista dessa incumbência. O texto constitucional em vigor é fortemente municipalista, como que inspirado na lição de Franco Montoro, de que ninguém reside na União ou no Estado, mas, sim, no Município – lugar, aliás, onde vivem mais de 85% dos brasileiros, de acordo com o censo de 2010 do IBGE. Isso não afasta, no entanto, a necessária participação da União e dos Estados, seja na forma de investimentos, seja na garantia de apoio técnico, indispensável num contexto de grandes assimetrias regionais que ainda prevalecem no Brasil.

O Poder Legislativo também está investido de um papel importante: o de discutir amplamente os temas da política urbana e aprovar seus marcos regulatórios, notadamente os planos diretores e as leis que versam sobre o parcelamento, o uso e a ocupação do solo. E o Poder Judiciário deve zelar pela observância do princípio da legalidade e pela efetividade dos instrumentos jus-urbanísticos.

Lamentavelmente, no entanto, vigora uma profunda disfuncionalidade no quadro institucional brasileiro. Ela se acentua na crescente judicialização da política, que a essa procura substituir, pois tida como corrompida pela opinião pública. Decisões que deveriam ser tomadas por agentes legitimados pelo exercício da soberania popular através do voto têm sido transferidas para agentes do sistema de Justiça, que são parte do regime democrático, mas que não se submetem ao controle das urnas.

Neste livro, que tenho a honra de apresentar, os autores convidados pelos doutores Alexandre Cunha, Marcelo Manhães de Almeida e Wilson Levy discorrem sobre a evolução do direito urbanístico, imobiliário e ambiental a partir de decisões tomadas por órgãos administrativos e jurisdicionais. Se é possível falar que a proliferação de casos envolvendo essas matérias é um sintoma da disfuncionalidade das instituições, é possível também concluir que a apreciação deles pode contribuir para dar maior racionalidade à interpretação e aplicação da lei.

O esforço de reunir estes precedentes, por si só, já é um passo importante no aprofundamento do estudo e da análise desses temas que são tão importantes para a promoção de uma gestão das cidades que seja capaz de resolver os problemas concretos dos cidadãos, aplicar adequadamente o dinheiro do contribuinte e proporcionar mais bem-estar a todos.

São Paulo, primavera de 2022

Geraldo Alckmin

Médico e professor, foi vereador e prefeito de Pindamonhangaba, deputado estadual, deputado federal e governador de São Paulo.

NOTA DOS COORDENADORES

É com muita satisfação que oferecemos ao público o livro Direito Urbanístico, Ambiental e Imobiliário a partir de casos complexos.

A obra analisa como essas três disciplinas do saber jurídico - e as temáticas que lhes são correlatas - são abordadas na tomada de decisão estatal, em sede administrativa ou jurisdicional.

Importam, nesse sentido, os pareceres e decisões proferidos em órgãos de natureza administrativa (como os responsáveis pela defesa do patrimônio histórico, por exemplo) e julgados proferidos pelo Judiciário (seja por juízes de primeira instância ou por Tribunais).

Por avaliarmos que poucas obras disponíveis no mercado dão atenção às peculiaridades existentes no dia a dia da aplicação/construção do Direito Urbanístico, Ambiental e Imobiliário entendemos que o presente projeto tem bastante a agregar na reflexão crítica sobre essas matérias, e, consequentemente, a contribuir para melhores rumos na concretização dos bens jurídicos tutelados pelo ordenamento jurídico.

A urgência de soluções práticas não é de hoje. O Brasil vive uma crise econômica que vem se arrastando desde 2013 e agora sofre o impacto de um desastre sanitário sem precedentes. Uma das apostas para a retomada da economia são investimentos em infraestruturas e fomento da construção civil.

No cenário posto é natural que haja um crescente interesse na apreciação que órgãos públicos fazem das matérias relacionadas ao Direito Urbanístico, Ambiental e Imobiliário, o que justifica o esforço editorial que ora chega a bom termo.

No momento em que o Brasil se aproxima de ter 90% de sua população vivendo nas cidades, é imperioso que estes temas sejam focalizados de forma mais ordenada e sistemática. Disso depende uma política de desenvolvimento urbano mais comprometida com a edificação de cidades justas, inclusivas e sustentáveis, e uma distribuição da justiça que leve em consideração todas as variáveis que integram o complexo cenário que constitui o tecido urbano.

Animados em contribuir para essa reflexão mais detida sobre o que se dá com o Direito na prática, em contraposição com aquele que costuma ser tratado de modo predominantemente abstrato em boa parte da nossa literatura, entregamos ao leitor os ensaios que seguem.

Esperamos que gostem!

Primavera de 2021.

Alexandre Cunha
Marcelo Manhães de Almeida
Wilson Levy

SUMÁRIO

PREFÁCIO
Daniela Campos Libório.. V

APRESENTAÇÃO
Geraldo Alckmin VII

NOTA DOS COORDENADORES
Alexandre Cunha, Marcelo Manhães de Almeida e Wilson Levy IX

PARTE I
ENSAIOS INTRODUTÓRIOS

PRECEDENTE EM DIREITO URBANÍSTICO – LOTEAMENTOS E OCUPAÇÕES
IRREGULARES
Odete Medauar 3

FUNÇÃO SOCIOAMBIENTAL CONTEMPORÂNEA DA PROPRIEDADE IMOBI-
LIÁRIA URBANA E O PODER DA EXAÇÃO DOS TRIBUTOS
Regina Vera Villas Bôas e Ivan Martins Motta.. 7

TOMBAMENTO DE BAIRRO, ZONEAMENTO ECOLÓGICO URBANO E RESTRI-
ÇÕES URBANÍSTICAS CONVENCIONAIS (CASO DE PRÉDIO NA AVENIDA BRI-
GADEIRO LUIZ ANTÔNIO, SÃO PAULO – SP, COM OUTORGA ONEROSA DE
POTENCIAL CONSTRUTIVO)
Vicente de Abreu Amadei... 23

DEMORA DESARRAZOADA NOS PROCESSOS DE TOMBAMENTO DA UNIÃO
Carmen Silvia Lima de Arruda 47

REGULARIZAÇÃO FUNDIÁRIA NO CONTEXTO DA PROTEÇÃO DO EQUI-
LÍBRIO ECOLÓGICO E DO DIREITO FUNDAMENTAL À MORADIA EM TEM-
POS DE SINDEMIA NA PERSPECTIVA DAS CIDADES SUSTENTÁVEIS E DA
BIOPOLÍTICA
Rafael Tocantins Maltez 57

REINTEGRAÇÕES DE POSSE E DESPEJOS NA PANDEMIA: A BLINDAGEM DA
PROPRIEDADE PRIVADA PERANTE O DIREITO À MORADIA
Rafael Lessa Vieira de Sá Menezes... 73

PARTE II
PRECEDENTES EM DIREITO URBANÍSTICO/AMBIENTAL

NÚCLEOS CONGELADOS E PLANEJAMENTO URBANÍSTICO: UMA SOLUÇÃO ADEQUADA?

Vera Lucia Angrisani e Arthur Paku Ottolini Balbani 103

ATUALIDADE DA DESAPROPRIAÇÃO URBANÍSTICA: UMA RELEITURA DO RE 82.300/SP

Victor Carvalho Pinto 125

DA RESPONSABILIZAÇÃO DO PARTICULAR POR DESAPROPRIAÇÃO INDIRETA EM CASO DE OBRAS E MELHORIAS NO VIÁRIO PÚBLICO EXIGIDAS A TÍTULO DE CONTRAPRESTAÇÃO URBANÍSTICA

Luiz Felipe Hadlich Miguel e Denival Cerodio Curaça 145

PLANO, PROJETO E ESTUDO DE IMPACTO AMBIENTAL

Pedro Marino Bicudo.. 155

LEGISLAÇÃO URBANÍSTICA – EIA/RIMA DE PROJETO DE LEI DE EFEITOS CONCRETOS

José Carlos de Freitas 165

DECLARAÇÃO DE POTENCIAL CONSTRUTIVO TRANSFERÍVEL E UTILIZAÇÃO DO POTENCIAL NO MESMO IMÓVEL – PARECER DA ASSESSORIA JURÍDICA DA SECRETARIA MUNICIPAL DE DESENVOLVIMENTO URBANO DE SÃO PAULO INFORMAÇÃO 585/2016 – SMDU.AJ (PROCESSO 2016-0.047.757-3)

Marcelo Manhães de Almeida 181

POTENCIAL CONSTRUTIVO ADICIONAL ADQUIRIDO MEDIANTE OUTORGA ONEROSA: CONSEQUÊNCIA JURÍDICA DE SUA NÃO UTILIZAÇÃO NO PRAZO DA LICENÇA DE OBRA EM SÃO PAULO

Vinícius Monte Custodio 193

ANÁLISE JURISPRUDENCIAL SOBRE RESTRIÇÕES URBANÍSTICAS CONVENCIONAIS EM LOTEAMENTOS URBANOS

Marcos Lopes Prado e Vinicius da Silva Martins 203

REPERCUSSÃO GERAL RE 695.911/SP: LIBERDADE ASSOCIATIVA E A COTIZAÇÃO DE OBRIGAÇÕES PECUNIÁRIAS NOS LOTEAMENTOS IMOBILIÁRIOS URBANOS

Rafael R. Garofano e Luiz Antonio A. Prado Jr. 215

SUMÁRIO **XIII**

FAIXA NÃO EDIFICÁVEL E ÁREA DE PRESERVAÇÃO PERMANENTE URBANA

Marcelo Kokke 225

CONSIDERAÇÕES SOBRE O PLEBISCITO DO *PARQUE MINHOCÃO*

Alessandro Soares e Alexandre Levin... 237

"IPTU VERDE" NOS TRIBUNAIS: UM DEBATE EM AMADURECIMENTO

Luisa Quintão Ubaldo, Safira De La Sala e Leonardo Castro................... 247

EFETIVAÇÃO DA LEGISLAÇÃO URBANÍSTICA: NECESSIDADE DE UMA ANÁLISE HOLÍSTICA

Cynthia Thomé 261

PROTEÇÃO DO PATRIMÔNIO PORTUÁRIO DO RIO DE JANEIRO SOB A ÓTICA DE DECISÃO DO TJRJ

Felipe Jardim, Emerson Affonso da Costa Moura e Angela Moulin Simões Penalva Santos.. 277

O TRISTE FIM DO PALACETE JOAQUIM FRANCO DE MELLO

Paula Fernanda de Souza Vasconcelos Navarro.. 285

PROTEÇÃO DO PATRIMÔNIO HISTÓRICO E CULTURAL *VERSUS* EFETIVIDADE DA LEGISLAÇÃO URBANÍSTICA

Wilson Levy 297

COMPLEXO AÇUCARÁ – OSASCO: UMA ANÁLISE CRÍTICA SOBRE A FALTA DE EFETIVIDADE DA JURISDIÇÃO TRADICIONAL PARA CONFERIR TRATAMENTO ADEQUADO A UM PROCESSO ESTRUTURAL

Alexandra Fuchs de Araújo e Alexandre Jorge Carneiro da Cunha Filho.................. 307

PARTE III
PRECEDENTES EM DIREITO IMOBILIÁRIO

EFICÁCIA DO REGISTRO PARA AQUISIÇÃO DA PROPRIEDADE DE IMÓVEL POR ADJUDICAÇÃO COMPULSÓRIA: ANÁLISE DO ACÓRDÃO PROFERIDO NOS AUTOS DO RECURSO ESPECIAL 1.221.369-RS

Alexandre G. N. Liquidato.. 323

A ATA NOTARIAL E O CANCELAMENTO DAS AVERBAÇÕES E REGISTROS DE LO-CAÇÃO NO FÓLIO IMOBILIÁRIO

André Medeiros Toledo.. 337

O MÓDULO MÍNIMO E A USUCAPIÃO NO STF

Marcos Alcino Azevedo Torres e Carolyne Ribeiro 349

USUCAPIÃO ESPECIAL URBANA E A DECISÃO DO RECURSO EXTRAORDINÁRIO 422.349-RS

Jose Antonio Apparecido Junior 361

CONFLITOS POSSESSÓRIOS E INSEGURANÇA JURÍDICA

Domicio Whately Pacheco e Silva e Gilberto Azevedo de Moraes Costa 371

PRINCÍPIO DA PROTEÇÃO À CONFIANÇA NO DIREITO IMOBILIÁRIO: O CASO DA AÇÃO DISCRIMINATÓRIA DO SEGUNDO PERÍMETRO DA COMARCA DE SÃO SEBASTIÃO/SP

Estela L. Monteiro Soares de Camargo e Paulo Vitor Paula Santos Zampieri 381

A LIMITAÇÃO DO CONCEITO DE CRÉDITO IMOBILIÁRIO PELA COMISSÃO DE VALORES MOBILIÁRIOS

Fernanda Costa Neves do Amaral 389

ATIVIDADE IMOBILIÁRIA E LUCRO PRESUMIDO: ENTRE FATURAMENTO E GANHO DE CAPITAL, A SOLUÇÃO DE CONSULTA COSIT 7/2021

Raphael Assef Lavez e Victor Bernardo Kupper 399

OS *PLAYERS* DO SETOR IMOBILIÁRIO NO COMBATE À LAVAGEM DE DINHEIRO

Fabyola En Rodrigues, Thaís Tereciano e Henrique Anders 407

CONVERSÃO DE REINTEGRAÇÃO DE POSSE EM DESAPROPRIAÇÃO INDIRETA: ANÁLISE À LUZ DE DECISÃO DO TJ/SP

Rachel Leticia Curcio Ximenes 413

Parte I
ENSAIOS INTRODUTÓRIOS

PRECEDENTE EM DIREITO URBANÍSTICO – LOTEAMENTOS E OCUPAÇÕES IRREGULARES

Odete Medauar

Professora Titular da Faculdade de Direito da Universidade de São Paulo (aposentada). Mestre, doutora e livre-docente pela mesma Faculdade. Especialista em Direito Público pela Faculdade de Direito da Universidade de Liége -Bélgica

Sumário: 1. Introdução – 2. Resumo do REsp – 3. Apreciação – 4. Conclusão – 5. Referência.

1. INTRODUÇÃO

1. O REsp 1683.004 SP (2017/0148153-8), Relator Ministro Herman Benjamin, objeto desta análise, menciona e segue firme jurisprudência do STJ na matéria, indicando o REsp 447.433/SP, relatora Ministra Denise Arruda, DJ 22.6.2006.

Trata-se da questão das ocupações e/ ou loteamentos irregulares, que parece se eternizar no Brasil, e do aspecto da responsabilidade do Município por sua omissão na fiscalização e por danos materiais, morais e ambientais decorrentes.

A consulta à jurisprudência dos Tribunais de Justiça de São Paulo, do Rio Grande do Sul e de Minas Gerais, por exemplo, no tema *Direito Urbanístico*, mostra inúmeros acórdãos sobre loteamentos irregulares e/ou clandestinos. De regra, as ações foram ajuizadas pelo Ministério Público. Rapidíssima pesquisa efetuada pela subscritora desta revelou sete acórdãos do TJ-SP, quatro acórdãos do TJ-RS e um do TJ-MG, todos em sentido similar ao teor do REsp ora em exame.

2. RESUMO DO REsp

2. O Recurso Especial em tela teve como recorrente o Município de Guarulhos e como recorrido o Ministério Público de São Paulo. Na respectiva Ementa encontram-se os seguintes termos, dentre outros: famílias residentes em áreas de risco; ocupação irregular; danos ambientais; multa diária.

3. A ação civil pública foi proposta pelo Ministério Público estadual contra o Município de Guarulhos visando regularização ou desfazimento, com consequente reparação dos danos urbanísticos e ambientais, de área de risco com ocupações humanas. Em primeiro grau a ação foi julgada procedente e o Tribunal de Justiça negou provimento à apelação.

4. No Recurso Especial, a Municipalidade alegou, em síntese, não ter sido negligente por não ter removido e alojado as famílias e reparado possíveis danos urbanísticos; os danos foram provocados pelos loteadores e ocupantes da área.

5. No seu voto o Relator, Ministro Herman Benjamin, expõe o seguinte: (i) não há que se falar de ilegitimidade passiva do Município, pois ao mesmo compete o poder de polícia para impedir ocupações irregulares do solo e consequentes danos urbanísticos e ambientais, tendo em vista o dever do Município de assegurar o respeito aos padrões urbanísticos, além de promover o bem estar da população; (ii) inexiste discricionariedade; (iii) tem o dever vinculado de fiscalizar o respeito às disposições normativas, punir os infratores e solidariamente, em execução subsidiária, reparar eventuais danos materiais e morais causados, ressalvado o direito de regresso.

6. Na sequência, o Relator menciona que a jurisprudência do STJ é firme no sentido "de que o Município tem o poder-dever de agir para fiscalizar e regularizar loteamentos irregulares, pois é responsável pelo parcelamento, uso e ocupação do solo urbano" (REsp 447.433/SP, Rel. Ministra Denise Arruda, Primeira Turma, DJ 22.06.2006, p. 178).

7. O voto também afirmou que a multa diária ao Município é cabível para estimular o cumprimento de determinação judicial.

8. O voto do Relator foi acompanhado pelos demais integrantes da Turma, Ministros Mauro Campbell Marques, Assusete Magalhães, Francisco Falcão, negando-se provimento ao recurso. O julgamento ocorreu em 16.11.2017.

9. Os seguintes dispositivos são invocados no voto do Relator:

a) *Art. 30, VIII, da Constituição Federal*: " Compete aos Municípios: (...) VIII – promover, no que couber adequado ordenamento territorial , mediante planejamento e controle do uso, do parcelamento e da ocupação do solo urbano;"

b) *Art. 40 da Lei 6.766/1979* – loteamento urbano: " A Prefeitura Municipal, ou o Distrito Federal quando for o caso, se desatendida pelo loteador a notificação, poderá regularizar loteamento ou desmembramento não autorizado ou executado sem observância das determinações do ato administrativo de licença, para evitar lesão aos seus padrões de desenvolvimento urbano e na defesa dos adquirentes de lotes."

c) *Art. 3º, IV, da Lei 6.938/1981* – Política Nacional do meio ambiente: "Para os fins previstos nesta Lei, entende-se por: (...) IV – poluidor, a pessoa física ou jurídica, de direito público ou privado, responsável direta ou indiretamente, por atividade causadora de degradação ambiental; "

d) *Art. 14, § 1º, da Lei 6.938/1981* – "Sem obstar a aplicação das penalidades previstas neste artigo, é o poluidor obrigado, independentemente da existência de culpa, a indenizar ou reparar os danos causados ao meio ambiente e a terceiros, afetados por sua atividade. O Ministério Público da União e dos Estados terá legitimidade para propor ação de responsabilidade civil e criminal, por danos causados ao meio ambiente".

3. APRECIAÇÃO

10. O teor do REsp sob análise revela-se pertinente e coerente aos preceitos do ordenamento urbanístico e do ordenamento ambiental. Sem dúvida, as principais normas urbanísticas e ambientais brasileiras mostram-se de elevada qualidade, mesmo comparadas à legislação de outros países. Entretanto, necessitam de mais ampla efetividade, sobretudo da parte das autoridades competentes.

No caso dos loteamentos irregulares e/ou clandestinos há muito os Municípios se omitem na fiscalização para impedir sua implantação (o que não é difícil, pois não se encontram ocultos em espaço subterrâneo) ou na possível regularização se estiverem implantados. Portanto, a firme jurisprudência do STJ, invocada em no REsp sob exame e em vários acórdãos dos Tribunais de Justiça, responsabilizando objetivamente o Município por omissão, pode contribuir para que os Municípios cumpram seu dever de fiscalizar e/ou regularizar os loteamentos ou ocupações irregulares, atenuando este problema urbanístico quase eterno.

11. Merece lembrança o *Estatuto da Cidade – Lei 10.257, de 10.07.2001*, cujo parágrafo único do art. 1º diz que suas normas são de ordem pública e interesse social, regulando o uso da propriedade urbana em prol do bem coletivo, do bem-estar dos cidadãos e do equilíbrio ambiental.

Dentre as diretrizes gerais da política urbana, indicadas no art. 2º do Estatuto da Cidade, o inciso VI, refere-se à ordenação e controle do uso do solo, a respeito do qual a subscritora desta análise tece as seguintes considerações:

> "O controle do uso do solo compete, de modo precípuo, ao Município, embora, segundo o caso, dele venham participar órgãos estaduais e federais. A legislação, as licenças, a fiscalização e a imposição de sanções constituem meios básicos pelos quais o Poder Púbico municipal tem o dever e o direito de realizar o controle do uso do solo urbano. Boa parte dos graves problemas urbanos que hoje afetam a vida de grandes cidades deve-se à total omissão (por vezes de má-fé) da Administração municipal no exercício da função fiscalizatória".[1]

Outra diretriz se encontra no inciso XIV do mesmo art. 2º: " regularização fundiária e urbanização de áreas ocupadas por população de baixa renda, mediante o estabelecimento de normas especiais de urbanização, uso e ocupação do solo e edificação, consideradas a situação socioeconômica da população e as normas ambientais".

12. O caso objeto do REsp em exame – ocupação em áreas de risco, expressa a tangente entre o direito urbanístico e o direito ambiental, ou entre o urbanismo e o meio ambiente, como deflui claramente o próprio Estatuto da Cidade, pois aí se diz que o ordenamento e controle do uso do solo permite evitar a poluição e a degradação ambiental.

---

1. Diretrizes Gerais – arts. 1º ao 3º. In: MEDAUAR, Odete; ALMEIDA, Fernando Dias Menezes de (Coord.). *Estatuto da Cidade – Lei 10.257, de 10.07.2001*, Comentários. 2. ed. São Paulo: Ed. RT, 2004, p. 31-32.

4.   CONCLUSÃO

Reitere-se que o REsp 1683.004 SP, que expressa firme jurisprudência do STJ, ao responsabilizar objetivamente o Município pela omissão em fiscalizar e/ou regularizar loteamentos e ocupações irregulares, pode contribuir para atenuar problema urbanístico que parece se eternizar no Brasil e também para propiciar maior atenção à efetividade das normas urbanísticas e ambientais.

5.   REFERÊNCIA

MEDAUAR, Odete; ALMEIDA, Fernando Dias Menezes de (Coord.). *Estatuto da Cidade: Lei 10.257, de 10.07.2001*. Comentários. 2. ed. São Paulo: Ed. RT, 2004.

FUNÇÃO SOCIOAMBIENTAL CONTEMPORÂNEA DA PROPRIEDADE IMOBILIÁRIA URBANA E O PODER DA EXAÇÃO DOS TRIBUTOS

Regina Vera Villas Bôas

Pós-Doutora em Democracia e Direitos Humanos pela Universidade de Coimbra/*Ius Gentium Conimbrigae*. Bi-Doutora em Direito das Relações Sociais (Direito Privado) e em Direitos Difusos e Coletivos e Mestre em Direito das Relações Sociais (Direito Civil), todos pela PUC/SP. Professora e Pesquisadora dos Programas de Graduação e de Pós-graduação em Direito da PUC/SP. Integrante dos GPs "Minorias, discriminação e efetividade de direitos" (UNISAL/CNPq), do Observatório de Violência nas Escolas (UNISAL/UNESCO), e do PP Efetividade dos DH e DF: Diálogo das Fontes (PUC/SP). CV: http://lattes.cnpq.br/4695452665454054; ID http://orcid.org/0000-0002-3310-4274.

Ivan Martins Motta

Doutor e Mestre em Direito Penal pela Pontifícia Universidade Católica de São Paulo (PUC/SP). Professor universitário aposentado da disciplina de Direito Penal nos Programas de Graduação e Pós-Graduação. Advogado criminalista. E-mail: i.motta@ terra.com.br.

Sumário: 1. Introdução – 2. Breve resumo do julgado – 3. Apreciação crítica – 4. Notas conclusivas – 5. Referências.

"Que s'est-il donc passé? Simplement ceci: le peuple est devenu roi"[1]

1. INTRODUÇÃO

O presente texto "Função socioambiental contemporânea da propriedade imobiliária urbana e o poder da exação dos tributos" compõe a Obra Coletiva *"O Direito Imobiliário e Urbanístico visto a partir dos seus precedentes"*, organizada pelos destacados juristas Doutores Marcelo Manhães de Almeida, Wilson Levy e Alexandre Jorge Carneiro da Cunha Filho, aos quais honrados agradecemos, em nome do Professor-Doutor Alexandre Cunha, os convites que nos foram feitos para dela participarmos.

O julgado apreciado é do Superior Tribunal de Justiça – AgInt no Agravo no Recurso Especial 1.723.597 – SP (2020/0162489-2), Segunda Turma – Relatoria do Ministro Herman Benjamin, julgado em 29.03.2021.

Discute temática atual e relevante porque se refere à função socioambiental contemporânea da propriedade urbana, destacando, entre outros: o Estatuto da Cidade,

---

1. RIPERT, Georges. *Le régime démocratique et le droit civil moderne.* 2ed. Paris: LGDJ, 1948. Trad. Livre: "Então o que aconteceu? Simplesmente isto: o povo se tornou rei!"

suas diretrizes e instrumentos colocados à realização da melhoria da qualidade do espaço urbano, da vida e da convivência, além da relevância do Plano Diretor no contexto do planejamento das políticas públicas da cidade. Releva a exação do imposto IPTU em face da concretude do exercício da função socioambiental de propriedade urbana, situada em Área de Preservação Ambiental (APP), discutindo sobre a razão da descaracterização da sua incidência, no caso concreto apreciado, afirmando tratar-se de instrumento poderoso à concretização da justiça socioambiental e dos valores da igualdade, solidariedade, dignidade da pessoa humana e respeito ao meio ambiente ecologicamente equilibrado, cumprindo fundamentos, objetivos e princípios dispostos na Constituição da República Federativa do Brasil.

2. BREVE RESUMO DO JULGADO

O presente estudo traz às reflexões julgado do Superior Tribunal de Justiça "AgInt no Agravo dm Recurso Especial 1.723.597 – SP (2020/0162489-2), Segunda Turma – Relatoria do Ministro Herman Benjamin, julgado em 29.03.2021". Trata de temática ambiental, urbanística e social, desafiando o "Direito Tributário no Estado de Direito Ambiental" para decidir sobre a descaracterização da incidência do Imposto de Propriedade Territorial Urbano (IPTU), cobrado pela Municipalidade de Serra Negra, relativamente ao bem de propriedade do apelante Espólio de Cláudio de Souza Novaes, inventariante Luiza Elizabeth Faria Novaes Seccarelli. A propriedade apreciada situa-se em Área de Preservação Ambiental (APP), possui declividade, nascentes e vegetação da Mata Atlântica, apontando médio estágio de regeneração. Referidos fatos, aliados à situação de ser considerada a área como refúgio de espécies em extinção, marcam restrições ambientais a que a propriedade está sujeita e determina impedimento de uso e gozo da propriedade, gerando polêmica sobre a descaracterização (ou não) da incidência do IPTU sobre ela.

A localização do imóvel em Área de Preservação Ambiental, "per se", não afasta a incidência do tributo discutido, porque mesmo havendo restrições ao direito de propriedade, oriundos do "aspecto ambiental da *função socioambiental da propriedade urbana* (limitação ambiental)", leva-se em conta se a impossibilidade de uso e/ou gozo da propriedade e/ou posse é absoluta, devendo tal fato estar comprovado nos autos, para efeito da incidência do tributo, conforme ocorre no julgado apreciado. O pano de fundo se revela pela função socioambiental que a propriedade do imóvel urbano deve exercer.

Laudo pericial apresentado revela que as limitações ambientais da propriedade impõem ao proprietário a inexequibilidade absoluta da propriedade, não havendo nela, edificações. Em razão dessa prova pericial, a aplicação da Súmula 7 do STJ é imperiosa, relevando que ainda que fosse ultrapassado referido óbice, mesmo assim, não prosperaria o inconformismo revelado. Isso porque, o "caput" do artigo 32 do Código Tributário Nacional (CTN) dispõe que o IPTU "tem como fato gerador a propriedade, o domínio útil ou a posse do imóvel", em zona urbana. No contexto, não se afasta considerações sobre os fundamentos ético-jurídicos que tratam da conformação legal do tributo, como é o caso da impossibilidade de exploração econômica do imóvel na sua inteireza – e não de parcela dele –, devido a restrições urbanísticas, sanitárias, ambientais e de segurança impostas ao imóvel, as quais apresentam caráter geral, recaindo sobre o direito de explorá-lo e de nele construir. Essas restrições não ensejam desapropriação indireta, nem o dever de indenização por parte do Estado, mesmo quando a "*condition non aedificandi*" possa abarcar a inteireza do bem imóvel.

Importante anotar que o não dever de indenizar fundado nas regras do Direito Obrigacional e nos princípios do Direito Público, não ensejam irrelevância jurídica – relativamente à tributação e à conformação do fato gerador do IPTU – quanto à realidade de total e incontroversa afetação da propriedade à utilidade pública. Melhor esclarecendo: "aquele que possui a titularidade do domínio ou de fração dele, referente à área '*non aedificandi*', mesmo não fazendo jus à indenização, por causa da intervenção estatal , deve ser exonerado do pagamento do tributo (em princípio), em razão de ser considerado tal ônus social como cabal e de determinar plena inviabilidade do direito de construir no imóvel, ou de utilizá-lo na sua integralidade e/ou economicamente.

Conforme o Superior Tribunal de Justiça, Primeira Turma, REsp 1.1128.981/SP, Relatoria Ministro Benedito Gonçalves, DJe 25.03.2010 – sobre a relação entre IPTU e APP, "a restrição à utilização da propriedade relativa à Área de Preservação Permanente (APP), em parte do imóvel urbano, não afasta a incidência do IPTU". Isso porque "o fato gerador da exação permanece íntegro, qual seja, a propriedade localizada na zona urbana do Município". O ônus que deve ser suportado não gera cerceamento total da disposição, utilização ou alienação da propriedade, quando a limitação não é absoluta, tendo em vista a possibilidade de exploração da área, mediante autorização da Secretaria do Meio Ambiente do Município.

Também, pelo Superior Tribunal de Justiça, Segunda Turma, REsp 1.801.830/PR, Relatoria Ministro Herman Benjamin, DJe 21.05.2019 "não se confunde propriedade com restrição administrativa, já que a última não elide o fato gerador do imposto e a titularidade para efeitos de tributação".

Comparando a situação do IPTU e do ITR, o Superior Tribunal de Justiça, Segunda Turma, REsp no AgRg 1.469.057/AC, DJe 20.10.2014, relata o Ministro Mauro Campbell Marques que "o não pagamento da exação deve ser debatido à luz da isenção e da base de cálculo, a exemplo do que se tem feito com o ITR sobre APP, pois existe legislação federal que regula essa matéria (Lei 9.393/96, art. 10, § 1º, II, letras "a" e "b").

A respeito da análise do fato gerador dos tributos, entre outros, o IPTU – os julgados do STJ não devem ser compreendidos como recusa de ponderar constrições absolutas de cunho ambiental, urbanístico, sanitário ou de segurança, sobreposta sobre a inteireza do bem. Atenção para o fato de que a "cobrança de tributo sobre imóvel intocável '*ope legis*' – e, por isso, economicamente inaproveitável – namora com confisco dissimulado". Herman Benjamin, em defesa da Justiça Tributária, relata que o "Direito Tributário deve ser amigo da proteção do meio ambiente", afirmando que referida Justiça deve envolver preocupações de sustentabilidade ecológica, preocupando-se com tratamentos diferenciados na arrecadação de tributos, e objetivando o afastamento ou a premiação de comportamentos de contribuintes que impactam diferente, ou positivamente, o uso de bens ambientais – tangíveis ou intangíveis – de maneira sustentável.

Continuando, afirma o Ministro Herman Benjamin que no Estado de Direito Ambiental, observado pelo princípio do poluidor-pagador, os tributos despontam – ao lado de outros instrumentos econômicos – como expedientes poderosos e eficazes no enfrentamento de crises de gestões de recursos naturais, cabendo ao Direito Tributário encarar as "práticas nocivas às bases da comunidade da vida planetária e, não somente a arrecadação de recursos financeiros previsíveis e estáveis para o Estado".

Para o Ministro, do Direito Tributário nasce a esperança de "autopurificação de medidas de incentivo às atividades antiecológicas e de perpetuação de externalidades ambientais negativas", esperando-se o surgimento de novos mecanismos tributários "sensíveis a inquietações e demandas de sustentabilidade capazes de estimular inovação na produção, circulação e consumo da nossa riqueza natural", devendo, também, prevenir e reparar danos aos biomas e ecossistemas. Espera-se, também, que se concretize um grande esforço dos juízes – que necessitam de releitura dos institutos tradicionais das disciplinas jurídicas –, e dos legisladores – que devem modificar e atualizar legislações tributárias vigentes.

3. APRECIAÇÃO CRÍTICA

O sistema global enfrenta uma intensa crise sanitária com repercussões ambientais, sociais, políticas e econômicas, refletidas diretamente na humanidade, em tempos da aclamada tendência socializadora que, em tese, caracteriza o Estado da Pós-modernidade, que busca incansavelmente a concretização da Justiça Socioambiental.

Em seu discurso, como supervisor da "Comissão Revisora e Elaboradora do Código Civil Brasileiro" – vigente no ordenamento jurídico nacional desde o início 2003 –, em cerimônia dedicada à sanção da referida Lei, Miguel Reale[2], referindo-se aos princípios da interpretação constitucional, mais precisamente ao princípio da concordância prática ou da harmonização, se inspira em Karl Larez para afirmar que quaisquer que sejam as soluções ofertadas pelos juízes, "apesar de muitas e respeitáveis opiniões em contrário, advirá aquelas relativas às valorações pessoais do intérprete, cujos acertos e equívocos somente a comunidade poderá julgar". Apesar da ampla liberdade de valoração pessoal do julgador no plano particular, a ponderação desses

---

2. *O Novo Código Civil* – Homenagem ao Prof. Miguel Reale. In: FRANCIULLI NETTO, Domingos; MENDES, Gilmar F.; MARTINS, Ives Gandra da Silva (Coord.). 2. ed. São Paulo: LTR, 2005, p. 21-53. Obra de inspiração de Miguel Reale: Karl Larenz, *Metodologia da Ciência do Direito*, 1989, p. 501.

valores não atine ao "sentimento jurídico" e, sim, ao processo da razão, que não pode ser unilateral na concretização da decisão tomada, devendo, antes, respeitar os princípios norteadores do caso concreto. Informa o doutrinador que apesar de a última palavra sobre o significado do texto constitucional ser ofertada pelos juízes do Tribunal Constitucional, eles não devem interpretar na contramão da sociedade civil, notadamente da comunidade hermenêutica, porque esta pode reagir, exigindo prestação de contas sobre os métodos e critérios utilizados no julgamento.

Miguel Reale invoca princípios da interpretação constitucional, destaca o princípio da concordância prática ou da harmonização, referindo à interpretação ofertada pelos julgadores ao sentido do texto constitucional, para então, compreender que apesar de persistir a interpretação relativa à valoração pessoal do intérprete, sujeita a erros e acertos, somente a comunidade estará em condições de julgar referidas realidades.

Ao tratar da função social, Nelson Kojaranki[3] se reporta aos direitos reais, afirmando que a função social que traça o perfil da propriedade contemporânea vem disposta no inciso XXXIII, do artigo 5º do vigente texto constitucional, o qual foi assimilado pelo vigente Código Civil nacional ao cotejar o conceito por vieses mais *"humano, beneficente e menos egoísta e material"*. Verifica que o exercício do domínio pode ser resumido pelo "binômio homem-coisa e, não se esgotando em si mesmo, rende-se à dignidade devida pelo senhorio ao interesse comum" – conhecido como o fenômeno da socialidade, que traz na sua essência a predominância do social sobre o individual, relativamente à função social da propriedade.

Orlando Gomes[4], por sua vez, compreende o princípio da função social da propriedade como um instrumento de modernização do Direito e como preceito constitucional – que atribui função social à propriedade –, e a equipara a um fundamento, uma justificação e uma "ratio" do moderno direito de propriedade. Enquanto Orlando Gomes se refere à função social da propriedade como um instrumento de modernização do Direito, leciona Celso Antônio Bandeira de Mello[5] que a função social da propriedade está relacionada à utilização plena da propriedade, tendente à otimização, qual seja, a necessidade de se tirar o melhor proveito dos recursos que a propriedade possui, afirmando não ser possível a sua utilização quando o seu exercício for contrário aos propósitos e proveitos da coletividade.

A compreensão do conceito da "função socioambiental contemporânea da propriedade" impõe um profundo mergulho nas mazelas e deleites oriundos da sociedade da pós-modernidade, que em razão do enfrentamento das céleres transformações culturais – que abrangem as diversas ordens normativas, nas quais se imiscuem as

---

3. Idem, p. 1014-1117.
4. GOMES, Orlando. Estudos em Homenagem ao Professor Ferrer Correia. *Boletim da Faculdade de Direito da Universidade de Coimbra*, 1989, p. 423-432.
5. BANDEIRA DE MELLO, Celso Antônio. *Doutrinas Essenciais de Direito Constitucional*. São Paulo: Ed. RT, 2011, v. 6, p. 933.

coletividades, entre outras as ordens dos costumes, da fé, da economia, do direito, da saúde, da segurança, da política e da proteção do meio ambiente –, desafiam a problemática da mudança de postura do homem diante do esgotamento dos recursos naturais. Isso requer atenção especial para as referidas ordens e invoca a compreensão das dimensões dos direitos humanos para as reflexões e encaminhamentos de propostas de soluções às complexidades humanas e ambientais. A sociedade atual experimenta complexidade que impõe um caminhar entre: direitos e deveres; obrigações e responsabilidade; respeito e cuidados; interesses e necessidades; carências e desperdícios, sanções e premiações. Todas essas situações são dirigidas à concretização da dignidade da condição humana e do respeito ao meio ambiente ecologicamente equilibrado, que deve cumprir a solidariedade intergeracional, conforme vigente texto constitucional do artigo 225.

As dimensões dos direitos humanos, ao longo dos tempos, conquistam e garantem direitos ao homem, ao meio ambiente e às realidades especiais que o permeiam, entre outras, a fauna e a flora. Importante a lembrança de que todos os valores, direitos e garantias conquistadas, por meio das difíceis lutas, vislumbram à satisfação dos anseios, necessidades e interesses essenciais do homem, entre outros, os valores da liberdade, igualdade, solidariedade e fraternidade. Os direitos fundamentais individuais e coletivos, que garantem a completude da vida, da dignidade humana e do respeito ao meio ambiente, desafiam a materialização de direitos sociais fundamentais (artigo 6º da CF), e do direito difuso ao meio ambiente ecologicamente equilibrado (artigo 225 da CF).

Entre os diversos direitos fundamentais, a Constituição da República Federativa do Brasil elege no Capítulo "Dos Direitos Sociais": a educação, a saúde, a alimentação, o trabalho, a moradia, o transporte, o lazer, a segurança, a previdência social, a proteção à maternidade e à infância, a assistência aos desamparados (artigo 6º); no título "Dos Direitos e Garantias Fundamentais", Cap. "Direitos e Deveres Individuais e Coletivos" garante a inviolabilidade do direito à propriedade, além da vida, da liberdade, da igualdade, da segurança ("caput" e inciso XXII do artigo 5º) e a função social da propriedade (5º, inciso XXIII); no Título "Da Ordem Social", Cap. " Do meio Ambiente", garante a todos o meio ambiente ecologicamente equilibrado, considerado bem de uso comum do povo e essencial à sadia qualidade de vida, dispondo que o Poder Público e coletividade devem protegê-lo, garantindo a solidariedade intergeracional.

A temática principal da presente pesquisa diz respeito à propriedade imóvel urbana e a sua função socioambiental. E, nesse sentido, pensar a propriedade imóvel como um direito subjetivo, de um lado, e como um direito social à moradia de uma pessoa, de uma família e/ou uma coletividade, de outro lado, é fundamental, notadamente quando as pessoas e/ou coletividades do cenário são vulneráveis e carentes da efetivação desses direitos. O vigente texto constitucional privilegia o direito à propriedade, dispondo sobre a sua inviolabilidade, ao lado dos direitos à vida, à liberdade, à segurança (*caput* do artigo 5º), e privilegia a função social da propriedade (inciso XXIII do artigo 5º) como uma função social relevante.

Nesse sentido, entendido como direito inviolável, diante de eventuais confrontos entre o direito real à propriedade e o direito social à moradia, envolvendo pessoas e/ou coletividades vulneráveis, a vulnerabilidade deverá ser a marca condutora da solução do conflito, alinhada ao cumprimento da função social da propriedade. Quando se estiver diante de uma coletividade vulnerável, recorda-se que a solidariedade, disposta como um dos objetivos constitucionais, privilegia a coletividade vulnerável, possibilitando a materialização da justiça social.

Em tempos contemporâneos de enfrentamento de crise sanitária, oriunda da pandemia de Covid-19, todas as esferas necessárias à realização da vida humana e à manutenção da qualidade de sua vida se tornam mais carentes e desafiadas, exigindo dos aplicadores do Direito, uma releitura e um reinterpretar dos vigentes textos legislativos e dos códigos, todos eles, mantendo adequação com os comandos constitucionais, adequados às necessidades da contemporaneidade.

Recorda Rosa Maria de Andrade Nery e Nelson Nery Jr.[6] que a análise jurídica da propriedade, assim como a do contrato, se reporta à função econômica e social, objetivando a circulação e produção de riquezas, não se extraindo (diretamente) dos institutos as suas funcionalidades próprias (cumprimento da função social que é tão importante quanto a função econômica). Apontam os institutos como estrutura fundamental da situação jurídica de direito real, em concomitância com a realidade social, imprimindo-lhes uma destinação útil, observada a função social própria de cada instituto, em face do cumprimento da função econômico-social que reveste o próprio direito e, também, os seus institutos jurídicos.

Registram, ainda, os autores[7] que ao sentido cultural e à técnica jurídica da propriedade (e, também, do contrato), o princípio da função social agrega mais um valor, afirmando que tanto os contratos como as situações jurídicas de direito real – entre outros, a propriedade –, apresentam validade e eficácia a partir de sua socialidade, qualidade que potencialmente deve portar, contribuindo com a harmonia relacional social, além do potencial que possuem de serem utilizados como meios de segurança social, nos termos do artigo 3º, inciso I, da Constituição da República Federativa do Brasil, que arrola entre os seus objetivos a construção de uma sociedade livre, justa e solidária.

Lecionam[8], por derradeiro, que tanto a liberdade de se vivenciar situações jurídicas de direito real, como a de contratar, consideradas como principais fenômenos jurígenos de criação de direito e de obrigações, continuam a ser animadas pelo princípio da autorregulação dos interesses privados e pelo princípio da autonomia

---

6. NERY, Rosa Maria de Andrade e NERY JR., Nelson. *Instituições de Direito Civil* – Direitos patrimoniais, reais e registrários. 2. ed. São Paulo: Ed. RT, Thomson Reuters Brasil, 2019, v. 3, p. 236-237.
7. Idem, p. 237-238.
8. Idem, p. 238-239.

de se exercer poderes dominiais, perseverando a inspiração do exercício da técnica jurídica do direito privado.

Na esteira das lições de Rosa Maria Nery e Nelson Nery Júnior, compreende-se que, todavia, diferentemente da técnica jurídica que reinou durante décadas, alimentando o direito privado de maneira a privilegiar o individualismo, a contemporaneidade – a partir do vigente Código Civil (2002) –, desperta a socialidade, dando-lhe corpo, vivacidade e animação, tornando-lhe timoneira e inspiradora dos intérpretes do Direito. A socialidade aponta a funcionalidade dos institutos jurídicos, alcançando situações que extrapolam a esfera do Direito Privado, podendo a função social que ela (socialidade) designa, servir como uma cláusula geral, em face de decisões de situações concretas.

A socialidade, a eticidade e a operabilidade são nortes condutores do vigente Código Civil nacional. A propriedade como direito real por excelência, disposta nesse Código e, em conformidade com o texto constitucional, que lhe impõe funcionalidade, a partir da consideração da necessária função social que deve exercer (inciso XXIII do artigo 5° CF), ganha notoriedade nas últimas décadas, reforçando a necessidade dos cuidados com a pessoa humana e com as coletividades, as quais necessitam de moradia, vida saudável, saneamento básico, qualidade do meio ambiente e educação ambiental, entre inúmeros outros direitos fundamentais – individuais, coletivos e difusos –, conquistados e constitucionalizados – todos eles garantidos, notadamente pela União, Estados e Municípios, de maneira a concretizar a dignidade de todos e de cada um.

É nesse sentido, com lastro nos interesses e direitos conquistados pela luta dos direitos humanos e garantidos pelo texto constitucional, que o poder público tem autorizado algumas restrições e/ou limitações de alguns deles, em prol da viabilização de outros, como é o caso do direito de propriedade, tendo como principal foco pessoas e/ou coletividades vulneráveis. A utilidade econômica e a funcionalidade social propriedade viabilizam a aplicação de instrumentos jurídicos que buscam a concretização de direitos, garantias e interesses de pessoas e/ou grupos de pessoas, fatos estes materializados por meio da aplicação de: leis antigas vigentes, reinterpretadas; novas legislações; prática de ativismo judicial, conforme nova hermenêutica constitucional.

Observa-se, assim, que embora o texto constitucional do "caput" do artigo 5°, garanta a inviolabilidade do direito de propriedade, e o arrole, no inciso XXII entre os direitos garantidos, revela-se a possibilidade de ser ele limitado, em cumprimento da sua função socioambiental, observado que a cidadania e a dignidade da condição humana se materializam na medida da concretização dos seus direitos fundamentais constitucionais.

Traz-se, ainda, às reflexões sobre a função socioambiental da propriedade imóvel, a Lei 6.938/81, Lei da Política Nacional do Meio Ambiente, a qual inicia o efetivo implemento da política ambiental brasileira, com o estabelecimento de diretrizes e instrumentos destinados à proteção, defesa e tutela do meio ambiente, corroborando o desabrochar de ocelo sistêmico, que atualmente é enriquecido por um olhar transdisciplinar ao meio ambiente, que lhe favorece autônomo e efetivo tratamento jurídico, salvaguardando a solidariedade intergeracional, disposta no texto constitucional do artigo 225. O meio ambiente indisponível e indivisível "designa um bem difuso porque pertence a todos difusamente e a ninguém individualmente, nem mesmo ao Estado, sendo o seu objeto marcado pela indivisibilidade e sua titularidade pela indeterminabilidade, existindo entre eles um liame identificado por circunstâncias de fato" [9].

O cenário em que se desenvolve o julgamento do caso concreto apreciado, permite invocar a doutrina de Francis Ted Fernandes[10], a qual, estruturada nas lições de Chaïm Perelman afirma que o intérprete-juiz não pode seguir uma opinião estritamente pessoal ao julgar um caso concreto, devendo antes colocar em destaque, a tradição, considerada como fator de estabilidade jurídica, exibindo, assim, decisão com caráter intersubjetivo, o que revela não ser a decisão arbitrária. Isso porque ela (decisão) deve ser equitativa, aceitável e conforme o direito em vigor. Invocada a doutrina de Édis Milaré e Lucas Milaré[11] que argumenta sobre a situação de o globo terrestre se tornar cada vez mais uma "cidade dos homens", alertando os ecossistemas naturais sobre os cuidados que se deve ter com a chegada "desses homens", já que a cidade – considerada como simultaneamente causa e efeito do estilo de vida de uma comunidade – passa a ser entendida como "*habitat*" da espécie humana.

Os invocados julgados, doutrinas, legislações e textos da vigente Constituição da República Federativa do Brasil corroboram as reflexões relacionadas à temática exposta no Julgado apreciado, desafiando a necessidade de mudança de postura do homem – individualmente falando – e do agente público que vivem a contemporaneidade. Necessário que a interpretação das doutrinas e das normas jurídicas sejam atualizadas, e que as decisões judiciais sejam mais harmoniosas, todas juntas, buscando realizar a justiça socioambiental, a equidade, a igualdade e a dignidade humana, materializando os valores da liberdade, fraternidade e solidariedade intergeracional, respeitando, sempre, as vulnerabilidades.

4. NOTAS CONCLUSIVAS

A discussão do Julgado traz à baila debates sobre a função socioambiental da propriedade, no contexto da cidade, o que impõe considerações sobre a ne-

---

9. BÔAS, Regina Vera Villas. Perfis dos conceitos de bens jurídicos. *Revista de Direito Privado*, v. 37, p. 209-241. São Paulo: Ed. RT, jan./mar. 2009.
10. FERNANDES, Francis Ted. A observância do dever de integridade e coerência nas decisões judiciais em prol da segurança jurídica almejada pela coletividade. In: BRANCO F, Thelmo de C. T. et al. (Org.) *A contemporaneidade dos Direitos Civis, Difusos e Coletivos*: Estudos em Homenagem à Professora Dra. Regina Vera Villas Bôas. Rio de Janeiro: Lumen Juris, 2019, p. 179-198. PERELMAN, Chaïm. *Lógica Jurídica*: nova retórica. Trad. Vergínia K. Pupi. 2. ed. São Paulo: Martins Fontes, 2004, p. 222-223.
11. MILARÉ; Édis; MILARÉ, Lucas. Um ordenamento jurídico para a qualidade de vida urbana. In: BÔAS, Regina Vera Villas et al (Org.). *Contemporaneidade do Direito Ambiental e do Direito Minerário em Debate*: Estudos em Homenagem à Prof. Dra. Consuelo Yoshida. RJ: Lumen Yuris, 2019, p. 41.

cessidade da garantia do saudável ambiente urbano, direito fundamental dos seus habitantes, devendo a política de desenvolvimento da cidade ser efetivada pelo Poder Público Municipal, de acordo com as diretrizes do Estatuto da Cidade (Lei 10.257/2001) e conforme seu principal objetivo que é o de ordenar o desenvolvimento das funções socioambientais da cidade, em prol da garantia do bem-estar dos seus habitantes, nos termos do texto constitucional do artigo 182. Ressalta o § 2º, do mesmo artigo, que a propriedade urbana cumpre sua função socioambiental quando atende às exigências fundamentais de ordenação da cidade, expressas no plano diretor – instrumento básico da política de desenvolvimento e de expansão urbana –, o qual deve ser aprovado pela Câmara Municipal, sendo obrigatório para cidades com mais de vinte mil habitantes (§ 1º do texto constitucional do artigo 182).

Corolário dessa argumentação é a compreensão de que o Poder Público ao determinar cumprimentos compulsórios, alicerçados na necessidade de se materializar a função socioambiental da propriedade urbana, deve respeitar, além dos fundamentos, objetivos e princípios gerais constitucionais, também, os princípios da administração pública – quer expressos, quer implícitos na Constituição da República Federativa do Brasil –, entre outros, o da moralidade, da eficiência, da legalidade, da impessoalidade, da economicidade, da transparência, da informação, da isonomia, da proporcionalidade e da razoabilidade. Esse caminho dirige-se à realização da equidade, da solidariedade, da igualdade, e da justiça individual e socioambiental, materializando a dignidade, esperada pelos cidadãos.

Variadas são as temáticas que norteiam a função socioambiental da propriedade urbana, pano de fundo do julgado apreciado. De início, invoca-se o princípio do "poluidor-pagador", que deve ser compreendido como fundamental na política ambiental, eis que considerado instrumento econômico que impõe ao poluidor (identificado) a responsabilidade pelo pagamento das despesas de prevenção, manutenção e reparação de todos os eventuais danos ambientais. Ele concebe que o custo oriundo da poluição, agregado nos próprios custos da produção, seja assumido por aquele que empreende as atividades potencialmente poluidoras. Isso implica internalizar os custos sociais externos que seguem o processo produtivo, durante o qual, além do produto a ser comercializado, concorrem, também, as externalidades negativas, recebidas pela coletividade de modo diferente das vantagens recebidas pelo produtor privado, implicando a concretização desse princípio, a correção do custo adicionado à sociedade a partir da sua internalização[12].

Na esteira da doutrina de Herman Benjamin[13] a tendência internacional de constitucionalização da proteção ambiental e do avanço do ordenamento jurídico

---

12. DERANI, Cristiane. *Direito Ambiental Econômico*. São Paulo: Saraiva, 2008, p. 142-143.
13. BENJAMIN, Herman. Constitucionalização do ambiente e ecologização da Constituição Brasileira. In: CANOTILHO, JJ. Gomes; LEITE, J. Rubens. *Direito Constitucional Ambiental Brasileiro*. São Paulo: Saraiva, 2007, p. 61 e ss.).

ambiental nacional, entre outros benefícios da sua constitucionalização estão: a ecologização do direito de propriedade e sua função social; a efetivação de obrigação genérica de não degradar o ambiente; a legitimação da intervenção do Estado em prol da natureza; o controle da constitucionalidade da lei, a partir de bases ambientais; o esforço na interpretação pró-ambiente nas políticas púbicas e na aplicação das normas jurídicas.

Nesse sentido, confirmada a referida tendência, vislumbra-se a possibilidade de concretização de princípios garantidores da proteção do meio ambiente sadio e ecologicamente equilibrado, em especial o princípio do desenvolvimento sustentável, implicando o dever de todos – poder público, coletividade e indivíduo "per se" – de cuidarem, preservarem, manterem e protegerem o meio ambiente. O poder público deve eleger, incrementar e fiscalizar as políticas públicas ambientais; a coletividade deve atuar ativamente na sua preservação, proteção e manutenção, dele usufruindo, todavia, sem cometimentos de excessos e degradações; o indivíduo "per se" deve usá-lo conforme a sua necessidade, dele cuidando "como se fosse sua a propriedade", devendo mantê-lo sadio e ecologicamente equilibrado. A solidariedade intergeracional deve ser praticada por todos os personagens desse cenário.

Com relação aos tributos, tema recorrente do julgado, são eles considerados verdadeiros instrumentos de política em face do direito ambiental. São ferramentas viabilizadoras da efetivação da função socioambiental da propriedade urbana, destacando-se no julgado apreciado, o Imposto sobre a propriedade Predial e Territorial Urbano (IPTU) como impulsionador do melhor aproveitamento urbano e fortalecedor do cumprimento da função socioambiental da cidade, entendida como meio ambiente artificial, que abrange cantos, recantos, paisagens, entre outros aspectos, conforme a Lei 10.257/2001. O IPTU é considerado como um dos mais antigos impostos instituídos no Brasil, o que foi feito pela Rainha Dona Maria (1.799), que o denominou de "urbana", e o fez incidente sobre imóveis edificados de competência dos Municípios[14]. Agrega-se à compreensão da função exercida pelo tributo (IPTU), entre outros, os artigos 32 do Código Tributário Nacional (CTN); os artigos 1º (incisos II, III e IV) e 3º (inciso III), 170 (inciso II, III e VI e VII), 182 e 183, todos da Constituição da República Federativa do Brasil; os artigos 1º, 2º, 39, 40 e 41, todos da Lei 10.257/2001; o artigo 4º da Lei 6.938/1981.

O artigo 32 do Código Nacional Tributário dispõe sobre o fato gerador do imposto incidente sobre a propriedade predial e territorial urbana, prescrevendo ser "a propriedade, o domínio útil ou a posse de bem imóvel por acessão física, como definido na lei civil, localizado na zona urbana do Município", revelado o conceito atual de "zona urbana" na Lei 10.257/2001, em conformidade com o texto constitucional, e atendendo o aspecto espacial do imposto predial, prescrito no Código Tributário Nacional.

---

14. BALEEIRO, Aliomar. *Direito Tributário Brasileiro*. Rio de Janeiro: Forense, 1997, p. 44.

Os fundamentos da República Federativa do Brasil, que se constitui em Estado Democrático de Direito, estão dispostos nos cinco incisos do texto constitucional do artigo 1º, devendo a dignidade da pessoa humana, a cidadania e a livre iniciativa (incisos II a IV) serem compreendidos por vieses integrativos das esferas social e econômica, incentivando a concretude dos objetivos constitucionais da erradicação da pobreza e da marginalização, reduzindo desigualdades sociais e regionais (artigo 3º, inciso III, do texto constitucional). O artigo 170, do mesmo texto, prescreve que a ordem econômica deve assegurar a existência digna da pessoa, de acordo com a Justiça social, destacando, entre outros, os princípios da propriedade privada (inciso II); da função social da propriedade (inciso III); da defesa do meio ambiente, inclusive mediante tratamento diferenciado, conforme o impacto ambiental dos produtos e serviços e de seus processos de elaboração e prestação (inciso VI); da redução das desigualdades regionais e sociais (inciso VII).

O texto constitucional do artigo 182 (além do artigo 183) prescreve normas sobre a política de desenvolvimento urbano (das cidades nacionais), dispondo no "*caput*" que esta política de desenvolvimento é executada pelo Poder Público municipal, conforme diretrizes legais, vislumbrando a ordem do desenvolvimento das funções sociais da cidade, garantindo o bem-estar de todos que nela residem, diretrizes estas fixadas no Estatuto da Cidade. Ao executar a política urbana descrita nos referidos artigos 182 e 183, o Estatuto da Cidade – que regulamenta ambos os artigos constitucionais –, estabelece normas de ordem pública de interesse social, regulamentando o uso da propriedade urbana, com foco na proteção do bem coletivo, na segurança e no bem-estar dos cidadãos, além do equilíbrio do meio ambiente (§ único do artigo 1º). Prioritário o entendimento de que a política urbana objetiva ordenar o desenvolvimento das funções socioambientais da cidade e da propriedade urbana, a partir de inúmeras diretrizes gerais, entre outras, a que garante à população citadina: o direito à cidade sustentável, compreendido pela solidariedade intergeracional do direito à terra urbana, à moradia, ao saneamento ambiental, à infraestrutura urbana, ao transporte e aos serviços públicos, ao trabalho e ao lazer (artigo 2º do Estatuto da Cidade).

Destaca-se, ainda, o Capítulo III do Estatuto da Cidade, que afirma a importância do "Plano Diretor", dispondo no artigo 39, que a função socioambiental é cumprida pela propriedade urbana, na medida do atendimento das exigências fundamentais nele expressas e que orientam a ordenação da cidade, garantindo a qualidade de vida, a justiça social e o desenvolvimento das atividades econômicas, necessárias aos citadinos, ao teor do artigo 2º. Esse "Plano Diretor" designa instrumento básico da política desenvolvimento e crescimento urbano, é aprovado por lei municipal (artigo 40 do Estatuto da Cidade), lei esta que deve ser revista, ao menos a cada dez anos (art. 40, § 3º do Estatuto da Cidade).

Importa, ainda, reforçar o conteúdo normativo do artigo 41 da Lei 10.257/2001, que dispõe serem obrigatórias a elaboração e a execução do Plano Diretor às cidades com mais de vinte mil habitantes (inciso I); se menor o número de habitantes será exigido das cidades integrantes de regiões metropolitanas e aglomerações (inciso

II); cidades em que o poder público municipal utilize instrumentos previstos no texto constitucional do artigo 182, § 4º (inciso III); integrantes de áreas de especial interesse turístico (inciso IV); inseridas na área de influência de empreendimentos ou atividades com significativo impacto ambiental de âmbito regional ou nacional (inciso V); incluídas no cadastro nacional de Municípios com áreas suscetíveis de deslizamentos de grande impacto, inundações bruscas, processos geológicos ou hidrológicos correlatos (inciso VI); contendo, no mínimo um sistema de acompanhamento e controle (artigo 42, inciso III).

A interpretação das normas da Lei 10.257/2001 implica diferentes previsões e realizações dos Planos Diretores, os quais variam de cidade para cidade, conforme suas prioridades, interesses, necessidades, orçamentos e políticas públicas de desenvolvimento, todavia, cumprindo a ordem urbanística de cada região. O plano urbano corrobora a concretude do Estado Socioambiental Democrático de Direito, sendo assim entendido, de acordo com a força normativa constitucional e os estímulos e ações desempenhadas e concretizadas pelos poderes constituídos. É no contexto do meio ambiente artificial que o homem pratica a sociabilidade, desenvolve as suas competências e habilidades de maneira a ser considerado igual ao seu semelhante, realizando os valores da igualdade, solidariedade e liberdade, razão pela qual a sadia qualidade de vida, garantida pelo meio ambiente ecologicamente equilibrado, deve compor o rol prioritário das políticas públicas praticadas pelo Poder Público, em todos os âmbitos.

No julgado apreciado, o IPTU é tributo, cuja arrecadação viabiliza a materialização da função socioambiental da propriedade urbana, corroborando a concretização de valores que designam interesses, direitos e necessidades essenciais dos habitantes das cidades, materializando a democracia, na medida em que propicia o bem-estar dos habitantes que – juntamente com a coletividade e o poder público – podem usar e desfrutar do meio ambiente saudável, efetivando a dignidade da condição humana e a manutenção da salubridade, segurança e equilíbrio ecológico ambiental.

A funcionalidade própria da cidade impõe, assim, o cumprimento da função socioambiental da propriedade urbana, sendo ela (cidade) considerada meio ambiente artificial, o que implica inseri-la no rol dos bens de natureza difusa que estão "a serviço de uma destinação transindividual diretamente relacionada à sobrevivência e bem-estar do homem"[15].

Constata-se, assim, que a propriedade apreciada no julgado está situada em Área de Preservação Ambiental (APP) – possuindo declividade, nascentes e vegetação da Mata Atlântica, com médio estágio de regeneração, considerada como refúgio de espécies em extinção, marcada por restrições ambientais – compreendendo-se que os fatos trazidos à apreciação determinam o impedimento do uso e gozo da propriedade,

---

15. FERREIRA, Gabriel Bonora Vidrih. Fundamentos do regime jurídico do bem ambiental. In: BRANCO F, Thelmo de C. T. et al. (Org.). *A contemporaneidade dos Direitos Civis, Difusos e Coletivos*: Estudos em Homenagem à Professora Dra. Regina Vera Villas Bôas. Rio de Janeiro: Lumen Juris, 2019, p. 199-225.

cumprindo a função socioambiental da propriedade urbana. Presente, também, nos autos, o laudo pericial que constata cabalmente impossibilidade absoluta de uso e/ou gozo da propriedade, imperiosa a descaracterização da incidência do IPTU sobre a propriedade. E, por derradeiro, a constatação da titularidade do domínio, além do ônus social arcado pelo proprietário, e da inviabilidade plena do direito de construir no imóvel, ou de utilizá-lo na sua integralidade e/ou economicamente – em prol da função social da propriedade ambiental –, revela que a exoneração do pagamento do tributo decretada no julgado está correta.

5.   REFERÊNCIAS

BALEEIRO, Aliomar. *Direito Tributário Brasileiro*. Rio de Janeiro: Forense, 1997.

BANDEIRA DE MELLO, Celso Antônio. *Doutrinas Essenciais de Direito Constitucional*. São Paulo: Ed. RT, 2011. v. 6.

BENJAMIN, Herman. Constitucionalização do ambiente e ecologização da Constituição Brasileira. In: CANOTILHO, JJ. Gomes; LEITE, J. Rubens. *Direito Constitucional Ambiental Brasileiro*. São Paulo: Saraiva, 2007.

BOBBIO, Norberto. *A Era dos Direitos*. Nova. Trad. Carlos Nelson Coutinho. Apresentação Celso Lafer, Rio de Janeiro: Elzevir, 2004.

BONAVIDES, Paulo. *Teoria constitucional da democracia participativa*: por um Direito Constitucional de luta e resistência: por uma nova hermenêutica: por um a repolitização da legitimidade. 3. ed. São Paulo: Malheiros, 2008.

BOSSELMANN, Klaus. Direitos Humanos, Ambiente e Sustentabilidade. *Revista do Centro de Estudos de Direito do Ordenamento, do Urbanismo e do Ambiente* (CEDOUA). n. 21, ano XI, p. 09-38, Faculdade de Direito da Universidade de Coimbra, (ISSN: 0874-1093), 2008.

BRASIL. *Constituição da República Federativa do Brasil*. Brasília: Senado Federal, 1988.

BRASIL. Superior Tribunal de Justiça – AgInt no Agravo no Recurso Especial 1.723.597 – SP (2020/0162489-2), Segunda Turma – Relatoria do Ministro Herman Benjamin, julgado em 29.03.2021.

BRASIL. Superior Tribunal de Justiça, Segunda Turma, REsp 1.801.830/PR, Relatoria Ministro Herman Benjamin, DJe 21.05.2019.

BRASIL. Superior Tribunal de Justiça, Primeira Turma, REsp 1.1128.981/SP, Relatoria Ministro Benedito Gonçalves, DJe 25.03.2010.

CANOTILHO, José Joaquim Gomes. *Direito constitucional e teoria da constituição*, 7. ed. Coimbra: Almedina, 2003.

CANOTILHO, José Joaquim Gomes. Estado Constitucional Ecológico e Democracia Sustentada. Artigo publicado na revista *CEDOUA*, ano IV, 2001.

CUNHA FILHO, Alexandre J. C. da. *Governança Pública* – um ensaio sobre pressupostos e instrumentos de uma ação estatal juridicamente eficiente. São Paulo: Quartier Latin, 2019.

DERANI, Cristiane. *Direito Ambiental Econômico*. São Paulo: Saraiva, 2008.

FERNANDES, Francis Ted. A observância do dever de integridade e coerência nas decisões judiciais em prol da segurança jurídica almejada pela coletividade. In: BRANCO F., Thelmo de C. T. et al (Org.). *A contemporaneidade dos Direitos Civis, Difusos e Coletivos*: Estudos em Homenagem à Professora Dra. Regina Vera Villas Bôas. Rio de Janeiro: Ed. Lumen Juris, 2019.

FERREIRA, Gabriel Bonora Vidrih. Fundamentos do regime jurídico do bem ambiental. In: BRANCO F., Thelmo de C. T. et al (Org.). *A contemporaneidade dos Direitos Civis, Difusos e Coletivos*: Estudos em Homenagem à Professora Dra. Regina Vera Villas Bôas. Rio de Janeiro: Lumen Juris, 2019.

FLORES, Joaquin Herrera. *Teoria Crítica dos Direitos Humanos:* os Direitos Humanos como produtos culturais. Rio de Janeiro: Editora Lúmen Juris, 2009.

GOMES, Orlando. Estudos em Homenagem ao Professor Ferrer Correia. *Boletim da Faculdade de Direito da Universidade de Coimbra*, 1989.

MACHADO, Paulo Affonso Leme. *Direito ambiental brasileiro*. 24. ed. rev. ampl., atual. São Paulo: Malheiros, 2016.

MILARÉ, Édis; MILARÉ, Lucas. Um ordenamento jurídico para a qualidade de vida urbana. In: BÔAS, Regina Vera Villas et al. (Org.). *Contemporaneidade do Direito Ambiental e do Direito Minerário em Debate*: Estudos em Homenagem à Prof. Dra. Consuelo Yoshida. Rio de Janeiro: Lumen Juris, 2019.

MORIN, Edgar. *Introdução ao Pensamento Complexo*. Trad. Eliane Lisboa. 3. ed. Porto Alegre: Sulina, 2007.

NERY, Rosa Maria de Andrade e NERY JR., Nelson Nery Jr. Instituições de Direito Civil – *Direitos patrimoniais, reais e registrários*. 2. ed. São Paulo: Ed. RT, Thomson Reuters Brasil, 2019. v. 3.

PERELMAN, Chaïm. *Lógica Jurídica*: nova retórica. Trad. Vergínia K. Pupi, 2. ed. São Paulo: Martins Fontes, 2004.

REALE, Miguel. In: FRANCIULLI NETTO, Domingos; MENDES, Gilmar F.; MARTINS, Ives Gandra da Silva (Coord.). *O Novo Código Civil – Homenagem ao Prof. Miguel Reale*. 2. ed. São Paulo: LTR, 2005. Obra de inspiração de Miguel Reale: Karl Larenz. *Metodologia da Ciência do Direito*, 1989, p. 501.

RIPERT, George. *Le régime démocratique et le droit civil moderne*. 2. ed. Paris: LGDJ, 1948.

SANTOS, Boaventura de Souza. AVRITZER, Leonardo. Introdução: para ampliar o cânone democrático. In: SANTOS, Boaventura de Souza. *Democratizar a democracia*: os caminhos da democracia participativa. Rio de Janeiro: Civilização Brasileira, 2002.

SARLET, Ingo Wolfgang. Segurança social, dignidade da pessoa humana e proibição de retrocesso: revisitando o problema da proteção dos direitos fundamentais sociais. In: CANOTILHO, J. J. Gomes; CORREIA, Marcus Orione Gonçalves; CORREIA, Érica Paula Barcha. *Direitos fundamentais sociais*. 2ª ed. São Paulo; Saraiva, 2015.

SARMENTO, Dirléia Fanfa; MENEGAT, Jardelino; WOLKMER, Antônio Carlos (Org.). *Educação em Direitos Humanos:* dos dispositivos legais às práticas educativas. Porto Alegre: Editora CirKula LTDA, 2018.

TRINDADE, Antônio Augusto Cançado. Reflexões críticas sobre a referência a "Nações Civilizadas" no artigo 38 do Estatuto da Corte Internacional de Justiça. *Boletim da Sociedade Brasileira de Direito Internacional*. ano 103, v. 103, n. 125-130, p. 1-65. jul./dez. 2017. Belo Horizonte: Arraes Editores, 2017.

VILLAS BÔAS, Regina Vera. Concretização dos postulados da Dignidade da Condição Humana e da Justiça. *Revista de Direito Privado*. ano 12, n. 47. São Paulo: Ed. RT. jul./set. 2011.

VILLAS BÔAS, Regina Vera. Perfis dos conceitos de bens jurídicos. *Revista de Direito Privado*. v. 37. p. 209-241. São Paulo: Ed. RT, jan./mar. 2009.

VILLAS BÔAS, Regina Vera. Violência Ética e Socioambiental: macula dignidade da condição humana e desafia a proteção dos interesses difusos e coletivos. In: YOSHIDA, Consuelo e RAMPAZZO, Lino (Org.). *O Direito e a Dignidade Humana: aspectos éticos e socioambientais*. Campinas, SP: Alínea, 2012.

VILLAS BÔAS, Regina Vera. Um Olhar Transverso e Difuso aos Direitos Humanos de Terceira Dimensão. A solidariedade concretizando o dever de respeito à ecologia e efetivando o postulado da dignidade da condição humana. *Revista de Direito Privado*. ano 13, n. 51. São Paulo: Ed. RT, jul./set. 2012.

VILLAS BÔAS, Regina Vera. A proteção dos valores, necessidades e interesse do homem, da sociedade e da natureza contra a violência contemporânea, seguindo o itinerário da sustentabilidade e em favor da paz mundial. In: SAAD, Amauri F.; MELLO, Celso A. B., FERRAZ, Sérgio e ROCHA, Sílvio Luís Ferreira da. *Direito Administrativo e Liberdade*: estudos em Homenagem a Lúcia Valle Figueiredo. São Paulo: Malheiros, 2014.

VILLAS BÔAS, Regina Vera, e VIDRIH, Gabriel Luis Bonora. O dever de recuperar a área degradada e a responsabilidade civil ambiental na mineração. In: FINKELSTEIN, Cláudio e N. FILHO, João (Coord.); GAIGHER, Lívia e OLIVEIRA, Vanessa H. (Org.). *Direito Ambiental no Século XXI*: Efetividade e Desafios. Rio de Janeiro: Editora Clássica, 2012.

VILLAS BÔAS, Regina Vera; LIMA. Andreia M. B. Rezende de. A judicialização da saúde, o respeito à vida e à dignidade da pessoa humana no contexto das políticas públicas nacionais. *Revista Direito & Paz*. ano XVII, n. 32. pp. 33-72. . Lorena: Ed. Pablo Jiménez Serrano, 2015.

VILLAS BÔAS, Regina Vera, et al (Org.). *Contemporaneidade do Direito Ambiental e do Direito Minerário em Debate*: Estudos em Homenagem à Prof. Dra. Consuelo Yoshida. Rio de Janeiro: Lumen Yuris, 2019.

Sites

Disponível em http://www.planalto.gov.br/ccivil_03/leis/leis_2001/l10257.htm. Acesso em: 20 ago. 2021.

TOMBAMENTO DE BAIRRO, ZONEAMENTO ECOLÓGICO URBANO E RESTRIÇÕES URBANÍSTICAS CONVENCIONAIS

(Caso de prédio na Avenida Brigadeiro Luiz Antônio, São Paulo – SP, com outorga onerosa de potencial construtivo)

Vicente de Abreu Amadei

Desembargador do Tribunal de Justiça de São Paulo. Palestrante em curso de extensão e de especialização em Direito Urbanístico (Ambiental Artificial), Imobiliário, Notarial e Registral, em diversas instituições (v.g. PUC/SP-COGEAE, Escola Paulista da Magistratura, Universidade SECOVI-SP).

Sumário: 1. Introdução – 2. O precedente; 2.1 Exposição do caso; 2.2 A solução e o resumo de seus fundamentos – 3. Apreciação crítica por aprofundamento de aspectos legais, doutrinários e jurisprudenciais; 3.1 Tombamento de bairro; 3.2 Zoneamento ecológico urbano; 3.3 Restrições urbanísticas convencionais; 3.4 Outorga onerosa de potencial construtivo – 4. Conclusão – 5. Referências.

1. INTRODUÇÃO

Existem julgados que se tornam relevantes por sua inovação; outros, por sua dificuldade; outros, por sua procedência; outros, por sua lapidação técnica; outros, por seu impacto exógeno (histórico, social, econômico, ambiental etc.); outros, por sua precedência em jurisprudência consolidada; outros, por sua força vinculante; outros, por sua prudência exemplar; outros, por sua autoridade paradigmática de justiça; outros, enfim, pela sabedoria do julgador, como a de Salomão ao mandar cortar ao meio a criança disputada por duas mulheres que se diziam mães, oferecendo um pedaço a cada uma, para, assim, descobrir a verdadeira e, então, entregar-lhe o filho (1 Reis, 3, 16-27).

O julgado que temos aos olhos, a rigor, não tem nenhum desses atributos; contudo, em sede de direito urbanístico-imobiliário, ele contém três aspectos de boa utilidade ao estudo da matéria.

O primeiro, porque pode ser de bom proveito didático ao aprofundamento de diversos pontos conexos desse ramo do direito, na medida em que passa pela compreensão e aplicação de quatro importantes institutos ou instrumentos urbanísticos, interligados no caso em exame: tombamento, zoneamento, restrições urbanísticas e *ius aedificandi*.

O segundo, porque, em cada um desses temas, o julgado nos convida a mergulhar em distinções e especificidades significativas (inclusive quanto à extração de efeitos jurídicos substanciais): (i) em tombamento, naquele que incide em bairro (*tombamento de bairro*); (ii) em zoneamento, no que é próprio da esfera ambiental das cidades (*zoneamento ecológico urbano*); (iii) em restrições urbanísticas, naquelas que decorrem de imposições negociais em loteamentos (*restrições urbanísticas convencionais*); (iv) em *ius aedificandi*, no que toca ao potencial construtivo que se pode agregar ao imóvel além do coeficiente de aproveitamento básico, mediante contrapartida econômica (*outorga onerosa do direito de construir*).

O terceiro, enfim, porque o caso impõe um constante desafio e uma importante reflexão, intensamente presentes no direito urbanístico-imobiliário: a dialética entre norma-estática (lei) e vida-dinâmica (cidade) que reclama interpretação jurídica e aplicação do direito com equidade.

2. O PRECEDENTE

O precedente em exame é do Tribunal de Justiça do Estado de São Paulo, por sua Primeira Câmara de Direito Público, Apelação 0031147-70.2009.8.26.0053[1], à qual se aderiu, por conexão e arrastamento, a Apelação 0000920- 97.2009.8.26.0053[2], ambos julgados em conjunto, em 13 de maio de 2014, por votação unânime.

2.1 Exposição do caso

O caso era referente a um prédio de uso não residencial, situado na av. Brigadeiro Luiz Antônio, bairro do Jardim Paulista, na cidade de São Paulo, abrigo de edificação com projeto modificativo de aumento de área construída.

Para esta modificação do projeto original, formalizou-se pedido de alvará de aprovação e de execução da obra nova, sob a vigência da Lei Municipal 13.885/2004 (lei de zoneamento paulistana da época), a SEHAB (Secretaria Municipal de Habitação) propôs a aprovação do projeto, mediante o pagamento de outorga onerosa do direito de construir, e foi emitida autorização da SEMPLA.DEUSO (Departamento Técnico do Uso do Solo da Secretaria Municipal de Planejamento), com a classificação inicial e oficial do imóvel na zona de uso PI ZCL-a (Zona de Centralidade Linear com coeficiente de aproveitamento mínimo igual a 0,20, básico igual a 1,0 e máximo variando de 1,0 até o limite de 2,5, inserida na Macrozona de Estruturação e Qualificação Urbana – Macroárea de Urbanização Consolidada) e, então, foi paga a outorga onerosa de volume adicional de 507,21 m² de área construída (acima do

---

1. Disponível em: https://esaj.tjsp.jus.br/cjsg/getArquivo.do?cdAcordao=7559366&cdForo=0. Acesso em: 02 jun. 2021.
2. Disponível em: https://esaj.tjsp.jus.br/cjsg/getArquivo.do?cdAcordao=7559183&cdForo=0. Acesso em: 02 jun. 2021.

coeficiente de aproveitamento básico, mas inferior ao coeficiente de aproveitamento máximo, para o local).

Contudo, após o pagamento da outorga onerosa, a municipalidade não emitiu o alvará, pois recebeu denúncia anônima comunicando que o referido imóvel se encontrava em ZEPEC (Zona Especial de Preservação Cultural), na qual não é permitida a outorga onerosa (art. 211, "b", do Plano Diretor da Cidade). Então, após vistoria e parecer da Procuradoria Geral do Município pela impossibilidade legal de aprovação, acolhido pelo Secretário Municipal de Negócios Jurídicos, não se emitiu o alvará e o processo administrativo permaneceu sem decisão final da autoridade competente, embora houvesse referências posteriores de ausência de erros técnicos naquela classificação do bem na PI ZCL-a.

Concluída a obra, com o tal aumento de área construída, ocupado e locado o prédio para uso empresarial, (I) o proprietário ingressou com ação (Proc. 0031147-70.2009.8.26.0053) para declarar (i) que o imóvel em tela comportava a concessão do adicional de potencial construtivo, mediante o pagamento da outorga onerosa correlata, encontrando-se regular, bem como (ii) a nulidade das decisões administrativas contrárias a esse entendimento constantes no processo administrativo municipal respectivo, com determinação à municipalidade para que prosseguisse o trâmite desse processo até final decisão, em consonância com o referido entendimento; e (II) o locatário ingressou com outras duas ações (cautelar e principal), conexas (Proc. 0000920- 97.2009.8.26.0053), para anular dois autos de infrações e um auto de interdição de atividade no local, cuja imputação dos ilícitos era decorrente do vício daquela outorga onerosa, e, por consequência, da irregularidade da obra e de sua ocupação.

A sentença julgou improcedentes as demandas e as apelações devolveram as lides para apreciação, discussão e julgamento colegiado no tribunal.

2.2   A solução e o resumo de seus fundamentos

A solução do caso em litígio foi de provimento das apelações, julgando procedentes as demandas do proprietário e do locatário.

Para essa conclusão, os fundamentos do julgado passaram, em primeiro plano, pela análise técnico-urbanística, em confronto com a legislação local, especialmente a de zoneamento, em ordem a saber o exato enquadramento do imóvel, e, com isso, as limitações de uso e ocupação de solo que se lhe impõem.

Assim, destacou-se a aguda complexidade técnica e o "difícil trato do zoneamento na cidade de São Paulo..., observando-se que nem sempre o cidadão ou até mesmo o jurista, pelo mero exame de artigos de lei, têm a habilidade de atingir a real solução de enquadramento de zoneamento do imóvel urbano", e, para a referida precisão técnico-urbanística, foram de significativa relevância o laudo e os esclarecimentos do perito judicial, detalhados e bem fundamentados, bem como os "pareceres de especialistas na matéria – o do urbanista e ex-Secretário Municipal de Planejamento de São Paulo, Dr. Jorge Wilheim e do mestre em Direito do Estado e especialista em Direito Administrativo, Urbanístico e Ambiental, Dr. Paulo José Villela Lomar".

Deste modo, destaca o precedente:

no "largo emaranhado de macrozoneamento e zoneamento dos imóveis urbanos da cidade de São Paulo, cheio de regras e exceções, de sobreposições e de zoneamento de 'fundo', que a complexidade da vida urbana desta megalópole exige" definiu-se que, de fato, "o imóvel em questão, por enquadrar-se na ZCL-a (Zona de Centralidade Linear), que se insere em área da Macrozona de Estruturação e Qualificação Urbana (art. 108 da Lei Municipal 13.885/2004), comporta outorga onerosa do direito de construir (art. 20 da Lei Municipal 13.885/2004), não incidindo, sobre ele, a restrição obstativa desta outorga inserta no art. 211, "b", do Plano Diretor de São Paulo, por classificação em ZEPEC (Zona Especial de Preservação Cultural)".

Em segundo plano, outrossim, foi preciso entranhar-se nas questões pertinentes ao zoneamento ambiental-cultural e ao tombamento de bairro, considerando que o tal imóvel também "se encontra no perímetro da ZEPEC-Jardins", embora isso "não significa que não possa enquadrar-se na ZCL-a", e, ainda, em área que envolve o chamado "tombamento dos Jardins", i. e, dos "loteamentos implantados pela CIA City, com desenho urbanístico do arquiteto inglês Robert Parker, no início do século passado inspirados no modelo conhecido como 'cidade jardim de Ebenezer Howard".

E, nesse passo, atento ainda às normas urbanísticas locais e às Resoluções (CONCRESP e CONDEPHAAT) de tombamento, algumas relevantes distinções foram expostas em motivação do julgado:

(i) a primeira, no campo do zoneamento ambiental-cultural (arts. 114 e 116 da Lei Municipal 13.885/2004), distinguindo, no gênero da ZEPEC (Zona Especial de Preservação Cultural), segundo a lei da época, suas três espécies ou subgrupos: "a) ZEPEC-BIR (Bens Imóveis Representativos), que abrange imóveis ou conjunto de imóveis de caráter histórico ou de excepcional valor artístico, cultural ou paisagístico, inclusive os que tenham valor referencial para a comunidade; b) ZEPEC-AUE (Áreas de Urbanização Especial), que abrange conjuntos urbanos com características homogêneas de traçado viário, vegetação e índices urbanísticos, que constituem formas de urbanização de determinada época, que devem ser preservados por suas qualidades ambientais; c) ZEPEC-APP (Áreas de Proteção Paisagística), que abrange sítios e logradouros com características ambientais, naturais ou antrópicas, tais como: parques, jardins, praças, monumentos, viadutos, pontes, passarelas e formações naturais significativas, entre outras";

(ii) a segunda, na esfera do tombamento, distinguindo tombamento de imóvel individualizado de tombamento ambiental de bairro, pela diversidade de seus fins, de seus objetos e de efeitos.

Então, em relação ao ponto do zoneamento do meio ambiente cultural, classificou-se a ZEPEC-Jardins como ZEPEC-AUE, o que "não obsta a outorga de potencial construtivo, especialmente em quadro excepcional no qual se verifica que o imóvel em pauta, embora esteja no perímetro de ZEPEC-AUE (no caso a do bairro Jardins), tem enquadramento de zoneamento específico, atualmente na ZCL-a, e anteriormente na Z18-025 (e não na Z8-200 como enfatizou o perito judicial)".

E, quanto ao ponto do tombamento, no caso o de bairro, observando que este "tem por fim a proteção cultural dos elementos coletivos da urbanização (considerando o loteamento inicial, o traçado das vias, a qualidade de vida e o modelo de desenvolvimento urbano)", sem incidência singular da limitação administrativa por representatividade histórica ou de excepcional valor artístico, cultural ou paisagístico, no imóvel em foco e, portanto, "em si, não obsta a outorga de potencial construtivo".

Em terceiro plano, por fim, o julgado buscou motivação nos elementos temporais que envolvem os fatos e na vida dinâmica da cidade, os quais impõem a interpretação e a aplicação das normas jurídicas com equidade, para a declaração da coisa justa.

Assim, neste foco, observou-se, de um lado, o "tempo em que estes loteamentos foram implantados (1913 a 1929) até a ocasião em que houve o tombamento dos Jardins" e, de outro, a realidade urbanística atual do local em que o imóvel está situado, com atenção à "realidade dinâmica da cidade", ou seja, considerando "que a cidade não é estática, mas dinâmica", tem vida e, por isso, seu perfil de uso e ocupação sofreram no curso desse longo tempo de quase um século constantes e significativas mudanças, que não podem ser ignoradas. Daí, pois, a assertiva de que "quer o tombamento, quer o zoneamento especial de preservação cultural não têm carácter retroativo, ou seja, não têm por fim recuperar status cultural passado, mas sim preservar significativo status cultural presente", o que, "aliás, tem peculiar importância quando se cuida de tombamento de bairro, ou de definição de ZEPEC-AUE".

E, ainda, em reforço à interpretação realista, com atenção à vida dinâmica da cidade, no mesmo espaço geográfico do bairro Jardim Paulista, aproveitaram-se as lições do "saudoso Prof. Antonio Junqueira de Azevedo" – referente a imóvel situado no mesmo bairro, na "Av. Brasil" –, ao "apontar a perda de base, por alteração da situação fática de origem, da restrição urbanística convencional prevista pela empresa loteadora ('Restrições convencionais de loteamento, obrigação *propter rem* e suas condições de persistência'. Parecer publicado na RT 741/115-122)". Assim, embora em contexto de restrições urbanísticas convencionais, sem fonte legal (como as de zoneamento) ou em ato administrativo (como as de tombamento), aproveitou-se, por similitude, do substrato de argumentos desse parecer, para concluir:

> "se a desfiguração fático-urbanística do corredor ou da avenida que corta o bairro foi de tal ordem que poderia até mesmo justificar a perda de império das restrições urbanísticas convencionais, com maior razão é possível afirmar que essa desfiguração não pode ser desconsiderada em caso de tombamento ambiental de bairro ou de ZEPEC-AUE, cujo fim é a preservação (e não a reconstrução) urbanística (do modelo de desenvolvimento urbano à qualidade de vida no bairro), ou seja, considerando a realidade urbana do tempo do tombamento ou da definição da ZEPEC-AUE, sem feição retroativa ao tempo em que foi implantado o loteamento".

Em suma, como arrematado no precedente,

> "alguns corredores, avenidas ou trechos de avenidas que se encontram, formalmente, no perímetro do bairro tombado, ou no perímetro de ZEPEC-AUE, podem ter enquadramento final de zoneamento diferenciado, em ZCL-a, sem óbice algum à outorga onerosa do direito de

construir, desde que respeitados os limites máximos de coeficiente de aproveitamento (CA) desta zona de exceção"; tudo, "em conformidade com o direito aplicável, em pleno respeito à realidade urbanística atual, à dinâmica da vida urbana na peculiaridade concreta da cidade, e até mesmo em atenção ao princípio de direito intertemporal de irretroatividade das leis e dos atos administrativos restritivos".

3. APRECIAÇÃO CRÍTICA POR APROFUNDAMENTO DE ASPECTOS LEGAIS, DOUTRINÁRIOS E JURISPRUDENCIAIS

O exame crítico ora proposto é, para fins didáticos, i. e, de apoio ao aprendizado na matéria, com aprofundamento, distinções e enquadramentos específicos, que nos parece de utilidade aos operadores do direito em geral, e, para tanto, estão segregados em quatro tópicos, cada um para um tipo de instrumento urbanístico (tombamento de bairro, zoneamento ecológico urbano, restrições urbanísticas convencionais e outorga onerosa de potencial construtivo), embora, não se olvide, tal como se nota com clareza no caso em exame, estejam conectados entre si e necessitem de interpretações conjugadas, harmônicas e inter-relacionais.

3.1 Tombamento de bairro

Tombamento é instrumento ambiental-cultural de raiz constitucional (art. 216, § 1º, da CF/88) e disciplina infraconstitucional (Dec.-lei 25/37, Lei 3.924/61 e art. 1.228, § 1º, do Código Civil)[3], que se opera por ato de império de Poder Público (em regra ato administrativo, na esfera federal, estadual ou municipal[4]), impositivo de limitações, sobretudo[5] à faculdade de modificar algo, para preservar e proteger o patrimônio cultural (bens de valor histórico, paisagístico, artístico, arqueológico, paleontológico, ecológico e científico), mediante formal e oficial expressão espiritual de sua relevância, conjugada à jurídica e determinada impressão real de seu efeito restritivo vinculante.

---

3. A disciplina do tombamento, para além da esfera federal, também se espalha pelas esferas estaduais e municipais. Assim, por exemplo, no Estado de São Paulo, a Constituição Paulista (arts. 260 e 261), a Lei 10.247/68 e os Decretos 13.426/79, 48.137/2003, 50.941/2006 e 57.439/2011; e, no município de São Paulo, a Lei 10.032/85, com as alterações das Leis 10.236/86 e 14.516/2007.

4. Na esfera federal, por processo e ato administrativo do IPHAN (Instituto do Patrimônio Histórico e Artístico Nacional); na esfera estadual paulista, do CONDEPAHAAT (Conselho de Defesa do Patrimônio Histórico, Arqueológico, Artístico e Turístico do Estado de São Paulo); na esfera municipal paulistana, do CONPRESP (Conselho Municipal de Preservação do Patrimônio Histórico, Cultural e Ambiental da Cidade de São Paulo). "A inclusão de determinada função administrativa no âmbito da competência comum não impõe que cada tarefa compreendida no seu domínio, por menos expressiva que seja, haja de ser objeto de ações simultâneas das três entidades federativas" (STF, ADI 2544 e ADI 2544 MC, Min. Sepúlveda Pertence, j. 28.06.2006 e 12.06.2002, respectivamente).

5. A rigor, como destaca José Afonso da Silva, o tombamento impõe vínculos não só de "imodificabilidade", mas também "de destinação" e "de relativa inalienabilidade" (SILVA, José Afonso da. *Direito Urbanístico Brasileiro*. São Paulo: Ed. RT, 1981, p. 499). Todavia, em primeiro plano e especialmente no âmbito imobiliário, a limitação administrativa de primeira magnitude é à faculdade de modificar o bem tombado.

Assim, de um lado, o tombamento é "expressão socioaxiológica dos bens", por declaração de autoridade, em processo adequado, da "carga espiritual de vida histórico-cultural que a comunidade vincula a determinados bens"; e, de outro, é impressão real, que adere a coisa tombada, em modo *propter rem*, "carácter jurídico-ambulatorial especial", a impor um "regime jurídico próprio, que adere aos bens tombados, acompanhando-os independentemente de sua titularidade"[6].

Dentre as modalidades de tombamento, importa distinguir o tombamento individual do geral: "o tombamento será individual quando atingir bem determinado, e geral, quando disser respeito a todos os bens de determinada área"[7].

Aliás, a própria Constituição Federal prescreve que o patrimônio cultural é constituído não apenas de bens singulares ou individualizados, mas também de "conjuntos urbanos e sítios de valor histórico, paisagístico, artístico, arqueológico, paleontológico, ecológico e científico" (art. 216, V).

Esses tombamentos gerais, aliás, podem atingir determinada área urbana de um bairro (uma rua, uma quadra, por exemplo), um bairro todo ou alguns bairros contíguos, e até mesmo uma cidade inteira.

Enquanto as cidades são pequenas, até muradas (como as europeias, na Idade Média), não há bairros, mas apenas cidades; contudo, na medida em que crescem, ou caem os muros, expandindo-se afora de seu núcleo urbano original, então, para além do "centro", surgem os "bairros" – etimologicamente, "bairro" vem do árabe-hispânico "barri", significando o que está no exterior, fora, nos arredores ou arrabalde –, isto é, as comunidades que espontaneamente se agregam, pela periferia, ao centro da cidade. Daí, atualmente, designamos bairro a unidade comunitária urbana, composta por elementos urbanísticos e/ou sociais homogêneos em determinado espaço territorial da cidade.

Tombamento de bairro é, pois, modalidade de tombamento geral, que incide em elementos que compõem o conjunto urbano homogêneo, de relevância cultural e com perímetro territorial delimitado em determinada cidade. E, no caso do tombamento dos Jardins, como foi expresso no acórdão em referência, ele incidiu para "a proteção cultural dos elementos coletivos da urbanização (considerando o loteamento inicial, o traçado das vias, a qualidade de vida e o modelo de desenvolvimento urbano)".

---

6. AMADEI, Vicente de Abreu; MIRRA, Álvaro L. Valery. Tombamento Provisório. Registro de Imóveis. Admissibilidade. Parecer proferido no Proc. CGJ-SP 1.029/2006, em 18.07.2007. *RDI* 63/322-337. São Paulo: Ed. RT, 2007. p. 323. Esse parecer deu suporte à decisão do então Corregedor Geral da Justiça de São Paulo, Des. Gilberto Passos de Freitas, que permitiu, para além do registro do tombamento definitivo (art. 13 do Dec.-lei 25/1937), a averbação nas matrículas dos Registros de Imóveis do tombamento provisório, das outras formas de restrições próprias da preservação e acautelamento de bens imóveis integrantes do patrimônio cultural (art. 216, §§ 1º e 5º, CF; arts. 7º e 17 da Lei 3.924/61), bem como das restrições incidentes sobre os imóveis situados no entorno dos bens tombados ou reconhecidos como integrantes do patrimônio cultural (art. 18 do Dec.-lei 25/37).

7. MILARÉ, Édis. *Direito do Ambiente*. 5. ed. São Paulo: Ed. RT, 2007, p. 258.

Observe-se, então, que há tipos distintos de tombamento de bairro, pois (i) em uns, o tombamento pode ter em vista atingir determinado bairro considerando também a singularidade de cada imóvel que o compõem[8]; mas, (ii) em outros, o tombamento de bairro pode estar limitado aos aspectos coletivos da urbanização, sem forte ou densa atenção (e restrição) à singularidade dos imóveis que nele estão inseridos.

Assim, por exemplo, naquele primeiro tipo (i) enquadra-se o tombamento de centro histórico (como o do Centro Histórico de Santana de Parnaíba-SP) ou de bairro histórico (como o do Pelourinho, enquanto bairro histórico mais antigo de Salvador), que protege o patrimônio cultural e impõe limitações em todo o conjunto, público e privado, do espaço urbano tombado, a incluir cada um dos imóveis que o integra e que, por consequência, também sofrem severas e singulares limitações pelo tombamento. Naquele segundo tipo (ii), contudo, situa-se o tombamento dos Jardins, na cidade de São Paulo, ou seja, o tombamento dos bairros Jardim América, Jardim Europa, Jardim Paulista e Jardim Paulistano, tombamento de conjunto urbano na cidade de São Paulo destinado à preservação de elementos coletivos da urbanização, atentos, então, ao modelo de urbanização social inspirado em Ebenezer Howard, por loteamentos que foram implantados na capital paulista, de 1913 a 1929, pela CIA City e desenho urbanístico do arquiteto inglês Robert Parker, e que, embora tenha reflexos restritivos nos imóveis privados, não há dúvida de que o tal tombamento não teve em mira a singularidade predial de cada imóvel inserido no perímetro tombado, nem os afetar com fortes e densas limitações como ocorre, por exemplo, nos referidos tombamentos de centros históricos. Por isso, então, imóvel inserido no tombamento dos Jardins pode ter sua fachada livremente reformada, mas imóvel inserido no tombamento do Centro Histórico de Santana de Parnaíba não pode.

O exame das limitações dos prédios individuais em tombamento de conjunto, ademais, não se faz em modo quantitativo, ou seja, pela extensão da área, mas sim, qualitativamente, pelos fins do tombamento e pelos objetos de preservação cultural que se devem preservar. Assim, entende-se o porquê, em tombamento de cidade, pode haver restrição específica, tal como a proibitiva de gradeamento dos prédios residenciais[9], que necessariamente pode inexistir em tombamento de bairro ou de

---

8. Para esses, então, correta a afirmação de que "inexiste distinção entre tombamento individualizado e global (também chamado geral ou de conjunto): 'Não é necessário que o tombamento geral, como no caso da cidade de Tiradentes, tenha procedimento para individualizar o bem (art. 1º do Decreto-Lei n. 25/37). As restrições do art. 17 do mesmo diploma legal se aplicam a todos os que tenham imóvel na área tombada' (REsp 1.098.640/MG, Rel. Ministro Humberto Martins, Segunda Turma, DJe 25.06.2009)" – (STJ, REsp 1359534/MA, Rel. Ministro Herman Benjamin, Segunda Turma, j. 20.02.2014).

9. "É fato notório que o tombamento da Capital da República não atingiu apenas os prédios públicos, ou o seu arruamento, ou qualquer outra parte isoladamente considerada. Tombada foi a cidade em seu conjunto, com o seu singular conceito urbanístico e paisagístico, que expressa e forma a própria identidade da Capital. Assim, está também protegido por tombamento o conceito urbanístico dos prédios residenciais, com a uniformidade de suas áreas livres, que propiciam um modo especial de circulação de pessoas e de modelo de convívio. O gradeamento desses prédios comprometerá severamente esse

área menor: tudo depende e parte, pois, do exame finalístico, da razão de ser do tombamento em sua incidência nos bens que compõe o conjunto qualificado como integrante do patrimônio cultural.

É preciso, assim, em cada tombamento[10], avaliar seus específicos fins e objetos de preservação cultural e, com isso, seus efeitos restritivos, e, cuidando-se de tombamento de bairro (como o dos Jardins) é, de fato, possível concluir que, por seus fins e objetos peculiares, ele pode minimizar seus efeitos nos prédios individuais do perímetro tombado que, então, terão seus impactos restritivos reduzidos, conforme cada caso.

Por essa razão, aliás, quando "o objeto do tombamento não envolve um bem, em particular, mas todo um conjunto arquitetônico e urbanístico" (como o perímetro urbano do Centro Histórico da Cidade Oliveira – MG), é "desnecessária a notificação pessoal e individualizada de todos os proprietários de imóveis da região protegida, bastando a publicação por edital"[11]; contudo, nele é preciso ter atenção às "qualidades históricas, artísticas, naturais ou paisagísticas do todo", que compõem a "universalidade de direito ou *universitas iuris*", isto é, a "entidade ideal e complexa, que transcende a individualidade de cada um dos seus elementos-componentes"[12], e que cada um deles lhe deve harmônica sustentação.

Nesse passo da matéria, ainda é de bom proveito lembrar que todos os efeitos do tombamento (a incluir as limitações à modificação do bem), salvo o restritivo à alienação (art. 22 do Dec.-lei 25/37), nascem com o chamado tombamento provisório (art. 10 do Dec.-lei 25/37), ou seja, com a notificação do proprietário de abertura do processo de tombamento[13]. Contudo, não há que se falar em efeito retroativo, pois o fim do tombamento do bairro é preservar o patrimônio cultural coletivo (tombado) segundo a realidade fática em que se encontrava ao tempo da abertura do processo de tombamento, e não "a reconstrução" dos elementos urbanísticos já modificados pelo tempo até então, isto é, "considerando a realidade urbana do tempo do tombamento", com "atenção ao princípio de direito intertemporal de

---

conceito, importando ofensa ao art. 17 do DL 35/1937. Precedente: REsp 840.918, 2ª Turma, Min. Herman Benjamin" – (STJ, REsp 761.756/DF, Rel. Min. Teori Albino Zavascki, Primeira Turma, j. 15.12.2009).

10. Afinal, é o ato de tombamento que "estabelece o alcance da limitação ao direito de propriedade" (STF, ADI 1.706, rel. Min. Eros Grau, j. 09.04.2008).

11. STJ, RMS 55.090/MG, Rel. Min. Gurgel de Faria, Primeira Turma, j. 21.11.2019.

12. STJ, REsp 840.918/DF, Rel. Min. Eliana Calmon, Rel. p/ Acórdão Min. Herman Benjamin, Segunda Turma, j. 14.10.2008.

13. STJ, RMS 55.090/MG, Rel. Min. Gurgel de Faria, Primeira Turma, j. 21/11/2019. Opera-se, pois, quantos aos efeitos, uma equiparação do tombamento provisório ao definitivo, salvo quanto à restrição de alienação, observando, conforme consta nesse precedente do STJ que "Segundo a jurisprudência desta Corte de Justiça, a fase provisória do tombamento constitui, na realidade, ato de natureza declaratória e ostenta caráter preventivo, consistindo em uma antecipação dos efeitos impostos à coisa, a fim de garantir a imediata preservação do patrimônio histórico e artístico".

irretroatividade das leis e dos atos administrativos restritivos", conforme se frisou no acórdão em exame[14].

Não se ignora que o tombamento apenas declara, não constitui, o caráter socioaxiológico do bem tombado e, por isso se diz que o "valor cultural pertencente ao bem é anterior ao próprio tombamento"; mas, destaque-se: "diferença é que, não existindo qualquer ato do Poder Público formalizando a necessidade de protegê-lo, descaberia responsabilizar o particular pela não conservação do patrimônio"[15]. Logo, é apenas com o tombamento provisório que surge o dever de conservação e, dele, o de restaurar se conservado não for.

3.2   Zoneamento ecológico urbano

Zoneamento é uma técnica de segregação de espaços territoriais por critérios[16] (i) de fins sócio-econômico-ambientais da terra (e, assim, por exemplo, segregamos no município zona rural, urbana, urbanizável e de expansão urbana; ou, na cidade, macrozona de proteção ambiental e macrozona de estruturação e qualificação urbana; etc.), (ii) de proveito ou uso do solo (e, assim, por exemplo, fala-se em "zoneamento urbano ou funcional"[17], distinguindo zona exclusivamente residencial, zona estrita ou predominante industrial, zona mista, zona especial de preservação, zona de lazer e turismo, zona de centralidade, zona de transição etc.); (iii) de ocupação do solo ou de "assentamento da edificação no lote"[18], em conformidade com parâmetros (ou índices) urbanísticos de parcelamento e de edificação pré-definidos (e, assim distinguem-se as zonas por "características arquitetônicas"[19], diferenciadas, por

---

14.   Isso, naturalmente, não afasta o dever de restaurar o bem não conservado, desde que tombado, ainda que provisoriamente. Oportuna a lição colhida em precedente do STJ: "Emanação da função memorativa do direito de propriedade, o tombamento, voluntário ou compulsório, produz três órbitas principais de efeitos. Primeiro, acarreta afetação ao patrimônio histórico, artístico e natural do bem em tela, com a consequente declaração sobre ele de conjunto de ônus de interesse público, sem que, como regra, implique desapropriação, de maneira a assegurar sua conservação para a posteridade. Segundo, institui obrigações concretas - de fazer, de não fazer e de suportar – incidentes sobre o proprietário, mas também sobre o próprio Estado. Terceiro, abre para a Administração Pública e para a coletividade, depositárias e guardiãs em nome das gerações futuras, a possibilidade de exigirem, em juízo, cumprimento desses deveres negativos e positivos, inclusive a restauração do bem ao 'status quo ante', sob regime de responsabilidade civil objetiva e solidária, sem prejuízo de indenização por danos causados, até mesmo morais coletivos" (STJ, REsp 1791098/RJ, Rel. Min. Herman Benjamin, Segunda Turma, j. 23.04.2019). No mesmo sentido: STJ, REsp 1584614/CE, Rel. Min. Regina Helena Costa, Primeira Turma, j. 25.10.2018; STJ REsp 1359534/MA, Rel. Min. Herman Benjamin, Segunda Turma, j. 20.02.2014.
15.   STJ, REsp 753.534/MT, Rel. Min. Castro Meira, Segunda Turma, j. 25.10.2011.
16.   "O zoneamento, ainda num sentido abrangente, consiste na repartição do território municipal à vista da destinação da terra, do uso do solo ou das características arquitetônicas". Pelo primeiro critério, "a qualificação urbanística do solo"; pelo segundo, "o zoneamento de uso ou funcional"; pelo terceiro, "o zoneamento arquitetônico" (SILVA, José Afonso da. Op. cit., p. 290).
17.   MUKAI, Toshio. *Direito Urbano e Ambiental*. 3. ed. Belo Horizonte: Fórum, 2006, p. 200.
18.   A expressão é de José Afonso da Silva, que também anota ser a ocupação do solo, em sentido amplo, "modo de povoamento do território" e, em sentido estrito, urbanístico, "assentamento urbano", variável conforme a "relação entre a área do lote" e "a quantidade de edificação que se coloca dentro dele" (SILVA, José Afonso da. Op. cit., p. 302 e 303).
19.   SILVA, José Afonso da. Op. cit., p. 290.

exemplo, no que toca ao *ius aedificandi*, pela variação de coeficientes de aproveitamento[20], taxas de ocupação[21], gabarito de altura máxima[22], recuos mínimos[23], taxa de permeabilidade[24] etc.).

Essa técnica, em lei, converte o zoneamento em importante instrumento urbanístico de planejamento territorial para o controle do uso e ocupação do solo, na estratégia de regulação urbanístico-ambiental por delimitações de atividades e parâmetros (ou índices) urbanísticos previamente estabelecidos por perímetros ou porções territoriais demarcadas. E, assim, o zoneamento, juridicamente, "se insere na figura mais ampla das limitações administrativas"[25].

Zoneamento ambiental, então, é segregação de parcelas territoriais "nas quais se autorizam determinadas atividades ou interdita-se, de modo absoluto ou relativo, o exercício de outras atividades[26]", em prol da preservação, conservação ou recuperação de bens ambientais; "deve ser a consequência do planejamento"[27] ecológico, em todos aspectos de tutela do meio ambiente, quer naturais (meio ambiente físico, próprio das realidades sensíveis e alheias à criação e à construção humana: fauna, flora, ar atmosférico, água, solo e subsolo), quer artificiais (meio ambiente construído, próprio das obras humanas referentes à cidade sustentável em seus espaços abertos e fechados, públicos e privados), quer culturais (meio ambiente espiritualizado, próprio da estima humana em sua dimensão sociocultural).

A Lei 6.938/81, no plano federal, aponta o "zoneamento ambiental" como instrumento de política ambiental (art. 9º) e o "zoneamento das atividades potencial ou efetivamente poluidoras" como um de seus princípios (art. 2º, V). O Decreto 4.297/2002, ao regulamentar o princípio do uso racional do solo, do subsolo, da água e do ar, destaca o grande valor do "Zoneamento Econômico-Ecológico do Brasil – ZEE", disciplinando-o longamente, em âmbito nacional e regional, para a tutela de

---

20. Coeficiente de aproveitamento é a relação entre a área construída e a área do terreno, que será básico (CAb, resultante do potencial construtivo ordinário ou inerente ao terreno, conforme as normas urbanísticas para o local, e, portanto, gratuito), máximo (CAmax, teto, acima do qual não se pode ultrapassar, e, portanto, acima do básico e até o máximo, o potencial construtivo é, em regra, oneroso) e mínimo (CAmin, abaixo do qual o imóvel é considerado subutilizado, possivelmente desgarrado de sua função social). O Estatuto da Cidade, aliás, define: "coeficiente de aproveitamento é a relação entre a área edificável e a área do terreno" (art. 28, §1º) – (CA = AE/AT).
21. Taxa de ocupação é a relação entre a área de projeção horizontal edificada e a área do terreno, ou "*a superfície do terreno a ser ocupada com a construção*" (SILVA, José Afonso. Op. cit., p. 305).
22. Gabarito de altura máxima do edifício é a distância entre o piso do pavimento térreo e o ponto mais alto da cobertura.
23. Recuo mínimo ou afastamento é a menor distância a ser reservada entre a edificação (alinhamento predial ou "o limite externo da projeção horizontal da edificação", como aponta José Afonso da Silva, ob. cit., p. 306) e as divisas do terreno (ou linhas perimetrais do lote – frontal, laterais e fundos).
24. Taxa de permeabilidade é a relação entre a área permeável (aquela que permite a infiltração da água no solo, livre de edificação e de pavimentação não drenante) e a área total do terreno.
25. MUKAI, Toshio. Op. cit., p. 342.
26. MACHADO, Paulo Affonso de Leme. *Direito ambiental brasileiro*. 14. ed. São Paulo: Mallheiros, 2006, p. 187.
27. MACHADO, Paulo Affonso de Leme. Op. cit., p. 184.

biomas brasileiros ou territórios abrangidos por planos e projetos prioritários (art. 6º), no fim de proteger, conservar e recuperar os recursos naturais, e de promover o desenvolvimento sustentável (arts. 2º, 4º, I e 11), em relação aos quais, os zoneamentos municipais devem compatibilizar-se (art. 14, VI e VII). A Lei 7.661/88 informa a necessidade de "zoneamento de usos e atividades na Zona Costeira" (art. 3º). O Estatuto da Terra prevê estudos pelo INCRA para zoneamento orientado à política agrária e às atividades colonizadoras (arts. 43, 44 e 58), bem como de levantamento e análises complementares ao zoneamento para a "destinação econômica das terras, adoção de práticas adequadas segundo as condições ecológicas", bem como recuperação de "áreas degradadas" (art. 45). O Código Florestal reporta-se ao "Zoneamento Ecológico-Econômico da Zona Costeira – ZEEZOC" (art. 11-A, § 5º) e ao "Zoneamento Ecológico-Econômico – ZEE estadual" (arts. 12, § 5º e 13). O Estatuto da Metrópole, por sua vez, indica que o plano de desenvolvimento urbano integrado de região metropolitana ou de aglomeração urbana deve contemplar "*o macrozoneamento da unidade territorial urbana*" (art. 12, § 1º, II), e o Estatuto da Cidade, por fim, aponta dentre os instrumentos de política urbana, no contexto do planejamento municipal, o "zoneamento ambiental" (art. 4º, III, "c").

Sem desprezo aos zoneamentos nacionais, regionais e estaduais, mas atento ao que é próprio do universo das cidades, é no âmbito municipal do planejamento que o zoneamento ecológico urbano recebe concretude, volume e densidade regulamentar.

E o modo pelo qual o zoneamento ecológico ganha vida, para a tutela do equilíbrio ambiental natural, artificial e cultural é, sobretudo, pela técnica de previsão de Zonas Especiais, ou seja, pelo destaque de porções territoriais com caracteres singulares e destinações específicas, às quais são previstas normas próprias de uso e ocupação do solo e edilícias.

Assim, por exemplo, é o que se verifica no zoneamento ecológico municipal de São Paulo[28]: (i) a Zona Especial de Preservação (ZEP) serve para parques estaduais considerados unidades de conservação, parques naturais municipais existentes e outras Unidades de Proteção Integral definidas pela legislação federal (Sistema Nacional de Unidades de Conservação da Natureza), existentes e que vierem a ser criadas no Município, no escopo de preservar os bens ambientais naturais, com fortíssima limitação às atividades (v.g. permitida apena a pesquisa, o ecoturismo e a educação ambiental) e às densidades demográfica e construtiva; (ii) a Zona Especial de Preservação Ambiental (ZEPAM), por sua vez, para a preservação e proteção de

---

28. Cf. Lei 13.885/2004, em vigor ao tempo dos fatos à que se reportam os precedentes em exame, bem como a atual Lei 16.402/2016, sobretudo no que se referem à ZEP, à ZEPAM e à ZEPEC, da qual extraímos os referenciais conceituais de cada uma dessas zonas especiais. Anote-se, ainda, que a nova lei de zoneamento paulistana (Lei 16.402/2016), redefiniu as zonas especiais de proteção ambiental, e criou a Zonas de Preservação e Desenvolvimento Sustentável (ZPDS): "porções do território destinadas à conservação da paisagem e à implantação de atividades econômicas compatíveis com a manutenção e recuperação dos serviços ambientais por elas prestados, em especial os relacionados às cadeias produtivas da agricultura, da extração mineral e do turismo, de densidades demográfica e construtiva baixas" (art. 18), classificadas, pois em duas especiais: uma para zona urbana (ZPDS), outra para zona rural (ZPDSr).

ocorrências ambientais isoladas ou do patrimônio ambiental com atributos específicos (v.g. remanescentes de Mata Atlântica ou outra forma de vegetação nativa, de vegetação significativa e de arborização de relevância ambiental; áreas com alto índice de permeabilidade e existência de nascentes, incluindo os parques urbanos existentes e planejados e os parques naturais planejados, que prestam relevantes serviços ambientais, entre os quais a conservação da biodiversidade; áreas de produção de água e regulação microclimática; áreas de alto risco, com controle de processos erosivos e de inundação), com um pouco mais de elasticidade em atividades e densidades demográfica e construtiva, mas ainda fortemente restritivas e estimuladas à preservação; (iii) a Zona de Preservação Cultural (ZEPEC) destinada à preservação, valorização e salvaguarda dos bens integrantes do patrimônio cultural (bens de valor histórico, artístico, arquitetônico, arqueológico e paisagístico) do Município, podendo se configurar em modo individual ou geral (como elementos construídos, edificações e suas respectivas área ou lotes, conjuntos arquitetônicos, sítios urbanos ou rurais, sítios arqueológicos, áreas indígenas, espaços públicos, templos religiosos, elementos paisagísticos, conjuntos urbanos, espaços e estruturas que dão suporte ao patrimônio imaterial ou a usos de valor socialmente atribuído), cujo primeiro (e maior) norte de enquadramento é o dos imóveis ou áreas tombados ou preservados por órgão competente municipal, estadual e federal.

O que importa sublinhar, neste ponto, é que a classificação de zoneamento ecológico urbano de feição cultural se opera em equivalência com o tombamento, e, assim, o tombamento de bairro (limitação administrativa com fonte em ato administrativo) projeta-se em zoneamento de preservação cultural - ZEPEC (limitação administrativa com fonte em ato legal), com reflexos próprios que os efeitos dessa classificação (como zoneamento) têm no universo do direito urbanístico-ambiental. Em outras palavras, para além do tombamento e de seus efeitos, os imóveis e áreas tombadas passam a ter, também, zoneamento especial e novos efeitos correlatos.

Oportuno, ainda, registrar que, ao tempo dos julgados em exame, havia apenas três categorias de ZEPEC (BIR, AUE e APP), como constou na referência à fundamentação do acórdão em exame, bem como que o enquadramento do tombamento do bairro do Jardim Paulista foi como ZEPEC-AUE, ou seja, própria de "conjuntos urbanos com características homogêneas de traçado viário, vegetação e índices urbanísticos, que constituem formas de urbanização de determinada época, que devem ser preservados por suas qualidades ambientais" (art. 116, II, da Lei 13.885/2004, apoiada no Plano Diretor Estratégico do Município de São Paulo então vigente, Lei 13.430/2002).

Atualmente, com o novo Plano Diretor Estratégico do Município de São Paulo (PDE-SP) – (Lei 16.050/2014) e a nova Lei de Zoneamento (Lei 16.402/2016), são quatro as categorias de ZEPEC (art. 63 do PDE-SP: BIR, AUE, APPa e APC[29]),

---

29. A inovação está na "Área de Proteção Cultural (APC) – imóveis de produção e fruição cultural, destinados à formação, produção e exibição pública de conteúdos culturais e artísticos, como teatros e cinemas de

observando-se, no que importa para a matéria, que o tombamento dos Jardins (de bairro) continua classificado em ZEPEC-AUE, nada obstante o perfil conceitual desta categoria tenha sido modificado e ampliado: "Áreas de Urbanização Especial (AUE) – porções do território com características singulares do ponto de vista da morfologia urbana, arquitetônica, paisagística, ou do ponto de vista cultural e simbólico, ou conjuntos urbanos dotados de identidade e memória, possuidores de características homogêneas quanto ao traçado viário, vegetação e índices urbanísticos, que constituem documentos representativos do processo de urbanização de determinada época" (art. 63, II do PDE-SP).

E, ainda, no que tange à possibilidade de aplicar em imóvel situado em ZEPEC a outorga onerosa de potencial construtivo, a vedação do art. 211, "b", do antigo PDE-SP (Lei 13.430/2002) não tem equivalência no novo PDE-SP (Lei 16.050/2014), o qual, ao contrário, expressamente prevê a aplicação nas ZEPEC do referido instrumento urbanístico (art. 65, II).

3.3 Restrições urbanísticas convencionais

Afastando-se das limitações administrativas e do universo regulatório de direito público, ingressa-se, neste passo, no âmbito das restrições jusprivadas à propriedade privada.

E, nesse campo, além das restrições civis de direito de vizinhança, encontram-se as restrições civis convencionais,

> "destinadas à tutela de interesses coletivos, quer no âmbito dos loteamentos (restrições convencionais urbanísticas impostas pelo loteador para preservar o padrão urbanístico do empreendimento, em benefício da coletividade dos adquirentes de lotes), quer no âmbito condominial (convenções de condomínio, que disciplinam a vida interna condominial, atentas às múltiplas relações jurídicas entre os condôminos, impostas em condomínio edilício, para o bem dessa coletividade)"[30].

Restrições urbanísticas convencionais, portanto, são restrições civis na esfera do parcelamento do solo urbano e, como o nome diz, não decorrem de ato de império estatal, mas de regulação de base negocial, ou seja, contratual (art. 26, VII, e 45 da Lei 6.766/79). Elas, assim, não têm fonte em lei, em ato administrativo ou em sentença judicial, mas sim em obrigações resultantes de aquisição de lote de terreno em determinado loteamento, para o qual foram previstas pelo loteador em prol do interesse coletivo do núcleo urbano, com publicidade registral, desde o registro especial do loteamento, em contrato-padrão e memorial do empreendimento imobiliário, depositados no Registro de Imóveis.

---

rua, circos, centros culturais, residências artísticas e assemelhados, assim como espaços com significado afetivo, simbólico e religioso para a comunidade, cuja proteção é necessária à manutenção da identidade e memória do Município e de seus habitantes, para a dinamização da vida cultural, social, urbana, turística e econômica da cidade" (art. 63, IV, do PDE – Lei 16.050/2014).

30. AMADEI, Vicente Celeste, e AMADEI, Vicente de Abreu. *Como lotear uma gleba. O parcelamento do solo urbano em seus aspectos essenciais*, 4. ed. Campinas: Millennium, 2014, p. 72.

Já foram classificadas como servidões *sui generis* – "de luz", "de vista" ou "de certa altura" (Lafaytte Rodrigues)[31], ou "estéticas e higiênicas" (Waldemar Ferreira)[32] –, estipulações em favor de terceiro (Hely Lopes Meirelles)[33], restrições urbanísticas supletivas (Afrânio de Carvalho)[34] ou concorrentes (STF)[35]. Atualmente, prevalece a posição doutrinária de Orlando Gomes[36], acompanhada e bem sedimentada por Antônio Junqueira de Azevedo[37], qualificando-as como obrigações *propter rem* ou *in rem scriptae*.[38]

Restrições urbanísticas convencionais, então, são obrigações *propter rem*,

"impostas pelo loteador e destinadas à tutela dos interesses coletivos no âmbito do núcleo urbanístico que emerge do loteamento, e, assim, tem por fim preservar o padrão urbanístico, ambiental e paisagístico do empreendimento, em benefício da coletividade dos adquirentes de lotes", e, assim, são "fixadas no interesse coletivo, em base negocial e eficácia real, por publicidade registral imobiliária, no âmbito do parcelamento do solo, com feição de reciprocidade, homogeneidade, padronização e isonomia"[39].

Registe-se, ainda, que elas são estabelecidas no interesse e para a tutela de determinado núcleo social urbano, e, assim, têm, simultaneamente, feição civil-comunitária e urbanístico-coletiva, mas não falta quem vai além desse enfoque, nelas vislumbrando caráter público:

"veículo de estímulo a um novo consensualismo solidarista, coletivo e intergeracional, tendo por objetivo primário garantir às gerações presentes e futuras espaços de convivência urbana marcados pela qualidade de vida, valor estético, áreas verdes e proteção contra desastres naturais. Nessa renovada dimensão ética, social e jurídica, as restrições urbanístico-ambientais convencionais conformam genuína índole pública, o que lhes confere caráter privado apenas no nome"[40].

---

31. PEREIRA, Lafaytte Rodrigues. *Direito das Cousas*. Rio de Janeiro: Typ. Baptista de Sousa 1922, p. 270-274.
32. FERREIRA, Waldemar. *O loteamento e a venda dos terrenos em prestações*, São Paulo: Ed. RT, 1938, v. I, p. 100.
33. MEIRELLES, Hely Lopes. *Direito de Construir*. São Paulo: Ed. RT, 1979, p. 67; *As restrições de loteamento e as leis urbanísticas supervenientes*, RT 462/24.
34. CARVALHO, Afrânio. Restrições urbanísticas em loteamento, *RDI* 24-25.
35. STF, *RDCiv* 34/172.
36. GOMES, Orlando. *Direitos Reais*, 18. ed. Rio de Janeiro: Forense, 2001, p. 189.
37. AZEVEDO, Antônio Junqueira. "*Restrições convencionais de loteamento* – obrigações *propter rem* e suas condições de persistência". Parecer publicado em *RT* 741/115-122.
38. Neste sentido, também, o STJ: "As restrições urbanístico-ambientais, ao denotarem, a um só tempo, interesse público e interesse privado, atrelados simbioticamente, incorporam uma natureza propter rem no que se refere à sua relação com o imóvel e aos seus efeitos sobre os não-contratantes" (REsp 302.906/SP, rel. Min. Herman Benjamin, DJe 1º.12.2010). Confira, ainda, dentre outras, as lições de Hamid Bdine, Hamid Bdine Neto, Flaviano Galhardo e João Baptista Galhardo (BDINE, Hamid, e BDINE NETO, Hamid. *Restrições convencionais dos loteamentos: fiscalização e cancelamento*. Opinião Jurídica 5. Direito Imobiliário. São Paulo: SECOVI-SP, 2018, 31-33, especialmente p. 31; GALHARDO, Flaviano, e GALHARDO, João Baptista. *Restrições Convencionais e Registro de Imóveis*. In: AHUALLI, Tânia Mara e BENACCHIO, Marcelo (Coord.). *Direito Notarial e Registral* – Homenagem às Varas de Registros Públicos da Comarca de São Paulo. São Paulo: Quartier Latin, 2016, p. 381-401, especialmente p. 383).
39. AMADEI, Vicente de Abreu. Obrigação *propter rem* e loteamento de acesso controlado. *Opinião Jurídica* 6. Direito Imobiliário. São Paulo: SECOVI-SP, 2018, p. 107-115, especialmente p. 111. Cf., ainda: Proc. CGJ-SP 189/06.
40. STJ, REsp 302.906/SP, rel. Min. Herman Benjamin, DJe 01.12.2010.

Discute-se, com intensidade, sobre a prevalência, ou não, dessas restrições convencionais, ante leis urbanísticas municipais supervenientes e, também, sobre o modo de as considerar frustradas, com esgotamento de sua energia jurídica. Entendo, nesse ponto, que (i) tais restrições não podem ser consideradas revogadas ou ineficazes em via administrativa[41], (ii) preponderam à aprovação municipal divergente[42], nada obstante posição diversa[43], bem como que (iii) a assertiva de prevalência da lei municipal à restrição convencional incompatível não pode ser considerada cegamente, em modo absoluto ou sem reservas. Ao meu parecer, prevalece a lei municipal nova em relação à restrição urbanística, se aquela for mais gravosa que essa, ou, caso seja mais liberal, se a lei expressamente revogar a restrição convencional; mas, se for mais liberal, genérica ou silente em relação à restrição convencional, essa restrição convencional pode perdurar[44].

A exceção, entretanto, pode ocorrer – e isso interessa não apenas em restrições convencionais, mas também em interpretação e aplicação das limitações administrativas decorrentes de tombamento de bairro e de zoneamento ecológico urbano, com equidade –, e essa exceção se encontra na necessidade de considerar a dialética entre norma e fato, atenta ao devir histórico (espacial e temporal) da vida dinâmica da cidade.

Assim, oportuno repetir o quadro exposto em outro julgado da mesma 1ª Câmara de Direito Público do Tribunal de Justiça de São Paulo, em campo de restrições urbanísticas no bairro Alto da Lapa da cidade paulistana:

"a) se a lei nova, embora mais liberal, for de cunho específico e, assim, expressamente revogar a restrição convencional, então, parece lógico e razoável, que prevaleça a lei nova, ante a força de império da lei, com comando específico a respeito da matéria, de eloquente posição hierárquica superior às regras restritivas convencionais (neste sentido, por exemplo, cf. Proc. CGJ-SP 79569/09);

b) se a lei nova, contudo, for genérica ou silente quanto à restrição convencional em discussão, então, possível duas hipóteses:

b.1) a de prevalência da restrição convencional à lei posterior mais liberal, em regra, pelo princípio da não revogação da norma especial pela norma geral (*lex posteriori generalis non derogat priori speciali*), em contexto de tutela de interesse coletivo que ainda não perdeu sua razão de

---

41. CSM-SP, Ap. 14.892-0.
42. Proc. CGJ-SP 227/07, 29/06, 453/06; CSM-SP, Ap. 833-6/3, 594-6/1, 587-6/0, 22.300-0/0, 63.641-0/6.
43. CSM-SP, a partir da Ap. 0038476-21.2011.8.26.0100, j. 12.09.2012, que mudou a orientação, para afirmar que as restrições convencionais não prevalecem contra lei municipal, se com ela forem incompatíveis.
44. "São conhecidos precedentes jurisprudenciais, neste último quadro (lei posterior mais liberal que a restrição convencional), quer o E. STF (RE 101.258-7/SP, rel. Min. Soarez Munhos), quer do STJ (REsp. 302.906/SP, rel. Min. Herman Benjamin), em prestígio às restrições convencionais. E também são conhecidos entendimentos opostos, no sentido da prevalência da lei nova, por "impossibilidade de normas convencionais se sobreporem a limitações de ordem pública (STJ, REsp. 289.093, rel. Min. Milton Luiz Pereira, rel. p/ Acórdão Min. Luiz Fux.). Neste sentido, ainda, é a posição de Diógenes Gasparini, Hely L. Meirelles, e Afrânio de Carvalho, na matéria). Mas, mesmo seguindo aquela primeira linha de pensamento, é preciso consignar que a solução pela preponderância da restrição convencional à lei urbanística posterior mais liberal não é tão simples, nem automática" (TJSP, Ap. 0165744-43.2006.8.26.0000, j. 04.11.2014).

ser (v.g. para leis de zoneamento/urbanísticas mais liberais: RT 639/105; TJSP: EI 394.624-9-1, Ap. 53.413-5, 434.829.5/1-00; para lei de anistia às construções irregulares: TJSP, Ap. 63.745-4); b.2) a de prevalência condicionada da lei nova: se a 'desfiguração do loteamento implica no perecimento de seus atributos urbanísticos' (TJSP, Ap. 394.151.5/7-00), com atenção, neste caso, ao critério da perda de eficácia da restrição convencional pela perda da base objetiva do negócio jurídico normativo (cf. Antônio Junqueira de Azevedo, apoiado em Larenz, no parecer publicado na RT 741/115), considerando a realidade dinâmica da cidade".[45]

Nesse último aspecto, portanto, aproximam-se os fundamentos desse julgado, que têm por objeto a prevalência, ou não, de restrição urbanística convencional, àquele ora em análise, com limitação administrativa decorrente de tombamento ambiental de bairro e de zoneamento ecológico urbano. É preciso, pois, tanto num aspecto como noutro, considerar as circunstâncias históricas, fático-temporais, inerentes à urbanização do local em que o imóvel está situado, ou seja, próprias da realidade dinâmica da cidade em relação a situação concreta e específica da região e do local onde o prédio está situado, cauteloso, ainda, às evidencias de que, para as restrições convencionais impostas pelo loteador, que elas "não são perpétuas, mas podem ceder, até mesmo, pela desfiguração da base fática e objetiva que antes lhe deu razão, mas, agora, não mais a sustenta"[46], e, para as limitações administrativas por tombamento de bairro e zoneamento ecológico urbano, que elas demandam interpretação e aplicação das normas correlatas com aguda equidade e atenção à possível, pretérita e longínqua "desfiguração fático-urbanística"[47] do local, evitando solução desgarrada da teleologia e da axiologia que elas impõem realizar.

3.4   Outorga onerosa de potencial construtivo

O *ius aedificandi* é, de um lado, faculdade do domínio radicada no direito de usar o solo próprio, e, como tal, integra o direito de propriedade, objeto de disciplina no Direito Civil; por outro lado, o exercício do *ius aedificandi* interfere na *urbs* (na cidade, em seus elementos espaciais, físicos e territoriais) e na *polis* (na cidade, em seus elementos humanos, políticos e sociais), a justificar conformação com o Plano Diretor e com o complexo de leis urbanísticas e ambientais (v.g. leis de parcelamento, uso e ocupação do solo, Código de Edificações, lei de proteção aos mananciais, leis de zoneamento, a incluir o zoneamento ambiental etc.).

Aí está, então, um dos aspectos do atual binômio tensivo entre tutela do direito de propriedade e tutela da cidade sustentável, a desafiar integração civil-urbano-ambiental, considerando que o *ius aedificandi* é, de fato, inerente ao direito de propriedade privada do solo, mas não é direito absoluto, e sim condicionado às determinações urbanísticas e ambientais, segundo o Plano Diretor e a legislação de ordenação terri-

---

45. TJSP, Ap. 0165744-43.2006.8.26.0000, j. 04.11.2014.
46. TJSP, Ap. 0165744-43.2006.8.26.0000, j. 04.11.2014.
47. TJSP, Ap. 0031147-70.2009.8.26.0053, j. 13.05.2014.

torial urbana em geral, que o limitam e o conformam, em atenção à função social da cidade e à função social da propriedade, no contexto das exigências do bem comum.

E, nesse rumo, despontam-se relevantes instrumentos de política urbana, que se reportam ao *ius aedificandi*, alguns operáveis com elevado grau de abstração, por disjunção jurídica do edifício em relação ao solo. Edificação compulsória, direito de superfície, outorga onerosa do direito de construir (solo criado) e transferência de potencial construtivo são os principais instrumentos previstos no Estatuto da Cidade relacionados ao *ius aedificandi*. Em comum, no fundamento de suas concepções, encontra-se a função social: (i) edificação compulsória é sanção para corrigir o desvio da função social propriedade, conforme a indicação do Plano Diretor; (ii) os outros três instrumentos são concebidos na ideia de exceção à máxima *superficies solo cedit*, justificando, pois, na função social, o excepcional descolamento do solo daquilo que é edificado (já construído) ou edificável (potencial construtivo).

Assim, a regra civilista *superficies solo cedit*, que configura o princípio de acessão[48], é excepcionada por aqueles três instrumentos urbanísticos do Estatuto da Cidade: o direito de superfície[49] implica em descolamento jurídico do edifício em relação ao solo; a outorga do direito de construir (solo criado) e a transferência do direito de construir importam em descolamento jurídico do potencial construtivo.

Outorga onerosa de direito de construir, enquanto instrumento urbanístico, encerra a ideia pela qual é possível acrescer área edificável ao lote de terreno além do coeficiente de aproveitamento básico (CAb) e até o limite máximo (CAmax), fixados em lei para o local, em modo oneroso (satisfeita a contrapartida). Confere, então, "áreas adicionais utilizáveis, não apoiadas diretamente sobre o solo natural", que podem ocupar o espaço aéreo ou o subsolo por "criação artificial de área horizontal, mediante a sua construção sobre ou sob o solo natural"[50].

Daí, a partir dos elementos normativos do Estatuto da Cidade (arts. 28 a 31), define-se outorga onerosa do direito de construir como direito do proprietário de imóvel incluído em área urbana fixada no Plano Diretor de construir acima do coeficiente de aproveitamento básico e até o limite máximo, também fixados no Plano Diretor, mediante contrapartida aplicável a fim social ou urbanístico definido (no quadro do rol taxativo do art. 26 do Estatuto da Cidade), formalizado por licença[51] e

---

48. O princípio de acessão informa que ao solo, como elemento principal, incorpora-se o que se planta e o que se constrói e, portanto, plantações e edificações passam a integrar o solo onde estão, ao domínio de seu proprietário, e a transferência do domínio do solo acompanha a da acessão, que se opera conjuntamente, na unidade da coisa.

49. E, também, o direito real de laje, agregado à nossa ordem jurídica pela Lei 13.465/2017 (arts. 55 a 57).

50. GRAU, Eros Roberto. Solo criado. *Revista de Direito Imobiliário* (RDI), v. 51. p. 22-24. São Paulo: Ed. RT, 2001, jul./dez. 2001.

51. Acompanha-se, no ponto, o entendimento de Diógenes Gasparini *O Estatuto da Cidade*. São Paulo: NDJ, 2002, p. 72), e não o de Eros Grau ao apontar a formalização da outorga onerosa por cessão (Op. cit., p. 42), embora se anote ser licença com "certas peculiaridades", ante a feição negocial que a antecede, a pressupor "o concurso de vontade (do Poder Público e do proprietário particular) na definição da contrapartida e do benefício colhido, nos limites da lei específica" (AMADEI, Vicente de Abreu. *Urbanismo Realista*. Campinas: Millennium, 2006, p. 58-59).

sintonizado com lei municipal específica, que deve estabelecer as condições de sua operacionalidade[52].

Compreendido o instrumento, é necessário salientar a magnitude que o Plano Diretor tem para sua configuração, eficácia, operação e diálogo com as demais ferramentas de política urbana, de modo particular, com o tombamento (a incluir o de bairro) e o zoneamento ecológico urbano (a incluir a ZEPEC-AUE).

Tome-se o exemplo do atual Plano Diretor Estratégico do Município de São Paulo (PDE-SP) - (Lei 16.050/2014), ao disciplinar as ZEPEC, e note-se como nelas se aplicam os instrumentos da transferência do direito de construir e da outorga onerosa do direito de construir: a transferência do direito de construir, específica para imóveis enquadrados em ZEPEC-BIR e ZEPEC-APC (arts. 65, I, 66, § 1º e 67, §4º)[53]; a outorga onerosa do potencial construtivo adicional, para imóveis classificados em ZEPEC (sem especificar categoria alguma de ZEPEC, vale, a princípio, para imóveis enquadrados em ZEPEC-BIR, ZEPEC-AUE, ZEPEC-APPa e ZEPEC-APC), mas, naturalmente, com moderação e atenção aos demais enquadramentos urbanísticos e ambientais, notadamente às classificações das áreas urbanas no Plano Diretor, ao contexto da lei de zoneamento em geral e aos condicionamentos da legislação urbana específica.

É verdade que esse PDE-SP (Lei 16.050/2014), de veia estatizante mais acentuada que o anterior (Lei 13.430/2002), ao generalizar o coeficiente de aproveitamento básico (CAb) igual a 1,0 (art. 116, § 2º, I, c.c. Quadros 2 e 2-A da Lei 16.050/2014), para aplicar o instrumento da outorga onerosa do direito de construir em cidade de território tão vasto e diversificado como é a de São Paulo, com regiões e áreas de vocações edilícias para o adensamento tão distintas[54], pode não só comportar sérias

---

52. É de bom proveito, ainda, ter em conta o conceito que se pode extrair no PDE-SP (Lei 16.050/2014), em seus artigos 115 e 116, que se forja pela perspectiva do ente público (em contraposição ao conceito inferido do Estatuto da Cidade, que acentua mais a perspectiva do proprietário) pela conjugação das noções de outorga onerosa do direito de construir e de potencial construtivo adicional: este (o potencial construtivo adicional) como "bem jurídico dominical, de titularidade da Prefeitura, com funções urbanísticas e socioambientais", "correspondente à diferença entre o potencial construtivo utilizado e o potencial construtivo básico" (art. 116, *caput* e § 1º); aquela (a outorga onerosa do direito de construir) como faculdade da Prefeitura de conferir aos proprietários "o potencial construtivo adicional mediante contrapartida financeira a ser prestada pelos beneficiários, nos termos dos arts. 28 a 31 e seguintes do Estatuto da Cidade, e de acordo com os critérios e procedimentos estabelecidos" no PDE-SP. Esse jogo conceitual pode até mesmo ter um fundo ideológico, mas, juridicamente, quer se acentue o instrumento como direito (poder) do proprietário ou como poder (direito) da municipalidade, o fato é que pelo conjunto normativo integral, a outorga onerosa do direito de construir não é direito potestativo, quer do proprietário, quer do município, mas direito e dever subjetivos, de mão dupla (de ambos), e, por isso, essas duas noções são apenas perspectivas distintas da mesma realidade jurídica (duas faces da mesma moeda). Afinal, "o instituto da outorga onerosa do direito de construir não é instrumento urbanístico de império (unilateral, ou de força da Administração Pública), mas tem natureza negocial (bilateral, dependente do concurso de vontade do Poder Público, que o concede, e do proprietário-particular, que o roga)" (TJSP, Ap. 1051225-87.2017.8.26.0053, 1ª Câmara de Direito Público, j. 05.02.2019).

53. Aliás, convém destacar, também com a jurisprudência, a firme orientação no sentido de que o mero tombamento de bairro (imóvel situado apenas em ZEPEC-AUE) não autoriza a transferência de seu potencial construtivo para outro imóvel (v.g. TJSP: Ap. 0000175-39.2017.8.26.0053, 12ª Câmara de Direito Público, j. 26.03.2018; Ap. Cível 0000177-09.2017.8.26.0053, 9ª Câmara de Direito Público, j. 20.10.2017).

54. A recomendar "diversificação de coeficientes de aproveitamento por áreas específicas da zona urbana, respeitando a vocação e a tradição edilícia de cada área, bem como o grau de adensamento, a oferta e a demanda

críticas de política urbana ideologizada ou arrecadatória, mas também ser atacado por inconstitucionalidade na medida em que desvia o instrumento de seu fim urbanístico, senão com escopo de socialização do *ius aedificandi*, com verdadeiro objetivo arrecadatório, ou seja, "por disfarce (sob a fachada de lei urbanística) e distorção de fim, utilizar-se delas (leis urbanísticas) para criar permanente fonte alternativa de receita financeira (verdadeira tributação disfarçada)"[55]. Isso, entretanto, é outra história, que não comporta investigar em profundidade neste breve estudo.

Mas, talvez aí se possa encontrar a razão de tanta generosidade do atual PDE--SP em abrir a aplicação da outorga de potencial construtivo adicional para imóveis situados em ZEPEC (em modo geral) – (art. 116, II, da Lei 16.050/2014), enquanto o anterior, a princípio, a proibia (art. 211, "b", da Lei 13.430/2002), tolerando apenas exceções pontuais, como ao imóvel em tombamento de bairro, classificado em ZEPEC-AUE e em ZCL-a, observado no julgado ora em exame.

4. CONCLUSÃO

Em conclusão, dentre os vários aspectos que o precedente em questão tratou e que neste estudo justificou algum aprofundamento teórico, abstração às particularidades do caso e aos institutos analisados (tombamento de bairro, zoneamento ecológico urbano, restrições urbanísticas convencionais e outorga onerosa de potencial construtivo), há dois pontos que merecem destaques: (i) o da inter-relação ou conjugação dos instrumentos urbanísticos, e (ii) o da equidade na interpretação e aplicação das leis urbanísticas.

Com efeito, a tutela urbanístico-ambiental dos bairros dos Jardins, na cidade de São Paulo iniciou-se no âmbito civil-coletivo, mediante restrições urbanísticas convencionais impostas pelo loteador no início do século passado (entre 1913 e 1929), avançou para o âmbito público-cultural do tombamento de bairro na década de 1980[56] e, depois, alçou *status* público-urbanístico-ambiental com a sistematização do zoneamento ecológico urbano de proteção ao meio ambiente cultural, via Zona Especial de Preservação Cultural (ZEPEC), na categoria de Áreas de Urbanização Especial (AUE), já neste século (a partir de 2002-2004)[57].

Isso, por si, informa que restrições urbanísticas convencionais, tombamento de bairro e zoneamento ambiental de preservação cultural para áreas de urbanização

---

por infraestrutura e serviços de utilidade pública para o local e, assim, observar o princípio maior de justiça social, que impõe tratar igual os iguais, mas de modo proporcional os diferentes" (AMADEI, Vicente de Abreu. *Urbanismo realista*. Campinas: Millennium, 2006, p. 81).

55. AMADEI, Vicente de Abreu. *Urbanismo realista*. Campinas: Millennium, 2006, p. 79.

56. Resolução SC 2 de 23.01.1986 e Resolução SC 2 de 18.01.1988 – CONDEPHAAT.

57. PDE-SP e Leis de Zoneamento correlatas: Lei 13.430/2002 e Lei 13.885/2004, respectivamente; Lei 16.050/2014 e Lei 16.402/2016, respectivamente. É certo, antes dos PDE-SP deste século, o art. 39 da Lei Municipal 8.001/73, com as alterações das Leis Municipais 9.413/81 e 9.846/85, buscou disciplinar as restrições convencionais impostas pelos loteadores na cidade de São Paulo e, em algum modo, incorporá-las ao universo da legislação urbanística local, mas essa regra, de feição pontual, está longe de configurar algum modo sistemático de zoneamento urbano-ambiental das áreas em que elas (restrições convencionais) incidem, e, sobretudo, não caracterizam preservação cultural de urbanização em contexto de tombamento de bairro.

especial podem comportar estreitos vínculos e, enquanto institutos jurídicos interligados, reclamam ou podem se valer de interpretações sistemáticas, conjugadas, harmônicas e inter-relacionais.

Outrossim, a aplicação do instrumento da outorga onerosa do direito de construir não se faz sem igual interpretação sistemática e complexa, conecta a diversos outros instrumentos urbanístico que envolvem a peculiaridade de cada situação, tal como a que impõe conjugá-la com as característica singulares de tombamento geral e com o conjunto das regras que disciplinam o zoneamento do local, ou seja, não apenas atento ao enquadramento em zona especial de preservação cultural em que o imóvel, pelo tombamento de bairro, está inserido (v.g., no caso, ZEPEC-AUE), mas também considerando as demais classificações de zoneamento do local (v.g., no caso, ZCL-a), para, então, em contextualização também histórica e finalística, extrair a solução adequada.

Por outro lado, como foi assentado no precedente visitado, "a cidade não é estática, mas dinâmica", e muito[58], e, com ela (cidade), também é o direito (justo): "As cidades e o direito não são estáticos, fixos no tempo e no espaço, mas, respeitada a perene natureza das coisas que os compõem, têm vida, uma vitalidade criativa e integradora, um movimento de constante adaptação às necessidades e aos fins da sociabilidade humana: sustentam-se com o passado, pulsam no presente e avançam para o futuro, no esforço de propiciar a paz social"[59].

Nisso, então, emerge a relevância da equidade no julgamento das coisas da cidade à luz das leis urbanísticas, pois ela (equidade), já diziam os filósofos gregos e os juristas romanos, invoca à "regulação do justo legal", moldando a lei geral ao caso particular, em suas circunstâncias concretas, tal como a régua de chumbo "empregada na edificação de Lesbos"[60], e, deste modo, ergue-se o direito como coisa justa (*res iusta – id quod iustum est*) e a ciência jurídica como saber da coisa justa (*iurisprudentia*)[61].

---

58. Por isso, em sede de tecido normativo urbano, essa dinâmica conduz e caracteriza-se, nas palavras de Luis Filipe Colaço Antunes, com "uma enorme fugacidade e mutabilidade" (ANTUNES, Luis Filipe Colaço. *Direito urbanístico. Um outro paradigma*: a planificação modesto-situacional. Coimbra: Almedina, 2002, p. 22).

59. AMADEI, Vicente de Abreu. *Prefácio ao livro Condomínio de Terrenos* (GERMANOS, Luis Paulo). São Paulo: Quartier Latin, 2018, p. 15.

60. ARISTÓTELES, *Ética à Nicômaco*, Liv. V, 10 (tradução livre para o português, a partir da tradução de Benito R. Raffo Magnasco, in AQUINO, Santo Tomas. *La Justicia. Comentarios al Libro Quinto de la Etica a Nicomaco de Aristoteles*. Buenos Aires: Cursos de Cultura Católica, 1946, p. 2438-239). E, ainda, em comentário de S. Tomás de Aquino, fica bem esclarecida a lição do Estagirita: "é necessário depois de dada a lei, a sentença dos juízes pela qual o dito universal da lei se aplica a um particular negócio (...). E dá o exemplo da régua da edificação de Lesbos. Com efeito, na ilha de Lesbos há pedras duras que não podem ser cortadas facilmente com o ferro para dispô-las a toda sorte de retidão. Por isso, os arquitetos usam ali uma régua de chumbo. Assim como aquela régua dobrável se adapta às figuras das pedras, e não permanece na mesma disposição, assim também é preciso que a sentença dos juízes se adapte ao caso segundo sua conveniência" (AQUINO, Tomás. *Comentários ao Livro Quinto da Ética a Nicômaco de Aristóteles*, Lição 16ª – tradução livre para o português, a partir da tradução de Benito R. Raffo Magnasco, in AQUINO, Santo Tomas. *La Justicia. Comentarios al Libro Quinto de la Etica a Nicomaco de Aristoteles*. Buenos Aires: Cursos de Cultura Católica, 1946, p. 243).

61. Celso (jurisconsulto do Império e cônsul pela segunda vez em 129 d.C), no tempo clássico do Direito Romano, define o direito como a arte do bem e da equidade: *"ut elegantes Celsus definit, ius est ars boni e aequi"* (D. 1, 1, 1, pr. Ulpiano).

É fato que o precedente em destaque não revela julgamento por equidade[62], mas nele se infere a busca de julgar com equidade – interpretando e aplicando as normas urbanísticas com atenção aos diversos ângulos de inter-relação dos institutos e instrumentos urbanísticos, em exegese sistemática e teleológica de absorção da *ratio legis*[63]; em diálogo construtivo de convicção com os argumentos deduzidos pelas partes, por seus advogados, com as provas produzidas e com os pareceres técnicos de especialistas apresentados[64]; e, sobretudo, com forte consideração ao caso singular posto em juízo e às suas circunstâncias históricas, espaciais e temporais –, para, então, descer à lide o provimento decisório equitativo[65].

Fica, portanto e por fim, em coisas tão singularmente diversas, intensas e contingentes como são as da cidade, e tão normativamente complexas, extensas e cogentes como são às do direito urbano-imobiliário, o apelo à equidade, ao esforço de se buscar a "significação profunda da lei"[66], o "sentido mais profundamente humano"[67], "indulgente com as debilidades humanas"[68] e, sobretudo, prudencialmente inserido na singularidade e "variabilidade da matéria"[69], pois, como ensina Santo Agostinho, "a casa deve ser o princípio e o fundamento da cidade[70]".

---

62. Aplicando a equidade em sua função corretiva (retificadora de equívocos aparentes da lei, evitando a dureza excessiva ou a inumanidade de sua letra desgarrada seu espírito – *ratio legis*) ou supletiva (integrativa de lacuna) da lei. Sobre tais critérios em que atua a equidade, confira, dentre outros: CASARES, Tomás D. *La Justicia y el Derecho*, 3. ed. Buenos Aires: Abeledo-Perrot, 1997, p. 52-54; MASSINI, Carlos Ignacio. *La prudência jurídica*. Buenos Aires: Abeledo-Perrot, 1983, p. 211-231. GOYTISOLO, Juan Vallet de. *Equidad y buena razón según el jurista gerundense del siglo XV, Tomás Mieres*. Madrid: Instituto Nacional de Estúdios Juridicos – Anuário de Derecho Civil, 1977.

63. "La última puerta de acceso a la plenitude de la justicia es uma virtude referente a la justicia legal que estabelece el sentido próprio de la sujeición a la ley y que, al mismo tempo que libera de esa conformarse com cumplir la ley literalmente, sujeta al ordem natural en el cual reside la razón de la ley. Es la equidade" (CASARES, Tomás D. Op. cit., p. 52-53).

64. "La interpretación jurídica es objeto de deliberación conjunta por quienes intervienen más activamente em el processo de búsqueda de la solución justa de um caso: abogados y juez. Entre ellos se produce um dialogo, que puede revestir el carácter de um debate...; mas allá de los argumentos de las partes em uno u outro sentido, se encuentra la decisón del juez, que supera la controvérsia y produce um juicio práctico com pretensiones de verdade" (MASSINI, Carlos Ignacio. Op. cit., p. 68).

65. Equidade (*epiikia*) é a virtude, "designa certo hábito"; equitativo (*epiike*) "é seu objeto". Aquela, "relaciona-se com a justiça"; esta, "com o justo, que é o objeto da justiça" (AQUINO, Santo Tomás. Op. cit., p. 239).

66. AUBERT, Jean-Marie. *Ley de Dios, leyes de los hombres*. Barcelona: Helder, 1979, p. 270.

67. GOYTISOLO, Juan Vallet de. *Equidad y buena razón según el jurista gerundense del siglo XV, Tomás Mieres*. Madrid: Instituto Nacional de Estúdios Juridicos – Anuário de Derecho Civil, 1977, p. 3.

68. Isto é, continua Aristóteles, a considerar "não a letra da lei, mas o seu espírito; não a ação, mas a intenção; não a parte, mas o todo; não só ao que é prescrito hoje, mas ao que tem sido sempre ou a maior parte do tempo" (ARISTÓTELES, em *Retórica*, Livro I, 13 – tradução livre, partir da tradução de M. Dufour, editora Belles Lterres, p. 133-134, ref. AQUINO, Santo Tomas. *La Justicia. Comentarios al Libro Quinto de la Etica a Nicomaco de Aristoteles*. Buenos Aires: Cursos de Cultura Catolica, 1946, p. 244).

69. MONTEJANO, Bernardino. La equidade como justicia y la equidade como discreción. *Acerca de la justicia*. Buenos Aires: Abeledo-Perrot, 1978, p. 40-41.

70. SANTO AGOSTINHO. *De civitate Dei*, Livro XIX, Capítulo XVI – A Cidade de Deus (Contra os pagãos), parte II 2. ed. Trad. Oscar Paes Leme). Petrópolis: Vozes, 1990, p. 407.

5. REFERÊNCIAS

AGOSTINHO, Santo. *De civitate Dei*, Livro XIX, Capítulo XVI – A Cidade de Deus (Contra os pagãos), parte II. 2. ed. Trad. Oscar Paes Leme. Petrópolis: Vozes, 1990.

AMADEI, Vicente de Abreu. *Urbanismo realista*. Campinas: Millennium, 2006.

AMADEI, Vicente de Abreu. *Prefácio ao livro Condomínio de Terrenos* (GERMANOS, Luis Paulo). São Paulo: Quartier Latin, 2018.

AMADEI, Vicente de Abreu. Obrigação *propter rem* e loteamento de acesso controlado. *Opinião Jurídica*. São Paulo: SECOVI-SP, 2018. v. 6. Direito Imobiliário.

AMADEI, Vicente Celeste; AMADEI, Vicente de Abreu Amadei. *Como lotear uma gleba. O parcelamento do solo em seus aspectos essenciais*. 4. ed. Campinas: Millennium, 2014.

AMADEI, Vicente de Abreu; MIRRA, Álvaro L. Valery. Tombamento Provisório. Registro de Imóveis. Admissibilidade. Parecer proferido no Proc. CGJ-SP 1.029/2006, em 18.07.2007. *Revista de Direito Imobiliário (RDI)*. v. 63. São Paulo: Ed. RT, 2007.

ANTUNES, Luis Filipe Colaço. *Direito urbanístico. Um outro paradigma*: a planificação modesto-situacional. Coimbra: Almedina, 2002.

AQUINO, Santo Tomas. *La Justicia. Comentarios al Libro Quinto de la Etica a Nicomaco de Aristoteles*. Buenos Aires: Cursos de Cultura Catolica, 1946.

AUBERT, Jean-Marie. *Ley de Dios, leyes de los hombres*. Trad. Daniel Ruiz Bueno. Barcelona: Helder, 1979.

AZEVEDO, Antônio Junqueira. Restrições convencionais de loteamento – obrigações *propter rem* e suas condições de persistência. Parecer publicado na *Revista dos Tribunais* (RT) v. 741. São Paulo: Ed. RT, 1997.

BDINE, Hamid, e BDINE NETO, Hamid. Restrições convencionais dos loteamentos: fiscalização e cancelamento. *Opinião Jurídica*. São Paulo: SECOVI-SP, 2018. v. 5. Direito Imobiliário.

CARVALHO, Afrânio. Restrições urbanísticas em loteamento. *Revista de Direito Imobiliário* (RDI) 24-25. São Paulo: Ed. RT, 1990.

CASARES, Tomás D. *La Justicia y el Derecho*. 3. ed. Buenos Aires: Abeledo-Perrot, 1997.

FERREIRA, Waldemar. *O loteamento e a venda dos terrenos em prestações*. São Paulo: Ed. RT, 1938. v. I.

GALHARDO, Flaviano, e GALHARDO, João Baptista. *Restrições Convencionais e Registro de Imóveis*. In: AHUALLI, Tânia Mara e BENACCHIO. Marcelo (Coord.). *Direito Notarial e Registral – Homenagem às Varas de Registros Públicos da Comarca de São Paulo*. São Paulo: Quartier Latin, 2016.

GASPARINI, Diogenes. *O Estatuto da Cidade*. São Paulo: NDJ, 2002.

GOMES, Orlando. *Direitos Reais*. 18. ed. Rio de Janeiro: Forense, 2001.

GOYTISOLO, Juan Vallet de. *Equidad y buena razón según el jurista gerundense del siglo XV, Tomás Mieres*. Madrid: Instituto Nacional de Estúdios Juridicos – Anuário de Derecho Civil, 1977.

GRAU, Eros Roberto. Solo criado. *Revista de Direito Imobiliário* (RDI). v. 51. São Paulo: Ed. RT, 2001.

MACHADO, Paulo Affonso Leme. *Direito Ambiental Brasileiro*. 14. ed. São Paulo: Malheiros, 2006.

MASSINI, Carlos Ignacio. *La prudência jurídica*. Buenos Aires: Abeledo-Perrot, 1983.

MEIRELLES, Hely Lopes. *Direito de Construir*. São Paulo: Ed. RT, 1979.

MEIRELLES, Hely Lopes. As restrições de loteamento e as leis urbanísticas supervenientes. *Revista dos Tribunais* (RT), v. 462. São Paulo: Ed. RT, 1974.

MILARÉ, Edis, *Direito do Ambiente*. 5. ed. São Paulo: Ed. RT, 2007.

MUKAI, Toshio. *Direito Urbano e Ambiental*. 3. ed. Belo Horizonte: Fórum, 2006.

MONTEJANO, Bernardino. La equidade como justicia y la equidade como discreción. *Acerca de la justicia*. Buenos Aires: Abeledo-Perrot, 1978.

PEREIRA, Lafaytte Rodrigues. *Direito das Cousas*. Rio de Janeiro: Typ. Baptista de Sousa 1922.

SILVA, José Afonso da. *Direito Urbanístico Brasileiro*. São Paulo: Ed. RT, 1981.

DEMORA DESARRAZOADA NOS PROCESSOS DE TOMBAMENTO DA UNIÃO

Carmen Silvia Lima de Arruda

PhD em Direito Público pela Università di Pavia, It. Doutora em Sociologia e Direito pelo PPGSD/UFF. Mestre em Justiça Administrativa pela UFF. *Juris Doctor* pela *University of Miami*, com especialização em Direito Comparado. Juíza Federal na Seção Judiciária do Rio de Janeiro.

Sumário: 1. Introdução – 2. Duração razoável do processo de tombamento – 3. Tombamento – processos de reconhecimento de bens culturais materiais – 4. Demora desarrazoada na análise dos processos – 5. Conclusão – 6. Referências.

1. INTRODUÇÃO

O tombamento, instituto expressamente previsto no artigo 216 do texto constitucional[1], é um importante instrumento de proteção do patrimônio cultural brasileiro. Uma forma de "intervenção administrativa na propriedade"[2], pública e privada, e de implementação da função social da propriedade.

No clássico conceito de Lopes Meirelles, tombamento consiste na "declaração pelo Poder Público do valor histórico, artístico, paisagístico, turístico, cultural ou científico de coisas ou locais que, por essa razão, devam ser preservados, de acordo com a inscrição em livro próprio".[3] Com a finalidade de preservar o bem identificado como de valor cultural, "tombamento constitui espécie de intervenção estatal na propriedade, na modalidade restritiva, a qual mantém as demais faculdades inerentes à condição de proprietário do bem não restringidas pelo ato instituidor. Encontra substrato constitucional no § 1º do art. 216 da Lei Maior", conforme asseverado pelo Supremo Tribunal Federal[4].

---

1. BRASIL. Constituição da República Federativa do Brasil de 1988. Art. 216. "Constituem patrimônio cultural brasileiro os bens de natureza material e imaterial, tomados individualmente ou em conjunto, portadores de referência à identidade, à ação, à memória dos diferentes grupos formadores da sociedade brasileira, nos quais se incluem: (...).
   IV – as obras, objetos, documentos, edificações e demais espaços destinados às manifestações artístico-culturais; V – os conjuntos urbanos e sítios de valor histórico, paisagístico, artístico, arqueológico, paleontológico, ecológico e científico.".
   § 1º "O Poder Público, com a colaboração da comunidade, promoverá e protegerá o patrimônio cultural brasileiro, por meio de inventários, registros, vigilância, *tombamento* e desapropriação, e de outras formas de acautelamento e preservação.".
2. BANDEIRA DE MELLO, Celso Antônio. *Curso de Direito Administrativo*. São Paulo: Malheiros, 2016, p. 939.
3. MEIRELLES, Hely Lopes. *Direito Administrativo Brasileiro*. 15. ed. São Paulo: Ed. RT, 1990, p. 79.
4. BRASIL. Supremo Tribunal Federal. Ag. Reg. na Ação Cível Originária 1.208/MS, Relator Ministro Gilmar Mendes, Plenário, julgado em 24.11.2017.

Tombar significa registrar, inscrever em um dos livros Tombo, e concretiza-se através de um processo administrativo que pode ser iniciado de ofício, quando se tratar de bens pertencentes à União, aos Estado e aos Municípios[5], voluntária ou compulsoriamente[6] quando pertencente à pessoa física ou jurídica de direito privado.

Nas palavras de Zandonade, o ato administrativo de tombamento deve ser precedido de um procedimento específico qual seja, o processo de tombamento,

> parte do expresso reconhecimento do valor cultural existente em certo bem para estabelecer modificações na ordem jurídica com o objetivo de protegê-lo. Tais modificações alcançam a esfera jurídica do proprietário desse bem, assim como a de terceiros. Consistem na imposição (a todos) da proibição de danificar a coisa tombada, na atribuição (a seu proprietário e ao Estado) do dever de preservá-la, na vedação de sua exportação (caso se trate de bem móvel) e do transtorno de sua visibilidade (caso se trate de bem imóvel), assim como, por fim, da restrição de sua alienação, quer impedindo seja transferida a particulares (caso se trate de bem público), quer submetendo sua transferência onerosa à observância do direito de preferência (caso se trate de bem particular[7]).

Conquanto o Poder Judiciário não deva adentrar na análise de conveniência e oportunidade dos órgãos administrativos de proteção do patrimônio cultural envolvidos, especialmente quanto à escolha do bem a ser protegido[8], em diversas ocasiões, o Poder Judiciário é acionado para examinar a observância do devido processo legal no processo de tombamento, assim como a duração razoável do respectivo processo.

Atualmente, um grande número de processos se encontram pendentes de decisão no IPHAN, provocando a propositura de ações judiciais, em razão da inobservância dos comandos do art. 5º, LXXVIII, da Constituição Federal[9], que impõe a duração razoável do processo. No presente estudo, iremos examinar as possíveis intervenções judiciais contra a demora injustificada na análise dos pedidos de tombamento submetidos ao IPHAN.

Por fim, buscaremos analisar a necessidade de avanços nos processos de tombamento[10], em especial considerando o acréscimo do art. 216-A no texto constitucional,

---

5. BRASIL. Decreto-lei 25, de 30 de novembro de 1937. Organiza a proteção do patrimônio histórico e artístico nacional. Art. 5º "O tombamento dos bens pertencentes à União, aos Estados e aos Municípios se fará de ofício, por ordem do diretor do Serviço do Patrimônio Histórico e Artístico Nacional, mas deverá ser notificado à entidade a quem pertencer, ou sob cuja guarda estiver a coisa tombada, afim de produzir os necessários efeitos".
6. BRASIL. Decreto-lei 25, de 30 de novembro de 1937. Organiza a proteção do patrimônio histórico e artístico nacional. Art. 6º "O tombamento de coisa pertencente à pessõa natural ou à pessõa jurídica de direito privado se fará voluntária ou compulsóriamente.".
7. ZANDONADE, Adriana. *Tombamento à Luz da Constituição Federal de 1988*. São Paulo: Malheiros, 2012, p. 206.
8. BRASIL. Supremo Tribunal Federal. Recurso Extraordinário 182782-3/RJ, Relator Ministro Moreira Alves, Primeira Turma, julgado em 14/11/95.
9. BRASIL. Constituição da República Federativa do Brasil de 1988. Art. 5º [...]: LXXVIII – "a todos, no âmbito judicial e administrativo, são assegurados a razoável duração do processo e os meios que garantam a celeridade de sua tramitação.".
10. BRASIL. Constituição da República Federativa do Brasil de 1988. Art. 216-A. "O *Sistema Nacional de Cultura*, organizado em regime de colaboração, de forma descentralizada e participativa, institui um processo de gestão e promoção conjunta de políticas públicas de cultura, democráticas e permanentes, pactuadas

introduzindo o Sistema Nacional de Cultura[11], "um processo de gestão e promoção conjunta de políticas públicas de cultura, democráticas e permanentes, pactuadas entre os entes da Federação e a sociedade, tendo por objetivo promover o desenvolvimento humano, social e econômico com pleno exercício dos direitos culturais", que tem como princípios a universalização, o fomento e a cooperação entre os entes, além da transparência e o compartilhamento das informações (item IX)[12].

2. DURAÇÃO RAZOÁVEL DO PROCESSO DE TOMBAMENTO

Segundo Zandonade, "os requisitos procedimentais do tombamento(...), não são matéria de norma geral. Assim, devem ser observados aqueles previstos de modo específico na legislação que regular a aplicação do mencionado instrumento, em cada plano federativo"[13].

Disciplinado pelo Decreto-Lei 25/1937, sob a égide da Constituição de 1937, a Lei Geral do Tombamento", ainda hoje, é a principal legislação que trata da matéria[14], regulando o processo necessário para declarar os bens que serão considerados parte integrante do patrimônio histórico e artístico nacional, inscritos separadamente ou agrupados em um dos quatro Livros do Tombo[15].

---

entre os entes da Federação e a sociedade, tendo por objetivo promover o desenvolvimento humano, social e econômico com pleno exercício dos direitos culturais.". (Incluído pela EC 71/2012).

11. Disponível em: http://portalsnc.cultura.gov.br/sobre/o-que-e-o-snc/. Acesso em: 1º ago. 2021.

12. BRASIL. Constituição da República Federativa do Brasil de 1988. Art. 216 –A. (...) § 1º "O *Sistema Nacional de Cultura* fundamenta-se na política nacional de cultura e nas suas diretrizes, estabelecidas no Plano Nacional de Cultura, e rege-se pelos seguintes princípios: (Incluído pela EC 71/2012)

I – diversidade das expressões culturais; (Incluído pela EC 71/2012)

II – universalização do acesso aos bens e serviços culturais; (Incluído pela EC 71/2012)

III – fomento à produção, difusão e circulação de conhecimento e bens culturais; (Incluído pela EC 71/2012)

IV – cooperação entre os entes federados, os agentes públicos e privados atuantes na área cultural; (Incluído pela EC 71/2012)

V – integração e interação na execução das políticas, programas, projetos e ações desenvolvidas; (Incluído pela EC 71/2012)

VI – complementaridade nos papéis dos agentes culturais; (Incluído pela EC 71/2012)

VII – transversalidade das políticas culturais; (Incluído pela EC 71/2012)

VIII – autonomia dos entes federados e das instituições da sociedade civil; (Incluído pela EC 71/2012)

IX – *transparência* e compartilhamento das informações; (Incluído pela EC 71/2012)

X – democratização dos processos decisórios com participação e controle social; (Incluído pela EC 71/2012)

XI – descentralização articulada e pactuada da gestão, dos recursos e das ações; (Incluído pela EC 71/2012)

XII – ampliação progressiva dos recursos contidos nos orçamentos públicos para a cultura. (Incluído pela EC 71/2012)".

13. ZANDONADE, p. 216.

14. Rodrigo Leite. Decreto Lei 25 de 30 de novembro de 1937. Disponível em: https://d24kgseos9bn1o.cloudfront.net/editorajuspodivm/arquivos/tombamento%20paginas%20soltas%2021%20a%2031.pdf. Acesso em: 1º ago. 2021.

15. BRASIL. Decreto-lei 25, de 30 de novembro de 1937. Organiza a proteção do patrimônio histórico e artístico nacional. Art. 4º "O Serviço do Patrimônio Histórico e Artístico Nacional possuirá quatro Livros do Tombo, nos quais serão inscritas as obras a que se refere o art. 1º desta lei, a saber:

1) no Livro do Tombo Arqueológico, Etnográfico e Paisagístico, as coisas pertencentes às categorias de arte arqueológica, etnográfica, ameríndia e popular, e bem assim as mencionadas no § 2º do citado art. 1º.

2) no Livro do Tombo Histórico, as coisas de interêsse histórico e as obras de arte histórica;

Qualquer pessoa física ou jurídica pode solicitar o tombamento de um bem ao IPHAN, nos termos do Decreto-Lei 25/1937. Posteriormente regulamentado pela Portaria 11/86 do IPHAN, que consolidou as normas de procedimentos para os processos de tombamento[16], o Dec.-lei 25/37 continua vigente, recepcionado que foi pela Constituição Federal de 1988[17].

A Portaria 11/86 cuidou da instauração do processo de tombamento, estabelecendo o rito e prazos processuais para o encaminhamento da proposta de tombamento. Após a elaboração de estudo com sua descrição, a apreciação do mérito do valor cultural segue para a avaliação técnica, a ser submetido ao Conselho Consultivo, que deve apreciar em 60 dias e decidir sobre a inscrição do bem no Livro Tombo.

Segundo Meirelles, "o tombamento se realiza através de um procedimento administrativo vinculado que conduz ao ato final de inscrição do bem num dos livros do Tombo"[18], devendo observar as normas previstas na lei específica, em especial, o artigo 9º do Decreto-Lei 25/37 que "estabeleceu disciplina própria e específica ao instituto do tombamento"[19] desde o início até sua conclusão, sob pena de nulidade. Com efeito, Meirelles é categórico:

> "Nulo será o tombamento efetivado sem atendimento das imposições legais e regulamentares, pois que acarretando restrições ao exercício do direito de propriedade há que observar o devido processo legal para sua formalização, e essa nulidade pode ser pronunciada pelo Judiciário, na ação cabível, em que será apreciado tanto a legalidade dos motivos quanto a regularidade do procedimento em exame"[20].

Impõe-se a observância do devido processo legal, previsto no Decreto Lei 25/34, sobretudo, porque, como salienta Zandonade, "o tombamento restringe o direito de propriedade"[21]. Assim, apenas subsidiariamente e "quando verificada omissão normativa"[22], aplica-se a Lei 9.784/99[23], Lei do Processo Administrativo Federal, na forma do art. 69[24], "quando configurada omissão normativa"[25].

---

3) no Livro do Tombo das Belas Artes, as coisas de arte erudita, nacional ou estrangeira;

4) no Livro do Tombo das Artes Aplicadas, as obras que se incluírem na categoria das artes aplicadas, nacionais ou estrangeiras.".

16. BRASIL. Portaria 11, de 11 de setembro de 1986.
17. BRASIL. Agravo Reg. na Ação Cível Originária 1.966/AM, Relator Ministro Luiz Fux, Plenário, julgado em 17.11.2017.
18. MEIRELLES, op. cit., p. 480.
19. BRASIL. Agravo Reg. na Ação Cível Originária 1.966/AM, Relator Ministro Luiz Fux, Plenário, julgado em 17.11.2017.
20. MEIRELLES, op. cit., p. 480.
21. ZANDONADE, op. cit., p. 224.
22. Voto Ministro Luiz Fux. Agravo Reg. na Ação Cível Originária 1.966/AM, p. 1492.
23. BRASIL. Lei 9.784, de 29 de janeiro de 1999. Regula o processo administrativo no âmbito da Administração Pública Federal.
24. BRASIL. Lei 9.784, de 29 de janeiro de 1999. Regula o processo administrativo no âmbito da Administração Pública Federal. Art. 69. "Os processos administrativos específicos continuarão a reger-se por lei própria, aplicando-se lhes apenas subsidiariamente os preceitos desta Lei".
25. BRASIL. Agravo Reg. na Ação Cível Originária 1.966/AM, Relator Ministro Luiz Fux, Plenário, julgado em 17.11.2017. Ementa: "Ação cível originária. Direito administrativo. Processo de tombamento do centro

No entanto, o aspecto que vem merecendo maior atenção dos Tribunais Superiores é o prazo indefinido de duração do processo administrativo do tombamento. Conforme asseverado pelo Supremo Tribunal Federal, o tempo de duração do processo deve ser aquele definido em normas infraconstitucionais aplicáveis. Em caso envolvendo o tombamento de bem imóvel no Rio Grande do Norte – o Hotel Reis Magos – restou mantido o acordão que fixou o prazo para conclusão do processo de tombamento com base no art. 5º da Constituição Federal, sendo negado seguimento ao recurso extraordinário interposto[26].

Restou claro que o acórdão impugnado decidiu a questão posta nos autos com fundamento na interpretação da legislação infraconstitucional aplicável à espécie (Decreto-Lei 25/1937). Por consequência, restou mantida a decisão do Tribunal de Justiça que fixava o prazo de 90 dias para conclusão do processo de tombamento.

Note-se que restou afastada a alegação da cláusula da reserva do possível, "ressalvada a ocorrência de justo motivo objetivamente aferível, não pode ser invocada, pelo Estado, com a finalidade de exonerar-se, dolosamente, do cumprimento de suas obrigações constitucionais, notadamente quando dessa conduta governamental negativa puder resultar nulificação ou, até mesmo, aniquilação de direitos constitucionais impregnados de um sentido de essencial fundamentabilidade"[27], sendo inadmissível que a mera referência à limitação de recursos orçamentários para a conclusão do inventário da área seja motivação, ano após ano, para a inércia administrativa noticiada nestes autos, perpetuando, sabe-se lá até quando, a sua omissão, no particular".

Em outra oportunidade, a 5ª Turma do TRF da 1ª Região concluiu pela omissão do IPHAN "no tocante à prática dos atos administrativos necessários à conclusão do procedimento administrativo para proteção do patrimônio quilombola (...), além de manifesta afronta à *garantia fundamental da razoável duração do processo, no âmbito judicial e administrativo,* com os meios que garantam a celeridade de sua tramitação (CF, art. 5º, inciso LXXVIII), a autorizar a estipulação de obrigação de fazer consistente na atribuição de prazo para a conclusão dos trabalhos"[28].

---

histórico de Manaus. Alegada violação ao contraditório e a ampla defesa. Inocorrência. Lei 9.784/1999. Aplicação subsidiária. Existência de regramento específico próprio do instituto de tombamento. Decreto-lei 25/1937. Pedido que se julga improcedente".

26. Da decisão monocrática proferida pelo Ministro Ricardo Levandowski extrai-se trecho da ementa do acordão recorrido: "Contudo, observado o direito fundamental à duração razoável do processo, expressamente previsto na Constituição Federal de 1988, e visando à estabilização das relações jurídicas, entende-se por bem conceder um prazo de um ano para que o tombamento se transforme em definitivo, sob pena de cessarem os efeitos da medida liminar concedida". Disponível em: http://portal.stf.jus.br/processos/downloadPeca. asp?id=15343909922&ext=.pdf. Acesso em: 1º ago. 2021.

27. BRASIL. Supremo Tribunal Federal. Embargos de Declaração no Agravo de Instrumento 598.212/PR, Segunda Turma, Relator Ministro Celso de Mello, julgado em 25.03.2014.

28. BRASIL. Tribunal Regional Federal da 1ª Região, AC 0100322-93.2015.4.01.3700, Quinta Turma, Relator: Desembargador Federal Souza Prudente, PJe 18.12.2020. Ementa: "Constitucional, administrativo e processual civil. Ação civil pública. Proteção ao patrimônio quilombola. Procedimento administrativo sobrestado. Mora da administração caracterizada. Ofensa à norma constitucional. Elaboração e definição das diretrizes técnicas para as ações de preservação patrimonial. Cabimento. Intervenção do poder judi-

No mesmo sentido, o Tribunal Regional Federal da 5ª Região, admitiu a concessão de tutela antecipada nos "pleitos de adoção de medidas para a preservação do bem em discussão e de conclusão do correspondente processo federal de tombamento (...) em razão da prescrição constante do artigo 5º, inciso LXXVII, da Carta Magna vigente, é assegurada a *razoável duração do processo* também no âmbito administrativo" [29]

A rigor, os termos do art. 9º do Decreto-Lei 25/37 são claros, não dando margem a indefinições ou retardamento, sob pena de configurar-se abuso de poder, na lição magistral de Meirelles:

> A abertura do processo de tombamento, por deliberação do órgão competente, assegura a preservação do bem até a decisão final, a ser proferida dentro de *60 dias*, ficando sustado desde logo qualquer modificação ou destruição (art. 9º item 3 do Decreto-lei 25/37). É o que se denomina tombamento provisório cujos efeitos são equiparados aos do tombamento definitivo, salvo quanto ao registro no cartório imobiliário e ao direito de preferência reservado ao poder público (arts. 7º e 13º). Mas esse tombamento provisório *não pode ser protelado além do prazo legal, sob pena de a omissão ou retardamento transformar-se em abuso de poder, corrigível por via judicial*[30].

No entanto, os processos de tombamento que deveriam seguir o célere rito processual especialmente desenhado no Decreto-Lei 25/37 e concluído em 60 dias, acabam demorando, literalmente, quase um século, demora que se afasta do razoável, desafiando o art. 5º, LXXVIII da Constituição Federal de 1988 que consagrou o princípio da duração razoável do processo.

3. TOMBAMENTO – PROCESSOS DE RECONHECIMENTO DE BENS CULTURAIS MATERIAIS

De acordo com o relatório do Departamento de Patrimônio Material[31], elaborado em fevereiro de 2021, denominado "Diagnóstico sobre o Processo de Tombamento I PGBCM (2020-2021)[32], o IPHAN – Instituto do Patrimônio Histórico e Artístico

---

ciário. Possibilidade. Reserva do possível. Inaplicabilidade. Nulidade da sentença. Litisconsórcio passivo necessário. Prejudicial rejeitada".

29. BRASIL. Tribunal Regional Federal da 5ª Região, AG 0007560-31.2011.4.05.0000, Terceira Turma, Relator: Desembargador Federal Luiz Alberto Gurgel de Faria, DJE: 16.05.2012, p. 112. Ementa: "Administrativo, constitucional e processual. Proteção de bem de valor histórico. Competência comum dos entes que compõem a federação. Risco de deterioração definitiva do imóvel em discussão. Cabimento do pedido de antecipação para adoção de providências e conclusão de processo de tombamento".

30. MEIRELLES, op. cit., p. 481.

31. Departamento de Patrimônio Material e Fiscalização – DEPAM é a instância que zela pelo Patrimônio Cultural Brasileiro de natureza material e visa garantir sua preservação e usufruto, presente e futuro, pela sociedade. Cabe ao DEPAM propor diretrizes, critérios e normas, bem como gerenciar programas, projetos e ações nas áreas de identificação, reconhecimento, proteção, conservação e gestão de bens culturais materiais. Disponível em: http://portal.iphan.gov.br/pagina/detalhes/702/. Acesso em: 1º ago. 2021.

32. Documento constante do processo SEI 01450.002250/2020-09, apresentado em audiência realizada em 18.06.2021 no processo Proc. 5030404-42.2021.4.02.5101 em curso perante a 15ª Vara Federal do Rio de Janeiro, constante do Vídeo 3, Evento 16. Disponível em: https://eproc.jfrj.jus.br/eproc/controlador.php?acao=arvore_documento_listar&txtNumProcesso=50304044220214025101&hash=66f57a4a32b4e-d03f6b06ba9fda00568. Acesso em: 1º ago. 2021.

Nacional[33] tem um quantitativo de 1.268 processos administrativos de bens tombados que, na sua grande maioria, encontram-se localizados nos estados do Rio de Janeiro, Minas Gerais e Bahia. Além desses processos, alguns pedidos foram indeferidos e ainda outros estão em andamento[34].

São, no total, 430 processos pendentes de análise no acervo do IPHAN, sendo que 80 deles no Rio de Janeiro, alguns iniciados há mais de 80 anos. O IPHAN justifica a demora na conclusão dos pedidos na alta complexidade e por outro lado na carência de pessoal com expertise e qualificação adequados para análise. O IPHAN reconhece, no entanto, a morosidade e a necessidade de enfrentamento do acúmulo de processos. Argumenta, no entanto, a existência de critérios de priorização na análise dos processos, de forma que aqueles bens que já estejam apresentando risco de deterioração teriam prioridade mais alta diante daqueles que já tiverem sido objeto de proteção por outro ente federativo (como, por exemplo, um tombamento municipal) que ficariam com uma menor prioridade.

Diante da demora injustificada desses processos, em 2015, a 4ª Câmara do Ministério Público Federal do Rio de Janeiro, dedicada ao Meio Ambiente e Patrimônio Cultural[35], iniciou uma Ação Coordenada para acompanhamento dos processos administrativos de tombamento no IPHAN. Como consequência, foram instaurados inquéritos civis "a fim de apurar possível inadequação do serviço público prestado pelo IPHAN, situado no Rio de Janeiro/RJ".

Decorridos 6 anos sem obter uma solução satisfatória para o atraso na conclusão dos processos, em 2021, o MPF passou a ajuizar uma série de ações civis públicas na Justiça Federal, objetivando a condenação do IPHAN a concluir os processos administrativos de tombamento[36].

4. DEMORA DESARRAZOADA NA ANÁLISE DOS PROCESSOS

Conforme visto acima, a demora desarrazoada na análise dos processos administrativos desafia o princípio da duração razoável do processo, colocando em risco de destruição os bens do patrimônio cultural que deveriam estar sob proteção do Estado, autorizando, assim, a intervenção do Poder Judiciário, conforme asseverado pelo Tribunal Regional Federal da 1ª Região, *in verbis*:

> A orientação jurisprudencial já consolidada no âmbito de nossos tribunais é no sentido de que se afigura *legítima a atuação do Poder Judiciário, visando suprir eventual omissão do Poder Público, na implementação de políticas públicas,* mormente em se tratando do exercício de garantia

---

33. Portal do Iphan. Disponível em: http://portal.iphan.gov.br/pagina/detalhes/702/. Acesso em: 1º ago. 2021.
34. Lista de bens tombados e processos em andamento de 1938 a 2018 Disponível em: http://portal.iphan.gov.br/uploads/ckfinder/arquivos/Lista_bens_tombados_processos_andamento_2018. Acesso em: 1º ago. 2021.
35. Regularidade da Tramitação dos Procedimentos de Tombamento. Disponível em: http://www.mpf.mp.br/atuacao-tematica/ccr4/dados-da-atuacao/acoes-coordenadas/regularidade-da-tramitacao-dos-procedimentos-de-tombamento. Acesso em: 1º ago. 2021.
36. Processo 5030404-42.2021.4.02.5101, ajuizado em 27.4.2021 na 15ª Vara Federal do Rio de Janeiro.

constitucional, como no caso, *em que se busca dar eficácia ao direito de proteção do patrimônio quilombola*[37].

Em 2021, a demora desarrazoada motivou a propositura de 8 ações civis públicas decorrentes de inquéritos civis abertos pelo Ministério Público Federal. Dentre estas ações destacamos a ação civil pública (Proc. 5030404-42.2021.4.02.5101) em curso na 15ª Vara Federal da Seção Judiciária do Rio de Janeiro, que tem como objeto o tombamento do "Conjunto Arquitetônico da Praça da Cruz Vermelha". Este tombamento foi requerido em 1988, pelo então Presidente da Cruz Vermelha, e autuado sob o processo IPHAN 1283-t-1988.

O IPHAN justifica a demora na análise no fato de o referido pedido de tombamento não apresentar alta prioridade para fins de instrução, na medida em que tal conjunto arquitetônico já se encontraria protegido por órgão de patrimônio municipal, pelo Decreto Municipal 7.076, de 06.11.1987. Sabe-se, no entanto, que o conjunto arquitetônico da Praça da Cruz Vermelha já sofreu inúmeras das tentativas de demolição, inclusive pela Companhia Metropolitano do Rio de Janeiro – METRO, para expansão das linhas do metrô[38].

No bojo da referida Ação Civil Pública, atualmente em curso, designou-se audiência preliminar, para o dia 15.06.2021, para exame da tutela de urgência requerida. Diante da insuficiência das informações apresentadas, a audiência foi suspensa e redesignada para 13/07/2021, com intimação do Presidente do Instituto para comparecimento e apresentação de cópia integral do processo de tombamento.

Curiosamente, o IPHAN informou a publicação, no Diário Oficial da União de 08/07/2021, seção 3, p. 114, do Edital de Comunicação do Tombamento Provisório do Edifício Sede da Cruz Vermelha Brasileira, localizado à Praça da Cruz Vermelha, n. 10, no Município do Rio de Janeiro – RJ, requereu a suspensão do feito e improcedência do pedido.

5. CONCLUSÃO

Adentramos a segunda década do século XX acelerados por uma revolução digital que modificou as relações jurídicas e mudou o Brasil, exigindo eficiência e modernização dos órgãos públicos. Uma velocidade incompatível com a morosidade demonstrada nos processos de tombamento, paralisados por quase um século, sem justificativa plausível.

Nesse limiar do século XXI marcado não apenas pela pandemia de Covid-19 mas também pela aceleração das políticas de digitalização do governo federal, torna-se ainda mais difícil reconhecer juridicidade nas razões apresentadas pelo IPHAN,

---

37. BRASIL, Tribunal Regional Federal da 1ª Região, AC 0100322-93.2015.4.01.3700, Quinta Turma, Relator: Desembargador Federal Souza Prudente, PJe 18.12.2020.
38. Informação constante do Parecer 00173/2021/PROC/PFIPHAN/PGF/AGU – Evento 26 do proc. 5030404-42.2021.4.02.5101.

órgão administrativo encarregado de proteger o patrimônio cultural brasileiro para uma morosidade excessiva e desarrazoada na análise dos processos de tombamento.

Temos em vigor um Plano Nacional de Cultura, editado por Lei Federal para promover o patrimônio histórico e artístico, material e imaterial brasileiro[39]. Temos, também, o Sistema Nacional de Cultura, introduzido no art. 216-A[40] do texto constitucional pela EC 71/2012, com o objetivo de promover a universalização do acesso aos bens e serviços culturais; a cooperação entre os entes federados, os agentes públicos e privados atuantes na área cultural; a integração e interação na execução das políticas, programas, projetos e ações desenvolvidas; transparência e compartilhamento das informações; a democratização dos processos decisórios com participação e controle social, dentre outros.

Leis não faltam. A realidade, no entanto, é que o tempo é implacável com o patrimônio cultural brasileiro que, desprotegido, se deteriora e se perde para sempre. A demora na adoção de medidas efetivas, como o tombamento, além de irrazoável, pode ser irreparável.

6. REFERÊNCIAS

BANDEIRA DE MELLO, Celso Antônio. *Curso de Direito Administrativo*. São Paulo: Malheiros, 2016.

MACHADO, Paulo Affonso Leme. *Direito Ambiental Brasileiro*. 12. ed. São Paulo: Malheiros, 2004.

MEIRELLES, Hely Lopes. *Direito Administrativo Brasileiro*. 15. ed. São Paulo: Ed. RT, 1990.

ZANDONADE, Adriana. *Tombamento à Luz da Constituição Federal de 1988*. São Paulo: Malheiros, 2012.

Legislação

BRASIL. Constituição da República Federativa do Brasil de 1988. Disponível em: http://www.planalto.gov.br/ccivil_03/constituicao/constituicao.htm. Acesso em: 1º ago. 2021.

BRASIL. Lei 12.343, de 2 de dezembro de 2010. Institui o Plano Nacional de Cultura – PNC, cria o Sistema Nacional de Informações e Indicadores Culturais – SNIIC e dá outras providências. Disponível em: http://www.planalto.gov.br/ccivil_03/_ato2007-2010/2010/lei/l12343.htm. Acesso em: 1º ago. 2021.

BRASIL. Lei 9.784, de 29 de janeiro de 1999. Regula o processo administrativo no âmbito da Administração Pública Federal. Disponível em: http://www.planalto.gov.br/ccivil_03/leis/l9784.htm. Acesso em: 1º ago. 2021.

BRASIL. Decreto-lei 25, de 30 de novembro de 1937. Organiza a proteção do patrimônio histórico e artístico nacional. Disponível em: http://www.planalto.gov.br/ccivil_03/decreto-lei/del0025.htm. Acesso em: 1º ago. 2021.

---

39. BRASIL. Lei 12.343, de 2 de dezembro de 2010. Institui o Plano Nacional de Cultura – PNC, cria o Sistema Nacional de Informações e Indicadores Culturais – SNIIC e dá outras providências.

    Art. 2º "São objetivos do Plano Nacional de Cultura:

    I – reconhecer e valorizar a diversidade cultural, étnica e regional brasileira;

    II – proteger e promover o patrimônio histórico e artístico, material e imaterial".

40. BRASIL. Constituição da República Federativa do Brasil de 1988. Art. 216-A. "O *Sistema Nacional de Cultura*, organizado em regime de colaboração, de forma descentralizada e participativa, institui um processo de gestão e promoção conjunta de políticas públicas de cultura, democráticas e permanentes, pactuadas entre os entes da Federação e a sociedade, tendo por objetivo promover o desenvolvimento humano, social e econômico com pleno exercício dos direitos culturais" (Incluído pela EC 71/2012).

BRASIL. Portaria 11, de 11 de setembro de 1986, do Iphan. Disponível em: http://portal.iphan.gov.br/uploads/legislacao/Portaria_n_11_de_11_de_setembro_de_1986.pdf. Acesso em: 1º ago. 2021.

Jurisprudência

BRASIL. Supremo Tribunal Federal. Ag. Reg. nos Emb. Decl. na Ação Cível Originária 2.176/RJ, Relatora Ministra Cármen Lúcia, Plenário, julgado em 04/10/2019. Disponível em: https://redir.stf.jus.br/paginadorpub/paginador.jsp?docTP=TP&docID=751198614. Acesso em: 1º ago. 2021.

BRASIL. Ag. Reg. na Ação Cível Originária 1.208/MS, Relator Ministro Gilmar Mendes, Plenário, julgado em 24.11/.2017. Disponível em: https://redir.stf.jus.br/paginadorpub/paginador.jsp?docTP=TP&docID=14164772. Acesso em: 1º ago. 2021.

BRASIL. Agravo Reg. na Ação Cível Originária 1.966/AM, Relator Ministro Luiz Fux, Plenário, julgado em 17/11/2017. Disponível em: https://redir.stf.jus.br/paginadorpub/paginador.jsp?docTP=TP&docID=14120682. Acesso em: 1º ago. 2021.

BRASIL. Emb. Decl. no Agravo de Instrumento 598.212/PR, Relator Ministro Celso de Mello, Segunda Turma, julgado em 25/03/2014. Disponível: https://redir.stf.jus.br/paginadorpub/paginador.jsp?docTP=TP&docID=5698082. Acesso em: 1º ago. 2021.

BRASIL. Recurso Extraordinário 182782-3/RJ, Relator Ministro Moreira Alves, Primeira Turma, julgado em 14/11/95. Disponível em: https://redir.stf.jus.br/paginadorpub/paginador.jsp?docTP=AC&docID=226903. Acesso em: 1º ago. 2021.

BRASIL. Tribunal Regional Federal da 1ª Região, AC 0100322-93.2015.4.01.3700, Relator: Desembargador Federal Souza Prudente, Quinta Turma, PJe 18.12.2020.

BRASIL. Tribunal Regional Federal da 5ª Região, AG 0007560-31.2011.4.05.0000, Relator: Desembargador Federal Luiz Alberto Gurgel de Faria, Terceira Turma, DJE: 16.05.2012, p. 112. Disponível em: https://www2.cjf.jus.br/jurisprudencia/unificada/,http://www.trf5.gov.br/archive/2012/05/00075603120114050000_20120516_4042753.pdf. Acesso em: 1º ago. 2021.

REGULARIZAÇÃO FUNDIÁRIA NO CONTEXTO DA PROTEÇÃO DO EQUILÍBRIO ECOLÓGICO E DO DIREITO FUNDAMENTAL À MORADIA EM TEMPOS DE SINDEMIA NA PERSPECTIVA DAS CIDADES SUSTENTÁVEIS E DA BIOPOLÍTICA

Rafael Tocantins Maltez

Doutor em Direito Ambiental. Mestre em Direito do Consumidor. Especialista em Direito Público. Juiz de Direito. Professor. Autor de diversos livros e artigos jurídicos.

Sumário: 1. Introdução – 2. Breve resumo do recurso especial 1.770.760 - SC (2018/0263124-2) – 3. Sindemia e cidade sustentável – 4. Regularização fundiária e o equilíbrio ecológico – 5. Conclusão – 6. Referências.

1. INTRODUÇÃO

O Brasil passou por uma intensa urbanização. Um gigantesco movimento migratório foi o principal responsável por ampliar a população urbana em 125 milhões de pessoas em apenas 60 anos. Em 1940, cerca de 18,8% da população brasileira era urbana. Em 2000 essa proporção é de 82%, aproximadamente, o que permite classificar o Brasil como um dos países mais urbanizados do planeta sendo que perto de 30% dessa população vive em apenas 9 metrópoles. Aproximadamente 50% da população das metrópoles de Rio de Janeiro e São Paulo mora nas favelas ou nos loteamentos ilegais da periferia. 33% da população de Salvador mora em áreas invadidas. 34% em Fortaleza, 40% em Recife, mais de 50% em Maceió, e mais de 20% em Belo Horizonte, Porto Alegre, Rio de Janeiro e São Paulo[1]. Em 2017, 85% da população encontrava-se nas cidades. Esse processo ocorreu amiúde sem planejamento e de forma desordenada, inclusive com ocupação e destruição de vegetação nativa, abate de animais, poluição dos rios, degradação dos solos. Não houve em muitos casos uma administração pública adequada no que tange ao direito à moradia, à proteção ambiental, à especulação imobiliária e às milícias/facções criminosas. Ante a necessidade, pessoas em estado de vulnerabilidade têm ocupado áreas ambientalmente restritas, para fins de moradia, sem acesso a serviços públicos essenciais como, entre outros, o saneamento ambiental.

---

1. Disponível em: https://www.comciencia.br/dossies-1-72/reportagens/cidades/cid18.htm. Acesso em: 06 ago. 2021.

Não bastasse essa complexa problemática e para complicar ainda mais a busca e a execução de soluções, surgiu um vírus que se espalhou pelo mundo, contaminando e ceifando a vida de milhões de pessoas. Espera-se que apenas uma única medida, a vacinação, erradique essa e outras pandemias que virão, na crença de que a Covid-19 seja uma doença natural ligada exclusivamente a um vírus. Contudo, a Covid-19 não é uma doença meramente natural e não há somente uma pandemia. Segundo Richard Horton, editor-chefe da conceituada revista científica britânica Lancet, existem duas situações na saúde, as infecções pelo coronavírus e uma série de doenças crônicas não transmissíveis. Esses dois elementos interagem em um contexto social caracterizado por profunda desigualdade social. Para Horton, a Covid-19 não é somente uma pandemia, mas uma sindemia (neologismo a partir dos termos sinergia e pandemia), o que exige uma ação muito mais ampla para proteger a saúde coletiva[2].

Nesse contexto, a Covid-19 é uma doença produzida pelas condições da vida social, ambiental e política, e seu combate passa também pela reorganização e reestruturação das cidades, com habitação adequada, saneamento ambiental e preservação da vegetação, das matas, florestas e áreas verdes.

A análise deste artigo será realizada a partir da discussão do Tema 1010 do STJ: "Na vigência do novo Código Florestal (Lei 12.651/2012), a extensão não edificável nas Áreas de Preservação Permanente de qualquer curso d'água, perene ou intermitente, em trechos caracterizados como área urbana consolidada, deve respeitar o que disciplinado pelo seu art. 4º, caput, inciso I, alíneas "a", "b", "c", "d" e "e", a fim de assegurar a mais ampla garantia ambiental a esses espaços territoriais especialmente protegidos e, por conseguinte, à coletividade" (REsp 1770760/SC. Julgado em 28.04.2021. Acórdão Publicado em 10.05.2021).

Considerando sua pertinência e importância à temática objeto deste artigo, a Medida Cautelar na Arguição de Descumprimento de Preceito Fundamental 828 Distrito Federal, que versou sobre o direito à moradia e à saúde de pessoas vulneráveis no contexto da pandemia da Covid-19, também será incluída na análise.

2. BREVE RESUMO DO RECURSO ESPECIAL 1.770.760 - SC (2018/0263124-2)

O precedente refere-se ao Recurso Especial 1.770.760 – SC (2018/0263124-2). A respectiva ação tratou de mandado de segurança impetrado contra ato de Secretário Municipal, questionando o indeferimento de pedido de reforma de imóvel (derrubada de casa para construção de outra) que apresentava distância de menos de 30 metros do Rio Itajaí-Açu, encontrando-se em Área de Preservação Permanente urbana. O acórdão recorrido negou provimento ao reexame necessário e manteve a concessão da ordem a fim de que fosse observado no pedido administrativo a Lei de Parcelamento do Solo Urbano (Lei 6.766/1979), que prevê o recuo de 15 metros

---

2. Disponível em: http://www.fsp.usp.br/nupens/covid-19-nao-e-apenas-uma-pandemia-e-seu-contexto-e--relacionado-a-alimentacao-diz-lancet/. Acesso em: 04 jun. 2021.

da margem do curso d'água. Discutiu-se sobre qual norma deveria ser aplicada para fins de definição da extensão da faixa não edificável a partir das margens de cursos d'água naturais em trechos caracterizados como área urbana consolidada: o art. 4°, I, da Lei 12.651/2012 (equivalente ao art. 2°, alínea "a", da revogada Lei 4.771/1965), cuja largura varia de 30 (trinta) a 500 (quinhentos) metros, ou o art. 4°, *caput*, III, da Lei 6.766/1979, o qual fixa uma faixa *non aedificandi* de no mínimo de 15 metros. A aparente antinomia das normas foi enfrentada pela Corte de origem com enfoque na alegada especialidade da Lei 6.766/1979, compreendendo-se que a Lei 4.771/1965 (vigente à época) cederia espaço à aplicação da Lei de Parcelamento do Solo no âmbito urbano.

O julgamento teve início com análise da definição e funções das Áreas de Preservação Permanente para se compreender o tratamento dado à extensão da faixa não edificável nas margens de cursos d'água naturais em trechos caracterizados como área urbana consolidada. Foi destacado que as APPs se incluem, constitucionalmente, entre os espaços territoriais "[...] a serem especialmente protegidos, sendo a alteração e a supressão permitidas somente através de lei, vedada qualquer utilização que comprometa a integridade dos atributos que justifiquem sua proteção (art. 225, § 1°, III, da CF/1988)", e contribuem para assegurar a efetividade do direito de todos ao meio ambiente ecologicamente equilibrado.

Passou-se, então, a analisar os Códigos Florestais anteriores, contatando-se que a preocupação do legislador com a conservação da vegetação ocorreu desde o primeiro Código Florestal de 1934.

Conforme voto do relator, durante a vigência do Código Florestal de 1965, sobreveio, em 1979, a Lei 6.766/1979 (Lei de Parcelamento do Solo Urbano – LPSU), cuja redação original dispôs sobre o tratamento das áreas urbanas *non aedificandi* no inciso III do caput do art. 4°, tendo sido suprimida a expressão "dutos" em 2004, pela Lei 10.932/2004. Outro dispositivo destacado foi o art. 3°, parágrafo único, o qual deixou clara a preocupação do legislador de 1979 com a vedação ao parcelamento do solo em áreas que deveriam ser protegidas da atividade antrópica e em áreas insalubres ao desenvolvimento humano.

Foi destacado o dever de cooperação constitucionalmente previsto entre União, Estados, Distrito Federal e Municípios, com vistas à consecução do equilíbrio do desenvolvimento e do bem-estar das pessoas em âmbito nacional (art. 23, parágrafo único, da CF), firmando-se a necessidade de se concretizar soluções para o bem-estar social e o bem-estar ambiental nos meios urbano e rural, com essencial atenção a um valor maior, a busca pelo meio ambiente ecologicamente equilibrado, direito fundamental de todos (arts. 5°, § 2°, e 225, da CF), metaindividual por excelência, e com viés solidário entre as gerações, cuja persecução não deve admitir interrupção entre a urbis e o campo.

Foi mantido o entendimento da Corte de que não se pode tratar a disciplina das faixas marginais dos cursos d'água em áreas urbanas somente pela visão do Direito Urbanístico, enxergando cada urbis de forma isolada, pois as repercussões das intervenções antrópicas sobre essas áreas desbordam, quase sempre, do eixo local. A definição da norma a incidir sobre o caso, consequentemente, deveria garantir a melhor e mais eficaz proteção ao meio ambiente natural e ao meio ambiente artificial, em cumprimento ao disposto no art. 225 da CF/1988, sempre com os olhos também voltados ao princípio do desenvolvimento sustentável (art. 170, VI,) e às funções social e ecológica da propriedade.

A antinomia aparente entre as normas que fazem parte do Tema 1010/STJ (art. 4º, I, da Lei 12.651/2012 e art. 4º, *caput*, III, da Lei 6.766/1979) foi solucionada por meio do critério da especialidade.

Foi destacada a compreensão integrada do Direito Ambiental e do Direito Urbanístico, o respeito à dignidade da pessoa humana, notadamente sob as perspectivas coletiva e ecológica, e que a norma a atuar deve traduzir a consecução, tanto do bem-estar ambiental quanto do bem-estar social, com especial atenção ao princípio da solidariedade intergeracional.

Houve o entendimento de que a norma inserta no Código Florestal (art. 4º, *caput*, inciso I), ao prever medidas mínimas superiores para as faixas marginais de qualquer curso d'água natural perene e intermitente, é especial e específica em face do art. 4º, III, da Lei 6.766/1976, e que por isso, é a que deve reger a proteção das APPs ciliares ou ripárias em áreas urbanas consolidadas, espaços territoriais especialmente protegidos (art. 225, III, da CF/1988), que não se condicionam a fronteiras entre o meio rural e urbano.

Foi também analisada a superveniência da Lei 13.913, de 25 de novembro de 2019, que suprimiu a expressão "[...] salvo maiores exigências da legislação específica" do inciso III do art. 4º da LPSU, e concluiu-se que não teve o condão de alterar o entendimento firmado, pois pelo critério da especialidade, o normativo contido no art. 4º, *caput*, I, da Lei 12.651/2012 é o que garante a mais ampla proteção ao meio ambiente, em áreas urbana e rural, e deve incidir no caso. O fato de o inciso III-A do art. 4º da Lei 6.766/1976 expressamente estabelecer, em caráter geral, a determinação do distanciamento de "no mínimo" 15 metros apenas reforça a função de norma geral norteadora da menor distância que as faixas marginais, não edificáveis, devem manter dos cursos d'água, o que, por uma visão teleológica do sistema de proteção ambiental, não afasta a aplicação do art. 4º, caput, da Lei 12.651/2012 às áreas urbanas consolidadas.

Dessa forma, entendeu-se pela aplicabilidade do art. 4º, I, da Lei 12.651/2012, para impor a largura mínima às faixas marginais dos cursos d'água natural perenes e intermitentes existentes em área de consolidação urbana.

A Medida Cautelar na ADPF 828 Distrito Federal teve por objeto a tutela dos direitos à moradia e à saúde de pessoas em situação de vulnerabilidade. Foi apresentado pedido cautelar de suspensão imediata de todos os processos, procedimentos, medidas administrativas ou judiciais que pudessem resultar em despejos, desocupações, remoções forçadas ou reintegrações de posse enquanto perdurarem os efeitos da crise sanitária da Covid-19.

Houve entendimento do Ministro Roberto Barroso, relator da matéria, de que no contexto da pandemia da Covid-19, o direito social à moradia (art. 6º, CF) está diretamente relacionado à proteção da saúde (art. 196, CF), tendo em vista que a habitação é essencial para o isolamento social, principal mecanismo de contenção do vírus. Diante dessa situação excepcional, os direitos de propriedade, possessórios e fundiários precisam ser ponderados com a proteção da vida e da saúde das populações vulneráveis, dos agentes públicos envolvidos nas remoções e com os riscos de incremento da contaminação para a população em geral.

Foram contempladas três situações: (i) ocupações anteriores à pandemia: suspensão, por seis meses, da remoção de ocupações coletivas instaladas antes do início da pandemia, com o argumento de que se trata da proteção de comunidades estabelecidas há tempo razoável, em que diversas famílias fixaram suas casas, devendo-se aguardar a normalização da crise sanitária para se cogitar do deslocamento dessas pessoas; (ii) ocupações posteriores à pandemia: os agentes estatais poderão agir para evitar a consolidação de novas ocupações irregulares, desde que com a devida realocação em abrigos públicos ou em locais com condições dignas, havendo determinação para que tudo ocorra com o cuidado necessário para o apoio às pessoas vulneráveis, inclusive provendo condições de manutenção do isolamento social; (iii) despejo liminar por falta de pagamento de aluguel: houve entendimento de que a proibição genérica pode gerar efeitos sistêmicos difíceis de calcular em sede de controle concentrado de constitucionalidade, particularmente em medida cautelar de urgência, porque a renda proveniente de locações, em muitos casos, também é vital para o sustento de locadores. Por essa razão, nesse tópico, o Ministro compreendeu que a intervenção judicial deve ser minimalista. Assim sendo, na linha do que já fora previsto na Lei 14.010/2020, que disciplinou o Regime Jurídico Emergencial e Transitório das Relações Jurídicas de Direito Privado (RJET) no período da pandemia do coronavírus, suspendeu, pelo prazo de seis meses, tão somente a possibilidade de despejo liminar de pessoas vulneráveis, sem a audiência da parte contrária, não ficando afastada a possibilidade de despejo por falta de pagamento, com observância do art. 62 e ss. da Lei 8.245/1991, que dispõe sobre a locação de imóveis urbanos.

Foram ressalvadas da abrangência da cautelar as seguintes hipóteses: (i) ocupações situadas em áreas de risco, suscetíveis à ocorrência de deslizamentos, inundações ou processos correlatos, mesmo que sejam anteriores ao estado de calamidade pública, nas quais a remoção poderá acontecer, respeitados os termos do art. 3º-B da Lei federal 12.340/2010; (ii) situações em que a desocupação se mostre absolutamente necessária para o combate ao crime organizado – a exemplo de complexos habitacionais invadidos e dominados por facções criminosas – nas quais deve ser assegurada a realocação de pessoas vulneráveis que não estejam envolvidas na prática dos delitos; (iii) a possibilidade de desintrusão de invasores em terras indígenas; e (iv) posições jurídicas que tenham por fundamento leis locais mais favoráveis à tutela do direito à moradia, desde que compatíveis com a Constituição, e decisões judiciais anteriores que confiram maior grau de proteção a grupos vulneráveis específicos, casos em que a medida mais protetiva prevalece sobre a presente decisão.

3. SINDEMIA E CIDADE SUSTENTÁVEL

O Brasil possui, quando são escritas estas linhas, 16.841.408 casos e 470.842 óbitos por Covid-19, ocupando a terceira posição mundial[3].

A doença atingiu todos os estados brasileiros, incluindo territórios rurais e remotos. O distanciamento geográfico em relação aos grandes polos urbanos não deteve a disseminação da doença. Esses espaços incluem povos tradicionais, povos indígenas, quilombolas, povos das florestas, ribeirinhos, entre outros, denominados populações do campo, floresta e águas (PCFA). São populações negligenciadas e que sofrem pelo acesso precário à saúde, elevada mortalidade infantil, prevalência de tuberculose, verminose, diarreia e infecções respiratórias. A saúde em locais rurais ou remotos, ligada ao modo de vida no território, abriga populações em condição de hipervulnerabilidade, onde muitas políticas públicas não se fazem presentes[4].

Percebe-se que a problemática não se resume ao meio ambiente urbano, mas a sindemia é em essência urbana. Assim, o foco deste estudo se dará em relação à sindemia nas cidades.

O termo sindemia foi criado pelo antropólogo médico americano Merrill Singer na década de 1990 para explicar uma situação em que "duas ou mais doenças interagem de tal forma que causam danos maiores do que a mera soma dessas duas doenças". Definiu a sindemia como um modelo "que se concentra no complexo bios-social" – ou seja, nos fatores sociais e ambientais que promovem e potencializam os efeitos negativos da interação de uma determinada doença. Assim, a interação com o aspecto social e ambiental é o que faz com que não seja apenas uma doença que se propaga de forma natural. Para conter o avanço e o impacto do coronavírus, é fundamental atentar para esse aspecto, que inclusive torna certos grupos mais vulneráveis à doença. "Se realmente quisermos acabar com esta pandemia cujos efeitos têm sido devastadores nas pessoas, na saúde, na economia ou com futuras pandemias de doenças infecciosas (vimos uma após a outra cada vez mais frequente: Aids, ebola, Sars, zika e agora Covid-19), a lição é que temos que lidar com as condições subjacentes", diz Singer. "O risco de não fazer isso é enfrentar outra pandemia como a Covid-19, no tempo que leva para uma doença existente escapar do mundo animal e passar para os humanos, como foi o caso do ebola e do zika, e que continuará a ocorrer à medida

---

3. Disponível em: https://www.arcgis.com/apps/dashboards/bda7594740fd40299423467b48e9ecf6. Acesso em: 05 jun. 2021.
4. Disponível em: http://cadernos.ensp.fiocruz.br/csp/artigo/1115/a-pandemia-de-covid-19-em-territorios--rurais-e-remotos-perspectiva-de-medicas-e-medicos-de-familia-e-comunidade-sobre-a-atencao-primaria--a-saude. Acesso em: 05 jun. 2021.

que continuarmos a invadir o espaço das espécies selvagens, ou como resultado da mudança climática e do desmatamento". Uma epidemia sindêmica refere-se à ideia de que o vírus não age de forma isolada, mas interage e é potencializado por diversos fatores como as condições ambientais e sociais[5].

O editor do Lancet, Richard Horton, recuperou o histórico do conceito de sindemia, criado por Merrill Singer. Para ele, "limitar os danos causados pelo SARS-CoV-2 é uma ação que demanda uma atenção muito maior às doenças crônicas e à desigualdade socioeconômica". Frisou que temas como educação, trabalho, moradia, alimentação e meio ambiente devem ser considerados. Em seu artigo, Horton destaca que as sindemias são caracterizadas por interações biológicas e sociais, interações estas que aumentam a suscetibilidade de uma pessoa ver seu estado de saúde piorar ao contrair uma doença. Entende que a crise econômica que está avançando em nossa direção não será resolvida por uma droga ou uma vacina, não importando quão protetora seja ou quão eficaz seja um tratamento, "a busca por uma solução puramente biomédica contra a Covid-19 vai falhar." E ele conclui: "A menos que os governos elaborem políticas e programas para reverter profundas disparidades sociais, nossas sociedades nunca estarão verdadeiramente protegidas da Covid-19"[6].

A revista já havia abordado o termo, com a publicação de um artigo liderado por Boyd Swinburn que apontava para uma sindemia global. A ideia da publicação era a de conectar três problemas de caráter mundial, antes vistos como questões separadas: as epidemias de obesidade e de desnutrição e as mudanças climáticas. Apesar de parecerem fatos contraditórios (no caso da obesidade e da desnutrição) e independentes (no caso das mudanças climáticas), eles encontram uma raiz comum, que tem base nos sistemas alimentares vigentes no mundo atualmente[7].

Sindemia, portanto, é a caracterização de interações patológicas, biológicas, sociais, ambientais e econômicas. Dessa forma, a abordagem integrada para entender e tratar doenças pode ser mais bem sucedida que apenas controlar doenças epidêmicas ou tratar pacientes individuais[8].

María Neira, diretora de Saúde Pública e Meio Ambiente da OMS, explica como os vírus do ebola, Sars e HIV saltaram dos animais para os humanos depois da destruição de florestas tropicais. "70% dos últimos surtos epidêmicos começaram com o desmatamento". Segundo a médica, a pandemia do coronavírus é mais uma prova da relação entre os vírus e as pressões do ser humano sobre o meio ambiente.

---

5. Disponível em: https://cee.fiocruz.br/?q=node/1264. Acesso em: 06 jun. 2021.
6. Disponível em: https://cee.fiocruz.br/?q=node/1264. Acesso em: 06 jun. 2021.
7. Disponível em: http://www.fsp.usp.br/nupens/covid-19-nao-e-apenas-uma-pandemia-e-seu-contexto-e--relacionado-a-alimentacao-diz-lancet/. Acesso em: 04 jun. 2021.
8. Disponível em: https://www.dw.com/pt-br/sindemia-covid-19-pode-ser-mais-que-uma-pandemia/a-55273059. Acesso em: 06 jun. 2021.

Neira alerta sobre a necessidade de que Governos e indivíduos compreendam que a mudança climática também é um problema de saúde pública[9].

David Quammen, entende que a epidemia [sindemia] de Covid-19 foi criada pelo ser humano, no sentido de que não se trata de uma doença simplesmente natural que se alastrou e contaminou os seres humanos por todo o planeta, mas foi a atividade humana que a desencadeou e propagou. Investigou os patógenos responsáveis pelas grandes epidemias da história, como por exemplo a gripe espanhola, a aids, o ebola e a Sars e o fenômeno de spillolver ("transbordamento"), o qual ocorre quando patógenos que afetam animais passam a contaminar os seres humanos[10].

O infectologista Stefan Cunha Ujvari realizou pesquisa sobre as principais epidemias desde os primeiros aglomerados humanos. Destacou que a falta de saneamento básico contribuiu para a criação de condições para a propagação de epidemias e que a transmissão de doenças infecciosas depende do estilo de vida e acontece dentro de contextos socioeconômicos característicos[11]. O renomado médico explica como ocorre a transmissão de doenças infecciosas do meio ambiente ao ser humano e explica que se dá de diversas formas. "Essas doenças apresentam uma complexidade muito maior por virem de uma rede de seres vivos, animais ou vegetais, interligados e influenciados pelo solo, clima, mar, pelos rios, por detritos, pelas lagoas e outros" e por isso "qualquer alteração de um dos componentes desta rede origina influências em outro". Alerta que há "décadas alteramos o meio ambiente e criamos condições de entrar em contato tanto com seres microscópicos antigos e conhecidos como com novos e desconhecidos. Agredida por nós, a natureza contra-ataca"[12]. Destaca que a proximidade com animais selvagens acabou proporcionando a transferência de seus vírus e bactérias para o ser humano, sendo que os microrganismos dos animais podem sofrer mutações e adquirir "novas características de adaptação ao ser humano, com o consequente surgimento de novas doenças"[13]. Sintomático foi a confirmação, pela China, do primeiro caso de nova cepa da gripe aviária (H10N3) em humanos.

Por outro lado, desmatamentos também podem desencadear novas doenças. Fizeram com que as populações entrassem em maior contato com insetos florestais, inclusive o mosquito *Anopheles*, causador da malária. De "534 vírus catalogados que habitam o organismo de insetos, 134 causam doença ao homem. As matas são ricas em seres vivos. As vegetações, os insetos e os vertebrados proliferam durante as chuvas tropicais. Se a cada ano são descobertas cerca de 10 mil novas espécies e

---

9. Disponível em: https://brasil.elpais.com/brasil/2021-02-06/70-dos-ultimos-surtos-epidemicos-comecaram-com-o-desmatamento.html. Acesso em: 05 jun. 2021.

10. QUAMMEN, David. *Contágio*: infecções de origem animal e a evolução das pandemias. 2. ed. São Paulo: Companhia das Letras, 2020.

11. UJVARI, Stefan Cunha. *História das epidemias*. 2. ed. 2. reimp. São Paulo: Contexto, 2021.

12. UJVARI, Stefan Cunha. *Meio ambiente & epidemias*. 2. ed. rev. e atual. São Paulo: Senac, 2013, p. 10.

13. UJVARI, Stefan Cunha. *Meio ambiente & epidemias*. 2. ed. rev. e atual. São Paulo: Senac, 2013, p. 25 e 164-166.

estima-se que quatro quintos das espécies do planeta ainda não foi descoberta, quantos vírus ainda estão por ser descobertos? Quanto mais desmatarmos as florestas e invadirmos seu hábitat, mais rápido teremos resposta para esta pergunta"[14]. Dessa forma, o desmatamento pode nos colocar em contato mais próximo com agentes que se escondem no interior das matas, que antes ficavam isolados, e muitas vezes ocasiona uma complexa reação em cadeia nos seres vivos e pode antecipar o contato com agentes ainda desconhecidos[15].

As erosões do solo também ajudam a escoar para o mar nutrientes arrastados pelas águas da chuva, contribuindo com a proliferação de algas produtoras de toxinas e favorecendo o surgimento de infecções, como a diarreia da cólera[16].

A alteração, a invasão e a intromissão antropogênica do meio ambiente natural, propiciou novas doenças ou acarretou o retorno de antigas. Segundo Ujvari, "por mais simples que pareça ser a transmissão de uma doença, basta procurar que encontraremos alguma interferência do homem na natureza favorecendo sua potencialização"[17].

Dessa forma, a depender da forma de organização, estruturação e administração das cidades, podem elas produzir e reproduzir doenças, e de forma desigual. Houve diferença em número de mortos de país para país, e internamente, entre classes sociais. Percebe-se que a diferença também foi política, biopolítica. O atual modelo de urbanização, o qual transformou a cidade em meca de negócios e não centrada no bem-estar de seus habitantes, arrasta esses vulneráveis para áreas ambientais com restrições legais, as quais são degradadas, agravando ainda mais a proliferação de doenças. Heller e Fechér situam os temas saúde, meio ambiente, gênero e etnicidade como biopolíticos no âmbito de uma teoria política da Modernidade[18].

Um vírus político é combatido com a reorganização das estruturas sociais e ambientais, inclusive no ambiente urbano, ou seja, com uma ação biopolítica eficaz. As favelas deveriam ser reurbanizadas rapidamente, deveriam ser erguidas moradias dignas rapidamente, urbanizadas as ocupações irregulares, bem como desocupadas as áreas de preservação permanente, as quais protegem a vegetação, com o respectivo encaminhamento das pessoas vulneráveis para habitações dignas e sem restrições. Para Lemke, os "limites ecológicos e demográficos do crescimento econômico passam a demandar intervenções políticas para conter o processo de destruição dos fundamentos naturais da vida na Terra, assim como a ação política, às demandas biológicas nos níveis local, regional, nacional e internacional"[19].

---

14. UJVARI, Stefan Cunha. *Meio ambiente & epidemias*. 2. ed. rev. e atual. São Paulo: Senac, 2013, p. 145.
15. UJVARI, Stefan Cunha. *Meio ambiente & epidemias*. 2. ed. rev. e atual. São Paulo: Senac, 2013, p. 99.
16. UJVARI, Stefan Cunha. *Meio ambiente & epidemias*. 2. ed. rev. e atual. São Paulo: Senac, 2013, p. 80.
17. UJVARI, Stefan Cunha. *Meio ambiente & epidemias*. 2. ed. rev. e atual. São Paulo: Senac, 2013, p. 116.
18. LEMKE, Thomas. *Biopolítica*: críticas, debates e perspectivas. Trad. Eduardo Altheman Camargo Santos. São Paulo: Filosófica Politeia, 2018, p. 113.
19. LEMKE, Thomas. *Biopolítica*: críticas, debates e perspectivas. Trad. Eduardo Altheman Camargo Santos. São Paulo: Filosófica Politeia, 2018, p. 40-41. "A própria definição do político se transformou. Da clonagem reprodutiva, passando pela gripe aviária, até chegar à política de refugiados; dos recursos à saúde e das políticas de aposentadoria ao decréscimo populacional; a vida individual e coletiva, seu aprimoramento e

Nesse contexto, são elaboradas leis para a adequada estruturação, ordenação das cidades e dos ambientes naturais. Ao Poder Executivo caberia a defesa do equilíbrio ecológico, que é essencial à sadia qualidade de vida, com a instrumentalização da defesa dos espaços ambientalmente protegidos, incluídas as Áreas de Preservação Permanente, a adequada implementação de políticas públicas como habitacional, saneamento ambiental, resíduos sólidos e mudanças climáticas, todas as quais dispõem de leis específicas (Leis 12.651/2012, 11.124/2005, 11.445/2007, 12.305/2010 e 12.187/2009), bem como a lei que trata das transferências de recursos da União aos órgãos e entidades dos Estados, Distrito Federal e Municípios para a execução de ações de prevenção em áreas de risco de desastres e de resposta e de recuperação em áreas atingidas por desastres e sobre o Fundo Nacional para Calamidades Públicas, Proteção e Defesa Civil (Lei 12.340/2010).

Busca-se, assim, uma *cidade sustentável*, significando que deve ser planejada e gerida considerando os fatores socioambientais, o equilíbrio ecológico e as sindemias. Numa cidade sustentável, além da observância dos padrões de produção e consumo aptos a não degradarem o meio ambiente, o modelo e a dinâmica de desenvolvimento devem ser compatíveis com os limites do crescimento e com a sustentabilidade ambiental, social e econômica do município, com respeito e cuidado com meio ambiente natural[20].

São direitos que estruturam a garantia do direito a cidades sustentáveis: direito à terra urbana, à moradia, ao saneamento ambiental, ao meio ambiente sem poluição, à infraestrutura urbana, ao transporte e aos serviços públicos, ao trabalho e ao lazer, para as presentes e futuras gerações, tudo de forma a garantir o bem-estar de seus habitantes.

A decisão na Medida Cautelar na ADPF 828 Distrito Federal revelou-se adequada para fins de cidade sustentável, preservando-se a saúde de seus habitantes e combatendo o crime organizado e invasão de terras indígenas.

4. REGULARIZAÇÃO FUNDIÁRIA E O EQUILÍBRIO ECOLÓGICO

Amiúde ocorrem ocupações em áreas de preservação permanente as quais apresentam restrições à atividade econômica. Em geral, mas não unicamente, são realizadas por pessoas de baixa renda em áreas urbanas com pouca ou nenhuma infraestrutura de urbanização com deficiência de uma política pública de habitação. Há também casos relacionados ao crime organizado e às milícias.

---

prolongação, sua proteção contra todos os tipos de perigos e riscos ganham hoje um espaço cada vez maior no debate político. Se até há pouco o Estado de bem-estar podia concentrar-se no problema da garantia da existência, nesse ínterim a regulação do início e do fim da vida também foi trazida para o Estado. Com isso, tornou-se candente a questão de quem, e em qual momento, é membro da comunidade de direito e quem ainda não é ou já não é mais (embriões, mortos cerebrais etc.)" (p. 168).

20. MALTEZ, Rafael Tocantins. *Manual de direito ambiental*. Brasília: Sê-lo, 2016.

É dever do Poder Público tanto a promoção de políticas públicas de moradias para as populações, em especial as de baixa renda, como a proteção e defesa do meio ambiente ecologicamente equilibrado para as presentes e futuras gerações. Esses dois direitos fundamentais são intrinsecamente ligados à dignidade e à vida, seja no ambiente rural ou urbano.

Dessa forma, as ocupações irregulares decorrem da ausência de planejamento e fiscalização, ocasionando crescimento urbano desordenado, provocando o inchaço dos núcleos urbanos com o surgimento dos informais, acompanhado de intensa degradação ambiental, com poluição das águas, degradação do solo e desmatamento em áreas de preservação permanente.

Não houve modulação de efeitos. A tese passa, então, a ser aplicada imediata e indistintamente a todas as situações, passadas ou futuras, mesmo que já consolida-das no tempo. A decisão está de acordo com: a Súmula 613 do STJ ("Não se admite a aplicação da teoria do fato consumado em tema de Direito Ambiental"); a prote-ção e defesa do meio ambiente ecologicamente equilibrado; a aplicação da norma ambientalmente mais favorável; o combate à sindemias; e a Política Nacional sobre Mudança do Clima.

Ademais, a decisão do STJ está de acordo com a natureza jurídica dos institutos colocados em julgamento, quais sejam, área de preservação permanente do Código Florestal e área *non aedificandi* da Lei do Parcelamento do Solo Urbano. Nesta última não há conteúdo de proteção ou preservação ambiental, mas sim o estabelecimento de uma faixa não edificante nessas áreas. Já a Área de Preservação Permanente, nos termos da Lei 12.651/2012, é a "área protegida, coberta ou não por vegetação nativa, com a função ambiental de preservar os recursos hídricos, a paisagem, a estabilidade geológica e a biodiversidade, facilitar o fluxo gênico de fauna e flora, proteger o solo e assegurar o bem-estar das populações humanas". O enquadramento como área de preservação permanente independe da existência ou inexistência de vegetação e ocorre pela localização. No julgado, destacou-se o seguinte entendimento: "O âmbito de proteção jurídica das normas em confronto seria, na realidade, distinto. Enquanto o art. 2º do Código Florestal visa à proteção da biodiversidade, a Lei de Parcelamento do Solo tem por finalidade precípua a ordenação do espaço urbano destinado à habitação, de modo que a proteção pretendida estaria mais relacionada à segurança da população, prevenindo edificações em terrenos alagadiços ou sujeitos a inundações". As áreas de preservação permanente são importantes limitações, pois possibilitam a proteção de diversos objetos ligados à função ambiental dos espaços territoriais, inclusive urbanos.

A Lei 13.465/2017 alterou os artigos 64 e 65 do Código Florestal, com a finali-dade de possibilitar a regularização fundiária, flexibilizando as normas de proteção da vegetação, nas áreas de preservação permanente, instituindo duas formas de regularização fundiária urbana. A primeira consiste na regularização fundiária por interesse social, a qual objetiva atender a população de baixa renda, declarada pelo

Poder Público Municipal. A segunda consiste na regularização fundiária por interesse específico, que atende ao critério residual. Nas duas hipóteses devem ser realizados estudos para que se possa efetivar a melhoria das condições ambientais em relação à existente (§1º dos artigos 64 e 65 do CFlo). Ademais, deve haver a cessação de novas ocupações irregulares nas áreas de preservação permanente. Destaca-se que a alteração do CFlo não extinguiu a área de preservação permanente após a regularização, mas apenas autorizou a existência de ocupação com regularização fundiária com a flexibilização da restrição ambiental.

Controvérsia existe quanto à necessidade de exigência de área não edificável de 15 metros na Reurb-S em APP, pois somente é exigida no § 2º do artigo 65 do CFlo que versa sobre a Reurb-E em Área de Preservação Permanente, não havendo a mesma exigência legal para a Reurb-S em APP's. Há entendimento de que a faixa mínima de 15 metros deve ser exigida nas duas formas de Reurb, à luz da legislação pertinente aos cursos d´água, notadamente aqueles navegáveis (art. 14 do Decreto 24.643/1934). Após o advento do Tema 1010, pode-se interpretar que prevalece a APP do CFlo sobre o parcelamento e uso do solo urbano, inclusive sobre a Reurb.

Inicialmente, deve-se verificar a existência de faixas *non aedificandi* criadas por legislação federal, estadual, municipal ou distrital, considerando que nessas faixas não são possíveis construções. Após, deve-se verificar se há APP. Na ausência, a Lei 6.766/1979 deverá ser aplicada, sendo que o artigo 4º, III-A, dispõe que ao longo das águas correntes e dormentes deverá existir uma faixa não edificável de, no mínimo, 15 metros de cada lado. Há, portanto, a criação de faixas não edificáveis, mas a norma não se refere, diretamente, à proteção ambiental e não é substitutiva das APPs. A norma somente cria faixa não edificável, inclusive nas APPs, no qual estas não são, necessariamente, áreas que impossibilitam as edificações, tanto que os arts. 64 e 65 do Cflo permitem a regularização fundiária em APPs. Conforme visto, também deve-se observar a necessidade de demarcação da faixa não edificável criada pelo Decreto 24.643/1934.

Norma que também deve ser aplicada é a Lei 11.428/2006 (Lei da Mata Atlântica), que por ser especial prevalece sobre o CFlo, o que acarretaria a impossibilidade do regime consolidado em áreas de preservação permanente e a Reurb. Há entendimento de que para a hipótese de núcleos urbanos informais com total descaracterização de área ambiental, consolidação de área urbana e perda total e irreversível da função ecológica, é possível a regularização fundiária mediante reposição florestal com espécies nativas, em área equivalente a que foi desmatada, podendo o Poder Público criar uma unidade de conservação no espaço territorial que foi objeto de reposição.

A Lei 14.026/2020 incluiu o artigo 53-D na Lei 11.445/2007, para o fim de estabelecer como política federal de saneamento básico a execução de obras de infraestrutura básica de esgotamento sanitário e abastecimento de água potável em núcleos urbanos formais, informais e informais consolidados, passíveis de ser objeto de Regularização Fundiária Urbana (Reurb), salvo aqueles que se encontrarem em situação de risco.

A prioridade, em tempos de sindemia e conforme o Tema 1010 é a proteção ambiental, evitando-se desmatamento em APP e promovendo-se o reflorestamento. A destruição de matas e florestas sob o argumento do direito à moradia pode intensificar e perpetuar sindemias, em relação as quais aqueles que se quer proteger com regularizações degradatórias, os vulneráveis, são as primeiras e principais vítimas. Assim, onde houver a possibilidade de recuperação da APP, devem os ocupantes ser removidos após o poder público destinar novas moradias dignas e em áreas sem restrição exclusivamente para pessoas de baixa renda e sem outro imóvel, que ocuparam essas áreas. Inclusive quando ocorre a ocupação em área de risco, deve ser aplicada a Lei 12.340/2010 que trata das transferências de recursos da União aos órgãos e entidades dos Estados, Distrito Federal e Municípios para a execução de ações de prevenção em áreas de risco de desastres e de resposta e de recuperação em áreas atingidas por desastres e sobre o Fundo Nacional para Calamidades Públicas, Proteção e Defesa Civil (art. 3º-B, § 3º).

Por fim, destaca-se que em julho de 2021, houve decisão do Tribunal de Justiça de Santa Catarina no sentido de não se acolher pedido de ligação de elétrica em construção irregular situada em Área de Preservação Permanente, com o fundamento de que o direito ao meio ambiente ecologicamente equilibrado prevalece mesmo em área urbana consolidada (Apelação 0305971-16.2017.8.24.0045/SC).

5. CONCLUSÃO

A Covid-19 apresenta desafios de ordem humanitária, médica, sanitária, ambiental, social, urbana e econômica. A problemática envolvendo a Covid-19 é complexa e diversos fatores causam e propalam a doença, não devendo ser vista simplesmente como elemento natural, mas também social e ambiental, não podendo seu enfrentamento ser reduzido a uma questão estritamente médica, clínica, pois trata-se de uma questão de biopolítica. Reduzir a discussão apenas ao aspecto médico, além de eventualmente não permitir a superação da Covid-19, resultará em uma sucessão interminável de sindemias.

Toda e qualquer alteração no meio ambiente ocasiona mudanças na dinâmica das relações entre os seres vivos. O equilíbrio dos nichos ecológicos é quebrado. Em decorrência da enormidade de espécies vivas que partilham este mesmo ambiente, é impossível prever as consequências que um meio agredido irá propiciar. O século XX é um grande marco na trajetória histórica das alterações do meio natural. Até este século as alterações foram citadas como exemplos ao longo de uma cronologia, muitas vezes separadas por um intervalo de tempo de séculos. Hoje, não conseguimos mais dar os exemplos de modo ordenado e cronológico. As alterações, assim como suas causas, são interligadas e simultâneas[21].

---

21. UJVARI, Stefan Cunha. *Meio ambiente & epidemias*. 2. ed. rev. e atual. São Paulo: Senac, 2013, p. 187.

O aumento da população, desmatamentos, invasão e degradação de áreas naturais, contato com animais selvagens e falta de planejamento e estrutura urbana contribuem para a eclosão das epidemias. Uma população com casas precárias e sistema de saneamento ambiental inexistente ou falho, leva a diversos nichos de proliferação transmissores e de doenças.

A falta de organização e estruturação é uma forma de organização e estruturação da vida e dos corpos, um projeto de biopoder e biopolítica, de fazer viver e deixar morrer.

A saúde ambiental é pressuposto fundamental da saúde humana. É dessa forma que o meio ambiente condiciona a saúde pública.

Os Municípios devem se estruturar, com a urbanização das ocupações irregulares, com serviços públicos essenciais, notadamente de saneamento ambiental, construção rápida de moradias, em cooperação entre todos os entes públicos e privados. Isso porque muitos Municípios não possuem estrutura administrativa para realização dessas políticas públicas.

Além da regularização, da implementação da função social da cidade com a regular ocupação dos imóveis não utilizados, deve-se realizar uma fiscalização efetiva, para impedir novas ocupações, inclusive para não se incentivar novas ocupações em APP na esperança de futura regularização.

O combate à sindemia ocorre com a proteção ambiental, inclusive com o combate ao desmatamento.

O diálogo das fontes deve objetivar a concretização dos direitos fundamentais. Observado o critério da lei especial, a própria Lei 6.766/1979, que traz normas sobre loteamento urbano, não trata especificamente da proteção ambiental dos cursos de água. O CFlo apresenta norma específica em matéria de proteção ambiental, as áreas de preservação permanente, que têm como função abrigar a biodiversidade e promover a propagação da vida, assegurar a qualidade do solo e garantir a proteção de recurso hídrico em condições favoráveis de quantidade e qualidade e garantir o bem-estar.

Não se admite em temas de Direito Ambiental, a incidência da Teoria do Fato Consumado para a manutenção de situação que, apesar do decurso do tempo, é danosa ao ecossistema e violadora das normas de proteção ambiental.

A antinomia entre a Lei de Parcelamento do Solo Urbano (Lei 6.766/1979) e o Código Florestal (Lei 12.651/2012) é apenas aparente, pois a primeira estabelece uma proteção mínima e a segunda tutela a proteção específica. O Código Florestal tutela em maior extensão e profundidade o bem jurídico do meio ambiente, logo, é a norma específica a ser observada na espécie.

Nesse sentido o julgamento do Tema 1010 aplica a norma mais protetiva ao meio ambiente, sem modulação dos efeitos, para se que possa atingir situações pretéritas e se reparar a APP degradada. Por outo lado, a Medida Cautelar na ADPF 828 Distrito Federal visou a preservar a saúde e bem-estar dos habitantes das cidades e combater o crime organizados e as terras indígenas.

6. REFERÊNCIAS

LEMKE, Thomas. *Biopolítica*: críticas, debates e perspectivas. Trad. Eduardo Altheman Camargo Santos. São Paulo: Filosófica Politeia, 2018.

MALTEZ, Rafael Tocantins. *Manual de direito ambiental*. Brasília: Sê-lo, 2016.

QUAMMEN, David. *Contágio*: infecções de origem animal e a evolução das pandemias. 2. ed. São Paulo: Companhia das Letras, 2020.

UJVARI, Stefan Cunha. *História das epidemias*. 2. ed. 2. reimp. São Paulo: Contexto, 2021.

UJVARI, Stefan Cunha. *Meio ambiente & epidemias*. 2. ed. rev. e atual. São Paulo: Senac, 2013.

REINTEGRAÇÕES DE POSSE E DESPEJOS NA PANDEMIA: A BLINDAGEM DA PROPRIEDADE PRIVADA PERANTE O DIREITO À MORADIA

Rafael Lessa Vieira de Sá Menezes

Doutor e Mestre em Direito pela USP. Defensor Público no Estado de São Paulo.

Sumário: 1. Introdução – 2. Proteção ao inquilino, ao mutuário e ao possuidor contra remoções forçadas durante a pandemia – 3. O emaranhado normativo da proteção a pessoas sujeitas à remoção forçada durante a pandemia no Brasil – 4. O judiciário e a proteção a pessoas sujeitas à remoção forçada durante a pandemia – 5. CNJ e STF na proteção a pessoas sujeitas à remoção forçada durante a pandemia – 6. Considerações finais – 7. Referências.

1. INTRODUÇÃO

A moradia foi largamente reconhecida como um dos principais elementos de defesa contra a Covid-19. Durante a pandemia, governos em todo o mundo pediram ou obrigaram as pessoas a ficar em casa como medida não medicamentosa para conter as infecções, atendendo a recomendações da OMS (Organização Mundial da Saúde). Uma das principais *hashtags* usadas no mundo e no Brasil foram #stayathome e #fiqueemcasa. Porém, nem todos tiveram a possibilidade de ficar "em casa".

Primeiro, as pessoas em situação de rua, que por definição não possuem um teto para morar. Segundo, pode ser problematizada a recomendação para as pessoas em situação de moradia precária, que não desfrutam de todos os benefícios de uma moradia digna[1]. Por fim, há aqueles que sofreram remoções forçadas, muitas vezes por consequência mesmo da crise econômica decorrente da crise sanitária. É o caso de inquilinos que não puderam pagar os aluguéis devidos e, em razão disso, foram despejados. Também é o caso de mutuários que se tornaram ou continuaram inadimplentes, sofrendo processos de reintegração de posse, ou de outros possuidores que sofreram também este tipo de remoção forçada.

Este artigo pretende analisar algumas medidas de proteção e garantia dos direitos de inquilinos, mutuários e possuidores durante a pandemia. Para isso, faz-se um breve apanhado da proteção contra remoções forçadas no contexto pandêmico, apontando normas editadas em outros países e no Brasil; analisa qualitativamente

---

1. No mundo, estima-se que 1,8 bilhões de pessoas não desfrutem de moradia digna. Este conceito, segundo o Comentário Geral n. 4 sobre o direito a uma habitação condigna, do Comitê dos Direitos Econômicos, Sociais e Culturais, tem como elementos básicos de adequabilidade de uma moradia em qualquer contexto: segurança legal de posse; disponibilidade de serviços, materiais, facilidades e infraestrutura; custo acessível; habitabilidade; acessibilidade; localização; e adequação cultural.

julgados do Tribunal de Justiça de São Paulo e de outros Tribunais que versam sobre remoções forçadas, como reintegrações de posse de mutuários ou outros possuidores, despejos e imissões na posse durante a pandemia; analisa a decisão do STF que suspendeu despejos e reintegrações de posse coletivas, bem como as limitações e os desafios decorrentes de tal decisão; e tece considerações críticas sobre as possíveis razões da prevalência do direito de propriedade sobre o direito à moradia no Brasil, mesmo num período como a pandemia. Defende-se, finalmente, uma abordagem de garantismo habitacional, pela qual o Estado deve, no tema das remoções forçadas, privilegiar a função social da posse (aspecto objetivo) e a vulnerabilidade própria de inquilinos, mutuários e possuidores (aspecto subjetivo).

2. PROTEÇÃO AO INQUILINO, AO MUTUÁRIO E AO POSSUIDOR CONTRA REMOÇÕES FORÇADAS DURANTE A PANDEMIA

No Brasil, inquilinos residenciais não têm benefícios legais que os protejam diante de situações econômicas ou sanitárias adversas. A lei do inquilinato (Lei 8.245/91) trata a relação entre inquilinos e proprietários numa perspectiva principalmente contratual, isto é, concebe as partes numa relação de estrita igualdade, não havendo proteção especial a vulnerabilidades do locatário. Também outros possuidores de imóveis que sofrem processos de remoção forçada não têm nenhuma proteção legal da detenção ou da posse, prevalecendo a tutela da propriedade privada, ainda que em detrimento da função social. Estes temas ganharam relevo durante a pandemia global de coronavírus.

Olhando para o direito comparado, em Portugal, ao contrário do Brasil, já existiam antes da pandemia algumas normas de proteção aos locatários, a começar por subsídios a aluguéis disponibilizados a jovens e pessoas de baixa renda, chegando a limitações ao direito de rescisão contratual por parte do locador em certas situações de saúde do inquilino que afetem sua capacidade de trabalho. Como apontou Olinda Garcia, determinadas "condições de saúde do arrendatário, com consequências específicas ao nível da sua capacidade de trabalho, constituem impedimentos legais ao exercício do direito de denúncia do locador"[2]. Estas condições de saúde devem ser tais que impliquem em "invalidez absoluta, que tenha determinado a passagem à situação de reforma; incapacidade total para o trabalho (independentemente de alguma vez ter trabalhado); e deficiência a que corresponda incapacidade superior a dois terços"[3], com implicações processuais no diferimento da desocupação do imóvel em ação de despejo ou com a suspensão da execução do despejo. Este tipo de proteção, sem igual no Brasil, deveria ser a regra em tempos pandêmicos e além.

Com a eclosão da pandemia do coronavírus, Portugal protegeu legalmente os locatários e os mutuários, suspendendo os efeitos das denúncias de contratos de ar-

---

2. M. OLINDA GARCIA. *A Importância da saúde do arrendatário na disciplina do arrendamento habitacional.* 2002, p. 598.

3. Idem.

rendamento e as execuções de hipoteca sobre imóvel que constitua habitação própria e permanente. Neste sentido, ficaram suspensos até 30 de junho de 2021 as denúncias de contratos de arrendamento; a produção de efeitos da revogação, da oposição à renovação de contratos de arrendamento efetuadas pelo senhorio; e a execução de hipotecas sobre imóvel que constitua habitação própria e permanente do executado[4].

Outros países seguiram o mesmo caminho. Na Argentina, o Decreto 320/2020 do Presidente da República[5] suspendeu a execução de sentenças judiciais que tivessem por objeto a remoção forçada em diversos casos, como o de imóveis únicos destinados a moradia[6].

---

4. Conforme explica Filipe Pereira Duarte: "Nos dias de hoje temos já inúmeros diplomas, possivelmente até demais, que regulam as relações de arrendamento, e que resultam na prática no seguinte. Até 30 de junho de 2021 estão suspensos:

   A) A produção de efeitos das denúncias de contratos de arrendamento habitacional e não habitacional efetuadas pelo senhorio;

   B) A caducidade dos contratos de arrendamento habitacionais e não habitacionais, salvo se o arrendatário não se opuser à cessação;

   C) A produção de efeitos da revogação, da oposição à renovação de contratos de arrendamento habitacional e não habitacional efetuadas pelo senhorio;

   D) O prazo indicado no artigo 1053.º do Código Civil, se o término desse prazo ocorrer durante o período de tempo em que vigorarem as referidas medidas;

   E) A execução de hipoteca sobre imóvel que constitua habitação própria e permanente do executado.

   Note-se, contudo, que os arrendatários para poderem beneficiar deste regime não podem ter rendas em incumprimento a partir de outubro de 2020.

   O legislador salvaguarda, no entanto, uma exceção a esta regra, para os casos em que os arrendatários beneficiem do Regime Excecional para as situações de mora no pagamento das rendas devidas, no âmbito da pandemia – Lei 4-C/2020, de 6 de abril.

   Podem então, ao abrigo deste diploma legal, beneficiar de apoios os arrendatários quando se verifique cumulativamente:

   A) Uma quebra superior a 20% dos rendimentos do agregado familiar do arrendatário face aos rendimentos do mês de fevereiro de 2020, do mês anterior, ou do período homólogo do ano anterior; e

   B) A taxa de esforço do agregado familiar do arrendatário, calculada como percentagem dos rendimentos de todos os membros daquele agregado destinada ao pagamento da renda, seja ou se torne superior a 35%;

   Os arrendatários que estiverem nestas condições têm obrigatoriamente que comunicar ao senhorio isso mesmo, justificadamente e por escrito, até 5 dias antes do vencimento da renda.

   Assim, se o arrendatário cumprir estes requisitos e dever de comunicação ao senhorio, pode beneficiar de um apoio financeiro na modalidade de empréstimo a atribuir pelo Instituto da Habitação e Reabilitação Urbana (IHRU), que pode ser, dependendo da taxa de esforço, parcialmente convertido em comparticipação financeira não reembolsável, ou mesmo, quando a taxa de esforço destinada ao pagamento da renda seja igual ou superior a 100%, convertido na sua totalidade a fundo perdido.

   (…)

   Aqui chegados e com o aumento exponencial do desemprego, pergunta-se: e se o arrendatário numa situação de desemprego involuntário ao invés de recorrer a estes apoios, quiser simplesmente sair do locado, pode fazê-lo?

   Pode, e curiosamente já o podia fazer antes da pandemia ao abrigo das alterações implementadas pela Lei 13/2019 de 12 de fevereiro ao artigo 1098.º do Código Civil (CC)." Disponível em: https://www.idealista.pt/news/imobiliario/habitacao/2021/04/05/46821-arrendamento-habitacional-em-tempos-de-pandemia--tudo-o-que-e-preciso-saber.

5. Disponível em: https://www.boletinoficial.gob.ar/detalleAviso/primera/227247/20200329.

6. A norma dispõe: "Artículo 1º. – Marco de emergencia: El presente decreto se dicta en el marco de la emergencia pública en materia económica, financiera, fiscal, administrativa, previsional, tarifaria, energética, sanitaria y

Tavolari, Mendonça e Rolnik explicam a medida no país platino e sua origem na mobilização social:

"Por meio do Decreto n. 66/2021, Alberto Fernández e seus ministros anunciaram a prorrogação da duração dos contratos de aluguel residencial, a suspensão de despejos e o congelamento dos preços dos aluguéis. As medidas valem até o final de março para aqueles que alugam apenas uma unidade residencial. O governo também criou uma instância de mediação para negociar dívidas de aluguel entre proprietários e locatários. A proposta veio a partir de forte mobilização da sociedade civil. O coletivo Inquilinos Agrupados foi uma das formas de organização de atingidos, formado para resistir aos abusos imobiliários e mudar a assimetria de poder de negociação por meio de assessoramento e ações estratégicas. No twitter, a hashtag #NosQuedamos marca a campanha pela aprovação do decreto de regulação dos aluguéis e pelos protestos dos inquilinos organizados. Em um deles, colchões, sofás e vasos de planta foram trazidos à Praça de Mayo, em frente à Casa Rosada, para dar visibilidade ao desespero daqueles que não podem mais pagar seus aluguéis"[7].

O relator da ONU para o Direito à Moradia Digna da ONU, Baralikshan Ragajopal, apontou diversos outros países em que houve iniciativas de proteção de inquilinos: a Colômbia proibiu o "despejo de famílias de inquilinos e ordenou o congelamento dos aumentos de aluguel durante o período de emergência pública" [8]. Despejos ordenados antes do estado de emergência foram suspensos, e mais de 300.000 famílias receberam alívio financeiro para empréstimos para habitação. Na França, a "moratória anual de inverno, cobrindo a suspensão de remoções a menos

---

social establecida por la Ley 27.541; la ampliación de la emergencia sanitaria dispuesta por el Decreto 260/20 y su modificatorio, lo dispuesto por el Decreto 297/20 y sus normas complementarias.

Artículo 2º. – Suspensión de desalojos: Suspéndese, en todo el territorio nacional, hasta el día 30 de septiembre del año en curso, la ejecución de las sentencias judiciales cuyo objeto sea el desalojo de inmuebles de los individualizados en el artículo 9º del presente decreto, siempre que el litigio se haya promovido por el incumplimiento de la obligación de pago en un contrato de locación y la tenencia del inmueble se encuentre en poder de la parte locataria, sus continuadores o continuadoras – en los términos del artículo 1190 del Código Civil y Comercial de la Nación –, sus sucesores o sucesoras por causa de muerte, o de un sublocatario o una sublocataria, si hubiere. (...)

Artículo 9º. – Contratos alcanzados: Las medidas dispuestas en el presente decreto se aplicarán respecto de los siguientes contratos de locación:

1. De inmuebles destinados a vivienda única urbana o rural.

2. De habitaciones destinadas a vivienda familiar o personal en pensiones, hoteles u otros alojamientos similares.

3. De inmuebles destinados a actividades culturales o comunitarias.

4. De inmuebles rurales destinados a pequeñas producciones familiares y pequeñas producciones agropecuarias.

5. De inmuebles alquilados por personas adheridas al régimen de Monotributo, destinados a la prestación de servicios, al comercio o a la industria.

6. De inmuebles alquilados por profesionales autónomos para el ejercicio de su profesión.

7. De inmuebles alquilados por Micro, Pequeñas y Medianas Empresas (MiPyMES) conforme lo dispuesto en la Ley 24.467 y modificatorias, destinados a la prestación de servicios, al comercio o a la industria.

8. De inmuebles alquilados por Cooperativas de Trabajo o Empresas Recuperadas inscriptas en el Instituto Nacional de Asociativismo Y Economía Social (INAES).

7. Precisamos falar sobre aluguel – Medidas de proteção a inquilinos são adotadas ao redor do mundo, mas não no Brasil. Disponível em: https://quatrocincoum.folha.uol.com.br/br/colunas/ as-cidades-e-as-coisas/ precisamos- falar-sobre-aluguel. Acesso em: 07 ago. 2021.

8. Relatório do Relator para Moradia Digna da ONU, Balakrishnan Rajagopal, Covid-19 and the right to adequate housing, A/75/148. Disponível em: https://www.ohchr.org/en/issues/housing/pages/ annualreports. aspx. Tradução livre.

que o realojamento do interessado fosse garantido, foi prorrogada até 10 de julho de 2020". A Alemanha proibiu o "cancelamento de contratos de aluguel de abril a junho 2020 se os inquilinos não pudessem pagar o aluguel integral devido à pandemia". Na Índia, o governo emitiu uma notificação para que proprietários que hospedam trabalhadores em acomodações alugadas não cobrem aluguel por um mês, além de tornar "o despejo de alunos e trabalhadores por falta de pagamento de aluguel uma ofensa punível". Além disso, diversos governos estaduais na Índia proibiram despejos em razão do "não pagamento de aluguel ou mora, e vários tribunais estaduais também determinaram que as autoridades não poderiam despejar pessoas ou demolir casas durante a quarentena". O relator também menciona medidas protetivas de locatários ou outros possuidores adotados por Itália, Malásia, Espanha, África do Sul, Reino Unido da Grã-Bretanha e Irlanda do Norte e Estados Unidos da América.

Sobre este último país, Tavolari, Mendonça e Rolnik também explicam as origens normativas na mobilização social de pessoas sob risco de remoções forçadas:

> "No último ano, a formação de movimentos de inquilinos que agregam locatários e locatárias com dificuldades de pagar seus aluguéis se intensificou nos Estados Unidos. De Nova York a Los Angeles, coletivos se reúnem em torno da bandeira "cancel the rents" ("cancele os aluguéis"). As organizações de moradores se reúnem por edifícios e bairros e se articulam em redes municipais e estaduais para reivindicar o congelamento dos valores dos aluguéis, a suspensão de despejos e outras intervenções públicas para mitigar os enormes impactos da pandemia sobre a renda das famílias. A moratória aos despejos aprovada pelo Congresso acabou. Dados do Censo norte-americano indicam a probabilidade de que milhares de pessoas sejam despejadas, especialmente entre os mais pobres, que não conseguem mais pagar seus aluguéis. Se perder o lugar para morar já é tragédia suficiente em meio à pandemia, as informações sobre os locatários inadimplentes presentes nas ações judiciais de despejo atingem outras".[9]

Não obstante as medidas protetivas adotadas nos diversos países, segundo o Relator da ONU para a moradia digna, "Os despejos forçados continuaram, se não aceleraram, durante a pandemia". Em razão disso, "as pessoas despejadas agora enfrentam condições cada vez piores, com risco elevado de infecção, disseminação do vírus na comunidade e mortalidade". Ele afirma e recomenda, então que:

> "O impacto da Covid-19 sobre o direito à moradia foi distribuído de maneira muito desigual, refletindo hierarquias e desigualdades preexistentes em termos de raça, gênero e outras. As taxas de mortalidade e infecção são significativamente mais altas entre as minorias e outros grupos vulneráveis com condições de moradia inadequadas, o que contribuiu para mortes e sofrimento excessivos e amplamente evitáveis.
>
> Muitas medidas temporárias de mitigação já chegaram ao fim ou podem chegar ao fim em breve. Portanto, é de se esperar um aumento sem precedentes nos despejos, fome, falta de moradia e, eventualmente, mortalidade.
>
> (...)

---

9. Precisamos falar sobre aluguel – Medidas de proteção a inquilinos são adotadas ao redor do mundo, mas não no Brasil. Disponível em: https://quatrocincoum.folha.uol.com.br/br/colunas/ as-cidades-e-as-coisas/ precisamos- falar-sobre-aluguel. Acesso em: 07 ago. 2021.

Recomendações

O direito à moradia deve ser um elemento-chave das medidas de resposta e recuperação à pandemia. Isso requer que recursos suficientes sejam alocados para a realização do direito à moradia adequada para todos.

Os Estados devem suspender todos os procedimentos de despejo, inclusive contra residentes não nacionais, e acabar com a varredura de barracas de acampamentos de pessoas sem-teto.

Os governos nacionais e locais devem abrigar as pessoas sem-teto em hotéis ou moradias e prédios desocupados acessíveis a elas. Pessoas sem-teto não devem ser colocadas de volta na rua.

As medidas de recuperação não devem ser discriminatórias e não devem deixar ninguém para trás. Medidas especiais devem ser postas em prática para garantir que grupos que foram sujeitos a discriminação sistêmica e marginalização se beneficiem das medidas de resposta e recuperação. A fim de abordar efetivamente a marginalização e a discriminação em relação à habitação, os dados desagregados por raça, gênero, casta, religião, deficiência, orientação sexual ou identidade de gênero devem ser coletados e compartilhados publicamente.

Os estados devem considerar limites de aluguel e subsídios para pequenos inquilinos e proprietários, e garantir que uma crise global de saúde não se transforme em uma crise global de habitação. Como meta geral, ninguém deveria pagar mais de 30% de sua renda para a moradia.

Os Estados devem restringir o papel das firmas de *private equity* como proprietários e melhorar os direitos e a proteção dos inquilinos.

Os países de baixa renda devem receber financiamento adequado para o desenvolvimento, para que possam continuar a lidar com condições de moradia extremamente inadequadas."[10] (grifamos)

Já o Alto Comissariado da ONU para os Direitos Humanos elaborou diretrizes para a proteção de tais direitos no contexto da pandemia e, especificamente sobre o direito à moradia, apontou que

"Como as pessoas são instadas a ficar em casa, é vital que os governos tomem medidas urgentes para ajudar as pessoas sem moradia adequada, na medida em que ficar em casa e praticar o distanciamento social é extremamente difícil para pessoas vivendo em condições de superlotação, pessoas em situação de rua e pessoas sem acesso a água e saneamento. Boas práticas para proteger pessoas que vivem em moradias inadequadas e pessoas em situação de rua incluem o fornecimento de moradias emergenciais (incluindo o uso de unidades habitacionais vazias e abandonadas, bem como aluguel de curto prazo) para as pessoas afetadas pelo vírus e que precisam se isolar.

– As autoridades devem tomar cuidado especial para impedir que outras pessoas se tornem desabrigadas – por exemplo, quando as pessoas enfrentam despejos em razão de a perda de renda ter tornado impossível o pagamento de hipotecas e aluguéis. Boas práticas, como moratórias em despejos, adiamentos de pagamentos de hipotecas devem ser amplamente replicados.

– Quando e onde as medidas de contenção são aplicadas, ninguém deve ser punido por não ter casa ou viver em moradias inadequadas"[11].

As diretrizes da ONU deveriam ter sido seguidas pelos Estados membros, dentre os quais o Brasil, sob pena de responsabilidade internacional. Não é demais lembrar

---

10. Sumário do Relatório do Relator para Moradia Digna da ONU, Balakrishnan Rajagopal, Covid-19 and the right to adequate housing, A/75/148. Disponível em: https://www.ohchr.org/Documents/Issues/Housing/COVID 19andHousingReportSummary.pdf. Tradução livre.

11. Disponível em: https://www.ohchr.org/EN/NewsEvents/Pages/COVID19Guidance.aspx.

que o Pacto Internacional sobre Direitos Econômicos, Sociais e Culturais[12] dispõe sobre o direito "ao mais elevado nível de saúde física e mental" (artigo 12, 1) e a obrigação dos governos de adotarem medidas concretas necessárias para a "prevenção, tratamento e controle de doenças epidêmicas, endêmicas, profissionais e outras" (artigo 12, 2, c). No entanto, um emaranhado normativo e jurisprudencial se formou no Brasil e dificilmente é possível sustentar que houve efetiva e diferenciada proteção a pessoas sujeitas a remoção forçada durante a pandemia, exceto em alguns casos concretos por decisões judiciais. Senão vejamos.

3.   O EMARANHADO NORMATIVO DA PROTEÇÃO A PESSOAS SUJEITAS A REMOÇÃO FORÇADA DURANTE A PANDEMIA NO BRASIL

No Brasil, algumas iniciativas buscaram proteger inquilinos e outras pessoas sujeitas a remoções forçadas, mas o caminho foi tortuoso. Inicialmente, em âmbito federal, foi aprovada a Lei 14.010/2020, que dispôs sobre o Regime Jurídico Emergencial e Transitório das relações jurídicas de Direito Privado (RJET) no período da pandemia do coronavírus (Covid-19). Esta lei dispôs uma limitação processual nas ações de despejo:

> Art. 9º Não se concederá liminar para desocupação de imóvel urbano nas ações de despejo, a que se refere o art. 59, § 1º, incisos I, II, V, VII, VIII e IX, da Lei 8.245, de 18 de outubro de 1991, até 30 de outubro de 2020.[13]

Tal dispositivo foi vetado pelo Presidente da República. A proposta de veto partiu do Ministério da Justiça e Segurança Pública, nos seguintes termos:

> "A propositura legislativa, ao vedar a concessão de liminar nas ações de despejo, contraria o interesse público por suspender um dos instrumentos de coerção ao pagamento das obrigações pactuadas na avença de locação (o despejo), por um prazo substancialmente longo, dando-se, portanto, proteção excessiva ao devedor em detrimento do credor, além de promover o incentivo ao inadimplemento e em desconsideração da realidade de diversos locadores que dependem do

---

12. Internalizado pelo Decreto 591, de 6 de julho de 1992.
13. Os incisos da Lei de Locação são os seguintes: § 1º Conceder-se-á liminar para desocupação em quinze dias, independentemente da audiência da parte contrária e desde que prestada a caução no valor equivalente a três meses de aluguel, nas ações que tiverem por fundamento exclusivo: I – o descumprimento do mútuo acordo (art. 9º, inciso I), celebrado por escrito e assinado pelas partes e por duas testemunhas, no qual tenha sido ajustado o prazo mínimo de seis meses para desocupação, contado da assinatura do instrumento; II – o disposto no inciso II do art. 47, havendo prova escrita da rescisão do contrato de trabalho ou sendo ela demonstrada em audiência prévia; (...) V – a permanência do sublocatário no imóvel, extinta a locação, celebrada com o locatário. (...) VII – o término do prazo notificatório previsto no parágrafo único do art. 40, sem apresentação de nova garantia apta a manter a segurança inaugural do contrato; VIII – o término do prazo da locação não residencial, tendo sido proposta a ação em até 30 (trinta) dias do termo ou do cumprimento de notificação comunicando o intento de retomada; IX – a falta de pagamento de aluguel e acessórios da locação no vencimento, estando o contrato desprovido de qualquer das garantias previstas no art. 37, por não ter sido contratada ou em caso de extinção ou pedido de exoneração dela, independentemente de motivo.

recebimento de alugueis como forma complementar ou, até mesmo, exclusiva de renda para o sustento próprio."[14]

Verifica-se uma preocupação legítima do Ministério com os pequenos locadores, que dependem da renda do aluguel para sua sobrevivência. Porém, a norma não poderia ser um "incentivo ao inadimplemento", nem é correto entender a liminar na ação de despejo como "um dos instrumentos de coerção ao pagamento das obrigações pactuadas". Isto porque, nas hipóteses do artigo 59, temos apenas um inciso que trata da falta de pagamento e oito incisos que tratam de hipóteses diversas (sendo que apenas cinco destes incisos constaram da proposta normativa em questão). Ademais, no caso da falta de pagamento, a liminar não é "instrumento para pagamento", mas para desocupação do imóvel; o pagamento é objeto de uma ação de cobrança. Já nos casos dos outros incisos, os pagamentos estão em dia, logo a liminar igualmente serve como instrumento para desocupação do imóvel, não como "coerção ao pagamento".

Ora, o que provoca o inadimplemento são as condições econômicas desfavoráveis, não a legislação. Tanto mais quando as hipóteses de vedação da liminar não implicariam em qualquer moratória ou cancelamento dos aluguéis devidos, que poderiam ainda ser cobrados, como sempre, via ação de cobrança. Portanto, não se poderia sequer alegar insegurança jurídica aos proprietários quanto aos meios de cobrança. Ao que parece, foram lançados nas razões de veto diversos fundamentos desconectados do texto realmente aprovado com o fito de barrar a medida. Ao contrário da interpretação governamental, a norma era protetiva da parte mais vulnerável do contrato de locação e buscava preservar tais contratos. No fundo, porém, para o governo, se tratava disso: manter a liberdade e a igualdade formais da relação contratual, reafirmando a estrutura legal brasileira que nega reconhecer a vulnerabilidade do locatário, que recusa consagrar na forma legal a desigualdade realmente existente.

Portanto, ao contrário do quanto presumido pelo Ministério, o texto legal alterado tendia a ser favorável aos locadores, pois, em todos os casos de vedação da liminar, a relação entre as partes se mantém, logo, o imóvel continua alugado num período economicamente conturbado. Ainda que se trate de ação por falta de pagamento (hipótese apenas do inciso IX do artigo 59, que possibilita a liminar apenas quando inexistem as garantias do art. 37), a proibição temporária da liminar pretendia preservar o direito à moradia, sem afastar os aluguéis devidos (que já não estavam sendo pagos), que poderiam ser cobrados no curso da ação. A indisponibilidade temporária do imóvel para o locador seria um ônus a ser suportado diante de sua situação de superioridade contratual ante a vulnerabilidade do locatário. A única possível desvantagem que o projeto de lei instituiria, portanto, seria a necessidade de cobrança posterior de aluguéis – isto no caso de haver inadimplência. Nas demais hipóteses, como apontado, não se vislumbra que o "pequeno locador" fique sem os aluguéis devidos.

---

14. Disponível em: http://www.planalto.gov.br/ccivil_03/_ato2019-2022/2020/Msg/VEP/VEP-331.htm.

A Lei 14.010/2020 foi sancionada em 10 de junho de 2020. A vedação processual do artigo 9º, vetada pelo Presidente da República, vigoraria até 30 de outubro de 2020. O veto foi então derrubado no Senado Federal, que promulgou o artigo acima transcrito apenas em 8 de setembro de 2020. Portanto, a vedação teve vigência por menos de dois meses.

Já em 2021, nova iniciativa do Congresso Nacional, mais ampla, foi novamente vetada pela Presidência da República. O Projeto de Lei 827/2020 pretendia "suspender até 31 de dezembro de 2021 o cumprimento de medida judicial, extrajudicial ou administrativa" que resultasse em "desocupação ou remoção forçada coletiva em imóvel privado ou público, exclusivamente urbano, que sirva de moradia ou que represente área produtiva pelo trabalho individual ou familiar" e a "concessão de liminar em ação de despejo de que trata a Lei 8.245, de 18 de outubro de 1991", além de "dispensar o locatário do pagamento de multa em caso de denúncia de locação de imóvel" e "autorizar a realização de aditivo em contrato de locação por meio de correspondências eletrônicas ou de aplicativos de mensagens". O projeto foi vetado integralmente, pelas razões constantes da Mensagem 378, de 4 de agosto de 2021 (DOU 05.08.2021). A Presidência entendeu que a proposição legislativa contrariava o interesse público,

> "tendo em vista que a suspensão dos efeitos de decisões judiciais, extrajudiciais e autotutela de posse que impliquem em desocupação de imóveis públicos, até o dia 31 de dezembro de 2021, com acréscimo de um ano da data do término do estado de calamidade pública, *daria um salvo conduto para os ocupantes irregulares de imóveis públicos, os quais frequentemente agem em caráter de má fé e cujas discussões judiciais tramitam há anos.*

> Ademais, ressalta-se que os *impedimentos descritos na proposição legislativa poderiam consolidar ocupações existentes,* assim como *ensejariam danos patrimoniais insuscetíveis de reparação,* como engorda de praias, construções de muros-contenção, edificações, calçadões ou espigões nas áreas de bens de uso comum do povo, ou danos ambientais graves poderiam ser cometidos no período de vigência da propositura.

> Além disso, a proposição legislativa *está em descompasso com o direito fundamental à propriedade,* conforme previsto no caput do art. 5º da Constituição, tendo em vista que ao propor a suspensão do cumprimento de medidas judiciais, extrajudiciais ou administrativas nas relações locatícias, *conduziria a "quebras de contrato" promovidas pelo Estado, de modo que aumentaria o risco da atividade imobiliária, com a consequente possibilidade de aumento dos preços dos aluguéis,* além de poder potencializar a inadimplência do setor.

> Por fim, a proposição legislativa contraria o interesse público, uma vez que *muitas famílias, especialmente, as de baixa e média renda,* com fundamento nessa premissa, *adquirem imóveis como sua fonte de sustento, seja proveniente de aluguel, seja de arrendamento, seja para cultivo próprio.* Desse modo, *a forma proposta possibilitaria melhorias para o problema dos posseiros, mas, por outro lado, agravaria a situação dos proprietários e dos locadores.* Assim, a paralisação de qualquer atividade judicial, extrajudicial ou administrativa tendente a devolver a posse do proprietário que sofreu esbulho ou a garantir o pagamento de aluguel, impactaria diretamente na regularização desses imóveis e na renda dessas famílias de modo que geraria um ciclo vicioso, pois *mais famílias ficariam sem fonte de renda e necessitariam ocupar terras ou atrasar pagamentos de aluguéis.*" (Mensagem 378, de 4 de agosto de 2021, DOU 05.08.2021)

A tomada de posição na proteção do direito à propriedade é clara, enquanto nenhuma palavra é dita sobre o direito à moradia que o Projeto de Lei visava tutelar. As razões de veto parecem pressupor a má-fé generalizada, ao invés de supor a vulnerabilidade agravada pela crise pandêmica. O uso da palavra "posseiros" para se referir a inquilinos, mutuários, ocupantes e outros grupos possuidores demonstra o descolamento com a realidade múltipla destas situações. Os exemplos utilizados, como "engorda de praias, construções de muros-contenção, edificações, calçadões ou espigões nas áreas de bens de uso comum do povo, ou danos ambientais graves", também parecem alheios ao problema realmente enfrentado pelo projeto de lei aprovado. Além disso, novamente, o Executivo aponta que haveria "quebras de contrato" "promovidas pelo Estado", quando, na verdade, o projeto pretendia preservar os contratos. Por fim, o próprio projeto aprovado já previa que suas disposições não se aplicavam a ocupações ocorridas após 31 de março de 2021, o que afasta também a ideia de que serviria como salvo conduto para novas ocupações.

A leitura atenta do projeto de lei demonstra que ele se apoiava em três pilares: a) a proteção coletiva do direito de moradia num contexto de pandemia, fazendo-o prevalecer, inclusive, sobre o direito de propriedade; b) conferir alguma proteção à parte mais vulnerável do contrato de locação, ao dispensar o locatário do pagamento de multa em caso de denúncia de locação de imóvel; c) procurar preservar as relações contratuais num momento conturbado, ao autorizar a realização de aditivo em contrato de locação por meio de correspondências eletrônicas ou de aplicativos de mensagens. Claramente, a *ratio legis* buscava fazer prevalecer a posse com função social de moradia ou de produção individual ou familiar sobre a posse ou a propriedade sem função social. E o projeto levava tão a fundo o intento que suspendia até mesmo, nestes casos, a autotutela da posse[15].

Até a finalização deste artigo, estava pendente a apreciação do veto pelo Congresso Nacional (https://www.congressonacional.leg.br/materias/vetos/-/veto/detalhe/14485). Como se vê, no nível do legislativo federal, praticamente não houve proteção àqueles sob risco de remoção forçada no contexto da pandemia.

No nível estadual, vale comentar o ocorrido no Rio de Janeiro, onde foi aprovada a Lei 9.020/2020, que suspendeu o cumprimento de ordens de despejo, reintegrações e imissões na posse e remoções durante a pandemia. Esta lei foi suspensa pelo TJ-RJ em ação (curiosamente) movida pela Associação dos Magistrados do Estado do Rio de Janeiro (Amaerj). O fundamento da suspensão foi o de que haveria fumaça de inconstitucionalidade, por se tratar de matéria de direito civil e processual civil (cuja competência legislativa é privativa da União – CF, art. 22, I).

---

15. Art. 2º, § 1º Para fins do disposto neste artigo, aplica-se a suspensão nos seguintes casos, entre outros: I – execução de decisão liminar e de sentença em ações de natureza possessória e petitória, inclusive mandado pendente de cumprimento; II – despejo coletivo promovido pelo Poder Judiciário; III – desocupação ou remoção promovida pelo poder público; IV – medida extrajudicial; V – despejo administrativo arrendamento em assentamentos; VI – autotutela da posse.

Bem, inicialmente, deve-se pontuar a ilegitimidade do autor da ação, a qual escancara uma face antigarantista de parcela do Judiciário brasileiro. Ora, uma associação de magistrados entende ter legitimidade para impugnar abstratamente uma lei que estaria a tutelar o direito à moradia em detrimento do direito à propriedade. Explicitamente, evocaram a competência privativa da União para legislar sobre direito civil e processual civil. Implicitamente, defendiam o poder estatal de realizar remoções forçadas para tutela da propriedade, sem exceção alguma que pudesse se justificar em fatos ligados à pandemia. O que transparece é a recusa a que o direito possa tutelar vulnerabilidades em face dos poderes privados e públicos. Ao contrário, o direito serve como proteção da propriedade privada e dos poderes dela decorrentes, não havendo qualquer razão sanitária para editar normas que efetivem aquilo que aparece como um mero princípio constitucional, o direito à moradia. Aliás, pensando para além do contexto pandêmico, este tipo de posição também não vislumbra qualquer anormalidade jurídica nos níveis de desigualdade urbana, no déficit habitacional, na proliferação de imóveis vazios e descumpridores da função social da propriedade.

Vê-se, em suma, que o garantismo habitacional, enquanto instrumental interpretativo para a contenção dos poderes privados, não tem eco na Associação de magistrados em questão. Ao contrário, a agremiação busca justamente blindar o direito de propriedade e evitar que tais poderes privados possam ser restringidos por garantias individuais de inquilinos, mutuários e outros possuidores. Não se justificaria a tutela do direito à moradia diante das recomendações sanitárias das autoridades em razão da pandemia e de suas graves consequências socioeconômicas.

Mas há de se questionar se, no mérito, não haveria mesmo a inconstitucionalidade mencionada pela Associação, já que se trata de matéria de direito civil e processual civil, as quais só poderiam ser disciplinadas pela União. A resposta é negativa. Isto porque, no caso, tais matérias são afetadas reflexamente para a permitir a tutela do direito à saúde. A regulação deste direito, como se sabe, é competência comum dos entes federativos (CF, art. 23, II) e concorrente de União, Estados e Distrito Federal (CF, art. 24, XII). Portanto, verifica-se que há amplo alcance das competências sanitárias dos entes federativos.

Sobre este assunto, importante mencionar a ADPF 672 no STF, que tratava de "Ações e omissões do Poder Público Federal, especialmente da Presidência da República e do Ministério da Economia, no âmbito da condução de políticas públicas emergenciais nas áreas da saúde e da economia em face da crise ocasionada pela pandemia do novo coronavírus – Covid-19". A decisão do STF foi no sentido de que a Constituição Federal consagra a existência de competência administrativa comum entre União, Estados, Distrito Federal e Municípios, bem como prevê competência concorrente entre União e Estados/Distrito Federal para legislar sobre proteção e defesa da saúde, permitindo aos Municípios suplementar a legislação federal e a estadual no que couber, desde que haja interesse local; tudo com a consequente descentralização da execução de serviços[16].

No caso da Lei Estadual 9.020/2020, ela foi editada para a adoção de medidas destinadas a mitigar a propagação do novo coronavírus. Assim, a suspensão de remoções forçadas visava a efetivar as medidas não medicamentosas mais básicas de contenção do vírus: a quarentena, a restrição de circulação, a permanência das pessoas em suas casas.

O STF, em decisão liminar da lavra do Ministro Ricardo Lewandowski, restabeleceu a Lei Estadual, com base no entendimento de que medidas de proteção à saúde pública são matéria de competência legislativa concorrente, não havendo, portanto, hierarquia entre os entes da federação (Rcl 45319 - RJ[17]).

---

16. A decisão restou assim ementada: "Constitucional. Pandemia do coronavírus (Covid-19). Respeito ao federalismo. Lei federal 13.979/2020. Medidas sanitárias de contenção à disseminação do vírus. Isolamento social. Proteção à saúde, segurança sanitária e epidemiológica. Competências comuns e concorrentes e respeito ao princípio da predominância do interesse (arts. 23, II, 24, XII, e 25, § 1º, da CF). Competências dos estados para implementação das medidas previstas em lei federal. Arguição julgada parcialmente procedente. (...) 2. A gravidade da emergência causada pela pandemia do coronavírus (Covid-19) exige das autoridades brasileiras, em todos os níveis de governo, a efetivação concreta da proteção à saúde pública, com a adoção de todas as medidas possíveis e tecnicamente sustentáveis para o apoio e manutenção das atividades do Sistema Único de Saúde, sempre com o absoluto respeito aos mecanismos constitucionais de equilíbrio institucional e manutenção da harmonia e independência entre os poderes, que devem ser cada vez mais valorizados, evitando-se o exacerbamento de quaisquer personalismos prejudiciais à condução das políticas públicas essenciais ao combate da pandemia de Covid-19. 3. Em relação à saúde e assistência pública, a Constituição Federal consagra a existência de competência administrativa comum entre União, Estados, Distrito Federal e Municípios (art. 23, II e IX, da CF), bem como prevê competência concorrente entre União e Estados/Distrito Federal para legislar sobre proteção e defesa da saúde (art. 24, XII, da CF), permitindo aos Municípios suplementar a legislação federal e a estadual no que couber, desde que haja interesse local (art. 30, II, da CF); e prescrevendo ainda a descentralização político-administrativa do Sistema de Saúde (art. 198, CF, e art. 7º da Lei 8.080/1990), com a consequente descentralização da execução de serviços, inclusive no que diz respeito às atividades de vigilância sanitária e epidemiológica (art. 6º, I, da Lei 8.080/1990). 4. O Poder Executivo federal exerce o papel de ente central no planejamento e coordenação das ações governamentais em prol da saúde pública, mas nem por isso pode afastar, unilateralmente, as decisões dos governos estaduais, distrital e municipais que, no exercício de suas competências constitucionais, adotem medidas sanitárias previstas na Lei 13.979/2020 no âmbito de seus respectivos territórios, como a imposição de distanciamento ou isolamento social, quarentena, suspensão de atividades de ensino, restrições de comércio, atividades culturais e à circulação de pessoas, entre outros mecanismos reconhecidamente eficazes para a redução do número de infectados e de óbitos, sem prejuízo do exame da validade formal e material de cada ato normativo específico estadual, distrital ou municipal editado nesse contexto pela autoridade jurisdicional competente. 5. Arguição julgada parcialmente procedente". Matérias similares foram tratadas na ADI 6341 e na ADI 6343."

17. A fundamentação completa do Ministro foi no seguinte sentido: "Com efeito, entendo que tal decisão, ao menos aparentemente, pode estar a afrontar o entendimento que prevaleceu nos paradigmas invocados na presente reclamação, no sentido de que medidas de proteção à saúde pública durante a pandemia são matéria de competência legislativa concorrente, não havendo hierarquia entre os entes da federação. Ademais, embora a Lei Estadual 9.020/2020 imponha a suspensão de "mandados de reintegração de posse, imissão na posse, despejo e remoções judiciais ou extrajudiciais" (art. 1º), *ao menos a princípio, trata-se de sobrestamento temporário da execução de tais medidas, levando-se em conta a complexidade ora enfrentada em razão da pandemia mundial, somada às peculiaridades daquela unidade federativa.* A urgência da medida está caracterizada pelo fato notório que o contágio do coronavírus é crescente, e que os serviços de saúde podem não suportar a demanda de internações de pacientes infectados, em estado grave de saúde. Com essa fundamentação, os Ministros desta Corte, em casos análogos ao presente, proferiram decisões na Rcl

4. O JUDICIÁRIO E A PROTEÇÃO A PESSOAS SUJEITAS À REMOÇÃO FORÇADA DURANTE A PANDEMIA

Por fim, vale mencionar que no início da pandemia, em 2020, pode ter havido uma diminuição das remoções forçadas em razão das drásticas mudanças institucionais ocasionadas pela pandemia, inclusive com o inicial fechamento dos fóruns e a posterior reorganização para a realização de trabalho remoto como regra. Nos limites do presente artigo, não é possível confirmar esta impressão, que depende de estudos de maior envergadura[18]. Não obstante, é fato que a execução de ordens de despejo ou de reintegração de posse foi suspensa em muitos lugares em razão da própria limitação do trabalho presencial que atingiu também oficiais de justiça, funcionários incumbidos de fazer cumprir as desocupações. Como observaram Tavolari, Mendonça e Rolnik, "há casos em que a audiência para ouvir as partes é cancelada em razão da pandemia, mas o despejo, não"[19].

Mas também houve uma série de decisões judiciais em casos concretos que tutelaram o direito à moradia, como garantidor reflexo do direito à saúde, em detrimento do direito de propriedade absoluto e são elas o objeto principal de interesse neste estudo. Tais decisões incorporaram mecanismos de proteção a mutuários, locatários ou outros possuidores que em outros tempos não estariam presentes. Porém, como também constataram Tavolari, Mendonça e Rolnik, não foram a maioria das decisões no período, ao menos no que se refere aos despejos:

40.131-AgR/MS, de relatoria do Ministro Luiz Fux; Rcl 42.573-AgR/MG, de relatoria do Ministro Alexandre de Moraes; e Rcl 41.935-MC/MT, de relatoria do Ministro Gilmar Mendes, com liminar deferida pela Presidência do STF durante o recesso de julho. Dessa forma, em exame perfunctório, próprio dessa fase processual, verifico a presença dos requisitos para a concessão de medida liminar, reservando-me ao exame mais aprofundado da demanda por ocasião do julgamento do mérito."

18. Como aquele iniciado por Tavolari, Mendonça e Rolnik, Precisamos falar sobre aluguel - Medidas de proteção a inquilinos são adotadas ao redor do mundo, mas não no Brasil. Disponível em: https://quatrocincoum. folha.uol. com.br/br/colunas/as-cidades-e-as-coisas/precisamos-falar-sobre-aluguel. Acesso em: 07 ago. 2021.

19. Em TAVOLARI, MENDONÇA e ROLNIK. Precisamos falar sobre aluguel – Medidas de proteção a inquilinos são adotadas ao redor do mundo, mas não no Brasil. Disponível em: https://quatrocincoum.folha.uol. com. br/br/colunas/as-cidades-e-as-coisas/precisamos-falar-sobre-aluguel. Acesso em: 07 ago. 2021, aponta-se que "Quando analisamos as sentenças proferidas por juízes e juízas da primeira instância em ações de despejo no ano de 2020, é possível perceber que o Judiciário não parou de conceder remoções em casos de falta de pagamento de aluguel durante a pandemia. Distribuídas ao longo do ano, as sentenças favoráveis aos despejos tiveram uma queda acentuada a partir de março, quando as atividades do Judiciário foram temporariamente interrompidas. Voltaram a subir em junho, período que corresponde à reorganização do trabalho de magistrados e magistradas em home office. Entre junho e novembro, foram mais de oitocentas sentenças favoráveis por mês, apenas na Região Metropolitana de São Paulo. Nessa região, as sentenças favoráveis ao despejo somam 9.659 em todo o ano de 2020, 77,4% do total. É importante mencionar que estes dados se referem a aluguéis residenciais e também comerciais. As sentenças dificilmente fazem referência ao uso dado ao imóvel, o que prejudica a distinção consistente entre residencial e comercial por meio dos métodos de busca de expressões regulares de análise de texto de decisões judiciais. Se comparamos com a média de sentenças dos últimos anos (2017 a 2019), o ano de 2020 mostra números mais baixos, com exceção de janeiro, novembro e dezembro. Uma das possíveis hipóteses é o fato de que o acesso à justiça foi dificultado em meio à pandemia, seja pelos problemas de acesso digital ou mesmo pela priorização de casos urgentes por parte da Defensoria Pública, por exemplo."

"os dados mostram uma dimensão contraintuitiva. Quando olhamos para a argumentação de juízes e juízas, apenas 4,63% – 578 em 12.478 – fazem referência à pandemia em suas argumentações (...) Este é o primeiro ponto que salta aos olhos: a vasta maioria das decisões simplesmente ignora a crise sanitária, seguindo com os despejos como se nada houvesse.

Poderíamos pensar que aquele pequeno grupo de decisões que ao menos atestam que há uma pandemia em curso representaria um conjunto mais sensível aos direitos e à realidade de locatários e locatárias. [Os dados mostram] o contrário: 65% das decisões que se referem à pandemia decidem a favor do despejo. Há casos em que a audiência para ouvir as partes é cancelada em razão da pandemia, mas o despejo, não. Há outros em que a referência à pandemia serve apenas para indicar que o juiz ou a juíza estão em trabalho remoto. Há ainda aqueles que afirmam expressamente que a pandemia não muda nenhuma das regras do jogo válidas anteriormente."[20]

O que se conclui desta dimensão quantitativa é que a maioria das decisões judiciais mantiveram as "regras do jogo", não entendendo que houvesse maior vulnerabilidade de pessoas sujeitas a remoções forçadas em razão da pandemia. Neste sentido, teria sido importante que uma legislação consistente tivesse sido aprovada para balizar as decisões judiciais. Como visto acima, foi muito limitada a legislação federal aprovada em 2020 e a de 2021 foi integralmente vetada pela Presidência da República, pendente ainda a apreciação do veto quando do encerramento deste artigo.

Interessa, nos limites estreitos deste artigo, apreciar qualitativamente algumas destas decisões, bem como algumas decisões em sentido contrário. Uma das primeiras decisões suspendendo reintegração de posse foi dada pela juíza Ariane de Fátima Alves Dias Paukoski, da 1ª Vara Cível do Foro Regional I de Santana de São Paulo, SP, num caso envolvendo mutuários da CDHU (Companhia de Desenvolvimento Habitacional e Urbano do Estado de São Paulo):

"considerando a situação de pandemia em relação ao novo coronavírus considerado pela Organização Mundial da Saúde – OMS em 11 de março de 2020, e o previsto na Lei no 13.979, de 6 de fevereiro de 2020, que dispõe sobre as medidas para enfrentamento da emergência de saúde pública de importância internacional decorrente do novo coronavírus, e a fim de se evitar e risco para infecção pelo novo coronavírus – Covid-19, e que é notório o alastramento do vírus neste Município de São Paulo e da recomendação que as pessoas permanecem em suas residências, em razão do alto índice de transmissibilidade e o agravamento significativo do risco de contágio em aglomeração de pessoas, e a fim de garantir a integridade de todas as pessoas envolvidas na operação de desocupação, inclusive dos próprios ocupantes, e de reduzir a disseminação de Covid-19, determino a *suspensão* da ordem de reintegração de posse, que será oportunamente designada". (Processo 1007673-39.2014.8.26.0001).

Tal decisão buscava evitar a reintegração de posse e permitir que as pessoas permanecessem em suas residências por causa da pandemia. Neste caso, prevaleceu o direito à moradia do mutuário sobre o direito à propriedade da companhia habitacional.

---

20. TAVOLARI, MENDONÇA e ROLNIK. Precisamos falar sobre aluguel – Medidas de proteção a inquilinos são adotadas ao redor do mundo, mas não no Brasil. Disponível em: https://quatrocincoum.folha.uol.com.br/br/colunas/as- cidades-e-as-coisas/precisamos-falar-sobre-aluguel. Acesso em: 07 ago. 2021.

Já num caso envolvendo o poder público e um particular, o TJ-SP confirmou decisão de primeira instância que indeferiu pedido de antecipação de tutela que objetivava a desocupação de imóvel e demolição da construção irregular. O Município de Santana do Parnaíba agravou da decisão e não obteve a tutela de urgência, o que restou confirmado por acórdão proferido pela 3ª Câmara de Direito Público do TJ-SP, que entendeu que "efetivação da reintegração de posse nesse momento coloca em risco a saúde de diversos profissionais envolvidos no cumprimento da ordem, e inclusive dos próprios ocupantes, indo na contramão dos objetivos traçados pelo próprio Agravante para proteger a sua população"[21]. Novamente, o foco da fundamentação esteve na preservação da saúde através do direito à moradia dos ocupantes, em detrimento do direito de propriedade do Município, *verbis*: "Nessa quadra, o direito à vida e à saúde se sobrepõem ao direito de propriedade, o qual poderá ser plenamente exercido ao fim da pandemia"[22].

Já num conflito coletivo pela posse envolvendo particulares e o Município de Goiânia – GO, a Defensoria Pública do Estado de Goiás, atuando como *custus vulnerabilis* (art. 554, § 1º, CPC), obteve decisão para obstar a remoção administrativa pretendida pela municipalidade em ocupação irregular do Setor Estrela Dalva. Assim fundamentou o magistrado:

> "No caso em apreço, verifico a presença concomitante dos requisitos ensejadores da pretensão formulada, por ser indiscutível a possibilidade de ocorrência de lesão grave e de difícil reparação, consistente na reintegração de posse ao Município sem sequer que este realize medidas garantidoras de direitos humanos e de amparo as famílias marginalizadas e desamparadas, atingidas pela pobreza, sobretudo situação que se agrava com a pandemia trazida pela Covid-19 que bota em risco também a saúde e a integridade física dessas famílias. Impende mencionar, que seria uma grave ofensa aos direitos humanos, se o Poder Judiciário concordasse com o cumprimento da medida adotada pelo ente municipal, diante de um quadro trágico em que se encontra a saúde pública do país, atingido pela pandemia, colocando em risco à integridade dessas pessoas que necessitam de amparo por parte do Estado." (processo 5320234-25.2021.8.09.0051)

Num caso envolvendo relação locatícia entre particulares, também logo no princípio da pandemia no Brasil, o Judiciário entendeu num caso concreto pela proteção ao locatário: o juiz Fernando Andreoni Vasconcellos, da 14ª Vara Cível de Curitiba, suspendeu o despejo de uma família. A decisão se apoiou no Decreto Judiciário 172/20, que estabeleceu a suspensão do "cumprimento de ordens de reintegração de posse por invasões coletivas". O juiz entendeu que ainda que "referido decreto tenha previsto exclusivamente o não cumprimento de reintegrações de posse, a razão

---

21. Agravo de Instrumento – Insurgência contra decisão que, em ação de reintegração de posse movida pelo Município de Santana de Parnaíba, indeferiu medida liminar que objetiva a desocupação de imóvel e demolição da construção irregular – Inadmissibilidade – A Organização Mundial de Saúde declarou, no dia 11 de março de 2020, a pandemia de Covid-19 – A efetivação da reintegração de posse nesse momento coloca em risco a saúde de diversos profissionais envolvidos no cumprimento da ordem, e inclusive dos próprios ocupantes, indo na contramão dos objetivos traçados pelo próprio Agravante para proteger a sua população – Decisão mantida. Recurso não provido (TJ-SP, processo 2065508-58.2020.8.26.0000)
22. Idem.

subjacente presente na indicada previsão visa garantir a moradia em um momento de exceção, também aplicável ao caso concreto"[23].

Também em caso envolvendo imissão na posse, o TJ-SP entendeu pela suspensão das ordens em razão da pandemia, entendendo pela preponderância do direito à vida e à saúde, fixando, assim, termo inicial do prazo de 60 dias para desocupação voluntária do bem, termo este que deveria coincidir com o término das medidas excepcionais de isolamento[24].

O principal fundamento no julgado acima continua sendo o direito à saúde e também o direito à vida. Esta foi a regra geral nos julgados até aqui citados, tutelar o direito à moradia para que, reflexamente, a saúde e a vida fossem preservadas diante das recomendações sanitárias da pandemia do coronavírus.

Indo além daqueles dois direitos tutelados reflexamente, uma outra decisão do TJ-SP adentrou mais profundamente na discussão jurídica acerca da prevalência da posse sobre a propriedade e na discussão acerca do direito à moradia:

Agravo de instrumento. Adjudicação de bem imóvel penhorado. Pandemia Covid-19. Regularidade do procedimento expropriatório. Fato novo (Pandemia Covid-19). Alteração provisória da solução dada em primeiro grau: *imissão na posse que fica suspensa enquanto perdurar a situação de crise, sem prejuízo da expedição da carta de adjudicação. Posse, a título de moradia, exercida por pessoa idosa (79 anos) desprovida de outros bens imóveis. A posse deve ser prestigiada enquanto direito autônomo, especialmente em um contexto de pandemia e quando em jogo os direitos fundamentais à moradia e à saúde de pessoa idosa, consagrando-se a função social da posse, elevando a um plano concreto a cláusula geral de tutela da pessoa humana (art. 1º, III, da CF), bem como seus substratos, ou seja, liberdade, igualdade, solidariedade e integridade psicofísica (art. 3º da CF), assim como os direitos fundamentais e sociais à moradia e à saúde (art. 6º da CF).* Exercício da posse pela agravante, após eventual adjudicação, que pode se resolver em perdas e danos. Proteção integral da pessoa idosa (art. 2º do Estatuto do Idoso). *Habitabilidade e segurança jurídica da posse enquanto requisitos de uma moradia adequada. A moradia é fator ambiental que mais frequentemente associa-se às condições favoráveis à transmissão de doenças em análises epidemiológicas, significando que, as condições inadequadas e deficientes de moradia e de vida são invariavelmente associadas às taxas mais elevadas de mortalidade e morbidade. Inteligência do Comentário Geral 4 do Comitê do Pacto Internacional sobre Direitos Econômicos, Sociais e Culturais. Indivisibilidade e interdependência dos Direitos Civis e Políticos, dos Direitos Econômicos, Sociais e Culturais, e dos Direitos de Solidariedade e Fraternidade. Eficácia horizontal dos direitos*

---

23. Conforme noticiado em https://www.conjur.com.br/2020-mar-30/juiz-suspende-despejo-familia-mantenha-isolada. Acesso em: 10 jun. 2021.

24. Agravo de instrumento. Ação de imissão de posse. 1. Pleito de revogação da liminar de imissão de posse deferida. Título de propriedade registrado em nome do autor. Incidência do disposto no art. 1.228 do Código Civil. Adjudicação do imóvel pelo autor em execução, no qual a venda do bem em favor da ré, ora agravante, foi considerada ineficaz, ante o reconhecimento de fraude à execução. Adjudicação considerada perfeita e acabada. Discussão acerca de nulidade daquele processo que é impertinente nestes autos. Posse injustificada do bem por parte da agravante. Tutela antecipada mantida. 2. Necessidade, contudo, de suspensão da ordem de imissão na posse, em virtude da pandemia causada pelo Coronavírus (Covid-19). Preponderância do direito à vida e à saúde. Termo inicial do prazo de 60 dias para desocupação voluntária do bem que deve coincidir com o término das medidas excepcionais de isolamento, conforme orientação dos órgãos oficiais. Recurso parcialmente provido.
(TJ-SP, Agravo de Instrumento 2076161-22.2020.8.26.0000).

fundamentais. Recurso parcialmente provido apenas para obstar a expedição de mandado de imissão na posse enquanto perdurar a situação de crise, permitindo-se, todavia, qualquer ato de transferência do domínio e desde que em observância à Resolução 313 do CNJ e ao Provimento CSM 2549/2020. Recurso parcialmente provido.

(TJ-SP, Agravo de Instrumento 2044946-28.2020.8.26.0000)

Referida decisão entendeu que "a posse deve ser prestigiada enquanto direito autônomo em relação à propriedade, especialmente em um contexto de pandemia e quando em jogo os direitos fundamentais à moradia e saúde de pessoa idosa". Tal entendimento está em linha com o entendimento de que a posse deve ser considerada autonomamente, protegida *per se*, e não como simples salvaguarda do domínio, já que o fundamento da posse é a necessidade humana e não servir de muleta ao domínio[25].

Ainda, a decisão acima entendeu a saúde e a vida como indissociáveis do direito à moradia, não apenas como direitos reflexos deste, nos termos do que reconhece o Comentário Geral 4 do Comitê do Pacto Internacional sobre Direitos Econômicos, Sociais e Culturais no que tange à habitabilidade e à segurança jurídica. Daí o acórdão ter firmado que "a moradia é fator ambiental que mais frequentemente associa-se às condições favoráveis à transmissão de doenças em análises epidemiológicas, significando que as condições inadequadas e deficientes de moradia e de vida são invariavelmente associadas às taxas mais elevadas de mortalidade e morbidade". Com isso, muito precisamente, consagrou a indivisibilidade e interdependência dos Direitos Civis e Políticos, dos Direitos Econômicos, Sociais e Culturais, e dos Direitos de Solidariedade e Fraternidade, e o fez por meio do reconhecimento da vulnerabilidade própria da ocupante do imóvel, que teve a favor de si uma vantagem processual para a garantia do direito à moradia. Conferiu, assim, eficácia horizontal a este direito, ou seja, eficácia não apenas perante o Estado (por exemplo, como exigência de fornecimento de moradia digna), mas perante particulares cujos poderes são contidos diante de uma vulnerabilidade social de outros particulares. Na essência, portanto, a decisão mais garantista dentre aquelas analisadas até aqui.

Finalmente, deve-se mencionar um caso que envolvia uma coletividade de pessoas contra um particular, uma reintegração de posse coletiva, cuja execução foi suspensa por decisão do STF (medida cautelar na Pet 9.382 – SP). A área, ocupada por cerca de 800 pessoas, estava ainda *sub judice*, pendente de julgamento um Recurso Extraordinário perante o STF. Conforme decidiu o relator:

"Na hipótese, estão presentes os requisitos necessários para a concessão da tutela de urgência pleiteada. Em primeiro lugar, a presente petição traz questões jurídicas relevantes, seja do ponto de vista processual (ofensa à reserva de Plenário e ao princípio do devido processo legal), seja no que concerne ao direito material (função social da propriedade e direito fundamental à moradia). Em segundo lugar, verifica-se risco iminente de dano irreparável, pois está prestes a ser efetivada

---

25. TORRES, A propriedade e a posse: uma confrontação em torno da função social, 2010, para quem "a posse é a instituição de maior densidade social, eis que expressa de maneira primária a projeção do homem sobre o exterior. Essa exteriorização do homem sobre o espaço se dá, no imóvel urbano, através da moradia e, na área rural, através do trabalho, tendo a posse valor de uso e não valor de troca."

a remoção de centenas de famílias, de área ocupada há cerca de três anos. *A realização deste ato no presente momento, em que se verifica recrudescimento dos casos de infecções e mortes pelo vírus do Covid-19, certamente elevaria a exposição das pessoas à grave doença. Registre-se estar demonstrado o número exponencial de indivíduos em situação de risco (idosos e enfermos).* Portanto, deve ser mantido o estado de fato, até que haja definitivo pronunciamento do Supremo Tribunal Federal acerca do RE interposto na ação possessória. Diante de todo o exposto, com base no parágrafo único do art. 995 do Código de Processo Civil, *defiro a tutela de urgência*, para (I) suspender os efeitos do acórdão proferido pelo Tribunal de Justiça de São Paulo nos autos da Apelação 1009619-07.2018.8.26.0292; (II) suspender a ordem de reintegração de posse, até o trânsito em julgado da decisão do Supremo Tribunal Federal quanto ao Recurso Extraordinário."

O principal ponto da fundamentação, como nas demais decisões acima analisadas, foi o direito à saúde dos ocupantes, fazendo prevalecer, assim, o direito à moradia deles sobre o direito à propriedade daquele que busca a reintegração da posse.

Por fim, algumas decisões foram no mesmo sentido, com fundamentação, digamos, mais formalista, fundada não tanto no conteúdo do direito à moradia, mas no regime de trabalho excepcional que permitia apenas o cumprimento de decisões urgentes[26].

Seria possível interpretar a normativa sobre decisões urgentes *a contrario sensu*, para concluir que, nestes casos, a preservação do direito à moradia no contexto de pandemia, em que uma das principais recomendações é "ficar em casa", é que seria urgente.

Outra decisão se ateve mais no aspecto prático decorrente da pandemia, protegendo o conteúdo do direito à moradia do possuidor do imóvel em razão de este não poder diligenciar para encontrar nova moradia por causa das restrições sanitárias impostas pelas autoridades[27].

---

26. Agravo de instrumento – Compra e venda – Rescisão contratual – Retorno das partes ao status quo ante – Cumprimento de sentença – Inconformismo da exequente contra decisão interlocutória que acolheu em parte a impugnação lançada pelos executados, suspendendo decisão anterior que havia determinado a expedição de mandado de reintegração da autora na posse do imóvel, condicionando-a à devolução dos valores pagos pelos réus/executados – Pleito de reintegração de posse que é viável, pois a questão já foi decidida por esta C. Turma Julgadora quando do julgamento do recurso de apelação proferido nos autos principais – Não há que se condicionar a reintegração da exequente na posse do bem imóvel objeto da contenda ao pagamento de eventuais valores – Reintegração compulsória, porém, que, até segunda ordem, está prejudicada, em razão da crise sanitária decorrente da pandemia causada pelo novo coronavírus (Covid-19) – "*Somente nos casos indispensáveis deverá haver expedição de mandado para cumprimento pelo Oficial de Justiça, que será acionado via telefone e receberá o ato a ser praticado através de seu e-mail institucional*" (*Comunicado Conjunto 37/2020, que regulamenta o Provimento CSM 2550/2020*) – Decisão reformada – Recurso provido em parte. (TJ-SP, Agravo de Instrumento 2029859-32.2020.8.26.0000)

27. Ação de imissão de posse – Imóvel adquirido em leilão extrajudicial – Consolidação da propriedade em favor do credor fiduciário e posterior alienação à ora agravante – Ajuizamento de três ações discutindo a regularidade da arrematação do bem – Demandas às quais sequer fora atribuído efeito suspensivo, não se vislumbrando elementos a macular a regularidade do procedimento extrajudicial – Ausência de prejudicialidade externa – Precedente – *em razão da pandemia atrelada ao Covid-19, e suas consequências no que tange à limitação de circulação de pessoas, a recorrida, desalojada, não poderá diligenciar prontamente a locação de nova moradia*, impondo-se a concessão de prazo suplementar – agravo de instrumento parcialmente provido para suspender a ordem de imissão na posse, pelo prazo improrrogável de 30 dias (TJ-SP, Agravo de Instrumento 2087822-95.2020.8.26.0000)

Não obstante, diversas decisões foram dadas contra os locatários, em especial em casos envolvendo conflitos entre particulares. Na verdade, como já observado acima, a maioria das decisões, mesmo no período da pandemia, foi neste sentido[28].

---

28. Agravo de instrumento. Ação de despejo c/c cobrança. Recurso interposto contra a decisão que deferiu a liminar de despejo do agravante. Trata-se de contrato de locação não residencial celebrado entre as partes, no qual inexiste previsão de garantia, o que autoriza a concessão da liminar, nos termos do art. 59, IX da Lei 8.245/91. Apesar da atual situação enfrentada pelo país e pelo mundo em decorrência da pandemia do novo coronavírus (Covid-19), com isolamento social desde março, aliada à crise que se instalou em decorrência dessa situação, *não se pode estender proteção excessiva ao devedor em detrimento do credor. Os locadores muitas das vezes dependem dos alugueres para melhorar seu orçamento e, assim, garantir sua subsistência, que restou prejudicada.* A Lei 14.010/20, que dispõe sobre o Regime Jurídico Emergencial e Transitório das Relações Jurídicas de Direito Privado – RJET no período de pandemia do Coronavírus vetou o art. 9º do referido projeto que vedava a concessão de liminar em época de pandemia até 30.10.2020. *O débito locatício data de junho de 2019, época muito anterior à pandemia do coronavírus, e o agravante não apresentou qualquer justificativa para o inadimplemento.* Precedentes do TJRJ. Desprovimento do recurso. Conclusões: Por unanimidade, negou-se provimento ao recurso nos termos do voto do des. Relator. (TJ-RJ, Agravo de Instrumento 0068053-33.2020.8.19.0000)

Agravo de instrumento. Ação de despejo. Imóvel não residencial. Pedido liminar. Garantias locatícias. Ausência. Fumus boni iuris e periculum in mora demonstrados. Desocupação. Possibilidade. Artigo 59, § 1º, IX da Lei 8.245/91. – Partes litigantes que celebraram contrato de locação do imóvel não residencial descrito nos autos da ação originária, não possuindo o pacto nenhuma das garantias locatícias. Imóvel locado não residencial, não havendo notícia nos autos de seu funcionamento. – Teor do artigo 59, § 1º, IX da Lei 8.245/91. – Análise perfunctória dos autos que demonstra a inadimplência do réu com as obrigações assumidas, quando da celebração do contrato de locação de imóvel não residencial. Aliás, nas contrarrazões recursais, o réu não nega sua inadimplência, limitando-se a discutir matéria de mérito. – Verossimilhança das assertivas da autora recorrente.– Configuração do perigo da demora, haja vista que a locadora está impedida de exercer a posse do bem, bem como de locar para outra pessoa, com o escopo de auferir renda. – *Valor dos alugueis que representa para a locadora verba de caráter alimentar, vez que, por certo, tem por escopo complementar sua renda mensal.– Nem se diga que a pandemia de Covid-19 foi a causadora do inadimplemento do réu, diante da crise econômica que assola o país, vez que a inadimplência do mesmo restou caracterizada a partir do momento em que deixou de realizar as obras acordadas, deixando, ainda, de arcar com o pagamento do valor dos alugueis após os 06 (seis) meses de carência concedidos no pacto locatício.* Provimento *DO RECURSO.* (TJ-RJ, AGRAVO DE INSTRUMENTO 0052418-12.2020.8.19.0000)

Agravo de instrumento. Ação de despejo. *Decisão que determinou a desocupação do imóvel em litígio.* Prejudicialidade e litispendência com a ação renovatória contendida entre as partes litigantes. Não constatada. *Impossibilidade de despejo durante a pandemia da Covid-19. Situação anterior. Decisão mantida.* Litigância de má-fé. Inocorrência. Recurso conhecido e não provido. (TJ-AL, Processo 0805945-06.2020.8.02.0000)

Despejo por falta de pagamento c.c. cobrança. Contrato escrito de locação residencial. Concedida liminar para desocupação. Agravo instrumental da locatária. Ausência de garantia e a locadora prestou caução. Requisitos cumpridos (Lei 8.245/91, art. 59, § 1º, IX). *Os efeitos eventualmente decorrentes da pandemia do novo Coronavírus não seriam suficientes, por si só, para justificar a suspensão do despejo coercitivo.* Plausível o despacho, que fica mantido. Agravo instrumental da ré improvido. (TJSP, Agravo de Instrumento 2269901-42.2020.8.26.0000)

Agravo de instrumento com pedido de efeito suspensivo. Ação de despejo por falta de pagamento. Acordo extrajudicial. Homologação por sentença. Descumprimento. Fase de cumprimento de sentença. Decisão agravada que adiou a concessão da ordem de despejo, em razão da pandemia do COVID 19, ante o estado de calamidade pública e o ato normativo do CNJ no sentido de recomendar aos juízes um cuidado maior em caso de deferimento de liminar de despejo. Inconformismo da agravante. 1.Inadimplemento incontroverso. Presentes os requisitos para o deferimento da liminar. 2. *Pandemia mundial do coronavírus (COVID-19) que não pode servir de proteção do devedor em detrimento do credor.* 3. A Lei 14.010/20, publicada em 10.06.2020, que dispõe sobre o Regime Jurídico Emergencial e Transitório das Relações Jurídicas de Direito Privado – RJET, no período de pandemia do coronavírus, vetou o art. 9º, do Projeto de Lei que proibia a execução de despejo durante a pandemia. 4. Ademais, a referida Lei 14.010/20, em epígrafe, instituiu normas que incidirão sobre as relações jurídicas oriundas dos eventos derivados da pandemia. No caso, o débito locatício remonta ao

Observa-se que grande parte destas decisões se fundamenta na existência de débitos anteriores à crise pandêmica. O foco, portanto, não é a questão da moradia e do isolamento social que ela poderia oferecer, mas a questão contratual e patrimonial, subsistindo as sanções legais independentemente da crise sanitária. Assim, prevalece a visão de que não há vulnerabilidade especial do locatário, nem mesmo com a crise sanitária e a decorrente crise econômica, devendo, em caso de inadimplência, ocorrer a remoção forçada.

---

ano de 2015, muito antes da pandemia. 5. Decisão que merece reforma. Provimento ao recurso. Conclusões: Por unanimidade de votos, deu-se provimento ao recurso, nos termos do voto do Relator. (TJ-RJ, Agravo de instrumento 0058408-81.2020.8.19.0000)

Agravo de instrumento – Ação de despejo – Liminar – Coronavírus – Covid-19 – Pedido para suspensão da liminar de despejo – Inviabilidade – Decisão mantida. 1. A Lei 14.010/2020, que dispõe sobre o Regime Jurídico Emergencial e Transitório das relações jurídicas de Direito Privado (RJET) no período da pandemia do coronavírus, considerou como seu termo inicial a data de 20 de março de 2020 (parágrafo único, art. 1º). 2. *Verificando nos autos que o contrato de locação pactuado entre as partes possui como data de término o dia 16 de março de 2020, não se mostra cabível a suspensão da liminar de despejo com fundamento na Lei 14.010/2020.* 3. Recurso conhecido e não provido. (TJ-MG, Agravo de Instrumento-Cv 1.0000.20.458719-0/001)

Recurso – Agravo de instrumento – Locação de imóveis – Finalidade residencial – Ação de despejo por falta de pagamento cumulada com cobrança – Tutela provisória – Matéria Preliminar – Ilegitimidade Ativa Recursal. Locadora agravada que apregoa ausência de legitimidade para interposição do recurso de agravo. Descabimento. Agravante que é terceira interessada na ação de origem, na condição de efetiva ocupante do imóvel, comprovado o interesse e a legitimidade para o ajuizamento do agravo de instrumento. Matéria preliminar rejeitada. Recurso – Agravo de instrumento – Locação de imóveis – Finalidade residencial – Ação de despejo por falta de pagamento cumulada com cobrança – Tutela provisória – Mérito. Decisão agravada que determinou a desocupação voluntária do imóvel. Irresignação da terceira interessada, na condição de ocupante do imóvel e ex-companheira do locatário. Presença dos requisitos legais para a desocupação. Irrelevante ao caso a condição da agravante, se sublocatária ou sub-rogada na condição de locatária, eis que não se nega a mora contratual. *Alegação de impossibilidade de arcar com o contrato devido ao advento da pandemia da Covid-19 não comprovada. Dilação de prazo para a desocupação atendida, tacitamente, quando da concessão de efeito suspensivo ao recurso, estendendo-se a permanência da agravante no imóvel por praticamente três meses, ultrapassando o prazo de suspensão de liminares de despejo até 30.10.2020 de que trata a Lei 14.010/2020. Alegação de exercício de atividade profissional (cabeleireira) no imóvel locado que, por si só, não impede o despejo, em razão da abertura de diversas atividades econômicas na Capital, que se encontra na fase "verde" do Plano São Paulo.* O contrato de locação é bilateral e sinalagmático, por isso não deve o locador suportar os efeitos negativos da pandemia para além dos limites da lei e do razoável. Decisão mantida. Recurso de agravo de instrumento não provido. (TJSP, Agravo de Instrumento 2186346-30.2020.8.26.0000)

Agravo de instrumento. Locação de imóvel residencial. Despejo por falta de pagamento. Cobrança. Ajuizamento do pedido em 28 de janeiro de 2020. *Acordo homologado em 03 de fevereiro de 2020. Cláusula que previu a imediata desocupação para o caso de inadimplência. Validade. Não incidência da Lei 14.010/2020. Decisão mantida.* 1. O advento da Lei Federal 14.010/2020 proibindo, até 30/10/2020, a concessão de despejo liminar em razão da pandemia da Covid-19 não se aplica ao caso dos autos, porquanto a inadimplência e a composição amigável são anteriores à exceção legal. 2. Recurso conhecido em parte e improvido na parte conhecida. (TJSP, Agravo de Instrumento 2226699-15.2020.8.26.0000)

Apelação cível – Ação de despejo por falta de pagamento c/c cobrança – Réu revel – Pedido procedente – *condicionamento da expedição do mandado de despejo ao "fim da pandemia de Covid-19" – Obstáculo injustificável no caso concreto – Sentença modificada. – Não demonstrada a existência de óbice para o cumprimento do mandado de despejo em virtude da Pandemia de Covid-19, considerando, inclusive, que os débitos locativos antecedem à situação de calamidade pública*, deve ser modificada a sentença para determinar o cumprimento imediato da medida, nos moldes estabelecidos na Lei 8.245/91. (TJ-MG, Apelação Cível 1.0000.20.496833-3/001).

5. CNJ E STF NA PROTEÇÃO A PESSOAS SUJEITAS À REMOÇÃO FORÇADA DURANTE A PANDEMIA

O Conselho Nacional de Justiça, em março de 2020, atuou rapidamente para recomendar que fossem evitados despejos de empresas em crise em razão da pandemia. Assim, a Recomendação 63 de 31/03/2020, recomendou em seu artigo 6º:

"como medida de prevenção à crise econômica decorrente das medidas de distanciamento social implementadas em todo o território nacional, *que os Juízos avaliem com especial cautela o deferimento de medidas de urgência, decretação de despejo por falta de pagamento e a realização de atos executivos de natureza patrimonial em desfavor de empresas e demais agentes econômicos* em ações judiciais que demandem obrigações inadimplidas durante o período de vigência do Decreto Legislativo 6 de 20 de março de 2020, que declara a existência de estado de calamidade pública no Brasil em razão da pandemia do novo coronavírus Covid-19".

Apenas em 2021 houve uma recomendação garantista de direitos de pessoas (físicas) sujeitas a remoções forçadas coletivas. Aprovou-se a Recomendação 90/2021, que recomendou aos órgãos do Poder Judiciário cautela quando da apreciação de tutelas de urgência na solução de conflitos que versem sobre desocupação coletiva de imóveis urbanos e rurais durante o período da pandemia do Coronavírus (Covid-19), *verbis*:

Art. 1º. Recomendar aos órgãos do Poder Judiciário que, enquanto perdurar a situação de pandemia de Covid-19, avaliem com especial cautela o deferimento de tutela de urgência que tenha por objeto desocupação coletiva de imóveis urbanos e rurais, sobretudo nas hipóteses que envolverem pessoas em estado de vulnerabilidade social e econômica. Parágrafo único. A avaliação a que se refere o caput poderá considerar, dentre outros aspectos, o grau de acesso da população afetada às vacinas ou a tratamentos disponíveis para o enfrentamento da Covid-19.

Além disso, em seu artigo 2º, recomendou aos órgãos do Poder Judiciário que, antes de decidir pela expedição de mandado de desocupação coletiva de imóveis urbanos e rurais, verifiquem o atendimento às diretrizes estabelecidas na Resolução 10, de 17 de outubro de 2018, do Conselho Nacional de Direitos Humanos, que dispõe que:

1. Antes da recolocação do mandado de reintegração de posse para cumprimento, a intimação da autora e das autoridades responsáveis (Secretarias Estaduais e Municipais envolvidas), para prestar os seguintes esclarecimentos, quanto à adoção das soluções garantidoras de direitos humanos e da integridade física dos envolvidos na operação:

(-a.) informações acerca dos recursos empreendidos para a realização de transporte dos bens dos acampados;

(-b.) informações acerca dos recursos empreendidos para a realização do depósito dos bens dos acampados;

(-c.) informações acerca de recursos empreendidos para o atendimento habitacional emergencial e provisório, aos acampados - conforme art. 14, § 1º, da Res. CNDH 10/2018, "os deslocamentos não deverão resultar em pessoas ou populações sem teto, sem-terra e sem território" e também na esteira da "Declaração de política do ONU-Habitat sobre a prevenção de despejos e remoções durante a Covid-19" e das "Mensagens-chave da ONU-Habitat: Moradia e Covid-19".

(-d) informações sobre as medidas assecuratórias para afastar o risco de contágio da população removida e das equipes envolvidas na operação de desocupação (policiais, bombeiros, assistentes sociais, oficiais de justiça, trabalhadores contratados etc.), bem como das medidas relativas ao período de pós-desocupação, na esteira da "Declaração de política do ONU-Habitat sobre a prevenção de despejos e remoções durante a Covid-19" e das "Mensagens-chave da ONU-Habitat: Moradia e Covid-19".

2. Seja oficiada a Polícia Militar para:

(-a.) a manifestação do órgão policial competente sobre as condições para o cumprimento do mandado e previsão expressa dos riscos subjacentes (levando-se em conta notadamente os efeitos da remoção, a qual deve ser considerada para elaboração do plano de remoção e reassentamento);

(-b.) a juntada ao processo dos protocolos de atuação, da cadeia de comando da operação e da identificação dos agentes, devendo estes serem apresentados aos ocupantes e publicizados.

(-c.) informações sobre as medidas assecuratórias, previstas no planejamento, para afastar o risco de contágio da população removida e das equipes envolvidas na operação de desocupação".

Realmente, o próprio cumprimento de ordens de remoção forçada coletiva tende a gerar aglomerações quando devidamente presentes todos os profissionais necessários (oficial de justiça, policiais, guardas civis, bombeiros, socorristas, controle de zoonoses). Trata-se de equivocada prioridade de alocação de recursos públicos num contexto pandêmico. Além disso, as pessoas removidas por si só são vulneráveis em razão da precariedade da posse e não raro têm outras vulnerabilidades – são idosos, crianças, adolescentes, pessoas com deficiência e mobilidade reduzida, pessoas que vivem com doenças crônicas, dentre outros. Neste sentido, seria essencial a devida realocação destas pessoas em uma moradia digna, o que em regra não ocorre, em evidente violação do direito à moradia.

Por outro lado, em junho de 2021, o Supremo Tribunal Federal deferiu parcialmente Medida Cautelar requerida na ADPF 828 – DF para afastar a ameaça de lesão aos preceitos fundamentais à moradia, à saúde, à dignidade e à vida humana (arts. 1º, III; art. 5º, caput e XI; art. 6º e 196, CF) em razão de remoções forçadas em três situações distintas:

a) Quanto a ocupações anteriores à pandemia: *Suspender pelo prazo de 6 (seis) meses,* a contar da presente decisão, *medidas administrativas ou judiciais* que resultem em *despejos, desocupações, remoções forçadas ou reintegrações de posse de natureza coletiva* em *imóveis que sirvam de moradia ou que representem área produtiva pelo trabalho individual ou familiar de populações vulneráveis, nos casos de ocupações anteriores a 20 de março de 2020,* quando do início da vigência do estado de calamidade pública (Decreto Legislativo 6/2020);

b) Quanto a ocupações posteriores à pandemia: Com relação às ocupações ocorridas *após o marco temporal de 20 de março de 2020,* referido acima, que sirvam de *moradia para populações vulneráveis,* o Poder Público poderá atuar a fim de evitar a sua consolidação, desde que as *pessoas sejam levadas para abrigos públicos ou que de outra forma se assegure a elas moradia adequada;*

c) Quanto a *despejo liminar por falta de pagamento*: Suspender pelo prazo de 6 (seis) meses, a contar da presente decisão, a possibilidade de concessão de despejo liminar sumário, *sem a audiência da parte contrária* (art. 59, § 1º, da Lei 8.425/1991), nos casos de *locações residenciais* em que o locatário seja *pessoa vulnerável,* mantida a possibilidade da ação de despejo por falta de pagamento, com observância do rito normal e contraditório. (grifamos)

O Ministro relator observou que, no contexto da pandemia da Covid-19, a proteção ao direito à moradia é verdadeira condição para a realização do isolamento social e, consequentemente, de afastamento da doença. Assim, a medida foi deferida para evitar o aumento das pessoas e famílias em situação de desabrigo num momento de crise sanitária. Tutela-se o direito à moradia para, reflexamente, se proteger o direito à saúde.

A ação foi proposta pelo Partido Socialismo e Liberdade (PSOL) com base em números da Campanha Despejo Zero, que apontou que ao menos 9.156 famílias foram despejadas em quatorze estados da federação, e outras 64.546 se encontram ameaçadas de despejo. O Partido pediu ao Supremo a suspensão imediata de "todos os processos, procedimentos ou qualquer outro meio que vise a expedição de medidas judiciais, administrativas ou extrajudiciais de remoção e/ou desocupação, reintegrações de posse ou despejos enquanto perdurarem os efeitos sobre a população brasileira da crise sanitária da Covid-19" e a suspensão de "toda e qualquer medida judicial, extrajudicial ou administrativa que resulte em despejos, desocupações ou remoções forçadas que ordenam desocupações, reintegrações de posse ou despejos enquanto perdurarem os efeitos sobre a população da crise sanitária da Covid-19".

Os pedidos foram atendidos com algumas restrições, em especial: a) quanto ao polo passivo, em despejos, desocupações, remoções forçadas ou reintegrações de posse, limitou-se às de natureza coletiva; apenas no caso de despejos individuais por falta de pagamento houve tutela de interesses individuais; b) quanto à pessoa, restringiu-se às pessoas consideradas "vulneráveis"; c) quanto ao marco temporal, a decisão fez uma distinção entre ocupações anteriores e posteriores a 20 de março de 2020; para as anteriores, vale a suspensão, para as posteriores, possível a reintegração, mas deve haver atendimento das vítimas em abrigos públicos ou em alguma forma de moradia adequada.

Um dos grandes desafios para a implementação da decisão será quanto ao que se considera "vulnerabilidade", que será analisado caso a caso pelo Judiciário ou pela Administração Pública. Interpretações mais restritivas poderão considerar que uma locatária idosa ou deficiente é vulnerável, mas que outras pessoas no mesmo tipo de relação contratual não o são. Neste sentido, Fernanda Tartuce aponta que vulnerabilidade é "uma característica relativa, contingente e provisória de determinadas pessoas (como crianças, idosos, incapazes etc.) ou de alguns grupos sociais (como as classes mais pobres e mulheres em situação de violência de gênero)"[29].

Porém, numa hermenêutica de garantismo habitacional, o locatário é considerado vulnerável perante o locador em razão da natureza própria da relação entre as partes. Por meio do contrato privado, o locatário busca satisfazer um direito humano e fundamental básico, o direito à habitação, enquanto o locador pretende a remuneração sobre um bem próprio. Não há dúvida de que a posição daquele perante este

---

29. F. TARTUCE. *Igualdade e Vulnerabilidade no Processo Civil*. 2012, p. 163.

é de vulnerabilidade. Ou seja, o contrato de locação não pode ser considerado um instrumento neutro: "o contrato de arrendamento para habitação, pela importância que assume na vida do sujeito contratualmente mais débil, não pode ser legalmente considerado como um neutral instrumento para a transação de bens (gozo do imóvel versus renda)"[30].

No mesmo sentido devemos conceber a relação entre proprietário e possuidor em casos de reintegração ou imissão na posse. Isto porque aquele que ocupa o faz em razão de necessidades vitais de abrigo e de moradia adequada (imóveis urbanos) ou de alimentação e trabalho (imóveis rurais). A garantia objetiva deste direito é realizada pela função social da posse, que não pode ser preterida diante da propriedade sem função social: "a perda da tutela constitucional da propriedade pelo descumprimento da função social gera a perda ou pelo menos o amortecimento do direito de reivindicar, inferência que por si só protege o titular da posse funcionalizada"[31]. Por outro lado, subjetivamente, há uma vulnerabilidade própria desta relação que deve ser igualmente reconhecida, com necessárias implicações processuais como aquelas previstas na Recomendação do CNJ aqui mencionada.

6. CONSIDERAÇÕES FINAIS

Esta breve análise permite concluir que a pandemia do coronavírus não levou uniformemente a mais garantias legais ou judiciais para inquilinos, mutuários e possuidores, não obstante o agravamento da situação fática destes. A posição de vulnerabilidade contratual ou possessória continuou a ser de pouca ou nenhuma relevância no direito brasileiro, assim como a análise sobre a função social da posse. A vedação a remoções forçadas foi limitada e em muitas instâncias contestada. Quando ocorreu, a vedação esteve principalmente fundada em razões de saúde pública, sem adentrar em questões mais profundas relacionadas à função social da posse ou à necessidade de contenção dos poderes privados e de proteção legal à parte vulnerável na relação contratual ou fática.

Em suma, com a crise pandêmica, confirma-se que o direito à moradia não é oponível aos direitos e poderes do proprietário. Assim, as medidas de proteção e garantia do direito à moradia de inquilinos, mutuários e de possuidores durante a pandemia foram bastante limitadas. É dizer, mesmo diante de uma crise sanitária em que uma das principais recomendações das autoridades é "ficar em casa", prevaleceu a proteção à propriedade perante o direito à moradia.

Ora, olhando para o contexto mais amplo, a partir dos anos 70, uma reorganização do capitalismo mundial fortaleceu a tendência de utilização de terras e imóveis urbanos como reserva de valor, encarecendo o preço do acesso à moradia

---

30. M. O. GARCIA. *Contrato de arrendamento urbano* – Caracterização do seu regime e reflexão crítica, 2014, p. 95.
31. TORRES, *A propriedade e a posse: uma confrontação em torno da função social*, 2010, p. 400.

e amplificando as desigualdades habitacionais. Esta tendência se aprofunda a cada década. Neste contexto, "expulsão e despossessão não aparecem mais como uma máquina de produção de proletários, mas como uma espécie de efeito colateral de uma nova geografia"[32]. Tal geografia exige a blindagem da propriedade privada e está baseada no controle de ativos – "um título de propriedade capitalizado, cujo valor é determinado pela antecipação de um fluxo de rendimentos futuros ou de algum estado futuro de escassez"[33]. Ou seja, o capital passa a atuar para garantir sua existência e rentabilidade no futuro por meio da reserva de valor e garantia da escassez futura. Enquanto se acumulam recursos financeiros e propriedades imobiliárias, os mais pobres não conseguem ter acesso à moradia digna. Isto explica o fato de haver tantos imóveis vazios, sem função social alguma, bem como a prostração jurídica diante de tal fato. Tudo assegurado por um Estado de Direito que, justamente, blinda a propriedade privada e relega o direito à moradia a princípio sem efetividade ou, no máximo, a "direito programático" – que aparece quase como uma sentença de morte no contexto da crise da noção de planejamento e direção estatal.

A crise sanitária global do coronavírus parece ter acentuado novamente esta tendência e, ao menos no Brasil, a breve análise aqui realizada aponta neste sentido: o Estado optou majoritariamente por uma posição clara a favor da "liberdade" contratual, ou seja, contra a adoção de meios jurídicos de proteção aos sujeitos mais vulneráveis nas relações de posse e propriedade, favorecendo as remoções forçadas, apesar da pandemia. Decisões legislativas foram barradas no Executivo. No Judiciário, inicialmente cessaram as remoções forçadas em razão do regime de trabalho remoto. Depois, algumas decisões, provavelmente uma minoria, passaram a postergar remoções forçadas principalmente por razões de saúde pública. Ou seja, uma parte do Judiciário tutelou o direito à moradia, como garantidor reflexo do direito à saúde, em detrimento do direito de propriedade absoluto. Mas algumas decisões judiciais garantistas não puderam contrapor-se à tendência geral de tutela jurídica da propriedade e dos proprietários em detrimento de considerações mais aprofundadas sobre vulnerabilidades e função social. O ordenamento parece proteger mais firmemente a função de reserva de valor da propriedade. Conclui-se, assim, que as medidas de proteção ao direito à moradia durante a pandemia foram esparsas e dificultosas.

Finalmente, a medida de mais amplo alcance na matéria foi a liminar deferida pelo STF na ADPF 828 – DF, que suspende remoções forçadas coletivas em ocupações anteriores a março de 2020 e despejos individuais sem a audiência da parte contrária. Esta decisão é um alento em meio à tendência geral em sentido contrário. Como observado, um dos grandes desafios para a implementação de tal decisão diz respeito à própria definição de "vulnerabilidade", que será analisada caso a caso pelo Judiciário ou pela Administração Pública. Numa hermenêutica de garantismo habitacional,

---

32. ROLNIK, Raquel. *Guerra dos Lugares*, 2015, p. 160.
33. HARVEY, *Seventeen Contradictions and the End of Capitalism*. Oxford. Oxford University, Press, 2014, apud ROLNIK, Raquel. *Guerra dos Lugares*, 2015, p.160.

locatários, mutuários e possuidores deveriam sempre ser considerados vulneráveis, em razão da natureza própria da relação com as partes adversas. Enquanto estas partes em regra auferem renda ou mantêm reserva de valor ao deter a propriedade de um bem, aquelas buscam satisfazer uma necessidade humana básica tutelada pelo direito à habitação. Não há dúvida de que há nestas relações uma desigualdade material que precisa ser juridicamente qualificada.

O que se necessita é que, no contexto da pandemia e além, se adote uma abordagem de garantismo habitacional, pela qual o Estado deve, no tema das remoções forçadas, privilegiar a função social da posse (aspecto objetivo) e a vulnerabilidade própria de inquilinos, mutuários e possuidores (aspecto subjetivo). Com isto, busca-se a contenção dos poderes privados e a proteção do direito à moradia como expressão de uma necessidade humana. Busca-se a reversão da tendência à exclusão habitacional massiva, de um lado, e à acumulação imobiliária especulativa, de outro.

Assim, na linha do Comentário Geral 4 do Comitê do Pacto Internacional sobre Direitos Econômicos, Sociais e Culturais no que tange à habitabilidade e à segurança jurídica, a saúde e a vida devem ser reconhecidas como indissociáveis direito à moradia, não havendo como tutelar plenamente aqueles direitos quando este último está sendo violado.

Por fim, uma última palavra sobre o grupo, quiçá, mais obviamente excluído do direito à moradia, mas também o menos tutelado juridicamente: a população de rua. Como sói ocorrer em tempos "normais", também durante a pandemia a este grupo se voltaram as políticas assistenciais e de abrigamento, mas raramente políticas específicas de moradia. Na capital paulista, buscou-se fornecer moradia em hotéis não utilizados ou subutilizados durante a pandemia, proposta que se concretizou apenas em 2021, com atendimento numericamente ainda muito restrito. Trata-se, no entanto, de proposta com importante viés distributivo que merece atenção. No geral, porém, o que se vê é a prevalência da preservação da propriedade, ainda que sem uso, fechada, sem função social alguma, sobre o direito à moradia de pessoas vulneráveis. Olhar para este grupo explicita as barreiras econômicas, jurídicas, políticas e sociais que se erguem entre eles e a moradia digna. Romper a blindagem da propriedade privada continua sendo, mesmo em contexto pandêmico, um desafio para efetivar o direito à habitação de pessoas vulneráveis e a função social da posse e da propriedade.

7. REFERÊNCIAS

GARCIA, Maria Olinda. A Importância da Saúde do Arrendatário na Disciplina do Arrendamento Habitacional. *Boletim da Faculdade de Direito da Universidade de Coimbra* 78: 595-602, 2002.

GARCIA, Maria Olinda. Contrato de arrendamento urbano – Caracterização do seu regime e reflexão crítica. *Revista de Direito Comparado Português e Brasileiro*. maio/Ago. 2014, tomo LXIII, n. 335.

ROLNIK, Raquel. *Guerra dos Lugares*. São Paulo: Boitempo, 2015.

TARTUCE, Fernanda. *Igualdade e Vulnerabilidade no Processo Civil*. Rio de Janeiro: Forense, 2012.

TAVOLARI, Bianca, MENDONÇA, Pedro Rezende, ROLNIK, Raquel. *Precisamos falar sobre aluguel* – Medidas de proteção a inquilinos são adotadas ao redor do mundo, mas não no Brasil. Disponível em: https://quatrocincoum.folha.uol.com.br/br/colunas/as-cidades -e-as-coisas/precisamos-falar--sobre-. Acesso em: 07 ago. 2021.

TORRES, Marcos Alcino de Azevedo. *A propriedade e a posse*. Um Confronto em torno da Função Social. 2. ed. Rio de Janeiro: Lumen Juris, 2010.

Parte II
PRECEDENTES EM DIREITO URBANÍSTICO/AMBIENTAL

NÚCLEOS CONGELADOS E PLANEJAMENTO URBANÍSTICO: UMA SOLUÇÃO ADEQUADA?

Vera Lucia Angrisani

Doutoranda do programa de Pós-graduação da Universidade Nove de Julho – Uninove. Professora dos cursos de pós-graduação lato senso em Direito Público, Urbanístico e Direito Constitucional Aplicado, na Escola Paulista da Magistratura. Professora palestrante do curso de pós-graduação na COGEAE – PUC/SP. Desembargadora do Tribunal de Justiça do Estado de São Paulo, com assento na 2ª Câmara de Direito Público. Tutora no ensino a distância do curso de Improbidade Administrativa, na ENFAM. Mestrado em Direito Ambiental e Minerário pela PUC/SP. Pós-graduação lato senso em Direito Processual Civil e Comercial pela USP. Graduação pela Universidade de São Paulo.

Arthur Paku Ottolini Balbani

Mestrando em Direito do Estado na Universidade de São Paulo (USP) e Bacharel em Direito pela mesma instituição. Assistente Jurídico no Tribunal de Justiça de São Paulo.

Sumário: 1. Introdução – 2. Apresentação do problema: a apelação cível 1001490-64.2019.8.26.0587 e o "Núcleo Congelado 26 – Lobo Guará" – 3. Núcleos congelados – o que são e para que servem? Uma visão geral do instituto do congelamento de núcleos urbanos no direito urbanístico brasileiro – 4. Pontes fortes da adoção da técnica de congelamento de núcleos populacionais – 5. Pontos fracos da adoção da técnica de congelamento de núcleos populacionais – 6. O fator temporal e o planejamento urbanístico: por que tanto se criticou o "núcleo congelado 26 – lobo guará"? – 7. Conclusão – 8. Referências.

1. INTRODUÇÃO

O Brasil, por característica histórica, teve sua evolução permeada pela ausência de planejamento público na ocupação do solo. A colonização do território brasileiro e sua ocupação teve como marco a adoção do regime das sesmarias, as quais, por falta de controle prático (e, até mesmo, de interesse da Coroa), foram progressivamente retalhadas em áreas menores e ocupadas por posseiros, que, com o passar do tempo, passavam a ser vistos como os legítimos ocupantes daqueles pedaços de terra: não à toa, a ocupação de fato foi critério determinante para a definição de parte significativa do traçado fronteiriço do Brasil quando da celebração do Tratado de Madri, em 1750.

Demoraria quase trinta anos após a independência para que fosse editado o primeiro diploma normativo com o condão de delinear a política fundiária nacional – a Lei de Terras de 1850. De lá para cá, quase nada mudou: outros diplomas legais foram paulatinamente criados, mas sempre com um escopo "contencioso", ou seja, visando a conter os impactos já provocados pela ação humana e tentando reverter um determinado *status quo*[1].

Esse panorama normativo e as peculiaridades brasileiras mostram uma necessidade de ação bidirecional do Estado, para conter os efeitos negativos de uma deficiência de planejamento pretérita e para permitir e dar efetividade a um plano de ação futuro, sem que ele implique na desestruturação dos núcleos populacionais já existentes.

Daí a razão pela qual o Direito Urbanístico se tornou um ramo do Direito indispensável para a adequada execução das atividades do gestor público. Afinal, na medida em que tem ele como um de seus objetos a disciplina do uso, da ocupação e do parcelamento do solo urbano, bem como a mitigação do caráter absoluto do direito de propriedade em face de demandas da coletividade[2].

Franzoni[3], ao analisar o fenômeno da urbanização e o papel do Direito Urbanístico, assevera que cabe ao Direito reforçar uma linha de continuidade entre os processos sociais espontâneos (ou seja, aqueles desordenados) e os processos dirigidos (ou seja, aqueles planejados), assegurando que a transição de uma realidade para a outra seja a menos traumática possível. Seria, dessa forma, um modo de permitir que exista um processo responsável e ordenado que culmine, a médio e longo prazo, com a resolução dos problemas que o crescimento desordenado das cidades impõe.

E situado no tênue limite entre esses dois processos está o parcelamento do solo, que encontra um grande dilema no Brasil, oscilando entre a tendência histórica à desorganização e a exigência legal, mas nem sempre seguida, de planejamento.

Como bem se sabe, a ideia central por detrás do parcelamento do solo é simples, decorrendo tanto de um fenômeno fático – a divisão da terra – como por um fenômeno jurídico – a finalidade urbanística. Tal fenômeno, portanto, não se esgota no simples loteamento, mas enseja que haja o intuito de urbanizar, o que, por evidente, pode ser feito com planejamento – levando aos loteamentos regulares – sem planejamento – culminando nos loteamentos clandestinos – ou com planejamento tão somente parcial – hipótese na qual, a despeito de bem desenvolvido o plano de execução, deixa ele de ser observado na fase de implementação, acarretando loteamentos irregulares[4].

Independentemente da espécie de parcelamento ilegal, fato é que são eles são desprovidos, no todo ou em parte, de planejamento urbanístico, razão pela qual cabe

---

1. GONÇALVES, Ana Luiza Vieira Gonçalves e RISEK, Cibele Saliba. Lei 13.465: a Regularização Fundiária no Brasil e suas novas injunções. *Risco Revista de Pesquisa em Arquitetura e Urbanismo (Online)*, [s.l.], v. 18, p. 1-16, 2020.
2. MARQUES NETO, Floriano de Azevedo. In: DALLARI, Adilson de Abreu e FERRAZ, Sérgio (Org.). *Estatuto da Cidade*: Comentários à Lei Federal 10.257/01. 3. ed. São Paulo: Malheiros, 2010.
3. FRANZONI, Júlia Ávila. Política urbana na ordem econômica. *Revista Brasileira de Direito Municipal – RBDM*, Belo Horizonte, a. 14, n. 49, p. 13-49, jul./set. 2013.
4. JORGE, Antonio Carlos Ortolá. Licenças urbanísticas na Lei de Parcelamento do Solo Urbano. In: PIRES, Luis Manuel Fonseca et al. *Estudos de Direito Urbanístico I*. São Paulo: Letras Jurídicas, 2006.

ao Poder Público coibi-las, visando a contenção de danos que possam vir a surgir a médio e longo prazo, dentre os quais pode-se destacar a abertura de vias de circulação sem planejamento e completamente desarticuladas, o desmatamento da cobertura vegetal e assoreamento dos cursos d'água, a deficiência de equipamentos públicos e infraestrutura e o risco de vida causado por deslizamentos e inundações[5].

A esse dramático panorama devem ser adicionadas as demandas decorrentes do adensamento urbano, intrinsecamente ligadas com a garantia de direitos sociais à população local: surgem demandas por moradia – ainda que em circunstâncias precárias – e criam-se condições propícias para o surgimento de núcleos populacionais, atraindo atividades econômicas do setor de serviços – especialmente pequenos comércios – e trazendo, paulatinamente, novas demandas: transporte, educação, saúde, saneamento básico, energia elétrica, dentre outras.

A ação antrópica sobre o meio ambiente e o crescimento desordenado das cidades, portanto, possui impacto direto na vida humana. E é imprescindível que o Poder Público intervenha para minimizar esse impacto: a regularização fundiária se presta, dentre outras finalidades[6], a assegurar que as populações que se encontravam inseridas na informalidade urbana possam ter acesso a serviços básicos de infraestrutura sanitária e viária, bem como a permitir a disponibilização da prestação de demais serviços públicos indispensáveis para a efetivação de seus direitos (e, sobre demais benefícios e malefícios do adensamento urbano, convém verificar os escritos de Miana[7]).

Surgem, porém, complicadores que não podem ser ignorados: como promover alterações diante de uma realidade fática já consolidada? Como replanejar o que anteriormente fora feito de maneira espontânea e sem nenhum planejamento? Como assegurar o direito de propriedade desses grupos populacionais de maneira harmônica com a intervenção urbanística? Foi por força desses obstáculos que o legislador e os administradores públicos optaram por incorporar ao direito brasileiro uma figura que impedia temporariamente mudanças no panorama fático, enquanto se estudava o cenário e se obtinha uma solução adequada: o núcleo congelado.

O presente estudo busca a analisar tal instituto do Direito Urbanístico, suas características e principais aspectos, bem como a repercussão de sua aplicação prática. E, para tal, não há precedente mais ilustrativo do que a Apelação Cível 1001490-64.2019.8.26.0587, referente ao Núcleo Congelado 26 – Lobo Guará, ponto de partida da nossa análise.

---

5. CARMONA, Paulo Afonso Cavichioli. *Curso de Direito Urbanístico*. Salvador: Juspodivm, 2015.
6. Convém destacar que o art. 9°, *caput*, da Lei 13.465/17 define regularização fundiária como "o conjunto de medidas jurídicas, urbanísticas, ambientais e sociais destinadas à incorporação dos núcleos urbanos informais ao ordenamento territorial urbano e à titulação de seus ocupantes".
7. MIANA, Anna Christina. *Adensamento e Forma Urbana*: inserção de parâmetros ambientais no processo de projeto. Tese de doutorado. Faculdade de Arquitetura e Urbanismo da Universidade de São Paulo. São Paulo, 2010.

2. APRESENTAÇÃO DO PROBLEMA: A APELAÇÃO CÍVEL 1001490-64.2019.8.26.0587 E O "NÚCLEO CONGELADO 26 – LOBO GUARÁ"

Muitas são as vezes que nos deparamos com noticiário do déficit habitacional enfrentado pelo Brasil. O mais recente levantamento efetuado pela Fundação João Pinheiro (FJP), cujos dados são adotados pelo governo federal desde 1995, apontou avanço do déficit habitacional absoluto de 220 mil moradias no País entre 2016 e 2019[8].

Não é de hoje que o Brasil tem políticas públicas prioritárias voltadas a questão habitacional, configurando um marco regulatório aprimorado com o Estatuto das Cidades, criando instrumentos para viabilizar a ampliação da oferta de habitação de interesse social, com programas habitacionais como o Minha Casa Minha Vida e seu substituto, Casa Verde e Amarela ou, alternativamente, o estabelecimento da Política Nacional de Habitação, que vem experimentando vertiginoso crescimento do crédito imobiliário, dotado de incentivo de juros baixos para incrementar a aquisição de imóveis pela população de baixa renda.

Também outra frente que os estados e, mais diretamente as prefeituras, vêm enfrentando é a desburocratização do processo de regularização fundiária pois a moradia regularizada dá às famílias acesso ao mercado formal de crédito, com a possibilidade de comercialização do imóvel e de transferência para filhos ou herdeiros, possibilitando a regularização da expansão territorial regularizada.

É incontroverso que as políticas de acesso à moradia e regularização fundiária são debates históricos no Brasil. E isso nos faz recordar um processo[9] de Relatoria da coautora deste capítulo, que tinha por objetivo, em síntese, a regularização do Núcleo Congelado "n. 26 – Lobo Guará,"[10] cuja ementa se transcreve:

> "*Ação Civil Pública. Regularização fundiária. Núcleo congelado 26. São Sebastião.* Demanda que visa à regularização fundiária do Núcleo Congelado 26, conhecido como Lobo Guará, o qual teve início a partir da década de 90. Localiza-se a aproximadamente 500 metros da Rodovia SP-055, Rodovia Dr. Manoel Hipólito do Rego, no bairro Camburi, Costa Sul do Município de São

---

8. Disponível em: http://novosite.fjp.mg.gov.br/deficit-habitacional-no-brasil/. Acesso em: 16 abr. 2021.
9. Apelação Cível 1001490-64.2019.8.26.0587 – 2ª Câmara de Direito Público do Tribunal de Justiça do Estado de São Paulo, julgada em 28.10.2020.
10. O Núcleo Congelado 26, conhecido como "Lobo Guará", localiza-se a aproximadamente 500 metros da Rodovia SP-055, Rodovia Dr. Manoel Hipólito do Rego, no bairro Camburi, Costa Sul do Município de São Sebastião, entre os bairros da Baleia e Boiçucanga, em área total de 62.965,61m², na proximidade de diversos outros focos de ocupação desordenada e dos limites do Parque Estadual da Serra do Mar, contando com via municipal de acesso, conhecida como Rua Lobo Guará (Lei Municipal 4.242/2008). O Núcleo ocupa, ainda, faixa de domínio e faixa *non edificande* da Rodovia BR-101/SP-55, as quais possuem, respectivamente, 50 e 15 metros no local, acarretando a necessidade de adaptação a esses recuos ou eventuais demolição de ocupações existentes. Há também ocupação em área de preservação permanente do Rio Camburi e seus afluentes, bem como em área de risco muito alto de inundação e solapamento (Áreas "A20/S3/R4"), de acordo com o projeto de Mapeamento de Áreas de Risco a Escorregamento e Inundação dos Municípios de Franco da Rocha, São Sebastião, Tapari e Ubatuba (Termo de Cooperação Técnica IG-CEDEC de 16/08/2005) e Decreto Municipal 5890/2013 (Dispõe sobre a vigência e a organização do Plano Preventivo de Defesa Civil do Município de São Sebastião).

Sebastião, entre os bairros da Baleia e Boiçucanga, em área total de 62.965,61m², na proximidade de diversos outros focos de ocupação desordenada e dos limites do Parque Estadual da Serra do Mar, contando com via municipal de acesso, conhecida como Rua Lobo Guará (Lei Municipal 4.242/2008). Insurgência recursal pretendendo a exclusão do prazo para apresentação do LEPAC (Levantamento Planialtimétrico Cadastral) do Núcleo tratado, ou subsidiariamente alterado para 360 dias. Os prazos estipulados na sentença são razoáveis e proporcionais levando em consideração a complexidade e abrangência das obrigações a serem executadas pela Municipalidade, além do decurso do prazo desde o acordo firmado. Municipalidade que não se desincumbiu das obrigações. Já quanto ao prazo do procedimento de regularização pede que seja alterado para 60 dias. Crível que a dilação do prazo para sanear o procedimento de regularização fundiária, considerando que elas serão feitas para cada um dos 102 (cento e dois) núcleos congelados existentes no município, ademais, não se mostra prejudicial à pretensão. Sentença *alterada minimamente*. Recurso conhecido e parcialmente provido."

A falta de um olhar mais atento das administrações municipais de São Sebastião para essa questão, veio a permitir o alastramento de dezenas de ocupações irregulares em diversos pontos do território daquele município, dotadas de infraestrutura urbana geralmente precária, causando degradações e irregularidades ambientais que podem afetar inclusive os cursos d'água e o Parque Estadual da Serra do Mar, somados a riscos de ocorrência de inundações e deslizamentos. Tais ocupações estão sujeitas a constante expansão, fato que agrava ainda mais a situação de vulneração a dignidade da pessoa humana, máxime pela informação de que o município conta hoje com 102 (cento e dois) núcleos congelados.

É inconteste que a situação ali atualmente verificada impede e dificulta, em grande parte, o gozo, pelos cidadãos daquela ocupação, de direitos essenciais à dignidade, notadamente os direitos fundamentais à moradia digna, ao saneamento, à infraestrutura, e à saúde, colocando ainda em risco o direito à vida e à segurança, corolários do direito ao meio ambiente equilibrado. Nesse sentido, as ações de regularização fundiária no local visam garantir àquela população o mínimo existencial.

Conforme informado pelo Município de São Sebastião, em seu "Programa" Municipal de Regularização Fundiária (2018), o núcleo em tela conta com 65 imóveis e 78 famílias e 328 habitantes, não havendo qualquer informação quanto ao ano em que coletada tal informação

Demonstrando a precária realidade da ocupação desordenada, se viu dos autos que Núcleo Congelado n. 26 – Lobo Guará não apresenta iluminação pública, distribuição de energia elétrica particular, rede de telecomunicações, abastecimento de água potável ou rede coletora de esgoto doméstico, assim como sistema de drenagem de águas pluviais, gerando grave degradação ambiental decorrente da captação irregular de água e do despejo de esgoto não tratado em cursos d'água e no solo, ressaltando-se que o núcleo é cortado por curso d'água natural afluente do Rio Camburi, dados estes extraídos do Parecer Técnico LT 0528/18 CAEX/MP-SP, que constituiu o acervo probatório do feito.

São Sebastião é marcada pelas ocupações em áreas de risco e em áreas ambientalmente vulneráveis que provocam constantes tragédias por deslizamentos de terras.

Não por outro motivo, o padrão construtivo na área do Núcleo Congelado é sobre pilotis, acima do nível do solo, a fim de evitar os efeitos negativos das constantes inundações no local, conforme evidenciam as imagens do Parecer Técnico LT 0528/18 CAEX/MPSP, peça integrante dos autos da ação.

Verifiquemos, em primeiro lugar, os motivos pelos quais a regularização fundiária se faz premente em realidade como as dos autos, para, após, analisar as consequências da adoção da política de núcleos congelados, bem como as repercussões no caso que ora se relata.

3. NÚCLEOS CONGELADOS – O QUE SÃO E PARA QUE SERVEM? UMA VISÃO GERAL DO INSTITUTO DO CONGELAMENTO DE NÚCLEOS URBANOS NO DIREITO URBANÍSTICO BRASILEIRO

De proêmio, se destaca ser imperioso conhecer analisar o que vem a ser o instituto dos "núcleos congelados".

Impende ressaltar que o congelamento de núcleos urbanísticos, da forma como tendem a adotar os Municípios brasileiros, é uma inovação genuinamente brasileira. Ainda que se verifique a ocorrência de fenômenos similares no direito estrangeiro (as *frozen neighborhoods* do direito estadunidense, por exemplo)[11], não se equiparam eles integralmente ao instituto do direito urbanístico brasileiro, afinal, se no direito forasteiro a lógica do congelamento visa a evitar mudanças substanciais em determinada área urbana para conservar suas características precípuas, pois históricas, ou visando a evitar que haja uma súbita oscilação dos preços de mercado, no direito brasileiro se adotou a técnica de congelamento tão somente como medida de contenção do parcelamento irregular do solo.

Assim, nota-se que a despeito de alguma variação normativa – situação corriqueira do processo legislativo –, a legislação que prevê o congelamento fundiário impede que, em determinada área, haja qualquer tipo de comercialização de lotes, ocupações e/ou realização de novas construções/obras sem prévia aprovação do Poder Público, sob pena de demolição das edificações.

Há, deste modo, uma tentativa de se conservar o *status quo* e evitar que, antes de realizados estudos que permitam traçar as diretrizes para um planejamento sustentável para aquela determinada localidade, se dê continuidade ao crescimento desordenado tal qual, mal comparando com determinado procedimento na área da saúde, em que deve-se pensar em um paciente acometido de moléstia grave que necessita ser colocado em estado comatoso temporariamente para que se permita a reunião de condições necessárias para a retomada do processo curativo.

---

11. Para melhor análise e compreensão do instituto em comento, recomenda-se a leitura de ELLICKSON, Robert C. The zoning strait jacket: the freezing of american neighborhoods of single-family houses. *Public Law Research Paper Forthcoming*, Yale Law School, 2020.

O objetivo precípuo desta medida, portanto, é possibilitar a regularização fundiária em situações nas quais a ocupação irregular do solo já se encontre consolidada temporal e faticamente, de maneira tal que não se vislumbre adotáveis medidas a curto prazo que não impliquem em malefícios superiores aos seus benefícios.

O Poder Público, assim, tenta captar a situação de determinada área territorial como se fosse uma fotografia, conservando-a estanque – sem prejuízo da realização de obras autorizadas pela Administração – para que se tenha tempo hábil de tomar conhecimento dos desafios que a realidade fática apresenta.

Entretanto, a adoção da política de núcleos congelados não é um procedimento tão simples quanto parece e exige expressiva participação popular para que alcance seu desiderato.

Há de se considerar, afinal, que é ele instrumento de política fundiária e que tem o condão de afetar diretamente a vida das populações que habitem a área a ser regularizada: as audiências públicas e a ativa participação da sociedade civil, assim, devem ser vistas não como instrumentos burocráticos ou como mais uma etapa do processo administrativo, mas sim como mecanismos de facilitação do conhecimento e mapeamento da realidade fática e das dificuldades que devem ser transpostas pelo Poder Público quando da promoção da regularização fundiária.

Ademais, deve-se evitar que a política de congelamento se torne um fim em si mesma, ou tão somente uma maneira rápida de impedir a ocupação irregular do solo. É ela apenas uma etapa do processo de regularização fundiária, fazendo-se necessária para dar ao gestor público tempo para que planeje adequadamente as medidas necessárias, as etapas e respectivos prazos de implementação, mão de obra dedicada e os custos a serem incorridos para atingir a melhor solução para a realidade daquela comunidade. A mera decretação do congelamento do núcleo, sem que seja acompanhado de outras políticas efetivas[12], acaba se revelando bastante inócua.

Mas há também uma segunda característica fundamental dos núcleos congelados e que, em uma primeira análise sobre o instituto, pode não parecer tão evidente: a oportunização para que a população atingida veja conservado o seu direito de propriedade.

Ocorre que, se de um lado o núcleo congelado impede qualquer tipo de mudança no panorama fático por parte da população, de outro ele também impede que o Estado realize a supressão daquilo que já existe, incluindo as moradias já erigidas,

---

12. Nesse sentido, convém ressaltar a crítica de Saleme (2019: 196) acerca da Lei 13.465/17, uma vez que, a seu ver, tal legislação é insuficiente para permitir que os Municípios desenvolvam metodologias adequadas e necessárias para melhor disciplinar a ocupação de seu território, tendo o legislador brasileiro preferido por alternativas de curto prazo e que possam ser aplicadas isoladamente. A falta de previsão normativa – ainda que em sede de rol exemplificativo – de mecanismos de ação combinada dificulta a ação do gestor, já que fica ele desprovido de referenciais para a estruturação de suas políticas. [SALEME, Edson Ricardo. Regularização fundiária e a Lei 13.465 de 2017. *Cadernos Jurídicos da Escola Paulista da Magistratura*, a. 20, v. 51, p. 187-198, São Paulo, set./out. 2019].

ressalvando-se situações excepcionalíssimas em que a própria vida dos habitantes da construção esteja em risco (por exemplo, em imóvel condenado pela defesa civil). E tal panorama é fundamental para harmonizar a necessidade de execução de política pública com um mecanismo menos invasivo, que proteja os direitos fundamentais de quem será por ela diretamente atingido.

É em decorrência deste conjunto de fatores que Sepúlveda et al (2012: 205)[13], analisando o congelamento de núcleos habitacionais, concluem que tal medida deve ser acompanhada do cadastramento da população, de modo que se permita identificar quem são os beneficiários da regularização fundiária ao mesmo tempo em que se impede a continuidade do crescimento desordenado – o que possui as consequências secundárias de impedir a especulação imobiliária, possibilitando a concretização da função social do instituto, e também de dar azo à criação de política pública efetivamente estruturada.

Para assegurar que a medida não se torne um verdadeiro fracasso urbanístico – e para evitar a vulneração ainda maior dos direitos fundamentais dos grupos afetados pela medida – a comunidade conta com a atuação direta do Ministério Público em cumprimento a seu mister máximo de defesa da ordem jurídica e dos interesses da sociedade e pela fiel observância da Constituição e das leis, que para tanto também pode até provocar o Poder Judiciário, harmonizando as conhecidas dificuldades operacionais da Administração na estruturação e cumprimento de políticas públicas, de um lado, e a premente exigência de acesso a condições minimamente dignas de vida pelos habitantes do núcleo congelado, de outro, como mostrou com clareza o caso do "Núcleo Congelado Lobo Guará".

Afinal, enquanto o Ministério Público é o fiscal da lei por excelência, atuando também na via extrajudicial para colocar balizas quando a política pública transborda daquilo que seria aceitável (ou seja, quando deixa de observar a legislação ou se torna em um malefício por si só), o Poder Judiciário é o *locus* no qual desaguam grande parte dos conflitos, tendo o dever de agir quando provocado, mesmo em matéria de políticas públicas, não havendo que se cogitar de substituição da atividade do gestor público, mas sim de uma alternativa possível para confrontar o dever do gestor de garantir os direitos fundamentais e suas competências para implementar as medidas aptas para tal[14].

Dessa visão geral do instituto, é possível identificar alguns pontos característicos. Em primeiro lugar, não é um instrumento apto a resolver o problema do parcelamento irregular, seja clandestino ou ilegal, do solo urbano: é uma medida preparatória, que deve necessariamente ser sucedida de políticas complementares

---

13. SEPÚLVEDA, Fernanda de Matos et al. Redefinindo papéis no processo de regularização fundiária: a atuação jurídica na valorização do diálogo democrático e da cidadania participativa do Engenho Velho – Itaboraí/RJ a partir do estímulo ao conhecimento e à comunicação. *Planejamento e políticas públicas* – PPP. Brasília, n. 38, jan./jul. 2012.

14. BUCCI, Maria Paula Dallari. *Fundamentos para uma teoria jurídica das políticas públicas*. São Paulo: Saraiva, 2013.

para que a regularização fundiária possa ser levada a cabo. Em segundo lugar, em decorrência da constatação anterior, não pode ser uma política perene: deve ter tempo de duração bem delimitado, correspondendo ao interregno temporal necessário para que se desenvolva um plano piloto de atuação e implementação, na medida em que o simples congelamento do núcleo urbano não acarretará na solução de nenhum dos problemas expostos. E, em terceiro lugar, não pode ser empregado como um mecanismo vertical – imposto pelo Poder Público –, mas horizontal, contando com a adesão popular, que deve ser suficientemente esclarecida acerca dos motivos da implementação, do tempo de duração e de suas consequências.

Vejamos, então, quais são os pontos fortes e fracos da ferramenta de congelamento de núcleos urbanos, para, após, verificar como se deu o caso concreto do "Núcleo Congelado Lobo Guará".

4. PONTES FORTES DA ADOÇÃO DA TÉCNICA DE CONGELAMENTO DE NÚCLEOS POPULACIONAIS

Em uma análise inicial, e considerando tão somente o prisma abstrato deste instituto, a medida de congelamento de núcleos urbanos sinaliza ser interessante mecanismo precedente à implementação das políticas públicas urbanísticas de regularização, já que, aparentemente, não estaria sujeita a controle: o tempo de implementação previsto em lei.

Afinal, para o desenvolvimento adequado de um modelo efetivo de ação, é fundamental que se conheça o panorama de fundo que se apresenta: o modelo ideal de política pública é aquele que não é simples transposição de modelo alienígena de sucesso, mas que parte da exata extensão dos problemas que estão postos e se utiliza do melhor ferramental disponível, dadas as peculiaridades de cada área, para solucioná-las.

Como destacado, o legislador, ao prever o congelamento de núcleos, agiu no sentido de possibilitar o conhecimento da exata extensão da realidade fática que se impõe em cada caso. E não foi de todo desarrazoado ao fazê-lo. O planejamento urbano e a regularização fundiária são processos, do que se denota, pela própria definição de cada qual, que são compostos por múltiplos atos, os quais, a rigor, são marcados por grande complexidade.

A regularização de uma área preexistente possui inúmeros complicadores que o planejamento prévio dispensa enfrentamento[15]: afinal, a regularização deve partir do traçado já existente e nele fazer ajustes pontuais visando a adequá-lo ao Plano

---

15. Bom exemplo dessa situação, e que felizmente resultou em frutos positivos, está no desenvolvimento e execução do traçado do Plano de Urbanização de Londres após a Segunda Guerra Mundial. Nesse sentido, conferir LUCCHESE, Maria Cecilia. O planejamento urbano de Londres (1943-1947). *Risco Revista de Pesquisa em Arquitetura e Urbanismo* (Online), [S. l.], n. 15, p. 67-81, 2012.

Diretor e demais leis urbanísticas, ao mesmo tempo em que se criam as condições necessárias para levar a rede de infraestrutura e serviços públicos essenciais para aquela localidade.

As regiões a serem regularizadas também possuem, em comum, o fato de serem por si só marginalizadas e com complicadores geográficos: estão inseridas à margem de riachos e córregos, nas encostas dos morros, adentrando, ou em zona lindeira, a áreas de preservação ambiental etc.

E o tempo, aqui, é fundamental. O gestor precisa de margem temporal para tomar conhecimento dos contornos efetivos daquela realidade, tentando, em curto espaço de tempo, superar os anos de desídia e de inércia do Poder Público. Esse conhecimento e o desenvolvimento de uma modelagem adequada, porém, não ocorrem do dia para a noite, sob risco de, mediante uma compreensão inadequada da fenomenologia fática, se adotar medidas inadequadas para a solução do problema urbano verificado.

Essa margem também é importante para evitar o agravamento de um estado de coisas que, por si só, já é suficientemente delicado. Na ausência de soluções adequadas de infraestrutura pública, os habitantes destas áreas tendem, visando a garantir condições de vida minimamente dignas, a encontrar soluções alternativas, e precárias, para as mazelas que enfrentam: a ausência de saneamento básico, depositam esgoto a céu aberto ou nos cursos aquáticos; a construção das residências deixa de observar qualquer padronização e se orienta mais pela experiência e pelos 'curiosos' do que por regras técnicas, dentre outras medidas. Não se pode, porém, criticá-los por isso, pois se trata de uma maneira de suprir a omissão do Estado e permitir que continuem vivendo. E, sem nenhum mecanismo jurídico, é certo que o curso de suas ações irá continuar inalterado ou crescerá, o que levaria a constantes revisões do traçado do planejamento para a regularização.

Assim, ao congelar o núcleo urbano, busca-se também manter inalterada a área objeto, o que contribui para que a execução da política pública desenvolvida não seja surpreendida, bem como que, sem a necessidade de constantes modificações, possa ser implementada de maneira mais célere e eficiente. O diálogo colaborativo, nesse cenário, é fundamental: não basta impor o congelamento, é preciso que a própria população entenda que aquele é um remédio amargo, mas necessário para a cura do paciente.

Contudo, sem dúvida, é ainda mais notável a relevância do segundo ponto forte, cujas linhas gerais foram traçadas no item anterior: a conservação do direito de propriedade e a efetivação do direito à moradia.

Andrade (2015: 42)[16], analisando a dicotomia aparente entre as políticas públicas habitacionais e o direito à moradia, verifica que ambas estão bastante próximas

---

16. ANDRADE, Diogo de Calasans Melo. O direito social à moradia *versus* políticas públicas voltadas à habitação: possibilidade de o Poder Judiciário aplicar a judicialização da política como forma de concretizar os direitos fundamentais. *Revista Direito Mackenzie*, v. 9, n. 2, p. 28-44. 2015.

e são, em verdade, interconectadas pelo fenômeno da função social da propriedade: enquanto sua finalidade é assegurar que todos tenham acesso à moradia, também é fundamento para evitar que as políticas públicas venham a impedir ou restringir esse acesso. E em regra, os instrumentos de política fundiária acarretam justamente uma restrição desse direito em um primeiro momento, afinal, partem de uma lógica de que seria necessário primeiro sanear o problema verificado para apenas após permitir o regresso da população atingida – ainda que, na prática, se saiba o quão difícil é dar efetividade a este ponto.

Congelar os núcleos urbanos pode ser uma maneira de possibilitar um mínimo de dignidade para aquela comunidade, pois permite que continuem inseridos na mesma realidade – não haja deslocamentos, ainda que temporários – e lhes dá o sopro de esperança de que não há necessidade de aguardar algum tempo até que políticas públicas efetivas sejam desenvolvidas. E, se os resultados não forem frutíferos, ao menos em tese restará conservado o seu direito de propriedade – sem, aqui, adentrar ao mérito das condições materiais em que isto se dará –, o qual, como bem se sabe, possui envergadura constitucional (art. 5°, XXII, CF).

Para a população residente na área congelada, de nada adiantaria esperar pela implementação de uma política pública se e quando esta estiver pronta, sendo ela a mais adequada ou não, se esse grupo não tiver condições de acessá-la e dela usufruir. É aqui que se nota o traço de aproximação com as já mencionadas *frozen neighboorhoods*: garantir que aqueles que ali vivam tenham conservado seu direito de propriedade e prerrogativas que dele decorrem, mitigando os riscos de gentrificação.

Contudo, para que esses pontos positivos do congelamento de núcleos se materializem, é necessário que o Poder Público tenha ciência dos três fatores característicos destacados no item – acessoriedade da política, duração razoável e horizontalidade –, sob pena dos pontos negativos aflorarem e tornarem um instrumento teoricamente importante em uma bomba relógio prática.

Há, ainda, último ponto que merece destaque: a imprescindibilidade de participação popular efetiva para que o resultado do congelamento traga mais benefícios do que malefícios. Toda forma de participação popular nas políticas públicas é extremamente benéfica e encontra amparo no Estatuto das Cidades, sendo certo que qualquer ação ou omissão do Poder Público que impeça tal participação de maneira efetiva será atentatória a tal ato normativo – e aos próprios princípios fundantes do Direito Urbanístico.[17]

A participação popular, por meio de audiências públicas e da oportunização de que a população afetada esteja constantemente sendo informada acerca do andamento do processo de regularização fundiária, confere traços de legitimidade à

---

17. OLIVEIRA, Celso Maran; LOPES, Dulce e SOUSA, Isabel Cristina Nunes. Direito à participação nas políticas urbanísticas: avanços após 15 anos de Estatuto da Cidade. *Revista Brasileira de Gestão Urbana* maio/ago. 10(2), 322-324. 2018.

decisão tomada e facilita sua aceitação por parte do grupo diretamente atingido. Ao mesmo tempo, diminui o tempo necessário para que se conheça a extensão e peculiaridades da realidade local, bem como das medidas que se fazem mais prementes, afinal, é a população objeto que sofre com as mazelas da inação do Poder Público e que estruturou, por conta própria, a área a ser regularizada.

Da mesma forma que os europeus necessitaram de guias em suas primeiras incursões nas terras americanas e que os montanhistas contam com a colaboração de nativos locais para escalar áreas de difícil acesso, o Poder Público necessita do apoio dos habitantes da área a ser regularizada para ter simplificado o seu trabalho. Veja-se: nas três situações em que se narrou, o apoio desses "guias" – pessoas que detém o conhecimento da realidade fática – não é indispensável, mas torna menos espinhosa a superação dos obstáculos, pois estes, em parte, já são conhecidos e previamente informados, permitindo a pronta adoção de estratégias de superação. Há, portanto, a maximização das chances de sucesso e a redução do espaço temporal necessário para que este potencialmente ocorra – lembrando que, para o congelamento de núcleos urbanos, o aumento do fator temporal acarreta maior probabilidade de fracasso.

Diante desse quadro, verifica-se que a atuação coordenada do Poder Público com os ocupantes do núcleo congelado é fundamental para assegurar a sua efetividade em tempo razoável, mas não dispensa um olhar introspectivo das próprias autoridades para garantir que a política a ser adotada seja implementada e, em *ultima ratio*, seja exequível e sustentável.

5. PONTOS FRACOS DA ADOÇÃO DA TÉCNICA DE CONGELAMENTO DE NÚCLEOS POPULACIONAIS

A despeito dos pontos fortes acima apontados, os quais se concentram mormente em um prisma teórico, há pontos fracos que devem ser destacados, sobretudo pela extensão de suas repercussões.

É inviável que a adoção dos núcleos congelados se dê enquanto política pública única ou visando a ser um fim em si mesmo, sob risco de se mostrarem desastrosas as consequências. Afinal, trata-se de instrumento preliminar e tão somente uma fase do processo de regularização fundiária: a técnica de congelamento é parte do planejamento, mas, sozinha, não é capaz de concretizar qualquer tarefa de regularização.

Por tal razão, a adoção da técnica dos núcleos congelados deve ser analisada com bastante cautela. E o primeiro fator de complicação é, paradoxalmente, também um daqueles fatores de relevância do instituto: o tempo.

Deve-se ter em mente que o período de congelamento deve ser razoável para que planeje, implemente e conclua o objetivo principal e se permita a urbanização adequada da área objeto. Não é possível nem congelar por tempo curto demais, que não permita qualquer estudo/planejamento – hipótese no qual seria o congelamento medida inócua e desprovida de finalidade – e nem por tempo excessivamente longo – hipótese na qual será ele instrumento de agravamento da vulnerabilidade dos habitantes da área objeto.

Repousa justamente na extrapolação da razoabilidade o grande vício do núcleo congelado: cria-se situação de comodidade ao gestor público, que se blinda por detrás de instrumento jurídico para conter o avanço do crescimento irregular desenfreado de ocupação do solo, relegando-se para segundo plano a política principal, em verdadeira inversão de papéis. O núcleo congelado cria uma aparência de normalidade, pois em tese impede a continuidade do crescimento desordenado, mas sua atuação se limita a produzir esse falso panorama, não sendo nada mais do que um tratamento paliativo e de curta duração.

E, como agravante, enquanto se têm essa sensação de anestesia, as mazelas enfrentadas pela população que reside naquele núcleo congelado continuam existindo e apresentam risco de agravamento, pois ao mesmo tempo em que o Poder Público continua deixando de agir, sequer pode ela buscar as soluções "alternativas" que anteriormente eram empregadas e que, a despeito de estarem, por vezes, a margem do direito, tentavam atenuar aquelas dificuldades.

Afinal, como já destacado, o congelamento apenas impede que a área da ocupação e a dinâmica existente seja modificada, mas não representa a inserção de nenhuma política social para aquela população que, consequentemente, passa a apresentar vulnerabilidade ainda maior; com o passar do tempo e a continuidade da inércia, não se verifica outro caminho que não desrespeitar a estratégia de congelamento e retomar a expansão e desenvolvimento irregular da ocupação, esvaziando o próprio objeto da política de contenção adotada pelo Poder Público.

Nesse cenário, emerge também repercussão do fator temporal sobre o segundo ponto forte do instituto: de nada adianta ser proprietário se as condições materiais são demasiado precárias ou se a própria vida dos habitantes do núcleo estiver se deteriorando ou se submeter a risco pela desídia estatal. Ocorre uma verdadeira "gentrificação por omissão": através de sua omissão, o Estado repele os habitantes da localidade para, após, fomentar políticas públicas que tornem a área interessante para grupos econômicos e outros segmentos sociais mais abastados.

Outro ponto negativo da técnica de congelamento é que é prudente um fracionamento da área total de intervenção em pequenos núcleos congelados[18] para possibilitar melhor controle da situação, o que, porém, não é o mais recomendado em termos de planejamento urbanístico, que exige um recorte distinto.

Quando se pensa em desenvolvimento da política pública urbana, dificilmente será suficiente que a intervenção ocorra em uma pequena área territorial. Afinal, as medidas a serem implementadas possuem repercussões estruturais: para se implementar uma reforma viária, é preciso considerar vários quarteirões e interligar as

---

18. A título de exemplo, o Núcleo Congelado Lobo Guará tem área total inferior a 63km², o que corresponde a trinta e nove vezes a área do Parque do Ibirapuera, em São Paulo/SP.

vias públicas formais já existentes com aquelas "informais"; para o abastecimento de energia elétrica, é preciso instalar postes e fios de transmissão e, por vezes, até mesmo torres de energia, se distante a área dos demais centros urbanos; mesmo a instalação de escolas e postos de saúde observam determinados raios territoriais, para evitar subutilização ou excesso de demanda.

O congelamento de grandes áreas, porém, é inócuo em matéria de controle, pois dificulta a fiscalização e o mapeamento do que já existe. Como o intuito do congelamento é possibilitar que se tire uma fotografia, tendo uma visão aérea em um presente momento e, paulatinamente, se verificando as especificidades, quanto maior a área a ser congelada, maior o tempo necessário para se realizar tais estudos prévios, o que leva, consequentemente, ao impeditivo temporal anteriormente indicado.

Essa impossibilidade de se chegar a um ponto de equilíbrio entre as áreas adequadas para controle e planejamento reforça a inadequação do uso do núcleo congelado como uma medida preparatória única para a regularização fundiária.

É fato que há alternativas que poderiam suprir o problema do congelamento por tempo excessivo, mediante a adoção de técnicas complementares, também na fase preparatória. Isso porque, tal qual ocorre com o plano de ação desenvolvido por um médico para combater uma moléstia grave, é possível tentar retardar o crescimento desordenado sem desamparar a população. Parece mais prudente que o Poder Público, paralelamente ao congelamento do núcleo, introduza soluções temporárias ou preliminares para os habitantes da área objeto: seja mediante a concessão de auxílio-aluguel, para as famílias interessadas, seja mediante a segmentação do plano de regularização fundiária em estudos menores, cada qual para um segmento (saúde, educação, saneamento urbano, fornecimento de água e energia etc.), e cujo curso se dá de maneira relativamente independentemente, de modo que, findo os estudos acerca de uma determinada obra, possa ela começar a ser implementada.

6. O FATOR TEMPORAL E O PLANEJAMENTO URBANÍSTICO: POR QUE TANTO SE CRITICOU O "NÚCLEO CONGELADO 26 – LOBO GUARÁ"?

Em primeiro lugar, no caso do precedente específico do julgamento selecionado, o Núcleo Congelado 26 – "Lobo Guará" – do Município de São Sebastião/SP, bom lembrar como já pontuado, que e a implementação de qualquer política pública é essencialmente trifásica, compreendendo fases de planejamento (fase preparatória, na qual são colhidos e mapeados os dados da realidade fática para que se reconheça a problemática), formulação da política pública (escolha dos instrumentos resolutivos mais adequados ao caso concreto) e, por fim, execução e implementação (quando levada a cabo a política pública formulada pelo gestor).

A técnica do núcleo congelado é elemento característico da primeira destas fases. Como destacado ao longo dos itens anteriores, a finalidade precípua do congelamento é permitir que se tenha tempo hábil para conheça a realidade e impedir que, nesse interregno temporal, haja alteração substancial do panorama fático. Daí porque o congelamento é idealmente seguido, dentre outras medidas, da realização de planos altimétricos, realização de audiências públicas com a população, cadastramento das famílias que residem na localidade.

Pensar o núcleo congelado como instrumento da segunda fase – ou seja, como uma política pública em si – é inadmissível, pois sua finalidade não é apta a promover a mudança social ou trazer a efetividade de quaisquer direitos fundamentais, salvo a propriedade. Pelo contrário, como visto no item anterior, seu uso errôneo tem aptidão a fulminar estes direitos, mormente, a vida e a saúde.

Emerge, aqui, a ideia do *cut off*: se cumpridas cada uma das etapas do planejamento adotado para a regularização fundiária, adotando-se, paralelamente, uma política pública secundária dotada de efetividade para evitar o alastramento da ocupação e parcelamento do solo irregular, a política primária será dotada de efetividade, na medida em que resolve os vícios do passado e torna a colocar a situação fática nos eixos. Essa política pública secundária, no direito brasileiro, é justamente o congelamento de núcleos urbanos.

Esse é o quadro que se apresenta para o gestor, que enfrenta diuturnamente o dilema de conviver com instrumentos de ação paralelos, cada qual atuando como terapias para sintomas distintos da mesma doença.

Contudo, no caso do Núcleo Congelado Lobo Guará, o gestor público não se atentou para essa situação, o que tornou imperativa a ação do Poder Judiciário, mediante provocação do Ministério Público, para permitir o efetivo saneamento habitacional em São Sebastião. A bem da verdade, o gestor municipal havia apenas timidamente iniciado a fase de planejamento: mesmo congelando aquele núcleo, não havia sido feito qualquer estudo minimamente eficiente ou dado qualquer andamento posterior para permitir que se formulasse a política pública para posterior execução. Em resumo: congelou-se aquele núcleo populacional e nada mais foi feito para garantia do direito de propriedade dos habitantes: apenas foi conservado à população o direito de habitação – ainda que em condições precárias –, mas abrindo margem para a deterioração da situação fática, tornando desinteressante aos residentes na área que lá continuassem.

Aparentemente, em uma análise inicial, era muito cômoda a situação da Prefeitura Municipal de São Sebastião ao realizar o congelamento daquele núcleo e alegar, por longo período temporal, que ainda estava realizando estudos para melhor adequar a política fundiária local.

Havia, porém, severo complicador: a população residente naquele núcleo congelado (cerca de 328 pessoas, em um total de 78 famílias) era extremamente carente, desprovida de energia elétrica, pavimentação asfáltica, redes de água e esgoto, ausência de meios aptos a escoar águas pluviais e/ou muros de arrimo (o que aumentava o risco de desmoronamento), não havendo ainda creches e hospitais em um raio de 2km. A situação já era conhecida da Prefeitura Municipal de São Sebastião desde o ano de 2003, mas a ocupação remontava ao ano de 1978: tendo a ação sido proposta em

2019, verifica-se que transcorreram mais de 40 anos até que ocorrida movimentação efetiva para garantir o acesso da população a serviços públicos básicos.

Contudo, analisando-se detidamente a realidade fática exposta nos autos, saltava aos olhos que, em verdade, política pública alguma estava sendo desenvolvida de maneira minimamente efetiva: estava-se utilizando o núcleo congelado como técnica única para mitigar os efeitos da ocupação irregular do solo, sem que houvesse planejamento para reverter o impacto já causado.

As peculiaridades do litoral de São Paulo, em que a ocupação irregular é uma constante histórica que apenas recentemente passou a ser coibida e revista pela Administração Pública, tornam bastante atrativas as medidas de congelamento de núcleos urbanos, afinal, em se tratando de parcelamentos ilegais de grande extensão, consolidação temporal manifesta e envolvendo elevados contingentes populacionais, a "cartilha" do Direito Urbanístico realmente recomenda a medida de congelamento enquanto primeiro passo de uma estratégia mais elaborada.

Contudo, no caso do Lobo-Guará, a estratégia transmudou-se em 'solução', pois se encerrou justamente nessa etapa inicial. Em momento algum se chegou a propor uma solução efetiva para a ocupação irregular lá verificada, o que, com o passar dos anos, acarretou nas repercussões práticas narradas no item anterior: as consequências da falta de infraestrutura se agravaram, a população continuou desassistida e sequer pode buscar alternativas informais/irregulares para atenuar a falta de ação do Estado.

A participação popular, tão essencial para a adoção deste instrumento de política fundiária, não foi efetivada, agravando o risco já anunciado. A política pública desenvolvida pela Municipalidade inicialmente foi reputada inexequível, sequer sendo implementada para sanar as demandas mais urgentes, enquanto a expansão irregular do núcleo continuou – decerto, pois, os seus habitantes não poderiam aguardar, de braços cruzados, enquanto seus direitos se esvaiam.

Deste modo, a manutenção do Núcleo Congelado, na área e nos moldes em que se encontra, seria uma verdadeira tragédia anunciada, a qual, ressalte-se, já se concretizou em diversas oportunidades ao longo dos últimos anos naquele Município, conforme informações amplamente conhecidas do público e difundidas na imprensa nacional:

15.01.2010 – Desabamento por causa da chuva causa morte em São Sebastião, no litoral de SP[19];

23.02.2013 – Chuva no litoral paulista deixa dois mortos e centenas de desabrigados em Cubatão e São Sebastião[20];

---

19. Disponível em: https://oglobo.globo.com/brasil/desabamento-por-causa-da-chuva-causa-morte-em-sao--sebastiao-no-litoral-de-sp-3068322. Acesso em: 25 maio 2021, às 22h07.
20. Disponível em: https://oglobo.globo.com/brasil/desabamento-por-causa-da-chuva-causa-morte-em-sao--sebastiao-no-litoral-de-sp-3068322. Acesso em: 25 maio 2021, às 22h12.

29.02.2016 – Casal morre soterrado durante temporal em São Sebastião, SP[21];

21.02.2020 – Cidades do litoral e interior de SP estão em alerta depois de chuvas[22].

E percebe-se que a situação até hoje em nada foi alterada, consoante continuam informando os periódicos de grade circulação, chegando a ponto de a prefeitura de São Sebastião não só suspender as aulas, bem assim a Defesa Civil da cidade litorânea recomendar "a população que que não ultrapasse ruas alagadas, evite o contato com água contaminada e se notar alteração na topografia do local saia de casa e acione a Defesa Civil pelo número 199".

Em tal contexto, nos autos do Processo 1001490-64.2019.8.26.0587, constata-se que foi condenado o município de São Sebastião na obrigação de fazer consistente em instaurar processo administrativo para a regularização fundiária do núcleo 26, nas seguintes etapas, sucessivas (fls. 1053/1059 e 1095): (a) abertura do procedimento, no prazo de 15 dias; (b) no prazo máximo de 180 dias, providenciar, diretamente ou mediante convênio/contratação, a elaboração e entrega do Levantamento Planialtimétrico Cadastral (LEPAC) do Núcleo tratado e, em seguida, no prazo máximo de 180 dias, processar administrativamente o procedimento de REURB, conferindo prazo para manifestação dos titulares de direitos reais sobre o imóvel e dos confrontantes, classificando sua modalidade e elaborando projeto de regularização fundiária; (c) no prazo máximo de 180 dias, contados do final do prazo do item "b", apresentar projeto de regularização fundiária, contendo, no mínimo, os requisitos do art. 35 da Lei Federal 13.465/2017, e projeto urbanístico de regularização fundiária, contendo, no mínimo, os requisitos do art. 36 da Lei Federal 13.465/2017; (d) no prazo de 60 dias, contados do cumprimento do item "c", sanear o processo administrativo e emitir decisão, através da autoridade competente, mediante ato formal público, quanto à viabilidade da regularização fundiária e a aprovação dos projetos de regularização apresentados, nos termos do art. 40 da Lei Federal 13.465/2017; (e) no prazo de 30 dias, elaborar cronograma e emitir Termo de Compromisso para execução das obras necessárias à regularização fundiária, executando todas as obras previstas nos projetos aprovados, dentro do cronograma físico de serviços e implantação de obras de infraestrutura essencial apresentados no projeto de regularização fundiária; (f) no prazo de 90 dias da aprovação dos projetos, expedir Certidão de Regularização Fundiária (CRF), nos termos do art. 41 da Lei Federal 13.465/2017, bem como providenciar seu registro ao Cartório de Registro de Imóveis de São Sebastião, procedendo posteriormente à titulação dos ocupantes.

A decisão exarada naqueles autos, provocada pelo Ministério Público, supriu a lacuna da atuação do Poder Público e permitiu que fossem dadas as condições mínimas para que medidas saneadoras da situação fossem implementadas aos habitantes

---

21. Disponível em: http://g1.globo.com/sp/vale-do-paraiba-regiao/noticia/2016/02/casal-morre-soterrado-durante-temporal-em-sao-sebastiao-sp.html. Acesso em: 25 maio 2021, às 22h18.

22. Disponível em: https://noticias.r7.com/sao-paulo/cidades-do-litoral-e-interior-de-sp-estao-em-alerta-depois-de-chuvas-21022020. Acesso em: 25 maio 2021, às 22h20.

da ocupação do Lobo Guará, possibilitando que os mesmos, no futuro, venham a ter condições dignas de vida.

Analisando mais detalhadamente cada um dos seis itens em que condenada a Municipalidade, vemos que a primeira medida tomada foi o ponto de partida para qualquer política pública: deflagrar a abertura de processo administrativo, no prazo de quinze dias (já que a desídia administrativa perdurava há vários anos), permitindo que fosse efetivamente iniciada a fase de planejamento da medida, superando-se o "início ficto" que se limitara ao congelamento do núcleo. Já estava garantido o direito de propriedade dos habitantes, mas se necessitava de algo a mais: dar concretude aos demais direitos fundamentais inerentes a toda pessoa humana.

Ato contínuo, com a instauração do processo administrativo, foi dado o prazo máximo de 180 dias para que concretizasse a fase de planejamento, realizando-se os estudos prévios necessários para que a política pública fosse formulada. Em posse desses estudos, deveria ser deflagrado o procedimento de reurbanização (REURB), abrindo espaço para a manifestação dos interessados e, então, formular efetivamente o projeto, com seleção dos instrumentos mais adequados, até o prazo máximo de novos 180 dias.

Veja-se que essa segunda fase era imperativa para que se desenvolvesse adequadamente a política pública pretendida. De nada adiantava realizar o congelamento e não buscar soluções adequadas para o caso concreto – ou, pior, buscar soluções que, mal implementadas, agravassem o panorama. Se insere dentro deste capítulo da decisão a participação da população, pois é quando da elaboração desses instrumentos que sua voz deve ser ouvida e levada em consideração – e, ante o prazo dado, a melhor saída que se apresentava à Administração era ouvir os cidadãos interessados, para diminuir os custos de transação do procedimento a ser desenvolvido.

E, no caso do Lobo Guará, ouvir a população seria também importante para permitir que recursos básicos para a subsistência fossem assegurados: água, energia elétrica, maior proximidade ao sistema de saúde. As intempéries locais, que tanto afetavam a área em comento, também ensejariam maior atenção do Poder Público, já que os habitantes poderiam dar maiores detalhes sobre os locais onde se vislumbra maior risco e as consequências que já eram percebidas.

Feitos os projetos e formulada a política pública a ser aplicada, passa o Poder Público a ter sessenta dias para emitir decisão acerca da viabilidade da regularização fundiária e a aprovação dos projetos de regularização apresentados. Aqui, cabe destacar que nem sempre a adoção da técnica de congelamento implicará na formulação de uma política pública que será levada a cabo: é possível que, ao final do processo, se verifique que a situação de fato é tão gravosa e irreversível que nada há que se fazer.

É plenamente possível, ainda mais em circunstâncias como a do Lobo Guará, em que há um estado de consolidação substancial das deficiências locais, com topologia geográfica desfavorável, que a conclusão a ser obtida pelo Poder Público não seja outra, senão a assunção de que a regularização fundiária é materialmente impossível. Nesse caso, reconhecida a inviabilidade da política, deve ser adotada estratégia alternativa, como a remoção daquela população da área e inclusão em outros programas sociais de moradia.

Contudo, supondo-se a plena regularidade dos estudos e a viabilidade do plano de intervenção, terá a Municipalidade o prazo de 30 dias para elaborar um cronograma definitivo e emitir termo de compromisso para executar as obras. Passa-se, portanto, da etapa de planejamento para a etapa de execução, permitindo-se a implementação da infraestrutura necessária para carrear as políticas públicas formuladas. Note-se que, no Lobo Guará, o tema é bastante sensível, pois são eles carecedores de itens básicos, como acesso à energia elétrica (sem prejuízo de outros como água potável e saneamento básico, os quais, como bem se sabe, também não estão presentes para parte não desprezível da população brasileira)[23].

Finda a fase de execução, restava à Administração apenas proceder à regularização formal do loteamento, permitindo a consumação da regularização fundiária. Assim, começaria a fluir o prazo de noventa dias para expedir a certidão de regularização fundiária – documento que, nos termos do art. 41 da Lei 13.465/17, constitui o "ato administrativo da regularização que deverá acompanhar o projeto aprovado", indicando o nome do núcleo, a sua localização, a modalidade da regularização (política pública implementada), as responsabilidade das obras e serviços constantes do cronograma, a indicação numérica de cada unidade regularizada e a listagem dos ocupantes lá residirem – que, ao final, deveria ainda ser registrado no CRI local (art. 42).

Este último ponto da decisão é o ápice da regularização fundiária. É ele que concretiza a política de regularização urbanística e fundiária e permite que os habitantes da área objeto tenham formalmente reconhecidos seus títulos de propriedade e, ao mesmo tempo, efetivados seus direitos fundamentais mais prementes e básicos. É nesta etapa que se encerra o ciclo de atuação do Poder Público quanto à regularização, mas se iniciando nova etapa, agora continuada, destinada a manter e aprimorar a infraestrutura local.

Em linhas gerais, é possível verificar que a decisão em comento – fruto de uma intervenção do Ministério Público junto ao Poder Judiciário e da adoção de um provimento jurisdicional derradeiro para sanar um estado de flagrante violação dos direitos fundamentais – finalmente permitiu que o processo de regularização fundiária fosse implementado e que o intuito primordial do congelamento do Núcleo 26 – Lobo Guará, fosse, após muitos anos, concretizado. Resta-nos conferir se a política em comento será (ou não) bem-sucedida, o que apenas o tempo nos dirá.

---

23. Disponível em: https://g1.globo.com/economia/noticia/2020/06/24/raio-x-do-saneamento-no-brasil-16percent-nao-tem-agua-tratada-e-47percent-nao-tem-acesso-a-rede-de-esgoto.ghtml#:~:text=A%20cobertura%20de%20%C3%A1gua%20e%20esgoto%20melhorou...&text=J%C3%A1%20em%202018%2C%20o%20%C3%ADndice,%25%20para%2046%2C3%25. Acesso em: 20 maio 2021, às 20h13.

7. CONCLUSÃO

A casuística do Núcleo Congelado 26 – Lobo Guará e a sua materialização na forma do precedente da Apelação Cível 1001490-64.2019.8.26.0587 são experiências reveladoras acerca do instituto do congelamento de núcleos urbanos – instrumento tão relevante para implementação das políticas públicas de urbanismo, regularização fundiária e habitação, mas pouco estudado pela doutrina nacional.

Os núcleos congelados podem não ser aptos a efetivar a regularização fundiária, pois não promovem qualquer alteração no panorama fático – pelo contrário, o mantém conservado para possibilitar a estruturação das políticas que tenham o condão de trazer efetivas melhorias – mas garantem que as populações atingidas pelo processo tenham conservado seu direito de propriedade e, ao menos, colocam-nas sob o radar de atuação do Poder Público. É dizer: não são eles um fim em si mesmo, ensejando mecanismos complementares de atuação do Estado.

O tempo, porém, pode se transformar de aliado a vilão dessa política. Se de um lado o congelamento é necessário para ganhar tempo e permitir que medidas efetivas sejam tomadas, a mora excessiva no desenvolvimento e implementação da política pública na estruturação de um processo de regularização fundiária efetivo pode levar a repercussões negativas, mormente o agravamento do estado de carência e vulnerabilidade dos habitantes e o esvaziamento da finalidade protetiva.

A participação popular, diante desse quadro, é fundamental para a maior celeridade na colheita dos primeiros frutos e para aparar as arestas que possam ser formadas, mitigando os custos de transação e permitindo que o resultado global do processo de regularização fundiária seja o melhor possível.

No Núcleo Congelado 26 – Lobo Guará, contudo, tais fatores não foram observados. Sem participação popular e um interregno temporal excessivo, o curso natural da política fundiária que se desenvolvia não podia ser outro que não a ruína, o que foi impedido pela pronta intervenção do Ministério Público e do Poder Judiciário, com o traçado de diretrizes objetivas sobre o rumo que agora deve ser seguido. E, mais do que a fixação de metas e prazos, o precedente em comento trouxe uma importante lição sobre a necessidade de efetiva compreensão da dinâmica dos institutos de política fundiária, mesmo aqueles que, muitas vezes, ficam em segundo plano, e das consequências que podem eles trazer.

8. REFERÊNCIAS

ANDRADE, Diogo de Calasans Melo. O direito social à moradia *versus* políticas públicas voltadas à habitação: possibilidade de o Poder Judiciário aplicar a judicialização da política como forma de concretizar os direitos fundamentais. *Revista Direito Mackenzie*, v. 9, n. 2, p. 28-44. 2015.

BUCCI, Maria Paula Dallari. *Fundamentos para uma teoria jurídica das políticas públicas*. São Paulo: Saraiva, 2013.

CARMONA, Paulo Afonso Cavichioli. *Curso de Direito Urbanístico*. Salvador: Juspodivm, 2015.

ELLICKSON, Robert C. The zoning strait jacket: the freezing of american neighborhoods of single-family houses. *Public Law Research Paper Forthcoming*, Yale Law School, 2020.

FRANZONI, Júlia Ávila. Política urbana na ordem econômica. *Revista Brasileira de Direito Municipal – RBDM*, a. 14, n. 49, p. 13-49, Belo Horizonte, jul./set. 2013.

GONÇALVES, Ana Luiza Vieira Gonçalves e RISEK, Cibele Saliba. Lei 13.465: a Regularização Fundiária no Brasil e suas novas injunções. *Risco Revista De Pesquisa Em Arquitetura E Urbanismo (Online)*, [s.l.], v. 18, p. 1-16, 2020.

JORGE, Antonio Carlos Ortolá. Licenças urbanísticas na Lei de Parcelamento do Solo Urbano. In: PIRES, Luis Manuel Fonseca et al. *Estudos de Direito Urbanístico I*. São Paulo: Letras Jurídicas, 2006.

LUCCHESE, Maria Cecilia. O planejamento urbano de Londres (1943-1947). *Risco Revista de Pesquisa em Arquitetura e Urbanismo (Online)*, [S. l.], n. 15, p. 67-81, 2012.

MARQUES NETO, Floriano de Azevedo. In: DALLARI, Adilson de Abreu e FERRAZ, Sérgio (Org.). *Estatuto da Cidade*: Comentários à Lei Federal 10.257/01. 3. ed. São Paulo: Malheiros, 2010.

MIANA, Anna Christina. *Adensamento e Forma Urbana*: inserção de parâmetros ambientais no processo de projeto. Tese de doutorado. Faculdade de Arquitetura e Urbanismo da Universidade de São Paulo. São Paulo, 2010.

OLIVEIRA, Celso Maran; LOPES, Dulce e SOUSA, Isabel Cristina Nunes. Direito à participação nas políticas urbanísticas: avanços após 15 anos de Estatuto da Cidade. *Revista Brasileira de Gestão Urbana*, 10(2), 322-324. maio/ago. 2018.

SALEME, Edson Ricardo. Regularização fundiária e a Lei 13.465 de 2017. *Cadernos Jurídicos da Escola Paulista da Magistratura*, a. 20, v. 51, p. 187-198, São Paulo, set./out. 2019.

SEPÚLVEDA, Fernanda de Matos et al. Redefinindo papéis no processo de regularização fundiária: a atuação jurídica na valorização do diálogo democrático e da cidadania participativa do Engenho Velho – Itaboraí/RJ a partir do estímulo ao conhecimento e à comunicação. *Planejamento e políticas públicas – PPP.* n. 38, Brasília, jan./jul. 2012.

ATUALIDADE DA DESAPROPRIAÇÃO URBANÍSTICA: UMA RELEITURA DO RE 82.300/SP

Victor Carvalho Pinto

Doutor em Direito Econômico e Financeiro pela Universidade de São Paulo. Consultor Legislativo do Senado Federal na área de Desenvolvimento Urbano. Coordenador do Núcleo Cidade e Regulação do Laboratório Arq.Futuro de Cidades do Insper. Colaborador do *Lincoln Institute of Land Policy*. Integrou a carreira de Especialista em Políticas Públicas e Gestão Governamental do Governo Federal.

Sumário: 1. Introdução – 2. Resumo do acórdão – 3. Apreciação crítica – 4. Conclusão – 5. Referências.

1. INTRODUÇÃO

A desapropriação talvez seja o mais tradicional instituto do direito urbanístico. Apesar disso, a reflexão doutrinária a seu respeito tem sido mínima entre nós, especialmente depois da edição do Estatuto da Cidade, que atraiu a atenção dos especialistas para os novos institutos por ele criados. A realidade tem demonstrado, no entanto, que a desapropriação é um instituto não apenas importante, mas propriamente necessário para o equacionamento de alguns dos mais urgentes problemas urbanos enfrentados pelas cidades brasileiras.

Raciocinando em termos abstratos, é possível dizer que o grande desafio do direito urbanístico é fazer com que a cidade real evolua, ainda que lentamente, para a configuração espacial prevista nos planos urbanísticos.

Na tradição brasileira, isso tem sido feito pela instituição de índices urbanísticos e categorias de usos para cada porção do território, técnica comumente designada como "zoneamento". Esta é uma técnica essencialmente passiva, em que se aguarda a iniciativa do proprietário para parcelar ou edificar seu terreno, que deve então observar os parâmetros urbanísticos fixados pelo plano.

O zoneamento funciona bem em situações nas quais há interesse do mercado imobiliário e ausência de uma urbanização anterior, pois basta limitar a margem de liberdade do proprietário para que ele seja obrigado a se ajustar ao plano urbanístico como condição para aproveitar seu terreno.

A situação é distinta quando a cidade precisa de determinado desenvolvimento urbano e não pode esperar por uma futura convergência de vontades com o proprietário do solo. Esse é o caso de regiões urbanizadas para determinada destinação, mas que perderam sua vocação original em função de mudanças tecnológicas ou econômicas. A maior parte das zonas portuárias originais das cidades litorâneas apresenta essa característica de perda de relevância, devido à construção de portos mais modernos e pujantes em áreas mais adequadas. Situação análoga existe em zonas industriais de muitas metrópoles, que foram superadas por galpões logísticos mais próximos de estradas, em cidades pequenas e médias do interior. O mesmo se dá nas áreas centrais deterioradas, em que muitos imóveis se encontram abandonados e em ruínas, demandando imediata reforma e aproveitamento.

Por fim, há situações que envolvem a implantação de grandes infraestruturas pelo poder público, que demandam readequação de seu entorno, seja para evitar incômodos para os vizinhos, seja para favorecer seu pleno aproveitamento. É o caso das redes de transporte coletivo, como metrôs, trens de superfície, VLTs e BRTs[1], na proximidade das quais se deseja fomentar um uso do solo mais intenso, de modo a favorecer o deslocamento a pé ou por bicicleta, articulado com o transporte coletivo, evitando-se o automóvel particular. Essa técnica urbanística, internacionalmente denominada de "Transit Oriented Development" (Desenvolvimento Orientado ao Transporte), promove a construção de prédios ao longo das linhas de mobilidade e a transformação das estações de passageiros em empreendimentos multifuncionais, que podem reunir centros comerciais, escritórios e residências de várias faixas de renda. Mais recentemente, até mesmo o espaço aéreo acima das linhas de trem ou pátios de manobra de composições tem sido aproveitado, mediante a construção de lajes de grande porte, sobre as quais são erguidas edificações.

A Constituição de 1988 inovou a prever, no § 4º do art. 182, o parcelamento ou edificação compulsórios, situação em que se passa a exigir uma conduta ativa do proprietário, instituto posteriormente regulamentado pelo Estatuto da Cidade. Admite-se, nesse caso, que a execução do plano seja promovida pelo município, mediante desapropriação do imóvel, mas apenas depois de um período mínimo de cinco anos de aumento progressivo do valor do IPTU e ainda assim dependente de autorização do Senado Federal para a emissão de títulos públicos a serem empregados no pagamento da indenização. Vinte anos depois da edição do Estatuto da Cidade, nenhum município chegou, no entanto, a essa etapa final de desapropriação do imóvel ocioso. Trata-se de um instrumento lento, que demanda continuidade administrativa ao longo de dois ou mais mandatos políticos e que pode ser anulado se não forem observados os requisitos do devido processo legal.

Muitos municípios têm oferecido aos proprietários, ainda, incentivos tributários, em contraprestação à adoção de medidas importantes para a cidade, como a conservação do patrimônio cultural.

---

1. O VLT (Veículo Leve sobre Trilhos) é uma composição ferroviária com trilhos de superfície que circula no nível da rua, inserindo-se harmoniosamente no meio urbano. Pode ser considerado uma forma modernizada do tradicional bonde. BRT (*Bus Rapid Transit*) é um termo utilizado para sistemas de transporte urbano com ônibus, que são alvo de consideráveis melhorias na infraestrutura, nos veículos e nas medidas operacionais que resultam em uma qualidade de serviço mais atrativa. Pode ser compreendido como um ônibus de grande capacidade que opera em faixas segregadas na superfície.

A experiência tem demonstrado, no entanto, que as técnicas de zoneamento, mesmo quando combinadas com incentivos ou penalidades tributárias, são insuficientes para promover a desejada função social da propriedade, que nada mais é que a observância das "exigências fundamentais de ordenação da cidade" definidas no plano diretor (art. 182, § 2º, da Constituição Federal)[2].

Diversos fatores contribuem para essa ineficácia dos instrumentos tradicionais, mas dois se destacam: situações de indefinição quanto à titularidade do direito de propriedade e inadequação do parcelamento existente à ocupação desejada.

A indefinição de titularidade se dá em situações como inventário, divórcio, falência, recuperação judicial, invasão ou "contrato de gaveta", nas quais não existe um proprietário claramente identificado, com poderes para alienar o imóvel. Esta é uma condição para o cumprimento de muitas obrigações urbanísticas, pois é comum que o proprietário não disponha de recursos para o parcelamento, construção ou reforma exigidas pelo plano, que somente serão realizadas mediante alienação do imóvel para um investidor voltado para esse ramo de negócios. A indefinição da propriedade impede a alienação do imóvel.

A inadequação do parcelamento do solo ocorre quando o plano estabelece uma destinação distinta daquela que orientou a urbanização original de determinada região. A situação mais comum é a de conversão de uma área de baixa para alta densidade, mediante a ampliação do potencial construtivo dos terrenos e a mudança dos usos permitidos. O problema que surge é que os lotes existentes muitas vezes não permitem, pelas suas dimensões, a construção dos desejados edifícios. Isso acontece porque a legislação exige recuos e taxas de ocupação destinadas a afastar um edifício do outro, a fim de favorecer a ventilação e a insolação das unidades. O incorporador precisa adquirir diversos lotes contíguos, para em seguida remembrá-los e constituir um único lote de grandes dimensões.

Praticamente toda a verticalização das cidades brasileiras ocorreu por esse processo de aquisição de casas contíguas, para posterior demolição e remembramento de lotes. Trata-se, no entanto, de um processo moroso e ineficiente, devido à dificuldade em negociar com vários proprietários ao mesmo tempo e ao poder de veto que todos têm sobre o empreendimento. Não é por outro motivo que o entorno de linhas de metrô ainda é constituído, em muitos casos, de residências unifamiliares, a despeito da elevação do potencial urbanístico ter sido realizada décadas atrás, por ocasião da implantação das linhas.

---

2. Essa mesma constatação foi apresentada pela EMURB no memorial de defesa apresentado perante o Tribunal de Justiça de São Paulo nos casos objeto do acórdão em análise: "A simples mudança na legislação de uso do solo se vem revelando insuficiente como método de recuperação de áreas que entram em processo de deterioração física, ou que passam a ter uma nova destinação urbana. Em ambos os casos impõe-se uma reurbanização levada a efeito pelo próprio Poder Público, com a retificação e ampliação do sistema de circulação, com a abertura de espaços livres e a criação de áreas verdes, com a construção de equipamentos comunitários e edifícios públicos, e, até mesmo a edificação de unidades habitacionais compatíveis com a renovação do bairro" EMURB (1973: 3). No mesmo sentido, Brega (2014).

Problema semelhante se verifica nas edificações deterioradas constituídas sob a forma de condomínio. Em muitos casos, os condôminos não têm poder aquisitivo para promover a necessária reforma e conservação do prédio. Um empreendedor interessado em fazê-lo precisaria, no entanto, adquirir todas as unidades, o que é praticamente inviável.

A desapropriação apresenta-se como o único instrumento urbanístico apto a superar os obstáculos mencionados, uma vez que constitui forma originária de aquisição do direito de propriedade e não depende da vontade do proprietário para se implementada. Quanto ao primeiro aspecto, quaisquer pendências existentes quanto à titularidade do imóvel passarão a versar sobre o direito à indenização, ficando a propriedade livre e desembaraçada para o novo titular. Quanto ao segundo, eventuais comportamentos oportunistas por parte do proprietário são coibidos, favorecendo, assim, uma negociação produtiva entre as partes.

Note-se, entretanto, que nos casos em questão a desapropriação não tem por finalidade, necessariamente, a implantação de uma infraestrutura destinada à propriedade pública, como uma avenida, praça ou linha de trem. O que se pretende é viabilizar a formação de lotes e a reforma de edificações conformes ao plano urbanístico, mas de natureza privada, que deverão voltar ao mercado imobiliário. Trata-se de viabilizar atividades econômicas privadas, mas de grande interesse público, posto que necessárias para a execução do plano urbanístico.

A questão que se coloca do ponto de vista jurídico é saber se desapropriações desse tipo atendem aos requisitos constitucionais de "necessidade ou utilidade pública" ou "interesse social", constantes do art. 5, XXIV, da Carta Magna. Seria inconstitucional a desapropriação destinada a viabilizar obras de natureza privada, como a construção de edificações, comerciais ou residenciais, de alta densidade e a reforma ou reconversão de edificações deterioradas, com vistas ao cumprimento do plano urbanístico? Ou apenas a realização de obras públicas, destinadas a produzir logradouros e bens de uso especial, poderia justificar o emprego da desapropriação?

No Recurso Extraordinário (RE) 82.300 / SP, publicado em 9 de junho de 1978, o Supremo Tribunal Federal produziu, ao longo de 150 páginas, um acórdão denso, no qual essa questão foi amplamente debatida, chegando-se à conclusão de que a desapropriação voltada para a execução do plano urbanístico (também denominada de "desapropriação urbanística") é constitucional[3]. Trata-se de um precedente da maior importância, que pode viabilizar intervenções há muito demandadas nas cidades brasileiras.

---

3. Em Kelo v. City of New London, 545 U.S. 469 (2005), que apresenta semelhanças com o RE 82.300, a Suprema Corte dos Estados Unidos da América chegou à mesma conclusão. No caso, o município havia autorizado um empreendedor imobiliário a desapropriar diretamente imóveis, para promover um projeto de reurbanização. A questão envolveu a possibilidade de enquadramento dessa situação no conceito de "uso público", que fundamenta a desapropriação, nos termos da quinta emenda à Constituição daquele país.

2. RESUMO DO ACÓRDÃO

O RE buscou reformar acórdão do Tribunal de Justiça do Estado de São Paulo que denegou mandado de segurança preventivo impetrado contra a Prefeitura de São Paulo e a Empresa Municipal de Urbanização (EMURB), pertencente ao Município, para evitar a desapropriação de imóvel situado no entorno da estação Santana do Metrô, que estava sendo construída[4].

Alegou-se a inconstitucionalidade da chamada "desapropriação por zona", constante do art. 4º do Decreto-Lei 3.365, de 1941, e de dispositivos das Leis Municipais 7.670, de 71, que autoriza a constituição da EMURB e 7.859, de 1973, que aprova os planos de renovação urbana dos subdistritos de Santana e Jabaquara.

Transcrevemos abaixo os dispositivos questionados:

Decreto-Lei 3.365, de 1941:

Art. 4º A desapropriação poderá abranger a área contígua necessária ao desenvolvimento da obra a que se destina, e as zonas que se valorizarem extraordinariamente, em consequência da realização do serviço. Em qualquer caso, a declaração de utilidade pública deverá compreendê-las, mencionando-se quais as indispensáveis à continuação da obra e as que se destinam à revenda.

Lei Municipal 7.670, de 1971:

Art. 5º A EMURB terá como objetivo fundamental a execução de programas e obras de desenvolvimento urbano, obedecendo planos elaborados de acordo com os órgãos próprios da Prefeitura e aprovados previamente pela Câmara Municipal, compreendendo:

I – A reurbanização de áreas em processo de transformação, ou em vias de deterioração;

II – A urbanização de áreas não ocupadas;

III – A recuperação e reciclagem de edifícios em processo de deterioração, ou de inadequação de uso, do ponto de vista urbano.

Parágrafo único. Para consecução de seus fins, a EMURB poderá desenvolver toda e qualquer atividade econômica a tal efeito necessária, inclusive adquirir, alienar e promover a desapropriação de imóveis, obedecida a legislação pertinente, em função da estrita execução dos programas e planos de melhoramentos específicos aprovados pelo Legislativo Municipal; realizar financiamentos e outras operações de crédito, observada a legislação pertinente; e celebrar convênios com entidades públicas ou particulares, com a autorização legislativa.

Lei Municipal 7.859, de 1973:

Art. 5º Os imóveis atingidos pela implantação dos planos ora aprovados serão adquiridos ou desapropriados pela Empresa Municipal de Urbanização – EMURB, de conformidade e para os fins previstos no artigo 5º da Lei 7670, de 24 de novembro de 1971.

A inconstitucionalidade decorreria da incompatibilidade dos dispositivos citados com o art. 153, § 22, da Constituição de 1969, que somente admitia a desapropriação por necessidade ou utilidade pública ou interesse social:

---

4. Casos semelhantes foram posteriormente objeto dos REs 87009/SP e 85.869/SP, julgados no mesmo sentido.

Art. 153, § 22. É assegurado o direito de propriedade, salvo o caso de desapropriação por necessidade ou utilidade pública ou interesse social, mediante prévia e justa indenização em dinheiro, ressalvado o disposto no artigo 161, facultando-se ao expropriado aceitar o pagamento em título de dívida pública, com cláusula de exata correção monetária. Em caso de perigo público iminente, as autoridades competentes poderão usar da propriedade particular, assegurada ao proprietário indenização ulterior.

O autor alegou que a desapropriação de seu imóvel teria por finalidade a construção de edifícios residenciais e comerciais, para posterior revenda, sem qualquer melhoramento público associado, inclusive tendo em vista que os imóveis necessários para a construção da estação do metrô já haviam sido desapropriados.

Tal objetivo não se enquadraria nos conceitos de necessidade ou utilidade pública, definidos no Código Civil de 1916[5] e no Decreto-Lei 3.365, de 1941:

Art. 5º Consideram-se casos de utilidade pública:

i) a abertura, conservação e melhoramento de vias ou logradouros públicos; a execução de planos de urbanização; o loteamento de terrenos edificados ou não para sua melhor utilização econômica, higiênica ou estética; (...)

A recuperação da valorização imobiliária gerada pela construção do metrô somente poderia ser promovida pela contribuição de melhoria, mas não pela desapropriação por zona.

A EMURB defendeu a operação em um memorial, originalmente apresentado ao Tribunal de Justiça de São Paulo, acompanhado de pareceres de Hely Lopes Meirelles, Eurico Andrade de Azevedo e Joaquim Wolfgang Stein[6]. Em síntese, a empresa alegou que (i) não se trata de desapropriação por zona, mas por utilidade pública; (ii) apesar disso, é legítima a revenda de imóveis como forma de financiamento da obra pública; (iii) a intervenção pretendida enquadra-se tanto na alínea "i" (pois o plano de renovação urbana é uma modalidade de plano de urbanização), quanto nas

---

5. Código Civil de 1916:

"Art. 590. Também se perde a propriedade imóvel mediante desapropriação por necessidade ou utilidade pública.

§ 1º Consideram-se casos de necessidade pública:

I. A defesa do território nacional.

II. A segurança pública.

III. Os socorros públicos, nos casos de calamidade.

IV. A salubridade pública.

§ 2º Consideram-se casos de utilidade pública:

I. A fundação de povoações e de estabelecimentos de assistência, educação ou instrução pública.

II. A abertura, alargamento ou prolongamento de ruas, praças, canais, estradas de ferro e em geral, de quaisquer vias públicas.

III. A construção de obras, ou estabelecimento, destinados ao bem geral de uma localidade, sua decoração e higiene.

IV. A exploração de minas."

6. O memorial foi publicado pela empresa em EMURB (1973) e o parecer de Hely Lopes Meirelles em Meirelles (1974).

alíneas "e" (melhoramento de centros de população) e "j" (funcionamento dos meios de transporte coletivo) do art. 5º do Decreto-Lei 3.365, de 1941.

O memorial esclarece, ainda, a motivação urbanística da intervenção, que seria a de adaptar a cidade ao metrô, que seria inaugurado no ano seguinte. No entorno da estação Santana, que o final da linha do metrô, deveriam ser instalados terminais de ônibus e estacionamentos para automóveis, a fim de evitar que esses veículos venham a circular nas áreas centrais da cidade. Além disso, seria preciso aumentar a densidade do uso do solo, acompanhada da ampliação de áreas livres, equipamentos comunitários e sistema viário. Assim, haveria um acréscimo de 9.700 m² para terminais de ônibus, 10.000 m² de sistema viário, 59.900 m² de estaciona- mento, 34.800 m² de área arborizada, 17.000 m² de equipamentos comunitários, 36.000 m² de área comercial, 34.500 m² de área para escritórios e 1000 unidades habitacionais.

O relator, Ministro Rodrigues Alckmin, considerou constitucional a desa- propriação para execução de plano de reurbanização, elaborado pela Prefeitura e aprovado pela Câmara Municipal, abrangendo melhorias públicas e remanejamento de construções, sob o fundamento de que a execução de plano de reurbanização configura utilidade pública e de que a proteção do direito de propriedade não afasta a sua função social.

A alegação de que a desapropriação por zona não teria sido recepcionada em razão da previsão da contribuição de melhoria não foi analisada, pois considerou-se que a hipótese não seria de desapropriação por zona, mas para execução de plano de renovação urbana.

A intervenção prevista foi considerada abrangida pelo art. 5º, "i", do Decreto-Lei 3.364, de 1941, na medida em que este admite a desapropriação para "execução de planos de urbanização" e para "o loteamento de terrenos edificados ou não, para sua melhor utilização econômica".

A utilidade pública seria a "adequação necessária da área às novas condições decorrentes da implantação do metrô", ou seja, o "novo ordenamento da área (im- possível de obter sem a desapropriação)".

A revenda das unidades teria por objetivo executar o plano e não obter vantagem econômica, ainda que esta seja legítima, especialmente tendo em vista que a EMURB seria uma empresa pública constituída para desenvolver atividade econômica.

O voto seguinte, do Ministro Cunha Peixoto, valeu-se das informações pres- tadas pela Prefeitura e pela EMURB para dar provimento ao recurso. Tendo estas afirmado que "o custo de implantação de um bairro modelo não pode, não deve recair sobre o orçamento normal da Municipalidade" concluiu que o objetivo da desapropriação era efetivamente econômico e financeiro. Os objetivos declarados de ampliar a disponibilidade de áreas verdes e aumentar o número de habitações não foram considerados suficientes para justificar a desapropriação, pois não indicariam a imprescindibilidade do imóvel para a obra pública pretendida.

A desapropriação foi enquadrada como por zona e tida como inconstitucional, na medida em que o Decreto-Lei 3.365, de 1941, teria sido editado sob a égide da Constituição de 1937, que não protegia o direito de propriedade e que a posterior previsão da contribuição de melhoria permitiria coibir o enriquecimento sem causa com menor ônus para o proprietário. A desapropriação proposta provocaria efeito oposto, de onerar desproporcionalmente os proprietários próximos ao metrô, para beneficiar a cidade como um todo.

Por fim, considerou-se que a revenda somente seria possível nas hipóteses de desapropriação por interesse social, pois este consiste, precisamente, na transferência da propriedade para pessoas de menor renda, mas representaria um desvio de finalidade na desapropriação por utilidade pública, justificando, inclusive, a retrocessão em favor o proprietário.

O Ministro Moreira Alves entendeu constitucional a hipótese de desapropriação para execução de plano de renovação urbanística, mas considerou que esta não abrangeria a construção e revenda de imóveis, seja para os atuais moradores, seja para terceiros, com a finalidade de financiar a intervenção. A revenda admitida nesse caso seria apenas das parcelas excedentes ao necessário para a realização da obra pública, o que não comportaria a edificação como finalidade específica da desapropriação.

A alienação para pessoas específicas (atuais moradores) somente seria possível como hipótese de interesse social, o que não era o caso, pois não se tratava de atender segmentos de baixa renda.

Já a revenda para financiar obra pública somente seria possível como desapropriação por zona, que não comporta a construção de edifícios.

Como a lei municipal não identificava onde seriam realizadas melhorias públicas e onde seriam construídos edifícios para revenda, não seria possível excluir que a desapropriação do imóvel em questão viesse a ser empegada para essa última finalidade.

O Ministro Leitão de Abreu destacou a necessidade de se interpretar a legislação em face dos problemas a serem enfrentados. Nesse sentido, a acelerada urbanização paulistana estaria a exigir providências drásticas, como a construção do metrô e a reurbanização do entorno das estações.

Com base nesses pressupostos, considerou que a expropriação de áreas para revenda ou arrendamento se enquadraria em um conceito ampliado de utilidade pública e que a expressão "loteamento", forma de urbanização constante da alínea "i" do art. 5º do Decreto-Lei 3.365, de 1941, traria implícita a possibilidade de revenda.

Merece registro a seguinte citação de Hely Lopes Meirelles constante de seu voto, em apoio à jurisprudência do Tribunal de Justiça de São Paulo:

"Essa jurisprudência abre novas perspectivas para as Municipalidades brasileiras que se defrontam com o problema da urbanização e reurbanização da cidade e de seus bairros envelhecidos e com as exigências de implantação de distritos industriais, cuja solução seria impossível sem a viabilidade de desapropriações e venda dos excedentes, ou mesmo de lotes ou construções com distinção específica aos particulares que se enquadrem nos requisitos do plano urbanístico em execução".[7]

Ponderou, ainda, que a desapropriação somente seria promovida caso resultasse infrutífera a negociação para a compra dos imóveis pela Emurb, que a indenização abrangeria a valorização imobiliária decorrente do próprio metrô e que o expropriado teria prioridade na aquisição das unidades a serem produzidas.

Evocando a célebre frase "ainda há Juízes em Berlin", o Ministro Cordeiro Guerra considerou que a revenda seria possível apenas em caso de interesse social, o que não abrangeria a atuação do Estado como empresário. Advertiu, ainda para o risco ampliação desse conceito, que poderia resultar na "expropriação total" e no comprometimento do direito de propriedade, da liberdade e do regime de mercado. Em resposta a essa colocação, o Ministro Leitão de Abreu esclareceu que o objetivo da desapropriação não era a obtenção de lucro, mas construção e alienação de imóveis.

O Ministro Xavier de Albuquerque não conheceu inicialmente do recurso, pois não havia prova nos autos de que o imóvel em questão seria desapropriado para revenda e não para implantação de bem de uso comum do povo ou de uso especial. Diante da posterior superação dessa preliminar, aderiu aos votos favoráveis à legitimidade da desapropriação.

O Ministro Bilac Pinto, diferentemente dos demais, enquadrou o caso como desapropriação por zona, voltada para a recuperação da valorização imobiliária e citou como precedente a abertura da Avenida Getúlio Vargas, no Rio de Janeiro, e a construção de Brasília, em que "o Governo desapropriou, planejou, zoneou, construiu e vendeu imóveis". Considerou, ainda, que a construção de edifícios pode ser uma imposição decorrente do zoneamento das áreas contíguas às linhas de metrô.

Seguiu-se um debate sobre a abrangência da desapropriação para reurbanização, em que Ministros Moreira Alves a admitia apenas para abertura de ruas e praças, mas não para a construção de prédios e venda ou locação de apartamentos e escritórios, enquanto os Ministros Leitão de Abreu, Rodrigues Alckmin e Bilac Pinto consideraram esta uma consequência natural da execução do projeto.

O Ministro Antonio Neder afirmou que o objetivo da desapropriação era a obtenção de recursos para custeio de obras de urbanização, mediante negócio de incorporação imobiliária. Considerando já existir para essa finalidade o instituto da contribuição de melhoria, entendeu haver no caso um desvio de poder. Advertiu, ainda, para o risco de emprego da desapropriação para perseguição política por parte de prefeitos interioranos a partir do precedente criado.

---

7. *Revista de Direito Administrativo*, v. 116, p. 15.

O Ministro Djaci Falcão afirmou que o conceito de utilidade pública importa em utilidade para o público em geral e não apenas ao patrimônio do Estado. No caso, o objetivo da desapropriação seria financiar a obra de reurbanização, o que não se enquadraria em nenhuma hipótese do Decreto-Lei 3.365, de 1941.

O Ministro Thompson Flores destacou a irrelevância do destino de cada imóvel específico, posto que a reurbanização exigiria o remembramento de todos os terrenos, que passariam a compor uma nova unidade, como etapa inicial de execução do plano. Considerou, ainda, que a construção de edifícios seria feita apenas residualmente, nas áreas não aproveitadas para a implantação de logradouros, e que os proprietários teriam preferência na aquisição ou locação dos imóveis. Invocando a função social da propriedade, afirmou que um direito individual não poderia impedir o Município de promoção de melhores condições de vida para a população. Citando parecer de Seabra Fagundes juntado aos autos, admitiu, adicionalmente, que terrenos possam ser transferidos a terceiros capazes de construir segundo as normas urbanísticas.

Por fim, o Ministro Soares Muñoz destacou o fato de que a revenda era uma mera consequência do plano de reurbanização, cujo objetivo seria "concentrar junto às estações terminais um maior número de usuários do metrô" e "substituir as residências unifamiliares existentes na área por residências coletivas de alta densidade (edifícios de apartamento)". Considerou que a expressão "melhor utilização econômica", presente na alínea "i" do art. 5º do Decreto-Lei 3.365, de 1941, pressupõe a alienação dos imóveis para particulares. Citando Hely Lopes Meirelles, mencionou o caso análogo da implantação de distritos industriais, que se justifica pelo fato de que "as indústrias nem sempre conseguirão adquirir dos proprietários particulares as áreas convenientes às suas atividades". O parecer de Seabra Fagundes, por sua vez, foi citado para esclarecer que a desapropriação urbanística não se destina apenas à implantação de novos logradouros, mas também ao remanejamento de lotes, com vistas à construção de novos edifícios, "com adaptação a normas especiais constantes dos respectivos projetos".

3. APRECIAÇÃO CRÍTICA

Apesar de muitos dos dispositivos objeto do RE 82.300 terem sido revogados, o acórdão permanece plenamente atual, pois os dispositivos vigentes têm redação praticamente idêntica. O art. 4º do Decreto-Lei 3.365, de 1941, que prevê a desapropriação por zona, não foi alterado. A alínea "i" de seu art. 5º, foi apenas acrescida da hipótese de construção ou ampliação de distrito industrial, mantidas as finalidades de "execução de planos de urbanização" e de "melhor utilização econômica". O art. 5º, XXIV, da Constituição de 1988 mantém as expressões "necessidade ou utilidade pública" e "interesse social" como fundamentos para a desapropriação.

A tese central do acórdão consiste na identificação da reurbanização, em si mesma, como uma hipótese de utilidade pública. Os objetivos da reurbanização não se limitam à obtenção de novos espaços públicos ou à recuperação da valorização imobiliária, mas abrangem a reconfiguração também dos espaços privados, estejam eles edificados ou não, com vistas à produção de unidades conformes ao plano urbanístico vigente. Essas unidades podem e devem ser alienadas no mercado, não apenas como forma de financiamento da própria intervenção ou porque se formaram terrenos "excedentes" ao necessário para uma obra pública, mas porque a produção de lotes conformes ao plano é um dos objetivos visados pela intervenção.

Deve-se notar, ainda, que os imóveis destinados a alienação em nenhum momento seriam incorporados ao patrimônio público municipal, pois toda a operação seria realizada pela Emurb, que era uma empresa pública exploradora de atividade econômica[8]. Apenas a parcela destinada a equipamentos públicos seria transferida ao município ao final da reurbanização[9]. Esse fato é significativo, pois representa um precedente não apenas para a atuação de empresas estatais, mas também para empresas privadas concessionárias de projetos urbanísticos.

Diversos dispositivos legais posteriores ao acórdão vieram confirmar a possibilidade de revenda das unidades após a reurbanização. A Lei 6.602, de 1978, previu a revenda ou locação dos lotes decorrentes da construção ou locação de distritos industriais. A Lei 6.766, de 1979, estabeleceu a preferência dos expropriados na aquisição de novas unidades decorrentes de reloteamento, demolição, reconstrução e incorporação. A Lei 12.873, de 2013, estabeleceu que a receita decorrente de revenda ou utilização imobiliária, no contexto de concessão ou parceria público-privada destinada a urbanização ou reurbanização integra projeto associado por conta e risco do concessionário.

Entre essas normas, destaca-se o art. 44 da Lei 6.766, de 1979, que dever ser interpretado como uma nova hipótese de utilidade pública, complementar àquelas listadas no art. 5º do Decreto-Lei 3.365, de 1941:

> Art. 44. O Município, o Distrito Federal e o Estado poderão expropriar áreas urbanas ou de expansão urbana para reloteamento, demolição, reconstrução e incorporação, ressalvada a preferência dos expropriados para a aquisição de novas unidades.

O dispositivo é claro quanto à possibilidade de desapropriar não apenas para promoção de reloteamento, que produz novos lotes, mas também para incorporação de edificações sobre esses lotes, assim como para demolição e reconstrução de edificações existentes. A possibilidade de revenda das unidades produzidas é confirmada pela previsão de preferência dos expropriados na sua aquisição. A inclusão da incorporação entre as finalidades da desapropriação é importante quando se considera que, em muitos casos, o que precisa ser feito é apenas o remembramento de lotes,

---

8. Sobre a desnecessidade de incorporação dos bens desapropriados ao patrimônio público, consulte-se Apparecido Junior (2017: 216).
9. É interessante notar que a Lei 8.633, de 1977, que aprovou os planos de urbanização "Armando de Arruda Pereira" e "Sítio da Ressaca", fez uma distinção entre as desapropriações urbanísticas e as tradicionais. As primeiras, destinadas à aquisição dos imóveis "necessários para a implantação dos planos ora aprovados", foram atribuídas à EMURB. As últimas, para "implantação do sistema viário ou para outras finalidades de interesse de órgão municipal", à Prefeitura.

com vistas à formação de lotes maiores, aptos a suportar a construção de prédios. Ainda que não se altere a configuração dos logradouros, esse tipo de operação não deixa de ser uma alteração do parcelamento existente necessária à viabilização do plano diretor e, portanto, uma hipótese legítima de utilidade pública.

A Medida Provisória (MP) 700, de 2015, que perdeu vigência por não ter sido aprovada no prazo constitucional, alterava esse dispositivo, para condicionar esse tipo de arranjo a uma previsão no plano diretor e em "planos de urbanização, de renovação urbana ou de parcelamento ou reparcelamento do solo". Além disso, permitia a exploração econômica dos direitos decorrentes da imissão na posse e não apenas da propriedade adquirida em definitivo, mediante não apenas alienação, mas também a integralização de fundos de investimento ou de sociedades de propósito específico.

O acórdão não discutiu o momento em que a propriedade expropriada é transferida. Essa questão é fundamental, no entanto, pois a transferência é condição para o remembramento dos lotes e as operações imobiliárias subsequentes. O entendimento prevalecente é o de que a transferência definitiva ocorre com o pagamento da indenização fixada após o trânsito em julgado da ação. Apesar disso, criaram-se expedientes para viabilizar o prosseguimento dos projetos desde a imissão na posse[10]. A MP 700, de 2015, criava o conceito de "direitos decorrentes da imissão na posse" (art. 5º, § 4º). A Lei 13.465, de 2017, incluiu o art. 34-A no Decreto-Lei 3.365, de 1941, para permitir a transferência definitiva da propriedade mediante levantamento integral da indenização depositada em juízo (a regra geral, do art. 33, é de levantamento de apenas 80%).

Merece registro, ainda, o Projeto de Lei (PL) 6.905, de 2017, aprovado pelo Senado Federal e pendente de apreciação pela Câmara dos Deputados, que dispõe sobre a desapropriação para reparcelamento do solo, definido como "reconfiguração do traçado de lotes e logradouros, para viabilizar o adequado aproveitamento do solo urbano". O projeto faculta a alienação a terceiros dos lotes resultantes de reparcelamento do solo e das unidades imobiliárias sobre eles eventualmente edificadas. A desapropriação é condicionada à aprovação de projeto de parcelamento do solo e deve ser precedida de uma etapa de mediação na qual sejam oferecidas ao proprietário a possibilidade de adesão ao empreendimento, mediante substituição de seu imóvel por unidade a ser construída ou integralização do capital de fundo imobiliário ou sociedade de propósito específico[11].

O fundamental para uma avaliação mais ampla da atualidade do RE 82.300 é considerar como a Constituição de 1988 e o Estatuto da Cidade incidem sobre operações análogas à reurbanização objeto do julgamento. Desse ponto de vista, enten-

---

10. Apparecido Junior (2017: 227) informa que o Tribunal de Justiça de São Paulo, por meio da Corregedoria Geral de Justiça, editou o Provimento 1, de 1974, autorizando o registro da imissão na posse e dos instrumentos de cessão e promessa de cessão dos direitos dela derivados, a fim de viabilizar a incorporação imobiliária e alienação das unidades produzidas a terceiros.

11. Brega (2014) defende modelo análogo.

demos que a densificação do direito urbanístico realizada por esses dois diplomas normativos reforça o raciocínio consagrado pelo STF.

A desapropriação urbanística tradicional foi incluída no § 3º do art. 182 da Constituição, que por sua vez deve ser lido em conjunto com os §§ 1º e 2º do mesmo artigo, segundo os quais o plano diretor, aprovado pela Câmara Municipal, é obrigatório para as cidades com mais de 20.000 habitantes e define as "exigências fundamentais de ordenação da cidade" definidoras da função social da propriedade. Concluímos daí que a desapropriação urbanística se destina a promover a função social da propriedade, para executar um plano urbanístico aprovado pelo Poder Legislativo[12]. A desapropriação-sanção do § 4º do art. 182 não deixa de ser uma desapropriação urbanística, uma vez que voltada para a execução do plano diretor, com posterior revenda do imóvel no mercado. A diferença com relação ao § 3º reside no fato de que, nesse caso, as glebas e lotes já se encontram aptos ao parcelamento ou edificação, podendo, portanto, ser exigidos do proprietário.

Em caso de reurbanização, isso não é possível, pois o parcelamento já aconteceu e os lotes existentes não são aptos a suportar as edificações exigidas pelo plano, pois precisam ser remembrados, para posterior reparcelamento[13]. A alternativa, nesse caso, é desapropriação tradicional, do § 3º.

Seria necessário, nos dias de hoje, que a reurbanização a ser executada estivesse prevista no plano diretor, como condição de legitimidade da desapropriação[14]. Além disso, o próprio plano de reurbanização teria que estar aprovado, seja mediante inserção no próprio plano diretor, seja mediante incorporação a plano de operação urbana consorciada, seja mediante aprovação de projeto de reparcelamento do solo[15]. A obrigatoriedade do planejamento não admite que se faça uma expropriação para depois se elaborar o plano que deve lhe servir de suporte.

---

12. Essa tese fora levantada pelo Desembargador Kazuo Watanabe, relator do MS 220.706 no Tribunal de Justiça de São Paulo, julgado em 1973, e confirmado pelo RE 82.300: "... diante do nosso sistema constitucional, a autorização da alienação posterior decorre da própria natureza e do objetivo da desapropriação. A revenda constitui mesmo, por vezes, até um imperativo do postulado da função social da propriedade".

13. "A oportunidade conferida ao particular para a execução do plano urbanístico não constitui uma efetiva solução para muitas situações práticas. De fato, não é sempre que o proprietário tem condições de aderir às prescrições feitas pelo Poder Público. Em especial no caso da renovação urbana, é frequente que o plano contenha rearranjos fundiários que exigem uma atuação concertada de vários proprietários. Por exemplo, pode ser necessário o reparcelamento de uma gleba ou o remembramento de vários lotes para a realização de um só empreendimento. Nesses casos, a necessidade de uma atuação coordenada da Administração Pública é ainda mais presente. Quando há um só proprietário, é maior a influência de mecanismos de fomento, porque uma só decisão precisa ser estimulada. Assim, a utilização de incentivos urbanísticos pode ser suficiente para levar o proprietário a realizar, em seu lote, as prescrições do plano urbanístico. Quando são vários os proprietários, a situação é um tanto diversa, pois muitas decisões estão envolvidas, podendo a negativa de um dos titulares de domínio impedir a adesão dos demais". Brega (2014).

14. No caso em questão, as áreas a serem reurbanizadas haviam sido previamente classificadas na Lei de Zoneamento (Lei 7.805, de 1972), como Z8 – Zonas de Uso Especial, para as quais eram fixados padrões urbanísticos restritivos (proibição de parcelamento do solo e coeficiente de aproveitamento de 0,005) até a aprovação por lei de planos específicos para cada zona.

15. No mesmo sentido, a Lei 6.602, de 1978, condicionou a desapropriação para criação de distritos industriais à prévia aprovação do respectivo projeto.

Embora o Estatuto da Cidade não tenha tratado diretamente dessa desapropriação urbanística tradicional, a desapropriação é mencionada entre os instrumentos de política urbana[16], o que autoriza seu emprego na execução de planos urbanísticos.

Além disso, é possível, aplicar, por analogia, algumas das disposições relativas ao parcelamento ou edificação compulsórios e ao direito de preempção. Quanto ao primeiro instituto, admite-se, na hipótese de desapropriação, o aproveitamento do imóvel diretamente pelo Poder Público ou por meio de alienação ou concessão a terceiros. No caso da desapropriação para reurbanização, o que se aliena não é propriamente o imóvel original, que é demolido e tem seu terreno remembrado aos contíguos, mas unidades novas, produzidas segundo o plano urbanístico. Quanto ao segundo, o Estatuto prevê a aquisição de imóveis para fins de regularização fundiária, constituição de reserva fundiária e ordenamento e direcionamento da expansão urbana, o que indica serem essas hipóteses uma de interesse público, o que justificaria também o emprego da desapropriação.

Do ponto de vista principiológico, o Estatuto também confirma a orientação do RE 82.300, pois prevê como diretrizes a ordenação do uso do solo, para evitar a utilização inadequada dos imóveis urbanos; o parcelamento, a edificação ou o uso inadequado em relação à infraestrutura; e a deterioração das áreas urbanizadas; assim como a justa distribuição dos benefícios e ônus decorrentes do processo de urbanização e a recuperação dos investimentos públicos geradores de valorização de imóveis. A desapropriação urbanística visa a dar adequada utilização dos imóveis, para aproveitar plenamente a infraestrutura existente ou projetada. A aquisição dos imóveis antes da valorização causada pelas intervenções e a revenda das unidades produzidas, é o que promoverá a equidistribuição dos benefícios e ônus e permitirá a recuperação dos investimentos realizados.

Embora o acórdão não tenha se manifestado sobre a constitucionalidade da desapropriação por zona, entendemos que o Estatuto da Cidade confirma sua adequação enquanto instrumento de política de recuperação da valorização imobiliária, que não pode ser substituído pela contribuição de melhoria. Isso porque esta última permite arrecadar apenas montante equivalente ao custo da obra, enquanto aquela viabiliza a apropriação de toda a valorização produzida, que pode ser maior que o custo da intervenção. Essa diferença pode ser substancial e, pela principiologia do direito urbanístico, deve ser atribuída ao poder público e não ao proprietário do imóvel.

Não se justifica, portanto, à luz do Estatuto da Cidade, a recusa, amplamente manifestada no julgamento, ao uso da desapropriação para fins de "especulação imobiliária"[17]. A recuperação da valorização imobiliária pelo Poder Público é uma utilidade pública plenamente justificável, que fundamenta, por exemplo, a constituição de reserva fundiária, prevista como possível fundamento do direito de pre-

---

16. Art. 4º, V, "a".
17. No mesmo sentido, Apparecido Junior (2017: 229).

empção. Quanto a esse aspecto, é preciso registrar o precedente do STF no AI 42240 AgR, de 1968, em que a desapropriação por zona, cuja única finalidade é a captura da valorização imobiliária, foi considerada constitucional.

Em realidade, a proteção ao direito de propriedade não reside tanto na limitação do que se entende por "utilidade pública", mas na garantia da prévia e justa indenização em dinheiro. Desse ponto de vista, não podemos deixar de questionar, concordando com Schirato (2012: 983) a constitucionalidade o instituto da imissão provisória na posse antes do recebimento da indenização total pelo proprietário[18].

Entendemos, entretanto, que procede a preocupação manifestada por alguns ministros quanto à atuação de empresa estatal no campo da incorporação imobiliária. A urbanização ou reurbanização é uma função pública, que pode ser realizada diretamente pelo Estado, por um concessionário ou pelos próprios proprietários. Já a edificação sobre o lote resultante é uma atividade econômica, que deve ser realizada pelo mercado. O ideal, portanto, é que os lotes resultantes do reparcelamento sejam alienados no mercado, ainda que se possa introduzir no negócio uma cláusula que estipule prazo determinado para a construção da edificação pelo adquirente. No caso de imóveis com baixa liquidez, sua integralização em fundo imobiliário também pode ser uma alternativa a ser considerada. Nesse caso, caberá ao fundo buscar parceiros para viabilizar a exploração econômica do terreno.

4. CONCLUSÃO

As informações prestadas pelo Município em apoio ao plano de reurbanização revestem-se de extraordinária atualidade, caracterizando autêntico caso de Desenvolvimento Orientado ao Transporte, na medida em que apontam a necessidade de aumentar a densidade populacional no entorno das estações de metrô, o risco de deterioração na ausência da reurbanização e a possibilidade de financiamento dessas intervenções mediante revenda dos imóveis produzidos.

A atualidade da reurbanização proposta abrange não apenas a atuação local, mas também a política federal. A intervenções em Jabaquara contaram com apoio do Projeto CURA (Comunidade Urbana para Recuperação Acelerada), do Banco Nacional da Habitação (BNH)[19], que tinha por objetivo "racionalizar o uso do espaço urbano e elevar as condições habitacionais de áreas urbanas", mediante "eliminação da capacidade ociosa dos investimentos urbanos; racionalização dos investimentos em infraestrutura urbana e comunitária, pelo estabelecimento de critérios objetivos de propriedade; adensamento da população urbana segundo níveis tecnicamente satisfatórios; execução integrada de obras de infraestrutura urbana e comunitária; e

---

18. O PL 6.905, de 2017, admite, inclusive, que a indenização corresponda a até 150% do valor venal do terreno adotado para efeito de IPTU, o que poderá eventualmente superar o valor de mercado. Objetiva-se, com isso, evitar a judicialização e agilizar a execução do plano urbanístico.

19. O convênio entre o Município e o BNH foi referendado pela Lei 7.941, de 1973.

diminuição dos efeitos negativos da especulação imobiliária"[20]. Implementado entre 1973 e 1986, o Projeto CURA adotou uma abordagem integrada de desenvolvimento urbano, com recuperação da valorização imobiliária e emprego extrafiscal do IPTU[21], que se perdeu na atual fragmentação de programas entre os setores de habitação, saneamento e mobilidade urbana[22].

A própria constituição da EMURB como empresa pública destinada a executar os planos de reurbanização apresenta-se como solução moderna para a reconfiguração de áreas urbanas deterioradas ou carentes de reparcelamento do solo, uma vez que esta é uma atividade econômica rentável, que pode e deve ser autossustentável[23].

Embora o acórdão em análise diga respeito a desapropriação, é preciso registrar que esta somente seria empregada na hipótese de desinteresse dos proprietários na substituição de seus imóveis por outros a serem construídos. A EMURB havia planejado um sistema remodelação por etapas, iniciando-se por uma área desocupada e já pertencente à Prefeitura, de modo a que fosse oferecida aos moradores a possibilidade de realocação para quadras contíguas previamente urbanizadas.

Um elemento importante a ser considerado é o de que o "plano de renovação urbana" aprovado pela lei municipal não apresentava o desenho urbano a ser observado; apenas (i) índices urbanísticos gerais para todo território: coeficiente de aproveitamento de 2,5; taxa de ocupação de 0,3 e reserva de 25% da área para "espaços ajardinados e arborizados" e (ii) tipos de usos a serem implantados: "terminais de ônibus, estacionamentos para veículos, equipamentos comunitários, serviços públicos, edifícios comerciais, institucionais e residenciais"[24]. Na prática, o desenho urbano definitivo seria definido pelo Poder Executivo. Entendemos que, à luz da Constituição atual, o dever de planejamento impõe a necessidade de aprovação de um plano urbanístico mais detalhado como fundamento de uma desapropriação. Em se tratando de uma operação de reparcelamento do solo, esse plano seria o de parcelamento do solo, disciplinado pela Lei 6.766, de 1979. Esse plano, por sua vez,

---

20. Resolução da Diretoria 38, de 1973, que regulamentou a Resolução do Conselho de Administração n. 7, de 1973.
21. Aprovada no Município pela Lei 8.320, de 1975, que "dispõe sobre acréscimo do imposto territorial urbano nas áreas beneficiadas pela execução de projetos de complementação urbana".
22. Essa mesma abordagem foi posteriormente incorporada ao Projeto de Lei 775, de 1983, do Poder Executivo, elaborado no âmbito da Comissão Nacional de Regiões Metropolitanas e Política Urbana constituída em 1974, que está na origem do Estatuto da Cidade.
23. Um precedente de grande sucesso foi a construção de Brasília, para a qual foi constituída a Companhia Urbanizadora da Nova Capital do Brasil (NOVACAP). Esta recebeu as terras desapropriadas pela União e as loteou, para posterior construção de edificações por outros órgãos públicos ou venda dos lotes a empresas privadas, processo que continua até os dias atuais por meio da TERRACAP, companhia de economia mista sucessora da NOVACAP, resultando em fonte significativa de receitas para o Distrito Federal. Outro exemplo de empresa pública criada para executar operações de reurbanização é a Companhia de Desenvolvimento Urbano da Região do Porto (CDURP), constituída pelo Município do Rio de Janeiro para gerenciar a Operação Urbana Consorciada "Porto Maravilha".
24. Esses parâmetros foram posteriormente alterados pela Lei 8.328, de 1975.

deveria ser submetido à consulta pública, para possível questionamento por parte da sociedade em geral e dos proprietários em particular[25].

A reurbanização de Santana, objeto do acórdão, somente foi executada em uma quadra, na qual se viabilizou o remembramento de terrenos e a construção de edifícios residenciais, creche e prédio de escritórios, que até hoje contrastam com a ocupação unifamiliar existente no seu entorno. Em Jabaquara, foram executadas reurbanizações de maior porte. Na área de Conceição, os lotes reurbanizados foram alienados mediante licitação, com Termos de Referência para o desenvolvimento de projetos, de observância obrigatória pelos adquirentes. Na área de Ressaca, houve uma combinação de lotes licitados para usos habitacional, de comércio e de serviços; conjuntos habitacionais para faixas de renda diversas; centro cultura; parque público; hospital; e restauro da Casa Bandeirista. Na área Armando Arruda Pereira, houve recomposição do tecido urbano remanescente da implantação da avenida de mesmo nome; complementação de redes de infraestrutura; implantação de posto do Corpo de Bombeiros e construção de conjuntos habitacionais[26-27].

Uma limitação da reurbanização pretendida é que ela não seria simultânea à construção do metrô, nem executada pela mesma empresa[28]. O ideal seria que a própria companhia do metrô tivesse poderes para executar os planos de reurbanização ao longo das linhas, de modo a viabilizar a aquisição dos imóveis antes que se valorizem, com o que as receitas imobiliárias comporiam a própria equação econômico-financeira do serviço de mobilidade urbana, contribuindo, assim, para financiar a expansão da rede ferroviária[29].

A dependência de financiamento federal para a realização dos projetos de reurbanização foi outra limitação que prejudicou sua continuidade quando esses recursos deixaram de estar disponíveis. Atualmente, seria possível buscar financiamento no mercado financeiro, mediante a emissão de debêntures e de certificados de recebíveis imobiliários, ou a constituição de fundos de investimento imobiliários, instrumentos inexistentes na década de 1970.

Uma dimensão adicional a ser observada é que a controvérsia sobre a constitucionalidade das desapropriações para reurbanização de Santana e Jabaquara distribuiu-se

---

25. Nesse sentido, Apparecido Junior (2017: 232).
26. Conforme apresentação de Eneida Heck, com apoio de Marília Formoso Camargo e Rita Guimarães Sylvestre Gonçalves, em workshop promovido pelo Grupo de Trabalho sobre Reabilitação Urbana constituído pelo Laboratório Arq.Futuro de Cidades do Insper em 16 de agosto de 2021.
27. Lucchese (2004) e Anelli (2007) analisam essas intervenções do ponto de vista urbanístico.
28. Segundo Anelli (2007), este seria o principal fator impeditivo da implementação do plano de reurbanização em questão. A construção do metrô teria valorizado as propriedades, inviabilizando a sua posterior desapropriação.
29. É o que ocorre no Japão, onde as empresas de transporte ferroviário de passageiros incorporaram ao seu objeto social o desenvolvimento urbano. Via de regra, promovem a reurbanização (*land readjustment*) ao longo das linhas, para posterior revenda, mas retém para si as estações, que agregam unidades comerciais destinadas a locação.

por diversos processos judiciais, cada um dos quais foi julgado independentemente dos demais. Como bem apontam Araújo e Cunha (2019), desapropriações urbanísticas abrangentes de diversas propriedades deveriam ser julgadas por um mesmo juízo, a fim de que a imissão de toda a área necessária à realização das obras ocorra simultaneamente e de que os critérios de indenização sejam os mesmos para todos os proprietários[30].

O RE 82.300 foi pioneiro com relação aos princípios do Estatuto da Cidade e à Constituição de 1988. Sua orientação é atualíssima diante das inúmeras situações que reclamam uma ação proativa do poder público, que não serão resolvidas apenas pela alteração de índices urbanísticos e por incentivos ou penalidades impostas aos proprietários.

5. REFERÊNCIAS

ANELLI, Renato. *Urbanização em rede. Os Corredores de Atividades Múltiplas do PUB e os projetos de reurbanização da Emurb – 1972-1982*. Arquitextos, São Paulo, ano 08, n. 088.01, Vitruvius, set. 2007. Disponível em: https://vitruvius.com.br/revistas/read/arquitextos/08.088/204.

APPARECIDO JUNIOR, José Antonio. *Direito urbanístico aplicado*: os caminhos da eficiência jurídica nos projetos urbanísticos. Curitiba: Juruá, 2017.

ARAÚJO, Alexandra Fuchs e CUNHA FILHO, Alexandre Jorge Carneiro. A desapropriação e a política pública urbana: necessidade de releitura do instituto para a adequada tutela de bens ambientais e urbanísticos. *Cadernos Jurídicos*, ano 20, n. 48, p. 9-20, São Paulo, mar./abr. 2019.

BREGA, José Fernando Ferreira. O púbico e o privado na implantação de planos de renovação urbana. *Revista de Direito Administrativo Contemporâneo*. v. 4, p. 167. jan. 2014.

CUSTÓDIO, Vinícius Monte. *Um Novo Olhar sobre as Desapropriações no Direito Brasileiro*. Rio de Janeiro: Lumen Juris, 2017.

DALLARI, Adilson. *A desapropriação para fins urbanísticos*. Rio de Janeiro: Forense, 1981.

Empresa Municipal de Urbanização – EMURB. *A Reurbanização de Santana e Jabaquara. Memorial da EMURB para julgamento dos mandados de segurança ns. 220.706, 220.707 e 222.643, impetrados contra o plano de reurbanização de Santana e Jabaquara perante o Tribunal de Justiça de São Paulo*. São Paulo: EMURB, 1973.

HECK, Eneida R. Belluzzo Godoy. *A EMURB como instrumento de planejamento urbano em São Paulo: 1971-2001*. Dissertação de mestrado apresentada à Faculdade de Arquitetura e Urbanismo da USP. 2005.

HOBBS, BAIMA, ORTIZ, ALVES, RIBEIRO e SEABRA (editores). *Desenvolvimento orientado ao* transporte: como criar cidades mais compactas, conectadas e coordenadas: recomendações para os municípios brasileiros. Monografia do BID, 841. Washington, DC: Banco Interamericano de Desenvolvimento, 2021.

LUCCHESE, Maria Cecília. *Curam-se Cidades. Uma proposta urbanística da década de 1970*. Dissertação de Mestrado apresentada à Faculdade de Arquitetura e Urbanismo da USP. 2004. Disponível em: https://teses.usp.br/teses/disponiveis/16/16131/tde-05112013-110903/publico/maria_cecilia_lucchese.pdf.

MEIRELLES, H. L. Desapropriação para urbanização. *Revista de Direito Administrativo*, 116, 1-15, 1974.

---

30. Os autores apontam a reunião de processos, com fundamento no art. 69 do Código de Processo Civil, como a medida adequada nesses casos.

PINTO, Victor Carvalho. *O reparcelamento do solo*: um modelo consorciado de renovação urbana. Textos para discussão. n. 130. Brasília: Consultoria Legislativa do Senado Federal, 2013.

PINTO, Victor Carvalho. *Direito Urbanístico: Plano Diretor e Direito de Propriedade*. 4. ed. São Paulo: Ed. RT, 2014.

SCHIRATO, Vitor Rhein. A ressurreição da desapropriação para fins urbanísticos. *Boletim de Direito Administrativo*. v. 28, n. 8, p. 976-990, São Paulo, ago. 2012.

SILVA, José Afonso da. *Direito Urbanístico Brasileiro*. 7. ed. São Paulo: Malheiros, 2012.

SUPREMO TRIBUNAL FEDERAL. AI 42240 AgR / GB – Guanabara. AG.REG.NO Agravo de Instrumento. Relator(a): Min. Aliomar Baleeiro. Julgamento: 16/04/1968. Publicação: 06/09/1968. Órgão julgador: Segunda Turma.

SUPREMO TRIBUNAL FEDERAL. RE 82300 / SP – São Paulo. Relator(a): Min. Rodrigues Alckmin. Julgamento: 12.04.1978. Publicação: 09.06.1978. Órgão julgador: Tribunal Pleno.

DA RESPONSABILIZAÇÃO DO PARTICULAR POR DESAPROPRIAÇÃO INDIRETA EM CASO DE OBRAS E MELHORIAS NO VIÁRIO PÚBLICO EXIGIDAS A TÍTULO DE CONTRAPRESTAÇÃO URBANÍSTICA

Luiz Felipe Hadlich Miguel

Doutor e Mestre em Direito do Estado – USP. Professor Titular de Direito Administrativo – UNIB. Advogado – sócio de Advocacia Luiz Felipe.

Denival Cerodio Curaça

Especialista em Direito Administrativo – PUC/SP. Advogado – sócio de Advocacia Luiz Felipe.

Sumário: 1. Introdução – 2. Breve resumo do precedente – 3. Apreciação crítica dos aspectos legais, doutrinários e jurisprudenciais envolvidos – 4. Conclusão – 5. Referências.

1. INTRODUÇÃO

É notório o crescimento urbano e, muitas vezes, desenfreado dos municípios brasileiros, o que pode, inclusive, contrariar o Estatuto da Cidade e o Plano Diretor, dentre outras normas e regras aplicáveis – situação esta que deve ser repudiada.

Nesse passo, pode-se afirmar também que a modernização das grandes cidades, visando atender a demanda da população por serviços e facilidades, contribuiu para o crescimento exponencial da construção de grandes condomínios, centros comerciais, shoppings centers, arenas para grandes eventos e até mesmo bairros planejados.

Partindo deste pressuposto, muitos municípios passaram a exigir dos sujeitos privados (empreendedores, construtores e proprietários de imóveis em áreas urbanas) contraprestações urbanísticas, de forma a compensar os impactos que esses empreendimentos causam ao trânsito, à mobilidade urbana e ao meio ambiente. De fato, estas exigências contribuem para que o desenvolvimento da cidade seja realizado de forma planejada e eficiente, com vistas a atender às necessidades coletivas.

Pois bem: em relação às formas de contraprestações ou contrapartidas exigidas, dentre as mais variadas, tem-se a realização de obras para mitigação do impacto viário por empreendimentos que configurem polo gerador de tráfego. Como exemplo, tais obras podem ser: o alargamento de vias, a abertura de logradouros públicos, a construção de viadutos, passarelas, ciclo-faixas etc. Assim, importante salientar que, em determinados casos, estas obras e melhorias são totalmente incorporadas ao patrimônio público (como sói acontecer na maioria das vezes).

Embora referidas obras sejam realizadas e custeadas pelo particular (por força da exigência da contrapartida), delas podem decorrer consequências ao município (dentre elas o dever de desapropriar a área onde a infraestrutura será edificada), sem que ocorra qualquer responsabilidade do sujeito privado. Pelo menos é o que se espera nesses casos.

Dessa maneira, tem-se pela pertinência e relevância da verificação da responsabilidade, ou não, do agente privado que, no cumprimento da contrapartida urbanística exigida pela Administração Pública (como no alargamento de via pública), venha a ocupar área de terceiro.

Em outras palavras: na execução de obra viária indicada pela municipalidade, decorrente de contraprestação urbanística para a autorização de empreendimento particular, ocorrendo a desapropriação indireta de imóvel de terceiro, a quem caberia o dever de indenizar a área invadida? Poderia o agente privado, executor da obra, responder pela expropriação do bem? Haveria, nesse caso, legitimidade do particular para propor ou responder pela desapropriação indireta? Estas são as questões que adiante serão enfrentadas.

2. BREVE RESUMO DO PRECEDENTE

O E. Tribunal de Justiça do Estado de São Paulo, quando do julgamento do Recurso de Apelação 1021719-15.2014.8.26.0007, entendeu pela possibilidade e legitimidade do agente privado, executor de obra no viário público, responder por desapropriação indiretamente (indenizando o expropriado)[1].

---

1. Consta do referido acórdão:

    "(...)

    4. Em relação à ilegitimidade passiva do Consórcio Shopping Metrô Itaquera, cumpre destacar que o referido consórcio concorreu para a desapropriação indireta, pois solicitou junto à Municipalidade, através do processo administrativo (fls. 373), aprovação de projetos e serviços para cumprir a sua obrigação de amenizar o impacto viário em decorrência da construção do Shopping Metrô Itaquera e garantir a segurança de pedestres, em conformidade com as diretrizes SMT 042/05 (fls. 102/106). Assim, em contrapartida ao impacto viário ocasionado pela instalação do empreendimento, obrigou-se o consórcio réu a implementar melhorias viárias na região.

    (...)

    Ora, havendo contrato de concessão celebrado entre o consórcio réu e a Companhia do Metropolitano de São Paulo Metrô (fls. 214/239), termo de compromisso (fls. 108/110) e termo de recebimento de obras e serviços viário (fl. 112), firmados entre a Prefeitura de São Paulo, Companhia do Metropolitano de São Paulo Metrô e o Consórcio Shopping Metrô Itaquera, decorrente da implementação de empreendimentos particulares referente à certidão de diretrizes SMT 042/05 (fls. 102/106), conforme o disposto na Lei Municipal 10.506/88, verifica-se a legitimidade de estabelecimento que exerça funções delegadas do poder público para promover desapropriações, ainda que de forma indireta, como no caso dos autos, de acordo com o artigo 3º do Decreto 3.365/41. Cumpre destacar que no caso em tela há uma peculiaridade, porquanto houve apossamento irregular praticado pelo consórcio réu em conivência com a Municipalidade de São Paulo".

Assim, é importante analisar a mencionada decisão proferida pela C. 2ª Câmara de Direito Público da referida Corte (por ocasião da elaboração do presente ensaio ainda não havia trânsito em julgado). Cuidou-se de "Ação de Desapropriação Indireta", promovida por proprietário de bem imóvel situado na cidade de São Paulo, sob a alegação de que o município e o agente privado, executor da obra, teriam invadido sua área/propriedade, em decorrência do alargamento de via pública.

Vale dizer que o alargamento da via pública, o qual acabou por invadir a área do expropriado, decorreu de contrapartida exigida pelo Município de São Paulo, a fim de autorizar o funcionamento de um shopping center, ou seja, um empreendimento/polo gerador de tráfego.

Conforme se depreende do acórdão e dos autos do processo em comento, inexistia entre o Município de São Paulo e o agente privado qualquer vínculo contratual referente à exploração da área de implantação do empreendimento. Explica-se: o complexo de lojas decorre de contrato de concessão de uso de bem público de propriedade da Companhia do Metropolitano de São Paulo – Metrô.

Em suma: o vínculo existente entre o Município[2] e o shopping era, tão somente, uma certidão de diretrizes que estabelecia as obras e melhorias que deveriam ser executadas pelo agente privado, em contrapartida ao empreendimento gerador de tráfego.

Todos os estudos, projetos e especificações foram aprovados pelo Município de São Paulo, que determinou sua execução pelo particular, limitando-se este, como administrado, a cumprir as determinações do Poder Público, contratando empresa habilitada para a realização dos trabalhos e arcando com todos os custos inerentes às obras.

Todavia, o alargamento da via pública, tal como exigido pela municipalidade, invadiu propriedade de terceiro, por conseguinte, ocasionando a incorporação dessa área ao logradouro público (ou seja, ao patrimônio municipal).

Diante disso, o proprietário promoveu ação de desapropriação indireta, indicando no polo passivo da ação, além do Município de São Paulo, o agente privado, por entender que se tratava de responsabilidade solidária.

Neste sentido, foi proferido acórdão pela 2ª Câmara de Direito Público do Tribunal de Justiça de São Paulo, sustentando o colegiado que o agente privado "concorreu para a desapropriação indireta, pois solicitou junto à Municipalidade, através do processo administrativo, aprovação de projetos e serviços para cumprir a sua obrigação de amenizar o impacto viário em decorrência da construção do Shopping Metrô Itaquera e garantir a segurança de pedestres, em conformidade com as diretrizes SMT 042/05. Assim, em contrapartida ao impacto viário ocasionado pela

---

2. Vale lembrar que a Constituição atribuiu competência aos municípios em matéria urbanística, lei de uso e ocupação do solo, poder de polícia administrativa, aprovação de projetos e exigência de contrapartidas, que devem ser reguladas por lei e atos normativos municipais (legalidade).

instalação do empreendimento, obrigou-se o consórcio réu a implementar melhorias viárias na região".

Eis o contexto do caso. Passemos à análise dos aspectos que fundamentaram a D. Decisão, sua correção/incorreção e críticas ao referido precedente.

3. APRECIAÇÃO CRÍTICA DOS ASPECTOS LEGAIS, DOUTRINÁRIOS E JURISPRUDENCIAIS ENVOLVIDOS

Por se tratar de ação de indenização por perda da propriedade, tendo em vista que o bem fora incorporado ao domínio público, inconteste que o ordenamento jurídico veda a utilização de ações possessórias e reivindicatórias, restando ao proprietário prejudicado a propositura da ação judicial de indenização por desapropriação indireta[3].

Esta é a determinação do artigo 35 do Decreto-Lei 3.365/41, *in verbis*:

> Art. 35. Os bens expropriados, uma vez incorporados à Fazenda Pública, não podem ser objeto de reivindicação, ainda que fundada em nulidade do processo de desapropriação. Qualquer ação, julgada procedente, resolver-se-á em perdas e danos.

Uma vez integralizado o bem ao domínio público não há mais como ser ele reavido pelo proprietário. Assim já se posicionou o Supremo Tribunal Federal: "Os bens indiretamente expropriados, porque aproveitados para fins de necessidade ou utilidade pública, ou de interesse social, não podem ser reavidos in natura. Impossível vindicar o próprio bem, a ação, cujo fundamento é o direito de propriedade, visa, precipuamente, à prestação do equivalente da coisa desapropriada, que é a indenização assegurada na constituição, como pressuposto do ato de retirada da propriedade (STF – Pleno, Embargos de Divergência no Recurso Extraordinário n. 63.833/RS).

No caso do julgado em análise restou comprovado que o imóvel fora incorporado ao domínio público, ou seja, a área invadida tornou-se uma via pública; portanto, não caberia ao proprietário outra medida, senão a propositura da ação de desapropriação indireta.

Por ser a desapropriação indireta uma forma de aquisição da propriedade[4], resta evidente que deve o juiz, ao julgar procedente a ação e estabelecer o valor da indeni-

---

3. "Desapropriação indireta é a designação dada ao abusivo e irregular apossamento do imóvel particular pelo Poder Público, com sua consequente integração no patrimônio público, sem obediência às formalidades e cautelas do procedimento expropriatório. Ocorrida esta, cabe ao lesado recurso às vias judiciais para ser plenamente indenizado, do mesmo modo que seria caso o Estado houvesse procedido regularmente" (BANDEIRA DE MELLO, Celso Antônio. *Curso de Direito Administrativo*. 30. ed. São Paulo: Malheiros, 2013, p. 90).

4. Nesse sentido é o entendimento do Superior Tribunal de Justiça: "A ação de desapropriação indireta, como é a que se cogita no presente feito, nada mais é senão uma ação de desapropriação direta às avessas, tendo ambas a mesma natureza, em que a indenização pretendida funda-se na transferência da propriedade imobiliária, as duas constituindo-se espécies do mesmo gênero – ação de desapropriação" (STJ – Recurso Especial 46.899-0/SP).

zação, declarar a incorporação do bem ao patrimônio público, já verificada de fato, sem a observância dos procedimentos normais de desapropriação[5].

Na ação de desapropriação o sujeito ativo é o Estado; na desapropriação indireta, por questão óbvia, invertem-se os legitimados:

"Invertem-se, portanto, as posições: o expropriante, que deveria ser autor da ação expropriatória, passa a ser réu da ação indenizatória; o expropriado, que deveria ser réu da expropriatória, passa a ser autor da indenizatória"[6]

Nesta esteira, por se tratar de forma de aquisição da propriedade exclusiva do Estado, tem-se que o acórdão ora analisado não caminhou bem, ao manter na lide o particular executor das obras, pois a este não lhe será transmitida a propriedade. Ademais, a lei não lhe confere a legitimidade para figurar como expropriante.

Resta demonstrado, dessa forma, que por se tratar de ação de desapropriação indireta (indenização pela perda da propriedade), de rigor seria o reconhecimento da ilegitimidade passiva do agente privado.

Ao decretar a condenação do agente privado ao pagamento de indenização pela perda da área a decisão lhe impõe, automaticamente, o direito à aquisição da propriedade do bem, que no caso é uma via pública (bem de uso comum do povo). Tal decisão, nesta toada, beira à teratologia, pois ao particular, como se sabe, não cabe tal forma de aquisição.

Nesse diapasão, vale destacar os ensinamentos do I. Des. Ricardo Anafe do E. Tribunal de Justiça do Estado de São Paulo, quando do julgamento do recurso de agravo de instrumento 2046190-36.2013.8.26.0000, ao declarar que a ação de desapropriação indireta por apossamento administrativo "ostenta pedido explícito de indenização, assim como a consequência que é a inversão dominial, vez que tal como na desapropriação direta, com o pagamento da indenização a cousa passa para o domínio do expropriante, ou seja, na hipótese, o Estado de São Paulo, não se imaginando que seja transferido, *in exemplis*, à empreiteira executora da obra".

Com isso, entendemos pela total ilegitimidade passiva do agente privado, uma vez que: (i) não poderia ele figurar no polo passivo da referida relação processual, pois a ação de desapropriação indireta visa a indenização pela alegada transferência, já consumada, da propriedade do bem à Administração Pública, e; (ii) foi mero executor da obra de ampliação da via pública, cumprindo determinações e atendendo exigências impostas pela Administração como contraprestação pela autorização da instalação e funcionamento de empreendimento gerador de tráfego.

De forma a fundamentar a legitimidade do agente privado em figurar no polo passivo da ação de desapropriação indireta, o acórdão em tela tomou por base pre-

---

5. SUNDFELD, Carlos Ari. *Desapropriação*. São Paulo: Ed. RT, 1990, p. 54.
6. SALLES, José Carlos de Moraes. *A desapropriação à luz da doutrina e da jurisprudência*. 5. ed. São Paulo: Ed. RT, 2006, p. 846.

missa equivocada, pois entendeu existir função delegada apta a ensejar a promoção de ação de desapropriação pelo particular. Assim constou da decisão:

> "(...) verifica-se a legitimidade de estabelecimento que exerça funções delegadas do poder público para promover desapropriações, ainda que de forma indireta, como no caso dos autos, de acordo com o artigo 3º do Decreto 3.365/41. (...)"

A lei aplicável ao caso, artigo 3º do Decreto 3.365/41, dispõe claramente que, via de regra, é a Administração Pública Direta, em seus três níveis (União, Estados e Municípios), a legitimada a propor ação de desapropriação.

Porém, é fato que o art. 3º traz como legitimados, também, os concessionários de serviços públicos e os estabelecimentos de caráter público ou que exerçam funções delegadas de poder público, desde que exista autorização expressa, constante de lei ou contrato:

> Art. 3º. Os concessionários de serviços públicos e os estabelecimentos de caráter público ou que exerçam funções delegadas de poder público poderão promover desapropriações mediante autorização expressa, constante de lei ou contrato.

Ocorre que, na espécie, não restou demonstrado que o agente privado atuou na execução do alargamento da via pública como concessionário de serviço público, estabelecimento de caráter público ou que exercia função delegada de poder público; tampouco restou comprovada a existência de autorização expressa (que deveria constar de lei ou contrato).

Nota-se, portanto, que não estaria o agente privado, neste caso, legitimado a figurar como expropriante e, portanto, não poderia ter sido arrolado como réu numa ação de desapropriação indireta. É nítida a violação à Lei Federal – vez que está a decisão a imputar consequências pecuniárias ao particular, por entender ser ele partícipe de uma desapropriação indireta, quando a Lei assim não o permite!

Não bastassem tais aspectos, a demonstrar a completa ilegitimidade do agente privado para promover desapropriações, é fato que inexiste autorização expressa, constante de lei ou contrato, que poderia lhe ter delegado tal incumbência.

Da simples leitura do artigo 3º do Decreto 3.365/41 se extrai que os legitimados a promover desapropriações (concessionários de serviços público, estabelecimentos de caráter público ou que exerçam funções delegadas de poder público) assim se qualificam desde que atendido um segundo requisito: haver autorização expressa, constante de lei ou contrato.

Pela pertinência, cumpre destacar as lições de Carlos Ari Sundfeld, Jacintho Arruda Câmara e Rodrigo Pagani de Souza[7]:

---

7. SUNDFELD, Carlos Ari; CÂMARA, Jacintho Arruda; SOUZA, Rodrigo Pagani de. Desapropriação em favor de particular: proibição, limites e possibilidades. A&C – *Revista de Direito Administrativo & Constitucional*. ano 12, n. 47, p. 104-105. Belo Horizonte, jan./mar. 2012.

"Para tanto, como condiciona o próprio dispositivo legal (art. 3°, *in fine*, do Decreto-Lei 3.365/41), é necessário que o particular beneficiário receba uma autorização estatal específica. Essa autorização tanto pode ser fixada em lei especial (no caso de concessão de serviço público, ela foi dada pela Lei 8.987/95, art. 31, VI) ou por decisão de índole administrativa. O dispositivo fala expressamente em contrato, guardando paralelo com a forma pela qual as concessões são outorgadas (contrato de concessão), mas há de se admitir que tal autorização também seja dada noutro tipo de instrumento administrativo de delegação de função pública, como autorizações, licenças etc. ou, até mesmo, no ato de declaração de utilidade pública."

Reitere-se que, no caso em exame, não há nenhuma lei autorizando o agente privado a desapropriar (mesmo que indiretamente) a área que fora invadida. E também não há nenhuma autorização neste sentido no contrato de concessão de direito real de uso entabulado com a Companhia do Metropolitano de São Paulo – Metrô, nem na certidão de diretrizes entabulada com o Município de São Paulo que dê azo a tal mister.

Nesta esteira, o que se denota da decisão em comento é a evidente desconsideração do art. 3° da Lei 3.365/41, estampada em julgado totalmente alheio à real condição do agente privado (concessionário de direito real de uso, e não de serviço público), que não recebeu autorização alguma, seja por lei, seja por contrato, para avocar-se na condição de expropriante. Destarte, é forçoso concluir que o E. Tribunal de Justiça do Estado de São Paulo, em decisão mal concebida, impôs os ônus pecuniários de uma desapropriação indireta a quem não possui poderes expropriatórios.

Aprofundando, ainda mais, a análise da natureza dessa atribuição expropriatória extraordinária prevista no art. 3° do Decreto-Lei 3.365/41, é de se ressaltar que nestes casos, os agentes privados atuam em nome próprio, mas em substituição ao poder público, que os autoriza a realizar o ato de desapropriação, desonerando o Estado dessa tarefa.

Em continuação a tal raciocínio, invoca-se novamente as valiosas lições de Carlos Ari Sundfeld, Jacintho Arruda Câmara e Rodrigo Pagani de Souza[8]:

> É importante deixar bem marcada a natureza dessa atribuição que o referido dispositivo autoriza: a execução da desapropriação por entidade não estatal. Não se trata, propriamente, de delegar exercício de prerrogativa pública, muito menos de "poder de polícia". O poder expropriatório, no que diz respeito ao exercício de autoridade pública, está circunscrito à chamada fase declaratória. É nesta etapa que são definidos o bem a ser expropriado e a finalidade a lhe ser atribuída, configurando verdadeiramente um exercício de poder de autoridade. Tais funções são exclusivas do Estado e só podem ser exercidas pelas autoridades públicas competentes.

> A execução da desapropriação, por via amigável ou pelo ajuizamento de processo expropriatório, não envolve um poder indelegável do Estado. Essa etapa representa o ônus ao qual o Poder Público se sujeita para implantar sua excepcional prerrogativa de adquirir compulsoriamente bens particulares para a afetação a algum especial interesse público. É na fase de execução que o ente expropriante se vê obrigado a pagar o devido valor da indenização ao expropriado, seja por acordo (desapropriação amigável), seja por meio de ação judicial, que estabeleça o justo valor do bem.

---

8. Idem, Ibidem, p. 103-104.

Num caso ou noutro, o expropriante se vê compelido a atender as garantias asseguradas aos proprietários privados. O executor da expropriação não decide ou impõe nada. Ele negocia um valor com o expropriado (desapropriação amigável) ou ingressa com ação judicial para que, ao seu cabo, pague o valor justo e se efetive a desapropriação. Não há exercício novo de poder de autoridade, mas mero cumprimento da decisão anteriormente tomada (na fase declaratória) pelas autoridades públicas competentes.

É essa atribuição meramente executória que o Decreto-Lei 3.365/41, em seu art. 3º, autorizou ser transferida para terceiros, inclusive particulares. De um modo geral, a lei autoriza que os particulares a quem serão destinados os bens expropriados, inclusive aos que a partir deles desenvolverão atividades econômicas, sejam os responsáveis por arcar com os ônus próprios à desapropriação. E é absolutamente justificável que assim o seja.

Se a legislação passa a autorizar a desapropriação de bens que serão utilizados por particulares para a realização de atividades consideradas por lei de interesse público e, mais, sendo tais atividades passíveis de exploração econômica, nada mais natural do que atribuir aos destinatários do bem os ônus da desapropriação. O ente público exerce seu poder, declarando o bem de utilidade ou necessidade pública para atendimento de um dado fim, e transfere os ônus da expropriação para a entidade não estatal incumbida de dar aquela destinação ao bem.

Indubitável, portanto, que o art. 3º do Decreto 3.365/41 autoriza a transferência de atribuições meramente executórias afetas ao processo de desapropriação. Não se cogita em transferir o poder de autoridade (indelegável), mas apenas e tão somente os ônus próprios à desapropriação (processuais e até pecuniários – mas nunca os ônus decisórios e típicos de Estado).

4. CONCLUSÃO

Nos termos do acima exposto, é possível concluir que a decisão proferida pelo E. Tribunal de Justiça do Estado de São Paulo não aplicou corretamente o previsto no artigo 3º do Decreto 3.365/41, uma vez que não restou demonstrado que o agente privado possuía legitimidade para efetivar desapropriação em nome do município.

Ao particular não é dado o direito e a legitimidade para propor ação de desapropriação, exceto nos casos extraordinários indicados na lei de regência, ou seja, concessionários de serviços públicos e estabelecimentos de caráter público ou que exerçam funções delegadas de poder público, mediante autorização expressa, constante de lei ou contrato.

Desnecessárias maiores divagações acerca da aplicação do artigo citado. Sua análise e intepretação literal não conferem qualquer dúvida. Portanto, tem-se que a decisão do Tribunal do Justiça do Estado de São Paulo é equivocada, pois acabou por permitir que o particular possa, sem que haja autoriza expressa (legal ou contratual), figurar como responsável pela indenização por desapropriação indireta.

Como demonstrado acima, a condenação do particular ao pagamento de indenização pelo apossamento de área que fora incorporada ao patrimônio público é o mesmo que lhe transmitir a propriedade e colocá-lo na qualidade de dono de um bem público.

Outrossim, ainda que se possa admitir, supostamente, que o particular tenha invadido a área expropriada com dolo, também não estaríamos a legitimar sua responsabilidade e legitimidade quanto à indenização pela desapropriação indireta. Poderia, se comprovado, ser o particular condenado a restituir o município em caso de dolo ou culpa pelos prejuízos causados, simplesmente pela sua responsabilização civil, mas jamais pela desapropriação do bem, eis que, como se sabe, tal procedimento visa uma troca entre a propriedade e a indenização. De outro modo, o proprietário perde seu bem, mas é indenizado de forma justa, conforme os mandamentos legais.

Oportuno, então, com base em tudo que foi exposto, questionar: pode o particular se avocar na condição de expropriante? Se sim, em quais hipóteses?

Assim, pode-se concluir afirmando, com convicção, que é possível ao particular atuar na condição de expropriante, nas hipóteses supra referidas. Entretanto, imprescindível que lhe seja conferida autorização expressa, via lei ou contrato – sem a qual torna-se ilegítima tal pretensão.

5. REFERÊNCIAS

BANDEIRA DE MELLO, Celso Antônio. *Curso de Direito Administrativo*. 30. ed. São Paulo: Malheiros, 2013.

OLBERTZ, Karlin. *Operação urbana consorciada*. Belo Horizonte: Fórum, 2011.

SALLES, José Carlos de Moraes. *A desapropriação à luz da doutrina e da jurisprudência*. 5. ed. São Paulo: Ed. RT, 2006.

SUNDFELD, Carlos Ari. *Desapropriação*. São Paulo: Ed. RT, 1990.

SUNDFELD, Carlos Ari; CÂMARA, Jacintho Arruda; SOUZA, Rodrigo Pagani de. Desapropriação em favor de particular: proibição, limites e possibilidades. A&C – *Revista de Direito Administrativo & Constitucional*. ano 12, n. 47, Belo Horizonte, jan./mar. 2012.

PLANO, PROJETO E ESTUDO DE IMPACTO AMBIENTAL

Pedro Marino Bicudo

Mestre em Direito Urbanístico pela Pontifícia Universidade Católica de São Paulo. Advogado.

Sumário: 1. Introdução – 2. O caso – 3. Considerações sobre o caso. A importância de se diferenciar 'plano' e 'projeto' – 4. Conclusão – 5. Referências.

1. INTRODUÇÃO

Não se pode deixar de reconhecer que o direito urbanístico e o direito ambiental têm inúmeros pontos de contato, o que, durante muito tempo, fez com que questões afeitas às cidades e à urbanização fossem apreciadas com base no direito ambiental. Tanto é assim, que, até hoje, nos bancos das faculdades se ensina que o "meio ambiente" se desdobra, dentre outros, entre "meio ambiente natural" e "meio ambiente artificial", correspondendo este às cidades, das quais cuida o direito urbanístico.

Por outro lado, também não se pode deixar de reconhecer que, desde a Constituição Federal de 1988 e, mais importante, desde a edição do Estatuto da Cidade, Lei 10.257, de 10 de julho de 2001, o direito urbanístico passou a gozar de repertório próprio[1]. Assim, e nas palavras de Fernando Alves Correia, "*as influências recíprocas entre o direito do ambiente e o direito do urbanismo não podem levar à consideração deste último como uma simples derivada do primeiro*"[2].

Dentre os inúmeros pontos de contato, está a avaliação de impacto ambiental, no âmbito das quais o estudo de impacto ambiental e correspondente relatório (EIA--RIMA) têm importante papel, já que a intervenção nos espaços urbanos pode causar significativos impactos ambientais e, assim, estar sujeita à elaboração de EIA-RIMA.

Ao tratar da matéria, a Constituição Federal, em seu artigo 225, parágrafo 1º, inciso IV, exige que "*a instalação de obra ou atividade potencialmente causadora de significativa degradação do meio ambiente*" seja precedida de estudo de impacto ambiental.

---

1. Como diz Carlos Ari Sundfeld: "Nesse contexto, surgiu o Estatuto da Cidade, com a pretensão de pôr fim à prolongada adolescência em que ainda vive o direito urbanístico brasileiro. Coube à nova lei enfrentar o desafio de consolidá-lo (fixando conceitos e regulamentando instrumentos), de lhe conferir articulação, tanto interna (estabelecendo os vínculos entre os diversos instrumentos urbanísticos) como externa (fazendo a conexão de suas disposições com as de outros sistemas normativos, como as do direito imobiliário e registral), e, desse modo, viabilizar a sua operação sistemática" (Estatuto da Cidade, p. 52).
2. *Manual de Direito do Urbanismo*, p. 96.

A Resolução CONAMA 1, de 23 de janeiro de 1986, por seu turno, estabelece, em seu artigo 2º, que dependerá da elaboração de EIA-RIMA, "o licenciamento de atividades modificadoras do meio ambiente, tais como: (...) XV – projetos urbanísticos, acima de 100ha". Há, portanto, no que tange a *projetos* urbanísticos com área igual ou superior a 100 hectares uma clara intersecção entre direito urbanístico e direito ambiental, já que tais projetos, porque presumidamente causadores de significativa degradação do meio ambiente, deverão ser precedidos de EIA-RIMA.

Nesse contexto, recente decisão judicial traz importantes reflexões a respeito, por um lado, dos pontos de contato entre direito urbanístico e direito ambiental, e, por outro, dos limites entre as matérias. Em tal decisão, o Tribunal de Justiça do Estado de São Paulo enfrentou discussão a respeito da necessidade de que a elaboração e a regulamentação, por lei, dos chamados "projetos de intervenção urbana" (os "PIUs"[3]), previstos no plano diretor do Município de São Paulo, Lei Municipal 16.050, de 31 de julho de 2014, fossem precedidas de EIA-RIMA, trazendo considerações a respeito de "planos urbanísticos" e de "projetos urbanísticos". Eis o caso objeto do presente trabalho.

2. O CASO

O Ministério Público do Estado de São Paulo ajuizou ação civil pública em que pleiteia a condenação do Município de São Paulo em obrigação de fazer, "consistente no refazimento do processo participativo de discussão do PIU Arco Pinheiros, *após* a realização do EIA-RIMA e/ou EIV, (...), para toda a extensão do projeto" (Processo 1050491-68.2019.8.26.0053).

Em resumo, e no que importa para os fins do presente arrazoado, segundo o Ministério Público a prévia elaboração de EIA-RIMA seria uma imposição, na medida em que *(i)* "o projeto de intervenção urbana (PIU) Arco Pinheiros é, sim, como seu nome diz, um projeto, e não um plano abstrato cujos impactos seriam impossíveis de avaliar"; (ii) o projeto de lei do PIU, se aprovado tal como previsto, traria importantes modificações ao meio ambiente; *(iii)* o artigo 2º, inciso XV, da Resolução Conama 1, de 23 de janeiro de 1986, não poderia ser interpretado restritivamente, no sentido de ser aplicável apenas a obras e atividades específicas, devendo, ao contrário, ser exigido para quaisquer projetos (ou planos) urbanísticos com área superior a 100 hectares; e *(iv)* a elaboração de estudos de impacto ambiental apenas para eventuais projetos que fossem implantados durante a execução do PIU implicaria no "fracionamento das perspectivas acerca das consequências da implementação de projetos".

---

3. Os Projetos de Intervenção Urbana – PIUs foram criados pelo Plano Diretor do Município de São Paulo, Lei 16.050, de 31 de julho de 2014, consistindo em um instrumento de ordenação e reestruturação urbana, com a finalidade de "promover o ordenamento e a reestruturação urbana em áreas subutilizadas e com potencial de transformação, preferencialmente localizadas na Macroárea de Estruturação Metropolitana" (artigo 134), subsidiando e apresentando "propostas de transformações urbanísticas, econômicas e ambientais nos perímetros onde forem aplicados os instrumentos de ordenamento e reestruturação urbana, como as operações urbanas, as áreas de intervenção urbana, áreas de estruturação local e concessão urbanística" (artigo 136).

O Município de São Paulo, em sua contestação, além, naturalmente, de trazer questões processuais e formais que não importam para o presente trabalho, debateu a necessidade de se distinguir os "planos urbanísticos" dos "projetos urbanísticos". Destacou que os primeiros trazem proposições urbanísticas, veiculando "disposições gerais da regulação urbanística", ao passo que os segundos "atuam mais diretamente no território, utilizando o ferramental disponibilizado expressamente pelo plano diretor ou dele decorrente, interferindo de forma mais aguda no processo de transformação e qualificação urbana".

O Município também ressaltou que o Plano Diretor Estratégico de São Paulo expressamente incluiu o PIU Arco Pinheiros dentre aqueles espaços urbanos que seriam sujeitos a um regramento especial, ou seja, a uma análise mais detalhada e específica de suas características e potencialidades. Em outras palavras, o PIU Arco Pinheiros seria um desdobramento do próprio Plano Diretor Estratégico, pormenorizando, ainda na escala dos planos, aquela determinada parcela da cidade.

A São Paulo Urbanismo – SP Urbanismo, empresa pública municipal responsável pelo desenvolvimento de ações governamentais voltadas ao planejamento urbano, também se manifestou, acompanhando os argumentos apresentados pelo Município de São Paulo e ressaltando que, "a depender das disposições do planejamento urbanístico", o licenciamento ambiental, com a elaboração de EIA-RIMA, "afigura-se inviável".

Em linha com a manifestação da SP Urbanismo, há nos autos do processo manifestação da Secretaria Municipal do Verde e Meio Ambiente, no sentido de que a realização de EIA-RIMA, tal como pretende o Ministério Público, seria inviável, seja pela extensão do território, seja pela falta de elementos concretos a serem analisados. A Companhia Ambiental do Estado de São Paulo – CETESB foi além e ressaltou que "os Projetos de Intervenção Urbana consistem em estudos amplos de planejamento, que têm como objetivo o estabelecimento de diretrizes visando o adequado ordenamento ou reestruturação urbana, não sendo assim, 'projetos' propriamente ditos, e, portanto, não são objeto de licenciamento ambiental".

A demanda foi julgada procedente em primeira instância pela 11ª Vara da Fazenda Pública da Comarca de São Paulo, tendo sido a sentença confirmada pela 6ª Câmara de Direito Público do Tribunal de Justiça de São Paulo em julgamento realizado em 19 de abril de 2021[4]. Os seguintes trechos do acórdão merecem atenção:

> "o referido projeto de lei consubstancia-se em verdadeiro projeto urbanístico de efeitos concretos, razão pela qual não se constata justa causa para a sua não submissão ao disposto no artigo 2º, inciso XV, da Resolução Conama 01/1986."

> "sendo o PIU um projeto de lei de efeitos concretos que interfere no meio ambiente urbano, que é um bem de interesse público, de uso comum do povo e essencial à saída qualidade de vida, torna-se obrigatória a elaboração do EIA-RIMA antes de sua aprovação."

---

4. Anote-se que, à época da elaboração do presente trabalho, ainda estava em curso o prazo para interposição de recursos especial e extraordinário pelo Município de São Paulo, o que, oportunamente, poderá levar ao enfrentamento da matéria pelos Tribunais Superiores.

"o EIA tem por finalidade analisar o cenário da intervenção de uma forma macro, ou seja, verificar se a modificação do zoneamento, com a disposição dos possíveis empreendimentos e atividades na área, pode gerar significativo impacto ambiental, impedindo o bom fluxo de locomoção, permitindo o adensamento irrazoável da população, a sobrecarga dos sistemas de esgoto e de distribuição de água, além da eficiência do escoamento das águas pluviais."

Ao final, portanto, restou fixado, ao menos por ora, o entendimento de que projetos de lei que acabem por definir modificação de índices e parâmetros urbanísticos devem ser precedidos de EIA-RIMA. Para o Tribunal de Justiça do Estado de São Paulo, portanto, a diferenciação entre "plano" e "projeto" seria pouco relevante, bastando, como se disse, que fossem identificados efeitos concretos na proposição legislativa.

3. CONSIDERAÇÕES SOBRE O CASO. A IMPORTÂNCIA DE SE DIFERENCIAR 'PLANO' E 'PROJETO'

Nos Estados Sociais e Democráticos de Direito, os planos assumem especial papel, representando importante *"instrumento utilizado pela Administração para programar racionalmente a sua intervenção nos mecanismos sociais"*[5]. A Constituição Federal de 1988, em diversas passagens, faz referência à elaboração de planos pelo Poder Público, tais como os planos nacionais e regionais de ordenação do território e de desenvolvimento econômico e social, os planos plurianuais e, em matéria urbanística, os planos diretores. É inegável, portanto, que a Constituição Federal adotou a planificação como forma de atuação do Poder Público.

Em matéria urbanística, há, claramente, um sistema de planos. Nas palavras de José Afonso da Silva, a Constituição "fundamenta a construção de um sistema de planos urbanísticos hierarquicamente vinculados, de modo que os de nível superior sirvam de normas gerais e diretrizes para os inferiores, enquanto estes concretizem, no plano prático e efetivo, as transformações da realidade urbana em vista de objetivos predeterminados"[6].

Isso significa, na prática, que sempre existirão planos urbanísticos dotados de maior grau de abstração, contendo diretrizes gerais para o desenvolvimento urbano, e planos com efeitos mais concretos, que interferirão mais diretamente nos espaços urbanos, sem que, contudo, deixem de ser verdadeiros planos urbanísticos. Essa é uma *primeira premissa* com que devemos trabalhar.

E nisso não há grande novidade. Adote-se, como exemplo, o próprio Município de São Paulo. Há o Plano Diretor Estratégico, Lei Municipal 16.050, de 31 de julho de 2014, que, em linhas gerais, *(i)* define a política de desenvolvimento urbano e o macrozoneamento do Município, com a criação de macrozonas, macroáreas de planejamento e de redes de estrutura e transformação urbana; *(ii)* estabelece as diretrizes

---

5. *Manual de Direito do Urbanismo*, p. 314.
6. *Direito Urbanístico Brasileiro*, p. 106.

para a revisão da legislação de parcelamento, zoneamento, uso e ocupação do solo; e *(iii)* apresenta os instrumentos de política urbana, dentre os quais se inserem os PIUs.

A partir do Plano Diretor Estratégico, foi editada a Lei Municipal 16.402, de 22 de março de 2016, que disciplinou o parcelamento, zoneamento, uso e ocupação do solo, definindo índices e parâmetros urbanísticos para cada uma das zonas do Município. A mencionada norma, por seu turno, também previu novos desdobramentos, quando, por exemplo, estabeleceu que as zonas de ocupação especial (*i.e.*, porções do território que, em função de suas características específicas, necessitariam de disciplina especial) fossem objeto de projetos de intervenção urbana. Há uma clara hierarquia entre os mencionados planos, que se articularão entre si.

O fato, anote-se, de os PIUs terem sido denominados de "projetos" em nada afetam a sua natureza de plano, elaborado com o objetivo de apresentar as propostas de transformações urbanísticas, econômicas e ambientais para determinados perímetros, nos quais serão aplicados os instrumentos urbanísticos previstos no plano diretor. Há, aqui, o *"sistema de planos urbanísticos hierarquicamente vinculados"* a que alude José Afonso da Silva ("plano diretor" → "lei de zoneamento" → PIU).

Em *segundo lugar*, é importante atentar para a circunstância de que os planos urbanísticos são instrumentos técnico-jurídicos, sintetizando e juridicizando as propostas fruto do processo de planejamento, bem como definindo o zoneamento, usos e ocupações permitidos para cada parte da cidade. Diz Victor Carvalho Pinto:

> "Todo o conteúdo do plano diretor, como o traçado do sistema viário, a localização das praças e a definição de índices urbanísticos, é de natureza técnica. *(...)* A definição dos usos e dos índices urbanísticos, como coeficientes de aproveitamento, taxas de ocupação, alturas de prédios, recuos frontais, laterais e de fundos, áreas e testadas mínimas de lotes e largura de ruas também constituem matéria técnica, por exigirem conhecimentos específicos para que possam ser elaboradas e até compreendidas. O plano diretor deve ser considerado, portanto, um documento técnico de urbanismo, que só pode ser elaborado por profissionais legalmente habilitados."[7]

Uma vez que caberá aos planos urbanísticos definir, de maneira técnica, de que forma o solo urbano se organizará, não se pode deixar de concluir que, em maior ou menor medida, os planos urbanísticos serão sempre dotados de efeitos concretos.

A partir do momento, por exemplo, em que o Plano Diretor Estratégico do Município de São Paulo criou a Macroárea de Estruturação Metropolitana, subdividindo-a em setores, inclusive o "Setor Arco Pinheiros", e determinando, dentre outros objetivos, que em tal setor fosse promovido o "aumento nas densidades construtiva e demográfica" (artigo 12, § 1º, inciso I, da Municipal 16.050, de 31 de julho de 2014), é inegável que acabou por interferir de maneira *concreta* na organização e desenvolvimento do mencionado espaço urbano.

---

7. *Direito Urbanístico*, p. 254.

Isso não faz com que os planos urbanísticos tenham o condão de efetivamente intervir no território (leia-se: "intervenção física"), transformando-o, o que apenas ocorrerá se e quando os proprietários de imóveis venham a efetivamente dar uso à propriedade urbana, nela construindo ou realizando determinada atividade, ou o próprio Poder Público dê curso a obra pública ou melhoria. É o que novamente diz Victor Carvalho Pinto: "As regras de parcelamento, uso e ocupação do solo constantes do plano diretor não são projetos, mas dizem respeito à elaboração de projetos. Definem parâmetros para a posterior elaboração dos projetos de obras públicas, loteamentos e edificações"[8].

A partir das duas premissas acima fixadas, deve-se concluir que o projeto de lei relativo ao PIU Arco Pinheiros consiste em verdadeiro plano urbanístico. Ainda que trate de apenas uma parcela do território da Cidade de São Paulo, criando áreas específicas de planejamento, definindo objetivos gerais, estratégias e diretrizes específicas e trazendo regras aplicáveis a cada uma das mencionadas áreas, inclusive com a definição de índices e parâmetros urbanísticos específicos[9] (ou seja, ainda que tal projeto de lei contenha determinados elementos concretos), o PIU Arco Pinheiros continua dizendo respeito (= orientando) a elaboração de projetos. Não é o "plano PIU Arco Pinheiros" que promoverá a efetiva intervenção no território. Ele, repita-se, apenas informa e orienta como os projetos naquela região devem ser desenvolvidos e, ao final, promover a intervenção.

Em certa medida, é o que acontece com qualquer norma relativa a zoneamento. Ao definir o tipo de zona, o coeficiente de aproveitamento, a taxa de ocupação, recuos, gabaritos etc., a legislação de zoneamento, uso e ocupação do solo acaba por ter efeitos concretos, já que orienta o que poderá ser realizado nos imóveis abrangidos, mas não deixa de ser um plano. Insista-se: tal norma apenas orienta o que pode e o que não pode ser construído.

"Projeto", propriamente dito, apenas terá lugar se e quando o interessado submeter à aprovação das autoridades competentes, com base em plantas, desenhos e memoriais, a efetiva intervenção que realizará em determinada parcela do território, com a indicação, por exemplo, do potencial construtivo praticado e do número de unidades que serão construídas. Aí sim ter-se-á efetiva intervenção e, aí sim, será possível medir impactos[10].

Caso a lógica contida na decisão do Tribunal de Justiça do Estado de São Paulo fosse procedente, e não parece que o seja, poder-se-ia, a partir de agora, exigir que

---

8. Ibidem, mesma página.
9. Vale anotar, por oportuno, que o Município, em mais de uma oportunidade, ressaltou que o PIU Arco Pinheiros não altera o potencial construtivo previsto na lei de zoneamento para a área abrangida. O PIU apenas previu a sua redistribuição no território, ordenando o desenvolvimento daquela região.
10. Lembre-se que, nos termos do artigo 1º da Resolução Conama 1 de 1986, "considera-se impacto ambiental qualquer alteração das propriedades físicas, químicas e biológicas do meio ambiente, causada por qualquer forma de matéria ou energia resultante das atividades humanas que, direta ou indiretamente, afetam: I – a saúde, a segurança e o bem-estar da população; II – as atividades sociais e econômicas; III – a biota; IV – as condições estéticas e sanitárias do meio ambiente; V – a qualidade dos recursos ambientais".

também a lei municipal de parcelamento, zoneamento, uso e ocupação do solo (e, no limite, o próprio plano diretor) fosse precedida de EIA-RIMA, o que não seria razoável. Isso porque, além de o planejamento urbano passar a ser pautado pelo direito ambiental[11], na prática, ter-se-ia a sua paralisia, visto que tanto o órgão ambiental estadual quanto o municipal já se manifestaram no sentido de ser inviável a elaboração de EIA-RIMA para planos como o PIU Arco Pinheiros.

Em *terceiro lugar*, e já sob a ótica do direito ambiental, há que se atentar para o fato de que o EIA-RIMA, como instrumento que tem como objetivo avaliar impactos, está vinculado à efetiva implantação de atividade ou obra utilizadores de recursos ambientais e/ou causadores de poluição ou degradação ambiental, oportunidade em que será possível de fato antever riscos e impactos. Tanto é assim que *(i)* o artigo 2º da Resolução Conama 1, de 23 de janeiro de 1986, enumera como atividades sujeitas à elaboração de EIA-RIMA obras e projetos com impactos e efeitos concretos e específicos, passíveis assim de mensuração; e, mais importante, *(ii)* o artigo 5º da mesma norma determina que o estudo em questão leve em consideração os impactos gerados nas fases de "implantação e operação" da atividade (inciso II), bem como "os planos e programas governamentais, propostos e em implantação na área de influência do projeto, e sua compatibilidade" (inciso IV).

Fica claro, portanto, que a Resolução Conama 1 de 1986 sujeita à prévia elaboração de EIA-RIMA apenas aqueles projetos que tenham uma fase de implantação e operação, ou seja, que impliquem em *intervenção física* no território[12]. Mais importante, a norma claramente determina que o EIA-RIMA de "*projetos* urbanísticos" com área superior a 100 hectares leve em consideração "*planos* e programas governamentais", deixando claro, portanto, que o "projeto urbanístico" deve ser elaborado a partir do "plano urbanístico", sendo, assim, institutos diferentes.

Em resumo, a própria Resolução Conama 1 de 1986 sujeita à elaboração de EIA-RIMA projetos que gerem intervenção física no território, que tenham uma fase

---

11. Não que haja uma antinomia entre um e outro aspecto (ou seja, entre direito ambiental e urbanístico), que devem ser conjugados e harmonizados. Mas, na ordenação das funções sociais da cidade, a preservação do meio ambiente ecologicamente equilibrado se apresenta como relevante elemento que secunda o aspecto urbanístico em si, com suas complexidades e abrangência próprios.

12. A Companhia Ambiental do Estado de São Paulo, por meio de manifestação técnica no âmbito do processo administrativo 6066.2020/0002765-6, de 07 de agosto de 2020, consignou o seguinte: "Considerando a definição dos PIU como um conjunto de estudos técnicos com o objetivo de subsidiar a proposição de projetos para uma determinada região por meio de diretrizes de ocupação, não é cabível o seu licenciamento ambiental. A partir dos resultados desses estudos, a municipalidade irá indicar as áreas para a ocupação, assim como a infraestrutura adequada para o atendimento da região. Apenas após essa etapa é que serão desenvolvidos os projetos urbanísticos propriamente ditos, de acordo com as diretrizes do PIU, os quais deverão ser licenciados um a um, conforme previsto em legislação. Com base na concepção e caracterização de empreendimento urbanístico específico é que serão realizados, em escala de detalhe, todos os diagnósticos e levantamentos de campo dos meios físico, biótico e socioeconômico, de modo a promover o adequado conhecimento quantitativo e qualitativo dos atributos do projeto, necessário à avaliação sistemática dos potenciais impactos ambientais decorrentes da implantação e ocupação da área, objeto do licenciamento ambiental".

de implantação (= obra) e de operação (= funcionamento). Tais elementos não estão presentes na execução de um plano urbanístico.

De modo a confirmar tal conclusão, veja-se que o Estatuto da Cidade, Lei 10.257, de 10 de julho de 2001, ao tratar dos planos diretores municipais, exigiu a sua elaboração para Municípios inseridos "na área de influência de empreendimentos ou atividades com significativo impacto ambiental de âmbito regional ou nacional" (artigo 41, inciso V), claramente separando "plano" de "projeto". Mais importante, a mencionada exigência guarda coerência com a sistemática contida na Resolução Conama 1 de 1986 aplicável à elaboração de EIA-RIMA, já que a análise dos impactos decorrentes de tais empreendimentos ou atividades deve necessariamente "considerar os planos e programas governamentais, propostos e em implantação na área de influência do projeto, e sua compatibilidade". E, por óbvio, sem plano diretor, essa análise não pode ser feita.

Há, por fim, um *quarto elemento* que também merece consideração. De acordo com o artigo 13 da Lei Complementar 140, de 08 de dezembro de 2011, "os empreendimentos e atividades são licenciados ou autorizados, ambientalmente, por um único ente federativo". Nesse contexto, caberá ao Município promover o licenciamento de atividades ou empreendimentos que causem ou possam causar impacto ambiental de âmbito local, competindo ao Conselho Estadual de Meio Ambiente defini-los (artigo 9, inciso XIV, alínea "a"). Pois bem, o Conselho Estadual do Meio Ambiente de São Paulo, por meio da Deliberação Normativa 1, de 13 de novembro de 2018, não incluiu projetos urbanísticos com área igual ou superior a 100 hectares dentre aquelas atividades e empreendimentos causadores de impacto de âmbito local, de tal modo que caberá ao órgão ambiental estadual elaborar e analisar o correspondente EIA-RIMA.

E, aqui, pode surgir uma questão intrincada. Na medida em que cabe ao Município, por força constitucional, executar a política de desenvolvimento urbano, editando o plano diretor municipal (artigo 182 da Constituição Federal), e promover o "adequado ordenamento territorial, mediante planejamento e controle do uso, do parcelamento e da ocupação do solo urbano" (artigo 30, inciso VIII, da Constituição Federal), poderia o órgão ambiental estadual, como quer o Tribunal de Justiça de São Paulo, analisar se a modificação de índices urbanísticos proposta pelo PIU Arco Pinheiros "pode gerar significativo impacto ambiental, impedindo o bom fluxo de locomoção, permitindo o adensamento irrazoável da população"? Em outras palavras, poderia o órgão ambiental estadual determinar que não fosse realizada determinada alteração de índices e parâmetros urbanísticos, já que isso impactaria na locomoção de pessoas? Ou, então, condicionar tal modificação à execução de melhorias no sistema municipal de transporte público?

A depender do grau de ingerência por parte órgão ambiental estadual na análise do EIA-RIMA de um plano urbanístico e, bem assim, do subsequente licenciamento, ter-se-ia uma violação da competência municipal para promover o adequado ordenamento do território municipal, o que igualmente acaba por revelar a impropriedade de se submeter a elaboração de um *plano* urbanístico à prévia realização de EIA-RIMA.

À luz dos elementos acima apresentados, entende-se que não há razões aptas a justificar que a elaboração e aprovação de planos urbanísticos, tal como ocorre com o PIU Arco Pinheiros, seja obrigatoriamente antecedida de EIA-RIMA. A elaboração de tal estudo terá lugar apenas quando da aprovação de projetos elaborados a partir do mencionado plano, se e quando tais projetos forem passíveis de causar significativa degradação ambiental.

Naturalmente, o enfrentamento de aspectos ambientais não deve ser excluído dos estudos e discussões que antecedem a elaboração de qualquer plano urbanístico. Fernando Alves Correia, ao tratar dos planos urbanísticos, identifica quatro funções a eles inerentes: a identificação da realidade ou da situação existente, a conformação do território, a conformação do direito de propriedade do solo e, por fim, a gestão do território. Chamamos a atenção para as duas primeiras[13].

Quanto à primeira função, o Autor destaca que os planos urbanísticos se prestam a realizar um levantamento da situação existente, identificando os usos e ocupações já implantados, bem como as necessidades daqueles que habitam o território. A conformação do território representa a necessidade de que os planos influenciem e organizem o território como um todo, adequando as parcelas do espaço urbano umas às outras e definindo as regras e os princípios relativos à organização e à racionalização da ocupação e utilização do espaço[14].

É evidente, assim, que os planos urbanísticos devem ser elaborados a partir de uma correta identificação da realidade, com análises e discussões relativas às mais diferentes matérias, inclusive, pois, aspectos ambientais. Do contrário, ter-se-ia um plano descasado da realidade e, como tal, passível de declaração de inconstitucionalidade. No Tribunal de Justiça de São Paulo colecionam-se decisões nesse sentido, declarando-se a inconstitucionalidade de normas municipais em função da "ausência de estudo técnico prévio à alteração legislativa"[15] e da "ausência de planejamento integral e alteração tópica (...), necessitando-se de estudos prévios"[16].

Mas, insista-se, a importância de que aspectos ambientais sejam considerados na elaboração de qualquer plano urbanístico não se confunde com a necessidade de prévia elaboração de EIA-RIMA.

---

13. *Manual de Direito do Urbanismo*, p. 328-333.
14. Idem, p. 330.
15. ADI 2068207-27.2017.8.26.0000. Órgão Especial do Tribunal de Justiça de São Paulo. Rel. Des. Amorim Cantuária. Diário da Justiça, 10.08.2017.
16. ADI 2032961-38.2015.8.26.000. Órgão Especial do Tribunal de Justiça de São Paulo. Rel. Des. João Carlos Saletti. Diário da Justiça, 05.08.2016.

4. CONCLUSÃO

A partir dos elementos apresentados e discutidos acima, somos levados a concluir que não parece correta a decisão do Tribunal de Justiça do Estado de São Paulo, não se podendo condicionar a elaboração e aprovação de planos urbanísticos, com maior ou menor concretude, à prévia elaboração de EIA-RIMA.

Ao ignorar a diferença entre "plano urbanístico" e "projeto urbanístico" e concluir que o EIA-RIMA permitiria "verificar se a modificação do zoneamento, com a disposição dos possíveis empreendimentos e atividades na área, pode gerar significativo impacto ambiental", a decisão objeto do presente trabalho acaba por inverter a lógica do planejamento urbano (e, bem assim, do direito urbanístico), colocando-o como uma mera "derivada" do direito ambiental.

É preciso que questões afeitas ao planejamento urbano passem a ser discutidas a partir do repertório de direito urbanístico, permitindo a consolidação de institutos e instrumentos próprios do direito urbanístico e a criação de uma jurisprudência específica para a matéria, sem que, evidentemente, se desconsiderem os aspectos ambientais que lhe são correlatos.

5. REFERÊNCIAS

CORREIA, Fernando Alves. *Manual de Direito do Urbanismo*. 3. ed. Coimbra: Almedina, 2006. V. 1.

PINTO, Victor Carvalho. *Direito Urbanístico, Plano Diretor e Direito de Propriedade*. São Paulo: Ed. RT, 2005.

SILVA, José Afonso da. *Direito Urbanístico Brasileiro*. 4. ed. São Paulo: Malheiros, 2006.

SUNDFELD, Carlos Ari. O Estatuto da Cidade e suas Diretrizes Gerais. In: DALLARI, Adilson e FERRAZ, Sérgio (Coord.), *Estatuto da Cidade, Comentários à Lei Federal 10.257/2001*. São Paulo: Malheiros, 2003.

LEGISLAÇÃO URBANÍSTICA – EIA/RIMA DE PROJETO DE LEI DE EFEITOS CONCRETOS

José Carlos de Freitas

Especialista em Interesses Difusos e Coletivos pelo Centro de Estudos e Aperfeiçoamento Funcional da Escola Superior do Ministério Público de São Paulo – ESMP. Professor Convidado no Curso de Especialização em Interesses Difusos e Coletivos da Escola Superior do Ministério Público de São Paulo, na Sociedade Brasileira de Direito Público, na Escola Superior da Advocacia – OAB/SP, na Escola Paulista da Magistratura e no Instituto de Pesquisas Tecnológicas – IPT/SP. 13º Procurador de Justiça da Procuradoria de Justiça de Direitos Difusos e Coletivos. Foi Coordenador do Centro de Apoio Operacional das Promotorias de Justiça de Habitação e Urbanismo do Estado de São Paulo – CAOHURB, de março de 1998 a fevereiro de 2003.

Sumário: 1. Introdução – 2. Breve resumo – 3. Apreciação crítica – 4. Projeto de lei de efeitos concretos – 5. Conclusão – 6. Referências.

1. INTRODUÇÃO

Uma das preocupações contemporâneas dos moradores das cidades, na edição de normas de conteúdo urbanístico, diz respeito aos impactos que as leis de planejamento urbano irão irradiar ao definirem novos índices de construção, de uso e de ocupação do solo.

A profusão de atos normativos do gênero despertou na sociedade civil, notadamente a partir do advento do Estatuto da Cidade (Lei 10.257/01), maior atenção dos setores que direta ou indiretamente são atingidos, sendo beneficiários ou não das inovações legislativas, levando certos atores a questionarem no Poder Judiciário a formação e os efeitos dessas normas no tecido urbano, reclamando uma melhor aferição com estudos técnicos mais abrangentes.

Trazemos à reflexão uma iniciativa do gênero, analisando um aresto do Tribunal de Justiça do Estado de São Paulo, que entendeu pela necessidade da realização de Estudo/Relatório de Impacto Ambiental de um projeto de lei que aprova projeto de intervenção urbana na Cidade de São Paulo, acolhendo pleito do Ministério Público do Estado de São Paulo em sede de ação civil pública, em que os réus questionam o instrumento processual para esse fim, a legitimidade do *Parquet* e a possibilidade de o Poder Judiciário decidir sobre questão que, no entendimento deles, seria de exclusiva apreciação pelo Poder Legislativo daquela cidade.

O Ministério Público do Estado de São Paulo ajuizou, em setembro de 2019, uma ação civil pública em face do Município de São Paulo, da São Paulo Urbanismo e da Câmara Municipal de São Paulo, objetivando obstar o trâmite do Projeto de Lei 427/19, que contém o *Projeto de Intervenção Urbana (PIU)* para o território de

Pinheiros, criando a Área de Intervenção Urbana Arco Pinheiros, condicionando-o à prévia realização de um EIA/RIMA.

Instrumento criado pelo Plano Diretor Estratégico da Cidade de São Paulo, objetiva promover o ordenamento e a reestruturação urbana em áreas subutilizadas e com potencial de transformação, mediante elaboração, pelo Poder Público, de planos de intervenção em determinadas áreas da cidade, com a previsão de participação popular no processo. O PIU Arco Pinheiros, por abranger uma área de 1.509 hectares, reclama, segundo a tese defendida pelo autor da ação, a prévia realização de Estudo/Relatório de Impacto Ambiental, por força do artigo 2º, XV, da Resolução CONAMA 01/1986 (*pelo qual dependerão de EIA/RIMA projetos urbanísticos acima de 100 hectares*).

Alegou-se que a elaboração do projeto não foi precedida da realização de estudo/relatório de impacto ambiental, com violação ao precitado dispositivo, havendo pedido também para que o EIA/RIMA contemple a necessidade de realização estudo de impacto de vizinhança.

O autor obteve liminar para suspender o trâmite do projeto de lei no Tribunal de Justiça do Estado de São Paulo[1]. Sentença de procedência de junho de 2020, da 11ª Vara de Fazenda Pública da Capital, condenou os réus ao cumprimento da obrigação de fazer, na realização de EIA-RIMA previamente ao projeto de lei que instrumentaliza o PIU Arco Pinheiros.

Apelaram os réus, sobrevindo o acórdão ora comentado por nós, não para dizermos dos seus acertos ou erros, mas para fazermos uma reflexão sobre a necessária e prévia aferição dos efeitos da produção de certas normas urbanísticas.

2. BREVE RESUMO

As objeções feitas pelos réus ao longo do processo, em sua essência, centram-se nos seguintes tópicos: invasão indevida na seara *"interna corporis"*, mediante controle prévio de legalidade do processo legislativo pelo Poder Judiciário, que só pode ser feito (inclusive o de constitucionalidade) apenas pelos vereadores, sob pena de ferir o princípio da separação dos poderes (arts. 2º, 18, *caput* e 29, *caput* e XI da Constituição Federal); o controle pretendido é de suposto vício material e não formal, utilizando-se de ação civil pública como controle prévio de legalidade; indevida utilização da ação civil pública como sucedâneo da ação direta de inconstitucionalidade; o PL 427/2019 não é um ato administrativo e não possui efeitos concretos, tendo as características de generalidade, abstração, impessoalidade e imperatividade; ele cria orientações para subsidiar transformações urbanísticas, econômicas e ambientais futuras, e não para a implementação imediata de projetos; permite algumas transformações urbanísticas, mas que não necessariamente serão implantadas; não significa que todos os imóveis da área

---

1. Agravo de instrumento 2272071-21.2019.8.26.0000, 6ª Câmara de Direito Público, Relatora Silvia Meirelles, 20.07.2020.

irão utilizar um maior potencial construtivo e não se pode prever quando as obras serão realizadas; a proteção ao meio ambiente apenas será efetiva se houver um procedimento de licenciamento ambiental para cada proposta que eventualmente utilizar as novas regras previstas no projeto de lei; os estudos de impacto de vizinhança, restritos à vizinhança ao redor do empreendimento que se pretende implantar, serão feitos posteriormente, por ocasião da eventual implantação dos empreendimentos; o Projeto de Intervenção Urbana – PIU é norma de caráter geral, abstrata e não se confunde com os instrumentos de intervenção urbana (*operações urbanas, concessão urbanística, áreas de intervenção urbana ou área de estruturação local*); é um plano urbano, não um projeto urbanístico e a natureza de suas disposições impede que sejam, desde já, identificados todos os elementos que acarretarão alteração de características do meio ambiente, não incidindo a Resolução CONAMA 01/1986; é a implantação de cada atividade ou obra efetiva ou potencialmente degradadora que deve sujeitar-se à avaliação de impacto ambiental.

O Tribunal de Justiça do Estado de São Paulo manteve a sentença condenatória[2].

Entendeu que o PIU é uma lei urbanística de efeitos concretos, reclamando a elaboração do prévio EIA/RIMA. Quanto à ilegitimidade do Ministério Público para a propositura da ação, identificou no pedido a busca da compatibilização do projeto de lei com a legislação vigente, em observância ao princípio da prevenção e para evitar danos ao meio ambiente e à coletividade.

Disse o Colegiado, escorado em jurisprudência das Cortes Superiores, ser possível o controle difuso de constitucionalidade por meio de ação civil pública, de forma incidental. Ainda, entendeu possível o Judiciário ingressar no processo legislativo para fazer o controle de legalidade na tramitação de projetos de lei, na legitimidade de sua elaboração, como também ser "imprescindível também a observância das normas regulamentadoras infraconstitucionais para a elaboração de projetos de lei, como, no presente caso, a elaboração do EIA-RIMA, licenciamentos ambientais e urbanísticos, conforme prevê a legislação ambiental e urbanística, com a finalidade de se evitar a edição de leis flagrantemente violadoras de valores constitucionais, como, no caso, o meio ambiente em todos os seus aspectos".

Sustentou que a aferição da legalidade do trâmite do projeto de lei é feita à luz da legislação ambiental, diante de potencial violação a interesses da coletividade, sem implicar o controle da escolha política dos parlamentares eleitos pelo povo.

Entendeu a Turma Julgadora que o projeto de lei "consubstancia-se em projeto urbanístico revestido da forma de lei, possuindo efeitos concretos como um verdadeiro ato deliberativo", porque traz em si os resultados administrativos objetivados pelo município, para fins de reestruturação urbana, afetando diretamente a população paulistana.

---

2. Apelação 1050491-68.2019.8.26.0053, 6ª Câmara de Direito Público, Relatora Silvia Meirelles, v.u., j. 19.04.2021.

Prestigiou o cabimento da ação civil pública na defesa do meio ambiente urbano equilibrado, por ser projeto de lei de efeitos concretos na organização da cidade e na paisagem.

Diz o TJSP que eventuais estudos na elaboração de projetos de intervenção urbana não afastam a exigência da elaboração do EIA/RIMA, por força do significativo impacto ambiental, não podendo a legislação municipal afastar as normas nacionais de proteção do meio ambiente.

Após discorrer sobre a legislação ambiental e seu assento constitucional, enfatiza que a tutela ambiental é da qualidade do meio ambiente em função da qualidade de vida, não o próprio meio ambiente em si, uma categoria mais complexa de bem público, um bem de que não se pode dispor, de obrigatória observância tanto pelo Poder Público como por toda a coletividade.

Afirma que a modificação do zoneamento pode gerar significativo impacto ambiental, impedindo o bom fluxo de locomoção, permitindo o adensamento irrazoável da população, a sobrecarga dos sistemas de coleta de esgoto e de distribuição de água, além da eficiência do escoamento das águas pluviais que muito comprometem o município como um todo, como causa de grandes e recorrentes enchentes na região, fato público e notório.

Acentua que a iniciativa de se exigir o EIA/RIMA: guarda sintonia com as diretrizes gerais da política urbana da Lei 10.257/01 (Estatuto da Cidade); verifica a possibilidade de dano ambiental do projeto como um todo, não dispensando eventuais estudos para cada empreendimento ou obra; busca dar maiores subsídios à população quando da consulta pública, para demonstrar que o projeto não beneficiará somente os empresários interessados; não provoca lesão aos cofres públicos, pois a proteção ao meio ambiente é dever de todos, em especial dos poderes públicos, daí o custo desse estudo ser suportado pelo erário municipal.

3. APRECIAÇÃO CRÍTICA

Sobre o controle prévio do processo legislativo, deve-se lembrar, primeiro, caber ao Poder Judiciário conhecer de lesão ou ameaça a direito (*princípio da inafastabilidade do controle judicial – art. 3º do CPC e art. 5º, XXXV, da CF*).

Há precedentes do Tribunal de Justiça do Estado de São Paulo que admitem a intervenção do Judiciário para *suspender o processo de elaboração de normas urbanísticas* (*"verbi gratia"*, o Plano Diretor), quando não observada, por exemplo, a premissa da participação popular[3].

---

3. Apelação 0019326-64.2012.8.26.0053; Agravo de Instrumento 631.245.5/2, rel. Des. Celso Bonilha, j. 28.02.2007.

LEGISLAÇÃO URBANÍSTICA – EIA/RIMA DE PROJETO DE LEI DE EFEITOS CONCRETOS

Admite-se a perscrutação das ilegalidades e vícios na fase embrionária da formação de leis afetas à ordem urbanística, mediante ação civil pública, suspendendo o trâmite ainda na esfera administrativa, como se extrai do seguinte julgado:

> Agravo de Instrumento – Ação Civil Pública – Operação Urbana Consorciada (OUC) Vila Sônia – Pretensão do Ministério Público em compelir a Municipalidade a abster-se de toda e qualquer tramitação administrativa e legislativa, para o fim de garantir a efetiva participação da população e de associações representativas na execução e acompanhamento de planos, programas e projetos de desenvolvimento urbano relacionados à OUC Vila Sônia – Pedido de concessão de medida liminar para tal fim – Deferimento da liminar pelo douto magistrado de primeiro grau – Insurgência da Municipalidade, por meio de agravo de instrumento – Existência dos requisitos para a concessão da liminar – Decisão mantida – Recurso desprovido.

A ação civil pública é um dos instrumentos de controle de legalidade de planos diretores[4].

O Judiciário, no caso aqui em análise, decidiu sobre a *formação de uma lei de efeitos concretos* (*ato jurídico*), na medida em que estabelece índices urbanísticos que alteram a realidade da urbe (o tecido urbano no plano dos fatos), além de conter também enunciados abstratos, impessoais e genéricos que caracterizam as leis em geral, daí porque a necessidade de se aplicar a Resolução do CONAMA que trata do EIA/RIMA.

O Poder Judiciário, nesse sentido, não usurpa a função legislativa, não substitui a soberana vontade de Casa Legislativa legitimamente eleita. Apenas aplica e faz cumprir a lei.

A ação *não pretende fazer as vezes de uma ADIn*, como acertadamente decidiu o Tribunal, pois não se constata pedido próprio do regime de declaração de uma ação direta de inconstitucionalidade no pleito de "refazimento do processo participativo de discussão do PIU Arco Pinheiros, após a realização do EIA-RIMA e/ou EIV, consoante pedidos anteriores, para toda a extensão do projeto".

Fundamentar uma ação civil pública com base na Carta Magna não é o mesmo que fazer o controle concentrado da constitucionalidade.

O Ministério Público é parte legítima para *arguir a inconstitucionalidade incidental, em ação civil pública*, de leis ou *atos normativos* em face da Constituição Estadual ou Federal. Pode fazê-lo perante qualquer Juízo, em face das leis municipais e federais, lembrando-se que no caso ainda não há lei formalmente e materialmente existente (é ainda um projeto de lei).

A doutrina admite a discussão incidental da constitucionalidade de uma lei como questão prejudicial, como causa de pedir, podendo qualquer Magistrado exercer o controle difuso[5]. Porém não como decisão para extirpar o texto legislativo

---

4. PINTO, Victor Carvalho. *Direito Urbanístico* – Plano Diretor e Direito de Propriedade. 3. ed. São Paulo: Ed. RT, 2011. p. 238-9.
5. NERY JUNIOR, Nelson e NERY, Rosa Maria Andrade. *Código de Processo Civil e Legislação Processual Civil Extravagante*. São Paulo: Ed. RT, 1.994, p. 122; BITTENCOURT, Lucio. *O Controle Jurisdicional da Consti-*

do ordenamento, pois o controle concentrado só é realizado pelo Supremo Tribunal Federal, quando defende a Constituição Federal, e pelo órgão especial dos Tribunais de Justiça locais, quando se visa a preservar as Constituições Estaduais (artigos 97; 102, I, "a"; 125, § 2º, CF).

Nosso ordenamento jurídico contempla, assim, *sistema misto de controle da constitucionalidade* de lei ou ato normativo do Poder Público: o controle concentrado e o *controle difuso*. O exercício desse controle, assim, pode ser feito de duas formas distintas: *incidentalmente*, quando da apreciação de um caso concreto pelos juízes das diversas instâncias judiciárias, em que se afasta a aplicação de uma determinada lei ou ato normativo em razão de sua inconstitucionalidade; ou *diretamente*, quando se procura atacar o vício da lei em tese.

No primeiro caso, também chamado de *controle difuso* ou por via de exceção, tem-se um processo subjetivo, com autor e réu, e os efeitos de uma *"declaração de inconstitucionalidade"* alcançam, em princípio, tão somente as partes da relação processual.

O denominado *controle concentrado* das leis caracteriza-se pelo exame em abstrato da norma, isto é, ela isoladamente considerada, agora por um processo objetivo, instaurado por legitimados previamente definidos em lei, em que a declaração de inconstitucionalidade tem efeitos *"erga omnes"* e *"ex tunc"*. Esse controle também se perfaz utilizando-se da técnica da interpretação conforme a Constituição, porém, pelo órgão definido pela Carta Magna.

O STJ e o STF admitem o *controle difuso das leis por ações civis públicas*, mas nos limites legais e constitucionais[6]. Portanto, a chamada impropriedade da via eleita é arguição sem fundamento, quer porque *o PL ainda não se converteu em lei*, quer porque *o Judiciário não pode ser excluído* da perscrutação dos vícios formais de um processo legislativo complexo que foi gestado no Executivo.

A possibilidade de elaboração de EIA-RIMA e/ou EIV-RIVI para os *empreendimentos pontuais*, como foi argumentado pelos réus para afastar esses estudos já na lei que rege o PIU, é *raciocínio parcialmente correto*, mas não esvazia a pretensão veiculada na ação.

Em primeiro lugar, não se pode olvidar que na Cidade de São Paulo há uma *tendência de não se fazer EIA-RIMA e EIV-RIVI, burlando-se a lei*.

---

tucionalidade das Leis. Atual. José de Aguiar Dias. Rio de Janeiro: Forense, 1968. p. 101; BUZAID, Alfredo. *Da Ação Direta de Declaração de Inconstitucionalidade no Direito Brasileiro*. São Paulo: Saraiva, n. 4, 1958, p. 24.

6. REsp 489225-DF –2002/0156888-8; Rel. Min. Luiz Fux; DJ 25.08.2003, p. 1 de 2; Reclamação n. 1.733-SP, voto do Ministro Celso de Mello – Informativo 212, de 27/11 a 01.12.2000; AI 557.291-AgR/DF, Rel. Min. Ayres Britto, 2ª Turma, DJe 17.12.2010; RE 633.195-ED/SP, Rel. Min. Dias Toffoli, 1ª Turma, DJe 29.06.2012; Rcl 8605 AgR, Relator Min. Marco Aurélio, Tribunal Pleno, julgado em 17.10.2013, Acórdão Eletrônico DJe-220 DIVULG 06.11.2013 Public 07.11.2013; AG.REG. no Recurso Extraordinário 706.658-PR, Ministra Rosa Weber, j. 09.12.2014, DJe 02.02.2015.

A prática consiste no *fracionamento de empreendimentos imobiliários de grande porte* (residenciais multifamiliares ou comerciais, multiuso, por exemplo) utilizando-se de determinada *regra de corte estabelecida pela legislação de regência* para se eximir da obrigação (*a lei estabelece, por exemplo, uma metragem de área construída, a partir da qual o empreendedor deverá elaborar o EIV-RIV ou EIA-RIMA, mas o empreendimento é seccionado em partes menores com áreas construtivas inferiores, buscando fugir dessa obrigação, porque é dispendiosa, atrapalha a celeridade dos negócios e retarda o retorno dos investimentos...*).

Registra-se um *precedente do TJSP* em que que *essa prática ficou patente*[7]:

> "... o projeto inicial foi transformado no projeto "Parque Global", *dividindo-se a área inicial em três partes* destinadas à construção de um complexo de uso misto, constituído por duas torres corporativas, uma torre comercial, uma torre residencial e um hotel (área 1); implantação de um shopping center (área 2); e um condomínio residencial de cinco torres (área 3).
> (...)
> No entanto, *o desmembramento acabou na verdade por provocar um adensamento ainda maior*, pois a área construída aumentará consideravelmente, assim como o fluxo de pessoas, que será ainda mais intenso, uma vez que o novo projeto prevê a construção de um complexo de uso misto, constituído por duas torres corporativas, uma torre comercial, uma torre residencial e um hotel (área 1); um shopping center (área 2); e um condomínio residencial de cinco torres(área 3), que estão sendo oferecidos no mercado como um único megaempreendimento, denominado Parque Global, devendo, por isso, ser afastada a alegação que objetiva imprimir uma visão parcial ou dicotomizada dos empreendimentos.
> *Isto porque, a divisão do imóvel em três partes – evitando-se, com isso, a realização de estudos de impacto ambiental e de vizinhança que possivelmente o empreendimento em sua totalidade exigiria – não pode, por ora, servir de fundamento, fato que, sendo admitido, possibilitaria o fracionamento de áreas com o intuito de desviar a aplicação da lei, o que não se coaduna com os princípios aplicados ao meio ambiente.*

Não é cerebrina, portanto, a hipótese de empreendimentos pontuais serem aprovados e implantados *sem a realização de EIA-RIMA e EIV-RIVI*, pois há *manobras* conhecidas e praticadas intensamente por certos setores do mercado imobiliário que limitam a incidência do EIA e do EIV a empreendimentos com dimensões tais que torna esses instrumentos de *aplicação extraordinária e ficcional*, ostentando função meramente ornamental na lei, *caindo por terra* a premissa de que esses estudos, sendo exigidos futuramente, quando da implantação dos empreendimentos específicos, substituem a realização de EIA-RIMA no Projeto de Intervenção Urbana para o território do Arco Pinheiros.

A prática não é exclusividade da capital paulista, havendo casos em que a *linha de corte* é estabelecida em lei para excluir empreendimentos dos estudos de impacto, como se pode confirmar em precedente do TJRJ[8]:

---

7. A.I. 2151379-66.2014.8.26.0000, 2ª CRMA, Relator Eutálio Porto, j. 16.04.2015.
8. Disponível em: http://www1.tjrj.jus.br/gedcacheweb/default.aspx?UZIP=1&GEDID=0004357045771242 0B8DF91DBD3535E9201AC50B05435439 – Apelação Cível – Remessa Necessária 0006155-57.2013.8.19.0002 – Ministério Público do Estado do Rio de Janeiro x Município de Niterói – Relator Des. Edson Aguiar de Vasconcelos, j. em 29.05.2019, publ. 12.06.2019.

172 JOSÉ CARLOS DE FREITAS

Apelação. Remessa necessária. Direito constitucional. Ação civil pública. Preliminares de falta de interesse de agir, litispendência e inadequação da via eleita rejeitadas por decisão transitada em julgado desta câmara sob o regramento processual anterior. Rediscussão. Impossibilidade. Sentença. Fundamentação. Observância ao art. 93, IX, da Constituição Federal e art. 489 do CPC. Município de Niterói. Concessão de licença para construção de empreendimentos de grande porte. Aplicação do parâmetro estabelecido no art. 61 da lei 1.957/02. Empreendimentos com mais de seis pavimentos. Grande porte. Lei 2.051/03. Rol não exaustivo. Crescimento imobiliário. Bairro de Icaraí. Exigência de prévia aprovação de estudo de impacto de vizinhança – EIV. Art. 37 da Lei 10.257/01. Omissão do poder público local. Bens ambientais e urbanísticos tutelados pela Constituição Federal e pelo Estatuto da Cidade – arts. 2º, 4º, VI, 36 e 37. Princípio da vedação da proteção deficiente integrado ao princípio da adaptação. Multa razoavelmente arbitrada. Sucumbência proporcional. Condenação do vencido nos honorários. Impossibilidade. Aplicação do princípio da simetria. Desprovimento do recurso. (...) 4. O direito ao meio ambiente ecologicamente equilibrado inserto no art. 225 da Constituição Federal inclui o planejamento urbanístico como fator de integração e o direito às cidades sustentáveis, que é classificado como direito fundamental, consagrando os princípios norteadores do desenvolvimento das cidades (art. 182 da CF). 5. Nessa linha, a Constituição da República fixou como competência comum dos entes federativos a proteção do meio ambiente (art. 23, VI), impondo-lhes o dever de combate à poluição em todas as suas formas. E mais, atribuiu expressamente aos municípios a competência no tocante à promoção do adequado ordenamento territorial, mediante planejamento e controle do uso, do parcelamento e da ocupação do solo urbano (artigo 30, VIII). 6. Assim, o planejamento urbano e as próprias regras que compõem o direito urbanístico, denominado de meio ambiente artificial, possuem matriz constitucional, incumbindo ao Poder Público em geral assegurar a proteção do meio ambiente urbano, assim como o bem-estar, a segurança e a saúde de todos (arts. 24, I, 182 e 196 da Constituição Federal). 7. O Plano Diretor constitui um dos principais instrumentos de política urbana, sendo atividade tipicamente municipal. Deve ser elaborado pelo Governo e aprovado pela Câmara, sendo obrigatório para cidades com mais de 20.000 habitantes. 8. Em Niterói, o Plano Diretor foi criado por meio da Lei Municipal 1.157/1992, tendo sido atualizado pela Lei Municipal nº 2.123/2004, visando a adequação aos termos do Estatuto da Cidade – Lei 10.257/01. 9. Dentre os instrumentos de proteção urbanística, o Estatuto da Cidade criou o Estudo de Impacto de Vizinhança – EIV, destinado a contemplar os impactos positivos e negativos de empreendimentos em relação à qualidade de vida da população do local e das proximidades – arts. 4º, VI, 37 do Estatuto da Cidade, sendo este um instrumento necessário ao ordenamento do território e do desenvolvimento econômico e social. 10. Em seu art. 36, o Estatuto da Cidade estabeleceu que a lei municipal deve definir os empreendimentos sujeitos ao estudo prévio para efeito de aprovação pelo Poder Público Municipal, sendo então editada a Lei Municipal 2.051/03, que definiu as hipóteses em que o EIV deve ser realizado. 11. Todavia, *os termos concebidos pela lei municipal praticamente inviabilizam a aplicação do instrumento, à medida que limitam a incidência do EIV a empreendimentos com dimensões tais que o torna de aplicação extraordinária e ficcional, deixando de atender concretamente aos fins aos quais se destina.* 12. No caso, não se trata de pretender o judiciário usurpar a função legislativa e ditar regras ao arrepio da lei, a substituir a soberana vontade de casa legislativa legitimamente eleita. Trata a hipótese de reconhecer a *inocuidade de lei editada exclusivamente para atender a comando legislativo geral de proteção urbanística, mas que na prática passou ao largo da proteção efetiva e eficaz do bem jurídico em questão, ostentando função meramente ornamental.* Embora esse controle deva ser feito ordinariamente pelo legislador e pela lei, quando estes falham surge a possibilidade subsidiária de atuação do Juiz, que deve remediar a desproporcional deficiência. 13. Tem pertinência na hipótese o caráter bidimensional do princípio da proporcionalidade, que é dirigido tanto ao legislador quanto ao juiz, ao proibir, de um lado, o excesso e, do outro, a insuficiência da ação estatal. Daí extrai-se o *princípio da Proibição da Proteção Deficiente, que tanto deve impedir a eliminação de normas cujo conteúdo seja indispensável ao cumprimento das disposições constitucionais, proibindo assim o retrocesso, como também obrigar a um atuar estatal comissivo para conferir efetividade aos deveres impostos pela Carta Magna,* em relação aos quais não há margem de discricionariedade. 14. A par da proibição da proteção deficiente, já reconhecida expressamente pelo Excelso Pretório em diversos julgados, merece destaque o *"princípio da adaptação"* adotado pelo Acordo de Paris e contemplado na lei de Política Nacional sobre Mudança do Clima, que *obriga a redução da vulnerabilidade dos sistemas naturais e humanos, no caso o das cidades, frente aos efeitos atuais e esperados da mudança do clima que já se fazem sentir.* 15. A integração do princípio da proibição de proteção deficiente e do princípio da adaptação, derivando este no dever de adaptação, permite reconhecer o cabimento da postulação do Ministério Público quanto à necessidade de dar efetividade ao EIV diante da realidade urbanística do Município de Niterói, a exemplo do critério já adotado pelo Plano Urbanístico das Praias da Baía (art. 61 da Lei Municipal 1.967/02) para empreendimentos com mais de seis pavimentos então considerados de grande porte.

> 16. Ação que não objetiva suscitar a inconstitucionalidade da Lei Municipal 2.051/03, muito menos reproduz ação anteriormente ajuizada, sendo formulado pedido no sentido de dar efetivo cumprimento às normas urbanísticas e ambientais para obrigar o Município a exigir Estudo de Impacto de Vizinhança – EIV para aprovação dos empreendimentos de grande porte, medida indispensável para a redução de riscos urbanos e tendente a garantir a sustentabilidade das grandes cidades. 17. É razoável a aplicação de critério hermenêutico, ou seja, interpretação extensiva da norma legal, para conferir maior eficácia a Lei Municipal 2.051/03, em consonância ao estabelecido no próprio Estatuto da Cidade, impondo-se a manutenção da sentença que confirmou a tutela antecipada e condenou a parte ré a prévia aprovação do competente Estudo de Impacto de Vizinhança – EIV para todos os empreendimentos imobiliários de grande porte, residenciais multifamiliares ou comerciais, com mais de seis pavimentos, no bairro de Icaraí. 18. Multa coercitiva fixada em atenção à razoabilidade, afigurando-se proporcional ao resultado inibidor legitimamente almejado, diante da relevância do tema e das questões ventiladas. 19. Dano moral coletivo não configurado e dano material não demonstrado. 20. Em observância ao critério da simetria, o Superior Tribunal de Justiça consolidou o entendimento de que em sede de ação civil pública não é cabível a condenação da parte vencida em honorários advocatícios em favor do Ministério Público. 21. Sendo proferida sentença em 11/04/2016, não cabe a aplicação da sucumbência recíproca, impondo-se de ofício a sucumbência proporcional, conforme inteligência da Súmula 161 deste Tribunal, observada a isenção do município quanto às custas. 22. Deve o réu arcar com o pagamento de metade da taxa judiciária, em atenção ao entendimento consolidado nos enunciados das Súmulas 161 e 145, ambas deste Tribunal de Justiça. 23. Desprovimento do recurso.

Em segundo lugar, é intuitivo considerar que *cada lote ou quadra dentro do perímetro do PIU* comportará, a seu tempo, edificações e usos diferentes que, hoje, não podem ser previstos nem dimensionados em seus efeitos, porque o tipo de construção e de uso de cada lote ou quadra dependerá da *opção do empreendedor*, daí pensar-se na *suposta suficiência* – imaginada pelos apelantes – dos estudos pontuais para cada empreendimento, aferindo os seus impactos para impor ao empreendedor a realização de obras e serviços para mitigar seus efeitos.

As normas propostas pelo PL 427/19, sobre cada um dos lotes ou quadras, estabelecem *índices urbanísticos* que definirão a volumetria das construções (taxa de ocupação, coeficiente de aproveitamento, gabaritos, áreas *non aedificandi* e/ou recuos etc.), mas os *modelos de edificação* (casas, prédios, loteamentos etc.) *e a tipologia dos usos futuros* (comercial, residencial, prestação de serviços, edificações multiuso etc.) serão definidos pelo empreendedor, segundo as *regras de mercado* no momento do lançamento do empreendimento imobiliário.

O empreendedor, ao interferir no tecido urbano e se apropriar gratuitamente da infraestrutura instalada, no mais das vezes provoca *externalidades negativas* traduzidas por impactos no meio urbano que, de ordinário, são suportados pela vizinhança e pela coletividade (*o contribuinte paga o preço...*), porque não faz estudos de impacto (aqui já dissemos o porquê).

Eventuais estudos feitos na origem pelo Poder Executivo, na elaboração do projeto de lei, para as propostas de transformação dos espaços físicos no tecido urbano, não suprem a maior incursão vertical e horizontal de um EIA, na medida em que este, além da descrição do local, propõe-se a realizar: o estudo do meio físico, biológico e socioeconômico; a análise dos impactos positivos e negativos (benéficos e adversos), diretos e indiretos, imediatos a médio e longo prazos, temporários e permanentes, grau de reversibilidade, propriedades cumulativas e sinérgicas; a distribuição dos ônus e benefícios sociais; definir as medidas para corrigir ou mitigar os impactos negativos, e um programa de acompanhamento e monitoramento dos impactos positivos e negativos (art. 6º, Res. CONAMA 01/86).

Outrossim, os estudos de um EIA/RIMA são realizados por profissionais legalmente habilitados que respondem por eventuais *sanções administrativas, civis e penais*[9], ao contrário dos supostos estudos feitos pelos proponentes do PL, onde a responsabilidade fica diluída ou impossível de ser caracterizada, posto que anônimos são seus autores[10].

O EIA contém forte apelo de *controle social*, pois é realizado com *audiência pública*[11].

Daí a necessidade de estudos globais, *de toda a área do PIU*, para projetar os impactos do PL 427/19, a partir dos índices urbanísticos propostos.

Cada novo empreendimento a ser idealizado e construído em cada lote ou quadra trará impactos a serem aferidos, a tempo e modo, lembrando-se que o Estatuto da Cidade exige que *a infraestrutura adequada seja condição* para a implantação de parcelamento do solo, edificação ou uso, ou de qualquer polo gerador de tráfego (art. 2º, VI, "c" e "d", Lei 10.257/01).

Nisto reside, repetimos, o *parcial acerto* do raciocínio dos réus, de que poderá haver ajuste de rumos, com a *realização de estudos para cada novo empreendimento* (EIA e/ou EIV). Mas essa possibilidade não inviabiliza nem esvazia a ação civil pública.

Isto porque a cidade é um *corpo dinâmico em constante modificação*, sendo evidente supor que a situação atual da parte da urbe que é objeto do Projeto de Lei será diversa da que hoje existe, em razão da proposta de crescimento demográfico, de aumento da volumetria das áreas construídas, dos novos e intensos usos etc.

A iniciativa do Executivo, ao elaborar o PL, não levou em conta a *dinâmica de apropriação do solo,* com significativas *transformações tipológicas e morfológicas*, assim como o *processo de adensamento* da região como vetor de expansão da área abrangida pelo PIU Arco de Pinheiros, protagonizado pelo conhecido *"boom imobiliário"*.

A cidade muda sua feição a partir da implantação de outros empreendimentos privados (que são também polos geradores de tráfego) e de obras públicas que serão

---

9. Art. 11 da Resolução CONAMA 237/97: "Os estudos necessários ao processo de licenciamento deverão ser realizados por profissionais legalmente habilitados, às expensas do empreendedor.

   Parágrafo único. O empreendedor e os profissionais que subscrevem os estudos previstos no caput deste artigo serão responsáveis pelas informações apresentadas, sujeitando-se às sanções administrativas, civis e penais".

   Dentre as sanções administrativas, civis e criminais podemos indicar algumas: Lei 8.429/92 (improbidade administrativa); art. 14 da Lei 6.938/81; arts. 186 e 187 do Código Civil; art. 299 do Código Penal (falsidade ideológica); arts. 66 e 69-A da Lei 9.605/98.

10. Diz a *lenda urbana* que muitos projetos de leis urbanísticas são concebidos por profissionais de sociedades anônimas ou limitadas...

11. Prevista na Res. CONAMA 01/86, vem disciplinada na Res. CONAMA 09/87.

LEGISLAÇÃO URBANÍSTICA – EIA/RIMA DE PROJETO DE LEI DE EFEITOS CONCRETOS **175**

realizadas, sendo necessário também aferir os *impactos sinérgicos e cumulativos* decorrentes da somatória dos efeitos de todas as obras.

O EIA-RIMA e o EIV-RIVI pretendidos na ação seguramente trarão as respostas para melhor dimensionar as alterações urbanísticas propostas no PL 427/19.

Uma previsão mínima dos impactos pode e deve ser feita no PL, a partir da área territorial de abrangência proposta no Projeto de Intervenção Urbana Arco Pinheiros (1.509 hectares) – que atrai a incidência da Resolução CONAMA 01/1986 (art. 2º, XV, da – *área com mais de 100 hectares*[12]), cuja competência tem *previsão legal* no art. 6º, II e §§ 1º e 2º, Lei 6.938/81.

4. PROJETO DE LEI DE EFEITOS CONCRETOS

O debate abstratamente travado pelos réus sobre ser o PL 427/19 do PIU do Arco de Pinheiros um *projeto* ou um *plano* de intervenção urbanística para excluí-lo do EIA/RIMA vai além de uma discussão meramente semântica.

O PL 427/19 *é um projeto de uma lei de efeitos concretos*, ainda que contenha *também* dispositivos com carga de generalidade, abstração e impessoalidade, próprios, aliás, das leis.

Traz-se a lume a lição do festejado e saudoso Hely Lopes Meirelles para entendermos *o que é uma lei de efeitos concretos*, e que, por uma feliz coincidência, nos brinda com o exemplo das *leis que aprovam planos de urbanização*:

"Por *leis* e decretos de *efeitos concretos* entendem-se *aqueles que trazem em si mesmos o resultado específico pretendido*, tais como as leis que fixam limites territoriais, *as leis que aprovam planos de urbanização*, as que criam municípios ou desmembram distritos, as que concedem isenções fiscais; as que proíbem atividades ou condutas individuais; os decretos que desapropriam bens, os que fixam tarifas, os que fazem nomeações e outros dessa espécie.

Tais leis ou decretos nada têm de normativos; são *atos de efeitos concretos*, revestindo a forma imprópria de lei ou decreto, por exigências administrativas. Não contêm mandamentos genéricos, nem apresentam qualquer regra abstrata de conduta; atuam concreta e imediatamente como qualquer ato administrativo de efeitos individuais e específicos, razão pela qual se expõem ao ataque pelo mandado de segurança (*RT* 242/314, 289/152, 291/171, 441/66)."[13]

"Dentre os atos *ilegais* e *lesivos* ao patrimônio público pode estar até mesmo a *lei de efeitos concretos*, isto é, aquela que já traz em si as consequências imediatas de sua atuação, como a que desapropria bens, a que concede isenções, a que desmembra ou cria municípios, a que fixa limites territoriais e outras dessa espécie. Tais leis só o são em sentido formal, visto que materialmente

---

12. "Dependerá de elaboração de estudo de impacto ambiental e respectivo relatório de impacto ambiental - RIMA, a serem submetidos à aprovação do órgão estadual competente, e do IBAMA em caráter supletivo, o licenciamento de atividades modificadoras do meio ambiente, tais como (...) *projetos urbanísticos, acima de 100 ha.* ou em áreas consideradas de relevante interesse ambiental a critério da SEMA e dos órgãos municipais e estaduais competentes".

13. *Mandado de Segurança, Ação Popular e Ação Civil Pública*. 11. ed. São Paulo: Ed. RT, 1.987, p. 15.

se equiparam aos atos administrativos e por isso mesmo são atacáveis por ação popular ou por mandado de segurança, conforme o direito ou o interesse por elas lesado." [14]

A discussão sobre a natureza jurídica do PIU não inaugura, assim, o debate na doutrina, sobre a natureza jurídica de leis urbanísticas, como é o caso do *plano diretor*, por exemplo, havendo quem o conceba ora como ato administrativo, ora como ato normativo, ora como ato em parte normativo e em parte administrativo.[15]

As normas do plano diretor – para ficarmos neste exemplo, que se aplica a qualquer outro plano urbanístico – "não apresentam, no entanto, natureza jurídica de lei em sentido material. Esta caracteriza-se pelos atributos de generalidade e abstração, ou seja, deve estabelecer normas iguais para um conjunto de situações jurídicas indeterminadas. Isto não é o que se espera do plano diretor, que, como visto, determina concretamente o direito de construir de cada terreno em particular e localiza as áreas destinadas a futuras obras públicas".[16]

O PL 427/19 é o embrião de futura lei que terá *natureza formal de lei e natureza material de ato administrativo.*

E uma das consequências dessa consideração – ao contrário do que afirmam os réus – é que, segundo entendimento do Supremo Tribunal Federal, *sequer caberia ADIn,* por se tratar de norma de efeitos concretos, prescindindo-se de ação direta de inconstitucionalidade:

"– Objeto do controle normativo abstrato, perante a Suprema Corte, são, em nosso sistema de direito positivo, exclusivamente, os *atos normativos* federais ou estaduais. Refogem a essa jurisdição excepcional de controle os atos materialmente administrativos, ainda que incorporados ao texto de lei formal."

"– Os atos estatais de efeitos concretos – porque despojados de qualquer coeficiente de normatividade ou de generalidade abstrata – não são passíveis de fiscalização jurisdicional, em tese, quanto a sua compatibilidade vertical com o texto da Constituição."

"– Lei estadual, cujo conteúdo veicule ato materialmente administrativo (doação de bens públicos a entidade privada), não se expõe à jurisdição constitucional concentrada do Supremo Tribunal Federal, em sede de ação direta". [17]

Assim, na impossibilidade de leis dessa natureza serem objeto de ADIn, outros tribunais também decidiram pelo controle de sua legalidade por ação civil pública[18]:

---

14. MEIRELLES, Hely Lopes, op. cit., p. 93 (destaques nossos).
15. DA SILVA, José Afonso. *Direito urbanístico brasileiro.* 2. ed. São Paulo: Malheiros, 1995, p. 85.
16. PINTO, Victor Carvalho. *Regime jurídico do plano diretor.* Temas de Direito Urbanístico 3. FREITAS, José Carlos de (Coord.), coedição Ministério Público de São Paulo e Imprensa Oficial de São Paulo – IMESP, 2001, p. 420. No mesmo sentido, *Direito Urbanístico* – Plano Diretor e Direito de Propriedade. 3. ed. São Paulo: Ed. RT, 2011. p. 236.
17. STF, Ação Direta de Inconstitucionalidade 643, Sessão Plenária, Rel. Min. Celso de Mello, j. 19.12.1991. *No mesmo sentido:* STF, Ação Direta de Inconstitucionalidade 647, Sessão Plenária, Rel. Min. Moreira Alves, j. 18.12.1991; JTJ 154/11-16; RJTJESP 121/236, 129/383.
18. TRF1 – Apelação Cível 2008.33.00.003305-8/BA. Processo de origem: 200833000033058. Rel. Des. Federal Selene Maria de Almeida. Na mesma linha de raciocínio: TJMA – Mandado de Segurança 29167/2012 – São Luis – Desembargador Jamil de Miranda Gedeon Neto, j. 05.04.2013.

> Ambiental e constitucional. Natureza jurídica de plano diretor. Lei em sentido formal. Cabimento de ação civil pública para impugnar lei de efeitos concretos e imediatos. Controle difuso (*incidenter tantum*) de ato normativo municipal. Cabimento da ação civil pública para defesa do meio ambiente e do patrimônio histórico. Competência da justiça federal. *Periculum in mora* e *fumus boni iuris* presentes. Liminar para afastar o dano ambiental, patrimonial e paisagístico iminentes.
>
> As normas do plano diretor não apresentam natureza jurídica de lei em sentido material. Esta se caracteriza pelos atributos de generalidade e abstração, ou seja, deve estabelecer normas iguais para um conjunto de situações jurídicas indeterminadas. Isto não é o que contém o plano diretor urbano, que determina concretamente o direito de construir de cada terreno em particular e localiza as áreas destinadas a futuras obras públicas.

Pode-se confirmar a natureza de uma lei de efeitos concretos no PL 427/19 lendo-se alguns de seus dispositivos[19], onde se nota que não é uma mera "proposta abstrata de planejamento" ou um "plano potencial de intervenção territorial", como pretendem os réus.

Há *indicativos concretos de usos e de índices urbanísticos no PL* com potencial interferência no tecido urbano, que não podem ficar fora da avaliação de um EIA-RIMA.

O PL desce ao *detalhamento de identificar o número do contribuinte beneficiado com as alterações dos índices urbanísticos*. Convenhamos que não é de nossa tradição legislativa fazer tamanha ultrassonografia na identificação dos beneficiados com as alterações legislativas...

Nas chamadas "Áreas de Transformação", por exemplo, os lotes com tamanho superior a 500 m² poderão ter *taxa de ocupação de 0,7*, vale dizer, *será possível construir em 70% da superfície do terreno* (sobram só 30% de área permeável); para lotes localizados em vias com largura inferior a 16 m, *dispensa-se o recuo de frente da Lei de Parcelamento e Uso do Solo* para pavimentos edificados até 10 m de altura (art. 11, V).

Essa proposta do PL *aumenta a área impermeável*, com a possibilidade de construir em 70% do terreno, e *diminui a área destinada à aeração e insolação* nos prédios vizinhos, uma das finalidades urbanísticas e ambientais na fixação dos *recuos*.

Diminuir a área permeável significa intensificar as inundações (menos espaços para a infiltração da água de chuva), sem que se tenha *elementos e estudos técnicos* da quantificação desse impacto e onde haverá eventual compensação na mesma região ou bacia hidrográfica, para suprir a falta de áreas permeáveis.

O PL 427/19, que é, na concepção dos réus, um "plano potencial de intervenção territorial", *desce a um detalhamento na identificação de quadras e lotes de determinado setor fiscal que serão afetados/beneficiados*, em seu art. 16[20].

---

19. Elementos extraídos dos autos da ação civil pública portadora do V. Aresto aqui comentado.

20. "Art. 16. A Centralidade do Jaguaré, configurada pelos lotes e glebas contidos no setor fiscal n. 082, quadras 222, 223, 230 e 231, demarcados como Área de Transformação T2, busca intensificar a densidade construtiva e populacional junto aos eixos de transporte público, romper grandes quadras, incentivar a mistura de usos, bem como criar condições para implantação das atividades produtivas previstas na Zona de Desenvolvimento Econômico – ZDE."

O *legislador* (no PL do Executivo) pretende *intensificar a densidade construtiva e populacional em quadras previamente identificadas,* misturando usos, com potencial concreto de *gerar impactos não dimensionados para a sua área de abrangência.*

Vê-se que o PL não traz só "orientações para subsidiar transformações urbanísticas".

O EIA-RIMA e o EIV-RIVI podem, nessas quadras, *dimensionar os impactos a partir da aplicação dos novos índices urbanísticos previstos nessa área.*

O art. 18 do PL apresenta *áreas perfeitamente delimitadas* e conhecidas da população paulistana – *até lotes beneficiários, com a indicação do número do contribuinte*[21] – para aplicar regras específicas de construção e de uso[22].

No local hoje ocupado pela Companhia de Entrepostos e Armazéns Gerais de São Paulo – CEAGESP, está prevista no art. 22 do PL a implantação de um Distrito de Inovação Tecnológica em seu perímetro, favorecendo o reparcelamento de lotes com *potencial construtivo adicional de 1.150.000 m²* de área construída computável, *coeficiente de aproveitamento de 6,0*[23], porém, na *contrapartida financeira* pela utilização desse potencial construtivo adicional do Projeto Estratégico CEAGESP, será aplicada na fórmula um *coeficiente de aproveitamento máximo não superior a 4,0* (poder-se-á construir seis vezes mais, pagando-se menor contrapartida...).

Não foram contabilizados os efeitos concretos decorrentes da modificação do *potencial construtivo adicional de 1.150.000 m² que serão injetados no complexo da CEAGESP*, que hoje tem edificações de menor porte e de pequena projeção vertical, e que comportará a "reunião de empresas, universidades, instituições de pesquisa, incubadoras, aceleradoras e *startups*", com *coeficiente de aproveitamento 6,0 e contrapartida calculada à base do coeficiente 4,0,* sem que tenham sido demonstrados também os *efeitos econômicos* com essa opção de efetiva *perda de receita* proveniente da venda do potencial construtivo.

5. CONCLUSÃO

A ação tem por objetivo exigir o EIA/RIMA de um projeto de lei urbanístico que deveria ser precedido de uma prospecção mais profunda, para melhor dimensionar os impactos das propostas de alteração legislativa.

---

21. Como fica o *princípio da impessoalidade* nesses casos (...)?
22. Art. 18. As ZOE contidas na AIU-ACP são assim denominadas:

    I – Companhia de Entrepostos e Armazéns Gerais de São Paulo (CEAGESP) – ZOE-CEAGESP;

    II – Universidade de São Paulo – ZOE-USP;

    III – *lote com contribuinte 0822310006* – ZOE-JAGUARÉ;

    IV – *lote com contribuinte 097.001.0001* – ZOE-CDP;

    V – áreas demarcadas como ZOE no setor 079, quadras 073, 396 e 401 – ZOE – Presidente Altino.
23. Poder-se-á *construir até seis vezes o tamanho do terreno*; um terreno com superfície de 20.000 m² poderá abrigar 120.000 m² de área construída.

O Tribunal de Justiça, no caso estudado, demonstrou com sólidos fundamentos ser necessário exigir previamente um estudo de impacto ambiental, e possível pela via da ação civil pública, na elaboração de lei (ou de projeto de lei) de efeitos concretos, escorado em especializada doutrina e em jurisprudência específica.

Também apresentou as razões para o exercício do controle da legalidade de normas urbanísticas pelo Judiciário, sem que essa prática implique intervenção na seara do controle exercido pelos vereadores.

Mesmo que a legislação urbanística seja precedida de estudos por parte de quem as elabora, ficou demonstrado que o EIA/RIMA tem a vantagem de ser realizado por profissionais habilitados, com formação multidisciplinar, de quem se possa extrair responsabilidades, e com o controle social por audiências públicas.

Esse entendimento está alinhado com dispositivos do Estatuto da Cidade (Lei 10.257/01) que asseguram um planejamento que evite distorções do crescimento urbano e seus efeitos negativos sobre o meio ambiente, compatível com a sustentabilidade ambiental, social e econômica[24].

6. REFERÊNCIAS

BITTENCOURT, Lucio. *O Controle Jurisdicional da Constitucionalidade das Leis*. Atualização de José de Aguiar Dias. Rio de Janeiro: Forense, 1968.

BUZAID, Alfredo. *Da Ação Direta de Declaração de Inconstitucionalidade no Direito Brasileiro*. São Paulo: Saraiva, 1958.

DA SILVA, José Afonso. *Direito urbanístico brasileiro*. 2. ed. São Paulo: Malheiros, 1995.

MEIRELLES, Hely Lopes. *Mandado de Segurança, Ação Popular e Ação Civil Pública*. 11. ed. São Paulo: Ed. RT, 1987.

NERY JUNIOR, Nelson e NERY, Rosa Maria Andrade. *Código de Processo Civil e Legislação Processual Civil Extravagante*. São Paulo: Ed. RT, 1994.

PINTO, Victor Carvalho. *Direito Urbanístico* – Plano Diretor e Direito de Propriedade. 3. ed. São Paulo: Ed. RT, 2011.

PINTO, Victor Carvalho. Regime jurídico do plano diretor. In: FREITAS, José Carlos de (Coord.). *Temas de Direito Urbanístico 3*. coedição Ministério Público de São Paulo e Imprensa Oficial de São Paulo – IMESP, 2001.

---

24. Art. 2º A política urbana tem por objetivo ordenar o pleno desenvolvimento das funções sociais da cidade e da propriedade urbana, mediante as seguintes diretrizes gerais:

IV – planejamento do desenvolvimento das cidades, da distribuição espacial da população e das atividades econômicas do Município e do território sob sua área de influência, de modo a evitar e corrigir as distorções do crescimento urbano e seus efeitos negativos sobre o meio ambiente;

VI – ordenação e controle do uso do solo, de forma a evitar:

c) o parcelamento do solo, a edificação ou o uso excessivos ou inadequados em relação à infraestrutura urbana;

VIII – adoção de padrões de produção e consumo de bens e serviços e de expansão urbana compatíveis com os limites da sustentabilidade ambiental, social e econômica do Município e do território sob sua área de influência.

DECLARAÇÃO DE POTENCIAL CONSTRUTIVO TRANSFERÍVEL E UTILIZAÇÃO DO POTENCIAL NO MESMO IMÓVEL – PARECER DA ASSESSORIA JURÍDICA DA SECRETARIA MUNICIPAL DE DESENVOLVIMENTO URBANO DE SÃO PAULO
Informação 585/2016 – SMDU.AJ
(Processo 2016-0.047.757-3)

Marcelo Manhães de Almeida

Pós-graduado em Negócios Imobiliários pela Fundação Armando Álvares Penteado. Pós-graduado em Planejamento e Gestão de Cidades pela Escola Politécnica da USP. Graduado pela Faculdade de Direito do Largo São Francisco (USP). Conselheiro do CONDEPHAAT – Conselho de Defesa do Patrimônio Histórico, Arqueológico, Artístico e Turístico do Estado de São Paulo, Vice-Presidente da MDDI – Mesa de Debates de Direito Imobiliário. Vice-Presidente da Fundação Liceu Pasteur. Diretor Adjunto em São Paulo do IBRADIM – Instituto Brasileiro de Direito Imobiliário, membro do Conselho Consultivo da JUCESP – Junta Comercial do Estado de São Paulo, membro do IASP – Instituto dos Advogados de São Paulo. Advogado.

Sumário: 1. Questão que se apresenta – 2. Da posição apresentada no parecer da assessoria jurídica da secretaria municipal de desenvolvimento urbano de São Paulo (SMDU) – 3. Breves considerações sobre o instituto do tombamento – 4. TDC – Transferência do Direito de Construir – 5. Voltando ao caso concreto – conclusão.

1. QUESTÃO QUE SE APRESENTA

Proprietário de bem imóvel tombado[1] pretendia promover o seu restauro e aprovar edificação nova necessitando, para tanto, pagar pela outorga onerosa da área construída computável superior ao coeficiente de aproveitamento básico (C.A. básico) vigente para o local.[2]

Durante o processo de licenciamento da obra, dois questionamentos foram levados à apreciação da Assessoria Jurídica da Secretaria Municipal de Desenvolvimento Urbano de São Paulo, a saber:

a) aplicação da norma jurídica no tempo, e

---

1. Imóvel conhecido como *antigo conjunto dos Grandes Moinhos Minetti Gamba*, localizado no tradicional bairro da Mooca, em São Paulo, tombado na esfera estadual pelo CONDEPHAAT conforme Resolução SC 31/13, de 11 de junho de 2013 e na esfera municipal, pelo Conselho Municipal de Preservação do Patrimônio Histórico, Cultural e Ambiental da Cidade de São Paulo – CONPRESP, nos termos da Resolução 14/CONPRESP/2007, de 17 de julho de 2007.
2. Para o local: C.A. básico 1,0 e C.A máximo 2,0.

b) utilização no próprio imóvel onde se encontra o bem tombado, do potencial construtivo transferível para pagamento (ainda que parcial) de outorga onerosa.

A análise que se fará adiante restringe-se ao segundo questionamento cabendo destacar que, quando do encaminhamento da questão à apreciação da Secretaria Municipal de Desenvolvimento Urbano, em 2016, a matéria relativa à transferência do potencial construtivo, nos moldes do Plano Diretor Estratégico de 2014 (Lei 16.050/14), dava seus primeiros passos de efetiva aplicação e, ao que se sabe, a utilização do potencial construtivo para o mesmo imóvel do bem tombado era uma matéria sem precedente[3].

2. DA POSIÇÃO APRESENTADA NO PARECER DA ASSESSORIA JURÍDICA DA SECRETARIA MUNICIPAL DE DESENVOLVIMENTO URBANO DE SÃO PAULO (SMDU)

A partir das fls. 172 do parecer (integrante do processo administrativo 2016-0.047.757-3), a ilustre Procuradora do Município e então Chefe da Assessoria Jurídica da SMDU, Dra. Heloisa Toop Sena Rebouças, passou a abordar a questão da aplicação do potencial construtivo transferível do imóvel tombado como pagamento daquela que seria a outorga onerosa devida pela área construída superior ao coeficiente de aproveitamento básico incidente sobre o imóvel.

A Sra. Procuradora do Município destaca em seu parecer que "apesar de o instrumento de política urbana em comento ser denominado 'transferência do direito de construir', não há nada que determine que a transferência seja necessariamente para outro imóvel, tendo a lei se limitado a dispor que seja para 'outro local', que pode, em tese, ser dentro do mesmo imóvel, ou da mesma ZEPEC-BIR"[4].

Aponta também a inexistência de qualquer vedação no recebimento desse potencial construtivo no mesmo imóvel ressalvando, todavia, a necessidade de atender

---

3. Cabe ressalvar que na cidade de São Paulo, a transferência de potencial construtivo surge com a Lei 9.725/84, objetivando oferecer incentivo à preservação de imóveis especiais por suas características históricas, arquitetônicas, culturais ou paisagísticas, conforme se verifica do seu artigo 1º:

   "Art. 1º O potencial construtivo dos imóveis de caráter histórico ou de excepcional valor artístico, cultural ou *paisagístico, preservados por lei municipal, poderão ser transferidos, por seus proprietários, mediante instrumento público, obedecidas as disposições desta lei. (...)*

4. Definição legal de ZEPEC-BIR:

   a) Pela Lei 16.402/16 (Lei de Parcelamento, Uso e Ocupação do Solo LPUOS):

   'Art. 22. As ZEPECs classificam-se em 4 (quatro) categorias, definidas nos termos dos incisos I a IV do "caput" do art. 63 da Lei 16.050, de 31 de julho de 2014 – PDE, aplicando-se a tais zonas as disposições da Seção V do Capítulo II do Título II da mesma lei'.

   b) Pela Lei 16.050/14 (Plano Diretor Estratégico PDE):

   'Art. 63. As ZEPEC classificam-se em 4 (quatro) categorias de acordo com as respectivas resoluções de tombamento ou instrumentos de proteção instituídos por órgãos municipais, estaduais e federais:

   I – Bens Imóveis Representativos (BIR) – elementos construídos, edificações e suas respectivas áreas ou lotes, com valor histórico, arquitetônico, paisagístico, artístico, arqueológico e/ou cultural, inclusive os que tenham valor referencial para a comunidade'.

"simultaneamente os requisitos legais para serem receptores de potencial adicional: sejam situados em áreas CA – máximo maior do que 1,0 (um), não estejam contidos nos perímetros de abrangência das operações urbanas consorciadas em vigor, e não tenham atingido o CA máximo."

A posição favorável à utilização do potencial construtivo no próprio imóvel encontrou também amparo na conjugação da legislação urbanística, em especial, dos artigos 65 e 124, inciso I do Plano Diretor Estratégico (PDE – Lei 16.050/14) e do artigo 25 da Lei 16.402/16 (LPUOS), no sentido de que a combinação de tais dispositivos, bem como, dos termos da resolução de tombamento, ampara a "conclusão sobre a possibilidade de aproveitamento do potencial construtivo objeto da declaração, no próprio bem preservado, uma vez que, apenas quando esgotado o saldo da declaração, é que seria vedado novo aumento da área construída no referido imóvel".

Ao final, conclui a Dra. Heloisa Toop Sena Rebouças:

"os argumentos apresentados sobre a conjugação das normas dos artigo 124, I e art. 65 do PDE, com a do art. 24 da Lei 16.402/2016 e os dispositivos da Resolução de Tombamento 14/ CONPRESP/07 (FLS. 36/40), s.m.j., nos parecem plausíveis para sustentar a tese da possibilidade do aproveitamento do potencial construtivo objeto da declaração na própria ZEPEC-BIR, uma vez, no caso em exame, a preservação imposta pela citada resolução não elidiu a possibilidade de se edificar dentro dos limites dos lotes tombados, desde que obedecidas as diretrizes de preservação das alíneas de seu art. 1°".

De modo a bem entender a extensão e a relevância deste parecer, seguem algumas observações relativas ao tombamento e ao instrumento da TDC – Transferência do Direito de Construir.

3. BREVES CONSIDERAÇÕES SOBRE O INSTITUTO DO TOMBAMENTO

Consta que a primeira mobilização no sentido de proteger o patrimônio cultural no Brasil ocorreu em 1742, em Pernambuco, quando o Conde de Galveias insurgiu-se contra a transformação do Palácio das Duas Torres, erguido quando da ocupação holandesa no Brasil, em um quartel[5].

Evoluindo o conceito de preservação do patrimônio cultural e, provavelmente influenciado pelos resultados verificados na Conferência Internacional de Atenas sobre Restauro dos Monumentos, realizada em outubro de 1931[6], o Presidente Getúlio

---

5. TOMASEVICIUS FILHO, Eduardo: O Tombamento no direito administrativo e internacional, *Revista de informação legislativa*, v. 41, n. 163, p. 231-247, jul./set. 2004. Disponível em: http://www2.senado.leg.br/bdsf/handle/id/991.

6. Nesta Conferência Internacional foi produzido o primeiro texto dedicado ao tema de restauro de monumentos históricos que passou a ser chamada de Carta de Atenas (1931). Ainda no campo internacional, seguiram-se os debates sobre restauros de bens de interesse cultural, dos quais destacamos o texto produzido em 1964, denominado Carta de Veneza pela qual, ampliou-se o conceito de monumento histórico e o de 1980, denominada Carta de Burra, elaborada pelo Conselho Internacional de Monumentos e Sítios que detalhou os conceitos de conservação (cuidados a serem dispensados a um bem para conservar as características da significância cultural), preservação (que compreende a manutenção da sua substância

Vargas, em 1932, eleva a Cidade de Ouro Preto à categoria de monumento nacional (Decreto 22.928, de 12 de julho de 1932) e, em 1934, na nova Constituição, insere dispositivo tratando do patrimônio cultural (artigos 10, III e 148[7]) sendo que em 13 de janeiro de 1937, cria o Instituto do Patrimônio Histórico, Artístico e Natural – IPHAN, devidamente organizado por força do Decreto-lei 25 de 30 de novembro de 1937.

A matéria relativa à preservação do patrimônio histórico e cultural sempre esteve presente nos textos constitucionais que se seguiram, sendo certo que na Constituição Federal de 1988, em seu capítulo da Ordem Social, o artigo 216 definiu o que constitui patrimônio cultural brasileiro nos seguintes termos:

"Art. 216. Constituem patrimônio cultural brasileiro os bens de natureza material e imaterial, tomados individualmente ou em conjunto, portadores de referência à identidade, à ação, à memória dos diferentes grupos de formadores da sociedade brasileira nos quais se incluem:

I – as formas de expressão;

II – os modos de criar, fazer e viver;

III – as criações científicas, artísticas e tecnológicas;

IV– as obras, objetos, documentos, edificações e demais espaços destinados às manifestações artístico-culturais;

V – os conjuntos urbanos e sítios de valor histórico, paisagístico, artístico, arqueológico, paleontológico, ecológico e científico.

§ 1º O Poder Público, com a colaboração da comunidade, promoverá e protegerá o patrimônio cultural brasileiro, por meio de inventários, registros, vigilância, tombamento e desapropriação, e de outras formas de acautelamento e preservação.

§ 2º Cabem à administração pública, na forma da lei, a gestão da documentação governamental e as providências para franquear sua consulta a quantos dela necessitem.

§ 3º A lei estabelecerá incentivos para a produção e o conhecimento de bens e valores culturais.

§ 4º Os danos e ameaças ao patrimônio cultural serão punidos, na forma da lei.

§ 5º Ficam tombados todos os documentos e os sítios detentores de reminiscências históricas dos antigos quilombos.

§ 6º É facultado aos Estados e ao Distrito Federal vincular a fundo estadual de fomento à cultura até cinco décimos por cento de sua receita tributária líquida, para o financiamento de programas e projetos culturais, vedada a aplicação desses recursos no pagamento de:

I – despesas com pessoal e encargos sociais;

II – serviço da dívida;

---

física e a estagnação do processo de degradação do bem), a restauração (onde se restabelece a substância física do bem a uma condição anteriormente conhecida) e a adaptação (situação em que o bem sofre uma determinada intervenção que o coloca em uma nova destinação sem prejuízo de se manter os elementos essenciais da sua significância cultural).

7. "Art. 10. Compete concorrentemente à União e aos Estados:

(...)

III – proteger as belezas naturais e os monumentos de valor histórico ou artístico, podendo impedir a evasão de obras de arte;"

"Art. 148. Cabe à União, aos Estados e aos Municípios favorecer e animar o desenvolvimento das ciências, das artes, das letras e da cultura em geral, proteger os objetos de interesse histórico e o patrimônio artístico do País, bem como prestar assistência ao trabalhador intelectual".

III – qualquer outra despesa corrente não vinculada diretamente aos investimentos ou ações apoiados."

Definido assim o que constitui *patrimônio cultural brasileiro*, destacamos como instrumento de sua proteção, o que se denomina "tombamento".

Adriana Caldas do Rego Freitas Dabus Maluf[8], ao tratar das limitações urbanas ao direito de propriedade, traz algumas definições sobre tombamento, dentre as quais, as seguintes:

"o Tombamento pode ser definido como o procedimento administrativo pelo qual o Poder Público sujeita a restrições parciais os bens de qualquer natureza cuja conservação seja de interesse público, por sua vinculação a fatos memoráveis da história ou por seu excepcional valor arqueológico, etnológico, biográfico ou artístico" (De Maria Sylvia Zanella de Pietro[9],).

"é a declaração pelo Poder Público do valor histórico, paisagístico, turístico, cultural ou científico de coisas ou locais que por essas razões devem ser preservados, de acordo com a sua inscrição no livro próprio" (De Hely Lopes Meirelles[10]).

"Tombamento designa o ato administrativo declaratório do valor artístico, cultural , paisagístico, arqueológico de determinado bem cuja descrição completa se efetua nos livros do tombo a cujo órgão responsável pelo seu registro pertença (nome, situação do bem, limites dos bens preservados)." (De Odete Medauar[11])

Em se tratando de bens imóveis tombados, estes não podem ser demolidos ou mutilados, assim como, não podem ser reformados, restaurados ou de alguma forma alterados sem a prévia autorização do órgão de preservação competente.

O tombamento pode ser declarado pela União (IPHAN), bem como, pelos órgãos estaduais e municipais criados para essa finalidade sendo certo que em alguns casos, verificamos o tombamento declarado pelas três esferas, como se dá no caso do Parque da Independência, constituído pelo Museu do Ipiranga, Monumento à Independência e a Casa do Grito na Capital de São Paulo.

No Estado de São Paulo, o órgão competente para tratar de patrimônio histórico (aqui entendido em sentido mais amplo) é o CONDEPHAAT (Conselho de Defesa do Patrimônio Histórico, Arqueológico, Artístico e Turístico do Estado de São Paulo), tendo como textos legais regulando a matéria, a Lei 10.247/68, o Decreto-lei Estadual 149/69 e o Decreto 13.426/79; no Município de São Paulo, é o CONPRESP (Conselho Municipal de Preservação do Patrimônio Histórico, Cultural e Ambiental da Cidade de São Paulo), tendo como base legal de sua criação e regulamentação, a Lei Municipal 10.032/85.

Cabe lembrar que a resolução de tombamento de determinado bem imóvel poderá também dispor sobre eventual restrição em área envoltória ao bem tombado de

---

8. DABUS MALUF, Adriana Caldas do Rego Freitas. *Limitações Urbanas ao Direito de Propriedade*. São Paulo: Atlas, p. 182.
9. DI PIETRO, Maria Sylvia Zanella. *Direito administrativo*. 3. ed. São Paulo: Atlas, p. 105.
10. MEIRELLES, Hely Lopes: *Direito administrativo brasileiro*. 13. ed. São Paulo: Ed. RT, p. 481.
11. MEDAUAR, Odete. *Curso de direito administrativo*. 4. ed. São Paulo: Ed. RT, p. 543.

modo a evitar que alguma construção ou qualquer outro tipo de intervenção levada a efeito nessa área envoltória possa, de certa forma, interferir negativamente no bem protegido. A resolução fixará, por conseguinte, o perímetro classificado como "área envoltória" e quais as limitações impostas que usualmente se referem a limitação de gabarito de altura para novas edificações.

No caso em análise, além das restrições específicas do tombamento sobre o bem imóvel[12], foi também definida a área envoltória envolvendo nove quadras fiscais, conforme previsto no artigo 3º da mencionada Resolução 14/CONPRESP/2007, para as quais se definiu o limite de gabarito de altura de até 25 metros (art. 2º da Resolução).

Vale dizer: as diretrizes constantes no artigo 1º, itens 2 e 3 da citada Resolução 14/CONPRESP/2007 não proíbem a execução de novas edificações no terreno onde se situam os bens tombados, devendo ser, no entanto, previamente analisadas e aprovadas pelo órgão de proteção do patrimônio cultural, conforme dispõe o artigo 4º da citada Resolução.

4. TDC – TRANSFERÊNCIA DO DIREITO DE CONSTRUIR

Para fins do presente texto, vamos considerar a "Transferência do Direito de Construir" como sinônimo de "Transferência do Potencial Construtivo", ainda que nos diferentes textos legais, ora se adota uma terminologia, ora outra.

O instituto da Transferência do Direito de Construir (TDC) encontra como base legal o Estatuto da Cidade (Lei 10.257/01, artigo 35), e para a Cidade de São Paulo, o Plano Diretor Estratégico – PDE (Lei 16.050/14, artigos 65, I, 66, 122 a 133), a Lei de Parcelamento, Uso e Ocupação do Solo (Lei 16.402/16, artigos 24 a 26) e a Lei que

---

12. Segue transcrição do trecho da Resolução 14/CONPRESP/2007 que trata especificamente das restrições pelo tombamento do bem:

"2. Antigo conjunto Grandes Moinhos Minetti Gamba, (Setor 028, Quadra 046, Lote 0134), área situada na rua Borges de Figueiredo nº 300, com as seguintes diretrizes: a) Preservação dos galpões voltados para a ferrovia (edifício 2a), bem como dos prédios fabris situados na faixa central do terreno, correspondendo ao antigo conjunto das fábricas de óleo, sabão e glicerina (edifício 2b), incluindo os remanescentes de seu sistema construtivo, como estruturas, tesouras, coberturas, alvenarias, envasaduras e caixilhos;

3. Antigo conjunto Grandes Moinhos Minetti Gamba (Setor 028, Quadra 046, Lote 0112), área situada na rua Borges de Figueiredo nº 510, com as seguintes diretrizes:

a) Preservação integral dos dois agrupamentos de armazéns voltados para a ferrovia, caracterizados pelos edifícios 3a e edifícios 3b, conforme desenho anexo; do prédio do antigo moinho de trigo (edifício 3c), situado na faixa central do lote, além dos prédios do antigo moinho de arroz (edifício 3d), da casa do guarda (edifício 3e) e algumas outras construções situadas no alinhamento com a rua Borges de Figueiredo (edifício 3f), incluindo os remanescentes de seu sistema construtivo, como estruturas, tesouras, coberturas, alvenarias, envasaduras e caixilhos;

b) Preservação do espaço descoberto central do lote (3g), incluindo: b.1. A área de permeabilidade que constitui a atual área verde e os elementos arbóreos de maior porte; b.2. As marcas remanescentes da localização dos antigos silos de trigo bem como os elevadores e outros equipamentos industriais".

DECLARAÇÃO DE POTENCIAL CONSTRUTIVO TRANSFERÍVEL

regula a Operação Urbana Centro (Lei 12.349/97).[13][14] Outras Capitais já adotaram esse instituto, como Curitiba (Lei 11.266/04) e Recife (Lei 17.511/08).

A lei municipal que trata do parcelamento, uso e ocupação do solo dispõe sobre os parâmetros urbanísticos relativos ao potencial construtivo que cada imóvel urbano possui, estabelecendo o seu coeficiente de aproveitamento (C.A.), sua taxa de ocupação (T.O.), recuos e gabaritos de altura. Aqui nos interessa tratar do coeficiente de aproveitamento (C.A.), sendo que os coeficientes de aproveitamento básico, mínimo e máximo variam de acordo com a localização de cada imóvel.

Em São Paulo, para a maioria dos imóveis, a Lei de Parcelamento, Uso e Ocupação do Solo (LPUOS) estabelece o coeficiente de aproveitamento básico (C.A. básico) 1 (um), ou seja, o proprietário de imóvel tem o direito de construir uma edificação que conte com área construída computável máxima igual à do respectivo terreno.

---

13. TDC segundo o Estatuto da Cidade (Lei 10.257/2001):

    Art. 35. Lei municipal, baseada no plano diretor, poderá autorizar o proprietário de imóvel urbano, privado ou público, a exercer em outro local, ou alienar, mediante escritura pública, o direito de construir previsto no plano diretor ou em legislação urbanística dele decorrente, quando o referido imóvel for considerado necessário para fins de:

    I – implantação de equipamentos urbanos e comunitários;

    II – preservação, quando o imóvel for considerado de interesse histórico, ambiental, paisagístico, social ou cultural;

    III – servir a programas de regularização fundiária, urbanização de áreas ocupadas por população de baixa renda e habitação de interesse social.

    § 1o A mesma faculdade poderá ser concedida ao proprietário que doar ao Poder Público seu imóvel, ou parte dele, para os fins previstos nos incisos I a III do caput.

    § 2o A lei municipal referida no caput estabelecerá as condições relativas à aplicação da transferência do direito de construir.

14. TDC segundo a Lei de Parcelamento, Uso e Ocupação do Solo de São Paulo (Lei 16.402/16):

    Art. 24. Na emissão de novas declarações de potencial construtivo passível de transferência de imóveis enquadrados como ZEPEC, nos termos do art. 125 da Lei 16.050, de 31 de julho de 2014 – PDE, serão aplicados os seguintes Fatores de Incentivo (Fi):

    (...)

    § 1º A transferência do direito de construir originada de qualquer imóvel enquadrado como ZEPEC fica condicionada à recuperação e manutenção dos atributos que geraram o seu enquadramento como ZEPEC.

    § 2º O não atendimento das providências de conservação do imóvel cedente acarretará ao proprietário ou possuidor multa conforme estabelecido no Quadro 5 desta lei.

    § 3º A multa será renovada automaticamente a cada 30 (trinta) dias, até que sejam comunicadas pelo proprietário ou possuidor, por escrito, e aceitas pela Municipalidade as providências relativas à conservação do imóvel cedente.

    § 4º Ato do Executivo regulamentará a aplicação da transferência do direito de construir de imóveis enquadrados como ZEPEC, bem como os órgãos competentes para a análise e deliberação, garantida a manifestação do Conselho Gestor do Fundo de Desenvolvimento Urbano – FUNDURB, quando for o caso.

    § 5º O valor pecuniário correspondente à totalidade do potencial construtivo transferido no período referente aos últimos 12 (doze) meses em relação às transferências do direito de construir sem doação nos termos do art. 124 da Lei 16.050, de 31 de julho de 2014 – PDE, não poderá exceder a 5% (cinco por cento) do valor total arrecadado no FUNDURB no mesmo período, considerando a data do pedido da certidão de transferência de potencial construtivo.

    § 6º Para fins de aplicação do disposto no parágrafo anterior, o Executivo poderá adotar leilão para a emissão de certidões de transferência de potencial construtivo, cujos procedimentos serão estabelecidos em regulamento específico.

Exemplificando: um imóvel com 300m² de área de terreno, localizado em uma zona que tenha o C.A. básico igual a 1, poderá contar com uma edificação de 300m² de área construída computável (cabendo ainda respeitar, dentre outros parâmetros urbanísticos, aqueles relativos à taxa de ocupação, permeabilidade, gabarito de altura etc.).[15]

Se esse imóvel com área de 300m² estiver em uma zona onde o coeficiente de aproveitamento básico seja "1" e coeficiente de aproveitamento máximo "2", o proprietário poderá aprovar uma edificação com 600m² de área construída computável sendo que, 300m² serão aprovados sem nenhum ônus adicional por estar dentro do limite do coeficiente de aproveitamento básico "1" e os demais 300m² serão aprovados por conta desse coeficiente de aproveitamento máximo "2" (potencial adicional).

Ocorre que essa "área excedente" (a que supera o potencial construtivo básico) somente poderá ser aprovada e edificada se for pago à Prefeitura Municipal o que se denomina "Outorga Onerosa", ou seja, será garantido o direito de construir uma área máxima acima do coeficiente básico indicado para o terreno, mediante pagamento de determinado valor para a Municipalidade (contrapartida financeira).

Considerando que as restrições decorrentes do tombamento faz com que proprietário do imóvel tombado não mais possa livremente utilizar do respectivo potencial construtivo, a TDC consiste em uma permissão para que esse potencial construtivo básico seja utilizado em outro local ou vendido para outros imóveis localizados na Cidade que, por sua vez, ao invés de pagar a outorga onerosa para a Prefeitura Municipal, utiliza esse potencial construtivo negociado diretamente com o proprietário do bem tombado para construir a área que excede o potencial básico permitido no imóvel receptor.

Tomando novamente como o exemplo a Lei de Parcelamento, Uso e Ocupação do Solo de São Paulo (Lei 16.402/16 – LPUOS/16), podem transferir potencial construtivo os imóveis enquadrados como ZEPEC-BIR e ZEPEC-APC e a transferência se dá, conforme dispõe o §3º do artigo 123 da Lei 16.050/14 – PDE, com a emissão de dois documentos, quais sejam, a Declaração de Potencial Construtivo Passível de Transferência (Declaração) e a Certidão de Transferência de Potencial Construtivo.

A Declaração se refere ao imóvel cedente e atesta a área (m²) que o imóvel tem para ser transferida; a Certidão se presta a informar sobre a transferência efetuada indicando todos os dados da transferência, em especial, a área transferida e a recepcionada. Sem a emissão da Certidão, não há como seguir com a construção

---

15. O tema relativo a "coeficiente de aproveitamento básico" está relacionado ao conceito de "solo criado" que, na década de 1970, foi amplamente debatido na Europa (em especial, na Itália e na França), nos Estados Unidos (destacadamente, em Chicago) e no Brasil, onde em 1976 foi publicada a Carta de Embu que defende que para se edificar além do potencial básico do terreno, o proprietário estaria obrigado ao pagamento de uma contrapartida financeira ao Poder Público. O documento já previa também, a possibilidade de os proprietários de imóveis tombados venderem o seu direito de construir no terreno.

no imóvel receptor da área relativa ao potencial construtivo adicional adquirido por TDC[16].

O elevado número de imóveis particulares tombados na cidade de São Paulo produziu um estoque de potencial construtivo passível de transferência bastante significativo que, atrelado ao encarecimento do valor da outorga onerosa, construiu um cenário bastante estimulante no mercado de transferência de potencial construtivo.

A despeito da aplicação deste instrumento estar sempre relacionado à preservação de imóveis tombados, em São Paulo, somente com a aprovação do Plano Diretor em 2014 (Lei 16.050/14) condicionou-se a efetivação da TDC com a comprovação do estado de conservação do bem protegido, conforme disposto no artigo 129 adiante transcrito:

> "Art. 129. A expedição da Certidão de Transferência de Potencial Construtivo de imóveis enquadrados como ZEPEC-BIR fica condicionada à comprovação do estado de conservação do imóvel cedente, mediante manifestação do proprietário e anuência do órgão municipal de preservação.
>
> § 1º Quando o imóvel cedente apresentar estado de conservação inadequado ou insatisfatório, deverá ser exigida do proprietário a adoção de medidas de restauro ou de conservação.
>
> § 2º Nos casos enquadrados no disposto no parágrafo anterior, a expedição da certidão de transferência de potencial construtivo fica condicionada à verificação das condições de conservação e preservação do imóvel cedente."[17]

Obtida a anuência do órgão de preservação e levada a efeito a TDC, não são permitidas novas transferências a partir do momento em que todo o potencial construtivo do imóvel tiver sido transferido.

5. VOLTANDO AO CASO CONCRETO – CONCLUSÃO

Como se verifica do processo administrativo onde foi apresentado o parecer em comento, o proprietário do bem imóvel tombado apresentou, junto à Secretaria Municipal de Desenvolvimento Urbano da Cidade de São Paulo, pedido para que o potencial construtivo passível de transferência fosse utilizado para quitação (ainda que parcial) da outorga onerosa devida em relação à área de construção que superava o coeficiente de aproveitamento básico do terreno.

A confirmar a legalidade do pleito e da concordância constante do parecer da Assessoria Jurídica da SMDU, há de se analisar o que dispõem os artigos 124, 125 e 130 do Plano Diretor Estratégico de 2014 (Lei 16.050/14), adiante transcritos (com destaques):

> Art. 124. O potencial construtivo passível de transferência, nos casos em que não há a doação do imóvel cedente, deverá observar as seguintes disposições:

---

16. O Decreto 57.536/16 regulamentou a operacionalização da TDC em São Paulo.
17. A Resolução 23/CONPRESP/2015 dispõe sobre as medidas de restauro ou de conservação que devem ser tomadas em relação ao imóvel cedente.

I – os imóveis enquadrados como ZEPEC-BIR e ZEPEC-APC poderão transferir o potencial construtivo básico definido em razão de sua localização;

(...)

Art. 125. Nos casos de transferência do direito de construir, nos quais não há a doação do imóvel cedente, previstos nos incisos do art. 124 desta lei, o potencial construtivo passível de transferência será calculado segundo a equação a seguir:

PCpt = Atc x CAbas x Fi, onde:

PCpt – potencial construtivo passível de transferência;

Atc – área do terreno cedente;

CAbas – coeficiente de aproveitamento básico do terreno cedente, vigente na data de referência;

Fi – Fator de incentivo = 1.

Art. 130. *São passíveis de receber o potencial construtivo transferido,* até o limite do potencial construtivo máximo, os imóveis localizados em áreas onde o coeficiente de aproveitamento máximo for maior que 1,0 (um), desde que não estejam localizados nos perímetros de abrangência das operações urbanas consorciadas em vigor.

Como dito anteriormente, o presente caso trata do *antigo conjunto dos Grandes Moinhos Minetti Gamba,* um bem tombado pelo Conselho Municipal de Preservação do Patrimônio Histórico, Cultural e Ambiental da Cidade de São Paulo – CONPRESP e pelo Conselho de Defesa do Patrimônio Histórico, Arqueológico, Artístico e Turístico do Estado de São Paulo – CONDEPHAAT, *portanto, enquadrado como ZEPEC-BIR*, condição que o habilita a transferir potencial construtivo e desde que devidamente atestada a satisfatória condição de sua conservação.

Atendida essa condição prevista no artigo 124, I do PDE/2014, segue-se com o cálculo do potencial construtivo passível de transferência nos termos do artigo 125 e então, apura-se as condições do imóvel para o qual se pretende utilizar o potencial construtivo (imóvel receptor), conforme dispõe o artigo 130 supra.

Encontrando-se o imóvel receptor nas condições previstas pelo artigo 130 do PDE/2014, opera-se a transferência do potencial construtivo.

Há de se notar que não há qualquer impedimento em se aplicar esse potencial construtivo no mesmo lote de terreno onde se encontra o bem imóvel tombado pois, o que a legislação prevê, é a permissão de proceder a transferência do potencial construtivo "para outro local", conforme disposto no artigo 122 do PDE/2014[18].

Evidente, portanto, que o correto sentido lógico da expressão é *"outro local apto a receber o potencial construtivo cedido"*, o que nos termos do PDE/2014 é: qualquer imóvel não inserido no perímetro de operação urbana consorciada, e cujo coeficiente de aproveitamento máximo suplante 1,0.

---

18. Art. 122. A transferência do direito de construir correspondente ao potencial *construtivo passível de ser utilizado em outro local*, prevista nos termos do art. 35 da Lei Federal 10.257, de 2001 – Estatuto da Cidade e disciplinada em lei municipal, observará as disposições, condições e parâmetros estabelecidos neste Plano Diretor Estratégico.

A permissão de se utilizar desse potencial construtivo para edificar acima do coeficiente de aproveitamento básico vai ao encontro da principal preocupação que devemos ter em relação aos bens tombados que é viabilizar a sua exploração, de forma sustentável para que o proprietário do bem tenha condições de executar todas as providências necessárias para a manutenção e conservação do bem tombado, até porque, o mero ato administrativo de decretar o tombamento de algum bem imóvel não implica na sua preservação, até porque, *tombar não é preservar*.

No caso concreto, a utilização desse potencial construtivo passível de transferência viabilizou a execução de obras de restauro no bem imóvel tombado e a construção de uma nova edificação voltada ao ensino superior, ou seja, o bem histórico foi recuperado, ampliou-se a utilização do terreno com novas edificações (cumprindo assim, a função social da propriedade) e pelo resultado que se tem dessas intervenções, podemos afirmar que é viável apresentar à Cidade, intervenções que prestigiam os valores culturais e históricos mediante soluções inteligentes, flexíveis e sustentáveis. É o que podemos entender como um "ganha, ganha".

POTENCIAL CONSTRUTIVO ADICIONAL ADQUIRIDO MEDIANTE OUTORGA ONEROSA: CONSEQUÊNCIA JURÍDICA DE SUA NÃO UTILIZAÇÃO NO PRAZO DA LICENÇA DE OBRA EM SÃO PAULO

Vinícius Monte Custodio

Doutorando em Direito Econômico e Economia Política na Universidade de São Paulo. Mestre em Direito Urbanístico e Direito Ambiental pela Universidade de Coimbra. Advogado. E-mail: montecustodio@gmail.com.

Sumário: 1. Introdução – 2. O potencial construtivo como um direito de propriedade autônomo do direito de propriedade urbana – 3. Breve resumo da informação 1860/2014-SNJ.G – 4. Apreciação crítica da informação 1860/2014-SNJ.G – 5. Conclusão – 6. Referências.

1. INTRODUÇÃO

A Constituição da República de 1988 – CR afirma que a política de desenvolvimento urbano é executada pelo Poder Público municipal, conforme diretrizes gerais fixadas em lei, com o objetivo de ordenar o pleno desenvolvimento das funções sociais da cidade e o bem-estar de seus habitantes (art. 182).

A Lei 10.257, de 10 de julho de 2001 (Estatuto da Cidade – ECi), estabeleceu as diretrizes gerais dessa política, introduzindo diversas inovações no direito brasileiro, entre elas o instrumento jurídico da *outorga onerosa do direito de construir* (arts. 28 a 31), doravante OODC.

A OODC faculta a aquisição de potencial construtivo adicional para imóveis urbanos situados em áreas fixadas no plano diretor, mediante contrapartida a ser prestada ao Município pelo beneficiário.

Apesar de não existir qualquer determinação legal no ECi para que a OODC esteja vinculada ao licenciamento de um projeto de obra em concreto, muitos municípios brasileiros assim vêm procedendo, atribuindo ao potencial construtivo adicional natureza acessória à licença de obra.[1] Com base nessa lógica, defendem que a caducidade[2] da licença importa a perda do potencial construtivo adicional

---

1. Citem-se, por exemplo, o Município de Florianópolis (Decreto 13.454, de 28 de agosto de 2014) e o Município de Belo Horizonte (art. 46 da Lei 11.181, de 08 de agosto de 2019) e o Município de Resende (art. 9º da Lei 3.308, de 14 de setembro de 2017),

2. "[C]aducidade é o fato jurídico superveniente que provoca a extinção da eficácia do ato ou do contrato", CARVALHO FILHO, José dos Santos. *Improbidade administrativa*: prescrição e outros prazos extintivos, 2. ed. São Paulo: Atlas, 2016, p. 7.

adquirido, segundo o princípio de que o acessório segue o principal (*accessorium sequitur principale*).

Este artigo tem como *tema*, portanto, o potencial construtivo adicional adquirido mediante OODC e a consequência jurídica de sua não utilização no prazo da licença de obra.

Seu *objetivo* é investigar se procede a Informação 1860/2014-SNJ.G, exarada no processo administrativo 2008-0785.424-1, tramitado na Secretaria de Negócios Jurídicos da Prefeitura Municipal de São Paulo, que defendeu que a caducidade da licença de obra implica a decadência[3] do potencial construtivo adicional adquirido, mediante OODC, e não utilizado em sua vigência.

Sua *justificativa* é a expressiva repercussão econômica sobre o mercado imobiliário, e para os beneficiários de OODC de um modo geral, que a cobrança de nova outorga onerosa de potencial construtivo adicional causa.

O *método* adotado é o dialético, partindo-se da hipótese de o potencial construtivo ser um direito de propriedade autônomo do direito de propriedade urbana e que, como tal, a caducidade da licença de obra não importaria a decadência do potencial construtivo adicional adquirido, mediante OODC, e não utilizado em sua vigência.

No primeiro tópico, apresentar-se-á a hipótese do potencial construtivo ser um direito de propriedade autônomo do direito de propriedade urbana; no segundo tópico, far-se-á um breve resumo da Informação 1860/2014-SNJ.G; e no terceiro tópico, empreender-se-á uma apreciação crítica do referido documento à luz da hipótese inicial.

2. O POTENCIAL CONSTRUTIVO COMO UM DIREITO DE PROPRIEDADE AUTÔNOMO DO DIREITO DE PROPRIEDADE URBANA[4]

Se alguma vez foi possível sustentar que o direito de propriedade do solo contemplava a faculdade *de construir*, com base na visão de que o poder jurídico de uso, gozo e disposição da coisa (art. 524 do Código Civil de 1916, correspondente ao atual art. 1.228 do Código Civil de 2002 – CC) "compreende a faculdade de transformá-la, edificá-la, beneficiá-la, enfim, com todas as obras que lhe favoreçam a utilização ou lhe aumentem o valor econômico"[5], essa ideia não pode mais ser aceita a partir da CR.

---

3. "A *decadência* [...] incide diretamente sobre o direito e indiretamente sobre a ação. Na verdade, esse fato extintivo vem à tona nas hipóteses em que a lei ou a convenção subordina a eficácia do direito ao seu exercício em determinado período de tempo, de modo que, não o fazendo, o titular acaba por vê-lo extinto", CARVALHO FILHO, José dos Santos. Op. cit., p. 7.

4. Este capítulo foi desenvolvido originalmente em nosso artigo "Compensação de restrições causadas por tombamentos de imóveis: a transferência do direito de construir no Município de São Paulo", escrito em coautoria com Túlio de Medeiros Jales, aprovado para publicação na Revista de Direito da Cidade.

5. MEIRELLES, Hely Lopes. *Direito de construir*. 7. ed. atualizada por Eurico de Andrade Azevedo et. al. São Paulo: Malheiros, 1996, p. 27.

Com a introdução dos capítulos da política urbana (arts. 182 e 183) e da política agrícola e fundiária (arts. 184 a 191), a CR cindiu, explicitamente, o regime jurídico da propriedade do solo em propriedade urbana e propriedade rural. É o *plano diretor*, enquanto instrumento básico da política de desenvolvimento e expansão urbana (art. 182, § 1º), que delimita o perímetro urbano, indicando a localização da zona urbana e, quando for o caso, da zona de expansão urbana.[6]

O *direito de construir* passa, assim, a ser uma *permissão jurídico-pública* para o exercício da *faculdade*[7] de construir atribuída ao proprietário do imóvel *urbano*[8] que satisfaz os *ônus urbanísticos* previstos na legislação e observa os *índices urbanísticos* fixados pelos planos, especialmente o plano diretor.

O plano urbanístico não atribui concretamente direitos de construir, senão abstratamente *potenciais construtivos*, que só se convertem naqueles quando, observados os índices urbanísticos, o proprietário se desincumbe dos ônus urbanísticos de sua propriedade, contribuindo para o equilíbrio e o financiamento da infraestrutura urbana.[9]

Por esse motivo, é criticável a impropriedade da nomenclatura "outorga onerosa do direito de construir", uma vez que o objeto desse instrumento não é o direito de construir (concreto), e sim o potencial construtivo (abstrato). Adota-se essa nomenclatura neste trabalho, contudo, por uma questão de consagração legal e doutrinária.

O *coeficiente de aproveitamento* (art. 28, § 1º, do ECi) é o índice urbanístico que, multiplicado pela área do imóvel urbano, determina seu potencial construtivo, ou área edificável, normalmente expresso em metros quadrados. O coeficiente de aproveitamento *básico* regula o potencial construtivo básico (gratuito) da propriedade urbana, ao passo que o coeficiente de aproveitamento *máximo* regula o potencial construtivo máximo (oneroso).

---

6. Para um maior desenvolvimento desse ponto, cf. CUSTODIO, Vinícius Monte. Princípio da reserva de plano: comentários ao acórdão do Recurso Extraordinário 607.940/DF. *Fórum de Direito Urbano e Ambiental – FDUA*, ano 19, n. 110, p. 58-68. Belo Horizonte: Fórum, mar./abr., 2020.

7. "É comum dizer-se que o direito subjetivo é *facultas agendi*. Porém as faculdades humanas não são direitos, e sim qualidades próprias do ser humano que independem de norma jurídica para sua existência. [...] a chamada *facultas agendi* é anterior ao direito subjetivo. Primeiro, a faculdade de agir, e, depois, a permissão de usar essa aptidão", DINIZ, Maria Helena. *Compêndio de introdução à ciência do direito*. 19. ed. São Paulo: Saraiva, 2008, p. 248.

8. Por motivo de concisão, usa-se o termo "imóvel urbano", mas nada obsta a que proprietários de imóveis situados fora do perímetro urbano, em zona de expansão urbana ou em zona de urbanização específica, sejam titulares de direitos de construir (art. 3º da Lei 6.766, de 19 de dezembro de 1997, que dispõe sobre o parcelamento do solo urbano).

9. "O plano urbanístico não atribui, por si só, *direitos de construir*, mas *potenciais construtivos*. Os potenciais definidos pelos índices urbanísticos do plano transformam-se em direitos de construir após o cumprimento de ônus urbanísticos, pelos quais o proprietário contribui para financiar a infraestrutura da cidade. [...] É o atendimento aos ônus urbanísticos que permite ao proprietário incorporar ao seu lote o direito de construir previsto no plano" (grifos do original), PINTO, Victor Carvalho. *Direito urbanístico*: plano diretor e direito de propriedade. 3. ed. São Paulo: Ed. RT, 2011, p. 263.

O coeficiente de aproveitamento básico é um parâmetro fundamental para o planejamento urbano, mas não tem caráter urbanístico nem fiscal, e sim equalizador de direitos. Sua adoção no planejamento urbanístico municipal colabora com a efetivação do *princípio da justa distribuição dos benefícios e ônus decorrentes do processo de urbanização*.[10]

Quanto mais elevado o Município fixar o coeficiente de aproveitamento da propriedade, maior será o valor econômico da propriedade urbana, substancialmente determinado por seu potencial construtivo.[11] Porém, essa elevação não pode ser desmesurada, pois ela tende a aumentar a demanda por equipamentos comunitários e urbanos por parte da população ocupante desses locais.[12]

O potencial construtivo é um *bem jurídico*, porque é objeto de interesse humano e recebe tutela do direito; é um *bem patrimonial*, porque pode ser estimado economicamente; é um *bem incorpóreo*, porque é desprovido de materialidade, não se confundindo com a edificação; e é um *bem principal*, porque existe sobre si mesmo, não sendo acessório da propriedade urbana.[13]

Em que pese o potencial construtivo seja um direito de propriedade autônomo, ele permanece vinculado ao imóvel urbano para o qual foi calculado. Essa ideia aparentemente contraditória de "autonomia vinculada" não é estranha ao direito brasileiro, também sendo encontrada nos recursos minerais e nos potenciais de energia hidráulica relativamente à propriedade do solo[14], bem como no direito real de laje relativamente à construção-base[15], por exemplo.

Quando regula o *coeficiente de aproveitamento básico*, o plano simultaneamente restringe a propriedade urbana e *autonomiza* o potencial construtivo *básico*, que também é direito subjetivo do proprietário. O potencial construtivo, quando efetivado no lote, deixa de existir como bem principal, passando, por *acessão artificial*, à qualidade de *bem acessório* da propriedade urbana.[16]

---

10. BACELLAR, Isabela; FURTADO, Fernanda; RABELLO, Sonia. Transferência do direito de construir: panorama de regulamentações municipais e parâmetros essenciais para a implementação. *Brazilian Journal of Development*, v. 5, n. 9. Curitiba, set. 2019, p. 13.987.

11. Martim Smolka apresenta dados de que a elevação de coeficientes de aproveitamento geram grandes acréscimos de valor à propriedade, cf. SMOLKA, Martim O. *Implementing value capture in Latin America*: policies and tools for urban development. Cambridge: Lincoln Institute of Land Policy, 2013, p. 5-7.

12. Cf. GRAU, Eros Roberto Aspectos jurídicos da noção de solo criado. *O solo criado*: anais do seminário. São Paulo: Fundação Prefeito Faria Lima, 1976, p. 135-136.

13. Cf. APPARECIDO JUNIOR, José Antonio. *Direito urbanístico aplicado*: os caminhos da eficiência jurídicas nos projetos urbanísticos. Curitiba: Juruá, 2017, p. 155-163.

14. CR: "Art. 176. As jazidas, em lavra ou não, e demais recursos minerais e os potenciais de energia hidráulica constituem propriedade distinta da do solo, para efeito de exploração ou aproveitamento, e pertencem à União, garantida ao concessionário a propriedade do produto da lavra."

15. CC: "Art. 1.510-A. O proprietário de uma construção-base poderá ceder a superfície superior ou inferior de sua construção a fim de que o titular da laje mantenha unidade distinta daquela originalmente construída sobre o solo. [...] § 3º Os titulares da laje, unidade imobiliária autônoma constituída em matrícula própria, poderão dela usar, gozar e dispor."

16. "Conforme consta dos artigos 79 e 92 do Código Civil, salvo expressa disposição em contrário, as árvores incorporadas ao solo mantêm a característica de bem imóvel, pois acessórios do principal, motivo pelo

Quando regula o *coeficiente de aproveitamento máximo*, conquanto também restrinja a propriedade urbana, o plano não confere a seu proprietário direito subjetivo ao potencial construtivo *máximo*, senão mera *expectativa de direito*. Isso ocorre porque o potencial construtivo *adicional*, aquilo que varia entre os potenciais básico e máximo, nos termos da legislação federal vigente, somente ingressa na esfera patrimonial do proprietário do imóvel urbano por meio de OODC, Cepac ou transferência do direito de construir.[17]

3. BREVE RESUMO DA INFORMAÇÃO 1860/2014-SNJ.G

A Informação 1860/2014-SNJ.G, da lavra do Procurador do Município de São Paulo José Fernando Ferreira Brega, com visto de aprovação do então Chefe da Assessoria Técnica e Jurídica do Município Vinícius Gomes dos Santos, elaborada sob a vigência da Lei Municipal 13.430, de 13 de setembro de 2002 (Plano Diretor Estratégico – PDE), teve como origem o caso de um particular que, após o deferimento da licença de obra de edificação antecedido de OODC, alegando a inviabilidade econômica do projeto, pleiteou o cancelamento do alvará e a restituição da contraprestação pecuniária pela aquisição do potencial construtivo adicional.

Para solucionar a questão, o procurador realizou uma análise da estrutura jurídico-formal adotada para a OODC no Município de São Paulo, dividida em dois aspectos: (I) quanto à forma de aquisição do potencial construtivo pelo proprietário; e (II) quanto às formas de sua utilização por este último.

Quanto à forma de aquisição, ela poderia ser: (I.1) facultada a qualquer lote, ou a qualquer lote inscrito numa dada zona para a qual a legislação urbanística tenha fixado um potencial adicional adquirível, bastando que o proprietário recolha oportunamente o valor correspondente; ou (I.2) limitada por um estoque consoante a circunscrição territorial.

Quanto às formas de sua utilização, ela poderia ser: (II.1) vinculada a um alvará específico, como sucede nos casos de OODC; ou (II.2) vinculada a determinado imóvel, para utilização oportuna em futuro projeto de edificação, segundo a conveniência do proprietário, como sucede com o certificado de potencial adicional de construção, ou simplesmente Cepac, exclusivo para operações urbanas consorciadas.

Ainda de acordo com o procurador, o PDE/2002 também admitia a desvinculação do potencial construtivo adicional quando este não for solicitado diretamente vinculado a aprovação de um projeto de edificação, mediante a expedição de certidão de outorga onerosa de potencial construtivo adicional (art. 215). Porém, essa

---

qual, em regra, a acessão artificial recebe a mesma classificação/natureza jurídica do terreno sobre o qual é plantada", SUPERIOR Tribunal de Justiça. REsp 1.567.479/PR (Quarta Turma). Diário de Justiça Eletrônico 18 jun. 2019. Rel. Min. Marco Buzzi.

17. Não sendo os certificados de potencial adicional de construção (art. 34 do ECi) e a transferência do direito de construir (art. 35 do ECi) objeto deste trabalho, para maiores detalhes sobre eles, cf., por todos, CARVALHO FILHO, José dos Santos. *Comentários ao Estatuto da Cidade*, 5. ed. São Paulo: Atlas, 2013.

hipótese de desvinculação só seria aplicável, nos termos da Lei Municipal 13.885, de 25 de agosto de 2004 (Lei de Parcelamento, Uso e Ocupação do Solo – LPUOS), à execução de programas habitacionais de interesse social e de urbanização das favelas (art. 23).

A estrutura jurídico-formal da OODC corresponderia à própria emissão do alvará, que é o ato final de um procedimento administrativo de licenciamento edilício de natureza negocial, não existindo outro ato que atribua ao proprietário o potencial construtivo adicional.

Estando o potencial construtivo adicional vinculado a um projeto, o alvará seria determinante em relação a esse potencial, tanto em termos de quantidade de área construída adicional adquirida quanto em termos de forma de sua utilização. Com base nisso, concluiu que o potencial construtivo adicional é acessório ao alvará, portanto sofrendo os efeitos de fenômenos jurídicos porventura incidentes sobre este último, tais como a revogação, a cassação, a invalidação, a modificação e a caducidade.

Argumentou, também, que a legislação não contempla, explícita ou implicitamente, o distrato relativo à aquisição de potencial construtivo adicional e que o mero arrependimento de uma das partes não é motivo suficiente para o desfazimento de negócios jurídicos em geral. Consequentemente, não sendo exercido o potencial construtivo adicional no prazo da licença, esta teria caducado, e com ela o direito à utilização do potencial adquirido, descabendo o ressarcimento do outorgado, bem como qualquer alegação de enriquecimento sem causa da Administração Pública.

Ademais, como razões substanciais para a vinculação do potencial construtivo adicional ao projeto de edificação, invocaram-se as necessidades de maximização de sua utilização e de evitar seu entesouramento ou retenção especulativa, especialmente em razão do estoque limitado de potencial construtivo adicional e do valor fixo de sua alienação, previstos no PDE/2002 e na LPUOS/2004. O interesse público não residiria exclusivamente no ato da outorga do potencial ou no recebimento do respectivo preço público, mas também em seu aproveitamento consoante o planejamento urbanístico.

Por derradeiro, vale ressaltar que a Informação 1860/2014-SNJ.G foi elaborada às vésperas da entrada em vigor da Lei Municipal 16.050, de 1º de agosto de 2014, que aprovou o atual PDE de São Paulo e revogou o PDE/2002.

O art. 212 do PDE/2002 restringia a aquisição do potencial construtivo adicional mediante OODC: nos lotes, pelo coeficiente de aproveitamento máximo definido para a zona, a área de operação urbana ou a área de intervenção urbana (inciso I); e nas zonas ou parte delas, nos distritos ou subperímetros destes e nas áreas de operação urbana consorciada e de projetos estratégicos ou seus setores, pelo estoque de potencial construtivo adicional (inciso II).

Todavia, o PDE/2014 operou uma significativa alteração na forma de aquisição do potencial construtivo adicional, ao abolir o estoque de potencial construtivo adicional.[18] Agora a OODC encontra restrição somente no nível do lote, pelo coeficiente de aproveitamento máximo.

4. APRECIAÇÃO CRÍTICA DA INFORMAÇÃO 1860/2014-SNJ.G

O Supremo Tribunal Federal entende que a OODC não é tributo, pois não é uma obrigação (ato devido) do proprietário; sua insatisfação não acarreta sanção jurídica. Trata-se de prestação facultativa de dar, um ônus (ato necessário), cuja satisfação afasta o obstáculo à obtenção duma vantagem econômica (o potencial construtivo adicional).[19] Portanto, a contrapartida paga pelo beneficiário reveste natureza jurídica de *preço público* (ou tarifa).[20]

O potencial construtivo adicional proveniente de OODC é *bem dominical afetado*[21], de titularidade municipal, porque, apesar de alienável, os recursos auferidos pelo Município devem ser afetados às finalidades urbanísticas prescritas no ECi[22]. O próprio PDE/2014 caracteriza o potencial construtivo adicional como um "bem jurídico dominical, de titularidade da Prefeitura, com funções urbanísticas e socioambientais" (art. 116).

Nada obstante, a Informação 1860/2014-SNJ.G interpreta que a OODC constitui um "direito condicionado no tempo" à utilização do potencial construtivo adicional contido na licença, e não um direito de propriedade autônomo.

Com a devida vênia, na realidade, a OODC é um *negócio jurídico*, celebrado entre o Município e o proprietário do imóvel, visando à alienação de um bem público municipal. Disso resulta que ela transfere do Município para o proprietário do imóvel urbano a titularidade do potencial construtivo adicional, e não um simples direito de utilização desse potencial.

A OODC não se confunde com a *licença de obra*, expressão particular do *poder de polícia* municipal, remunerada por *taxa* (art. 145, inciso II, da CR), que atesta a

---

18. O PDE/2014 não reproduziu a regra do art. 212, inciso II, do PDE/2002.
19. SUPREMO Tribunal Federal. RE 387.047/SC (Tribunal Pleno). Diário de Justiça Eletrônico 06 mar. 2008. Rel. Min. Eros Grau.
20. Cf. MARQUES NETO, Floriano de Azevedo. Outorga onerosa do direito de construir (solo criado). In: DALLARI, Adilson de Abreu; FERRAZ, Sérgio (Coord.). *Estatuto da Cidade*: Comentários à Lei Federal 10.257/2001. 4. ed. São Paulo: Malheiros, 2014, p. 248; e CAVALCANTI, Eugênia Giovanna Simões Inácio. Parecer 0008/2019 (2018.02.005903). Recife: Procuradoria Geral do Município – Núcleo de Urbanismo e Meio Ambiente, 2019.
21. Cf. MARQUES NETO, Floriano de Azevedo. *Bens públicos*: função social e exploração econômica. O regime jurídico das utilidades públicas. Belo Horizonte: Fórum, 2014, p. 152.
22. "Art. 26. O direito de preempção será exercido sempre que o Poder Público necessitar de áreas para: I – regularização fundiária; II – execução de programas e projetos habitacionais de interesse social; III – constituição de reserva fundiária; IV – ordenamento e direcionamento da expansão urbana; V – implantação de equipamentos urbanos e comunitários; VI – criação de espaços públicos de lazer e áreas verdes; VII – criação de unidades de conservação ou proteção de outras áreas de interesse ambiental; VIII – proteção de áreas de interesse histórico, cultural ou paisagístico; IX – (VETADO). [...] Art. 31. Os recursos auferidos com a adoção da outorga onerosa do direito de construir e de alteração de uso serão aplicados com as finalidades previstas nos incisos I a IX do art. 26 desta Lei."

satisfação dos ônus urbanísticos pelo proprietário do lote e atribui-lhe o *direito de construir*.

Ainda que, por opção política, a OODC e a licença de obra sejam aprovadas num mesmo procedimento ou ato administrativo, a *decadência* do direito de construir pelo decurso do prazo da licença não implica a do potencial construtivo. Em tal cenário, bastaria ao titular do alvará vencido apresentar novo pedido de licença de obra ao órgão responsável pelo licenciamento urbanístico no Município de São Paulo, recolhendo a respectiva taxa, para se habilitar outra vez ao exercício da faculdade de construir até ao limite do potencial construtivo adicional adquirido.

O potencial construtivo, sendo direito de propriedade autônomo, goza da proteção do art. 1.275 do CC, nos termos do qual, em regra, só se perde a propriedade por alienação, renúncia, abandono, perecimento da coisa ou desapropriação. Ainda que plano urbanístico superveniente reduza o coeficiente de aproveitamento máximo do lote antes do início da obra, a propriedade do potencial construtivo adicional adquirido não é perdida, apenas se torna ineficaz, pois o beneficiário já não terá direito de construir na densidade admitida pelo plano anterior.[23]

Até seria admissível a caracterização do potencial construtivo adicional como uma *propriedade resolúvel*[24] cuja *condição resolutiva*[25] seria a sua não utilização na vigência da licença. No direito privado, *condição*, cláusula que subordina o efeito do negócio jurídico a evento futuro e incerto, deriva exclusivamente da vontade das partes (art. 121 do CC). Já no direito público, a eficácia do negócio jurídico pode ser condicionada unilateralmente pela Administração Pública, independentemente de acordo de vontades das partes, por uma causa de interesse público.

Do ponto de vista formal, embora não se exija paridade negocial na OODC, o art. 30 do ECi afirma que *lei municipal específica*[26] estabelecerá as *condições* a serem observadas para aquele negócio jurídico, quais sejam a fórmula de cálculo para cobrança (inciso I), os casos passíveis de isenção do pagamento da outorga (inciso II) e a contrapartida do beneficiário (inciso III).

Logo, não tendo o Município de São Paulo estabelecido a condição resolutiva em lei municipal específica, a propriedade do potencial construtivo adicional adquirido mediante OODC presume-se *plena* (art. 1.231 do CC), não podendo ser resolvida pela caducidade da licença.

---

23. "Fere direito adquirido a revogação de licença de construção por motivo de conveniência, quando a obra já foi iniciada", Supremo Tribunal Federal. RE 85.002/SP (Segunda Turma). Diário da Justiça, 17 set. 1976. Rel. Min. Moreira Alves.
24. CC: "Art. 1.359. Resolvida a propriedade pelo implemento da condição ou pelo advento do termo, entendem-se também resolvidos os direitos reais concedidos na sua pendência, e o proprietário, em cujo favor se opera a resolução, pode reivindicar a coisa do poder de quem a possua ou detenha."
25. CC: "Art. 127. Se for resolutiva a condição, enquanto esta se não realizar, vigorará o negócio jurídico, podendo exercer-se desde a conclusão deste o direito por ele estabelecido."
26. Lei "específica" é a que se caracteriza por ser monotemática e dirigida a uma situação por ela específica, que só cuida de um assunto, cf. SUPREMO Tribunal Federal. ADI 64-1/RO (Tribunal Pleno). Diário de Justiça Eletrônico 22 fev. 2008. Rel. Min. Cármen Lúcia.

Do ponto de vista material, enquanto instrumento jurídico da política urbana, a OODC objetiva ordenar o pleno desenvolvimento das funções sociais da cidade e garantir o bem-estar de seus habitantes. Por isso, o Município tem legitimidade para impor, pelo implemento da condição (a caducidade da licença), a resolução da propriedade do potencial construtivo adicional adquirido.[27] Todavia, como em qualquer ato do Poder Público, a condição resolutiva não pode ser arbitrária, injustificada ou desproporcional, sob pena de inconstitucionalidade.

Nesse sentido, tendo em vista que o PDE/2014 não reproduziu a regra do art. 212, inciso II, do PDE/2002, que impunha estoques limitados de potencial construtivo adicional por zonas, distritos e áreas da cidade, as razões substanciais para a vinculação do potencial construtivo adicional ao projeto de edificação invocadas na Informação 1860/2014-SNJ.G – maximizar sua utilização e evitar seu entesouramento ou retenção especulativa – não se sustentam.

No entanto, observou bem a Assessoria Técnica e Jurídica do Município que a legislação não prevê a figura do distrato relativo à aquisição de potencial construtivo adicional e que o mero arrependimento de uma das partes não dá azo ao desfazimento de negócios jurídicos em geral. Por isso, o beneficiário da outorga não goza de direito subjetivo ao ressarcimento da contrapartida paga ao Município em caso de arrependimento.

5. CONCLUSÃO

O potencial construtivo é um direito de propriedade autônomo do direito de propriedade urbana e a OODC um negócio jurídico que visa à alienação de potencial construtivo adicional (bem dominical municipal) ao proprietário de determinado imóvel urbano. Portanto, não se pode confundir o potencial construtivo (abstrato) com o direito de construir (concreto) nem a OODC (remunerada por preço público) com a licença (remunerada por taxa).

Ainda que o potencial construtivo adicional adquirido não seja exercido no prazo de validade da licença de obra, a caducidade desta última não terá como efeito o retorno daquele bem para o Município.

A Informação 1860/2014-SNJ.G acerta ao afirmar que não cabe direito subjetivo ao outorgado de reaver o que pagou ao Município a título de contrapartida por OODC, contudo peca por caracterizar o potencial construtivo adicional adquirido como um acessório da licença, vinculando a decadência do direito de construir à decadência do direito de "utilização" do potencial construtivo adicional.

---

27. "As disposições de Direito Público se não interpretam do mesmo modo que as do Direito Privado; e em um e outro ainda os preceitos variam conforme o ramo particular a que pertencem as normas: os utilizáveis no Constitucional diferem dos empregados no Criminal; no Comercial não se procede exatamente como no Civil, e, no seio deste, ainda a exegese dos contratos e das leis excepcionais se exercita mediante regras especiais", MAXIMILIANO, Carlos. *Hermenêutica e aplicação do direito*. 19. ed. Rio de Janeiro: Forense, 2008, p. 247.

A caducidade do alvará sujeitará o outorgado a requerer, caso pretenda utilizar o potencial construtivo adicional adquirido, a expedição de nova licença de obra, recolhendo a respectiva taxa pelo exercício do poder de polícia municipal, e não nova contrapartida pela OODC.

O Município até pode estabelecer, mediante lei municipal específica, condições resolutivas para o potencial construtivo adicional adquirido mediante OODC, mas essas condições não podem ser arbitrárias, injustificadas ou desproporcionais, sob pena de inconstitucionalidade.

6. REFERÊNCIAS

APPARECIDO JR., José Antonio. *Direito urbanístico aplicado*: os caminhos da eficiência jurídicas nos projetos urbanísticos. Curitiba: Juruá, 2017.

BACELLAR, Isabela; FURTADO, Fernanda; RABELLO, Sonia. Transferência do direito de construir: panorama de regulamentações municipais e parâmetros essenciais para a implementação. *Brazilian Journal of Development*, v. 5, n. 9. Curitiba, set. 2019, p. 13.978-13.999.

BREGA, José Fernando Ferreira. *Informação 1860/2014-SNJ.G.* Procuradoria Geral do Município de São Paulo, 2014.

CARVALHO FILHO, José dos Santos. *Comentários ao Estatuto da Cidade*. 5. ed. São Paulo: Atlas, 2013.

CARVALHO FILHO, José dos Santos. *Improbidade administrativa*: prescrição e outros prazos extintivos, 2. ed. São Paulo: Atlas, 2016.

CAVALCANTI, Eugênia Giovanna Simões Inácio. Parecer 0008/2019 (2018.02.005903). Recife: Procuradoria Geral do Município – Núcleo de Urbanismo e Meio Ambiente, 2019.

CUSTODIO, Vinícius Monte. Princípio da reserva de plano: comentários ao acórdão do Recurso Extraordinário 607.940/DF. *Fórum de Direito Urbano e Ambiental – FDUA*, ano 19, n. 110. p. 58-68. Belo Horizonte: Fórum, mar./abr., 2020.

DINIZ, Maria Helena. *Compêndio de introdução à ciência do direito*. 19. ed. São Paulo: Saraiva, 2008.

GRAU, Eros Roberto. Aspectos jurídicos da noção de solo criado. *O solo criado*: anais do seminário. São Paulo: Fundação Prefeito Faria Lima, 1976.

MARQUES NETO, Floriano de Azevedo. Outorga onerosa do direito de construir (solo criado). In: DALLARI, Adilson de Abreu; FERRAZ, Sérgio (Coord.). *Estatuto da Cidade*: Comentários à Lei Federal 10.257/2001. 4. ed. São Paulo: Malheiros, 2014.

MARQUES NETO, Floriano de Azevedo. *Bens públicos*: função social e exploração econômica. O regime jurídico das utilidades públicas. Belo Horizonte: Fórum, 2014.

MAXIMILIANO, Carlos. *Hermenêutica e aplicação do direito*. 19. ed. Rio de Janeiro: Forense, 2008.

MEIRELLES, Hely Lopes. *Direito de construir*. 7. ed. atualizada por Eurico de Andrade Azevedo et. al. São Paulo: Malheiros, 1996.

PINTO, Victor Carvalho. *Direito urbanístico*: plano diretor e direito de propriedade, 3. ed. São Paulo: Ed. RT, 2011.

SMOLKA, Martim O. *Implementing value capture in Latin America*: policies and tools for urban development. Cambridge: Lincoln Institute of Land Policy, 2013.

ANÁLISE JURISPRUDENCIAL SOBRE RESTRIÇÕES URBANÍSTICAS CONVENCIONAIS EM LOTEAMENTOS URBANOS

Marcos Lopes Prado

Especialista em Direito Contratual pela PUC-SP, em Direito Urbanístico pela SBDP e em Direito Notarial e Registral pelo IRIB. Membro da MDDI – Mesa de Debates de Direito Imobiliário, do IBDiC – Instituto Brasileiro de Direito da Construção, do IBRADIM – Instituto Brasileiro de Direito Imobiliário e do GRI Real Estate Brazil. Fundador e Diretor Técnico de Conteúdo da AD.NOTARE – Academia Nacional de Direito Notarial e Registral. Graduado em Direito pela USP/2000. Palestrante e coautor de diversas obras de Direito Imobiliário. Indicado pelas publicações "Chambers Latin America – Latin America's Leading Lawyers for Business", em 2012-21, "Legal 500", em 2012-21, "Latin Lawyer 250", "Best Lawyers", "Leaders League" e "Análise Advocacia 500", em 2018-21. Sócio da área imobiliária do escritório Cescon, Barrieu, Flesch & Barreto Advogados.

Vinicius da Silva Martins

Mestre em Direito Político e Econômico pela Universidade Presbiteriana Mackenzie (2019-atual). Pós-graduado em Direito Imobiliário pela Pontifícia Universidade Católica de São Paulo (2014). Graduado pela Universidade Presbiteriana Mackenzie (2011). Indicado pela publicação "Chambers Latin America – Latin America's Leading Lawyers for Business"Associado da área imobiliária no Cescon Barrieu, Flesch e Barreto.

Sumário: 1. Introdução e histórico legislativo – 2. Precedentes jurisprudenciais sobre as restrições convencionais urbanísticas e ambientais em loteamentos urbanos – 3. Uma análise crítica dos aspectos registrais sobre as restrições convencionais urbanísticas-ambientais em loteamentos urbanos – 4. Conclusão – 5. Referências.

1. INTRODUÇÃO E HISTÓRICO LEGISLATIVO

A regulamentação jurídica sobre os loteamentos de imóveis urbanos, inicialmente tratada no Decreto-Lei 58 de 1937, teve por objeto estabelecer mecanismo de segurança jurídica imobiliária para esses tipos de empreendimentos. Como apontam Vicente Celeste Amadei e Vicente de Abreu Amadei, de modo geral, sob o ponto de vista legislativo, com algumas exceções, representam regramentos de vanguardas, "[...] pois foram neles que nasceram importantes institutos ou instrumentos de tutela da segurança jurídica predial até hoje de aguda relevância para o direito imobiliário[1]".

---

1. AMADEI, Celeste Vicente; AMADEI, Vicente de Abreu (prefácio). In: DIAS, Rodrigo Antonio; RIBEIRO, Vinícius (Org.). *Loteamento e Condomínio de Lotes:* Aspectos Contratuais, Societários, Regulatórios e Fiscais. São Paulo: Quartier Latin, 2019, p. 25.

Tal legislação teve por contexto: (a) o crescente desenvolvimento de loteamento de terrenos para venda em prestações financeiras; (b) as transações nesses moldes não estavam abarcadas no Código Civil de 1916 (vigente à época); (c) o grande número de compradores de lotes sem garantia das empresas loteadoras; (d) a promoção de *"segurança nas transações"*, celebradas mediante contrato de compromisso de compra e venda, contra futuras alienações ou onerações dos lotes comprometidos; e (e) a ausência de títulos de propriedade em nome das loteadoras, faltando a devida proteção jurídica aos adquirentes dos lotes[2].

O Decreto-Lei 58/37 elevou, significativamente, a segurança jurídica, econômica e social dos adquirentes de lotes, impondo ao loteador uma série de obrigações e responsabilidades, como é o caso da apresentação da documentação relativa ao imóvel, ao empreendimento pretendido e à demonstração de idoneidade da loteadora.

Com o posterior advento da Lei 6.015/73, que modernizou o sistema de registros públicos, entre eles o registro imobiliário, instituiu-se o fólio real, expresso pela matrícula do Livro 2 do Registro de Imóveis[3], como eixo em torno do qual deverão constar todos os atos de registros e averbações que afetam e/ou possam afetar os imóveis. Para os loteamentos urbanos, o depósito dos documentos nas serventias prediais com as descrições detalhadas dos empreendimentos, de maneira precisa e objetiva, a serem especificadas nas novas unidades imobiliárias (lotes), representou um avanço importante na segurança jurídica do setor imobiliário como um todo, permitindo "[...] um eficaz e melhor controle da especialidade objetiva e da disponibilidade[4]".

Passados seis anos da edição da Lei de Registros Públicos, foi publicada a Lei 6.766/79, ganhando os loteamentos urbanos um novo marco regulatório, nos mesmos moldes de proteção dos adquirentes de lotes do anterior Decreto 58/37. Um dos grandes avanços trazidos pela Lei 6.766/79 foi ingressar na regulamentação jurídica dos aspectos urbanísticos e ambientais dos loteamentos e desmembramentos, que ganharam novas e específicas regulamentações legais, sob a "perspectiva publicista, de feição urbanística e ambiental, em atenção à sua importância para a construção das cidades sustentáveis, como atestam as alterações e novidades legais respectivas[5]".

Nesse sentido, a Lei 6.766/79 contempla a previsão específica do registro do compromisso padrão de venda e compra dos lotes, no qual constem, inclusive, as "restrições convencionais urbanísticas impostas pelo loteador", quando existentes:

---

2. BRASIL. *Decreto 58, de 10 de dezembro de 1937*. Dispõe sobre o loteamento e a venda de terrenos para pagamento em prestações. Rio de Janeiro: Presidência da República, 1937. Disponível em: http://www.planalto.gov.br/ccivil_03/decreto-lei/1937-1946/del058.htm. Acesso em: 24 jun. 2021.

3. BRASIL. *Lei 6.015, de 31 de dezembro de 1973*. Dispõe sobre os registros públicos, e dá outras providências. Brasília, DF: Presidência da República, 1973. Disponível em: http://www.planalto.gov.br/ccivil_03/leis/l6015compilada.htm. Acesso em: 24 jun. 2021.

4. Ibidem, p. 26-27.

5. Ibidem, p. 27.

"[...] Art. 18. Aprovado o projeto de loteamento ou de desmembramento, o loteador deverá submetê-lo ao registro imobiliário dentro de 180 (cento e oitenta) dias, sob pena de caducidade da aprovação, acompanhado dos seguintes documentos: [...]

VI – exemplar do contrato padrão de promessa de venda, ou de cessão ou de promessa de cessão, do qual constarão obrigatoriamente as indicações previstas no art. 26 desta Lei; [...]

Art. 26. Os compromissos de compra e venda, as cessões ou promessas de cessão poderão ser feitos por escritura pública ou por instrumento particular, de acordo com o modelo depositado na forma do inciso VI do art. 18 e conterão, pelo menos, as seguintes indicações: [...]

VII – declaração das restrições urbanísticas convencionais do loteamento, supletivas da legislação pertinente [...][6] ."

Com a Constituição Federal de 1988, a ordenação do território urbano ganha status constitucional[7], cabendo aos Municípios a competência para legislar sobre uso e ocupação do solo dos respectivos territórios municipais, observados determinados princípios e diretrizes gerais. Ocorre que, tal como posto por Nalini e Levy: "[...] a urbanização é um processo histórico e, portanto, dinâmico. Determinado e informado por componentes sociais, políticos e econômicos, não se subordina ao tempo do legislador. Ele acontece, a despeito da sua vontade[8]". Por essas razões, a legislação que trata sobre loteamento passa a receber contornos muito mais abrangentes do que os previstos na Lei 6.766/79, como pontua Marcelo Manhães de Almeida:

"Esse arcabouço legal e a sua aplicação devem levar em conta que o parcelamento do solo não significa apenas o exercício de um direito – de dispor daquilo que é dono, no seu todo ou de modo fracionado -, mas também de um instrumento de desenvolvimento horizontal sustentável da cidade que compõe importante atividade no cenário econômico de um país[9]."

---

6. BRASIL. *Lei 6.766, de 19 de dezembro de 1979*. Dispõe sobre o Parcelamento do Solo Urbano e dá outras Providências. Brasília, DF: Presidência da República, 1979. Disponível em: http://www.planalto.gov.br/ccivil_03/leis/l6766.htm. Acesso em: 24 jun. 2021..

7. "Ao trazer a disciplina da ordem urbana para o interior do projeto e da narrativa constitucional, operou o constituinte um movimento sem precedentes. Pela primeira vez a ordenação das cidades passou a contar com o arrimo de norma constitucional. Vale dizer, a atividade legiferante dos Municípios, cuja competência para legislar em matéria de uso e ocupação do solo urbano deriva da própria CRFB, passou a ser regulada por princípios gerais hierarquicamente superiores, aptas a servir como fundamento de validade das normas, como referência hermenêutica e como base para o controle de constitucionalidade das leis. Diminuiu-se, portanto, o espaço do laissez-faire urbano – ou, ao menos, a sua feição normativa". NALINI, José Renato; LEVY, Wilson. Cidade, Regulação e Sustentabilidade: os mecanismos fiscais e urbanísticos de controle e captura de mais-valias urbanas. In: FARIA, Renato Vilela; CASTRO, Leonardo Freitas de Moraes (Coord.). *Operações Imobiliárias: estruturação e tributação*. São Paulo: Saraiva, 2016, p. 35.

8. Ibidem. No mesmo sentido, destacamos as palavras de Mauro Faustino e Flávio Yunes Fraiha: "Regular a ocupação humana em determinados espaços é tarefa das mais árduas que comove a todos pelo bem-estar social. Não há planejamento sem discussão e constante revisão, razão pela qual não se pode falar em uma mágica solução. A dinâmica das cidades ditada pelas constantes transformações sociais e econômicas oriundas do engenho humano demandam corriqueiras ordenações das transformações físicas desta colonização ultramoderna. Os instrumentos jurídicos retrocitados devem ser entendidos, portanto, como aparatos de navegação de uma nau que partiu e não mais retornará a seu porto". FAUSTINO, Mauro; FRAIHA, Flávio Yunes. *O Novo Plano Diretor de São Paulo* cit., p. 46.

9. MANHÃES DE ALMEIDA, Marcelo. *A Alienação Fiduciária na Venda de Lotes* cit., p. 425-426.

Com base nesse rápido histórico legislativo entre nós, passamos a analisar as restrições urbanísticas convencionais de loteamentos urbanos, sob o prisma jurisprudencial, sobretudo, após o julgamento pelo Superior Tribunal de Justiça do Recurso Especial paradigmático sobre o tema de n. 302.906/SP (2001/0014094-7), de relatoria do Ministro Herman Benjamin, em 26 de agosto de 2010[10].

2. PRECEDENTES JURISPRUDENCIAIS SOBRE AS RESTRIÇÕES CONVENCIONAIS URBANÍSTICAS E AMBIENTAIS EM LOTEAMENTOS URBANOS

O referido Recurso Especial 302.906/SP teve por origem duas ações judiciais propostas contra a construção de um edifício de nove andares no Município de São Paulo, na região denominada City Lapa, que inclui os bairros Alto da Lapa e Bela Aliança. Pelo juízo *a quo* foram acolhidos os argumentos dos autores determinando a demolição do bem, em face da violação das restrições convencionais adotadas pelo loteador da época. O Tribunal de Justiça do Estado de São Paulo, seguindo o voto do Relator Desembargador Oliveira Santos, manteve a sentença no sentido de subsistência das restrições convencionais mais rigorosas contra legislação municipal posterior menos restritiva, estabelecidas pelo loteador, inscritas no registro imobiliário e transcritas nas escrituras de alienação dos lotes[11].

Em divergência ao voto inicial do Relator, a Ministra Eliana Calmon defendeu, em suma, que a convenção dos particulares mais constritiva do direito de construir dos proprietários não pode prevalecer ante restrições urbanístico-ambientais menos onerosas, fixadas pela legislação municipal da cidade de São Paulo, que lhe são posteriores. Depois da divergência e votos de outros Julgadores da Segunda Turma do Superior Tribunal, o Ministro Relator Herman Benjamin, com base regimental, prolatou o seu voto vencedor delimitando o núcleo recursal em três grandes questões jurídicas[12]:

> "a) são admissíveis, no Direito brasileiro, as restrições urbanístico-ambientais convencionais ao direito de propriedade e, sobretudo, ao direito de construir?
>
> b) se afirmativa a resposta do item anterior, podem tais restrições convencionais ser afastadas ou modificadas pelo legislador, com a edição de controle *mais* ou *menos* rigoroso ao direito de construir?
>
> c) se cabível a flexibilização ou o relaxamento das amarras contratuais mais rigorosas pela lei posterior, menos restritiva, quais seriam os pressupostos e limites para tal?"[13]

---

10. BRASIL. Superior Tribunal de Justiça. Recurso Especial 302.906/SP (2001/0014094-7). Recorrente: CCK Construtora e Incorporadora Ltda. Recorrido: Associação dos Amigos e Moradores do Alto da Lapa e Bela Aliança – Assampalba. Relator: Ministro Herman Benjamin, Data do Julgamento 26.08.2010. Disponível em: https://scon.stj.jus.br/SCON/jurisprudencia/toc.jsp?i=1&b=ACOR&livre=((%27RESP%27.clas.+e+@num=%27302906%27)+ou+(%27REsp%27+adj+%27302906%27.suce.))&thesaurus=JURIDICO&fr=veja. Acesso em: 24 jun. 2021.
11. Ibidem.
12. Ibidem.
13. Ibidem.

Sobre as restrições urbanísticas convencionais em loteamentos urbanos, reconheceu o citado Ministro, com base no histórico específico do Município de São Paulo e no Direito Comparado, serem veículos de estímulo a novos projetos consensuais solidaristas, coletivo e intergeracional, com finalidade primária de garantir futuros espaços de convivência urbana marcados pela qualidade de vida, valor estético, áreas verdes e de proteção contra desastres naturais. Nesse viés, ele defendeu a dimensão ética, social e jurídica das restrições urbanístico-ambientais não ligada apenas ao desarrazoado e mesquinhez do loteador, dos compradores, dos contratantes posteriores e dos do que venham a ser vizinhos afetados pelas restrições, mas sim em genuína índole pública em que verifica-se a simbiose do interesse público e do interesse privado, ganhando uma natureza *propter rem* no que tange à relação com o imóveis afetados, preservando o genuíno consenso intergeracional que antecipa os valores urbanísticos-ambientais do presente e vincula as expectativas imaginadas das vindouras gerações[14].

Aborda o Relator o art. 26 da Lei 6.766/1979, reproduzido acima, como norma-piso sobre a qual deve se operar e legitimar as condicionantes contratuais observada a regra da maior restrição entre a lei e as restrições convencionais originalmente estabelecidas. Todavia, pelo princípio da prevalência da lei, as restrições convencionais devem estar em harmonia e ser compatíveis com os valores e exigências da Constituição Federal, assim como das demais normas infraconstitucionais que regem o uso e a ocupação do solo urbano. Observadas tais limitações, disposições convencionais de natureza urbanístico-ambiental convencionalmente estabelecidas, "mais rígidas que as restrições legais, correspondem a inequívoco direito dos moradores de um bairro ou região de optarem por espaços verdes, controle do adensamento e da verticalização, melhoria da estética urbana e sossego[15]".

Contudo, o Ministro entende que a Administração Pública não pode ficar refém dos acordos "egoísticos" firmados pelos loteadores, pois reserva para si um *ius variandi*, sob cuja égide as restrições urbanístico-ambientais podem ser ampliadas ou, excepcionalmente, alteradas. Tais alterações, pela via legislativa, no entendimento do Relator, demandam amplo e forte motivação de interesse público não de posturas lastreadas em necessidades casuísticas de momento, interesses especulativos ou vantagens comerciais de determinados dos agentes econômicos. Ademais, tais flexibilizações devem observar o princípio da não regressão ou o princípio da proibição de retrocesso, tendo em vista ser garantia de que os avanços urbanístico-ambientais conquistados no passado que não podem ser diluídos, destruídos ou negados pela geração atual ou pelas seguintes[16].

Outros motivos excepcionais e determinantes reconhecidos pelo Ministro Herman que dariam ensejo às alterações das restrições urbanístico-ambientais se-

---

14. Ibidem.
15. Ibidem.
16. Ibidem.

riam, por exemplo, a transformação do próprio caráter do direito de propriedade em questão (quando o legislador por razões de ordem pública, proíbe certos tipos de restrições), ou a modificação irrefutável, profunda e irreversível do aspecto ou destinação de determinado bairro ou região, ou o obsoletismo valorativo ou técnico decorrente do surgimento de novos valores sociais ou de capacidade tecnológica que desconstitui a necessidade e a legitimidade do ônus, e, ainda, a perda do benefício prático ou substantivo da restrição[17].

Por fim, entendeu o Ministro Relator ser irrelevante que as restrições convencionais não constem do contrato de compra e venda firmado entre a incorporadora construtora e o proprietário atual do terreno, tendo em vista que bastaria examinar a matrícula do imóvel para aferir as restrições que sobre ele incidentes[18]. Tal ponto merece destaque, pois sabemos que nem sempre tais restrições são evidenciadas com base apenas na análise das matrículas dos lotes, de tal modo, questiona-se: se tais restrições não constam na matrícula dos lotes afetados, ainda assim, as tornaria inoponíveis perante os terceiros adquirentes de boa-fé e/ou credores hipotecários/ fiduciários dos referidos lotes afetados, por exemplo?

Com base nesse ponto de partida, passaremos, agora, a analisar o referido precedente jurisprudencial, inclusive, sob a ótica do art. 54, III, da Lei 13.097/15 e da vigente Lei de Parcelamento, Uso e Ocupação do Solo do Município de São Paulo 16.402, de 22 de março de 2016.

3. UMA ANÁLISE CRÍTICA DOS ASPECTOS REGISTRAIS SOBRE AS RESTRIÇÕES CONVENCIONAIS URBANÍSTICAS-AMBIENTAIS EM LOTEAMENTOS URBANOS

Após o julgamento do supra referido Recurso Especial, outros questionamentos foram levantados, principalmente, em casos específicos em que não é possível identificar as restrições impostas por loteadores, ou até mesmo por conta da completa alteração da situação de bairros e regiões inicialmente planejadas, que ganharam novas características, inclusive, por novas legislações municipais. Os aspectos registrais de tais convenções são essenciais para que futuros adquirentes possam respeitá-las. Porém, em termos legais, a Lei 6.766/79 contempla, tão somente, a previsão específica quanto às indicações das restrições convencionais urbanísticas nos compromissos de compra e venda e demais documentos padrões do loteamento (art. 18, inciso VI e art. 26, incido VII, reproduzidos acima), o que a depender do caso, principalmente de empreendimentos antigos são de difícil acesso a terceiros interessados na aquisição de tais imóveis.

Outro dispositivo legal, posterior ao precedente jurisprudencial supracitado do STJ e de suma importância para o tema, foi o princípio da concentração dos atos nas matrículas imobiliárias trazido pelo art. 54 da Lei 13.097/15:

---

17. Ibidem.
18. Ibidem.

"Art. 54. Os negócios jurídicos que tenham por fim constituir, transferir ou modificar direitos reais sobre imóveis são eficazes em relação a atos jurídicos precedentes, nas hipóteses em que não tenham sido registradas ou averbadas na matrícula do imóvel as seguintes informações:

I – registro de citação de ações reais ou pessoais reipersecutórias;

II – averbação, por solicitação do interessado, de constrição judicial, do ajuizamento de ação de execução ou de fase de cumprimento de sentença, procedendo-se nos termos previstos do art. 615-A da Lei 5.869, de 11 de janeiro de 1973 – Código de Processo Civil;

III – averbação de restrição administrativa ou convencional ao gozo de direitos registrados, de indisponibilidade ou de outros ônus quando previstos em lei; e (grifos nossos)

IV – averbação, mediante decisão judicial, da existência de outro tipo de ação cujos resultados ou responsabilidade patrimonial possam reduzir seu proprietário à insolvência, nos termos do inciso II do art. 593 da Lei 5.869, de 11 de janeiro de 1973 – Código de Processo Civil.

Parágrafo único. Não poderão ser opostas situações jurídicas não constantes da matrícula no Registro de Imóveis, inclusive para fins de evicção, ao terceiro de boa-fé que adquirir ou receber em garantia direitos reais sobre o imóvel, ressalvados o disposto nos arts. 129 e 130 da Lei 11.101, de 9 de fevereiro de 2005, e as hipóteses de aquisição e extinção da propriedade que independam de registro de título de imóvel[19].″

O consagrado dispositivo da concentração de atos na matrícula prevê que nada referente ao imóvel deve ficar alheio à matrícula, sob pena de ineficácia absoluta de tais restrições, o que se aplica, evidentemente, também, para as restrições urbanísticas convencionais de loteamentos, com base no inciso III reproduzido acima. A publicidade das restrições urbanísticas convencionais se dá no momento do registro do loteamento, na matrícula da gleba a ser loteada, porém quase nunca constam nas matrículas individualizadas dos lotes, tampouco são reproduzidas nos novos títulos aquisitivos dos lotes, a cada nova alienação. Assim, a publicidade registral imobiliária atual das restrições convencionais acaba tendo um alcance com publicidade limitada e restrita, na prática.

Na tentativa de sanar eventuais contestações de boa-fé, as atuais Normas de Serviço da Corregedoria Geral de Justiça do Estado de São Paulo determinam que as restrições urbanísticas convencionais presentes nos loteamentos devem ser mencionadas na "matrícula-mãe" do loteamento *e nas matrículas individualizadas de todos os lotes atingidos por elas:*

[...] 186. Todas as restrições presentes no loteamento impostas pelo loteador ou pelo Poder Público serão mencionadas no registro do loteamento e aquelas que atingirem os lotes também serão noticiadas nas matrículas deles, em averbação remissiva[20].

---

19. BRASIL. *Lei 13.907, de 19 de janeiro de 2015.* Dispõe sobre a contração dos atos nas matrículas imobiliárias e outras matérias. Brasília, DF: Presidência da República, 2015. Disponível em: http://www.planalto.gov.br/ccivil_03/_ato2015-2018/2015/lei/l13097.htm. Acesso em: 24 jun. 2021.
20. BRASIL. Normas Judiciais da Corregedoria Geral da Justiça do Estado de São Paulo. São Paulo, SP: Tribunal de Justiça do Estado de São Paulo, 2021. Disponível em: https://www.tjsp.jus.br/Corregedoria/Comunicados/NormasJudiciais. Acesso em: 24 jun. 2021.

Nesse sentido, indagamos com base na Lei 13.097/15 e nas Normas de Serviços Extrajudiciais da Corregedoria de São Paulo, até que ponto a eficácia real *erga omnes* das restrições convencionais não registradas/averbadas nas matrículas individuais dos lotes podem ser opostas aos terceiros adquirentes de boa-fé? Não há uma resposta definitiva para esse ponto, infelizmente. Todavia, existem fortes argumentos a favor da boa-fé do adquirente e do seu justificado desconhecimento de tais restrições, ainda que tenha conduzido uma prévia diligência jurídica imobiliária, minimamente, razoável na época da sua aquisição.

Outras disposições legais que já se alteraram foram as leis urbanísticas do Município de São Paulo vigentes na época do precedente jurisprudencial. A despeito disso, atualmente, a Lei de Parcelamento, Uso e Ocupação do Solo do Município de São Paulo 16.402, de 22 de março de 2016, conhecida por sua sigla LPUOS-SP, garante validade e eficácia das restrições urbanísticas convencionais para determinadas zonas do Município de São Paulo, consagrando a sua prevalência quando mais restritivas sobre as limitações urbanísticas legais menos restritivas, a saber:

> "Art. 59. Nas ZER-1, ZER-2, ZERa, ZCOR-1, ZCOR-2, ZCOR-3, ZCORa e ZPR, as restrições convencionais de loteamentos aprovadas pela Prefeitura, estabelecidas em instrumento público registrado no Cartório de Registro de Imóveis, referentes a dimensionamento de lotes, recuos, taxa de ocupação, coeficiente de aproveitamento, altura e número de pavimentos das edificações, *deverão ser atendidas quando mais restritivas que as disposições desta lei*[21]."

Sobre a alteração e atualização das restrições, tal qual posto pelo Ministro Herman Benjamin, justificou o legislador paulista ao estabelecer as seguintes condições para sua alteração, nos termos dos §§ 2º e 3º do artigo 59 da LPUOS-SP: (a) a realização de acordo entre o loteador e os proprietários dos lotes atingidos pela alteração, que poderá ser suprida por acordo entre os proprietários dos lotes atingidos pela alteração, nos casos de encerramento de atividades da empresa loteadora ou de sua inércia quando legalmente notificada sobre a necessidade de manifestar-se a respeito do acordo, desde que haja a anuência de 2/3 (dois terços) dos proprietários do loteamento atingido.; (b) emissão de parecer técnico favorável da Câmara Técnica de Legislação Urbanística – CTLU; e, (c) anuência expressa do Executivo[22].

No Poder Judiciário, o analisado voto vencedor do Recurso Especial 302.906/SP, também é utilizado como precedente e paradigma de outras situações de fato nas quais existem conflitos entre as restrições convencionais urbanísticos-ambientais e a legislação municipal. No Estado de São Paulo, por exemplo, verifica-se uma série de decisões, especialmente, decorrentes das Varas de Registros Públicos ou com com-

---

21. BRASIL. *Lei 16.402, de 22 de março de 2016*. Disciplina o parcelamento, o uso e a ocupação do solo no Município de São Paulo, de acordo com a Lei 16.050, de 31 de julho de 2014 – Plano Diretor Estratégico (PDE). São Paulo, SP: Prefeitura Municipal de São Paulo, 2016. Disponível em: http://legislacao.prefeitura.sp.gov.br/leis/lei-16402-de-22-de-marco-de-2016. Acesso em: 24 jun. 2021.
22. Ibidem.

petência para decisões registrais, tratando de pedidos de providências decorrentes desse impasse[23].

Para complementar essa nossa breve análise crítica do tema, em um novo, recente e importante precedente sobre o tema, o Tribunal de Justiça do Estado de São Paulo decidiu pela prevalência da Legislação Municipal anterior (Lei 13.885/2004) sobre as restrições urbanísticas convencionais impostas por loteadores, por meio do seu Órgão Especial para o Incidente de Arguição de Inconstitucionalidade Cível 0048247-85.2018.8.26.0000, datado de 31.07.2019, em acórdão com a seguinte Ementa:

> "Ação civil pública – Declaração de validade das restrições convencionais, nulidade de alvarás e obrigação de não fazer – Construção de empreendimento imobiliário [...]
>
> Mérito – Não ocorrência das hipóteses legais que exigem a realização de Estudo de Impacto de Vizinhança – Prevalência, na espécie, da legislação local sobre as restrições do loteador – Precedente do C. STJ – *Ausência de inconstitucionalidade da legislação municipal – Regularidade dos atos administrativos atacados* – Sentença reformada, para julgar improcedente a pretensão inicial [...][24]."

Assim, como lembram Vicente Celeste Amadei e Vicente de Abreu Amadei, a relevância de precedentes jurisprudenciais envolvendo temas relacionados à loteamento vêm, progressivamente, enfrentando diversas questões e nos mais variados ramos – "do direito civil ao direito penal, passando, naturalmente, pelo urbanístico e ambiental[25]" – o que contribui, de certo modo, para a "sedimentação de certeza, previsibilidade e estabilidade nos diversos campos do direito que a atividade do parcelamento do solo transfixa[26].

4. CONCLUSÃO

Como vimos, os aspectos urbanísticos-ambientais dos loteamentos passam a ter respaldo legal a partir da Lei 6.766/79, entre os quais analisamos as restrições convencionais urbanísticas impostas pelo loteador, que de acordo com a Lei devem ser reproduzidas no exemplar do contrato padrão de promessa de venda, ou de cessão ou de promessa de cessão de tais empreendimentos imobiliários, assim como o

---

23. Vide, por exemplo: (a) Pedido de Providências autos 1000668-47.2020.8.26.0100, datado de 14.07.2020, da 1ª Vara de Registros Públicos da Comarca da Capital do Estado de São Paulo; (b) Pedido de Providências autos 1008998-91.2016.8.26.0223, datado: 18.11.2016, da 3ª Vara Cível do Guarujá; (c) Pedido de Providências autos 1125254-69.2014.8.26.0100, datado de 24.02.2015, da 1ª Vara de Registros Públicos da Comarca da Capital do Estado de São Paulo; e (d) Pedido de Providências autos 1057371-32.2019.8.26.0100, datado de 09.12.2019, da 1ª Vara de Registros Públicos da Comarca da Capital do Estado de São Paulo

24. BRASIL. Tribunal de Justiça do Estado de São Paulo, 13ª Câmara de Direito Privado. Apelação Cível 1034110-82.2019.8.26.0053. Apelantes: TGSP 39 Empreendimentos Imobiliários Ltda. e Prefeitura Municipal de São Paulo. Apelado: Associação dos Moradores do Jardim Guedala. São Paulo, 10 de março 2021. Disponível em: https://esaj.tjsp.jus.br/cjsg/getArquivo.do?cdAcordao=14439004&cdForo=0>em. Acesso em: 29 jun. 2021.

25. AMADEI, Celeste Vicente; AMADEI, Vicente de Abreu. Op. cit., p. 27.

26. Ibidem, p. 27.

dever do loteador de constar nos referidos instrumentos a declaração das restrições urbanísticas convencionais do loteamento, supletivas da legislação pertinente[27] .

A partir da análise desse histórico legislativo passamos a analisar o precedente jurisprudencial, paradigmático, do Superior Tribunal de Justiça no julgamento do Recurso Especial 302.906/SP (2001/0014094-7), de relatoria do Ministro Herman Benjamin, em 26 de agosto de 2010. Entre os diversos aspectos urbanísticos abordados, a definição de tais restrições como veículos de estímulo a novos projetos consensuais solidaristas, coletivos e intergeracionais, são características essenciais que devem ser analisadas quando estudamos tais restrições.

Outro ponto que destacamos do Voto do Ministro Relator é a reserva *ius variandi* da Administração Pública para tratar das restrições urbanístico-ambientais que podem ser ampliadas ou até mesmo suprimidas, desde que motivadas por amplo e forte motivação de interesse público. Nesse sentido, abordamos a análise da atual legislação do Município de São Paulo, bem como dos desmembramentos decorrentes de tais conflitos entre as restrições e a legislação tanto no âmbito de pedido de providências por Vara com competência registral, quanto pelo Tribunal de Justiça do Estado de São Paulo.

Ressaltamos, contudo, o fato que nem sempre o conteúdo integral das referidas restrições convencionais urbanísticas consta das matrículas individuais dos lotes resultantes do loteamento e nem nas próximas escrituras públicas de alienação dos referidos lotes a sucessores. Com isso, as restrições inseridas, apenas e tão somente, no contrato padrão, centenário e original de promessa de venda dos lotes, não cumpre bem a necessária publicidade registral ampla exigida, legalmente, aos direitos reais imobiliários com eficácia *erga omnes*.

Para esses casos, em especial, temos uma publicidade registral muito restrita e de difícil acesso público às referidas restrições urbanísticas convencionais, que, mesmo assim, continuariam válidas, eficazes e oponíveis a terceiros segundo entendimento jurisprudencial. A ausência das restrições urbanísticas convencionais do loteamento nas matrículas individuais e atuais dos seus respectivos lotes constitui ilegalidade e descumpre o Princípio da Publicidade, o Princípio de Segurança Jurídica, o Princípio da Especialidade Objetiva e o Princípio da Concentração dos Atos na Matrícula no Registro Imobiliário, com base na Lei 13.097/15 (art. 54, III) e, para o Estado de São Paulo, ofende as Normas de Serviço da Corregedoria Geral de Justiça (item 186).

5. REFERÊNCIAS

BRASIL. *Decreto 58, de 10 de dezembro de 1937.* Dispõe sobre o loteamento e a venda de terrenos para pagamento em prestações. Rio de Janeiro: Presidência da República, 1937. Disponível em: http://www.planalto.gov.br/ccivil_03/decreto-lei/1937-1946/del058.htm. Acesso em: 24 jun. 2021.

---

27. BRASIL. *Lei 6.766, de 19 de dezembro de 1979.* Dispõe sobre o Parcelamento do Solo Urbano e dá outras Providências. Brasília, DF: Presidência da República, 1979. Disponível em: http://www.planalto.gov.br/ccivil_03/leis/l6766.htm. Acesso em: 24 jun. 2021.

BRASIL. *Lei 6.015, de 31 de dezembro de 1973*. Dispõe sobre os registros públicos, e dá outras providências. Brasília, DF: Presidência da República, 1973. Disponível em: http://www.planalto.gov.br/ccivil_03/leis/l6015compilada.htm. Acesso em: 24 jun. 2021.

BRASIL. *Lei 6.766, de 19 de dezembro de 1979*. Dispõe sobre o Parcelamento do Solo Urbano e dá outras Providências. Brasília, DF: Presidência da República, 1979. Disponível em: http://www.planalto.gov.br/ccivil_03/leis/l6766.htm. Acesso em: 24 jun. 2021.

BRASIL. *Lei 13.907, de 19 de janeiro de 2015*. Dispõe sobre a contração dos atos nas matrículas imobiliárias e outras matérias. Brasília, DF: Presidência da República, 2015. Disponível em: http://www.planalto.gov.br/ccivil_03/_ato2015-2018/2015/lei/l13097.htm. Acesso em: 24 jun. 2021.

BRASIL. Superior Tribunal de Justiça. Recurso Especial 302.906/SP (2001/0014094-7). Recorrente: CCK Construtora e Incorporadora Ltda. Recorrido: Associação dos Amigos e Moradores do Alto da Lapa e Bela Aliança – ASSAMPALBA. Relator: Ministro Herman Benjamin, Data do Julgamento 26/8/2010. Disponível em: https://scon.stj.jus.br/SCON/jurisprudencia/toc.jsp?i=1&b=ACOR&livre=((%27RESP%27.clas.+e+@num=%27302906%27)+ou+(%27REsp%27+adj+%27302906%27.suce.))&thesaurus=JURIDICO&fr=veja. Acesso em: 24 jun. 2021.

BRASIL. *Lei 16.402, de 22 de março de 2016*. Disciplina o parcelamento, o uso e a ocupação do solo no Município de São Paulo, de acordo com a Lei 16.050, de 31 de julho de 2014 – Plano Diretor Estratégico (PDE). São Paulo, SP: Prefeitura Municipal de São Paulo, 2016. Disponível em: http://legislacao.prefeitura.sp.gov.br/leis/lei-16402-de-22-de-marco-de-2016. Acesso em: 24 jun. 2021.

BRASIL. *Normas Judiciais da Corregedoria Geral da Justiça do Estado de São Paulo*. São Paulo, SP: Tribunal de Justiça do Estado de São Paulo, 2021. Disponível em: https://www.tjsp.jus.br/Corregedoria/Comunicados/NormasJudiciais. Acesso em: 24 jun. 2021.

BRASIL. Tribunal de Justiça do Estado de São Paulo, 13ª Câmara de Direito Privado. Apelação Cível 1034110-82.2019.8.26.0053. Apelantes: TGSP 39 Empreendimentos Imobiliários Ltda. e Prefeitura Municipal de São Paulo. Apelado: Associação dos Moradores do Jardim Guedala. São Paulo, 10 de março 2021. Disponível em: https://esaj.tjsp.jus.br/cjsg/getArquivo.do?cdAcordao=14439004&cdForo=0>em. Acesso em: 29 jun. 2021.

DIAS, Rodrigo Antonio; RIBEIRO, Vinícius (Org.). *Loteamento e Condomínio de Lotes*: Aspectos Contratuais, Societários, Regulatórios e Fiscais. São Paulo, Quartier Latin, 2019.

FARIA, Renato Vilela; CASTRO, Leonardo Freitas de Moraes (Coord.). *Operações Imobiliárias*: estruturação e tributação. São Paulo: Saraiva, 2016.

FAUSTINO, Mauro; FRAIHA, Flávio Yunes. O Novo Plano Diretor de São Paulo. In: FARIA, Renato Vilela; CASTRO, Leonardo Freitas de Moraes (Coord.). *Operações Imobiliárias*: estruturação e tributação. São Paulo: Saraiva, 2016.

MANHÃES DE ALMEIDA, Marcelo. A Alienação Fiduciária na Venda de Lotes. In: FARIA, Renato Vilela; CASTRO, Leonardo Freitas de Moraes (Coord.). *Operações Imobiliárias*: estruturação e tributação. São Paulo: Saraiva, 2016.

NALINI, José Renato; LEVY, Wilson. Cidade, Regulação e Sustentabilidade: os mecanismos fiscais e urbanísticos de controle e captura de mais-valias urbanas. In: FARIA, Renato Vilela; CASTRO, Leonardo Freitas de Moraes (Coord.). *Operações Imobiliárias*: estruturação e tributação. São Paulo: Saraiva, 2016.

REPERCUSSÃO GERAL RE 695.911/SP: LIBERDADE ASSOCIATIVA E A COTIZAÇÃO DE OBRIGAÇÕES PECUNIÁRIAS NOS LOTEAMENTOS IMOBILIÁRIOS URBANOS

Rafael R. Garofano

Doutorando e Mestre em Direito do Estado pela Universidade de São Paulo. Formado pela Universidade Presbiteriana Mackenzie. Sócio fundador de escritório de advocacia em SP, com atuação voltada ao Direito Público, Regulatório, Contratual e Infraestrutura. Foi diretor de programa da Secretaria de Assuntos Estratégicos da Presidência e assessor da Subsecretaria de Parcerias do Governo de SP. Atuou também na gerência jurídica de empresas do setor de infraestrutura.

Luiz Antonio A. Prado Jr.

Especialista em Direito Processual Civil, formado pela Universidade Presbiteriana Mackenzie. Acumula mais de 10 anos de experiência na prática da advocacia cível e no contencioso estratégico. Atua como consultor na área de Processo Civil e Arbitragem, com ênfase em litígios de natureza Cível, Contratual e Infraestrutura.

Sumário: 1. Introdução: relevância do tema – 2. Breve resumo do precedente objeto de exame – 3. Apreciação dos aspectos legais, doutrinários e jurisprudenciais envolvidos – 4. Considerações finais – 5. Referências.

1. INTRODUÇÃO: RELEVÂNCIA DO TEMA

Para além de uma discussão entre vizinhos, o tema em questão toca um dos princípios constitucionais do art. 5º da CF: a liberdade de associação prevista no inciso XX, segundo o qual *"ninguém poderá ser compelido a associar-se ou a permanecer associado"*, em confronto com outros princípios de igual envergadura, como a vedação ao locupletamento ilícito e a legalidade ampla.

Trata-se de matéria de índole eminentemente constitucional, uma vez que diz respeito à correta aplicação, em tais casos, do princípio da legalidade no sentido mais amplo de respeito à lei e ao Direito, inclusive dos princípios constitucionais e demais fontes de obrigação jurídica em nosso ordenamento.

Se é verdade que o exercício da liberdade de associação independe das obrigações decorrentes das limitações do direito de propriedade – estas condicionadas ao interesse coletivo e à proibição de locupletamento ilícito –, é aparente o conflito entre princípios de difícil composição ou harmonização.

Há, de um lado, o interesse comum de um determinado grupo de moradores de loteamentos imobiliários urbanos, de implementarem infraestrutura e serviços que venham a beneficiar a todos. Isto sujeitaria todos os proprietários à cobrança de taxas de manutenção das áreas não privativas em tais loteamentos.

Ao menos em tese, não seria razoável prevalecer o interesse particular daquele que se recusa a partilhar das despesas comuns se estas também lhe aproveitam e se, ao regular e ponderar princípios constitucionais conflitantes entre si, a lei se ocupou de delimitar os contornos do exercício dos direitos e das obrigações com o objetivo de evitar o enriquecimento ilícito (art. 3°, I, da CF).

De outro lado, há, muitas vezes, outro grupo de proprietários ou moradores que não se associaram com este objetivo, e nem poderiam ser compelidos a se associar por força do princípio da liberdade de associação. Ainda que haja comando normativo impositivo de pagamento de obrigações pecuniárias proporcionais às cotas, a liberdade de associação não poderia ser suprimida, inadmitindo-se a coação daquele que não deseja se associar ou se manter associado a realizar pagamento que respeite à associação de terceiros.

A toda evidência, a colisão entre princípios constitucionais é manifesta, tanto que mereceu a apreciação do Supremo Tribunal Federal em tema de repercussão geral. A depender da causa que se advogue, é possível atribuir maior ou menor peso a um ou outro princípio.

A análise de possível violação ao princípio do enriquecimento sem causa ou locupletamento ilícito, em tais casos, perpassa ao exame da liberdade associativa como garantia fundamental. Por seu turno, a compulsoriedade da associação seria afronta direta à Constituição, assim como o seria a exigência incondicionada de pagamento de obrigação decorrente do exercício da atividade associativa, ainda que em benefício do não associado.

É certo que os direitos fundamentais – tais como a liberdade de associação – são passíveis de limitação em seu alcance. A própria Constituição Federal, seja por normas explícitas, seja por seu arcabouço principiológico, estabelece como e quando pode haver alguma limitação ao exercício dos direitos fundamentais, do que sempre decorre a imposição de uma obrigação de fazer ou não fazer.

O exame que ora se propõe incide sobre uma tentativa de conciliação, pelo STF, dos princípios constitucionais aplicados ao caso concreto. Embates de décadas envolvendo moradores, proprietários e associações de loteamentos imobiliários urbanos – os chamados "falsos condomínios" – relativos às cobranças de taxas de manutenção, podem estar perto de serem definitivamente encerrados a partir de um julgamento recente (Repercussão geral RE 695.911/SP),[1] havida em dezembro de 2020, e ainda sujeita ao trânsito em julgado.

---

1. BRASIL. Supremo Tribunal Federal. Recurso Extraordinário 695.911/SP. Repercussão Geral. Relator: Min. Dias Toffoli. Plenário: 15.12.2020. Disponível em: http://www.stf.jus.br/. Acesso em: 05 ago. 2021.

2. BREVE RESUMO DO PRECEDENTE OBJETO DE EXAME

Trata-se de julgamento de recurso extraordinário cuja repercussão geral foi reconhecida pelo STF por envolver o direito constitucional à liberdade associativa, em contraposição à legalidade e ao princípio da vedação ao locupletamento ilícito. A matéria contempla a cobrança de taxas de manutenção e conservação de áreas de loteamento fechado urbano. Discute-se se, na ausência de lei ou vontade das partes, seria constitucional a imposição de tal obrigação pecuniária de moradores não associados à entidade formada pelos próprios moradores para manutenção e conservação do loteamento.

Da ementa do julgado se extrai que a Lei 13.467/17 foi considerada como marco temporal relevante para efeito da decisão pelo provimento do recurso em favor da tese da inconstitucionalidade, cujo reconhecimento ficou condicionado ao preenchimento de alguns requisitos delimitados no acórdão. Assim porque, "na ausência de lei, as associações de moradores de loteamentos surgiam apenas da vontade de titulares de direitos sobre lotes e, nesse passo, obrigações decorrentes do vínculo associativo só podiam ser impostas àqueles que fossem associados e enquanto perdurasse tal vínculo".

Com isso, a edição da Lei 13.465/17 representou um marco temporal para o tratamento da controvérsia, sobretudo em razão das modificações inseridas no art. 36-A, parágrafo único da Lei 6.766/79, o qual passou a prever que os atos constitutivos da associação de imóveis em loteamentos e as obrigações deles decorrentes vinculam tanto os já titulares de direitos sobre lotes que anuíram com sua constituição quanto os novos adquirentes de imóveis, se a tais atos e obrigações for conferida publicidade por meio de averbação no competente registro do imóvel.

Nesses termos, ao considerar o cotejo dos princípios da legalidade, da autonomia da vontade e da liberdade de associação, restou assentado que não cabe à associação, a pretexto de evitar vantagem sem causa, impor mensalidade a morador ou a proprietário de imóvel que não tenha a ela se associado (RE 432.106/RJ, Primeira Turma, Rel. Min. Marco Aurélio, DJe de 03.11.2011).

Ainda à luz do princípio da legalidade, o STF admitiu – para além da Lei 13.465/17 – que a mesma obrigação pode decorrer também de lei anterior editada pelo Município, desde que ela disponha sobre forma diferenciada de ocupação e parcelamento do solo urbano em loteamentos fechados, bem como trate da disciplina interna desses espaços e dos requisitos urbanísticos mínimos a serem neles observados (RE 607.940/DF, Tribunal Pleno, Rel. Min. Teori Zavascki, DJe de 26.02.2016).

A partir desse entendimento, o Tribunal deu provimento ao recurso extraordinário, observada a seguinte tese fixada nos autos: "É inconstitucional a cobrança por parte de associação de taxa de manutenção e conservação de loteamento imobiliário urbano de proprietário não associado até o advento da Lei 13.465/17 ou de anterior lei municipal que discipline a questão, a partir da qual se torna possível a cotização de proprietários de imóveis, titulares de direitos ou moradores em loteamentos de acesso controlado, desde que, i) já possuidores de lotes, tenham aderido ao ato constitutivo das entidades equiparadas a administradoras de imóveis ou, (ii) no caso de novos adquirentes de lotes, o ato constitutivo da obrigação tenha sido registrado no competente registro de imóveis".

3. APRECIAÇÃO DOS ASPECTOS LEGAIS, DOUTRINÁRIOS E JURISPRUDENCIAIS ENVOLVIDOS

O embate judicial acerca da cobrança compulsória das despesas dos loteamentos entre os proprietários e as associações foi instalado há décadas. Se, por um lado, para justificar a cobrança, as associações lastreiam-se nos princípios da vedação ao enriquecimento sem causa, da eticidade e da moralidade, principalmente por entenderem que as despesas acarretam a valorização dos lotes, de outro turno os proprietários têm a seu favor o princípio da liberdade constitucional de associação.

Até mesmo para que se tenha a exata compreensão da matéria, faz-se necessário trazer um breve histórico da discussão, destacando-se a distinção entre os loteamentos e os condomínios. Enquanto nestes o proprietário de cada unidade autônoma detém uma parte ideal das áreas comuns, naqueles as áreas comuns integram domínio do Município. É o que se extrai da leitura do artigo 1º, § 2º, da Lei 4.591/64, e do artigo 22 da Lei 6.766/79. Além disso, se nos condomínios propriamente ditos toda a infraestrutura da consecução do projeto é proporcionada pelo empreendedor, nos loteamentos tal infraestrutura (vias, iluminação etc.) fica a cargo do Poder Público.

Não obstante, muitas vezes ocorre de o loteamento situar-se em local afastado do centro urbano (embora com a mesma infraestrutura), resultando no interesse dos proprietários dos loteamentos em se utilizar de cancelas que impedem ou dificultam o acesso de terceiros, sob o argumento principal de "segurança", mediante a reserva para si de área que pertence ao Poder Público.

Com isso, embora de fato os institutos – condomínio e loteamento – sejam similares no aspecto físico, no aspecto legal há uma distinção bastante clara: para os condomínios sempre foi necessário o registro de convenção, além de aprovação do seu regimento interno, realização de assembleia e toda sorte de outras características próprias, incluindo a previsão de rateio para custeio das despesas comuns, de acordo com a fração ideal no terreno (artigos 9º e 12 da Lei 4.591/64).

Enquanto isso, tais regras de socialização inexistiam nos loteamentos. Em muitos casos, porém, com o objetivo de valorizar a sua propriedade (muitas vezes até pela omissão do Poder Público), grupos de donos de lotes passaram a se reunir em forma de associação de moradores, a fim de viabilizar a implementação de melhorias que pudessem aproveitar a todos.

Evidentemente, como todo melhoramento envolve custos, o segundo passo acaba sendo a necessidade de instituição de cobrança de contribuição pelos associados. Uma vez que as melhorias resultam naturalmente em benefício de todos (ou quase todos), passa a ocorrer, até de forma velada, um falso consenso de que todos os moradores – inclusive os não associados – deveriam contribuir com as despesas ditas comuns.[2] Dessa forma, toda a celeuma é instalada no momento em que, seja por dificuldade financeira, seja pela exorbitância da cota de contribuição, associações e proprietários não associados entram em conflito.

Num primeiro momento, sem que se atentassem à eventual irregularidade da cobrança compulsória em face dos não associados, e muitas vezes lastreados exclusivamente na vedação ao enriquecimento sem causa, os Tribunais Estaduais atribuíram razão ao pleito das associações, autorizando a cobrança (muitas vezes levando o imóvel do não associado à hasta pública). É o que se verifica, a título de exemplo, da seguinte decisão do Tribunal de Justiça de São Paulo, datada de 2010:

> Ação de cobrança de contribuições mensais ajuizada por Associação de moradores. Revelia. Sentença de procedência. Equiparação do loteamento, ainda que aberto, a condomínio. *Vedação ao enriquecimento sem causa que prevalece sobre a liberdade de associação.* Fruição de vantagens pelos moradores que exige contraprestação. Associação pretende a cobrança de valores referentes a mensalidades posteriores aos cálculos da liquidação. Impossibilidade de eternizar a decisão. Recurso provido em parte, apenas para determinar aplicação de multa de 2% nas parcelas vencidas durante o processo.[3]

O entendimento prático do Poder Judiciário, a nosso ver nem sempre diligente ao embate de fundo envolvendo os princípios constitucionais da legalidade e da liberdade de associação (artigo 5º, incisos II e XX, da Constituição Federal), passou a ser modificado quando a discussão chegou ao Supremo Tribunal Federal, no julgamento do RE 432.106/RJ, de relatoria do Ministro Marco Aurélio Melo:[4]

> Associação de moradores – Mensalidade – Ausência de adesão. *Por não se confundir a associação de moradores com o condomínio disciplinado pela Lei 4.591/64, descabe, a pretexto de evitar vantagem sem causa, impor mensalidade a morador ou a proprietário de imóvel que a ela não tenha aderido.* Considerações sobre o princípio da legalidade e da autonomia da manifestação de vontade – artigo 5º, incisos II e XX, da Constituição Federal.

No mesmo sentido, em sede de recursos repetitivos (REsp 1.280.871/SP e REsp 1.439.163/SP), no Tema 882, o Superior Tribunal de Justiça também assim delimitou:[5]

---

2. Não raro se constata que, durante anos, proprietários de lotes acabaram compulsoriamente contribuindo para a associação por acreditarem se tratar de condomínio, dando origem inclusive à expressão "falso condomínio".
3. São Paulo. Tribunal de Justiça. Apelação Cível 0002911-71.2003.8.26.0586; Relator: Teixeira Leite; Órgão Julgador: 4ª Câmara de Direito Privado; Foro de São Roque – 2ª. Vara Judicial; Data do Julgamento: 11.11.2010; Data de Registro: 29.11.2010.
4. Brasil. Supremo Tribunal Federal (1. Turma). Recurso Extraordinário 432.106/RJ, Relator: Min. Marco Aurélio, 3 de novembro de 2011. Disponível em: https://redir.stf.jus.br/paginadorpub/paginador.jsp?docTP=AC&docID=629287. Acesso em: 06 ago. 2021.
5. BRASIL. Superior Tribunal de Justiça (2. Seção). Recurso Especial 1.439.163/SP, Relator: Min. Ricardo Villas Bôas Cuevas, Relator para acórdão: Min. Marco Buzzi, 22 de maio de 2015. Disponível em:

> Recurso Especial Representativo da Controvérsia – Art. 543-C do CPC – Associação de moradores – Condomínio de fato – Cobrança de taxa de manutenção de não associado ou que a ela não anuiu – Impossibilidade. 1. Para efeitos do art. 543-C do CPC, firma-se a seguinte tese: "*As taxas de manutenção criadas por associações de moradores não obrigam os não associados ou que a elas não anuíram*". 2. No caso concreto, recurso especial provido para julgar improcedente a ação de cobrança.

A partir da análise dos julgados trazidos pelas Cortes Superiores, é oportuno destacar as seguintes premissas utilizadas: (i) a existência de obrigação pressupõe imposição legal ou voluntariedade; (ii) ao contrário do que ocorre com os condomínios, nos loteamentos inexistia previsão legal para pagamento de taxas voltadas a seu gerenciamento; (iii) ausente previsão legal impositiva de pagamento, a liberdade de associação há de ser plenamente exercida, não se podendo coagir aquele que não deseja se associar ou se manter associado a realizar pagamento que respeite à associação de terceiros.

Pois bem. Ainda que as matérias tenham sido assim delimitadas pelos Tribunais Superiores, é certo que, ante o imperativo do princípio da legalidade, impunha-se a regulamentação legal da administração dos loteamentos pelas associações. Nessa esteira, com o objetivo de encerrar (ou minimizar) a celeuma, foi editada a Lei 13.465/2017, que, dentre outras disposições, trouxe duas importantes inovações: acrescentou o artigo 36-A à Lei 6.766/79 e acrescentou o artigo 1.358-A ao Código Civil, assim transcritos:

> Art. 36-A (Lei 6.766/79). As atividades desenvolvidas pelas associações de proprietários de imóveis, titulares de direitos ou moradores em loteamentos ou empreendimentos assemelhados, desde que não tenham fins lucrativos, bem como pelas entidades civis organizadas em função da solidariedade de interesses coletivos desse público com o objetivo de administração, conservação, manutenção, disciplina de utilização e convivência, visando à valorização dos imóveis que compõem o empreendimento, tendo em vista a sua natureza jurídica, vinculam-se, por critérios de afinidade, similitude e conexão, à atividade de administração de imóveis.
>
> Parágrafo único. A administração de imóveis na forma do caput deste artigo sujeita seus titulares à normatização e à disciplina constantes de seus atos constitutivos, *cotizando-se* na forma desses atos para suportar a consecução dos seus objetivos.
>
> Art. 1.358-A (Código Civil). Pode haver, em terrenos, partes designadas de lotes que são propriedade exclusiva e partes que são propriedade comum dos condôminos.
>
> § 1º A fração ideal de cada condômino poderá ser proporcional à área do solo de cada unidade autônoma, ao respectivo potencial construtivo ou a outros critérios indicados no ato de instituição.
>
> § 2º *Aplica-se, no que couber, ao condomínio de lotes o disposto sobre condomínio edilício neste Capítulo*, respeitada a legislação urbanística.
>
> § 3º Para fins de incorporação imobiliária, a implantação de toda a infraestrutura ficará a cargo do empreendedor.

---

https://processo.stj.jus.br/repetitivos/temas_repetitivos/pesquisa.jsp?novaConsulta=true&tipo_pesquisa=T&sg_classe=REsp&num_processo_classe=1280871. Acesso em: 06 ago. 2021.

A propósito da materialização do princípio da legalidade, como se observa, além de o legislador equiparar o loteamento ao condomínio, tratou de autorizar, por Lei, a cotização para a manutenção das despesas nos loteamentos. Ao tecer comentários por ocasião da edição da Lei 13.465/2017, Flávio Tartuce[6] trouxe as seguintes considerações:

> Assim, resolve-se o problema anterior a respeito da obrigatoriedade do pagamento das contribuições no condomínio de lotes. Com a aplicação das regras gerais do condomínio edilício, cada condômino do loteamento estará sujeito aos deveres previstos no art. 1336 do Código Civil. (...) Supera-se, portanto e quanto aos condomínios de lotes, decisão anterior do Supremo Tribunal Federal que concluiu pela não incidência das regras relativas ao condomínio edilício no tocante à cobrança de taxas de administração para os loteamentos fechados de casas, tratados como associação de moradores (...).

De fato, no que tange ao princípio da legalidade, a questão estaria, a *priori*, solucionada. Contudo, sob pena de se caracterizar inconstitucional, a alteração legal jamais poderia afrontar o princípio da liberdade de associação. Neste ponto, e por esta razão, ousamos discordar da conclusão do professor Flávio Tartuce, uma vez que a simples criação de dispositivo que autorize a cotização em loteamentos, sem ressalvas, deve ser contraposta às garantias constitucionais e aos direitos dos proprietários dos lotes que optaram por não se filiarem às associações de moradores.

Assim deve ser porque, apesar da previsão legal, deve haver o necessário juízo de constitucionalidade da norma ou dos atos decorrentes em especial confronto com a liberdade de associação. Tanto que o tema retornou ao Supremo Tribunal Federal, sob a relatoria do Min. Dias Toffoli, sendo afetado com repercussão geral no tema 492, que corresponde ao objeto da presente análise.

Na tese fixada, observou-se que o Supremo optou por uma solução ponderada. Ao mesmo tempo em que reforçou a tese de inconstitucionalidade da cobrança por parte de associação de taxa de manutenção e conservação de loteamento imobiliário urbano de proprietário não associado, aportou algumas condicionantes para admitir situações de exceção, notadamente a partir do advento da Lei 13.465/17 ou de anterior lei municipal que discipline a questão.

No entendimento mais recente do STF, portanto, só não será inconstitucional a cobrança de cotização dos proprietários não associados se estiverem presentes determinados requisitos, aplicáveis cumulativamente a cada situação concreta. Em primeiro lugar, em atenção ao princípio da legalidade, deve haver lei anterior que discipline a questão. Esta lei tanto pode ser a Lei 13.465/17 quanto eventual disciplina legal do ente público municipal, ainda que anterior à lei federal.

O resultado desta primeira condicionante é que, na ausência de lei municipal anterior, somente se pode falar em cobrança da taxa de manutenção e conservação de proprietário não associado a partir do início da vigência da Lei 13.465/17, servindo esta lei como marco temporal relevante para o deslinde da discussão.

---

6. TARTUCE, Flávio. *Direito Civil*: direito das coisas. 12 ed. Rio de Janeiro: Forense, 2020. v. 4.

Mas não é só. Soma-se a este primeiro requisito de legalidade outra condicionante ligada à manifestação de vontade dos proprietários dos lotes. Além da lei, o Supremo reforça como obrigatória a necessidade de ato de vontade dos proprietários para que seja possível lhe imputar a obrigação de colaboração com as despesas comuns nos loteamentos fechados de acesso controlado. E assim o faz novamente a partir do marco temporal fixado inicialmente, com a distinção da situação dos que já possuíam lotes antes do advento da lei, daqueles novos adquirentes de lotes sob a vigência da lei.

Para o primeiro grupo, a decisão exige como condição para a cobrança a comprovação da adesão do proprietário ao ato constitutivo das entidades equiparadas a administradoras de imóveis, ou seja, exige a manifestação de vontade do titular da propriedade. Na mesma linha, para o segundo grupo, exige que o ato constitutivo da obrigação tenha sido registrado no competente registro de imóveis, a fim de possibilitar a manifestação de vontade (que não deixa de ser uma adesão) em realizar ou não a compra do bem imóvel naquelas condições.

Em nosso entender, portanto, a partir dos elementos anteriormente mencionados e de todo o histórico de embate entre os proprietários e as associações, a fixação da tese pelo STF teve os seguintes objetivos, além, claro, da tentativa de pacificação do tema:

(i) afirmar que o princípio da legalidade restará atendido com edição da Lei 13.465/2017, ou por eventual legislação municipal anterior;

(ii) garantir o princípio da liberdade de associação, assim como o direito de livre manifestação da vontade dos proprietários dos lotes não associados, até a edição da nova legislação;[7] e ainda

(iii) regular a autorização da cobrança em face de novos adquirentes, desde que o ato constitutivo da cobrança tenha se tornado público, mediante registro junto ao Registro de Imóveis, antes da aquisição.[8]

Ainda assim, levando-se em consideração a relevância do tema, o histórico de discussões e a repercussão que o julgamento trará às inúmeras ações judiciais em curso, é certo que outros pontos mereciam maior cuidado por parte do STF.

A pacificação efetiva da matéria dependerá, ao que tudo indica, de regras mais precisas acerca dos efeitos da decisão sobre as discussões correntes, sobretudo nas situações específicas em que, por exemplo, os proprietários de lotes não associados, mesmo antes do advento de lei, efetuaram pagamentos de suas cotas-partes quando não havia obrigação de fazê-lo, além de outras consequências decorrentes do julgamento.[9]

---

7. Observando-se que referido direito não seria transferível a terceiros, cuja relação jurídica com a associação de moradores ou com o loteamento ainda não tenha se estabelecido.

8. Além disso, evidentemente, a constituição do loteamento deve ter sido registrada regularmente.

9. Aspectos importantes como a modulação dos efeitos, eventual possibilidade de concordância tácita, repetição de indébito, ou ainda sobre a avaliação da natureza jurídica da entidade responsável pela cobrança, a própria condição de inalienabilidade do direito à liberdade de associação, entre outros, também poderiam ter sido abordados, ainda que em tese, com o objetivo de orientar o julgamento dos Tribunais de Justiça na avaliação de cada caso concreto.

4. CONSIDERAÇÕES FINAIS

De qualquer sorte, entende-se que a decisão tende a trazer, ainda que não em curto prazo, a desejada pacificação. Caberá aos Tribunais Estaduais a delimitação fática das condições fixadas na tese de inconstitucionalidade. A este respeito, aliás, já é possível verificar que a decisão proferida pelo Supremo vem surtindo efeitos, seja para reconhecer a irregularidade da cobrança aos não associados, seja para verificar, no aspecto fático, a condição de associado.[10]

Até porque, é bom que se diga, a situação particular pode não se identificar com aqueles condicionantes fixados na aludida tese de inconstitucionalidade, pois, diante da avaliação do caso concreto, a análise das provas pode evidenciar, p. ex., a condição de associado do proprietário, caso em que o dever contributivo das taxas de manutenção criadas pela associação derivaria de uma sujeição voluntária – ainda que tácita –, afastando-se com isso a alegação de suposta violação ao direito constitucional de liberdade de associação.[11]

Por estas razões, acompanhar e avaliar criticamente o desfecho desta discussão são medidas relevantes, não apenas para encerrar discussões individuais de "vizinhança", mas sobretudo para que se verifique se o choque de valores jurídicos abstratos estão sendo efetivamente resolvidos na esfera controladora judicial, levando-se em consideração as dificuldades e as circunstâncias reais de cada caso concreto, assim como as consequências práticas da decisão, em benefício da segurança jurídica e da estabilidade das relações entre todos os envolvidos (proprietários, moradores, empreendedores, poder público local).

---

10. Associação. Loteamento. Ação de cobrança de taxas associativas. Sentença de improcedência. Irresignação da autora. Autora que não comprovou documentalmente a associação expressa e voluntária da ré à entidade. Não associado que não é obrigado ao pagamento das taxas de manutenção do loteamento. Aplicação da tese consolidada pelo E. STJ em sede de recurso repetitivo: "As taxas de manutenção criadas por associações de moradores não obrigam os não associados ou que a elas não anuíram" (REsp 1.439.163/SP e 1.280.871/SP, 2ª Seção, Rel. Marco Buzzi, j. 11.03.2015, DJe 22.05.2015). Incidência da tese aprovada pelo E. STF em sede de repercussão geral (Tema 492) (RE 695911/SP, Tribunal Pleno, Rel. Min. Dias Toffoli, j. 15.12.2020, DJe 19.04.2021). Natureza jurídica do loteamento e da associação autora não alteradas automaticamente pela Lei 13.465/17. Improcedência da ação mantida. Recurso desprovido. TJSP; Apelação Cível 1012364-41.2016.8.26.0223; Relator (a): Alexandre Marcondes; Órgão Julgador: 6ª Câmara de Direito Privado; Foro de Guarujá – 4ª Vara Cível; Data do Julgamento: 30.07.2021; Data de Registro: 30.07.2021. Disponível em: https://esaj.tjsp.jus.br/cjsg/getArquivo.do?cdAcordao=14873196&cdForo=0. Acesso em: 06 ago. 2021.
11. Trata-se justamente da hipótese discutida nos seguintes autos: "Apelação cível. Direito civil (...). Associação de moradores. Taxas de manutenção e conservação de áreas de loteamento. Condição de associado. Temas 882 do STJ e 492 do STF. Inaplicabilidade. Julgamento liminar de improcedência. Impossibilidade. Sentença cassada. 1. (...) 3. O quadro dos autos não se identifica com aqueles em que foram fixadas as aludidas teses pelas Cortes Superiores, pois, no presente caso, independentemente das características do loteamento ou do conteúdo dos serviços prestados aos moradores, a análise dos documentos acostados evidencia condição de associado do apelado. Nesse caso, o dever contributivo das taxas criadas por associações de moradores deriva da voluntária sujeição à entidade associativa, o que afasta a pretendida aplicabilidade imediata das teses firmadas pelo STJ (Tema 882) e pelo STF (Tema 492), nos quais se discutia a possibilidade de exigência compulsória de não associados. (...). 4. Recurso conhecido e provido. TJDFT. Acórdão 1352018, 07277255020208070001, Relator: Maria Ivatônia, 5ª Turma Cível, data de julgamento: 30.06.2021, publicado no DJE: 22.07.2021. Pág.: Sem Página Cadastrada). Disponível em: https://pesquisajuris.tjdft.jus.br/IndexadorAcordaos-web/sistj. Acesso em: 06 ago. 2021.

5. REFERÊNCIAS

BRASIL. Supremo Tribunal Federal. Recurso Extraordinário 695.911/SP. Repercussão Geral. Relator: Min. Dias Toffoli. Plenário: 15/12/2020. Disponível em: http://www.stf.jus.br/. Acesso em: 05 ago. 2021.

BRASIL. Supremo Tribunal Federal (1. Turma). Recurso Extraordinário 432.106/RJ. Relator: Min. Marco Aurélio, 3 de novembro de 2011. Disponível em: https://redir.stf.jus.br/paginadorpub/paginador. jsp?docTP=AC&docID=629287. Acesso em: 05 ago. 2021.

BRASIL. Superior Tribunal de Justiça (2. Seção). Recurso Especial 1.439.163/SP, Rel. Min. Ricardo Villas Bôas Cueva, Rel. para acórdão Min. Marco Buzzi, DJe de 22.05.2015. Disponível em: https://processo. stj.jus.br/. Acesso em: 05 ago. 2021.

DISTRITO FEDERAL. Tribunal de Justiça do Distrito Federal e Territórios (Quinta Turma Cível). Acórdão 1352018, Processo 07277255020208070001, Relatora: Maria Ivatônia; Data de julgamento: 30.06.2021, publicado no DJE: 22/7/2021. Pág.: Sem Página Cadastrada). Disponível em: https:// pesquisajuris.tjdft.jus.br/IndexadorAcordaos-web/sistj. Acesso em: 05 ago. 2021.

MELO, Marco. *Condomínio de Lotes e a Lei 13.465/2017*: Breve apreciação. Disponível em: http://genju-ridico.com.br/2017/08/15/condominio-de-lotes-e-lei-1346517-breve-apreciacao/. Acesso em: 05 ago. 2021.

SÃO PAULO. Tribunal de Justiça de São Paulo (Quarta Câmara de Direito Privado). Apelação Cível 0002911-71.2003.8.26.0586; Relator: Teixeira Leite; Foro de São Roque – 2ª. Vara Judicial; Data do Julgamento: 11.11.2010; Data de Registro: 29.11.2010.

SÃO PAULO. Tribunal de Justiça de São Paulo (Sexta Câmara de Direito Privado). Apelação Cível 1012364-41.2016.8.26.0223; Relator Alexandre Marcondes; Foro de Guarujá – 4ª Vara Cível; Data do Julgamento: 30.07.2021. Disponível em: https://esaj.tjsp.jus.br/cjsg/getArquivo.do?cdAcordao=14873196&cdForo=0. Acesso em: 06 ago. 2021.

SILVA, José Afonso da. *Curso de Direito Constitucional Positivo*. São Paulo: Malheiros, 2018.

TARTUCE, Flávio. *A lei da regularização fundiária (Lei 13.465/2017)*: análise inicial de suas principais repercussões para o direito de propriedade. Disponível em: https://periodicos.unifor.br/rpen/article/ viewFile/7800/pdf. Acesso em: 05 ago. 2021.

TARTUCE, Flávio. *Direito Civil*: Direito das Coisas. 12 ed. Rio de Janeiro: Forense, 2020. v. 4.

FAIXA NÃO EDIFICÁVEL
E ÁREA DE PRESERVAÇÃO PERMANENTE URBANA

Marcelo Kokke

Pós-Doutor pela Universidade de Santiago de Compostela. Doutor e Mestre em Direito pela PUC-Rio. Pós-graduado em Processo Constitucional. Especialista em Ecologia e Monitoramento Ambiental. Professor do PPGD da Faculdade Dom Helder Câmara. Procurador Federal da Advocacia-Geral da União.

Sumário: 1. Introdução – 2. Precedente firmado pelo superior tribunal de justiça: tema 1010 – 3. Análise crítica e *backlash* – 4. A concretização do efeito *backlash* – 5. Considerações finais – 6. Referências.

1. INTRODUÇÃO

As conexões entre ramos jurídicos diversos é fator de apreciação hermenêutico inafastável no contexto complexo da sociedade contemporânea. Essas conexões revelam tanto pontos de superação de problemas relativos a antagonismos sociais, culturais e econômicos quanto pontos de entabulação conflitiva a demandar deliberações judiciais de prevalência. As interlocuções entre Direito Urbanístico e Direito Ambiental perpassam esse caminho. Ora se coordenam para fins de coesão e ora divergem, com ponderações de aplicação excludente das normas de um em relação às normas do outro ramo jurídico.

O presente artigo propõe abordagem crítica do precedente judicial firmado pelo Superior Tribunal de Justiça em julgamento repetitivo definidor da aplicação do Código Florestal às áreas urbanas, para fins de determinação da área não edificável, em razão de configuração de área de preservação permanente. Em seguida, aponta-se a existência de efeito backlash ambiental que redefiniu o sistema. Por meio do Tema Repetitivo 1010, o Superior Tribunal de Justiça consolidou posicionamento de aplicação das normas ambientais previstas no Código Florestal, como normas gerais prevalecentes sobre normas urbanísticas, tanto de elaboração geral quanto de elaboração regional e local.

As problematizações normativas, valorativas e consequenciais do precedente firmado levantam questionamentos tanto em relação aos efeitos práticos das implicações ambientais sobre as normas urbanísticas dos municípios, quanto em relação a implicações reativas derivadas do impacto do posicionamento jurisprudencial firmado. O precedente consolidado por meio do Tema Repetitivo 1010 possui significação não somente no âmbito das áreas de preservação permanente e suas implicações no contexto aplicativo das normas urbanísticas, mas também nas delimitações impositivas entre as normas gerais ambientais e as normas específicas de

Direito Urbanístico. O Superior Tribunal de Justiça instituiu um critério avaliador da afirmação preponderante entre os ramos jurídicos, sujeitado, após, a crítica que determinou alteração legislativa ambiental e urbanística.

O Tema Repetitivo 1010 é derivado de litígios sequenciais em que se debate a possibilidade de normas locais e regionais, ao fundamento de regulação de questão própria do Direito Urbanístico, e com apoio de lei geral sobre parcelamento e ocupação, prevalecerem sobre normas de Direito Ambiental de caráter geral. Em seu itinerário, passa a discussão da adequação de se aplicar idêntica matriz normativa de área protegida para espaços urbanizados e para espaços ambientais existentes em áreas rurais.

Agregam-se ao pano de fundo discursivo os limites das interações entre os entes federativos em matéria urbanística e ambiental, ao lado da delimitação dos espaços de imposição normativa, considerando situações fáticas que se propõem como enquadradas (ou não) na condição de área consolidada de impacto antrópico. A análise do precedente requer igualmente considerações de repercussão jurídica, social e econômica, a fim de avaliar eventuais alterações do paradigma normativo provocadas pela própria definição judicial e em que medida derivam esses fatores em reações legislativas, identificadas como verdadeiro efeito *backlash*.[1]

2. PRECEDENTE FIRMADO PELO SUPERIOR TRIBUNAL DE JUSTIÇA: TEMA 1010

O Tema Repetitivo 1010, definido em precedente pelo Superior Tribunal de Justiça, é derivado da apreciação jurisdicional dos recursos representativos REsp 1518490/SC, REsp 1770760/SC, REsp 1770808/SC e REsp 1770967/SC, todos, consoante se percebe, oriundos do Tribunal de Justiça do Estado de Santa Catarina[2]. A origem do litígio se situa na prevalência ou não de legislação local que define limites da área de proibição de edificação nas margens de cursos d'água situados em zona urbana.

Em uma das vertentes, apresentavam-se argumentos no sentido de que devem prevalecer os limites fixados no Código Florestal. A Lei 12.651, de 25 de maio de 2012, ao definir as áreas de preservação permanente, cujos usos e intervenções somente podem ocorrer nos estritos limites ali permitidos, determinou aplicação uníssona de sentido, seja em zonas urbanas, seja em zonas rurais, para qualquer município ou localidade no Brasil. O artigo 4º do Código Florestal define que as áreas de preservação permanente se sujeitam aos mesmos critérios de identificação, independentemente

---

1. Para fins de compreensão do sentido pelo qual se emprega o termo *backlash*, perfilha-se aqui a posição de Cass Sunstein: "Let us define "public backlash," in the context of constitutional law, in the following way: Intense and sustained public disapproval of a judicial ruling, accompanied by aggressive steps to resist that ruling and to remove its legal force". (SUNSTEIN, Cass R.. Backlash's travels. *University of Chicago Public Law & Legal Theory Working*, Paper No. 157, 2007, p. 3).

2. A fim de se alcançar a avaliação do efeito backlash ambiental, o tópico será abordado segundo o momento deliberativo de formação da posição do Superior Tribunal de Justiça, antes, portanto, da Lei 14.285, de 29 de dezembro de 2021.

de se situarem as faixas marginais do curso d'água em uma zona urbana, também sujeita a normas urbanísticas, ou em uma zona rural, com configuração de regência de uso e ocupação do solo diversa daquela.

A identidade de aplicações de critério na definição da área de preservação, independentemente do local em que se situa, abriu previsíveis conflitos discursivos. Inicialmente, abordou-se o critério da função ecológica. A função ecológica de um curso hídrico é diversa em uma zona urbana e em uma zona rural. A função ecológica propriamente dita é objeto de previsão e proteção constitucional no artigo 225. Quando este último expressa o direito ao meio ambiente ecologicamente equilibrado, está declarando a proteção aos processos ecológicos e ao fluxo pulsante que se manifesta em níveis de população, comunidade, ecossistema, paisagem, bioma e mesmo ecosfera. Não existe, assim, uma única função ecológica; existem funções ecológicas exercidas em cada nível da hierarquia de organização ecológica, que é capturada pelos arranjos bióticos e abióticos.

A função ecológica está atrelada ao papel exercido por um elemento biótico ou abiótico na integração de equilíbrio presente em um dado ecossistema.[3] Não há função ecológica em isolamento. O caráter referencial é ponto determinante. Portanto, as normas jurídicas que tratam do sentido e conformação da função ecológica se mostram dependentes em extremo de avaliações interdisciplinares, além da inviabilidade per si da norma fechar abstratamente o papel de cada componente no processo de interação. Afinal, quando se trata da complexa integração no espaço ambiental, "obviously, such effects will strongly depend on the geology, climate, land use and history, and it is quite impossible to provide a comprehensive and general discussion of such interactions at this point".[4] É possível, assim, identificar a função ecológica como um princípio jurídico, de matriz constitucional, mas cuja densidade e sentido pleno depende da avaliação científica e técnica interdisciplinar calcada na Ecologia.

O princípio da função ecológica consiste, portanto, na tutela jurídica do equilíbrio pulsante entre componentes dos níveis hierárquicos de organização ecológica, considerando interdependência e interação biótica e abiótica, garantindo proteção do papel ecológico na população, na comunidade, no ecossistema, na paisagem, no bioma e na ecosfera em face de intervenções antrópicas. A efetividade do princípio envolve tanto a prevenção quanto a restauração da função ecológica comprometida.

A legislação brasileira comumente trata da função ecológica utilizando o termo função ambiental. O Código Florestal de 1965 vinculava a definição de área de preservação permanente (APP) à função ecológica que ela cumpre no ecossistema e mesmo na paisagem. O artigo 1º, § 2º, inciso II, definia a APP tendo em conta sua

---

3. ODUM, Eugene P.; BARRET, Gary W. *Fundamentos de ecologia*. Trad. Pégasus Sistemas e Soluções. São Paulo: Cengage Learning, 2017. Título original: Fundamentals of ecology.
4. SCULZE, E.-D.; GERSTBERGER, P. Functional Aspects of Landscape Diversity: A Bavarian Example. In: SCHULZE, Ernst-Detlef; MOONEY, Harold A. (Ed.). *Biodiversity and Ecosystem Function*. Springer-Verlag: Berlin Heidelberg New York, 1994, p. 453.

função ambiental de preservar os recursos hídricos, a paisagem, a estabilidade geológica, a biodiversidade, o fluxo gênico de fauna e flora, proteger o solo e assegurar o bem-estar das populações humanas. Idêntica base conceitual foi seguida no Código Florestal de 2012, em seu artigo 3º, inciso II. A proteção ao bem ambiental, o pano de fundo na apreciação de gestão ambiental, como revelam as áreas de preservação permanente, não é a lei abstratamente considerada, é a função ecológica envolvida e que justifica atuação protetiva:

> A função primordial das APPs ao longo dos cursos d'água relaciona-se diretamente com a manutenção do leito, prevenindo a sua extinção, a queda de barrancos e encostas, bem como o assoreamento. Nesse sentido, importante a preservação da vegetação que margeia os cursos d'água, lagos, lagoas e reservatórios naturais ou artificiais. A mata ciliar, portanto, tem significado ambiental relevante, merecendo especial proteção legal. Possui duas funções, uma mecânica, e outra biológica. A primeira consiste em assegurar a estabilidade do solo, a partir da sua fixação, evitando desbarrancamentos e assoreamentos, bem como impedindo a lixiviação ou carreamento aos corpos d'água de certos poluentes e de material sólido. A função biológica refere-se à contribuição que promove para o estoque de nutrientes, graças às folhas e raízes que chegam às águas. Ademais, com a cobertura das copas ou mesmo com a vegetação rasteira e suas raízes na linha da água, ajuda na formação de espaços adequados para a multiplicação e proteção da fauna aquática. A mata ciliar, em alguns casos, pode formar um contínuo com as vegetações de várzea, que, segundo o art. 3º, XXI, do Código Florestal, são áreas marginais a cursos d'água sujeitas a enchentes e inundações periódicas.[5]

Em sentido conciso, mas também enfático, Leonardo Papp assevera a mesma linha de compreensão, pois "o que motiva a atribuição de regime jurídico diferenciado é a localização da Área de Preservação Permanente, em razão das funções ecológicas (hídricas, paisagísticas, geológicas, gênicas etc.) que tais locais desempenham".[6] Júlio César Teixeira Crivellari[7] também destaca o caráter central da função ecológica quando se trata de ambientes como a área de preservação permanente, em especial orientada para a preservação de recursos hídricos, paisagem e estabilidade geológica, propiciando fluxo gênico e integridade ao solo, de modo a assegurar o bem-estar das populações humanas. Não há assim um fim em si mesmo ou fechado de forma abstrata, sem ponderação do contexto em que se apresenta o bem ambiental.

Portanto, do ponto de vista ecológico, não se poderia falar de um critério único para determinar áreas de preservação permanente em relação a todo e qualquer curso de água, ao longo de suas margens ou mesmo em áreas contíguas. O critério deveria ser diretamente aferido por constatações concretas, em estudos e avaliações de diagnóstico definidas com precisão em vista da área que se pretende proteger e do valor ambiental ou ecológico existente. Aqui surge o dilema cultural e jurídico nacional.

---

5. LEHFELD, Lucas de Souza; CARVALHO, Nathan Castelo Branco de.; BALBIM, Leonardo Isper Nassif. *Código Florestal*: comentado e anotado. 2. ed. São Paulo: Método, 2013, p. 75.
6. PAPP, Leonardo. *Comentários ao novo Código Florestal Brasileiro*. Lei 12.651/12. Campinas: Millennium, 2012, p. 77.
7. CRIVELLARI, Júlio César Teixeira. *Novo Código Florestal*: suas implicações no contexto da sustentabilidade socioeconômica ambiental. Belo Horizonte: Editora D'Plácido, 2016, p. 45.

Em vista do receio, do verdadeiro medo institucional e social de que critérios técnicos ou de gestão ambiental cedam e se conformem a pressões momentâneas de uma economia exploratória e descomprometida com legados ambientais positivos, a opção legislativa foi voltada para a definição de um critério abstrato e geral a abarcar a proteção ecológica ao longo dos cursos hídricos. Desta maneira, houve uma uniformização completa em todo território nacional quanto ao que seja uma área de preservação permanente em zona urbana.

Em outros termos, a estrutura de compressão histórico-econômica que legou ao Brasil passivos ambientais urbanos e rurais levou a uma opção legislativa que se voltou para nível abstrato de proteção, justamente pelo receio concreto de sua não observância, se dependente de critérios de integração ao caso concreto, afetos a cada área de preservação permanente. A definição do Código Florestal foi antes de tudo defensiva, antes de tudo voltada para apartar riscos de aplicação dos próprios critérios de tutela dos processos ecológicos. É este contexto que subjaz o conflito que levou à opção legislativa, a qual, por sua vez, levou ao conflito jurisdicional definido pelo Superior Tribunal de Justiça.

No lado oposto à definição geral e abstrata de área de preservação permanente em margens de cursos hídricos, com identidade entre zonas urbanas e zonas rurais, vieram argumentos a pretender a prevalência das normas urbanísticas para determinar o campo de aplicação das normas ambientais. O argumento central com que se deparou o Superior Tribunal de Justiça se encontrava na Lei de Parcelamento do Solo Urbano (Lei 6.766, de 19 de dezembro de 1979). O artigo 4º, inciso III, desta Lei de caráter urbanístico, em redação então conferida pela Lei 10.932/04, determinava como área não edificante a faixa de 15 (quinze) metros de cada lado de margem, salvo maiores exigências de legislação específica. Após, a Lei 13.913/19 veio a alterar a norma urbanística, para introduzir o inciso III-A ao artigo 4º, e assim definir que, ao longo das águas correntes e dormentes, será obrigatória a reserva de uma faixa não edificável de, no mínimo, 15 (quinze) metros de cada lado.

Normas locais e regionais poderiam se apoiar na norma urbanística para determinar espaço não edificável em diversidade para com a fixação de área de preservação permanente em zona urbana, consoante previsto no Código Florestal? No julgamento firmado pelo Superior Tribunal de Justiça, e que definiu a prevalência da norma geral ambiental, determinou-se a negativa dessa possibilidade. O ponto central do argumento acolhido consiste em que "a definição da norma a incidir sobre o caso deve garantir a melhor e mais eficaz proteção ao meio ambiente natural e ao meio ambiente artificial, em cumprimento ao disposto no art. 225 da CF/1988, sempre com os olhos também voltados ao princípio do desenvolvimento sustentável (art. 170, VI,) e às funções social e ecológica da propriedade".

A definição judicial assumida no precedente não optou por uma coordenação entre norma urbanística e norma ambiental, mas sim determinou a prevalência desta última em seu teor de norma geral ecológica fixada no Código Florestal, espaço normativo apto a fixar os níveis de proteção das áreas de preservação permanente. Assumiu a Corte a proteção prévia e abstrata, com presunção normativa da função ecológica existente, independentemente de avaliações concretas do espaço urbano em que se verifica o curso hídrico.

Assim, o Superior Tribunal de Justiça estabeleceu que "exsurge inarredável que a norma inserta no novo Código Florestal (art. 4º, caput, inciso I), ao prever medidas mínimas superiores para as faixas marginais de qualquer curso d'água natural perene e intermitente, sendo especial e específica para o caso em face do previsto no art. 4º, III, da Lei 6.766/1976, é a que deve reger a proteção das APPs ciliares ou ripárias em áreas urbanas consolidadas, espaços territoriais especialmente protegidos (art. 225, III, da CF/1988), que não se condicionam a fronteiras entre o meio rural e o urbano". O aspecto hermenêutico de ser ulterior a norma estabelecida pela Lei 13.913/19, que alterou a redação da Lei 6.766/79, em relação à previsão da Lei 12.651/12, não afasta esta última. A especificidade da previsão do Código Florestal é prevalente.

Ao final do embate hermenêutico, veio o Superior Tribunal de Justiça a fixar a seguinte tese para definição do conflito de normas ambientais e normas urbanísticas na identificação de aplicação da proteção das áreas de preservação permanente em zonas urbanas:

> Na vigência do novo Código Florestal (Lei 12.651/2012), a extensão não edificável nas Áreas de Preservação Permanente de qualquer curso d'água, perene ou intermitente, em trechos caracterizados como área urbana consolidada, deve respeitar o que disciplinado pelo seu art. 4º, caput, inciso I, alíneas a, b, c, d e e, a fim de assegurar a mais ampla garantia ambiental a esses espaços territoriais especialmente protegidos e, por conseguinte, à coletividade.

Entretanto, os contornos decisórios do precedente firmado pelo Superior Tribunal de Justiça não encerram debates e efeitos relativos aos conflitos entre normas urbanísticas e normas ambientais afetos ao regime das áreas de preservação permanente em zonas urbanas, e principalmente em áreas de urbanização consolidada. Os efeitos e implicações de gestão ambiental e reflexos nas realidades sociais e econômicas dos diversos e heterogêneos municípios brasileiros devem ser postos em reflexão.

3. ANÁLISE CRÍTICA E *BACKLASH*

As implicações de gestão e planejamento da utilização dos bens ambientais no território em favor da sustentabilidade determinam atenção à gestão dos recursos hídricos em meio urbano, com as avaliações de conexão urbanísticas que lhes regem. A proteção de nascentes, cursos d'água, reservatórios de água e respectivas áreas de vegetação lindeira representa passo inarredável para a manutenção da disponibilidade hídrica para as presentes e futuras gerações. A gestão do território passa assim pela gestão dos recursos hídricos de modo a coordenar interesses locais e regionais com o interesse nacional afeto às políticas públicas hídricas.

A Lei 9.433, de 8 de janeiro de 1997, que define a Política Nacional de Recursos Hídricos, estabelece como diretriz de ação a integração de gestão dos recursos hídricos em planos municipal, estadual e nacional. As implicações dos usos hídricos não podem, portanto, ser de forma alguma confinadas ao restrito normativo local, às disposições fechadas das normas urbanísticas, tal como se fossem de definição exclusiva de cada município, mesmo que o façam a partir das normas urbanísticas gerais, como o Estatuto da Cidade (Lei 10.245, de 10 de julho de 2001) e o Estatuto das Metrópoles (Lei 13.089, de 12 de janeiro de 2015). Aliás, o próprio Estatuto da Cidade prevê compatibilidade entre planos diretores e planos de recursos hídricos.

O papel das áreas de preservação permanente na sustentabilidade hídrica e manutenção das fontes de proteção do recurso natural água extrapola confinamento estrito ao interesse municipal, ao que está coligada ao primado do resguardo da disponibilidade hídrica como um todo. Nesse sentido, Luciane Martins de Araújo e José Antônio Tietzmann e Silva ponderam que "é cada vez mais urgente assegurar a disponibilidade hídrica, em quantidade e em qualidade, assim como manter o ciclo hidrológico, ao se contemplar a afirmação de desenvolvimento sustentável".[8]

A decisão do Superior Tribunal de Justiça demanda leitura sobre o contexto amplo da disponibilidade hídrica, da gestão dos recursos hídricos em sua conjuntura de correlações de efeitos que extrapolam determinado município ou base normativa urbanística isolada. A disponibilidade hídrica caminha, nessa lógica, para além da definição do uso e ocupação do solo. Justamente aqui se situa a matriz de compreensão geral e abstrata ligada à função ecológica que foi assumida em termos legislativos e abraçada em precedente judicial. Mas para que se galgue o objetivo em tema é imprescindível a gestão territorial e planejamento que compreendam a expressão normativa urbanística como afetada a parâmetros ambientais amplos, "é necessário que se promova a efetiva gestão dos recursos hídricos, o que vai *pari passu* com a proteção das nascentes, das matas ciliares e o controle das atividades humanas que possam, direta ou indiretamente, afetar os cursos d'água".[9]

Nessa linha, as normas urbanísticas de regência de edificação em áreas de margens de cursos de água devem respeitar e seguir as bases do Código Florestal, não se afastando a norma geral federal ao argumento de que as leis de uso e ocupação do solo seriam prevalecentes em razão da conformação concreta posta em opção pela lei local. Embora a decisão tenha sido alvo de críticas, sob sustentação de que implica estabelecer idêntica raiz normativa a cenários diferentes e com função ecológica

---

8. ARAÚJO, Luciane Martins de; SILVA, José Antônio Tietzmann e. Os recursos hídricos e o paradigma da sustentabilidade. In: PURVIN, Guilherme et al (Coord.). *Direito ambiental, recursos hídricos e saneamento*: estudos em comemoração aos 20 anos da Política Nacional de Recursos Hídricos e aos 10 anos da Política Nacional de Saneamento. São Paulo: Letras Jurídicas, 2017, p. 384-407, p. 389.
9. ARAÚJO, Luciane Martins de; SILVA, José Antônio Tietzmann e. Os recursos hídricos e o paradigma da sustentabilidade. In: PURVIN, Guilherme et al (Coord.). *Direito ambiental, recursos hídricos e saneamento*: estudos em comemoração aos 20 anos da Política Nacional de Recursos Hídricos e aos 10 anos da Política Nacional de Saneamento. São Paulo: Letras Jurídicas, 2017, p. 384-407, p. 389.

diversa, tendo em conta as especificidades próprias entre áreas urbanas ocupadas e áreas rurais, tem-se aqui, do ponto de vista concreto, reconhecimento judicial direto da incidência impositiva das normas ambientais no cenário das normas urbanísticas.

O teor decisório vem a expressar uma aproximação cada vez mais angular entre os ditames do uso e ocupação do solo para com os comandos regulamentadores de atividades potencial ou efetivamente poluentes assim como para com os comandos regulamentadores de áreas ambientalmente protegidas. Evidentemente, aberturas críticas se desenvolverão, principalmente em razão do cenário fático de quadros de ocupação urbana consolidada; afinal, áreas consolidadas sempre se restaram como desafio na articulação do legado intergeracional e na reconstrução de expectativas protetivas do patrimônio ecológico. E justamente sob o gatilho argumentativo das áreas consolidadas que se iniciou a reconfiguração normativa após a decisão do STJ.

O nível de confrontação entre normas ambientais e normas urbanísticas, em relação a espaços consolidados ou práticas arraigadas na conjuntura do passado que se perdura no presente, pode derivar em pontos de crise para o próprio repertório da proteção ambiental.

De um lado, figura o constante risco de verdadeiro efeito *backlash* ambiental. Diante de uma conformação de aplicação normativa pelo Poder Judiciário, dado o nível almejado de reconhecimento da imperatividade das normas ambientais em face de conjunturas urbanas, mesmo que consolidadas, podem-se abrir espaços para reações de grupos sociais e econômicos com repercussão em nível legislativo. Dessa forma, em ricochete para com o comando judicial, as conjunturas assentadas podem desencadear alterações legislativas que em escala final esvaziem a disciplina normativa justamente para desfazer a base decisória em que se apoiava a decisão jurisdicional.

Dito d'outra forma, resistências institucionais e culturais, assim como propensões econômicas, podem implicar em pressão legislativa para que se modifique o próprio suporte de aplicação da tese sustentada pelo Superior Tribunal de Justiça, com determinação de disposições diversas para áreas de preservação permanente em zonas urbanas e áreas de preservação permanente em zonas rurais, principalmente considerando o fator de consolidação urbana em áreas de cursos hídricos. O problema é sério e não pode ser desconsiderado, dado que o campo de aplicação das normas ambientais promove afetação direta na vivência urbana, sobretudo no insuflar de argumentos imediatistas e de reviravolta do paradigma de sustentabilidade, cujo objetivo se manifesta em longo prazo, para que se verifiquem ganhos sociais, econômicos e ecológicos.

Exemplo clássico é a denominada "vaquejada", posta em julgamento na ADI 4983. Após julgamento de inconstitucionalidade pelo Supremo Tribunal Federal, reações em *backlash* levaram à Emenda Constitucional 96/2017, que visou albergar em constitucionalidade as práticas desportivas com animais, retirando-lhes prévia taxação de crueldade, desde que sejam manifestações culturais e cumpram requisitos normativos que assegurem o bem-estar dos animais envolvidos. O ponto não pode ser afastado de importância, já que conformações ambientais podem se confrontar com lógicas e *modus vivendi* assentados, a despertar resistências ou percepções de mundo diversas das afirmadas em avaliações de prevalência da legislação ambiental em sua pretensão de máxima garantia ecológica.

Lado outro, a conjuntura de confrontação entre realidades urbanísticas consolidadas e pretensões de reestruturação calcadas em normas ambientais pode derivar em antagonismos ligados às percepções de isonomia no tratamento pelos gestores em seu planejamento aplicado. Situações antes toleradas e afirmadas em continuidade podem despertar disputas e antagonismos desenvolvidos por terceiros que se vejam em situações congêneres, mas que não tenham alcançado o caráter de consolidação. Imóveis vizinhos ou próximos, com tratamento jurídico diverso, ou agentes econômicos em situação fática similar, mas com conotação jurídica de enquadramento diferente, podem desencadear crises de legitimidade na correlação entre normas urbanísticas e ambientais, fraquejando os níveis de eficácia da legislação.

Isso vem a exigir que flancos normativos sejam sempre ponderados e com busca de colmatação, quando se vise a aplicar normas ambientais em conjunturas urbanas consolidadas, sob risco de lançar as normas ambientais em crise de legitimidade ou mesmo de arregimentar em seu desfavor resistências sociais prévias, desvirtuando o próprio sistema. Dessa forma, a avaliação do marco regulatório deve ponderar pelos níveis de reforço de eficácia e níveis de vulnerabilidade de eficácia, mesmo diante de uma legislação novel que se afigure, em primeiro momento, com aparente teor mais protetivo. Não sopesar esse efeito pode mais desfavorecer do que favorecer os níveis de proteção do patrimônio ecológico.

4. A CONCRETIZAÇÃO DO EFEITO *BACKLASH*

A concretização do efeito *backlash* em matéria ambiental novamente se concretizou com a Lei 14.285, de 29 de dezembro de 2021. A Lei é reação legislativa à posição firmada pelo Superior Tribunal de Justiça em relação à área de preservação permanente e sua relação com a faixa não edificável. A alteração normativa não procede de forma claramente frontal, mas afeta incisivamente a matriz decisória que fundamentou a posição firmada no Tema Repetitivo 1010.

A Lei 14.285 modifica o Código Florestal para redefinir as áreas urbanas consolidadas. Os critérios para atribuir o caráter de consolidada são estar a área incluída no perímetro urbano ou em zona urbana pelo plano diretor ou por lei municipal específica, dispor de sistema viário implantado, estar organizada em quadras e lotes predominantemente edificados, apresentar uso predominantemente urbano, caracterizado pela existência de edificações residenciais, comerciais, industriais, institucionais, mistas ou direcionadas à prestação de serviços e dispor de, no mínimo, dois dos seguintes equipamentos de infraestrutura urbana implantados: drenagem de águas pluviais; esgotamento sanitário; abastecimento de água potável; distribuição de energia elétrica e iluminação pública; e limpeza urbana, coleta e manejo de resíduos sólidos.

A determinação de área consolidada operou como sistemática de *backlash* na medida em que implica restrição direta nos efeitos das construções hermenêuticas que fundaram as relações urbanísticas e ambientais até o advento da Lei 14.285/21. O artigo 4º do Código Florestal passa a contar com nova redação do §10º, que por sua vez estabelece faixas distintas das abstratamente previstas como base de identificação das áreas de preservação permanente em cursos hídricos. O dispositivo passa a ditar que em áreas urbanas consolidadas, ouvidos os conselhos estaduais, municipais ou distrital de meio ambiente, lei municipal ou distrital poderá definir faixas marginais distintas para fixação da área de preservação permanente, e por decorrência das implicações de área não edificável.

O *backlash* manifesta-se com combinação normativo-social a contrapor a decisão judicial, que então fixara a correlação entre sistemas para inserir variável de concretização fundada em regras a serem estabelecidas em normas locais. A Lei municipal ou distrital poderá, portanto, ser a fonte direta da definição de área de preservação permanente em área urbana consolidada. Para tanto, deve estabelecer restrições para não haver ocupação de áreas com risco de desastres, observar as diretrizes do plano de recursos hídricos, do plano da bacia, do plano de drenagem ou do plano de saneamento, se existente, assim como prever que as atividades ou os empreendimentos a serem instalados nas áreas de preservação permanente urbanas devem observar os casos de utilidade pública, de interesse social ou de baixo impacto ambiental. Não se trata apenas de reconhecer empreendimentos ou construções como consolidados, mas sim toda a área, inclusive para efeitos futuros com novas construções de empreendimentos.

Além disso, a Lei 14.285/21 alterou o artigo 22 da Lei 11.952/2009. Esta Lei dispõe sobre a regularização fundiária das ocupações incidentes em terras situadas em áreas da União, no âmbito da Amazônia Legal. Inseriu-se o §5º no artigo 22 para fins de dispor que os limites das áreas de preservação permanente marginais de qualquer curso d'água natural em área urbana serão determinados nos planos diretores e nas leis municipais de uso do solo, ouvidos os conselhos estaduais e municipais de meio ambiente.

Em complemento, a Lei alterou o artigo 4º da Lei 6.766/79, redesenhando a correlação entre normas urbanas e ambientais. O artigo 4º, III-A, passou a dispor que ao longo da faixa de domínio das ferrovias será obrigatória a reserva de uma faixa não edificável de, no mínimo, 15 (quinze) metros de cada lado assim como que ao longo das águas correntes e dormentes, as áreas de faixas não edificáveis deverão respeitar a lei municipal ou distrital que aprovar o instrumento de planejamento territorial e que definir e regulamentar a largura das faixas marginais de cursos d´água naturais em área urbana consolidada, nos termos da Lei nº 12.651, de 25 de maio de 2012, com obrigatoriedade de reserva de uma faixa não edificável para cada trecho de margem, indicada em diagnóstico socioambiental elaborado pelo Município.

As definições e redesenhos normativos procedidos pela Lei n. 14.285 não são apenas um redirecionamento de regras legais, são antes de tudo a manifestação normativa de *backlash* desencadeada pela diretriz hermenêutica desenvolvida nas correlações entre direito urbanístico e ambiental manifestada no julgamento do

Tema Repetitivo 1010. É essencial a compreensão dessa causalidade para a plena compreensão das correlações normativas hoje existentes.

5. CONSIDERAÇÕES FINAIS

O precedente firmado pelo Superior Tribunal de Justiça no Tema Repetitivo 1010 pode ser considerado um dos mais relevantes e determinantes em nível federativo e estrutural do sistema jurídico brasileiro, já que comanda a base de interlocução entre Direito Urbanístico e Direito Ambiental, assim como desencadeou expressão clara de *backlash* ambiental. O Superior Tribunal de Justiça perfilhou tese que consagra a prevalência das normas ambientais como postulados gerais que devem necessariamente absorver em aplicabilidade e legitimidade os comandos legais locais e regionais relativos ao uso e ocupação do solo. A alteração legal subsequente passou a atuar exatamente em sentido contrário.

Embora o precedente firmado seja anteparado em argumentos e bases de sustentação, a linha crítica de flancos que provoca é significativa. A heterogeneidade dos municípios brasileiros, assim como os níveis de urbanização e de áreas consolidadas, tais como os níveis concretos de exercício da função ecológica da área não edificável foram questões não respondidas pela decisão judicial. Aliás, a decisão não fez valer o enfrentamento direto justamente por perfilhar critérios gerais e abstratos, voltados a romper com linhas de concessão, pelo risco de estas últimas representarem não flexibilizações técnicas, mas sim insuflar a concessão imotivada em face de pressões econômicas e sociais afetas a exercícios exploratórios de recursos naturais avessos a pautas de sustentabilidade. Justamente esse flanco levou ao fortalecimento de teses contrárias que desencadearam as alterações legais constantes na Lei 14.285.

Esse contexto de animosidade e pouca pacificação derivado do próprio julgamento abre espaço para previsíveis propagações de proposições normativas em nível legislativo que venham, em última medida, a não conciliar uma integração entre esfera urbanística e esfera ambiental, mas sim a mudar o peso da balança reguladora. O paradigma normativo da disciplina de áreas de proteção em meio urbano não se encontra, portanto, estabelecido. Ao inverso, previsíveis são reconformações que deixem, mais uma vez, de assumir a expressão técnica de gestão de áreas de relevância de valor ecológico para ascender à definição de critérios gerais e abstratos presentes no texto legal.

O percurso de adequação e superação efetivos dos entraves levaria à busca contínua por nova conformação, efetivamente integrada e que conjugasse as normas ambientais e as normas urbanísticas segundo as configurações de processos e funções ecológicas afetos a cada área a ser avaliada tecnicamente em seu valor hídrico e ambiental como um todo.

A heterogeneidade nacional em relação ao conjunto de municípios e coletividades como um todo impede conformações gerais e abstratas a tal ponto em que se ignore a conjuntura concreta para definição de área de proteção em zona urbana.

A definição do precedente provoca tanto fechamentos de decisão quanto aberturas de discussão, além de escancarar o efeito *backlash* na seara ambiental. Por um lado, conflitos jurídicos possuem diretriz de solução atual. Por outro, conflitos de heterogeneidade dos milhares de municípios e suas conjunturas próprias remanescem na dependência de um critério concreto e técnico para definição de áreas de proteção ambiental de cursos hídricos em zonas urbanas.

6. REFERÊNCIAS

ARAÚJO, Luciane Martins de; SILVA, José Antônio Tietzmann e. Os recursos hídricos e o paradigma da sustentabilidade. In: PURVIN, Guilherme et al (Coord.). *Direito ambiental, recursos hídricos e saneamento*: estudos em comemoração aos 20 anos da Política Nacional de Recursos Hídricos e aos 10 anos da Política Nacional de Saneamento. São Paulo: Letras Jurídicas, 2017

CRIVELLARI, Júlio César Teixeira. *Novo Código Florestal*: suas implicações no contexto da sustentabilidade socioeconômica ambiental. Belo Horizonte: Editora D'Plácido, 2016.

LEHFELD, Lucas de Souza; CARVALHO, Nathan Castelo Branco de.; BALBIM, Leonardo Isper Nassif. *Código Florestal*: comentado e anotado. 2. ed. São Paulo: Método, 2013.

ODUM, Eugene P.; BARRET, Gary W. *Fundamentos de ecologia*. Trad. Pégasus Sistemas e Soluções. São Paulo: Cengage Learning, 2017. Título original: Fundamentals of ecology.

PAPP, Leonardo. *Comentários ao novo Código Florestal Brasileiro*. Lei 12.651/12. Campinas: Millennium, 2012.

SCULZE, E.-D.; GERSTBERGER, P. Functional Aspects of Landscape Diversity: A Bavarian Example. In: SCHULZE, Ernst-Detlef; MOONEY, Harold A. (Ed.). *Biodiversity and Ecosystem Function*. Springer-Verlag: Berlin Heidelberg New York, 1994.

SUNSTEIN, Cass R. Backlash's travels. *University of Chicago Public Law & Legal Theory Working*, Paper n.. 157, 2007.

CONSIDERAÇÕES SOBRE O PLEBISCITO DO *PARQUE MINHOCÃO*

Alessandro Soares

Doutor em Administración, hacienda Y justiça en el Estado social pela Universidade de Salamanca – Espanha. Doutor e Mestre em Direito do Estado pela Universidade de São Paulo – USP. Professor de Direito Constitucional e Administrativo na Universidade Presbiteriana Mackenzie UPM São Paulo e na Faculdade Escola Paulista de Direito EPD. Advogado em São Paulo.

Alexandre Levin

Doutor e Mestre em Direito do Estado pela PUC-SP. Professor de direito administrativo e ambiental da Escola Paulista de Direito – EPD. Procurador do Município de São Paulo. Membro efetivo da Comissão de Direito Administrativo da OAB-SP.

Sumário: 1. Introdução – 2. Democracia e política urbana – 3. Decreto legislativo municipal e o plano diretor – 4. Princípio da reserva do plano – 5. Conclusão – 6. Referências.

1. INTRODUÇÃO

No ano de 1971, na Cidade de São Paulo, foi construída uma via expressa elevada, com extensão aproximada de 3 (três) quilômetros, a ligar a Zona Oeste à Zona Leste da cidade, atravessando sua área central.[1] A obra foi denominada de *Elevado Costa e Silva*, mas logo recebeu da população paulistana o apelido de *Minhocão*.[2]

A finalidade de sua construção foi reduzir o tempo de deslocamento dos veículos que vinham dos bairros da região oeste rumo à região leste da Cidade de São Paulo, em uma época em que o automóvel era o mais festejado dos modais de transporte. A obra, no entanto, gerou uma série de efeitos negativos para o entorno; por se tratar de uma via elevada – uma verdadeira avenida expressa construída sobre outras avenidas –, sua edificação causou um aumento significativo da poluição atmosférica e sonora na área, a atingir, especialmente, os imóveis vizinhos à via, que sofreram significativa desvalorização.[3]

---

1. De acordo com a Lei 16.397, de 9 de março de 2016, do Município de São Paulo, a via elevada tem extensão aproximada de 3km e liga o Largo Padre Péricles, na Barra Funda, ao entroncamento com a Rua da Consolação – Conexão Leste/Oeste (art. 1º).
2. De acordo com Nabil Bonduki, o *Elevado Costa e Silva*, hoje denominado *Elevado João Goulart*, é considerado uma *cicatriz nos bairros da Bela Vista, Bixiga e Liberdade* Entrevista à Radio USP em 8.9.2019. Disponível em: https://jornal.usp.br/atualidades/alem-de-debater-futuro-do-minhocao-prefeitura-deve-adapta-lo-para-ra-lazer-hoje/. Acesso em: 26 mar. 2021.
3. A desvalorização dos imóveis localizados no entorno do Elevado Costa e Silva, hoje denominado Elevado João Goulart, provocou, inclusive, mudanças no perfil dos moradores da área, em um verdadeiro pro-

Diante dos efeitos nocivos causados pela obra, logo surgiram discussões sobre sua possível desativação. Iniciaram-se rotinas de interdição ao tráfego veicular, primeiramente no período noturno e, posteriormente, aos finais de semana.[4]

Após décadas de debates sobre o destino da via elevada, o Plano Diretor do Município de São Paulo, instituído pela Lei Municipal 16.050/2014, previu a edição de lei específica que deverá determinar *a gradual restrição ao transporte individual motorizado no Elevado Costa e Silva, definindo prazos até sua completa desativação como via de tráfego, sua demolição ou transformação, parcial ou integral, em parque*[5]. Ou seja, o Plano Diretor Estratégico do Município de São Paulo de 2014 estabeleceu três possíveis destinos à via elevada: demolição, transformação parcial ou total em parque urbano.

Em 9 de março de 2016, foi editada a Lei Municipal 16.397/2016, estabelecendo que o Elevado "passa a ter denominação de Parque Minhocão durante todo o período em que se encontrar aberto às pessoas e restrito à circulação de veículos"[6]. O caminho para a criação do parque começava a ser trilhado. No mesmo ano, foi alterada a denominação do *Elevado Costa e Silva* para *Elevado Presidente João Goulart*[7] e, finalmente, em 2018, foi editada lei municipal que "cria o Parque Municipal do Minhocão e prevê a desativação gradativa do Elevado João Goulart"[8]. Previu-se um progressivo aumento da restrição de tráfego, de acordo com um cronograma estabelecido na mesma lei.[9]

O mesmo diploma municipal impôs ao Poder Executivo a apresentação de Projeto de Intervenção Urbana – PIU, por decreto ou lei específica, em até 720 (setecentos e vinte) dias, a considerar as particularidades locais e também:

> I – a gestão democrática e participativa, nos termos da legislação em vigor, das etapas de elaboração, implantação, execução e avaliação do PIU, escutado o Conselho Municipal de Política Urbana – CMPU; e II – as seguintes hipóteses de destinação da área previstas no parágrafo único

---

cesso de *gentrificação às avessas*. Nas palavras de João Sette Whitaker, *ao degradar o entorno, matar a rua, condenar os vizinhos a respirar toneladas de gás carbônico por anos a fio, o Minhocão desvalorizou tanto os prédios em sua orla que, com isso, permitiu que uma população de baixa renda tivesse condições de alugar ou até mesmo comprar, e assim morar no centro, perto de seu trabalho.* (WHITAKER, João Sette. *Maluf, o minhocão e a gentrificação*, in Cidades para que(m)? Disponível em: https://cidadesparaquem.org/blog/2014/8/22/maluf-o-minhoco-e-a-gentrificao?rq=elevado. Acesso em: 26 mar. 2021.

4. Disponível em: https://www.prefeitura.sp.gov.br/cidade/secretarias/licenciamento/noticias/?p=271772. Acesso em 29 mar. 2021.

5. Lei 16.050/2014 do Município de São Paulo, art. 375, parágrafo único.

6. Lei 16.397/2016 do Município de São Paulo, art. 1º.

7. Lei Municipal 16.525, de 25 de julho de 2016.

8. Lei Municipal 16.833, de 7 de fevereiro de 2018.

9. Lei 16.833, de 7 de fevereiro de 2018, do Município de São Paulo. Art. 1º *Fica criado o Parque Municipal Minhocão na área do Elevado João Goulart. Art. 2º A implantação do Parque Minhocão será gradativa, com o progressivo aumento da restrição de tráfego, conforme o seguinte cronograma: I – em até 30 dias a partir da sanção da lei: estender o fechamento para o trânsito aos sábados, domingos e feriados; II – em até 90 dias a partir da sanção da lei: restringir o horário de funcionamento para tráfego de veículos motorizados nos dias úteis para o horário das 7h às 20h.*

do art. 375 do Plano Diretor Estratégico do Município: a) a transformação parcial em parque; b) a transformação integral em parque.[10]

Portanto, dentre as opções conferidas pelo Plano Diretor Estratégico, a lei escolheu transformar a via elevada integralmente em parque. E previu, também, que esse processo de transformação fosse realizado mediante a apresentação de um Projeto de Intervenção Urbana – PIU, que é um instrumento de ordenamento e reestruturação urbanística previsto no Plano Diretor paulistano[11], e regulado pelo Decreto Municipal 56.901/2016.

O citado Decreto Municipal 56.901/2016, que dispõe sobre a elaboração de Projeto de Intervenção Urbana – PIU, prevê a realização de consultas públicas no processo de elaboração do PIU, em atenção à diretriz do Estatuto da Cidade que impõe a *participação da população e de associações representativas dos vários segmentos da comunidade na formulação, execução e acompanhamento de planos, programas e projetos de desenvolvimento urbano*[12]. Assim, foi disponibilizada, em 2019, consulta pública online para divulgar o diagnóstico preliminar da área em que se localiza o Parque Minhocão e colher contribuições da sociedade civil sobre o projeto, conforme previsto na Lei Municipal 16.833/2018.[13]

Ocorre que o Procurador de Justiça do Estado de São Paulo propôs ação direta de inconstitucionalidade contra a Lei Municipal 16.833/2018, alegando vício de iniciativa da lei e ausência de planejamento técnico na edição do diploma municipal. A lei contrariaria, na visão do órgão ministerial, dispositivos da Constituição do Estado de São Paulo que impõem a participação popular na elaboração de projetos de desenvolvimento urbano e o atendimento às diretrizes constantes do plano diretor (CESP, arts. 180, inc. II, e 181).[14]

---

10. Lei 16.833, de 7 de fevereiro de 2018, do Município de São Paulo, art. 4º.
11. Lei 16.050/2014 do Município de São Paulo (Plano Diretor Estratégico), art. 134. *Com o objetivo de promover transformações estruturais o Município deverá desenvolver Projetos de Intervenção Urbana para promover o ordenamento e a reestruturação urbana em áreas subutilizadas e com potencial de transformação, preferencialmente localizadas na Macroárea de Estruturação Metropolitana, para maior aproveitamento da terra urbana e o consequente aumento nas densidades construtivas e demográficas, implantação de novas atividades econômicas e emprego e atendimento às necessidades de habitação e de equipamentos sociais para a população. § 1º As intervenções a serem realizadas nas áreas referidas no "caput" desse artigo deverão estar baseadas em Projetos de Intervenção Urbana, a serem elaborados de forma participativa, sob responsabilidade do Poder Público Municipal.*
12. Lei 10.257/2001, art. 2º, inc. II.
13. Consulta pública disponível em https://participe.gestaourbana.prefeitura.sp.gov.br/parque-minhocao. Acesso em 1º abr. 2021.
14. Adin 2129887-42.2019.8.26.0000, proposta pelo Procurador Geral de Justiça do Estado de São Paulo em 11.6.2019. A liminar requerida na petição inicial da Adin foi deferida pelo sr. Relator, em 13.06.2019, para suspender a eficácia da lei municipal impugnada, na medida em que *a abrupta desativação de importante via de circulação causaria grande impacto urbanístico, além do risco de irreversibilidade, caso criado o parque municipal no lugar do elevado.* Posteriormente, no entanto, o Órgão Especial do Tribunal de Justiça do Estado de São Paulo deu provimento a agravo interno interposto pelo sr. Prefeito, para revogar a liminar anteriormente concedida. Entendeu o Órgão Especial do TJSP que houve extenso planejamento, debates e a gradual implementação das disposições urbanísticas previstas na Lei 16.883/2018, que criou o Parque Minhocão (Agravo interno 2129887-42.2019.8.26.0000/50001-SP, Rel. Des. Márcio Bartoli, j. 02.10.2019).

Não obstante, em 9 de setembro de 2020, foi aprovado, pela Câmara Municipal de São Paulo, o Decreto Legislativo 54/2020, que convoca consulta pública, via plebiscito, sobre o destino do *Elevado Presidente João Goulart – Minhocão*, conforme as três opções previstas pelo art. 375, parágrafo único, do Plano Diretor Estratégico da Cidade de São Paulo.

Assim, por meio da Lei Municipal 16.833/2018, que cria o Parque Municipal do Minhocão e prevê a desativação gradativa do Elevado João Goulart, escolheu-se, dentre as opções previstas no Plano Diretor Estratégico (Lei 16.050/2014, art. 375, parágrafo único), criar o parque em sua integralidade; todavia, o Decreto-Legislativo 54/2020, de maneira oposta, decidiu por realizar plebiscito para decidir sobre o tema.

A questão que se coloca, dentre outras, é a seguinte: é legítima a previsão de futuro plebiscito para escolher uma das três opções previstas no plano diretor municipal, se tal escolha já foi feita pela lei municipal? Se o plano diretor prevê que essa opção seja realizada por lei municipal específica, pode o decreto-legislativo alterar a forma de escolha, levando-se em conta que a lei que institui o plano diretor contou com ampla participação popular no seu processo de elaboração?[15]

2. DEMOCRACIA E POLÍTICA URBANA

As indagações levantadas acima nos conduzem diretamente ao tema da decisão política e do direcionamento do Estado no campo das políticas públicas[16]. O Plano Diretor Estratégico de São Paulo, ao oferecer um leque de possibilidades quanto à destinação a ser dada ao espaço público do Minhocão, materializa uma decisão política acerca de assunto de interesse da coletividade local. Nesse sentido, é preciso salientar que o que confere legitimidade ao plano diretor não é a sua mera forma legal ou seu rótulo jurídico. Legalidade e legitimidade não se confundem. De fato, na atualidade, a lei só ganha *status* de autoridade[17] se for timbrada com uma dimensão democrática.

O mérito da Adin ainda pende de julgamento, donde conclui-se que, do ponto de vista jurídico, o projeto de implantação do Parque Minhocão pode prosseguir.

15. O Estatuto da Cidade exige a promoção de audiências e debates públicos no processo de elaboração da lei que institui o plano diretor (Lei 10.257/2001, art. 40, §4º).

16. Adotamos aqui a noção de política de Weber: "Entenderemos por política apenas a direção do agrupamento político hoje denominado 'Estado' ou a influência que se exerce em tal sentido". WEBER, Max. *Ciência e política*: duas vocações. Trad. Leonidas Hegenberg e Octany Silveira da Mota. 18. ed. São Paulo: Cultrix, 2011, p. 65-66.

17. Sobre a constituição da autoridade como elemento de dominação encontramos o seguinte apontamento de Carl Schmitt: "...al Poder (siempre efectivo por necesidad) le corresponden conceptos como soberanía y majestad; autoridad, por el contrario, significa un prestigio esencialmente basado en el elemento de la *continuidad* y contiene una referencia a la tradición y permanência. Ambas cosas, fuerza y autoridad, son eficaces y vivas, una junto a outra, en todo Estado. La contraposición clásica se encuentra también para esto en el Derecho político de Roma: el Senado tênia auctoritas; del Pueblo, por el contrario, se desprenden *potestas* e *imperium*" (*Teoria de la constitución*. Madrid: Alianza Universidad, 2009, p. 93).

Com efeito, a democracia é o conceito ideológico político chave para a compreensão da legitimidade do poder estatal contemporâneo. Contudo, se estamos a lidar com situações concretas, faz-se necessário pensar que tipo de processo decisório é capaz de garantir o perfil democrático a um sistema político no qual se exerce poder. Por óbvio, somente processos participativos e que levem em consideração uma vontade popular ampla estão aptos a serem nomeados como democráticos[18].

Pois bem, a lei que institui um plano diretor é o resultado, em primeiro lugar, da manifestação da maioria dos integrantes da Câmara Municipal (princípio da maioria) e, em segundo, da vontade do poder Executivo que exerceu seu poder de iniciativa e sanção. Analisando sob um ângulo jurídico, constata-se que essa narrativa apenas reflete, em dimensão local, a efetivação da democracia representativa conformada no art. 1º, parágrafo único, da Constituição de 1988, cujo teor estabelece que todo poder emana do povo, que o exerce, primordialmente, por seus representantes eleitos.

No entanto, é preciso sublinhar mais um traço normativo de natureza democrática no que diz respeito à feitura do plano. Durante o processo de sua elaboração, em conformidade com o Estatuto da Cidade (lei de âmbito nacional), devem ser promovidas audiências públicas e debates com todos os interessados, garantida a ampla publicidade quanto aos documentos e informações produzidos, os quais devem ficar disponíveis ao acesso de qualquer interessado[19]. Observa-se, portanto, que essas medidas, a serem tomadas no decorrer do processo legislativo, não são uma opção para legislador, mas sim uma obrigação, cuja violação implica a nulidade do plano.

Essa abertura participativa, garantida especialmente mediante audiências e consultas públicas ao longo da construção do plano diretor, corresponde à aplicação do princípio da gestão democrática da cidade. Como se vê, a noção de democracia vai ganhando contornos próprios em cada tipo de processo decisório estatal. Importa notar, entretanto, que esse caráter participativo não é decisivo; afinal, são os representantes políticos que dão a última palavra sobre o conteúdo da lei, podendo, inclusive, de forma devidamente motivada, desconsiderar os posicionamentos e sugestões realizados pelos cidadãos quanto ao plano.

Dito isso, convêm salientar que a nossa atual Carta Política, ainda que dê preponderância à representação política, aposta também (ainda que de maneira tímida e conservadora) na possibilidade de a cidadania se manifestar em consultas populares (plebiscitos e referendos)[20]. Trata-se dos chamados mecanismos de democracia

---

18. Essa é uma ideia extremamente genérica e formal (procedimental) de democracia, por isso a tomamos apenas como ponto de partida. Sobre o tema vale ler FERRAJOLI, Luigi. *Poderes salvajes*. La crisis de la democracia constitucional. Tradução de Perfecto Andrés Ibánez. Madrid: Minima Trotta, 2011, p. 27-42.

19. Lei 10.257/2001, art. 40, § 4º Vale ressaltar que a participação popular no processo de elaboração do plano diretor é fundamentada no Texto Constitucional, segundo o qual o Município deve atender ao preceito da *cooperação das associações representativas no planejamento municipal* (CF, art. 29, inc. XII).

20. CF, art. 14. *A soberania popular será exercida pelo sufrágio universal e pelo voto direto e secreto, com valor igual para todos, e, nos termos da lei, mediante: I – plebiscito; II – referendo; III– iniciativa popular.*

direta, que surgem no cenário político como uma forma de reforçar a legitimidade das decisões estatais[21].

Uma das principais problemáticas acerca dos instrumentos de participação direta é a definição quanto a quem deve ser conferida a iniciativa para convocar as consultas populares. No plano nacional, a Constituição "resolveu" essa questão atribuindo ao Poder Legislativo o monopólio para convocar plebiscito e autorizar referendo[22]. Trata-se, nesse caso, de uma competência exclusiva do Congresso Nacional, que a exerce por meio da emissão de um Decreto Legislativo; ato que, ao contrário de uma lei, não necessita passar pelo crivo da Chefia do Executivo (sanção) para sua aprovação. Ao menos de início, portanto, o Congresso Nacional (Câmara e Senado) estaria, por exemplo, autorizado a aprovar um referendo sobre matérias previamente já decididas na própria esfera legislativa. Nesse sentido, um artigo de lei ou até mesmo uma emenda constitucional poderiam ser submetidos a consulta popular.

3. DECRETO LEGISLATIVO MUNICIPAL E O PLANO DIRETOR

Voltando nossos olhos novamente para a esfera local, podemos verificar que a dúvida sobre a validade ou não do Decreto Legislativo municipal que convocou o plebiscito sobre o "Parque Minhocão" reside no modo como compreendemos a sua relação com o plano diretor. Se entendermos, por exemplo, que o Decreto Legislativo está no mesmo patamar da Lei, nosso problema pode perder de pronto sua razão de ser. O Decreto Legislativo, como norma posterior de mesmo nível hierárquico que o plano, estaria habilitado a alterar o seu conteúdo. O assunto, no entanto, merece um esclarecimento.

É verdade que, do ponto de vista da dogmática jurídica, em princípio, não há como se falar em hierarquia entre leis de mesmo nível. Também é verdade que, a rigor, o legislador é livre para alterar e revogar, a qualquer tempo, as leis.

No entanto, é de se perguntar: podemos aplicar essa mesma perspectiva ao abordar a lei que institui o plano diretor de uma cidade? Parece-nos que não, e a razão disto está na própria noção de que o plano urbanístico envolve uma construção global de planejamento e direção, determinada por certo grau de coerência, lógica e racionalidade. Aliás, a Constituição afirma claramente que o plano diretor municipal é o instrumento básico da política de desenvolvimento e de expansão urbana[23], ou seja, todas as medidas pontuais previstas no plano estão conectadas a uma perspectiva geral de futuro da urbe (seu conteúdo estratégico) e que, por isso, formam a base para a atuação legislativa local.

---

21. Sobre o assunto indicamos nosso livro: SOARES, Alessandro. *A democracia direta no constitucionalismo latino-americano e europeu*: análise comparada de Venezuela, Equador, Brasil e Espanha. São Paulo: Liberas, 2017.
22. CF, art. 49. *É da competência exclusiva do Congresso Nacional*: (...) *XV – autorizar referendo e convocar plebiscito.*
23. CF, art. 182, § 1º.

Essa visão indica que seria contraditório e temerário que, logo após a aprovação do plano diretor da Cidade de São Paulo, as vereadoras e vereadores pudessem, no primeiro dia de sua vigência, iniciar um trabalho de desconstrução de seu conteúdo por meio de alterações legislativas pontuais, com vistas a atender, de maneira oportunista, interesses específicos de diversos atores sociais e poderes econômicos. Isso resultaria numa canibalização e fragmentação do plano, em detrimento de sua coerência, lógica e racionalidade, que são elementos fundamentais para a sua caracterização como instrumento de desenvolvimento urbano. Em síntese, as diretrizes prescritas no plano passariam a ser juridicamente insignificantes.

A questão está diretamente ligada ao princípio da reserva do plano, previsto, implicitamente, no dispositivo constante do art. 182, § 1º, da Constituição Federal.

4. PRINCÍPIO DA RESERVA DO PLANO

As leis urbanísticas editadas posteriormente ao plano diretor lhe devem respeito, ou seja, suas regras devem encontrar fundamento nos preceitos da lei que institui o plano. A lei superveniente sobre direito urbanístico não revoga a lei que institui o plano, ainda que formalmente tenham a mesma hierarquia. Isso porque o plano diretor foi alçado pela Constituição a instrumento fundamental de organização do espaço urbano (CF, 182 §§ 1º e 2º), de modo que o zoneamento, as regras sobre parcelamento e todos os instrumentos urbanísticos aplicáveis à ocupação do solo devem estar previstos no plano diretor, para que possam ser efetivamente utilizados pelo poder público local no exercício de sua função urbanística.

O planejamento urbano deve ser único. A ordem jurídica pátria não permite que leis esparsas regulem a organização do espaço urbano de forma desvinculada do que diz o plano diretor. É possível a edição de leis locais sobre matéria urbanística, desde que compatíveis com as regras da lei que institui o plano.

A lei que institui o plano diretor, portanto, constitui uma espécie de ato legislativo que, em razão do seu conteúdo planificador, passa a servir de fundamento de validade para as demais leis municipais.

Trata-se de aplicar o *princípio da reserva de plano*, que consiste na exigência de que medidas que possam vir a afetar a transformação do território constem dos planos urbanísticos. As principais orientações e instrumentos do planejamento urbano local devem estar inseridos no plano diretor. As principais decisões sobre organização do espaço urbano devem constar da lei que o institui. Por isso, qualquer outro diploma local sobre matéria urbanística deverá encontrar respaldo na lei que prevê o plano diretor. Assim, por exemplo, uma lei municipal somente pode criar uma operação urbana consorciada se houver previsão para tanto na lei que institui o plano diretor.[24] Da mesma forma, a outorga onerosa do direito de

---

24. Lei 10.257/2001 (Estatuto da Cidade), art. 32.

construir somente pode ser aplicada se prevista no plano: nesse caso, lei municipal específica, fundamentada na lei do plano, pode estabelecer condições a serem observadas para o uso da outorga.[25]

Vale dizer que, nessa mesma direção, o Supremo Tribunal Federal, no Recurso Extraordinário 607.940, aprovou tese em repercussão geral no sentido de que os Municípios com mais de 20 mil habitantes e o Distrito Federal podem legislar sobre programas e projetos específicos de ordenamento do espaço urbano, desde que o façam por meio de leis que sejam compatíveis com as diretrizes fixadas no plano diretor.[26]

A pergunta inevitável nesse ponto é a seguinte: os legisladores nunca poderão contrariar ou revogar o plano diretor que eles mesmos ajudaram, de forma decisiva, a elaborar? É óbvio que sim. Para isso, contudo, é preciso que os procedimentos legislativos sigam por simetria a mesma forma adotada na elaboração originária do plano, ou seja, debate global de seu conteúdo e participação popular ampla. Não é sem motivos que o Estatuto da Cidade estabelece que o plano deverá englobar o território do Município como um todo[27] e que a lei que o instituiu deverá ser revista, pelo menos, a cada dez anos.[28] A mesma forma adotada na elaboração originária do plano deve ser observada quando de sua revisão ou reelaboração. A Lei 10.257/2001 não impede a revisão do plano diretor a qualquer tempo; o que ela exige é que não se leve mais de dez anos para revisar o plano diretor (art. 40, § 3°).[29]

5. CONCLUSÃO

Retornemos agora para o que diz o plano diretor de São Paulo sobre o *Minhocão*. Este prevê que *lei específica deverá ser elaborada determinando a gradual restrição ao transporte individual motorizado no Elevado Costa e Silva, definindo prazos até sua completa desativação como via de tráfego, sua demolição ou transformação, parcial ou integral, em parque.* O que o plano faz, na verdade, é abrir margem discricionária para que, dentro de certos parâmetros predefinidos, o legislador adote decisões futuras quanto ao destino do *Elevado João Goulart.*

Algumas observações. Primeiro, vereadoras e vereadores escolhem o momento em que regularão a questão, ou seja, o plano não prescreve prazo para a edição da lei sobre o Minhocão. Aqui há um espaço de conveniência e oportunidade próprio dos atos políticos e de governo. Segundo, uma vez produzida a lei prevista no plano, seu conteúdo deverá estabelecer a gradual restrição ao transporte individual motorizado, definindo prazos até a completa desativação da via. Nesse ponto, não existe

---

25. Lei 10.257/2001 (Estatuto da Cidade), art. 28.
26. STF, Recurso Extraordinário 607.940-DF, Pleno, Rel. Min. Teori Zavascki, j. 29.10.2015, publ. 26.02.2016.
27. Lei 10.257/2001, art. 40, § 2°.
28. Lei 10.257/2001, art. 40, § 2°.
29. Sobre o assunto ver: LEVIN, Alexandre. Plano diretor como instrumento jurídico fundamental de organização do espaço urbano. *Fórum de Direito Urbano e Ambiental – FDUA*, ano 17, n. 99, p. 9-33, Belo Horizonte, maio/jun. 2018.

CONSIDERAÇÕES SOBRE O PLEBISCITO DO PARQUE MINHOCÃO **245**

discricionariedade para os legisladores, mas uma diretriz que vincula sua ação: a norma impõe a desativação do Minhocão. Logicamente, há margem de liberdade na determinação dos prazos e fases até que a via reste completamente obstruída para o tráfego. Após essa definição, o problema que surge é quanto ao destino final a ser dado à obra. A lei então oferece três opções decisórias para a Câmara: i. demolição ii. parque parcial iii. parque total.

Como visto, de início a Câmara escolheu trilhar o caminho da constituição de um parque em toda a extensão da via elevada. Nesse sentido, em 2018, foi editada lei municipal que *cria o Parque Municipal do Minhocão e prevê a desativação gradativa do Elevado João Goulart,* a descartar a mera desativação. É nesse contexto que surge o Decreto Legislativo, que recua quanto à decisão legislativa anterior e impõe a questão para que a cidadania, através de plebiscito, defina o destino da área.

O plano diretor ordenou que a decisão quanto ao que fazer com o Minhocão, após sua desativação, seria de competência da lei, aprovada, portanto, pela representação popular do Município (Executivo e Legislativo). Se considerarmos que isso é uma diretriz do plano diretor (a lei é que define seu uso futuro), a conclusão inequívoca é a de que o Decreto Legislativo teria contrariado o estabelecido no plano, já que repassou para a cidadania a decisão final. Por essa ótica, o Decreto Legislativo seria ilegítimo, por ofensa ao plano diretor municipal.

Por outro prisma, todavia, podemos chegar a conclusão distinta. Ao acionar um plebiscito para a tomada de posição quanto ao Minhocão, as vereadoras e vereadores apenas aplicaram ao caso o princípio democrático, que em última análise legitima os atos legislativos. Com a celebração de um plebiscito, o momento decisivo se translada dos representantes aos representados, titulares últimos da soberania popular e razão de ser da existência da representação política. Seguindo essa linha, não haveria ofensa ao plano, pois que nenhuma diretriz sua teria sido contrariada.

Vale dizer, nesse sentido, que a consulta popular estaria inclusive limitada aos parâmetros de liberdade previstos no próprio plano (demolição ou parque). Ademais, não podemos esquecer que a decisão plebiscitária tem caráter vinculativo para os legisladores, que posteriormente estariam obrigados a editar lei em conformidade com a vontade popular expressa na consulta direta. Teríamos, dessa forma, uma lei regulando a questão, o que, em última análise, estaria em total consonância com o que foi previsto no Plano Diretor do Município de São Paulo sobre o tema.

A legitimidade do Decreto Legislativo 54/2020, da Câmara Municipal de São Paulo, que convoca consulta pública, via plebiscito, sobre o destino do *Elevado Presidente João Goulart – Minhocão,* está diretamente relacionada, portanto, com o respeito à prescrição constitucional que alçou o plano diretor municipal ao papel de principal instrumento da política urbana no Brasil (CF, art. 182, § 1º). Afinal, é a lei que institui o plano diretor estratégico que indica as balizas e as diretrizes para a transformação do tecido urbano, com vistas a alcançar o incremento do meio ambiente urbano e o pleno desenvolvimento das funções sociais da cidade.

6. REFERÊNCIAS

BONDUKI, Nabil. Entrevista à Radio USP em 8.9.2019. Disponível em: https://jornal.usp.br/atualidades/alem-de-debater-futuro-do-minhocao-prefeitura-deve-adapta-lo-para-lazer-hoje/. Acesso em: 26 mar. 2021.

FERRAJOLI, Luigi. *Poderes salvajes*. La crisis de la democracia constitucional. Trad. Perfecto Andrés Ibánez. Madrid: Minima Trotta, 2011.

LEVIN, Alexandre. Plano diretor como instrumento jurídico fundamental de organização do espaço urbano. *Fórum de Direito Urbano e Ambiental – FDUA*, ano 17, n. 99, p. 9-33, Belo Horizonte, maio/jun. 2018.

SECRETARIA MUNICIPAL DE URBANISMO E LICENCIAMENTO. *Prefeitura de São Paulo vai implantar primeiro trecho do Parque Minhocão*. Disponível em: https://www.prefeitura.sp.gov.br/cidade/secretarias/licenciamento/noticias/?p=271772. Acesso em: 29 mar. 2021.

SECRETARIA MUNICIPAL DE URBANISMO E LICENCIAMENTO. *Consulta pública PIU Parque Minhocão*. Disponível em: https://participe.gestaourbana.prefeitura.sp.gov.br/parque-minhocao. Acesso em: 1º abr. 2021.

SCHMITT, Carl. *Teoria de la constitución*. Madrid: Alianza Universidad, 2009.

SOARES, Alessandro. *A democracia direta no constitucionalismo latino-americano e europeu*: análise comparada de Venezuela, Equador, Brasil e Espanha. São Paulo: Liberas, 2017.

WEBER, Max. *Ciência e política*: duas vocações. Trad. Leonidas Hegenberg e Octany Silveira da Mota. 18. ed. São Paulo: Cultrix, 2011.

WHITAKER, João Sette. *Maluf, o minhocão e a gentrificação, in Cidades para que(m)?* Disponível em: https://cidadesparaquem.org/blog/2014/8/22/maluf-o-minhoco-e-a-gentrificao?rq=elevado. Acesso em: 26 mar. 2021.

"IPTU VERDE" NOS TRIBUNAIS: UM DEBATE EM AMADURECIMENTO

Luisa Quintão Ubaldo

Especialista em Direito Público pela Universidade FUMEC. Assessora jurídica na Secretaria Municipal de Política Urbana de Belo Horizonte. Advogada e consultora.

Safira De La Sala

Mestre em Habitação pelo Instituto de Pesquisas Tecnológicas do Estado de São Paulo (IPT) e doutoranda em Planejamento Urbano e Ambiental pelo Technion – Israel Institute of Techonology, com estágio de pesquisa na Faculty of Law, Economics and Governance da Universidade de Utrecht (Holanda). Docente cooperadora do Lincoln Institute of Land Policy. Advogada, pesquisadora e consultora em direito urbanístico.

Leonardo Castro

Professor e palestrante em direito urbanístico. Foi Diretor de Desenvolvimento da São Paulo Urbanismo (2017-2020) e Secretário Municipal de Desenvolvimento e Planejamento Urbano da Prefeitura Municipal de Belo Horizonte (2014-2016). Advogado e consultor em direito público e urbanístico. Sócio do escritório Viana, Castro, Apparecido e Carvalho Pinto – Direito de Infraestrutura e Urbanístico.

Sumário: 1. Introdução – 2. A extrafiscalidade do IPTU verde como mecanismo de reabilitação urbano-ambiental – 3. O IPTU verde nos tribunais estaduais: um debate em amadurecimento – 4. Conclusões – 5. Referências. Anexo I.

1. INTRODUÇÃO

Em todo o mundo, cidades vêm implementando mecanismos jurídico-urbanísticos e ambientais de planejamento, zoneamento, ônus urbanísticos para concessão de potencial construtivo adicional, ferramentas de feição tributária e não tributária, com o objetivo de redistribuir, entre os setores público e privado, a responsabilidade pelos impactos ambientais decorrentes processo de urbanização.

No Brasil, a Constituição da República e o Estatuto da Cidade (Lei Federal 10.257/01) sintetizam esse objetivo no princípio da função socioambiental da propriedade, legitimando a atuação e intervenção do Poder Público na propriedade imobiliária e atribuindo competência específica aos municípios para o planejar o ordenamento do território, bem como para regular e fiscalizar o parcelamento, a ocupação e o uso do solo urbano.

Nas palavras de Eros Grau, "a função social da propriedade atua como fonte da imposição de comportamentos positivos – prestação de fazer, portanto, e não, meramente, de não fazer – ao detentor do poder que deflui da propriedade."[1] Nesse sentido fundante, e a partir de uma interpretação sistemática do art. 2º e do art. 39 do Estatuto da Cidade, pode-se assumir que a propriedade urbana cumpre sua função social quando os proprietários de imóveis, além de se absterem de certos comportamentos, retribuem a cidade por meio de condutas positivas/prestacionais induzidas pelo Poder Público municipal, em busca de espaços urbanos mais prósperos, ambientalmente equilibrados e socialmente inclusivos.

Por sua vez, o art. 4º do Estatuto da Cidade desdobra o princípio da função socioambiental da propriedade nos diversos instrumentos de política urbana. À exceção dos instrumentos de planejamento, previstos nos incisos I, II e III, boa parte dos instrumentos elencados no art. 4º compõem um rol de caráter exemplificativo, como se depreende da própria redação do *caput*: "Para os fins desta Lei, serão utilizados, *entre outros instrumentos*" (grifo dos autores).

Essa abertura na redação do *caput* do art. 4º permite aos Municípios decidirem conforme suas peculiaridades locais e implementarem alguns dos instrumentos de política urbana em momentos e com critérios distintos, desde que minimamente inseridos no esquadro normativo nacional. Ademais, tal abertura revela que esses instrumentos não são independentes, devendo ser articulados entre si e também com outras ferramentas, já que o Estatuto da Cidade não os regulamenta.

Nesse sentido, tornam-se necessários estudos sobre a aplicabilidade e entraves à efetividade de tais instrumentos, como subsídios para uma governança urbano-ambiental mais inovadora e eficiente, voltada para a reabilitação das cidades brasileiras. O presente estudo, especificamente, apresenta breve recorte analítico de um instrumento enquadrado como incentivo tributário: o "IPTU Verde", também conhecido como "IPTU Ecológico".

O IPTU Verde é uma modalidade extrafiscal do imposto à propriedade urbana que começou a emergir em diversas cidades brasileiras nas últimas décadas, particularmente entre 2005 e 2021. Os Municípios de Colatina (ES), Curitiba (PR), e Porto Alegre (RS) foram pioneiros na implementação do IPTU Verde, em 1999, 2000 e 2001 respectivamente. Cidades como Manaus (AM), Rio de Janeiro (RJ), Salvador (BA), Belo Horizonte (MG), Maringá (PR), Vila Velha (ES), Goiânia (GO), São Paulo (SP), São Carlos (SP), São Bernardo do Campo (SP) e Guarulhos (SP) também já aprovaram alguma modalidade do incentivo, de modo que o instrumento começa a se concretizar como uma das mais inovadoras abordagens de captura de mais-valias urbanas para fins ambientais na América Latina[2].

---

1. GRAU, Eros. *A Ordem Econômica na Constituição de 1988 (interpretação e crítica)*. 5. ed. São Paulo: Malheiros, 2000. p. 259.
2. DE LA SALA, Safira, MALDONADO, Melinda, ALTERMAN, Rachelle. *Políticas de Suelo, Derecho Urbanístico y Cambio Climático: Instrumentos Urbanísticos-Tributarios como Medidas para Enfrentar al Cambio Climático*. 2019. Lincoln Institute of Land Policy. Disponível em: https://www.lincolninst.edu/publications/working-papers/politicas-suelo-derecho-urbanistico-cambio-climático. Acesso em: 20 maio 2021. Nesse

Todavia, por se tratar de instrumento emergente e de natureza "bottom-up", conjugado à natureza descentralizada do planejamento urbano no Brasil, que gera verdadeiros "feudos urbanísticos", os formatos adotados são extremamente diversos.

Uma das maneiras de avaliar possíveis problemas ou boas práticas na implementação do instrumento se dá por meio de análise jurisprudencial. Nesse contexto, o presente artigo apresenta uma abordagem comparativa de discussões judiciais sobre o assunto, percorrendo seus principais argumentos e sintetizando pontos de reflexão que, a nosso ver, constituem desafios para a operacionalização do IPTU Verde nos municípios brasileiros.

2. A EXTRAFISCALIDADE DO IPTU VERDE COMO MECANISMO DE REABILITAÇÃO URBANO-AMBIENTAL

O Imposto Predial e Territorial Urbano – IPTU, de competência legislativa exclusiva dos Municípios, é um instrumento já bem consolidado no ordenamento jurídico nacional, previsto na Constituição da República de 1988 (art. 156, inc. I), no Código Tributário Nacional – Lei 5.172/1966 (arts. 32 a 34) e no Estatuto da Cidade – Lei 10.257/2001 (art. 4º, inc. IV, alínea "a"). É considerado o tributo básico de renda municipal: por sua natureza jurídica de imposto[3], não se vincula a prestações específicas da política urbana, podendo ser destinado ao custeio dos mais variados serviços públicos municipais. Nos dizeres de Cintia Fernandes, o IPTU é "o condomínio da cidade", isto é, a renda básica pela qual se dá a manutenção do nosso espaço comum para o bem coletivo.[4]

Assim como outros tributos, sejam eles de competência municipal, estadual ou federal, o Imposto à Propriedade pode revestir-se de duas facetas: a fiscal e a extrafiscal. Em sua função clássica, isto é, fiscal, os tributos têm objetivos eminentemente arrecadatórios de receita para os cofres públicos. Já a faceta extrafiscal exsurge quando a função principal do tributo não é o ingresso de receitas nos cofres públicos, mas, sim, a inibição ou estímulo de um determinado comportamento por parte do sujeito passivo da obrigação tributária.

Em sua faceta extrafiscal, como inibição ou estímulo de comportamentos dos sujeitos passivos, o IPTU tradicionalmente desdobra-se em "IPTU Progressivo no

---

sentido, ver também SOTTO, Debora. *Mais-valia urbanística e desenvolvimento urbano sustentável*: uma análise jurídica. Rio de Janeiro: Lumen Juris, 2016.

3. Nas palavras de Luciano Amaro, os impostos "não se relacionam a nenhuma atuação estatal divisível e referível ao sujeito passivo (...). Essas características são identificáveis no plano normativo e, obviamente, correspondem ao reflexo das meditações feitas no âmbito da ciência das finanças, em que se verificou que alguns tributos – designados pelo ordenamento jurídico como impostos – deveriam prestar-se ao financiamento das atividades gerais do Estado". AMARO, Luciano. *Direito tributário Brasileiro*. 15. ed. São Paulo: Saraiva, 2003, p. 81-82.
4. FERNANDES, Cíntia Estefania. *IPTU: Texto e Contexto*. São Paulo: Quartier Latin, 2005.

tempo"[5], mecanismo sancionatório previsto no art. 182, § 4º, inc. II da Constituição da República e pelo art. 7º do Estatuto da Cidade. Em razão das previsões em tais diplomas normativos, o "IPTU Progressivo no tempo" assume caráter de política pública "top down".

Por sua vez, o IPTU Verde não se encontra especificamente previsto nem na Constituição da República, nem no Estatuto da Cidade, tampouco no Código Tributário Nacional. E, entretanto, é identificado como um instrumento emergente de manejo urbano-ambiental em múltiplas cidades brasileiras, tendo características "bottom-up", isto é, emergindo no nível municipal e possivelmente vindo a encontrar respaldo nacional, tendo em vista a elaboração de recente Proposta de Emenda Constitucional – PEC 13/2019 para alteração do art. 156 da Constituição Federal.[6]

Diferentemente do IPTU Progressivo no Tempo, o "IPTU Verde" evidencia a extrafiscalidade não coercitiva, ou de estímulo positivo, revestindo-se de uma feição de incentivo fiscal. Assim, sua finalidade do "IPTU Verde" é fomentar os titulares de propriedades privadas a implementarem a transformação ambiental das cidades por meio da promoção da realidade física das propriedades privadas, concedendo-lhes descontos no pagamento do tributo. Desse modo, na lógica do IPTU Verde, a extrafiscalidade não é sancionadora ou inibidora, mas indutora de comportamentos e boas práticas ambientais nas cidades.

As medidas sustentáveis para o uso e ocupação do solo urbano induzidas pela extrafiscalidade do IPTU Verde são estabelecidas conforme as necessidades e peculiaridades locais de cada Município. As exigências e requisitos, em termos qualitativos e quantitativos, para a concessão da redução da carga fiscal, incluem: uso de materiais e tipologias de construção sustentáveis; instalação de telhados e paredes verdes; preservação de áreas verdes e ampliação da taxa de permeabilidade do imóvel além dos parâmetros mínimos estipulados no Plano Diretor; redução do consumo direto de energia elétrica mediante uso de outras fontes para geração descentralizada;

---

5. O "IPTU Progressivo no tempo", modalidade extrafiscal coercitiva do IPTU, é um instrumento urbanístico-tributário de sanção a ser instituída pelos Municípios como correção das distorções do processo de urbanização, a fim de assegurar o cumprimento da função social da propriedade e captura direta de valor das mais-valias urbanas. Nesse caso, a extrafiscalidade atua de modo a inibir a ociosidade da propriedade imobiliária urbana. Portanto, mediante lei específica, o Município pode impor que proprietários de imóveis urbanos não edificados, subutilizados ou não utilizados implementem medidas para seu adequado aproveitamento. Um aumento no tempo de descumprimento das imposições do Município enseja sanções, dentre elas a majoração progressiva na alíquota do IPTU, culminando, em última instância, na desapropriação do imóvel. Desse modo, o parâmetro para a extrafiscalidade coercitiva do "IPTU Progressivo no tempo" não é a base de cálculo – valor do imóvel, mas, sim, o aumento da alíquota conforme o transcurso do tempo em que o imóvel permanece subutilizado ou não utilizado.

6. BRASIL. Senado Federal. Proposta de Emenda à Constituição 13, de 2019. Altera o art. 156 da Constituição Federal, para estabelecer critérios ambientais para a cobrança do Imposto sobre Propriedade Predial e Territorial Urbana e desonerar a parcela do imóvel com vegetação nativa. Brasília, DF: Senado Federal, 2019. Disponível em: https://www25.senado.leg.br/web/atividade/materias/-/materia/135609. Acesso em: 15 abr. 2021.

sistemas de aquecimento hidráulico solar; redução do consumo de água, tratamento de efluentes e mecanismos de reutilização de águas pluviais.

Para além da multiplicidade de medidas sustentáveis que condicionam a obtenção do benefício fiscal, o cálculo das reduções e descontos tributários também varia: em alguns municípios, concede-se isenção, parcial ou total, após o cálculo final do imposto; em outros, o benefício é concedido por meio de redução da alíquota. Finalmente, existem também muitas variações entre os Municípios quanto à duração do incentivo e meio de fiscalização.

Diante do modelo federativo brasileiro e da variação dos critérios adotados em cada município para a adoção do IPTU Verde, considera-se relevante a pesquisa jurisprudencial no âmbito de competência dos tribunais estaduais, a fim de subsidiar uma avaliação dos aspectos controvertidos abordados nas decisões. É o que se apresenta no tópico a seguir.

3. O IPTU VERDE NOS TRIBUNAIS ESTADUAIS: UM DEBATE EM AMADURECIMENTO

Na pesquisa de jurisprudência sobre a temática do IPTU Verde nos sítios eletrônicos dos vinte e sete tribunais estaduais brasileiros (incluindo também outros parâmetros de busca, tais como "IPTU Ecológico", "certificações sustentáveis" e "descontos tributários", "edificações sustentáveis", "extrafiscalidade ambiental") foram encontradas decisões proferidas entre os anos de 2015 e 2021, no Tribunal de Justiça do Distrito Federal e Territórios – TJDFT, Tribunal de Justiça do Paraná – TJPR, Tribunal de Justiça de São Paulo – TJSP e Tribunal de Justiça da Bahia – TJBA.

Devido à novidade do instrumento e à singela repercussão do tema nas Cortes, optou-se pela condução de uma análise integrada dos principais aspectos controvertidos identificados nas decisões, a saber: inconstitucionalidade formal subjetiva (vício de iniciativa); ilegalidade de normas de IPTU Verde em face da Lei de Responsabilidade Fiscal – Lei Complementar 101/2001, por ausência de previsões quanto ao impacto de renúncia de receita e fontes de compensação financeira. Vejamos.

O primeiro caso a ser debatido foi objeto de apreciação pelo Tribunal de Justiça do Distrito Federal e Territórios – TJDFT. Em acórdão do ano de 2019[7], o TJDFT julgou procedentes pedidos de Ação Direta de Inconstitucionalidade ajuizada pelo Governador do Distrito Federal contra Presidente da Câmara Legislativa do Distrito Federal, declarando a inconstitucionalidade, na íntegra, da Lei de IPTU Verde (Lei Distrital nº 5.965/2017, de autoria do Poder Legislativo).

---

7. DISTRITO FEDERAL, Tribunal de Justiça. Ação Direta de Inconstitucionalidade. Processo n. 0000532-41.2019.8.07.0000. Sistema de consulta jurisprudencial disponível em: https://pesquisajuris.tjdft.jus.br/IndexadorAcordaos-web/sistj?visaoId=tjdf.sistj.acordaoeletronico.buscaindexada.apresentacao.VisaoBuscaAcordao.

Na aludida ADI, o Chefe do Poder Executivo (autor da ação) invocou o argumento da inconstitucionalidade formal subjetiva (vício de iniciativa), julgado pelo TJDFT sob duas perspectivas, a saber: a) ausência de inconstitucionalidade formal subjetiva quanto ao aspecto tributário, tendo em vista o entendimento do Supremo Tribunal Federal – STF[8] no sentido de que leis sobre matéria tributária são de iniciativa concorrente entre Poder Executivo e Legislativo, conforme conclusão do voto: "Não há, portanto, vício de iniciativa por se tratar de matéria tributária." b) existência de inconstitucionalidade formal subjetiva por terem sido constatados, na lei impugnada, dispositivos de interferência na organização administrativa local, implicando indevida invasão do Poder Legislativo em competências exclusivas do Chefe do Poder Executivo.

Especificamente quanto ao segundo aspecto da inconstitucionalidade formal subjetiva (decorrente do fato de que a lei, por ser de autoria do Poder Legislativo, não poderia dispor sobre a organização administrativa local), transcreve-se trecho detalhado do voto condutor do acórdão:

> Com relação ao segundo argumento, intervenção na organização administrativa local, rogo vênia para discordar da decisão liminar. Embora a lei atribua ao interessado em obter o benefício tributário o ônus de protocolar o pedido, apresentar a justificativa e juntar provas, *é óbvio que a Administração Pública terá que acompanhar, criar, adaptar e reorganizar procedimentos; redefinir atribuições de servidores e fiscalizar o devido cumprimento da lei, sob risco de desvirtuamentos.*
>
> *(...) É necessário o acompanhamento dos órgãos ambientais e talvez de outros órgãos ou empresas públicas* como a Caesb e a CEB porque, por exemplo, é preciso saber se as árvores, mudas etc. que se pretende plantar irão, de fato, se desenvolver.
>
> Dependendo da espécie, de cada 10 mudas apenas uma prospera. Além disso, é preciso analisar se, em virtude do tipo de raiz (pivotante, radicular etc.), essas árvores podem atingir edificações, a rede de abastecimento de água, de esgoto ou pluvial; se comprometerão ou não eventual lençol freático, a fiação de energia elétrica ou outras benfeitorias já efetivadas pelo próprio poder público. É preciso saber, ainda, se os frutos são grandes e pesados, as folhas ou flores escorregadias, se o tronco é frágil e suscetível a cupins, dentre outros problemas. Um acidente pode ter consequências para o poder público e para o particular.
>
> Apenas a boa vontade para o plantio sem a análise técnica adequada pode acarretar equívocos. Plantar uma árvore soa muito singelo e até mesmo poético. Mas há implicações, sobretudo se for uma espécie inadequada ao nosso habitat, que possa prejudicar o solo ou competir com outra espécie nativa. *A avaliação, como visto, não pode envolver somente a Secretaria de Fazenda, responsável pela arrecadação do tributo.* (destaques acrescidos)
>
> (...)
>
> Sobre a captação e reuso de água, uso de energia solar, separação de resíduos etc., também tem desdobramentos que devem ser acompanhados pela ADASA, CAESB, CEB e SLU. (...)

---

8. Ao reconhecer a repercussão geral da matéria, o STF consolidou entendimento de que as leis em matéria tributária enquadram-se na regra de iniciativa geral, que autoriza a qualquer parlamentar a apresentar projeto de lei cujo conteúdo institua, modifique ou revogue tributo (Tema 682). Supremo Tribunal Federal. Repercussão Geral no Agravo em Recurso Extraordinário 743480. Rel. Ministro Gilmar Mendes, Tribunal Pleno, julgado em 10.10.2013, publicado em 20.11.2013. Disponível em: https://jurisprudencia.stf.jus.br/pages/search/repercussao-geral5462/false. Acesso em: 13 abr. 2021.

Ressalta-se que o acórdão do TJDFT perpassou brevemente pelo argumento do impacto da renúncia de receita e ausência de previsão da compensação prevista no inciso II e no § 2º do art. 14 da Lei Complementar 101/2000 – Lei de Responsabilidade Fiscal:

> Os percentuais de desconto do IPTU estão elencados no art. 4º da Lei no 5.965, mas a norma não discrimina que impacto trará a renúncia de até 30% do valor do imposto de um número indeterminado de propriedades, cada qual com características completamente diferentes das outras. Não há previsão da compensação prevista no inciso II, do art. 14 da Lei de Responsabilidade Fiscal.

Ao cabo de todas as considerações do acórdão, o TJDFT *julgou procedente os pedidos da Ação Direta de Inconstitucionalidade e declarou a inconstitucionalidade formal da lei do IPTU Verde*, na íntegra, por entender que, embora bem-intencionada, "a lei impugnada (...) invade a iniciativa legislativa reservada ao Chefe do Poder Executivo distrital *no que se refere à organização administrativa local* (...), em afronta ao princípio constitucional da separação de Poderes" (destaques acrescidos).

Por outro lado, o Tribunal de Justiça do Paraná – TJPR[9], no ano de 2015, julgou Ação Direta de Inconstitucionalidade ajuizada pelo Prefeito do Município de Maringá contra a Câmara Municipal. O Chefe do Executivo municipal invocou a inconstitucionalidade formal da Lei do IPTU Verde, de autoria do Poder Legislativo, sustentando que a lei, ao instituir o benefício fiscal, caracterizaria invasão de competência privativa do Poder Executivo, por alterar o orçamento e implicar renúncia fiscal, em violação a dispositivos da Constituição Estadual e ao artigo 14, da Lei de Responsabilidade Fiscal.

As alegações genéricas do Prefeito de Maringá foram insuficientes e o acórdão julgou improcedente o pedido da ADI, reconhecendo a constitucionalidade/ausência de inconstitucionalidade da lei, já que, conforme o já mencionado entendimento do STF, não há vício de iniciativa em leis tributárias de autoria do Poder Legislativo, o que também seria igualmente aplicável às leis instituidoras de benefícios fiscais.

Em 2016, sob o mesmo argumento, o TJSP também julgou improcedente o pedido de ADI ajuizado pelo Prefeito de Taubaté, por entender que os reflexos orçamentários da lei do benefício fiscal não configuraram interferência indevida do Poder Legislativo nas prerrogativas do Poder Executivo. A propósito, vale transcrever parte da ementa:

> Inocorrência, igualmente, de interferência indevida nas prerrogativas do Poder Executivo, em que pese a lei impugnada, dispondo sobre isenção de pagamento de IPTU, tenha reflexo orçamentário.
>
> (...)
>
> Dificuldades anunciadas pelo proponente para o cumprimento da lei não justificam a declaração de inconstitucionalidade. Dificuldades de ordem material ou gerencial para a consideração de cada um dos casos de pedidos de isenção, para verificar se preenchidos os requisitos da lei e assim

---

9. PARANÁ, Tribunal de Justiça. Ação Direta de Inconstitucionalidade 1331625-7 Relator(a): Des.(a) Rogério Coelho, órgão Especial, publicação em 16/05/2016. Disponível em: https://portal.tjpr.jus.br/jurisprudencia/publico/pesquisa.do?actionType=visualizar#integra_12149475. Acesso em: 20 maio 2021.

concretizar a isenção estabelecida, constituem consequência natural do processo de isenção, que se concretiza com o reconhecimento administrativo de preencher o interessado os requisitos previstos na lei, o que é inevitável. Ausência de inconstitucionalidade. Ação julgada improcedente.[10]

Por outro lado, em 2019, o TJSP, em decisão com argumentos semelhantes à já mencionada decisão do TJDFT, declarou a inconstitucionalidade formal subjetiva de lei do IPTU Verde no Município de Arujá[11], ao fundamento de que teria havido indevida ingerência do Poder Legislativo em matéria de competência exclusiva do Poder Executivo:

> (...) não pode o Poder Legislativo praticar atos de administração, estabelecendo programas e políticas públicas que levam à criação de novas atribuições a órgãos e agentes públicos. Se o fizer, violará o princípio da separação de poderes e o desenho institucional consolidado pelo ordenamento jurídico.

No mesmo sentido, o TJSP, em 2021, proferiu acórdão julgando parcialmente procedente a ADI ajuizada pelo Prefeito do Município de Mirassol.[12] Considerou-se que a lei do IPTU Verde invadiu competência do Poder Executivo, na medida em que dois de seus dispositivos estabeleciam qual seria a repartição administrativa incumbida de acolher pedidos dos interessados no benefício e, além disso, criavam novas atribuições a agentes públicos para a condução do trâmite de requerimentos dos interessados no benefício fiscal. Nesse sentido, a lei de IPTU Verde, de autoria do Poder Legislativo, foi declarada parcialmente inconstitucional, para exclusão da redação dos dois dispositivos:

> (...) temos que as atribuições da Câmara Municipal acham-se circunscritas à edição de normas gerais e abstratas, de todo o modo ficando a cargo do Chefe do Poder Executivo a direção superior da administração, disciplinando situações concretas e adotando medidas específicas de planejamento, organização e execução de serviços públicos. Não poderia dispor sobre a matéria, eis que relacionada a ato concreto de gestão, cujo exercício e controle cabe ao Chefe do Poder Executivo. Sistematicamente, julgados desta Corte tem reafirmado competir privativamente ao Chefe do Poder Executivo, por óbvio com auxílio dos seus vários Secretários, o exercício da direção superior da administração, sendo medida de sua exclusiva alçada praticar os demais atos de disposição sobre a organização e o funcionamento da administração.

> Ante o exposto, julgamos procedente em parte a presente ação, tão somente para (i) excluir a expressão "no Departamento de Tributos da Prefeitura Municipal de Mirassol" presente no art. 6, e também por inconstitucionalidade para afastar (ii) todo o art. 12, ambos da Lei n. 4.301, de 30 de abril de 2020, do Município de Mirassol.

---

10. SÃO PAULO, Tribunal de Justiça. Ação Direta de Inconstitucionalidade n. 2248567-25.2015.8.26.0000. Município de Taubaté. Rel. Des. João Negrini Filho, Órgão Especial. Publicação em 29.07.2016. Disponível em: https://esaj.tjsp.jus.br. Acesso em: 21 maio 2021.
11. SÃO PAULO, Tribunal de Justiça. Ação Direta de Inconstitucionalidade 2105537-87.2019.8.26.0000. Município de Arujá. Relator(a): Des.(a) Moacir Peres, Órgão Especial, publicação em 19.11.2019. Disponível em: https://esaj.tjsp.jus.br. Acesso em: 21 maio 2021
12. SÃO PAULO, Tribunal de Justiça. Ação Direta de Inconstitucionalidade 2101785-73.2020.8.26.0000. Município de Mirassol. Rel. Des. Costabile e Solimene, Órgão Especial. Publicação em 19.02.2021. Disponível em: https://esaj.tjsp.jus.br. Acesso em: 21 maio 2021.

Nesta mesma decisão do TJSP, vale observar a ressalva feita: "a falta de recursos orçamentários não causa a inconstitucionalidade de lei, senão sua ineficácia no exercício financeiro respectivo à sua vigência."

Por fim, no Tribunal de Justiça da Bahia – TJBA foi encontrado acórdão com alusão a um caso concreto. A demanda teve origem em um mandado de segurança interposto por Cibrafértil – Companhia Brasileira de Fertilizantes, que, na condição de contribuinte tributária: a) requereu a suspensão da exigibilidade de débitos de IPTU, sob o fundamento de inconstitucionalidade do aumento dos valores unitários do imposto, que haviam sido recentemente atualizados pelo Padrão da Planta Genérica de Valores; b) por meio de emenda à petição inicial, pleiteou sua inclusão no programa municipal de IPTU Verde, alegando que um dos requisitos da Lei Municipal para a concessão do benefício (qual seja, o requisito que exige a comprovação de regularidade fiscal e ausência de impugnação administrativa ou judicial de débitos de IPTU) seria inconstitucional.[13]

O juiz monocrático, em decisão liminar, considerou inconstitucional o dispositivo da Lei Municipal de Camaçari que exigia, como condição para a concessão do benefício do IPTU Verde, a comprovação de inexistência de impugnação judicial ou administrativa em nome do contribuinte, tendo determinado, a um só tempo, a suspensão de exigibilidade dos débitos de IPTU e a concessão do benefício do IPTU verde à impetrante.

Todavia, o Município de Camaçari interpôs recurso de Agravo de Instrumento perante o Tribunal que, em decisão colegiada, modificou integralmente a decisão do juízo de origem. O Tribunal restabeleceu a exigibilidade para cobrança do IPTU, nos moldes da Planta Genérica de Valores atualizada e, ainda, rejeitou o pedido de inclusão da Cibrafértil no programa do IPTU Verde, ao entendimento de que "numa análise superficial dos autos, não se tem notícia de que o contribuinte tenha comprovado o atendimento a nenhuma das exigências da referida norma, não se tratando apenas de ter intentado impugnação ao pagamento do tributo."[14]

Nota-se, portanto, que, mesmo em meio a uma quantidade limitada de repercussão jurisprudencial quanto à temática do IPTU Verde, a implementação do instrumento está longe de ter uma interpretação pacífica nos tribunais.

A maioria das decisões encontradas aborda o tema do IPTU Verde sob o ponto de vista processual do controle abstrato de constitucionalidade em ADI ajuizadas por Chefes do Poder Executivo local.

---

13. A Lei Municipal 1.502/2017, que promoveu alterações no Código Tributário de Rendas do Município de Camaçari, instituiu o denominado IPTU Verde para unidades industriais, por meio do art. 92-G, estabelece, como requisito a comprovação de regularidade fiscal, junto às Fazendas Públicas Municipal, Estadual e Federal, bem como a *prova de inexistência de impugnação administrativa ou judicial, referente ao pagamento do tributo municipal em discussão.*

14. O processo ainda tramita na instância de origem, Comarca de Camaçari, estando concluso para sentença (consulta em maio de 2021).

Nessas ADIs, questiona-se a inconstitucionalidade formal subjetiva das leis de IPTU Verde por vício de iniciativa, por se tratar de iniciativa de lei supostamente reservada ao Poder Executivo. Como visto, esse argumento é abordado sob duas perspectivas: pelo reconhecimento ou não de vícios de iniciativa. Por um lado, nos casos de procedência dos pedidos das ADI, em que foi reconhecida inconstitucionalidade formal, tal foi considerado devido a alterações e ingerências na estrutura e função administrativa de gestão e execução do mecanismo de IPTU verde. Já quanto aos casos de improcedência parcial ou integral dos pedidos das ADIs por ausência de inconstitucionalidade formal, as decisões foram proferidas à luz de entendimento consolidado do STF, no sentido de que leis sobre matéria tributária estão sujeitas à iniciativa concorrente do Poder Executivo e Legislativo.

Cumpre salientar que as decisões judiciais analisadas carecem de uma abordagem mais clara acerca da adequação das leis municipais de IPTU Verde em relação às normas da Lei de Responsabilidade Fiscal. É flagrante o conflito de interpretações entre o TJDF e o TJSP, por exemplo. Enquanto a decisão do TJDFT reconheceu que a lei "não atende às determinações contidas na Lei de Responsabilidade Fiscal e reduz receitas provenientes de um dos principais impostos arrecadados, sem prévia previsão orçamentária e sem a devida compensação", a decisão do TJSP, no caso do Município de Mirassol, entendeu que "a falta de recursos orçamentários não causa a inconstitucionalidade de lei, senão sua ineficácia no exercício financeiro respectivo à sua vigência." Se, de fato, o Estatuto da Cidade, e as cidades brasileiras, caminham em direção a uma maior sustentabilidade ambiental e distribuição de responsabilidades público-privadas, tais questões merecem ser enfrentadas com mais clareza pelos tribunais.

4. CONCLUSÕES

Os aspectos controvertidos identificados a partir da revisão da jurisprudência evidenciam a necessidade de uma uniformização do entendimento sobre o tema nos tribunais. Dentre eles, destaca-se o argumento da inconstitucionalidade formal subjetiva de leis de IPTU Verde subscritas pelo Poder Legislativo que, ao determinarem alterações na organização administrativa local, acabam por configurar indevida ingerência do Poder Legislativo em atribuições exclusivas do Poder Executivo.

Com efeito, as leis que instituem o IPTU Verde exigem, para sua efetividade, a articulação de diversas instâncias da administração pública local (órgãos de planejamento e regulação urbana, órgãos fazendários, ambientais e de saneamento), criando fluxos de procedimentos e novas atribuições para agentes públicos.

Isso nos permite afirmar que o IPTU Verde não se restringe à política tributária, devendo ser concebido como um instrumento articulado de política urbana – que também ultrapassa as previsões do Estatuto da Cidade. Tanto assim é que, em Curitiba, o próprio Plano Diretor previu expressamente o IPTU Verde em seu art. 65, evidenciando a evolução da concepção do benefício tributário como mecanismo integrado de renovação urbano-ambiental.

Tendo em vista que o IPTU Verde impacta outras políticas públicas cuja iniciativa de lei compete, exclusivamente, ao Poder Executivo, e considerando o desenho institucional do ordenamento jurídico nacional – no qual a função administrativa é atribuída, precipuamente, ao Poder Executivo – parece-nos ideal que as propostas de lei de IPTU Verde sejam desenhadas e elaboradas por iniciativa do Poder Executivo, ainda que em parceria ou mediante provocação do Poder Legislativo. Tal estratégia pode evitar que todo um projeto de cunho urbanístico, ambiental e tributário seja invalidado por vício de iniciativa (como no caso do Distrito Federal, em que a lei do IPTU Verde foi declarada inconstitucional em sua integralidade).

Por fim, diante da atual escassez de julgados abrangendo questionamentos processuais concretos quanto à implementação de leis municipais de IPTU Verde, ainda não é possível identificar e mensurar a eficácia e os entraves práticos enfrentados tanto pela Administração Pública, na governança do referido instrumento de política urbana, quanto pelos contribuintes, no cumprimento dos requisitos para adesão ao benefício fiscal.

De toda forma, nota-se que o IPTU Verde tem se tornado uma tendência nacional "bottom up", ensejando a elaboração, pelo Senado Federal, de uma Proposta de Emenda Constitucional[15], a PEC 13/2019. Referida emenda sugere alteração do art. 156 da Constituição da República, estabelecendo requisitos ambientais para a redução da alíquota do imposto com base no reaproveitamento de águas pluviais, no reuso da água fornecida, no grau de permeabilização do solo e na utilização de energia renovável, estabelecendo, ainda, a possibilidade de imunidade tributária (não incidência do tributo) para parcela do imóvel que preservar vegetação nativa.

É interessante observar que a alteração proposta pela PEC 13/2019 acrescenta a redação do IPTU Verde a um dispositivo topograficamente inserido no Título VI (da Tributação e Orçamento) e Capítulo I (do Sistema Tributário Nacional) da Constituição da República. Na perspectiva deste estudo, melhor teria andado o Senado caso a proposta de emenda tivesse sua redação inserida como dispositivo no Título VII (Da Ordem Econômica e Financeira) e Capítulo II (Da política urbana), a fim de que o IPTU Verde, na linha da extrafiscalidade, fosse constitucionalmente concebido como instrumento de política urbana, como é o IPTU Progressivo no Tempo.

Ainda assim, a promissora alteração constitucional poderá contribuir para a ampliação do debate, na busca de parâmetros que viabilizem espaços urbanos mais sustentáveis.

---

15. BRASIL. Senado Federal. Proposta de Emenda à Constituição 13, de 2019. Altera o art. 156 da Constituição Federal, para estabelecer critérios ambientais para a cobrança do Imposto sobre Propriedade Predial e Territorial Urbana e desonerar a parcela do imóvel com vegetação nativa. Brasília, DF: Senado Federal, 2019. Disponível em: https://www25.senado.leg.br/web/atividade/materias/-/materia/135609. Acesso em: 15 abr. 2021.

5. REFERÊNCIAS

ACCIOLLY, S., MACHADO, F, L. V.; VASCONCELOS, F. C. W., BRITO, L. L. A. *Análise Comparativa de Programas Municipais de IPTU Verde*. Disponível em: https://www.google.com/url?sa=t&rct=j&-q=&esrc=s&source=web&cd=&ved=2ahUKEwjg2PL44vLwAhWtLLkGHfe1CXsQFnoECAk-QAA&url=http%3A%2F%2Fwww.ibeas.org.br%2Fcongresso%2FTrabalhos2020%2FXI-027.pdf&usg=AOvVaw1jfCrMVJ4w-scZQ8Yv5MmJ. Acesso em: 10 maio 2021.

AMARO, Luciano. *Direito Tributário Brasileiro*. 15. ed. São Paulo: Saraiva, 2009.

AMORIM, Ivana Costa. Instrumentos urbanísticos – a regra para poucos – Aplicação da transferência do direito de construir no município de Nova Lima – MG. *XIV Enanpur* – Encontro Nacional da Associação Nacional de Pós-Graduação e Pesquisa em Planejamento Urbano e Regional: Espaço, Planejamento e Insurgências: Alternativas Contemporâneas para o Desenvolvimento Urbano e Regional. Belo Horizonte, 2015. Anais. Sessões Temáticas: Dinâmica imobiliária, habitação e regulação urbana. Belo Horizonte, 2015. Disponível em: http://xvienanpur.com.br/anais/?wpfb_dl=543. Acesso em: 21 de maio de 2021.

BAHIA. Tribunal de Justiça. Agravo de Instrumento 8010835-32.2019.8.05.0000, Relator(a): Des. (a) Raimundo Sérgio Sales Cafezeiro, Quinta Câmara Cível, publicação em 13.11.2019. Disponível em: https://tj-ba.jusbrasil.com.br/jurisprudencia/1120895769/agravo-de-instrumento--ai-80108353220198050000. Acesso em: 20 maio 2021.

BRASIL. Constituição (1988). *Diário Oficial da União*, Brasília, DF, 5 de outubro de 1988. Disponível em: http://www.planalto.gov.br/ccivil_03/Constituicao/ConstituicaoCompilado.htm. Acesso em: 21 maio de 2021.

BRASIL. Lei 10.257 de 10 de julho de 2001. /2001. Estatuto da Cidade. *Diário Oficial da União*, Brasília, DF, 10 de julho de 2001. Disponível em: http://www.planalto.gov.br/ccivil_03/leis/leis_2001/l10257.htm. Acesso em: 15 abr. 2021.

BRASIL. Lei Complementar 101, de 4 de maio de 2000. Lei de Responsabilidade Fiscal – LRF. *Diário Oficial da União*, Brasília, DF, 10 de julho de 2001. Disponível em: http://www.planalto.gov.br/ccivil_03/leis/lcp/lcp101.htm. Acesso em: 15 abr. 2021.

BRASIL. Senado Federal. Proposta de Emenda à Constituição 13, de 2019. Altera o art. 156 da Constituição Federal, para estabelecer critérios ambientais para a cobrança do Imposto sobre Propriedade Predial e Territorial Urbana e desonerar a parcela do imóvel com vegetação nativa. Brasília, DF: Senado Federal, 2019. Disponível em: https://www25.senado.leg.br/web/atividade/materias/-/materia/135609. Acesso em: 15 abr. 2021.

BRASIL. Supremo Tribunal Federal. Repercussão Geral no Agravo em Recurso Extraordinário 743480. Rel. Ministro GILMAR MENDES, Tribunal Pleno, julgado em 10.10.2013, publicado em 20.11.2013. Disponível em: https://jurisprudencia.stf.jus.br/pages/search/repercussao-geral5462/false. Acesso em: 13 abr. 2021.

CURITIBA, Paraná. (2015). Lei 14.771/2015, que dispõe sobre a revisão do Plano Diretor de Curitiba. Disponível em: https://www.curitiba.pr.gov.br/servicos/plano-diretor-de-curitiba/36. Acesso em: 21 maio 2021.

DANTAS, Gisane Tourinho. *O IPTU verde como instrumento de efetividade da função socioambiental da propriedade privada urbana*. 2014. Dissertação (Mestrado) – Universidade Federal da Bahia, Faculdade de Direito, 2014. Disponível em: https://repositorio.ufba.br/ri/bitstream/ri/15271/1/GISANE%20TOURINHO%20DANTAS.pdf. Acesso em: 20 maio 2021.

DANTAS, Gisane Tourinho. IPTU Verde e o Direito à Cidade Sustentável. *Revista do Programa de Pós--Graduação em Direito*, 24(26). Disponível em: https://cienciasmedicasbiologicas.ufba.br/index.php/rppgd/article/viewFile/11934/9426. Acesso em: 20 maio 2021.

DE CESARE, C. M., FERNANDES, C. E. Cavalcanti, C. B. Imposto sobre a Propriedade Predial e Territorial Urbana. (Org.). *Caderno Técnico de Regulamentação e Implementação de Instrumentos do Estatuto das Cidades*. Brasília, DF, 2015: Ministério das cidades. Disponível em: http://www.capacidades.gov.br/biblioteca/detalhar/id/336/titulo/pg/tutoriais/tutoriais#prettyPhoto. Acesso em: 13 abr. 2021.

DE LA SALA, Safira, MALDONADO, Melinda, ALTERMAN, Rachelle. *Políticas de Suelo, Derecho Urbanístico y Cambio Climático*: Instrumentos Urbanísticos-Tributarios como Medidas para Enfrentar al Cambio Climático. 2019. Lincoln Institute of Land Policy. Disponível em https://www.lincolninst.edu/publications/working-papers/politicas-suelo-derecho-urbanistico-cambio-climático. Acesso em: 20 maio 2021.

DISTRITO FEDERAL, Tribunal de Justiça. Ação Direta de Inconstitucionalidade. Processo n. 0000532-41.2019.8.07.0000. Sistema de consulta jurisprudencial disponível em: https://pesquisajuris.tjdft.jus.br/IndexadorAcordaos-web/sistj?visaoId=tjdf.sistj.acordaoeletronico.buscaindexada.apresentacao.VisaoBuscaAcordao. Acesso em: 15 abr. 2021.

FEIO, Luiza Gaspar. *O IPTU verde e a construção da cidade sustentável*. Dissertação (Mestrado) – Universidade Federal do Pará, 2018. Disponível em: http://repositorio.ufpa.br/jspui/handle/2011/10160. Acesso em: 15 maio 2021.

FERNANDES, Cíntia Estefania. *IPTU: Texto e Contexto*. São Paulo: Quartier Latin, 2005.

GRAU, Eros. *A Ordem Econômica na Constituição de 1988 (interpretação e crítica)*. 5 ed. São Paulo: Malheiros, 2000.

JAHNKE, L. T., WILLANI, S. M. U., ARAÚJO, T. L. R. O IPTU verde: práticas sustentáveis trazem benefícios financeiros à população. *Revista Eletrônica do Curso de Direito da UFSM*, 8, 413-423. Disponível em: https://periodicos.ufsm.br/revistadireito/article/view/8341. Acesso em: 20 maio 2021.

MALDONADO, Melinda, DE LA SALA, Safira, ALTERMAN, Rachelle, PÉREZZ MACÍAS, Giovanni, ARAZO SILVA, Roberto. *Políticas de Suelo, Derecho Urbanístico y Cambio Climático*: Instrumentos Urbanísticos-Tributarios como Medidas para Enfrentar al Cambio Climático: Etapa 2: análisis de casos. 2020. Lincoln Institute of Land Policy. Disponível em: https://www.lincolninst.edu/publications/working-papers/politicas-suelo-derecho-urbanistico-cambio-climatico-etapa-2. Acesso em: 20 maio 2021.

PARANÁ, Tribunal de Justiça. Ação Direta de Inconstitucionalidade 1331625-7 Relator(a): Des.(a) Rogério Coelho, órgão Especial, publicação em 16.05.2016. Disponível em: https://portal.tjpr.jus.br/jurisprudencia/publico/pesquisa.do?actionType=visualizar#integra_12149475. Acesso em: 20 maio 2021.

RANGEL, Sheila.; PASSOS, Rosinaldo. (2017). *Modelo de Gestão para o IPTU Verde como indutor do desenvolvimento sustentável nos Municípios*. REA-Revista Eletrônica de Administração, 15(2), 234-a. Disponível em: https://periodicos.unifacef.com.br/index.php/rea/article/view/1120. Acesso em: 20 maio 2021.

SÃO PAULO, Tribunal de Justiça. Ação Direta de Inconstitucionalidade 2105537-87.2019.8.26.0000. Município de Arujá. Relator(a): Des.(a) Moacir Peres, Órgão Especial, publicação em 19.11.2019. Disponível em: https://esaj.tjsp.jus.br. Acesso em: 21 maio 2021.

SÃO PAULO. Ação Direta de Inconstitucionalidade 2248567-25.2015.8.26.0000. Município de Taubaté. Rel. Des. João Negrini Filho, Órgão Especial. Publicação em 29/07/2016. Disponível em: https://esaj.tjsp.jus.br. Acesso em: 21 maio 2021.

SÃO PAULO. Ação Direta de Inconstitucionalidade 2101785-73.2020.8.26.0000. Município de Mirassol. Rel. Des. Costabile e Solimene, Órgão Especial. Publicação em 19.02.2021. Disponível em: https://esaj.tjsp.jus.br. Acesso em: 21 maio 2021.

SOUZA, Luciano Silva. *Incentivos Fiscais no âmbito da problemática ambiental: estudo exploratório sobre o IPTU Verde*. TCC (graduação) – Instituto Federal de Educação, Ciência e Tecnologia da Bahia, 2017.

Disponível em: https://portal.ifba.edu.br/salvador/ensino/cursos/superior/graduacao/administracao/monografias/2016.1/luciano-silva-souza.pdf. Acesso em: 20 maio 2021.

SOTTO, Debora. *Mais-valia urbanística e desenvolvimento urbano sustentável*: uma análise jurídica. Rio de Janeiro: Lumen Juris, 2016.

VOLPATO, Guilherme Bianchini. *O princípio do protetor-recebedor e o IPTU verde*: fundamentos e perspectivas. TCC (graduação) – Universidade Federal de Santa Catarina. Centro de Ciências Jurídicas, 2014. Disponível em: https://repositorio.ufsc.br/handle/123456789/133918. Acesso em: 20 maio 2021.

ANEXO I

QUADRO 1 – PESQUISA JURISPRUDENCIAL

Tribunal de Justiça Estadual	Ano da decisão	Número do Processo	Cidades
Bahia – TJBA	2019	Agravo de Instrumento 8010835-32.2019.8.05.0000	Camaçari
Distrito Federal –TJDFT	2019	Ação Direta de Inconstitucionalidade ADI 0000532-41.2019.8.07.0000 Acórdão 1322029	Distrito Federal
Paraná – TJPR	2015	Ação Direta de Inconstitucionalidade ADI 1.331.625-7	Maringá
São Paulo – TJSP	2015	Ação Direta de Inconstitucionalidade ADI 2023248-39.2015.8.26.0000	Mogi Mirim
São Paulo – TJSP	2016	Ação Direta de Inconstitucionalidade ADI 2273836-66.2015.8.26.0000	Presidente Prudente
São Paulo – TJSP	2016	Ação Direta de Inconstitucionalidade – ADI 2248567-25.2015.8.26.0000	Taubaté
São Paulo – TJSP	2018	Ação Direta de Inconstitucionalidade – ADI 2035705-98.2018.8.26.0000	Itápolis
São Paulo – TJSP	2019	Ação Direta de Inconstitucionalidade ADI 2257184-66.2018.8.26.0000	Martinópolis
São Paulo – TJSP	2019	Ação Direta de Inconstitucionalidade ADI 2105537-87.2019.8.26.0000	Arujá
São Paulo – TJSP	2019	Ação Direta de Inconstitucionalidade ADI 2208954-90.2018.8.26.0000	Catanduva
São Paulo – TJSP	2021	Ação Direta de Inconstitucionalidade –ADI 2101785-73.2020.8.26.0000	Mirassol

Fonte: Elaborado pelos autores, a partir de consultas aos sítios eletrônicos dos tribunais estaduais.

EFETIVAÇÃO DA LEGISLAÇÃO URBANÍSTICA: NECESSIDADE DE UMA ANÁLISE HOLÍSTICA

Cynthia Thomé

Especialista em Direito Urbanístico pela Escola Paulista da Magistratura. Especialista em Direito Civil pela Escola Paulista da Magistratura. Membro do Núcleo de Estudos em Direito Urbanístico da Escola Paulista da Magistratura. Juíza da 6ª Vara da Fazenda Pública da Comarca da Capital.

Sumário: 1. Introdução – 2. Caso tratado – 3. Apreciação crítica – 4. Conclusão – 5. Referências.

1. INTRODUÇÃO

Este trabalho tem por finalidade analisar o caso tratado nos autos do processo 1034110-82.2019.8.26.0053, que corre perante a 6ª Vara da Fazenda Pública (ação ainda em curso), onde foi questionada obra de grande porte que está sendo erigida em local que contava com restrições convencionais.

A questão se mostra extremamente relevante pois diz respeito à sistemática utilizada pela Municipalidade na aprovação de grandes empreendimentos.

Busca-se demonstrar que a análise administrativa se faz de maneira simplista, desconsiderando aspectos imprescindíveis, positivados no ordenamento jurídico, inviabilizando o exame da capacidade do meio urbano de comportar o empreendimento.

No caso debatido apurou-se que, apesar de o empreendimento ter sido concebido como único, foi cindido artificialmente quando realizado o pedido de alvará, que houve mudança casuística de zoneamento propiciando a construção e, ainda, que não foram observadas as restrições convencionais.

Também ficou demonstrado que a obra causará impacto ao meio ambiente artificial e urbano, em prejuízo da coletividade.

Contudo, tais questões passaram ao largo no processo de aprovação da obra, isentando o empreendedor de fornecer uma contrapartida, bem como desconsiderando a função social da cidade.

Ao final do artigo vamos apresentar nossa visão crítica sobre o precedente, destacando como, a nosso ver, a aprovação de projetos análogos ao examinado precisa ser repensada, de forma a garantir a observância das normas e princípios constitucionais, bem como atender a real finalidade da legislação que disciplina a matéria.

2. CASO TRATADO

Associação dos Moradores do Jardim Guedala moveu ação contra TGSP – 39 Empreendimentos Imobiliários Ltda e Prefeitura do Município de São Paulo objetivando a concessão de liminar para o fim de suspender a eficácia dos alvarás de aprovação de obra nova, expedidos nos processos administrativos 2017-0.108.508-5 e 2018- 0.027.294-0, bem como a suspensão da tramitação de tais processos administrativos; o embargo das obras do empreendimento, cindido nos empreendimentos "Il Faro" e "Il Bosco", de forma que não tenham início as obras, bem como a suspensão das obras eventualmente erigidas; a proibição de vendas de novas unidades autônomas; ser oficiado o 18º Cartório de Registro de Imóveis da Capital, determinando-se que averbe ao pé das matrículas 246.760 e 246.523 a existência da ação civil pública, bem como seja dada ciência da existência da ação aos compradores de unidades autônomas (apartamentos, salas comerciais e demais produtos imobiliários comercializados).

A pretensão inicial tem como fundamento os seguintes argumentos: a) afronta às restrições convencionais de loteamento, cuja observância é obrigatória quando mais restritivas que os parâmetros urbanísticos contidos na lei municipal; b) mudança casuística do zoneamento e em afronta ao Plano Diretor para "viabilizar" o empreendimento; c) cisão artificial do empreendimento único em dois empreendimentos, buscando evitar o enquadramento na legislação municipal de Estudo de Impacto de Vizinhança.

Foi concedida parcialmente a liminar para impedir o prosseguimento da obra, inclusive a entrega de materiais e proibir a venda de novas unidades autônomas, sob pena de multa diária de R$ 50.000,00 a ser imposta à requerida TGSP-39 Empreendimentos Imobiliários Ltda, bem como determinada a averbação nas matrículas 246.760 e 246.523 da existência da presente ação civil pública.

A liminar teve como fundamento a necessidade de prévio Estudo de Impacto de Vizinhança para a concessão dos alvarás impugnados posto que, em uma análise sumária, foi constatada a cisão artificial do empreendimento que, caso entendido como único, demandaria tal tipo de instrução.

A TGSP-39 Empreendimentos Imobiliários Ltda. interpôs agravo de instrumento contra a decisão que concedeu a liminar, o qual foi provido para revoga-la.

A ação foi julgada procedente para o fim para declarar a vigência das restrições convencionais em relação aos lotes objeto do empreendimento, reconhecer a nulidade dos atos administrativos consubstanciados nos alvarás de aprovação de obra nova expedidos nos processos administrativos 2017-0.108.508-5 e 2018-0.027.294-0 e atos subsequentes e condenar a requerida à obrigação de fazer consistente na demolição de toda e qualquer obra do empreendimento em questão, repondo-se integralmente o "status quo ante", bem como na obrigação de não fazer, consistente na não construção dos empreendimentos "Il Faro" e "Il Bosco".

A sentença teve como fundamento a ausência de justificativa legal ou fática para a alteração do zoneamento, pois a classificação dos lotes em questão como Zona de Centralidade não atendia aos objetivos de ordenação do território na Macroárea da Urbanização Consolidada, indo de encontro com as diretrizes previstas no Plano Diretor para revisar a LPUOS e incompatível com as diretrizes do Plano Diretor.

Também ficou assentada a ausência de interesse público que justificasse o afrouxamento, pela via legislativa, das restrições convencionais. E, por fim, ficou reconhecido o fracionamento artificial do projeto para não cumprimento da legislação urbanística.

Ressaltou-se, ainda, que o empreendimento sequer atendia as condições de instalação definidas no Quadro 4 A, Anexo Integrante da Lei 16.402/2016 (uma via de largura maior ou igual a 10 metros), requisito que também não foi exigido pela Municipalidade ao analisar os pedidos de alvarás.

Contudo, a sentença foi reformada por acórdão que entendeu inviável sustentar, logicamente, a ocorrência de cisão artificial do empreendimento, "buscando evitar o enquadramento na legislação municipal de Estudo de Impacto de Vizinhança", pois, ainda que considerado de modo unitário, não se incorreria em qualquer burla à legislação municipal. Isso porque não superados os limites legais de 80.000 m^2 de área total construída (43.088,34 m^2 Il Bosco + 25.124,31 m^2 Il Faro = 68.212,65 m^2) e de 600 vagas de estacionamento relativas às áreas residenciais (336 vagas Il Bosco + 172 vagas Il Faro = 508 vagas residenciais), previstos no artigo 110, IV, da Lei Municipal de São Paulo 16.402/2016. Também foi anotado em acórdão que a realização prévia de Estudo de Impacto de Vizinhança EIV seria situação excepcional, cabendo, unicamente, nas hipóteses exigidas pela lei, de sorte que inviável uma interpretação ampliativa do dispositivo acima referido, tampouco se poderia considerar, no cálculo do número total de vagas, aquelas relativas à área não residencial.

O acórdão ainda decidiu que, além de a ausência da prévia realização de estudos de impacto no tráfego da região e a necessidade de medidas para mitigação das alterações não terem sido apontadas na petição inicial como causa de anulação dos alvarás expedidos pelo Município de São Paulo (fls. 1/48), a aprovação de empreendimentos desta natureza não exigiria a prévia realização de Estudo de Impacto de Vizinhança – EIV, mas, apenas, a observância das diretrizes e condicionantes estabelecidas por órgão municipal competente e pela legislação específica (art. 108, I, Lei 16.402/2016).

Quanto a mudança de zoneamento, ficou decidido que deveria prevalecer a legislação municipal (Lei 16.402/2016), em detrimento das restrições do loteador (fls. 114/115), já que inexistia previsão legal para se exigir a observância das limitações do loteador, que, no caso, são mais restritivas do que as disposições da própria Lei Municipal 16.402/2016.

Por derradeiro, assentou o acórdão, no tocante à alegada mudança casuística da legislação municipal, para o fim de beneficiar a empresa-requerida e possibilitar a construção dos empreendimentos Il Faro e Il Bosco, que o perito judicial asseverou a impossibilidade de se concluir pela veracidade de tal alegação (fl. 1.687), de tal sorte que, não havendo clara demonstração de infringência ao Plano Diretor ou a princípios constitucionais da impessoalidade e moralidade (art. 37, "caput", CF), deve prevalecer a presunção de constitucionalidade da alteração na legislação de zoneamento promovida pela Lei Municipal de São Paulo 16.402/2016, que modificou a classificação da Quadra 101/437 para Zona de Centralidade ZC, pois, segundo entendimento do A. Supremo Tribunal Federal, "vige no direito brasileiro o postulado de que lei formal goza de presunção de constitucionalidade" (RE 610.505/RS AgR-segundo, Relator Min. Edson Fachin, 2ª T., j. 31.08.2020; e ADI 4.758/PB, Relatora Min. Cármen Lúcia, Plenário, j. 18.12.2019), não infirmada, entretanto, na espécie.

3. APRECIAÇÃO CRÍTICA

O artigo 21, inciso IX, da Constituição Federal, prevê que compete à União elaborar e executar planos nacionais e regionais de ordenação do território e de desenvolvimento econômico e social, e o inciso XX, do mesmo artigo, atribui à União competência para instituir diretrizes para o desenvolvimento urbano, inclusive habitação, saneamento básico e transportes urbanos.

A Constituição Federal destina capítulo à Política Urbana por considerá-la de interesse coletivo, já que o objetivo maior é garantir o bem-estar dos habitantes. Prevê princípios e normas sobre a política do desenvolvimento urbano, plano diretor, ordenação urbana, parcelamento urbano, propriedade urbana e sua função social. Impõe os princípios da função social da propriedade, da função social da cidade e assegura o direito à moradia como um direito social. E, ainda, prevê o planejamento ou a reserva de plano, a justa distribuição e ônus derivados da atuação urbanística e a gestão democrática da cidade.

O Estatuto da Cidade, que regulamenta os artigos 182 e 183 da Constituição Federal, estabelece diretrizes gerais da política urbana e dá outras providências – é lei de desenvolvimento urbano e, como tal, contém normas indutoras da aplicação dos instrumentos constitucionais da política urbana, regras gerais de conduta, para todo território nacional. As diretrizes dispostas no Estatuto da Cidade têm eficácia obrigatória e não podem ser desconsideradas na implantação de políticas públicas (ou na expedição de alvarás de construção).

O Município é o principal responsável pela avaliação, formulação e implementação da política urbana, que se dá por meio do Plano Diretor, o qual deve ter como meta ordenar o pleno desenvolvimento das funções sociais da cidade e garantir o bem-estar de seus habitantes.

No caso tratado, a sentença constatou que houve um fracionamento artificial do projeto para o não cumprimento da legislação urbanística, de forma a inviabilizar a aplicação de diversas diretrizes gerais previstas nos incisos do artigo 2º, da Lei 10.257/01, a saber: I (garantia do direito a cidades sustentáveis, entendido como o direito à terra urbana, à moradia, ao saneamento ambiental, à infraestrutura urbana, ao transporte e aos serviços públicos, ao trabalho e ao lazer, para as presentes e futuras gerações); II (gestão democrática por meio da participação da população e de associações representativas dos vários segmentos da comunidade na formulação, execução e acompanhamento de planos, programas e projetos de desenvolvimento urbano); IV (planejamento do desenvolvimento das cidades, da distribuição espacial da população e das atividades econômicas do Município e do território sob sua área de influência, de modo a evitar e corrigir as distorções do crescimento urbano e seus efeitos negativos sobre o meio ambiente); VI, "d" (a instalação de empreendimentos ou atividades que possam funcionar como polos geradores de tráfego, sem a previsão da infraestrutura correspondente); VI "g" (a poluição e a degradação ambiental); IX (justa distribuição dos benefícios e ônus decorrentes do processo de urbanização); e XII (proteção, preservação e recuperação do meio ambiente natural e construído, do patrimônio cultural, histórico, artístico, paisagístico e arqueológico).

O empreendimento, apesar de ter sido aprovado em dois processos distintos, na verdade, foi concebido como único, com plena ciência da Municipalidade no curso da aprovação, pois os pedidos foram protocolados na mesma data, tramitaram paralelamente, tiveram os alvarás de aprovação publicados com 15 dias de diferença, a solicitação dos alvarás de execução foi realizada na mesma data e a publicação do deferimento foi publicada com um dia de diferença.

O laudo oficial produzido nos autos é insofismável quanto à unicidade do empreendimento. Pontuou o Sr. Perito Judicial:

> Apesar de seguir os trâmites legais, com a aprovação de dois empreendimentos separados, alguns aspectos levam à leitura de que é um empreendimento único. Algumas estratégias foram traçadas, no sentido de evitar a necessidade de estudos específicos tais como os já citados Estudo de Impacto de Vizinhança e de Polo Gerador de Tráfego. Conforme ilustrado, é evidente que o empreendimento foi concebido como único, com mesma linguagem, com cotas de pavimentos térreos que se interligam, com definições de projeto que deixam claro que um projeto se complementa com o outro. O próprio recorte pouco convencional de divisão dos lotes evidencia este caráter de complementariedade, constituindo uma unidade. Apesar de não haver mais "stand" de vendas e este perito não ter como comprovar de que forma foi constituído, para além das questões já citadas da arquitetura, pode--se observar nas publicidades em anexo que as unidades são comercializadas como parte de um conjunto único "Il Bosco" e "Il Faro" aparecem sempre juntos. Soma-se a isto a forma como a obra está sendo conduzida. É um único canteiro de obra, com barracões de obra conjuntos (escritórios, almoxarifados, área para funcionários – junto da avenida Morumbi); os portões estão numerados em ordem sequencial sem distinção entre os empreendimentos (conforme registro fotográfico realizado no dia da perícia), a separação existente no terreno, com uma singela tela apoiada em estrutura de madeira, não significa nenhum tipo de separação efetiva dos trabalhos.
>
> Pode-se observar na integração das plantas dos 4º, 3º, 2º e 1º subsolos e no pavimento térreo que o desenho do conjunto foi concebido como único. Neste sentido a aprovação dos edifícios não deveria ser realizada da forma que foi, com esta separação que só acontece no processo de aprovação e em nenhum outro momento de projeto, venda e obra, menos ainda no funcionamento do conjunto. Sendo aprovado como empreendimento único, questões fundamentais seriam levadas em consideração para atender a regulação urbana vigente decorrentes da construção de um conjunto deste porte.

Assim, a aprovação dos projetos foi feita em desacordo com a realidade fática, fato de suma importância, que foi completamente desprezado pela Administração, o que afastou a possibilidade de análise do impacto acumulativo no entorno. Não foi exigido dos empreendedores a realização de Estudo de Impacto de Vizinhança, tampouco foi caracterizado como polo gerador de tráfego.

A Lei Municipal 16.402/16, ao abordar os usos potencialmente geradores de impactos urbanísticos e ambientais prevê:

> Art. 108. Os usos residenciais e não residenciais potencialmente geradores de impactos urbanísticos e ambientais serão enquadrados conforme as seguintes subcategorias especiais:
>
> I – Polos Geradores de Tráfego (PGT): edificações permanentes que atraem ou produzem grande número de viagens ao longo do dia e/ou por período determinado, causando impacto no sistema viário e de transporte, podendo comprometer a acessibilidade, a mobilidade e a segurança de veículos e pedestres e que devem observar as diretrizes e condicionantes estabelecidas por órgão municipal competente e pela legislação específica;
>
> II – Empreendimentos Geradores de Impacto de Vizinhança (EGIV): aqueles que podem gerar impacto significativo, alteração no seu entorno ou sobrecarga na capacidade de atendimento da infraestrutura e devem elaborar Estudo de Impacto de Vizinhança (EIV) e respectivo Relatório de Impacto de Vizinhança (RIV);
>
> III – Empreendimentos Geradores de Impacto Ambiental (EGIA): aqueles que podem causar alteração das propriedades físicas, químicas e biológicas do meio ambiente e que direta ou indiretamente afetem:
>
> a) a saúde, a segurança e o bem-estar da população;
>
> b) as atividades sociais e econômicas;
>
> c) a biota;
>
> d) as condições paisagísticas e sanitárias do meio ambiente;
>
> e) a qualidade dos recursos ambientais.
>
> (...)
>
> Art. 109. Os empreendimentos enquadrados em Polos Geradores de Tráfego (PGT) são as edificações permanentes que apresentem ao menos uma das seguintes características:
>
> I – edificações residenciais com 500 (quinhentas) vagas de estacionamento ou mais;
>
> II – edificações não residenciais com 120 (cento e vinte) vagas de estacionamento ou mais, localizadas nas Áreas Especiais de Tráfego – AET, definidas conforme legislação específica;
>
> III – edificações não residenciais com 280 (duzentas e oitenta) vagas de estacionamento ou mais, localizadas nas demais áreas do Município;
>
> IV – serviços socioculturais e de lazer com mais de 2.500m² (dois mil e quinhentos metros quadrados) de área construída computável;
>
> V – locais destinados à prática de exercício físico ou esporte com mais de 2.500m² (dois mil e quinhentos metros quadrados) de área construída computável;
>
> VI – serviços de saúde com área construída computável igual ou superior a 7.500m² (sete mil e quinhentos metros quadrados);
>
> VII – locais de reunião ou eventos com capacidade para 500 (quinhentas) pessoas ou mais;
>
> VIII – atividades e serviços públicos de caráter especial com capacidade para 500 (quinhentas) pessoas ou mais;

IX – serviços de educação com mais de 2.500m² (dois mil e quinhentos metros quadrados) de área construída computável destinada a salas de aula;

X – locais de culto com capacidade para 500 (quinhentas) pessoas ou mais na área interna à edificação destinada ao culto.

§ 1º Lei específica poderá rever o enquadramento dos empreendimentos classificados como PGT.

§ 2º Caberá ao Executivo a definição de medidas de mitigação ou compensação, ficando o empreendedor obrigado a cumpri-las para a aprovação do empreendimento.

Art. 110. Os Empreendimentos Geradores de Impacto de Vizinhança (EGIV) são os seguintes:

I – uso comercial e de prestação de serviços com área construída total igual ou superior a 80.000m² (oitenta mil metros quadrados);

II – uso industrial com área construída total igual ou superior a 25.000m² (vinte e cinco mil metros quadrados);

III – uso institucional incluindo serviços de saúde e estabelecimentos de ensino público ou privado com área construída total igual ou superior a 50.000m² (cinquenta mil metros quadrados);

IV – uso residencial com área construída total igual ou superior a 80.000m² (oitenta mil metros quadrados) ou que apresentem mais de 600 (seiscentas) vagas de estacionamento.

Parágrafo único. Lei específica deverá regulamentar o instrumento do EIV e poderá rever o enquadramento dos empreendimentos classificados como EGIV.

Art. 111. Os Empreendimentos Geradores de Impacto de Vizinhança (EGIV) estão sujeitos à elaboração de Estudo de Impacto de Vizinhança (EIV) e do respectivo Relatório de Impacto de Vizinhança (RIV), conforme disposto na legislação específica, a ser analisado e aprovado por órgão municipal competente, ficando a expedição do certificado de conclusão condicionada ao atendimento das disposições estabelecidas no EIV para obtenção do alvará de aprovação do empreendimento.

Na situação posta, como os empreendimentos foram aprovados de forma separada, não foi exigido Estudo de Impacto de Vizinhança, posto que não foram considerados enquadrados na regra estabelecida no artigo 110 da Lei Municipal 16.402/16.

Contudo, tal entendimento avilta o ordenamento jurídico.

No caso analisado, não bastasse os dois empreendimentos corresponderem, na realidade, a um único, a reclamar a aplicação da legislação que impõe a realização de EIV para a sua aprovação, há de se ter em mente que, mesmo se se tratassem de projetos diversos, desenvolvidos por proprietários distintos, o seu impacto sinérgico no entorno deveria necessariamente ser sopesado pelo Município quando da análise dos respectivos alvarás de construção.

A necessidade de primar pelo interesse público na análise de licenças para construir já foi bem examinada por Cunha Filho (CUNHA FILHO, 2016, p. 148-149).

> *A análise de provável reflexo nocivo ao interesse público advindo de grandes construções passa por avaliação técnica, agregando ao processo de licenciamento algum nível de subjetividade, não só no que se refere à aferição do que seria uma "interferência relevante" da obra no meio, como quanto ao estabelecimento de medidas mitigadoras a serem impostas ao particular como condição para executar seu projeto.*

A realização de estudos sobre poluição como condição para deferimento desse tipo de edificação tem fundamento expresso na Constituição, a saber o inciso IV, do par. 1º do art. 225 da Carta, e acaba por atribuir um não desprezível grau de discricionariedade ao servidor encarregado pelo controle das licenças, pondo em xeque, como não poderia deixar de ser, a concepção do instituto tal como enraizado entre nós.

A nosso ver tal espaço de apreciação "livre (Ermessenspielraum) é inerente à aprovação de projetos que, em alguma medida, tenham repercussão no plano encampado pelo Poder Público para desenvolvimento da urbe (Enterría – Fernandez, 2008, p. 144-146; CORREIA, 1988, p. 70-71; FRIER – PETIT, 2010, p. 487; Auby-Marquet-Noguellou, 2012, p. 484-486; Jacquot-Priet, 2008, p. 783; Zanobini, 1958. p. 196; Nusdeo, 2014, p. 79-80).

No mais, tal atividade administrativa está adstrita não só a leis e regulamentos como ao Direito como um todo (MAURER, 2009, p. 220), de modo que eventuais disposições conflitantes e/ou insuficientes para a preservação dos bens jurídicos caros à comunidade possivelmente afetados por uma iniciativa econômica devem ser interpretadas de modo coerente, prestigiando-se a finalidade social da lei e as exigências do bem comum.

O empreendimento será erigido em local composto por casas residenciais, com baixa densidade demográfica e ampla área permeável. É certo que além de trazer grande impacto ao sistema viário – que já é caótico na vizinhança, concentração populacional e fluxo de outra natureza decorrente do comércio, ainda sobrecarregará a infraestrutura já existente e implicará relevante impacto para as funções urbanísticas do local, em grave prejuízo para a população que vive na região bem como para população externa, pois não se pode deixar de considerar que a cidade é um organismo vivo e interligado e, desse modo, impactos urbanísticos refletem na cidade de forma geral.

Como já dito, a área examinada é dotada de grande área permeável, que tem uma importante função para a cidade, melhora a condição ambiental da região, sobretudo considerando que se encontra inserida em espaço rodeado por área impermeável.

Para viabilizar as exigências do bem comum, a lei local, ao prever um padrão para a realização do EIV, não exime a Municipalidade de analisar o caso concreto conforme a finalidade da lei, o que sequer foi aventado pela Administração. Por exemplo, como admitir a construção de sete imóveis, na mesma quadra, ao mesmo tempo, cada um contando com 599 vagas residenciais, sem qualquer análise de impacto urbanístico acumulado? As aprovações devem ser analisadas com parcimônia, e sempre levando em conta o bem comum, orientadas pelas normas constitucionais, princípios e diretrizes do Estatuto da Cidade e do Plano Diretor do Município.

A análise individualizada de cada empreendimento, além de fechar os olhos para a manobra artificiosa da construtora, impede que haja a avaliação e ponderação da sua repercussão sobre os diversos interesses públicos e privados em jogo na referida intervenção imobiliária, isso em um desfecho que favorece exclusivamente aos interesses capitaneados pelo agente econômico, em completo desprezo para com as aspirações de todos os que já estavam estabelecidos no local.

A Política de Desenvolvimento Urbano e o Plano Diretor Estratégico tem como princípios a Função Social da Cidade, Função Social da Propriedade Urbana, Direito à Cidade e direito ao Meio Ambiente Ecologicamente Equilibrado, todos aviltados na aprovação em questão.

O direito à cidade não se restringe à satisfação dos direitos individuais. Ao tratar da concretização do direito à cidade Reisdorffer (2015 p. 181) assentou:

> A positivação do direito à cidade sustentável consagra um conjunto de necessidades humanas relacionadas à estruturação do ambiente urbano. Segundo dispõe o art. 2°, I, da Lei 10.257/2001, o direito à cidade é "entendido como direito à terra urbana, à moradia, ao saneamento ambiental, à infraestrutura urbana, ao transporte e aos serviços públicos, ao trabalho e ao lazer, para as presentes e futuras gerações". Trata-se, como se vê, de um plexo de posições jurídicas que, em medidas variáveis, relacionam-se com o bem-estar dos habitantes da cidade.
>
> Como é possível inferir das normas acima mencionadas, o bem-estar e o "direito à cidade não se restringem à satisfação dos direitos individuais. É bem verdade que o direito à cidade, tal como positivado, revela um ângulo próximo da individualidade dos habitantes. Nesse sentido, o art. 2°, I, do Estatuto da Cidade alude à realização do direito à terra e à moradia, à possibilidade de trabalho e de lazer e à disponibilidade de serviços públicos uti singuli, de fruição individual por usuários determinados. Mas há ainda outra dimensão, complementar e mais ampla, relativa à existência de condições urbanas gerais sadias, atinentes à organização e ordenação do território, à disponibilização da infraestrutura urbana de fruição coletiva, à preservação do patrimônio histórico-cultural e do meio ambiente. Todos esses elementos surgem associados à perspectiva de desenvolvimento não apenas de curto prazo, mas como via de concretização dos mesmos direitos de forma sustentável, para as presentes e futuras gerações.
>
> O conteúdo do chamado "direito à cidade" compreende ambas as dimensões, relativas a posições jurídicas de caráter individual e coletivo, mas não se limita a uma dicotomia entre esses polos – antes, verificam-se relações de rivalidade relativa e de complementariedade entre eles.

Ressalte-se que o direito de propriedade não é absoluto. A função social da propriedade integra o direito e tem como alvo o interesse da coletividade. A Constituição Federal condiciona o direito do proprietário ao atendimento aos múltiplos interesses da coletividade em geral, ou seja, o uso da propriedade está condicionado ao atendimento dos anseios sociais referentes às políticas de desenvolvimento urbano e rural.

O artigo 110 da Lei Municipal 16.402/16 não prevê critérios para empreendimentos Geradores de Impacto de Vizinhança (EGIV) de uso misto. Contudo, tal fato não pode eximir o empreendedor de dar a contrapartida necessária para a execução da intervenção.

Nos termos do artigo 4° do Decreto-lei 4.657/1942, quando a lei for omissa, o juiz decidirá o caso de acordo com a analogia, os costumes e os princípios gerais do direito. E o artigo 5° estabelece que, na aplicação da lei, o juiz atenderá aos fins sociais a que ela se dirige e às exigências do bem comum. Assim, a norma deve ser lida em harmonia com o Estatuto da Cidade e Plano Diretor do Município, e sempre visando ao bem comum e não exclusivamente ao interesse do particular.

No caso, apesar de a questão não ter sido aventada na petição inicial, no curso da instrução ficou apurado que o empreendimento sequer atende às condições de instalação definidas no Quadro 4 A, Anexo Integrante da Lei 16.402/2016 (uma via de largura maior ou igual a 10 metros), condição que também, por motivos que ainda estão por ser esclarecidos, não foi exigida pela Municipalidade ao analisar os pedidos de alvarás.

Ainda, ficou demonstrado durante a instrução que o empreendimento caracteriza polo gerador de tráfego, conforme Lei 15.150/2010.

No caso, trata-se de um adensamento médio, com novos usos e com aumento do número de vagas de estacionamento. Assim, seria imprescindível ações para minimizar o impacto nos arredores do empreendimento. Constatou-se que não havendo ações mitigadoras dos impactos do empreendimento tais como controle de velocidade, faixas de pedestres, sinalização, que deveriam ser definidas pela CET a partir dos relatórios de impacto, o aumento de fluxo aumentaria o número de acidentes envolvendo veículos motorizados e pedestres.

Somente com a realização de estudos abrangentes como os de impacto de vizinhança e de tráfego é que seria possível a reunião dos dados necessários à engenharia das medidas mitigadoras dos efeitos perniciosos que os novos edifícios ocasionarão ao bem-estar coletivo dos que habitam e transitam no entorno.

Contudo, a aprovação dos projetos de forma fracionada liberou a empreendedora de tais obrigações, transferindo o impacto de seu empreendimento para a população, que sofrerá imediatamente as consequências negativas da obra. E caso se imponha a necessidade de medidas mitigadoras, estas serão custeadas pelo Poder Público, o qual deverá promover intervenções no local, que já conta com infraestrutura, a fim de ajustar os impactos do empreendimento à realidade. Assim, os prejuízos causados pela obra serão socializados, mas os benefícios ficam restritos ao empreendedor.

Também foram acolhidas em sentença as alegações de afronta às restrições convencionais e mudança casuística de zoneamento para "viabilizar" o empreendimento.

A quadra onde está sendo erigida a obra integra o Loteamento denominado "Jardim Leonor", que conta com restrições convencionais.

Na vigência da Lei 13.885/04 – que estabelecia normas complementares ao Plano Diretor Estratégico, instituía os Planos Regionais Estratégicos das Subprefeituras, dispunha sobre o parcelamento, disciplinava e ordenava o Uso e Ocupação do Solo do Município de São Paulo – revogada pela Lei 16.402/16, os lotes em questão (6, 7 e 8 da quadra) eram classificados como uma "Zona de Centralidade Linear II em ZER"– "ZCLz-II".

O art. 108, incisos V e VI da Lei Municipal 13.885/04, definia as Zonas de Centralidade Linear e as ZCLz-II da seguinte forma:

> *V. zonas centralidade linear – ZCL: lotes com frente para trechos de vias, excluídas as ZER em faixas de 40m (quarenta metros) ou 50m (cinquenta metros) medidos a partir do alinhamento da via, destinados à localização de atividades típicas de áreas centrais ou de subcentros regionais, caracterizados pela coexistência entre os usos não residenciais e a habitação, porém com predominância de usos não residenciais, classificadas como:*

a) ZCLa: zona centralidade linear com coeficiente de aproveitamento mínimo igual a 0,20, básico igual a 1,0 e máximo variando de 1,0 até o limite de 2,5;

b) ZCLb: zona centralidade linear com coeficiente de aproveitamento mínimo igual a 0,20, básico igual a 2,0 e máximo variando de 2,0 até o limite de 4,0;

VI. zonas centralidade linear lindeira ou interna a ZER – ZCLz: lotes com frente para trechos de via, internos ou lindeiros às zonas exclusivamente residenciais – ZER 1, 2 e 3 destinados à localização de algumas atividades não residenciais não incômodas de baixa densidade, com coeficiente de aproveitamento mínimo igual a 0,05, básico igual a 1,0 e máximo igual a 1,0, podendo ser:

a) zona centralidade linear I – ZCLz-I: o trecho de via destinado à localização das atividades de comércio e serviços de baixa densidade listadas no Quadro 05, b, anexo;

b) zona centralidade linear II – ZCLz-II: o trecho de via destinado à localização das atividades de serviços de baixa densidade listadas no Quadro 05, c, anexo;

Tal classificação era justificável e atendia ao interesse da coletividade, tanto local, como externa, pois preservava as principais características do bairro planejado, garantindo aos moradores a qualidade de vida e aos demais vasta área arborizada e permeável, e evitava vazios urbanos admitindo na via de tráfego intenso, não muito procurada para moradia, a instalação de algumas atividades de baixa intensidade.

Além disso, essa classificação era feita de maneira uniforme para todos os lotes lindeiros à Zona Exclusivamente Residencial com frente para a Avenida Morumbi.

Contudo, com o advento da Lei Municipal 16.402/16 – que disciplina o parcelamento, o uso e a ocupação do solo no Município de São Paulo, de acordo com a Lei 16.050, de 31 de julho de 2014 – Plano Diretor Estratégico (PDE) e revoga a Lei Municipal 13.885/04 –, estes três únicos lotes não seguiram o padrão, visto que não foram classificados no tipo equivalente a ZCLz – II, que seria "Zona Corredor" ou "ZCOR – 2", cuja definição foi dada pelo artigo 10 da referida lei, pois passaram a ser classificados como Zona de Centralidade – "ZC", que contém mínimas restrições se comparadas à classificação anterior, ou seja, o único proprietário de um imóvel inserido em área sujeita a restrições convencionais passou para outra condição, pois agraciado com o aumento de potencial construtivo, possibilidade de remembramento de lotes pertencentes a zonas de usos distintas e desnecessidade de observar as restrições convencionais, sem qualquer justificativa lógica para tanto.

Todos os lotes da Avenida Morumbi lindeiros à Zona Exclusivamente Residencial foram classificados como ZCOR-1, com exceção dos três lotes em questão, e, como já dito, sem qualquer justificativa pertinente e fugindo da lógica da classificação, que seria preservar as zonas exclusivamente residenciais mas ocupando os lotes que fazem frente à Avenida Morumbi com a liberação relativa de usos. A interrupção do corredor de ZCOR ocorre apenas na quadra em questão, ou seja, nas quadras anteriores e posteriores referido zoneamento persistiu com o advento da Lei Municipal 16.402/16, a revelar a completa incoerência do planejamento urbanístico expresso na lei para a porção do território examinada.

E qual a razão para esta alteração de classificação? Não há. O Plano Diretor e características do local não justificam tal alteração. Muito pelo contrário, amparam a classificação anterior, hoje correspondente a ZCOR.

Ora, a classificação dos lotes em questão como Zona de Centralidade não só não atende aos objetivos de ordenação do território na Macroárea da Urbanização Consolidada, como na verdade os afronta, pois autoriza o adensamento construtivo e saturação viária em área já extremamente comprometida.

Além disso, a classificação atribuída pela Lei 16.402/16 aos lotes em questão não poderia ocorrer visto que vai contra a diretriz prevista no Plano Diretor (artigo 27, XLV) – nos perímetros das zonas exclusivamente residenciais ZER-1 e nos corredores existentes não incidirão índices e parâmetros urbanísticos menos restritivos do que aqueles atualmente aplicados".

Assim, não há justificativa legal ou fática para a alteração do zoneamento combatida e, menos ainda para a não observação das restrições convencionais. Não há interesse público que justifique o afrouxamento, pela via legislativa, das restrições convencionais, razão pela qual elas devem prevalecer para o imóvel em questão.

E como já decidido "O relaxamento, pela via legislativa, das restrições urbanístico-ambientais convencionais, permitido na esteira do "ius variandi" de que é titular o Poder Público, demanda, por ser absolutamente fora do comum, ampla e forte motivação lastreada em clamoroso interesse público, postura incompatível com a submissão do Administrador a necessidades casuísticas de momento, interesses especulativos ou vantagens comerciais dos agentes econômicos" (REsp 302.906).

As características originais do bairro, que está integrado à cidade, permanecem e são indispensáveis para preservação do meio ambiente natural e urbano, manutenção da qualidade de vida dos moradores e atende aos princípios, diretrizes e objetivos do Plano Diretor Estratégico do Município de São Paulo.

Como anotado no brilhante acórdão da lavra do Ministro Herman Benjamin (REsp 302.906/SP), as restrições urbanístico-ambientais convencionais são um veículo de estímulo a um novo consensualismo solidarista, coletivo e intergeracional, tendo por objetivo primário garantir às gerações presentes e futuras espaços de convivência urbana marcados pela qualidade de vida, valor estético, áreas verdes e proteção contra desastres naturais.

A vasta arborização e áreas verdes, com alta permeabilidade do solo, ampliam a resiliência ambiental da região e favorecem o microclima local.

A concepção do loteamento no qual se encontra inserida a área em que se pretende erigir o empreendimento foi uma opção de moradia criada desde os anos 1950 pelo modelo adotado pela Companhia City, que sobreviveu ao crescimento da cidade de São Paulo. Os bairros criados com esse modelo caracterizam verdadeiras ilhas verdes que resistem bravamente à verticalização decorrente da especulação imobiliária.

Já o empreendimento objeto de análise apresenta características opostas ao bairro jardim planejado, e, caso admitido, terá o condão de aniquilar os atributos essenciais do bairro, que conta com alta qualidade de vida, reduzindo seu padrão urbanístico, apenas para atender interesse econômico de terceiros. O impacto negativo vai ser gigantesco e, certamente, trará consequências desastrosas para a região.

O Município de São Paulo, assim como outros centros urbanos do país, foi vítima de uma urbanização predatória, em razão da velocidade do desenvolvimento, falta de planejamento e prevalência do poder econômico frente à qualidade de vida da população. Em razão disso, a cidade não tem condições de oferecer o bem-estar aos seus habitantes. Hoje colhemos os frutos desse desenvolvimento insustentável e sofremos com todos os tipos de problemas decorrentes como trânsito, enchentes, desmoronamentos, falta de área verde, poluição de todas as espécies, segregação socioespacial da terra, violência, entre outros.

> A tragédia urbana brasileira não é produto das décadas perdidas, portanto. Tem suas raízes muito firmes em cinco séculos de formação da sociedade brasileira, em especial a partir da privatização da terra (1850) e da emergência do trabalho livre (1888).

> Uma vasta bibliografia trata da característica espacialmente concentradora da urbanização no Brasil bem como em toda a América Latina. O inchamento das cidades ¾ que não desenvolveram suficientemente sua capacidade produtiva para atender com emprego à população imigrante, que acaba relegada ao terciário informal ¾, a "desarticulação da rede urbana" com a formação de megapolos desproporcionais, o "tecido urbano truncado", entre outros tópicos, são teses e conceitos que não disfarçam a matriz em relação à qual o desvio é apontado (Castells, 1973). Imperialismo, dependência, fordismo periférico, de alguma forma a "macrocefalia" deve ser explicada. Para o que interessa aqui, iremos apenas constatá-la.

> Dos quase 170 milhões de habitantes brasileiros em 2000, aproximadamente 30% moram em nove metrópoles. Duas delas estão entre as maiores cidades do mundo: Rio de Janeiro (10,5 milhões de habitantes) e São Paulo (16,7 milhões). Um total de 13 cidades têm mais de um milhão de habitantes (MARICATO, 2000, p. 24)

A Constituição Federal, que dedica um Capítulo à Política Urbana, seguida do Estatuto da Cidade, trouxeram grandes avanços na legislação, propiciando meios para mudar o rumo do urbanismo brasileiro. Contudo, muito pouco se avançou em tal âmbito, pois não se vê a efetividade das normas previstas em tais diplomas.

Há um grande descompasso entre a legislação urbanística e a realidade que vivemos. A política urbana continua trabalhando com a lógica individual e não coletiva. E tal lógica vai contra o bem coletivo, a segurança e do bem-estar dos cidadãos, bem como do equilíbrio ambiental afrontando os objetivos do Estatuto da Cidade.

No caso em questão, a assertiva se vê no afastamento das restrições convencionais – possibilitando a descaracterização do bairro; em não ter sido exigida a devida contrapartida no empreendimento de alto padrão – que seria revertida em favor da coletividade; e, no fato do impacto causado gerar a necessidade de intervenção pública, a ser custeada pelo contribuinte.

Muito se constrói irregularmente também nas áreas mais valorizadas e isto se dá principalmente para maximizar os lucros, ultrapassando os limites legais de ocupação e uso. E também em muitos casos tais irregularidades acabam sendo abonadas pelo Poder Público em razão da interpretação distorcida que se faz da legislação em vigor.

No caso abordado constata-se que a decisão administrativa que aprovou os alvarás de construção analisou isoladamente cada dispositivo legal, desconsiderando a finalidade da lei, os princípios do Direito Urbanístico, o custo social e urbanístico provocado pela obra. Não houve qualquer ponderação quanto ao impacto da obra na região, questão histórica do bairro, modelo de uso e ocupação do solo ou no tocante à preservação do meio ambiente.

A cidade é um bem comum e coletivo, e como tal deve ser tratada. Não se pode mais admitir que a análise de projetos só leve em consideração o direito do proprietário. Os reflexos da obra a ser erigida na cidade devem ser sopesados, visando o interesse público no processo de aprovação. O direito à cidade não se equipara ao interesse do mercado, e deveria, ao menos em tese, prevalecer.

É inviável em uma cidade como São Paulo, que conta com uma multiplicidade de situações, dada a dimensão e diversidade de ocupações e interesses conflitantes, positivar todas as exigências urbanísticas, ainda mais considerando a agilidade das mutações em razão da globalização. Contudo, cabe ao intérprete socorrer-se das regras de hermenêutica positivadas.

As normas urbanísticas, embora complexas e heterogêneas, só podem ser consideradas válidas quando conformes com os princípios normativos constitucionais.

A ponderação que se exige não é apenas contrária aos interesses do mercado. Há casos em que a legislação urbanística exige requisitos que o proprietário não tem como atender por inviabilidade fática ou qualquer outra questão técnica. Mas isso também não deve ser fator impeditivo caso houvesse uma análise sistemática da lei, com uma apreciação global da questão, sempre levando em conta o bem comum.

Admito que não é fácil fazer um juízo de ponderação na análise dos pedidos de aprovação de obras. Contudo, a Administração precisa qualificar constantemente seus funcionários, e, como impossível prever todas as situações em lei, estabelecer através de normativos internos regras de apreciação a partir de casos concretos, os quais devem ser extremamente justificados, a fim de preservar o princípio da isonomia.

4. CONCLUSÃO

A política de desenvolvimento urbano deve ser executada pelo Poder Público municipal, conforme diretrizes gerais fixadas em lei, e tem por objetivo ordenar o pleno desenvolvimento das funções sociais da cidade e garantir o bem-estar de seus habitantes (artigo 182 da Constituição Federal).

Os princípios e diretrizes gerais da política urbana são normas e não mera recomendação, ou seja, a eficácia não fica apenas a critério da autoridade municipal.

Contudo, a atuação do Estado tem se mostrado ineficiente, permitindo que o urbanismo avance nas cidades descolado da legislação urbanística, deixando de atender às funções sociais da cidade e da propriedade urbana, e, em consequência, contribuindo para a degradação do espaço urbano e, ainda, inviabilizando um crescimento sustentável.

A lógica precisa mudar. A análise fragmentada dos pedidos administrativos, por si só, não tem o condão de alcançar um urbanismo que garanta o aprimoramento da função social da cidade. A questão vai além, é extremamente complexa e necessita de uma análise acurada da Administração, que deverá sempre atuar em prol do bem coletivo, da segurança e bem-estar dos seus cidadãos e equilíbrio ambiental.

Privilegiar o individual em detrimento do coletivo nas aprovações de projetos gera um custo urbanístico e social enorme, que, em muitos casos, acaba sendo absorvido pelo Estado, ou seja, ao fim e ao cabo será suportado por todos nós.

A legislação urbanística deve ser aplicada de forma sistemática e voltada para o desenvolvimento urbano que assegure a função social da cidade, analisada não mais em função do lote mas sim do conjunto urbano no qual este se encontra inserido, o que pressupõe uma análise holística, e não fragmentada dos novos projetos de construção submetidos à aprovação do Poder Público.

Na implementação da política urbana, cabe à Administração atuar sempre buscando um equilíbrio entre as várias disputas existentes – a econômica, social e ambiental.

E de tudo o que foi verificado constata-se que, apesar do avanço da legislação urbanística, o interesse exclusivamente econômico por vezes prevalece no processo de tomada de decisão estatal, propiciando um desenvolvimento predatório com investimento em área já urbanizada, sem qualquer contrapartida por parte do empreendedor, em detrimento de outras que necessitam de investimento e da população que já está estabelecida no local. Isso em uma lógica perversa que homenageia o capital ao custo da qualidade de vida dos habitantes da metrópole.

5. REFERÊNCIAS

BONIZZATO, Luigi. *Constituição, Democracia e Plano Diretor*. Lumen Juris, 2014.

CUNHA FILHO, Alexandre J. C. Efeitos cumulativos no licenciamento ambiental e urbanístico. A nova fronteira do direito de construir. In: CUNHA FILHO, Alexandre Jorge Carneiro da; NERY, Ana Rita de Figueiredo e ARAÚJO, Alexandra Fuchs de (Coord.). *Direito urbanístico*. Ensaios por uma cidade sustentável. Da formulação de políticas à sua aplicação. São Paulo: Quartier Latin do Brasil, 2016.

CYMBALISTA, Renato. *Planos Diretores Municipais*. Lumen Juris, 2018.

DALLARI, D. A. *Cidadania e direitos humanos*. São Paulo: Brasiliense, 1998.

DI PIETRO, M. S. Z. *Direito Administrativo*. São Paulo: Atlas, 2011.

FERNANDES, Edésio. Direito urbanístico e política urbana no Brasil: uma introdução. In: FERNANDES, Edésio (Org.). *Direito e política urbana no Brasil*. Belo Horizonte: Del Rey, 2001.

GARCIAS, C. M.; BERNARDI, J. B. As funções sociais da cidade. *Revista Direitos fundamentais e democracia*, v. 4, p. 1-15, Curitiba, 2008. Disponível em: https://bit.ly/ 33ICFI7. Acesso em: 20 mar. 2019.

HARVEY, D. O direito à cidade. *Revista Piauí*. v. 82, , São Paulo, jul. 2013. Disponível em: https://bit.ly/2LglI1g. Acesso em: 20 mar. 2019.

JUSTEM FILHO, M. *Curso de Direito Administrativo*. São Paulo: Saraiva, 2006.

LEAL, Suely Ribeiro. O novo capital social das cidades brasileiras. *Caderno das Metrópoles*. n. 10. Rio de Janeiro: IPPUR/UFRJ, 2004.

MARTINS, J. S. Jogados ao deus-dará. *O Estado de São* Paulo, São Paulo, supl. Aliás, 6 mar. 2010. Disponível em: https://bit.ly/37XJOaB. Acesso em: 20 mar. 2019.

MARICATO, E. *Metrópole na Periferia do Capitalismo*: ilegalidade, desigualdade e violência. São Paulo: Hucitec, 1996.

MARICATO, E. *Urbanismo na Periferia do Mundo Globalizado*: Metrópoles Brasileiras. 2000. Disponível em: https://www.scielo.br/j/spp/a/fZCnFGwPC3Yks9tXCg4MP8B/?lang=pt. Acesso em: 02 out. 2021.

MEIRELLES, H. L. *Direito Administrativo Brasileiro*. São Paulo: Malheiros, 2011.

MELLO, C. A. B. *Curso de Direito Administrativo*. São Paulo: Malheiros, 2011.

REIDORFER, Guilherme F. D. Definição e concretização do direito à cidade: entre direitos e deveres fundamentais. *Revista de Direito Administrativo Contemporâneo*. São Paulo. v. 19, p. 177-197, 2015.

ROLNIK, R. Regulação urbanística no Brasil: conquistas e desafios de um modelo em construção. Anais do Seminário Internacional: *Gestão da Terra Urbana e Habitação de Interesse Social*, PUCCAMP, Campinas, Brasil, 2000. Disponível em: https://raquelrolnik.files.wordpress.com/2009/10/regulacao-urbanistica-no-brasil.pdf.

SALEME, E. R. *Parâmetros sobre a função social da cidade*. Disponível em: https://bit.ly/ 33IEpkD. Acesso em: 20 mar. 2019.

STECCA, G. C. Um ensaio pragmático sobre a função social da cidade. *Conteúdo Jurídico*, Brasília, DF, 7 dez. 2016. Disponível em: https://bit.ly/2Y98d8I. Acesso em: 20 mar. 2019.

Sites

BRASIL. Constituição da República Federativa do Brasil. Brasília, DF: Senado Federal, 1988.

BRASIL. Lei 10.257, de 10 de julho de 2001. Regulamenta os artigos 182 e 183 da Constituição Federal, estabelece diretrizes gerais da política urbana e dá outras providências. Brasília, DF: Congresso Nacional, 2001.

BRASIL. Lei 16.402, de 22 de março de 2016. Disciplina o parcelamento, o uso e a ocupação do solo no Município de São Paulo, de acordo com a Lei 16.050, de 31 de julho de 2014 – Plano Diretor Estratégico

BRASIL. Lei 16.050, de 31 de julho de 2014. Aprova a Política de Desenvolvimento Urbano e o Plano Diretor Estratégico do Município de São Paulo e revoga a Lei 13.430/2002.

PROTEÇÃO DO PATRIMÔNIO PORTUÁRIO DO RIO DE JANEIRO SOB A ÓTICA DE DECISÃO DO TJRJ[1]

Felipe Jardim

Doutorando no Programa de Pós-graduação em Direito da Universidade do Estado do Rio de Janeiro. Mestre em Desenvolvimento Urbano pela Universidade Federal de Pernambuco. Bolsista DAAD do "Bi-nationally Supervised Doctoral Degrees/Cotutelle Program" 2020/21 (57507869). E-mail: felipejardim@outlook.com.

Emerson Affonso da Costa Moura

Doutor em Direito pela Universidade do Estado do Rio de Janeiro. Professor Convidado da Universidade do Estado do Rio de Janeiro. Professor Adjunto da Universidade Federal do Estado do Rio de Janeiro e da Universidade Federal Rural do Rio de Janeiro. E-mail: emersonacmoura@yahoo.com.br

Angela Moulin Simões Penalva Santos

Doutora em Arquitetura e Urbanismo pela Universidade de São Paulo. Professora Titular da Universidade do Estado do Rio de Janeiro. E-mail: penalvasantosangela@gmail.com.

Sumário: 1. Introdução – 2. Breve resumo dos precedentes – 3. Apreciação crítica; 3.1 Apontamentos sobre o acórdão da Apelação Cível 0136329-36.2008.8.19.0001 TJRJ – 4. Conclusão – 5. Referências.

1. INTRODUÇÃO

Questão comum em outras grandes cidades, a ociosidade e degradação de imóveis portuários de valor patrimonial histórico-cultural e financeiro também está presente na cidade do Rio de Janeiro/RJ. Neste processo, diversos interesses e agentes estão envolvidos e relacionados, por exemplo: proprietários sem condições de reformar o imóvel e/ou pensando no lucro da especulação; Poder Executivo omisso ou agindo conforme os interesses privados; Poder Legislativo sem atuar para a criação dos instrumentos que regulamentam as soluções já previstas em outras leis, ao passo que aprova a legalidade de profundas alterações no espaço urbano; movimentos sociais na luta pelo direito à moradia e à memória; mercado buscando apropriar-se e ressignificar usos e significados do solo, à qualquer custo, em processos de transformação urbanística; a mídia...

---

1. Este trabalho é produto de parte da submissão feita à Revista Estado, Direito e Sociedade, em outubro de 2020.

O Poder Judiciário também tem um papel e o objetivo do presente artigo é interpretar decisão do Tribunal de Justiça do Estado do Rio de Janeiro (TJRJ) que tem como objeto imóvel em degradação situado área portuária e de proteção.

Através da busca no OABJuris (abr. 2020) – programa de pesquisa de jurisprudência para advogados – dos termos "porto maravilha" AND "patrimônio" –, sem delimitação de recorte temporal, foram encontrados 80 processos no tribunal estadual (RJ), regional e nos superiores, mas a maioria sem pertinência temática ao estudo deste artigo.

Apenas o Acórdão da Apelação Cível 0136329-36.2008.8.19.0001 (TJRJ) mereceu destaque. Trata-se de demanda ajuizada pelo Ministério Público do Rio de Janeiro através de Ação Civil Pública em face da responsabilidade solidária de um particular (proprietário, segundo o registro imobiliário) e da Prefeitura do Rio, objetivando a proteção do patrimônio histórico-cultural referente ao imóvel localizado na Rua do Livramento 111, na Gamboa, inserido em Área de Proteção ao Ambiente cultural (APAC), que seria desapropriado, com base no Decreto 32.032, de 23 de março de 2010, para gerar habitação com interesse social ao Projeto do Porto Maravilha – através da Lei Complementar Municipal 101/2009, do Rio de Janeiro, foi instituída a primeira Operação Urbana Consorciada (OUC) do Brasil com a finalidade de promover a reestruturação urbana considerando, dentre outros fatores, a valorização da paisagem urbana, do patrimônio cultural material e imaterial.

Visto isso, sobre tal decisão judicial, questiona-se: qual a interpretação que pode ser dada em relação à proteção do patrimônio em questão e o processo de transformação do território relacionado (Projeto Porto Maravilha)? Em suma, entende-se que o Poder Judiciário confirma a relação econômica de valorização imobiliária por causa do Porto Maravilha e normaliza o problemático estado de conservação da região.

2. BREVE RESUMO DOS PRECEDENTES

Nos primeiros anos do século XX advieram grandes transformações de modernização do centro e da região portuária (abertura de ruas e avenidas largas, aterramentos) do Rio de Janeiro. Elas se sobrepuseram intencionalmente às construções históricas e às habitações populares a fim de superar a marca de degradação da área, consolidada no final do século XIX e agravada após a perda de prestígio econômico e político para as cidades de São Paulo e de Brasília, entre os anos de 1930 e 1960.

Por sua vez, ao longo do século XX, destacaram-se os investimentos públicos nas Zonas Norte e Oeste da cidade do Rio de Janeiro, ficando o centro cada vez mais escanteado, situação que se agrava nos anos 1970 com a vedação legal de novos imóveis habitacionais na região central; com um frágil contrapeso de pontuais ações de recuperação de cortiços (Programa Novas Alternativas – Morar no Centro, da Prefeitura) do conjunto arquitetônico habitacional representativo do séc. XVIII e início do séc. XIX.

Na década de 1980, com o fim da ditadura militar e a entrada do neoliberalismo na economia política do Brasil, foi crescendo a gestão urbana flexibilizadora do planejamento, do zoneamento e do uso e ocupação do solo em prol de interesses econômicos, com forte intervenção privada e exclusão da participação social. Na mencionada década, projeto Corredor Cultural (1984) ofertou benefícios fiscais para fomentar a recuperação e uso não residencial de imóveis antigos. Além disso, este trecho temporal foi basilar para consolidação do modelo de intervenção urbana neoliberal para as olimpíadas de Barcelona (1992), "não apenas de um projeto urbano, mas, sobretudo uma operação imobiliária composta de uma ideia de cidade acoplada a uma programação econômica e financeira"[2], posteriormente importado pelo Rio de Janeiro.

Em 1995, através do Plano Rio Sempre Rio, o planejamento urbano estratégico identificou o porto como um polo importante que necessitava de revitalização para o desenvolvimento carioca. O mesmo fato foi repetido mais tarde, no Projeto Porto do Rio (2001-2008) e no Plano Pós-2016, na versão 2009-2012 e na versão 2013-2016; bem como nos estudos para formulação do Plano Estratégico de Desenvolvimento Urbano Integrado da Região Metropolitana do Rio de Janeiro de 2018.

Este traçado de transformações políticas, jurídicas, econômicas, sociais e ideológicas foi o berço da Operação Urbana Consorciada (OUC) Porto Maravilha, reiniciando o ciclo de ações sobre o patrimônio portuário iniciado décadas atrás, mas agora utilizando como instrumentos: restauração de prédios e monumentos históricos; criação de novos ícones arquiteturais e de importantes museus; criação de novos usos comerciais e de serviços; espetacularização e valorização das paisagens; "folclorização" de bairros históricos e/ou comunidades populares; espetacularização do patrimônio imaterial e focalização no material[3]; ainda: o planejamento estratégico (com visão empresarial); a valorização das ações culturais como recursos do planejamento urbano; e a influência das políticas culturais internacionais sobre o status de patrimônio na cidade[4].

3. APRECIAÇÃO CRÍTICA

A delimitação jurídica em vigor é estabelecida no art. 216[5] da Constituição Federal da República de 1988, cabendo ao poder público, em parceria com a comu-

---

2. PONTUAL, Virgínia. Prácticas urbanísticas em áreas históricas: o Bairro do Recife. *Biblio 3W – Revista Bibliográfica de Geografía y Ciencias Sociales*, v. XII, n. 752, 5 out. 2007. Disponível em: http://www.ub.edu/geocrit/b3w-752.htm. Acesso em: 09 set. 2020.

3. SOUTY, Dinâmicas de patrimonialização em contexto de revitalização e de globalização urbana. Notas sobre a região portuária do Rio de Janeiro. *10 anos de Porto Maravilha*: do projeto de renovação à construção de um novo espaço de exclusão. Rio de Janeiro: LetraCapital, 2019, p. 275-280.

4. PIO, Leopoldo Guilherme. *Usos e sentidos no patrimônio cultural no projeto Porto Maravilha*. Rio de Janeiro: Gramma, 2017, p. 136.

5. Art. 216. Constituem patrimônio cultural brasileiro os bens de natureza material e imaterial, tomados individualmente ou em conjunto, portadores de referência à identidade, à ação, à memória dos diferentes grupos formadores da sociedade brasileira, nos quais se incluem: I – as formas de expressão; II – os modos de

nidade, a promoção e a proteção; e, exclusivamente ao poder público, a gestão e as responsabilidades administrativas sobre o patrimônio – diretos difusos[6].

O poder estatal, ainda, tem o dever de desenvolver a política urbana com o objetivo de, entre outros, "ordenar o pleno desenvolvimento das funções sociais da cidade e da propriedade urbana, mediante as seguintes diretrizes gerais: proteção, preservação e recuperação do meio ambiente natural e construído, do patrimônio cultural, histórico, artístico, paisagístico e arqueológico"[7].

Indo além, a preservação do patrimônio histórico e cultural deixa de ser diretriz de ordenamento das funções sociais e passa a ser uma própria função social da cidade (e da propriedade) contemporânea[8] (Tabela 01), conforme apresentou a Nova Carta de Atenas (2003)[9]:

Tabela 01 – As funções sociais da cidade e da propriedade urbana

FUNÇÕES URBANÍSTICAS	FUNÇÕES DE CIDADANIA	FUNÇÕES DE GESTÃO
Habitação	Educação	Prestação de Serviços
Trabalho	Saúde	Planejamento
Lazer	Segurança	Preservação do Patrimônio Cultural e Natural
Mobilidade	Proteção	Sustentabilidade Urbana

Fonte: GARCIAS; BERNARDINI, 2008, p. 10.[10]

---

criar, fazer e viver; III – as criações científicas, artísticas e tecnológicas; IV – as obras, objetos, documentos, edificações e demais espaços destinados às manifestações artístico-culturais; V – os conjuntos urbanos e sítios de valor histórico, paisagístico, artístico, arqueológico, paleontológico, ecológico e científico. § 1º O poder público, com a colaboração da comunidade, promoverá e protegerá o patrimônio cultural brasileiro, por meio de inventários, registros, vigilância, tombamento e desapropriação, e de outras formas de acautelamento e preservação. § 2º Cabem à administração pública, na forma da lei, a gestão da documentação governamental e as providências para franquear sua consulta a quantos dela necessitem. § 3º A lei estabelecerá incentivos para a produção e o conhecimento de bens e valores culturais. § 4º Os danos e ameaças ao patrimônio cultural serão punidos, na forma da lei. § 5º Ficam tombados todos os documentos e os sítios detentores de reminiscências históricas dos antigos quilombos (BRASIL. Constituição Federal. Brasília: Senado Federal, 1988. Disponível em: http://www.planalto.gov.br/ccivil_03/Constituicao/Constituiçao.htm. Acesso em: 09 set. 2020).

6. FIGUEIREDO JUNIOR, Hélio Rodrigues. Bens culturais, Função Social da Propriedade e Instrumentos Jurídicos para a sua Preservação. *Revista de Direito da Cidade*, v. 5, n. 2, p. 42. Rio de Janeiro, 2013. Disponível em: https://www.e-publicacoes.uerj.br/index.php/rdc/article/view/9737/7635. Acesso em: 09 set. 2020.

7. BRASIL. Lei 10.257 (Estatuto da Cidade), de 10 de julho de 2001. Art. 2º, inciso XII. Congresso Nacional: Brasília-DF, 2001. Disponível em: http://www.planalto.gov.br/ccivil_03/leis/LEIS_2001/L10257.htm. Acesso em: 09 set. 2020.

8. FIGUEIREDO JUNIOR, ibidem.

9. A qual, por sua vez, incluiu/atualizou conceitos da Carta de Atenas de 1931 (Escritório dos Museus da Sociedade das Nações); da Carta de Atenas de 1933 (IV Congresso Internacional de Arquitetura Moderna); da Declaração de Amsterdã de 1975 (Congresso do Patrimônio Arquitetônico Europeu); e da Carta de Burra de 1980 (Conselho Internacional de Monumentos e Sítios – ICOMOS).

10. GARCIAS, Carlos; BERNARDI, Jorge. As funções sociais da cidade. *Revista Direitos Fundamentais e Democracia*, v. 4, n. 4, jul./dez. 2008. Disponível em: https://revistaeletronicardfd.unibrasil.com.br/index. php/rdfd/article/view/48. Acesso em: 09 set. 2020.

Para a defesa dessa função social da cidade, além dos institutos do Art. 216, §1º, da Constituição Federal (inventários, registros, vigilância, tombamento e desapropriação), é comum a utilização da Ação Civil Pública e da Ação Popular[11].

3.1 Apontamentos sobre o acórdão da Apelação Cível 0136329-36.2008.8.19.0001 TJRJ

A demanda foi ajuizada pelo Ministério Público do Rio de Janeiro através de Ação Civil Pública em face da responsabilidade solidária de um particular (proprietário, segundo o registro imobiliário) e da Prefeitura do Rio, perseguindo a proteção do patrimônio histórico-cultural, tendo como objeto um imóvel localizado na Rua do Livramento 111, na Gamboa, inserido em Área de Proteção ao Ambiente Cultural (APAC) e não difere da situação de condição de muitos outros imóveis portuários – que estava em "péssimo estado de conservação, abandono e descaso dos réus, representando um verdadeiro dano ambiental", sendo requerida uma indenização coletiva.

Neste processo, salienta-se a petição do ente municipal, em 11 de março de 2013, às fls. 248, informando a desapropriação do imóvel em questão para habitação com interesse social ao Projeto do Porto Maravilha com base no Decreto 32.032, de 23 de março de 2010.

Ao fundamentar a decisão quanto a existência ou não da solidariedade, a relatora ratifica o posicionamento da responsabilidade em conjunto, emanado em um Agravo de Instrumento interposto pelo proprietário do bem:

> Agravo de instrumento. Ação civil pública. Imóvel em área de proteção ao ambiente cultural em mau estado de conservação. Responsabilidade solidária do município e do proprietário do bem. É responsabilidade solidária do proprietário e do Poder Público municipal a conservação e preservação do patrimônio histórico-cultural. As ações públicas municipais devem estar atentas à necessidade de promover a valorização e preservação do patrimônio imobiliário cultural existente, em prol da coletividade. Tutela antecipada corretamente deferida. Recurso improvido.[12]

Contudo, neste caso, a ilegitimidade passiva do proprietário foi reconhecida porque houve a desapropriação do bem (em favor do município) em março de 2012. Quanto ao dano moral coletivo (objetivo) requerido pelo Ministério Público do Estado do Rio de Janeiro com base na "conduta desidiosa do proprietário e da conduta omissiva da municipalidade", o Acórdão em comento decidiu pela não configuração,

> pois se formos pensar como patrimônio cultural, seguimos por veredas estreitas, pois toda aquela área sofreu a degradação do tempo, tornando-se obscura sua beleza, resultado da desvaloriza-

---

11. POMAROLI, Maria Isabel. Função Social de Preservação do Patrimônio Cultural e Natural Urbano, de Maria Isabel Pomaroli. *Funções Sociais da Cidade*: Teoria e Espécies à Luz da Constituição Federal de 1988. Rio de Janeiro: Lumen Juris, 2020, p. 391.

12. Rio de Janeiro. Tribunal de Justiça do Estado. Acórdão. Agravo de Instrumento 0012348-60.2014.8.19.0000 TJRJ. Relatora: Des. Lucia Maria Miguel da Silva Lima, com data de julgamento 12.07.2016 e data de publicação em 14.07.2016, 10ª Câmara Cível.

ção ao longo do tempo e a sujeição às intempéries e a invasões dos desvalidos. Na realidade, poder-se-ia dizer que, *somente com a possibilidade na construção do Porto Maravilha, aquela área tornou-se visível aos interesses estatais e particulares*, antes ao abandono daquela área, apenas "fechávamos os olhos". Assim, não vislumbro a possibilidade de condenar o Município a ressarcir moralmente a coletividade. Corretamente apreciado o fundamento para a negativa ao dano moral pela sentenciante: "...Convenhamos, após tanto tempo de abandono daquela área da idade do Rio de Janeiro, não seja possível identificar o abalo extrapatrimonial à coletividade habituamo-nos ao feio, ao sujo, ao abandonado. Revelar-se-ia extremamente gravoso imputar aos réus a "culpa" pela descaracterização de um espaço cuja importância cultural restou sonegada por tantos anos[13]. (Grifos nossos)

Em outras palavras, há a confirmação jurídica do fato econômico da valorização imobiliária – oportunidade econômica – gerada pelo Porto Maravilha, além da triste ratificação estatal do problemático estado de conservação da região. Não obstante, foi criado um precedente à impunidade municipal pela omissão da proteção patrimonial de um território.

4. CONCLUSÃO

Neste mais de um século de transformações, houve legitimação e deslegitimação jurídica; mudanças no uso e ocupação do solo, no zoneamento e no gabarito do local; novas taxas de ocupação e novos índices de aproveitamento do terreno; vedação/criação de empecilhos para o tombamento; desapropriações e remoções; construção e desconstrução de políticas, valores, normas, obras e memórias visando a adequação de selecionadas funções sociais da cidade e da propriedade urbana para atender megaeventos, planos e estratégias político-econômicas, mas com efeitos sociais e urbanísticos.

Também houve o reforço de políticas tributárias de isenção (benefício) de tributos para tornar a região portuária mais atrativa e competitiva. Entretanto, a penalidade fiscal para o proprietário que descumpre a função social da propriedade e da cidade – imóvel não edificado, não utilizado ou subutilizado – jamais foi aplicada porque até hoje não houve a regulamentação do Imposto Predial e Territorial Urbano (IPTU) Progressivo no Tempo, mesmo previsto na Constituição Federal de 1988, nos Planos Diretores do Rio de 1992 e 2011, além do Estatuto da Cidade (2001).

Esta atitude omissiva representa[14], entre outras coisas, a falta de planejamento e gestão urbanística em prol da coletividade, especialmente se pensado que a arrecadação extra do IPTU Progressivo no Tempo poderia gerar recursos para financiar a construção/ reforma de habitação popular – inclusive no próprio porto – mitigando

---

13. Rio de Janeiro. Tribunal de Justiça do Estado. Acórdão. Relatora: Des. Lúcia Maria Miguel da Silva Lima, com data de julgamento: 26.07.2016 e data de publicação em 26.07.2016, 12ª Câmara Cível.

14. JARDIM, Felipe. *IPTU progressivo no tempo ou arrecadação de bem vago abandonado?*: aplicabilidade de instrumentos jurídico-urbanísticos em imóveis ociosos do bairro do Recife. Dissertação (Mestrado). Programa de Pós-graduação em Desenvolvimento Urbano (MDU). Centro de Artes e Comunicação. Departamento de Arquitetura e Urbanismo. Universidade Federal de Pernambuco. Recife, 2018. Disponível em: https://repositorio.ufpe.br/handle/123456789/32193. Acesso em: 18 set. 2020.

os impactos sociais da gentrificação[15]; e estimular o cumprimento democrático das funções sociais da cidade e da propriedade urbana, reduzindo os níveis de ociosidade da região: segundo dados de 2018 (Apsa), estão vazios 81% dos imóveis corporativos de alto padrão do Porto Maravilha; nos imóveis antigos, o nível de vacância é de 40%[16]; já dados de 2019 revelam 41% de vacância nos imóveis de classe A e A+ (Colliers Internacional, 2019)[17].

Ainda sobre o combate à ociosidade de imóveis, não foram encontrados registros públicos sobre a aplicabilidade da Arrecadação de Bem Vago Abandonado[18] (e nem da Outorga de Uso de Imóvel Público Abandonado), revelando a omissão e a falta de gestão/transparência estatal.

Nota-se, então, que muito foi feito para valorizar a área e alavancar projetos (de lei ou urbanísticos), mas que foram esquecidas ferramentas importantes para diminuir a ociosidade de imóveis e a degradação do porto do Rio de Janeiro, de modo a evitar as demandas jurídicas – como a Ação Civil Pública analisada – e os fatos por ela expostos.

5. REFERÊNCIAS

BRASIL. Constituição Federal. Brasília: Senado Federal, 1988. Disponível em: http://www.planalto.gov.br/ccivil_03/Constituicao/Constituicao.htm. Acesso em: 09 set. 2020.

BRASIL. Lei 10.257 (Estatuto da Cidade), de 10 de julho de 2001. Art. 2°, inciso XII. Congresso Nacional: Brasília-DF, 2001. Disponível em: http://www.planalto.gov.br/ccivil_03/leis/LEIS_2001/L10257.htm. Acesso em: 09 set. 2020.

FIGUEIREDO JUNIOR, Hélio Rodrigues. Bens culturais, Função Social da Propriedade e Instrumentos Jurídicos para a sua Preservação. *Revista de Direito da Cidade*, v. 5, n. 2. Rio de Janeiro, 2013. Disponível em: https://www.e-publicacoes.uerj.br/index.php/rdc/article/view/9737/7635. Acesso em: 09 set. 2020.

JARDIM, Felipe. *IPTU progressivo no tempo ou arrecadação de bem vago abandonado*?: aplicabilidade de instrumentos jurídico-urbanísticos em imóveis ociosos do bairro do Recife. Dissertação (Mestrado). Programa de Pós-graduação em Desenvolvimento Urbano (MDU). Centro de Artes e Comunicação. Departamento de Arquitetura e Urbanismo. Universidade Federal de Pernambuco. Recife, 2018. Disponível em: https://repositorio.ufpe.br/handle/123456789/32193. Acesso em: 18 set. 2020.

JARDIM, Felipe; SOUZA, Maria; ROCHA, Danielle. Arrecadação de bem vago abandonado: estudo procedimental e panorama de efeitos. *Revista de Direito da Cidade*, v. 12, n. 2. Rio de Janeiro, 2020.

---

15. OLIVEIRA, Natália Sales de. *Gentrificação e moradia social*: como a política urbana pode atuar. Dissertação (Mestrado) – Programa de Pós-graduação em Direito da Universidade do Estado do Rio de Janeiro. Rio de Janeiro, 2016.

16. Ver mais em: https://odia.ig.com.br/rio-de-janeiro/2018/05/5539206-zona-portuaria-sofre-com-abandono-apos-periodo-de-revitalizacao.html#foto=1.

17. Porto Maravilha [site]. Disponível em: https://www.portomaravilha.com.br/noticiasdetalhe/5046-vacancia-em-imoveis-da-regiao-cai-para-41-por-cento. Acesso em: 09 set. 2020.

18. JARDIM, Felipe; SOUZA, Maria; ROCHA, Danielle. Arrecadação de bem vago abandonado: estudo procedimental e panorama de efeitos. *Revista de Direito da Cidade*, v. 12, n. 2. Rio de Janeiro, 2020. DOI: https://doi.org/10.12957/rdc.2020.47669. Diponível em: https://www.e-publicacoes.uerj.br/index.php/rdc/article/view/47669. Acesso em: 18 set. 2020.

DOI: https://doi.org/10.12957/rdc.2020.47669. Disponível em: https://www.e-publicacoes.uerj.br/index.php/rdc/article/view/47669. Acesso em: 18 set. 2020.

OLIVEIRA, Natália Sales de. *Gentrificação e moradia social*: como a política urbana pode atuar. Dissertação (Mestrado) – Programa de Pós-graduação em Direito da Universidade do Estado do Rio de Janeiro. Rio de Janeiro, 2016.

PIO, Leopoldo Guilherme. *Usos e sentidos no patrimônio cultural no projeto Porto Maravilha*. Rio de Janeiro: Gramma, 2017.

POMAROLI, Maria Isabel. Função Social de Preservação do Patrimônio Cultural e Natural Urbano, de Maria Isabel Pomaroli. *Funções Sociais da Cidade*: Teoria e Espécies à Luz da Constituição Federal de 1988. Rio de Janeiro: Lumen Juris, 2020.

PONTUAL, Virgínia. Prácticas urbanísticas em áreas históricas: o Bairro do Recife. *Biblio 3W* – Revista Bibliográfica de Geografía y Ciencias Sociales, v. XII, n. 752, 5 de octubre de 2007. Disponível em: http://www.ub.edu/geocrit/b3w-752.htm. Acesso em: 09 set. 2020.

RIO DE JANEIRO. Lei 101, de 23 de novembro de 2009. Modifica o plano diretor, autoriza o poder executivo a instituir a operação urbana consorciada da região do porto do Rio e dá outras providências. Rio de Janeiro: Prefeitura, 2009. Disponível em: https://leismunicipais.com.br/a1/rj/r/rio-de-janeiro/lei-complementar/2009/10/101/lei-complementar-n-101-2009-modifica-o-plano-diretor-autoriza-o-poder-executivo-a-instituir-a-operacao-urbana-consorciada-da-regiao-do-porto-do-rio-e--da-outras-providencias. Acesso em: 09 set. 2020.

RIO DE JANEIRO. Tribunal de Justiça do Estado. Acórdão. Relatora: Des. Lúcia Maria Miguel da Silva Lima, com data de julgamento: 26.07.2016 e data de publicação em 26.07.2016, 12ª Câmara Cível.

RIO DE JANEIRO. Tribunal de Justiça do Estado. Acórdão. Agravo de Instrumento 0012348-60.2014.8.19.0000 TJRJ. Relatora: Des. Lucia Maria Miguel da Silva Lima, com data de julgamento 12.07.2016 e data de publicação em 14.07.2016, 10ª Câmara Cível.

SOUTY, Jérôme. Dinâmicas de patrimonialização em contexto de revitalização e de globalização urbana. Notas sobre a região portuária do Rio de Janeiro. *10 anos de Porto Maravilha*: do projeto de renovação à construção de um novo espaço de exclusão. Rio de Janeiro: LetraCapital, 2019.

O TRISTE FIM DO
PALACETE JOAQUIM FRANCO DE MELLO

Paula Fernanda de Souza Vasconcelos Navarro

Mestre em Direito do Estado pela PUC-SP. Pós-graduada em direito administrativo pelo COGEAE/PUC-SP. Formou-se pela PUC-SP. Autora da obra "Políticas Públicas – O controle judicial e o papel das funções essenciais à justiça" publicado pela editora Prismas. Foi Procuradora do Estado de São Paulo nos anos de 2006 a 2008. Juíza de Direito no Estado de São Paulo, titular I da 9ª Vara da Fazenda Pública de São Paulo e Juíza de Direito coordenadora da UPEFAZ – Unidade de Processamento das Execuções contra a Fazenda Pública. Coordenadora do CAJUFA – Centro de Apoio aos Juízes da Fazenda Pública de São Paulo para o biênio 2021/2022. Professora do MPT – Magistratura Para Todos. Diretora do Departamento Cultural da Apamagis – Associação dos Magistrados de São Paulo

Sumário: 1. Introdução – 2. Breve resumo do caso – 3. Aspectos legais do caso concreto – 4. Conclusões – 5. Referências.

1. INTRODUÇÃO

O tombamento é um importante mecanismo de intervenção do Estado na propriedade privada e tem como objetivo a proteção e preservação do patrimônio histórico, cultural, artístico, turístico e paisagístico, podendo recair sobre bens móveis, imóveis, materiais ou imateriais, havendo inclusive hipóteses de tombamento de cidades ou bairros inteiros.

Ocorre que as suas implicações no caso concreto nem sempre alcançam esse mister, fazendo-se imprescindível que o administrador público tenha em mente as consequências fáticas decorrentes da decisão de tombar o patrimônio particular, mormente quando se trata de imóveis residenciais privados, sob o fundamento de seu interesse histórico e arquitetônico.

2. BREVE RESUMO DO CASO

Trato aqui[1] do caso envolvendo o Palacete Joaquim Franco de Mello, um casarão situado no número 1.919 da Avenida Paulista, no coração da cidade de São Paulo, que neste ano de 2021 completa 116 anos de vida e faz parte da primeira geração de residências imponentes que ocuparam o local no início do século XX, época dos barões do café.

---

1. Processo 0420637-26.1992.8.26.0053 em curso na Unidade de Processamento das Execuções contra a Fazenda Pública.

Os dados extraídos do sítio eletrônico Wikipedia[2] trazem as características do imóvel:

"Ocupando um terreno de 4.720m², o imóvel possui 35 cômodos internos e uma grande área verde particular. De área construída, são 600m². A sua fachada é feita em estilo eclético, com influências da arquitetura europeia da época de Luís XV, se utilizando de enfeites rococó do frontão curvo e nos caixilhos das janelas e mansarda renascentista com telhas francesas e torreão. A mistura de estilos que formam a casa confere a mesma uma aparência única, tornando-a um símbolo ímpar dos casarões da época".

A residência é uma das únicas dessa época que sobreviveu à transformação da região, outrora residencial, no principal centro econômico da Capital de São Paulo e do Brasil. Atualmente está incrustada entre enormes prédios comerciais e em meio a um intenso vaivém de pessoas que circulam pela movimentada região da Avenida Paulista, cartão postal da cidade de São Paulo.

A residência foi construída pelo português Antônio Fernandes Pinto para ser moradia da família do rico agricultor e coronel Joaquim Franco de Mello. Foi uma das primeiras a surgirem na imponente avenida Paulista entre os anos de 1891 e 1937, período em que muitos barões do café e empresários paulistanos decidiram fixar residência nas casas da nova e luxuosa avenida.

Consta dos arquivos históricos que o coronel Joaquim Franco de Mello, que dá o nome ao casarão, foi um rico agricultor. Dentre as inúmeras atividades que exerceu, fundou uma cidade no interior paulista e deu a ela o nome de sua esposa, Lavínia. Joaquim residiu no imóvel com sua esposa, Lavínia Daut Salles Lemme e seus três filhos, Raphael, Rubens e Raul.

Raphael e Raul tornaram-se médicos. O primeiro, conhecido por Dr. Raphael Franco de Mello, manteve-se ativo na profissão por muitos anos nos meios médicos do Brasil. O segundo, conhecido por Dr. Raul Franco de Mello, foi fundador do conselho de endocrinologia, membro da UNESCO e empresário da Comunidade Empresarial da cidade de São Paulo. Foi casado com Charlotte Franke Franco de Mello, primeira consulesa na América Latina e representante do Governo estadunidense em São Paulo. O casal teve um filho, Joaquim Franco de Mello Neto, que se tornou pecuarista e empresário, atuando nas áreas da aviação e da construção civil.

Já o terceiro filho, Rubens, tornou-se advogado e é um dos autores da ação judicial objeto do presente estudo. Conhecido por Dr. Rubens Franco de Mello, também foi pecuarista e empresário. Exerceu cargos públicos, ocupando o cargo de Secretário da Federação de Agricultura do Estado de São Paulo. Casado com Lia Junqueira Franco de Mello em primeiras núpcias e com Ildenira Duquini em segundas núpcias. Teve seis filhos no total e todos com a primeira esposa: Rubens Filho, Ricardo, Renato, Joaquim Mario, Rita Helene e Antônio Sérgio.

---

2. Disponível em: https://pt.wikipedia.org/wiki/Resid%C3%AAncia_Joaquim_Franco_de_Melo. Acesso em: 10 ago. 2021.

Existem outros ilustres membros da família Franco de Mello. São eles: Dr. Ricardo Gumbleton Daut, patrono e médico do Instituto de Identificação da Polícia Civil do Estado de São Paulo; Dr. Prudente de Morais Barros, presidente do Brasil; Manoel Ferraz de Campos Salles e José de Salles Leme, cafeicultores, fundadores da cidade de Barra Bonita, empresários e acionistas majoritários da estrada de ferro Barra Bonita e também, é claro, seu genro e proprietário do casarão, coronel Joaquim Franco de Mello, fundador da cidade de Lavínia.[3]

O imóvel ocupado pela família está atualmente em péssimo estado de conservação. Há anos não recebe pintura, uma vegetação já aparece nas paredes do imóvel, fruto de inúmeras infiltrações e há diversos vidros quebrados. O entorno da construção foi usado de estacionamento, explorado comercialmente pelo filho Rubens, e o piso histórico foi danificado pela movimentação dos veículos. Parte da vegetação tombada também foi suprimida.

A ausência de uma destinação adequada ao imóvel se deve, em grande medida, a uma antiga e infindável batalha jurídica travada entre os herdeiros da família Franco de Mello e o Poder Público.

A batalha judicial iniciou-se com a utilização do instituto do tombamento, sem que o Poder Público tivesse adotado medidas concretas para enfrentar as consequências de tombar um imóvel particular, pois esse não era o desejo da família, embora houvesse um evidente interesse de preservação do patrimônio histórico e arquitetônico da cidade de São Paulo.

Após o ato de tombamento seguiu-se o desinteresse da família na manutenção do bem, ao argumento de que o imóvel perdera o valor econômico, na medida em que não poderia mais ser utilizado. A família, então, deixou-o à própria sorte e requereu judicialmente o reconhecimento do direito de indenização estatal pela desapropriação indireta do bem, em virtude da alegada perda de seu valor comercial.

Houve também atuação em paralelo do Ministério Público, que ajuizou uma ação civil pública alegando que os proprietários não estavam cumprindo o dever de preservação e cuidado com o bem tombado, requerendo a apuração das responsabilidades e apontando tanto o Poder Público quanto os herdeiros proprietários como responsáveis pela conservação do imóvel.

Ao final, aguarda-se ainda o desenlace das duas ações judiciais, em fase final de tramitação, que serão a seguir resumidas e analisadas.

3. ASPECTOS LEGAIS DO CASO CONCRETO

A disputa jurídica envolvendo o Palacete Franco de Mello teve início em 1992 quando o imóvel foi tombado pela Secretaria de Cultura do Estado de São Paulo,

---

3. Disponível em: https://pt.wikipedia.org/wiki/Resid%C3%AAncia_Joaquim_Franco_de_Melo. Acesso em: 11 ago. 2021.

conforme resolução SC-36 de 16.11.1992, processo 22.121/1992. Consta do decreto de tombamento a motivação do ato como sendo o interesse histórico-arquitetônico e ambiental do imóvel.[4]

O tombamento abrangeu tanto a casa principal quanto a vegetação de grande porte arbóreo que lhe era pertinente e contínua ao terreno lindeiro, onde outrora se erguia a Vila Fortunata, então propriedade de Rene Thiolier.

Na época do tombamento o imóvel do coronel Joaquim Franco de Mello já havia sido transmitido por sucessão testamentária a seus filhos com as cláusulas de inalienabilidade, incomunicabilidade e impenhorabilidade, inclusive dos frutos e rendimentos, além da imposição do fideicomisso para que, em caso de falecimento dos filhos sem que deixassem herdeiros vivos conhecidos, sua parte retornasse aos demais filhos sobreviventes do testador.

Então, logo após o decreto de tombamento, o filho do coronel Joaquim Franco de Mello, Dr. Rubens Franco de Mello e sua segunda esposa, Dra. Ildenira Duquini Franco de Mello, ambos advogados e proprietários do imóvel à época, ajuizaram ação de desapropriação indireta contra a Fazenda do Estado de São Paulo.

A principal alegação dos requerentes foi a de que o tombamento não se tratou de uma simples limitação administrativa, mas uma supressão integral do seu direito de propriedade, por atingir o que ele tem de prevalente, que era o seu aproveitamento econômico, configurando-se, afirmaram, um confisco estatal.

Assentaram suas razões em um importante precedente da época advindo do julgamento do processo relativo à chamada "Casa Modernista", no qual o célebre doutrinador Hely Lopes Meirelles cunhou a famosa frase "tombamento não é confisco", que até hoje é utilizada como fundamento jurídico das causas da mesma natureza.

Alegaram, ainda, que o tombamento impediria aquilo que chamaram de "destinação natural" do imóvel, qual seja, a de receber um prédio de grande porte, à semelhança daqueles existentes na mesma via pública (indiscutivelmente a mais valorizada de toda a cidade de São Paulo na época), caracterizando o apossamento administrativo com a consequente obrigação de indenizar.

Citada, a Fazenda do Estado de São Paulo impugnou os argumentos, dizendo que os autores, com o pedido, pretendem alienar o bem compulsoriamente ao Estado,

---

4. Resolução SC-36, de 16.11.1992: "O Secretário da Cultura, nos termos do artigo 1º do Decreto-lei 149, de 15.08.1969 e do Decreto 13.426, de 16.03.1979, cujos artigos 134 a 149 permanecem em vigor por força dos artigos 187e 193 do Decreto 20.955, de 1º.06.1983, resolve: Artigo 1º Fica tombado como bem cultural de interesse histórico arquitetônico e ambiental, o imóvel na Av. Paulista, l.919, nesta Capital, cujos componentes seguem discriminados abaixo: 2) a casa principal em estilo arquitetônico eclético, construída inicialmente em 1905, reformada e ampliada em 1921, tendo recebido o "habite-se" em 1932. b) a vegetação de grande porte arbóreo que lhe é pertinente e contígua à existente no terreno lindeiro, onde outrora se erguia a Vila Fortunato então de propriedade de René Thiolier. Artigo 2º– Fica o Conselho de Defesa do Patrimônio Histórico, Arqueológico, Artístico e Turístico do Estado Condephat autorizado a inscrever no Livro do Tombo competente o referido bem, para os devidos c legais efeitos. Artigo 3º – Esta Resolução entrará cm vigor na data.de sua publicação".

utilizando-se da via judicial. Argumentou também que o imóvel foi adquirido por testamento e estava gravado com as cláusulas da incomunicabilidade, impenhorabilidade e inalienabilidade, além do fideicomisso, o que retiraria, de toda sorte, seu aproveitamento econômico. Sustentou, assim, que o tombamento não trouxe nenhuma restrição que já não existia ao imóvel.

Segundo a ré, não havia prova da destinação econômica anterior, sequer de qualquer projeto de construção de prédio de grande porte no local. A ré também afirmou que na época do tombamento já existiam restrições municipais a novas construções na localidade, de modo que o imóvel não poderia se destinar, como queriam os autores, à construção de um edifício comercial.

Por fim, o Estado argumentou que os proprietários poderiam fazer uso da venda do potencial construtivo, de sorte que o ato administrativo não criou supressão total ao uso econômico do bem, tampouco trouxe restrições excessivas à utilização do imóvel.

Na prova pericial produzida no ano de 1993, o Sr. Perito judicial concluiu que o estado do imóvel era bom e "a recuperação para o seu estado original só poderá ser executada por artistas profissionais e artesãos de alto gabarito".

Na época, o imóvel estava sendo usado para estacionamento de veículos, sendo que no porão residiam alguns caseiros e no andar principal duas salas eram ocupadas pelo filho do autor, Sr. Rubens Franco de Mello.

O laudo pericial usou como parâmetro para a fixação do valor do bem os seguintes critérios: o valor do terreno teve como paradigma os prédios com lançamentos imobiliários recentes da avenida Paulista, considerando-se a possibilidade de erguer-se no local um prédio comercial de 7.000 metros quadrados. O valor do terreno foi fixado em dólares americanos convertidos para a cotação da moeda brasileira à época da avaliação; a construção principal foi avaliada tomando-se como base imóveis de alto luxo; e o porão teve como referência o valor de uma construção modesta. Houve também o arbitramento do valor das árvores existentes no imóvel, as quais também foram periciadas e avaliadas.

Dessa forma, o laudo pericial quantificou o valor da indenização considerando tanto o preço do terreno para a construção de um prédio novo e de grande porte, quanto uma residência de luxo que seria demolida na hipótese dessa construção predial, sendo que ambos os montantes foram somados para a consideração do valor final devido pela Fazenda

O feito possui um interessante parecer elaborado a pedido da Procuradoria Geral do Estado pelo então advogado e professor titular aposentado da Universidade de São Paulo, Doutor José Afonso da Silva. Neste parecer, o ilustre jurista trouxe o conceito de tombamento, analisou a questão da destinação natural do bem e respondeu, dentre outras questões, se o tombamento é ato indenizável, conforme o artigo 37, § 6º da Constituição Federal, quando é incontroversamente reconhecido que não houve apossamento e o imóvel continua sendo explorado economicamente, estando, ademais, situado em zona de preservação municipal, cujas limitações não destoam do tombamento e a ele precedem em 8 anos. Perguntou-se também ao jurista se era possível, conforme a Constituição Federal, preservar o imóvel mediante tombamento, sem desapropriação e qual seria o alcance de uma possível indenização de prejuízos.

No parecer, José Afonso da Silva classifica o tombamento da seguinte forma:

> "O tombamento, então, é uma forma de restrição do direito de propriedade pelo qual o bem tombado se inclui no patrimônio cultural (histórico, artístico, paisagístico etc.) com a configuração de bem de interesse público, subordinado a um regime jurídico especial que lhe impõe vínculos de destinação, de imodificabilidade e de relativa inalienabilidade (impõe direito de preferência), como ônus do proprietário do bem gravado."

Sobre a questão da destinação natural do referido imóvel, o eminente professor defendeu que a propriedade urbana não tem destinação natural, mas destinação legal, sendo que a utilização de um imóvel urbano pelos seus proprietários depende da predeterminação dada pela legislação e planos urbanísticos.

Dessa forma, o direito de construir não é um direito subjetivo em abstrato que caiba ao proprietário, mas simples faculdade que depende do Plano Diretor, especialmente das leis de zoneamento e das leis que definem o direito de construir. Conclui que não há, portanto, uma destinação natural de imóveis urbanos.

Já no início da década de 90 e diante da jovem Constituição Federal à época, o professor defendeu[5]:

> "Mas não é só uma questão doutrinária, porque em verdade essa doutrina foi acolhida pela Constituição de 1988, segundo a qual a propriedade urbana cumpre sua função social quando atende às exigências fundamentais da ordenação da cidade expressas no plano diretor (art. 182, § 2°), e o plano diretor é o instrumento básico da política de desenvolvimento urbano que tem por objetivo ordenar o pleno desenvolvimento das funções sociais da cidade e garantir o bem-estar de seus habitantes (art. 182 e seu §1°). E assim se define a função social da propriedade urbana. Entre as funções sociais da cidade se inclui também a função cultural, a função preservacionista dos bens imóveis de interesse cultural (histórico, artístico, paisagístico etc.), que a Constituição confia também aos Estados e Municípios no art. 23, III, e no art. 24, VII, além dos art. 215 e especialmente, para o caso, o art. 216, que declara incluírem-se no patrimônio cultural brasileiro, entre outros bens, as obras, edificações, conjuntos urbanos e sítios de valor histórico, paisagístico, artístico etc. (incs. IV e V), uma vez classificado como tal, claro está."

Segue o parecerista dizendo que "essa ordenação é feita em benefício de todos, porque confere habitabilidade adequada e consequente qualidade de vida e bem-estar a seus habitantes (CF, art. 182), como resultado da atividade urbanística que é função pública, que importa na valorização dos imóveis privados, valorização que se incorpora no patrimônio de seus proprietários sem contrapartida destes, ou benefícios que lhe advém sem trabalho deles. Por isso, esses ônus e encargos não são indenizáveis".

---

5. Parecer apresentado no processo 0420637-26.1992.8.26.0053 em curso na Unidade de Processamento das Execuções contra a Fazenda Pública.

Sobre a questão da indenização do bem tombado, o parecer concluiu pela impossibilidade. Sustentou que o tombamento é simples restrição do direito de demolição, destruição ou mutilação do bem e essas restrições não impedem o uso regular que os proprietários estavam fazendo do imóvel, qual seja, a habitação e o uso comercial como estacionamento. Não houve na hipótese o chamado "apossamento administrativo", situação que classificou como requisito para que o tombamento fosse indenizável, sendo que as leis municipais precedentes ao tombamento feito pelo Estado já determinavam limitação de uso que obrigava à preservação do imóvel.

Mesmo concluindo pela impossibilidade de indenização do bem tombado, o doutrinador também analisou qual seria uma possível indenização e concluiu que não era legítimo que o Estado pagasse por um imóvel gravado pelas disposições testamentárias que incidem no caso e situado numa zona de preservação que impede a construção de edifícios, preço estabelecido com esteio em paradigmas sobre os quais não há gravames, nem semelhantes restrições. A justa indenização também deve ser vista sob o prisma do interesse público.

Após o parecer veio aos autos notícia de sentença condenatória proferida contra a empresa de estacionamento que explorava comercialmente o terreno, condenando-a a reparar os danos ao piso lateral da mansão, os quais decorreram da movimentação de muitos veículos, bem como por ter suprimido parte da vegetação nativa que fazia parte do local.

Ao final da instrução probatória, o Ministério Público opinou pela procedência do pedido em seus exatos termos, inclusive a integralidade do pedido indenizatório, tal qual constante do laudo pericial.

Sobreveio sentença de procedência em primeiro grau, acolhendo-se integral-mente o pedido dos autores. Segundo o magistrado prolator da decisão:

> "no caso, é notório que um imóvel situado na Avenida Paulista tem seu valor de mercado extre-mamente reduzido, praticamente aniquilado, por não poder se prestar a edificação, e a fazenda estadual, responsável pelo tombamento, deve indenizar os autores, pelo valor total de sua proprie-dade, que na prática se assemelha à desapropriação indireta, para o efeito do bem ser incorporado ao patrimônio público".

Sobre as restrições urbanísticas impostas por lei que já limitavam as construções da região da Avenida Paulista na época do tombamento, o ínclito julgador entendeu que "a legislação municipal apenas fez restrições ao uso da propriedade, sujeitando-a ao controle da Secretaria Municipal de Planejamento, mas com o tombamento, o valor da propriedade dos autores foi praticamente anulado. São situações díspares, que não podem ser comparadas diante do alcance do tombamento em relação às restrições que até então existiam".

A indenização foi fixada no valor apurado pelo Senhor Perito Judicial, conside-rando-se o metro quadrado do terreno para a edificações comerciais novas na avenida

Paulista, o preço da construção compatível com um imóvel de luxo e a vegetação existente na época em que foi realizada a perícia.

A sentença não tratou das questões relativas às cláusulas que limitavam o imóvel, mas a matéria foi devolvida à instância superior, que enfrentou a questão, decidindo da seguinte forma:

> "O direito de usar é amplo e abrange no caso, a construção existente (motivo único do tombamento, à. fl. 09), mas que abrangeu, também, o terreno que a envolve. Se não tombado, embora pendente de cláusulas restritivas, os titulares não estariam impedidos – observadas as restrições urbanísticas –, de construir, "a latere" da construção existente, outros imóveis, benfeitorias, edículas, sobrados e, porque não, novos edifícios, sem alienar, sem dar a penhora e sem comunicar o domínio. As cláusulas não ordenaram a inércia no que existe. Preservaram o que existe. Não se pode olvidar que, se não tombado, sem conservação, o imóvel, um dia ruiria e, da mesma forma, também aí o imóvel (construção) não mais existiria, caracterizando-se a perda do objeto. Quanto à presunção constitucional, da proteção à propriedade (arts. 5º, XXII e XXIV; 182, § 3º; 216, § lº) mais beneficia os titulares com a perda do uso pleno, ainda que sem poder alienar e os autores não se insurgem contra o tombamento em si, pretendem ressarcimento. O artigo 37, § 6º, da Constituição Federal reforça a indenizabilidade. Desta forma, não há negativa a vigência aos artigos 1.676, 1.677, 1.733 e 1.734 do Código Civil Brasileiro e nem mesmo resta ferida a norma constitucional."[6]

Importante ressaltar que o V. acórdão não determinou a sub-rogação das cláusulas restritivas no preço do imóvel, de forma que com a decisão da segunda instância elas deixaram de existir.

A decisão foi integralmente mantida nas instâncias superiores, tanto após a interposição de recurso especial, quanto em recurso extraordinário, os quais não foram conhecidos, o primeiro pela aplicação da Súmula 7 do C. STJ, que veda o reexame da matéria fática e o segundo por não entender a Corte Superior que havia matéria constitucional a ser debatida.

Contudo, anotou o C. STF que a possibilidade de extrair lucro do imóvel não era totalmente inviável e a sentença foi "pouco criativa" quanto as possibilidades de uso lucrativo do bem, considerando que se situa na Avenida Paulista.

Um interessante dado a esse respeito foi o comparecimento, no curso da ação, de um advogado representando interessado dos Estados Unidos da América em locar o imóvel e restaurá-lo. Disse o causídico que o contrato foi inviabilizado em virtude da ausência de interesse dos proprietários, que manifestaram verbalmente seu desinteresse na locação para que a ação de indenização por desapropriação indireta não perdesse o objeto.

Após o trânsito em julgado, foi expedido precatório para quitação do valor da indenização, cujo montante foi incluído no mapa orçamentário anual do ano de 2001, pelo total de R$ 55.842.365,28. O precatório foi depositado em três parcelas, nos meses de abril, maio e junho de 2018, no valor atualizado de R$ 218.346.617,46.

---

6. Apelação Cível 270.823-2/9-00, Relator Afonso Faro, 6ª Câmara de Direito Público, DJ 03.11.1997.

Referido valor ainda não foi levantado pelos sucessores dos autores, eis que aguarda-se a definição do montante cabível aos herdeiros e aos seus credores, dentre eles o pagamento dos IPTUs atrasados desde a década de 90 ao fisco municipal, cessionários de crédito e penhoras no rosto dos autos.

A despeito de ser autor da ação civil pública ajuizada para a conservação do bem e indenização pela sua deterioração, o Ministério Público de São Paulo (Promotoria do Patrimônio Público e Social da Capital) demonstrou desinteresse no processo de desapropriação indireta após o depósito do valor do precatório, inicialmente requerendo a remessa dos autos à Promotoria do Meio Ambiente da Capital.

A Promotoria do Meio Ambiente não vislumbrou interesse ambiental ou de tutela do patrimônio histórico, cultural ou arquitetônico apto a ensejar sua intervenção e requereu a remessa dos autos, para análise de eventual intervenção, à Promotoria Especializada de Defesa do Patrimônio Público e Social.

Nesta esteira, sobreveio decisão em agravo de instrumento que considerou desnecessária a intervenção do Ministério Público, na medida em que diversas foram as oportunidades para sua manifestação.

A pedido da Procuradoria Geral do Estado foi reservado valor para restauração do imóvel, no total aproximado de 27 milhões de reais.

No bojo da ação de indenização ora em análise consta notícia da existência de uma ação civil pública[7] ajuizada pelo Ministério Público Estadual em face do Estado de São Paulo, do Município de São Paulo e de Rubens Franco de Mello, então proprietário do imóvel e autor da ação de desapropriação indireta, pleiteando o órgão ministerial a condenação solidária dos requeridos na obrigação de fazer consistente em conservar o imóvel tombado.

Na decisão de primeiro grau, a magistrada julgou procedente o pedido, condenando todos os requeridos nos termos do pedido inicial. Para tanto, considerou o descrito na Lei 10.0321/85 que dispõe sobre a criação do Conselho Municipal de Preservação do Patrimônio Histórico, Cultural e Ambiental da Cidade de São Paulo, estabelecendo em seu artigo 30 a responsabilidade objetiva do proprietário do bem tombado na simples ocorrência de fato que viole qualquer dispositivo da aludida lei.

Além disso, embora tenha ressalvado o direito de propriedade, lembrou que a Constituição Federal estabeleceu novo paradigma jurídico para o instituto, determinando que a propriedade deve atender a sua função social.

Segundo a magistrada prolatora da decisão singular:

"A propriedade adquiriu uma nova dimensão social, que revolucionou a maneira tradicional de entender suas limitações, que já não podem mais ser consideradas simples exceções, mas sim como partes constitutivas do conteúdo normal do direito dominial. A regra imposta pela Cons-

---

7. Processo 0041661-82.2009.8.26.0053 em curso da 6ª Vara da Fazenda Pública de São Paulo.

tituição Federal veio transformar a limitação do direito de propriedade, que antes era tido como exceção, em regra geral".

Portanto, os interesses individuais do proprietário devem ser compatibilizados com os interesses supraindividuais da coletividade, concluindo daí que é dever do proprietário de bem tombado preservar o patrimônio, pois o que prevalece é o interesse público dele decorrente.

Assentou que no caso concreto os proprietários sempre mantiveram a posse do imóvel, exercendo os poderes de usar e gozar, razão pela qual torna irrelevante para configurar sua responsabilidade a ação de desapropriação indireta ou a nomeação da Municipalidade como depositária do bem em ação de execução.

Concluiu que os proprietários deixaram de dar função social ao imóvel, desrespeitaram as regras impostas pelo tombamento ao permitirem a deterioração de patrimônio histórico, arquitetônico e cultural, para garantir o recebimento da indenização, sendo que parte dos bens que a integram já não mais existem, como a vegetação.

Ao final, a magistrada considerou Estado e Município responsáveis subsidiários pela conservação do bem e condenou todos a restaurarem e conservarem o imóvel tombado, inclusive a vegetação que foi suprimida, após aprovação do projeto pelas autoridades competentes.

Contudo, a decisão singular foi reformada em segundo grau, por maioria de votos, reconhecendo-se a ilegitimidade passiva dos proprietários e do município para a conservação do bem, mantendo-se a condenação apenas em face da Fazenda do Estado de São Paulo.

Segundo o V. acórdão, o reconhecimento da desapropriação indireta gera efeitos retroativos, de forma que há mais de 20 anos a propriedade do imóvel é do Estado, cabendo somente a ele a sua conservação.

Concluiu o eminente relator: "Desse modo, no caso, o imóvel passou para a propriedade do Estado de São Paulo desde novembro de 1992, de modo que o até então proprietário e seus sucessores não detêm qualquer responsabilidade sobre ele".[8]

Com essa conclusão não concordou o eminente revisor, assentando o seguinte:

"Mas penso que não se pode perder de vista que, nada obstante a natureza "ex tunc" de que normalmente se revestem os atos de apossamento administrativo do patrimônio particular, no caso dos autos restou bem claro que os antigos proprietários tabulares continuaram na posse do bem, tanto assim que, por determinação da r. sentença de primeiro grau, mantida em todas as subsequentes instâncias, ordinária, especial e extraordinária, não houve condenação ao pagamento de juros compensatórios, condenação expressamente excluída. Se os proprietários mantiveram-se na posse, não parece razoável concluir estivessem privados de extrair do bem algum retorno econômico e de adotar alguma medida tendente à respectiva conservação".

---

8. TJ/SP Apelação cível 0041661-82.2009.8.26.0053, relator Oscild de Lima Junior, DJ 17.11.2015.

De fato, impende anotar-se que a imissão da posse do Estado no imóvel deu-se apenas em 25.06.2019, sendo que até essa data a posse do bem esteve com os proprietários e seus herdeiros, de maneira incontroversa, inclusive explorando-o comercialmente, mas prevaleceu o entendimento do relator.

A ação civil pública ainda não transitou em julgado e se aguarda posicionamento do C. Superior Tribunal de Justiça no recurso especial interposto pela Fazenda do Estado de São Paulo.

No ano de 2019 iniciou-se cumprimento provisório da sentença da ação civil pública. Nele, o Ministério Público pede que o Estado de São Paulo tome as providências necessárias para a preservação do imóvel.

Em recente manifestação datada de abril de 2021 a Procuradoria do Contencioso Ambiental e Imobiliário do Estado esclareceu que o Estado de São Paulo trabalha atualmente com a possibilidade de outorga do casarão à iniciativa privada mediante a garantia de implantação de projeto de natureza cultural. O projeto anterior de instalação do Museu da Diversidade Sexual, ao que se pesquisou, não será mais executado.

4. CONCLUSÕES

Portanto, a prevalecer a situação jurídica atual, a integralidade do valor do restauro do bem será arcada pela Fazenda do Estado de São Paulo e os herdeiros atuais receberão a totalidade do valor da indenização, descontados os débitos que recaem sobre o imóvel, uma vez que o autor originário da ação faleceu em 2019.

Mais, o Estado de São Paulo está pagando uma indenização que levou em conta um imóvel em bom estado de conservação, com o metro quadrado baseado em padrão de alto luxo e com o potencial construtivo de um grande edifício novo na Avenida Paulista. Em contrapartida, está recebendo um casarão completamente deteriorado, com a vegetação original destruída, infiltrações de toda ordem, vidros quebrados e móveis dilacerados, com a necessidade de um alto gasto para o seu restauro.

A conclusão inexorável a que se chega é que a falta de cumprimento do dever de manter o imóvel tombado, seja pelos proprietários, seja pelo Poder Público, afeta interesse transindividuais, permitindo a subtração de bem que compõe a nossa história, atingindo gerações futuras.

O triste fim do palacete Joaquim Franco de Mello é aguardar a definição da situação jurídica acerca da responsabilidade do seu restauro, discussão atualmente pendente de análise no C. Superior Tribunal de Justiça e almejar uma atuação mais efetiva de todas as esferas de Poder: Municipal, Estadual e Ministerial, na esperança de que o tempo não seja implacável com a construção histórica e ainda permita seja dada uma destinação adequada ao imóvel, ao contrário do que já aconteceu em inúmeros casos semelhantes em que descaso e abandono, somados à demora da solução jurídica do caso, ensejou na sua destruição.

Espera-se com esse artigo lançar luzes não apenas sobre o tema, mas também um sopro de esperança para que o patrimônio histórico resista, conclamando as autoridades públicas que atuam no caso a voltarem seu olhar para o problema e a trabalharem em conjunto para viabilizar uma solução que atenda o interesse difuso e coletivo não apenas da sociedade Paulistana, mas também em nome da preservação da própria história do Brasil.

5. REFERÊNCIAS

ALLARI, Adilson Abreu. Autonomia e responsabilidade do Ministério Público. In: RIBEIRO, Carlos Vinicius Alves (Org.). *Ministério Público*: reflexões sobre princípios e funções institucionais. São Paulo: Atlas, 2010.

BACELLAR FILHO, Romeu Felipe; HACHEM, Daniel Wunder (Org.). *Direito administrativo e interesse público*. Estudos em homenagem ao professor Celso Antônio Bandeira de Mello. Belo Horizonte: Fórum, 2010.

BANDEIRA DE MELLO, Celso Antônio. *Conteúdo jurídico do princípio da igualdade*. 3. ed. São Paulo: Malheiros, 2007.

BANDEIRA DE MELLO, Celso Antônio. *Curso de direito administrativo*. 28. ed. São Paulo: Malheiros, 2011.

BANDEIRA DE MELLO, Oswaldo Aranha. *Princípios gerais de direito administrativo*. 3. ed. São Paulo: Malheiros, 2007. v. 1.

CANOTILHO, J.J. Gomes. *Direito constitucional e teoria da Constituição*. 3. ed. Coimbra: Almedina, 1997.

CANOTILHO, J.J. Gomes. *Direito constitucional*. 5. ed. Coimbra: Almedina, 1993.

CANOTILHO, J.J. Gomes. *Estudos sobre direitos fundamentais*. São Paulo: Ed. RT, 2008.

DINAMARCO, Cândido Rangel. *A instrumentalidade do processo*. 8. ed. São Paulo: Malheiros, 2000.

DWORKING, Ronald. *Levando os direitos a sério*. São Paulo: Martins Fontes, 2002.

GRAVONSKI, Alexandre Amaral. *Técnicas extraprocessuais de tutela coletiva*. São Paulo: Ed. RT, 2010.

MAZZILLI, Hugo Nigro. *O acesso à justiça e o Ministério Público*. 5. ed. São Paulo: Saraiva, 2007.

PIRES, Luis Manuel Fonseca. *Controle judicial da discricionariedade administrativa*: dos conceitos jurídicos indeterminados às políticas públicas. São Paulo: Campus Jurídico, 2020.

RIBEIRO, Carlos Vinicius Alves (Org.). *Ministério Público*: reflexões sobre princípios e funções institucionais. São Paulo: Atlas. 2010.

ZENKNER, Marcelo. Ministério Público e solução extrajudicial de conflitos. In: RIBEIRO, Carlos Vinicius Alves (Org.). *Ministério Público*: reflexões sobre princípios e funções institucionais. São Paulo: Atlas. 2010.

PROTEÇÃO DO PATRIMÔNIO HISTÓRICO E CULTURAL *VERSUS* EFETIVIDADE DA LEGISLAÇÃO URBANÍSTICA

Wilson Levy

Doutor em Direito Urbanístico pela PUC-SP, com pós-doutoramento em Urbanismo pela Mackenzie e em Direito da Cidade pela UERJ. Diretor e professor permanente do programa de pós-graduação em Cidades Inteligentes e Sustentáveis da UNINOVE. Membro da Comissão de Direito Notarial e Registros Públicos da OAB-SP. Conselheiro, representando o Conselho Regional de Engenharia e Agronomia (CREA) do Conselho Municipal de Preservação do Patrimônio Histórico, Cultural e Ambiental da Cidade de São Paulo (CONPRESP), no período 2021-23. Advogado. E-mail: wilsonlevy@gmail.com.

Sumário: 1. Introdução – 2. Para começo de conversa: a cidade como espaço em disputa – 3. A proteção do patrimônio histórico e cultural: aspectos jurídicos – 4. Efetividade da legislação urbanística – 5. O caso "chácara das jabuticabeiras": proteção do patrimônio histórico e cultural *versus* efetividade da legislação urbanística – 6. À guisa de conclusão – 7. Referências.

1. INTRODUÇÃO

São cada vez mais comuns os conflitos de interpretação e aplicação do Direito em casos envolvendo a proteção do patrimônio histórico e cultural, em especial pela via administrativa do tombamento, e a observância de diretrizes inscritas no plano diretor e na legislação correlata.

Tais casos têm provocado perguntas as mais variadas, mas uma é especialmente relevante, porque decisiva para resolver as controvérsias que, com frequência, acabam por ser submetidas à apreciação do Poder Judiciário: na interpretação do conteúdo substancial da função social da propriedade, inscrita no *caput* e no inciso XXIII do art. 5º da Constituição da República Federativa do Brasil (CRFB), a proteção do patrimônio histórico e cultural – prevista no art. 216 da CRFB – deve ter maior relevância em face do que estabelecem as diretrizes do plano diretor, cuja previsão explícita está contida no art. 182, § 2º, da CRFB?

O objetivo deste artigo, nesse sentido, é enfrentar a referida questão, cuja relevância para a presente obra coletiva decorre da controvérsia que se instalou no bojo do processo 6025.2019/0008103-5, que tramitou no Conselho Municipal de Preservação do Patrimônio Histórico, Cultural e Ambiental da Cidade de São Paulo (CONPRESP), no qual se discutiu o tombamento do recorte do tecido urbano localizado no polígono formado pelas ruas Benito Juarez, Dr. Fabrício Vampré, Cel. Artur Godoy e Humberto I e intitulado "Chácara das Jabuticabeiras".

Para tanto, serão mobilizadas a literatura especializada destes destacados campos de estudo e a legislação correlata. As etapas de análise considerarão tanto as abordagens teóricas quanto as possíveis lacunas existentes no âmbito da regulação específica do tema, principiando numa análise preliminar sobre o caráter conflitivo da vida e da dinâmica urbanas e passando, em seguida, pela análise do estatuto jurídico da proteção do patrimônio (e seu lugar na definição da função social da propriedade urbana) e pela análise da disciplina geral da função social da propriedade urbana a partir do plano diretor e da legislação correlata.

Espera-se como resultado contribuir para uma melhor organização desta e de outras controvérsias relacionadas ao tema.

2. PARA COMEÇO DE CONVERSA: A CIDADE COMO ESPAÇO EM DISPUTA

Um primeiro passo necessário à compreensão da problemática que se discute neste artigo é o reconhecimento da cidade como um espaço em disputa. Essa disputa acontece, em grande medida, porque a cidade, enquanto manifestação territorial e geográfica, é responsável por aproximar pessoas, circunstâncias e interesses que nem sempre (ou quase nunca) se coadunam.

Pode-se, com alguma facilidade, reconhecer a manifestação de diversos interesses na forma de demandas individuais e coletivas, embora, contemporaneamente, as articulações coletivas estejam cada vez mais encapsuladas em organizações sociais menores. Se até o final do século XX o mundo podia ser compreendido a partir dos cânones reflexivos da luta de classes, hoje esse mesmo mundo é marcado por expectativas vocalizadas por grupos cujas necessidades não mais são contempladas por essa chave interpretativa. É o caso dos grupos identitários e das inúmeras associações formadas a partir de aspirações materiais comuns.

Esse cenário é refletido na vida urbana, cujos habitantes, a despeito de partilharem o mesmo espaço, enxergam a cidade, sua fruição, apropriação e produção sob enfoques completamente distintos e, com frequência, contraditórios. E é ainda mais complexo quando a análise passa a considerar, também, o caráter estruturalmente desigual que marca o acesso aos benefícios da urbanização em diversas cidades do mundo e, mais ainda, no Brasil.

Na prática, esse caráter conflituoso se revela em muitos eventos que a esfera pública vê estampados nos jornais com frequência: a luta por mais um parque público, num terreno que seria ocupado por prédios comerciais ou residenciais; a disputa em torno do destino de um determinado equipamento público ocioso ou subutilizado; a reivindicação pela preservação das características originais de um determinado bairro em oposição às mudanças observadas no mercado imobiliário; posições contrárias ou favoráveis à manutenção de um zoneamento estritamente residencial em região determinada da cidade; o destino de prédios abandonados nas porções degradadas dos centros urbanos. Cada qual com atores bem definidos, pautas, estratégias de ação e níveis de articulação, entre si e em conjunto com atores institucionais do Estado e do sistema Justiça.

Pode-se enxergar a questão a partir das múltiplas formas de compreender o chamado "direito à cidade", como aponta Bianca Tavolari em importante ensaio[1] sobre este que é um tema candente dos estudos urbanos, e que foi o objeto da tese de doutoramento deste autor.[2] De qualquer forma, a despeito da ampla discussão que se fez sobre este tema, o fato é que ainda não há uma univocidade quanto ao seu significado e alcance, inclusive sob o enfoque estritamente jurídico-normativo.

Pode-se, ainda, buscar compreender os conflitos a partir dos estudos sobre o comportamento NIMBY, expressão de língua inglesa (*not in my backyard*) que designa um determinado padrão (conservador) de comportamento em relação à cidade e suas regiões e, principalmente, suas dinâmicas de transformação, abrangendo desde a forma como se dão essas dinâmicas até políticas públicas de cunho social voltadas, entre outros, à provisão de moradia para pessoas hipossuficientes ou em situação de vulnerabilidade. Sobre este particular, a literatura estrangeira é vasta e detalhada, chamando a atenção, entre outros, o texto de Georgina McNee e Dorina Pojani, intitulado *NIMBYism as a barrier to housing and social mix in San Francisco* (NIMBYismo como barreira para habitação e mistura social em São Francisco).[3]

Em todas essas abordagens, o elemento comum é o conflito, o que, embora aparentemente óbvio, é de fundamental importância para entender o que motiva o choque entre diretrizes de planejamento urbano, como aquelas extraídas do plano diretor em seu papel de instrumento básico da política urbana, e a aplicação do arcabouço legal incidente sobre a proteção do patrimônio histórico e cultural. Estes são, em verdade, parte de um todo maior, cujo tratamento adequado impõe tanto a realização de um debate público suficientemente esclarecido sobre as grandezas envolvidas e, também, o dever constante de atualização de marcos regulatórios, com vistas a uma maior estabilidade e segurança jurídica em relação a estes temas.

3. A PROTEÇÃO DO PATRIMÔNIO HISTÓRICO E CULTURAL: ASPECTOS JURÍDICOS

A proteção do patrimônio histórico e cultural, como dito na introdução, encontra amparo na Seção II do Capítulo III, intitulado "Da educação, da cultura e do

---

1. TAVOLARI, B. Direito à cidade: uma trajetória conceitual. *Novos Estudos CEBRAP*, n. 35, mar/2016. Disponível em: https://www.scielo.br/j/nec/a/hdLsr4FXMpVZWPJ7XswRRbj/?lang=pt. Acesso em: 04 jan. 2022.
2. LEVY, W. *Uma teoria do direito à cidade*: reflexões interdisciplinares. Tese de doutorado defendida junto ao Programa de Estudos Pós-Graduados em Direito da Pontifícia Universidade Católica de São Paulo (PUC-SP), 2016, disponível em: https://tede2.pucsp.br/handle/handle/19632. Acesso em: 05 jan. 2022.
3. MCNEE, G. e POJANI, D. NIMBYism as a barrier to housing and social mix in San Francisco. *Journal of Housing and the Built ENvironment*, 2021, p. 1-21. Disponível em: https://www.semanticscholar.org/paper/NIMBYism-as-a-barrier-to-housing-and-social-mix-in-McNee-Pojani/d21949e831bfa41c54edf9bdc-64776fa0afb5193. Acesso em: 05 jan. 2022.

desporto", que é composto por três artigos: 215, 216 e 216-A. Acerca do tema que aqui se discute, é relevante trazer o disposto no art. 216, § 1°, que assim dispõe:

> Art. 216. Constituem patrimônio cultural brasileiro os bens de natureza material e imaterial, tomados individualmente ou em conjunto, portadores de referência à identidade, à ação, à memória dos diferentes grupos formadores da sociedade brasileira, nos quais se incluem:
>
> (...)
>
> V – os conjuntos urbanos e sítios de valor histórico, paisagístico, artístico, arqueológico, paleontológico, ecológico e científico.
>
> § 1° O Poder Público, com a colaboração da comunidade, promoverá e protegerá o patrimônio cultural brasileiro, por meio de inventários, registros, vigilância, tombamento e desapropriação, e de outras formas de acautelamento e preservação.

Na esfera infraconstitucional, sua definição e alcance estão previstos no Decreto-Lei 25/37, assim denominado "Lei do Tombamento". Pode ser geral, abrangendo um conjunto de bens,[4] ou individual, quando recai sobre um bem determinado. A decisão que determina o tombamento inscreve o(s) bem(ns) por ela abrangidos no livro de tombo e, em se tratando de bem imóvel, também a averbação em matrícula no Oficial do Registro de Imóveis competente.

Para a literatura, o tombamento é uma forma de intervenção na propriedade, representando a "submissão de certo bem, público ou particular, a um regime especial de uso, gozo, disposição ou destruição em razão de seu valor histórico, cultural, artístico, turístico e paisagístico".[5] Parte da literatura especializada o enquadra como servidão administrativa, enquanto outros autores entendem que se trata de uma limitação administrativa.

José Afonso da Silva entende que "a função social da propriedade não se confunde com os sistemas de limitação da propriedade. Estes dizem respeito ao exercício do direito ao proprietário; aquela, à estrutura do direito mesmo, à propriedade".[6] Sobre o tema deste trabalho, contudo, importante considerar que tanto a doutrina quanto a jurisprudência – notadamente do Superior Tribunal de Justiça – reconhecem que da proteção constitucional conferida ao patrimônio histórico e cultural decorre uma função memorativa do direito de propriedade, que, por sua vez, passaria a compor o repertório de elementos ínsitos à função social da propriedade.

Em recente julgado, o min. Herman Benjamin assim resumiu este ponto específico:

> A proteção do patrimônio histórico-cultural, bem da Nação, é direito de todos e dever do proprietário e do Estado. Não se trata de modismo fortuito ou mero favor vanguardista em benefício da coletividade, mas de ônus inerente ao âmago do domínio e da posse em si, inafastável condição

---

4. Sobre este particular, vale observar o que restou decidido no REsp 1.098.640/MG – Rel. Min. Humberto Martins, DJe. 25.06.09, ocasião em que se reconheceu o tombamento geral da cidade de Tiradentes-MG sem a necessidade de individualização, no procedimento específico, dos bens ali inseridos.
5. GASPARINI, D. *Direito Administrativo*. 7. ed. São Paulo: Saraiva, 2002, p. 614.
6. SILVA, J. A. *Curso de Direito Constitucional Positivo*. 37. ed. São Paulo: Malheiros Editores, 2014, p. 284.

absoluta para sua legitimidade e reconhecimento pelo ordenamento jurídico. Com base nessa obrigação primária, decorrente da função memorativa do direito de propriedade, incumbe ao Estado instituir, in concreto, eficaz regime de limitações administrativas, portador de obrigações secundárias ou derivadas, utilizando-se, para tanto, de instrumentos variados, entre os quais o tombamento.[7]

Assim, dentre os componentes que representam, na prática, uma hipoteca social sobre o direito de propriedade, estaria também a proteção do patrimônio histórico--cultural, ante a existência de um inequívoco interesse público de caráter coletivo. Por derivação lógica, é possível admitir que tal interesse – calcado na mesma função memorativa do direito de propriedade – também pode se manifestar nos casos de tombamento geral de cidades, bairros e porções particulares do território urbaniza-do, ainda que não se individualize, no procedimento específico, cada propriedade alcançada.

Este não é um ponto isento de controvérsias, porque a própria dinâmica de aprovação do tombamento obedece, no âmbito dos estados e dos municípios, a critérios próprios, nem sempre compatíveis com as normas gerais que operacionalizam a função social da propriedade. É o que se verá no item a seguir.

4. EFETIVIDADE DA LEGISLAÇÃO URBANÍSTICA

Tema candente nos estudos de direito urbanístico, a efetividade da regulação do território urbanizado ganhou decisivo destaque com a entrada em vigor da Constituição Federal de 1988, que reservou dois artigos para o tema no capítulo dedicado à política urbana. Importante destacar que estes artigos foram introduzidos no texto constitucional a partir de uma ampla mobilização da sociedade civil organizada, culminando numa emenda popular à Constituinte.

Essa mobilização ocorreu por parte dos atores que compunham o chamado movimento nacional pela reforma urbana, nascido de uma nação que já era, muitos anos antes, eminentemente urbana, e que padecia de problemas típicos de um processo de urbanização que ocorreu de forma acelerada, desordenada e excludente: a má distribuição dos benefícios da urbanização, os efeitos deletérios da carestia e a falta de acesso a equipamentos públicos que materializassem os direitos sociais assegurados constitucionalmente.

Passo importante foi a inscrição, no parágrafo 2º do art. 182, do conteúdo substancial da função social da propriedade, direito fundamental individual, já discutido no item anterior, e inscrito no art. 5º, XXIII, do mesmo texto constitucional. Veja-se a sua redação:

> Art. 182. A política de desenvolvimento urbano, executada pelo Poder Público municipal, conforme diretrizes gerais fixadas em lei, tem por objetivo ordenar o pleno desenvolvimento das funções sociais da cidade e garantir o bem-estar de seus habitantes.

---

7. REsp 1.791.098-RJ. Rel. Min. Herman Benjamin. DJ: 23.04.2019.

(...)

§ 2° A propriedade urbana cumpre sua função social quando atende às exigências fundamentais de ordenação da cidade expressas no plano diretor.

Pela primeira vez, desde a entrada da função social da propriedade na gramática constitucional pátria, por meio da Constituição Federal de 1934, seu conteúdo foi dado de forma explícita em seu próprio texto, atribuindo ao plano diretor o papel de materializar o seu sentido material.[8]

Toda a legislação urbanística – e os planos diretores, como instrumentos básicos da política urbana – devem obedecer às premissas definidas na norma geral que dá concretude a esse capítulo da Constituição Federal: a Lei Federal 10.257/2001, que instituiu o Estatuto da Cidade. Das diretrizes gerais desta lei, inseridas em seu art. 2°, extrai-se aquela que é fundamental para a compreensão do problema aqui desenhado, *in verbis*: "II – gestão democrática por meio da participação da população e de associações representativas dos vários segmentos da comunidade na formulação, execução e acompanhamento de planos, programas e projetos de desenvolvimento urbano".

Referida diretriz é detalhada no Capítulo IV, cujo art. 43 assim dispõe:

Art. 43. Para garantir a gestão democrática da cidade, deverão ser utilizados, entre outros, os seguintes instrumentos:

I – órgãos colegiados de política urbana, nos níveis nacional, estadual e municipal;

II – debates, audiências e consultas públicas;

III – conferências sobre assuntos de interesse urbano, nos níveis nacional, estadual e municipal;

IV – iniciativa popular de projeto de lei e de planos, programas e projetos de desenvolvimento urbano;

V – (Vetado)

Art. 44. No âmbito municipal, a gestão orçamentária participativa de que trata a alínea f do inciso III do art. 4° desta Lei incluirá a realização de debates, audiências e consultas públicas sobre as propostas do plano plurianual, da lei de diretrizes orçamentárias e do orçamento anual, como condição obrigatória para sua aprovação pela Câmara Municipal.

Art. 45. Os organismos gestores das regiões metropolitanas e aglomerações urbanas incluirão obrigatória e significativa participação da população e de associações representativas dos vários segmentos da comunidade, de modo a garantir o controle direto de suas atividades e o pleno exercício da cidadania.

Este é um tema que sempre mereceu muito destaque nos estudos de direito urbanístico e que teve – e tem – enorme reflexo na produção doutrinária e jurispru-

---

8. Na síntese de Victor Carvalho Pinto: "Pode-se dizer que a função social da propriedade constitui um direito coletivo, a que corresponde um dever individual do proprietário de dar ao bem um destino útil para a sociedade. Ela coexiste com o direito individual de propriedade, a que corresponde o dever coletivo de respeitar o uso do bem pelo seu titular". PINTO, V. C. *Direito Urbanístico* – Plano Diretor e Direito de Propriedade. 4. ed. São Paulo: Ed. RT, 2014, p. 179.

dencial.[9] Planos urbanísticos são frequentemente objeto de controle jurisdicional por possível descumprimento da diretriz da gestão democrática das cidades, e há boas razões para que isso ocorra. Afinal, se os planos diretores definem um projeto jurídico e uma escolha política de cidade, sua produção deve se submeter ao interesse público, materializado em processos consistentes de escuta da população.

Veja-se o que dissertam Betania Alfonsin e Edesio Fernandes:

> O direito coletivo ao planejamento das cidades – isto é, o direito de todos terem suas cidades planejadas em processos de ordenamento territorial definido de acordo com critérios econômicos e socioambientais – ganhou expressão na determinação constitucional da obrigação dos municípios com mais de 20.000 habitantes de formularem seus planos diretores como condição mesma de reconhecimento dos direitos individuais de propriedade imobiliária urbana. O direito coletivo à participação democrática no processo decisório da ordem urbanística é o direito de todos – individualmente, por intermédio de representantes, eleitos ou por meio de outras formas de organização de interesses coletivos – de participarem da gestão das cidades.[10]

Como se percebe com facilidade, a gestão democrática da cidade mobilizou muita energia por parte dos atores ligados à agenda urbana, seja como resposta ao período histórico imediatamente anterior à Constituinte – a ditadura civil-militar que vigorou entre 1964 e 1985 no país – seja como trincheira de resistência contra os arroubos tecnocráticos da Administração Pública e contra as disfuncionalidades geradas pelos interesses econômicos que a cidade desperta e abriga.

5. O CASO "CHÁCARA DAS JABUTICABEIRAS": PROTEÇÃO DO PATRIMÔNIO HISTÓRICO E CULTURAL *VERSUS* EFETIVIDADE DA LEGISLAÇÃO URBANÍSTICA

O caso da Chácara das Jabuticabeiras, decidido no âmbito do Conselho Municipal de Preservação do Patrimônio Histórico, Cultural e Ambiental da Cidade de São Paulo (CONPRESP) é emblemático da discussão que aqui pretende ser trabalhada. Cuidou-se, neste caso, hoje em discussão no Poder Judiciário, efetuar o tombamento de uma parcela não irrelevante de bairro infraestruturado da cidade de São Paulo, com claros contornos de projeto urbanístico.

---

9. Aqui, de forma completamente exemplificativa, um trecho da ementa de recente caso decidido pelo TJSP: "Mérito: o PIU consubstancia-se em projeto urbanístico, devendo conter os objetivos das intervenções e um estudo detalhado dos aspectos urbanísticos, ambientais, sociais, econômico-financeiros e de gestão democrática sobre as motivações e os impactos da transformação urbana prevista. Previsão no art. 136 da Lei Municipal 16.050/2014 (Plano Diretor Estratégico de São Paulo de 2014 – PDE)". Apelação Cível 1050491-68.2019.8.26.0053. Rel. Des. Silvia Meirelles. 6ª Câmara de Direito Público. DJ: 19.04.2021.

10. ALFONSIN, B. e FERNANDES, E (Org.). *Direito urbanístico*: estudos brasileiros e internacionais. Belo Horizonte: Del Rey Editora/Lincoln Institute of Land Policy, 2006, p. 11. Num sentido filosófico mais profundo, o que se busca, em síntese, é fortalecer a legitimidade democrática do Estado de Direito, que se assenta, contemporaneamente, na ideia de que a validade do direito está diretamente ligada à possibilidade dos destinatários de uma norma jurídica participarem de sua formação. É o que defendem, entre outros, Jürgen Habermas. Ver mais em: HABERMAS, J. Direito e democracia: entrefacticidade e validade. Trad. Flavio Beno Siebeneichler. Rio de Janeiro: Tempo Brasileiro, 2010.

Veja-se o que se extrai da síntese do relatório do voto conjunto da OAB-CREA proferido em 23.08.2021:

Trata-se de pedido de tombamento de recorte do tecido urbano em região localizada no Bairro da Vila Mariana, conhecida como Chácara das Jabuticabeiras, compondo o polígono formado pelas ruas Benito Juarez, Dr. Fabrício Vampré, Cel. Artur Godoy e Humberto I, sendo certo que, consoante minuta de Resolução, o bem tombado é composto dos seguintes elementos (artigo 2°, da minuta):

1. A vegetação especialmente a de porte arbóreo, os ajardinamentos públicos e particulares, a permeabilidade do solo.

2. A transparência e permeabilidade visual dos muros de fecho que integram os recuos de frente com os logradouros.

3. O atual traçado urbano, representado por seus logradouros contidos entre os alinhamentos dos lotes particulares, as calçadas, passeios e praças.

4. A pavimentação de paralelepípedos das ruas.

5. As nascentes do Córrego Guariba.

Apresentada a minuta da Resolução de Tombamento, em reunião pretérita – página 38/50 da 2ª parte – página 134 do PDF, definiu-se que, para a área 1, compreendendo o setor 37, quadra 36, não seriam aplicadas restrições quanto à altura das edificações, deixando para as normas edilícias o estabelecimento do limite de altura, em consonância com as adequadas diretrizes voltadas à compatibilização dos interesses sociais e valores da cidade.

A SMUL destacou inclusive que, pela legislação urbanística, não há limite de altura para ZEU. Por isso, para a área 2, Setor 37, quadra 35, sugeriu a exclusão de limites de altura, pois não observou unidade (em relação à altura), no padrão das construções lá existentes (p. 1212/1218, Parte 1 do PDF, Informação SMUL 024046795)

Porém, a nova minuta da Resolução, decorrente das discussões realizadas entre DPH, IAB e SMUL, após as 707ª e 708ª reuniões do CONPRESP (conforme relatório da Arq. Ana Lucia Franco MS Bragança Winther, documento 045487280, p. 183 do PDF, 2ª parte) permaneceram restrições à altura máxima em relação à área 2, o que nos causou certa incompreensão, ante a incompatibilidade de tais restrições com o que se preconizou no Plano Diretor Estratégico de São Paulo, aprovado pela Lei Municipal 16.050/2014, especialmente quanto à existência de outras edificações naquele entorno, tendo como premissa exatamente os elementos que compõem o tombamento (artigo 2°, da minuta da resolução).

A inconformidade foi assim desenhada no desenvolvimento do voto:

O Plano Diretor Estratégico é, nos termos do art. 182, § 2°, da Constituição Cidadã, de 5 de outubro de 1988, o instrumento jus-urbanístico responsável por conferir o conteúdo substancial da função social da propriedade, direito fundamental – de inequívoca grandeza – consagrado pelo art. 5°, XXIII, da própria Carta Cidadã.

Tal documento representa, em síntese, o projeto jurídico-político de cidade pactuado após meses de disputas que mobilizaram a sociedade civil organizada, por meio de ampla agenda de audiências e consultas públicas, e a Câmara de Vereadores, casa da democracia desta Municipalidade, em prestígio ao princípio da gestão democrática das cidades, diretriz da política urbana instituída pelo Estatuto da Cidade – Lei Federal 10.257/2001.

No ano em que o Estatuto da Cidade comemora 20 anos de vigência, o balanço que se faz aponta para o dever de todos de assegurar que os planos diretores construídos sob sua égide tenham efetividade e se apresentem como instrumentos indutores de um desenvolvimento urbano mais inclusivo e sustentável.

PROTEÇÃO DO PATRIMÔNIO HISTÓRICO E CULTURAL *VERSUS* EFETIVIDADE DA LEGISLAÇÃO URBANÍSTICA

É certo, nesse sentido, que o PDE da cidade de São Paulo – reitere-se, construído após amplo debate democrático, durante a gestão do prefeito Fernando Haddad, e com relatoria do então vereador e urbanista Nabil Bonduki, apontou a necessidade de assegurar uma utilização mais racional da infraestrutura urbana, custeada por todos os contribuintes da desigual metrópole paulistana, inclusive por aqueles que ainda não têm acesso às regiões mais infraestruturadas da cidade, por meio de um adensamento nas regiões mais providas de equipamentos e, principalmente, de estrutura de mobilidade, observados os limites estabelecidos, entre outros, no art. 23, II, do PDE.

(...)

Este precedente, ademais, alerta que o CONPRESP deverá, no nosso entendimento, construir uma metodologia de análise e de deliberação que, em casos como este, que versam sobre porções não insignificantes do território, tratados e regulados sob a égide do PDE, tenham tratamento que não importem, na prática, substituir um debate que mobiliza toda a cidade e que têm na Câmara de Vereadores, espaço legítimo de discussão, pela deliberação de maioria simples – 5 membros – de sua composição, sob pena de negar vigência ao princípio da gestão democrática das cidades, o qual deve lidar com intervenções mais amplas sobre o tecido urbano e que encontram no próprio PDE o seu lugar de ressonância, haja vista a existência de instrumentos, tais como as ZEPEC – Zonas Especiais de Preservação Cultural e as ZEPAM – Zonas Especiais de Preservação Ambiental, aptos a lidar com situações assim. Aliás, a área objeto deste processo não conta com tais gravações, nos termos do supracitado PDE.

A medida, se bem conduzida, terá o condão de controlar disputas e visões de cidade, que, repita-se, no ano em que o Estatuto da Cidade comemora 20 anos, podem colocar a perder a consistência dos PDEs como instrumentos da política urbana aptos a edificar o modelo de cidade desejado pela sociedade.

Nesse sentido, foram pontos de atenção que se encontram, neste momento, apresentados na forma de problemas concretos:

a) O tombamento em questão tem claros contornos de plano urbanístico, ainda que dirigido à proteção de patrimônio histórico e cultural.

b) Seu deslinde ocorreu em órgão incumbido dessa proteção – legítimo, portanto – mas sem estar revestido das características típicas da gestão democrática das cidades.

Diante desses elementos, algumas propostas de encaminhamento merecem análise detida de tomadores de decisão, de modo que não se incorra em circunstância que, por fronteiriça, pode implicar em questionamentos acerca da validade de uma decisão que tenha essa magnitude. São elas: conviria instituir na disciplina do CONPRESP a realização dos eventos indicados no Capítulo IV do Estatuto da Cidade, notadamente as consultas e audiências públicas, de modo que mais interessados no resultado prático de uma decisão de tombamento sejam convidados a opinar? A questão se resolveria reformando-se e, por conseguinte, modificando-se a composição do CONPRESP, de modo que o órgão, hoje com 5 representantes do Poder Executivo, 1 representante do Poder Legislativo e 3 representantes de entidades de classe? Ou assuntos dessa natureza, ainda que revestidos de possível interesse preservacionista, deveriam ser dirimidos em outro âmbito, como, por exemplo, o Poder Legislativo?

6. À GUISA DE CONCLUSÃO

O presente trabalho buscou problematizar uma possível incompatibilidade entre a proteção ao patrimônio histórico e cultural e a legislação urbanística, especialmente quando a observância da primeira importa na caracterização de verdadeiro projeto urbanístico, cuja disciplina específica, no caso daquela legislação, determina o cumprimento da diretriz da gestão democrática da cidade.

No momento em que as disputas pela cidade se tornam ainda mais agudas, talvez a resposta esteja, além do aperfeiçoamento sempre bem-vindo na estrutura institucional dos órgãos de proteção ao patrimônio histórico e cultural, na ampliação e radicalização da experiência democrática nos casos em que diversos interesses e formas de apropriação do interesse público estiverem em discussão. Na esteira do que defende Habermas, tal medida garantiria, a um só tempo, um *plus* de legitimidade para as decisões e um sentido reforçado de validade da própria norma daí decorrente.

7. REFERÊNCIAS

ALFONSIN, B. e FERNANDES, E (Org.). *Direito urbanístico*: estudos brasileiros e internacionais. Belo Horizonte: Del Rey Editora/Lincoln Institute of Land Policy, 2006.

GASPARINI, D. *Direito Administrativo*. 7. ed. São Paulo: Saraiva, 2002.

HABERMAS, J. *Direito e democracia*: entre facticidade e validade. Trad. Flavio Beno Siebeneichler. Rio de Janeiro: Tempo Brasileiro, 2010.

LEVY, W. *Uma teoria do direito à cidade*: reflexões interdisciplinares. Tese de doutorado defendida junto ao Programa de Estudos Pós-Graduados em Direito da Pontifícia Universidade Católica de São Paulo (PUC-SP), 2016, disponível em: https://tede2.pucsp.br/handle/handle/19632. Acesso em: 05 jan. 2022.

MCNEE, G. e POJANI, D. NIMBYism as a barrier to housing and social mix in San Francisco. *Journal of Housing and the Built ENvironment*, 2021, p. 1-21. Disponível em: https://www.semanticscholar.org/paper/NIMBYism-as-a-barrier-to-housing-and-social-mix-in-McNee-Pojani/d21949e831bfa-41c54edf9bdc64776fa0afb5193. Acesso em: 05 jan. 2022.

PINTO, V. C. *Direito Urbanístico* – Plano Diretor e Direito de Propriedade. 4. ed. São Paulo: Ed. RT, 2014.

SILVA, J. A. *Curso de Direito Constitucional Positivo*. 37. ed. São Paulo: Malheiros Editores, 2014.

TAVOLARI, B. Direito à cidade: uma trajetória conceitual. *Novos Estudos CEBRAP*, n. 35, mar/2016. Disponível em: https://www.scielo.br/j/nec/a/hdLsr4FXMpVZWPJ7XswRRbj/?lang=pt. Acesso em: 04 jan. 2022.

COMPLEXO AÇUCARÁ – OSASCO
Uma análise crítica sobre a falta de efetividade da jurisdição tradicional para conferir tratamento adequado a um processo estrutural[1]

Alexandra Fuchs de Araújo

Doutora e Mestre em Direito do Estado. Professora da Escola Paulista da Magistratura. Pesquisadora vinculado ao NEPAD. Juíza de Direito em São Paulo. Coordenadora da Célula de Soluções Estratégias do Grupo de Administração Legal (GEAL) do CRASP.

Alexandre Jorge Carneiro da Cunha Filho

Doutor e mestre em Direito de Estado. Professor da Escola Paulista da Magistratura e da Faculdade de Direito de São Bernardo. Pesquisador vinculado ao CEDAU. Juiz de Direito em São Paulo.

Sumário: 1. Introdução – 2. Relevância do caso escolhido – 3. Resumo do caso: cinco ações tramitando em varas diferentes para tratar de facetas de um mesmo problema – 4. Apreciação crítica do precedente – 5. Alternativa para tratamento da questão: o processo estrutural – 6. Conclusão – 7. Referências.

1. INTRODUÇÃO

Este artigo pretende narrar o curioso caso do complexo Açucará, em que um número indeterminado de pessoas invadiu/ocupou irregularmente porção do território do Município de Osasco, gerando uma contenda intrincada sob a perspectiva da tutela de bens jurídicos potencialmente conflitantes, como propriedade, proteção do meio ambiente e direito à moradia de pessoas economicamente vulneráveis.

Para solução do impasse foram propostas ao menos cinco ações judiciais, todas com longa tramitação, algumas já com sentenças, sendo que nenhuma, ao menos até o momento, teve efetividade no que diz respeito à pacificação do mesmo litígio que lhes deu origem.

O que nos motivou a estudar este caso foi a necessidade de demonstrar como a tradicional forma de se judicializar conflitos pela posse da terra, superestimando o potencial de um mecanismo heterocompositivo dar solução adequada para disputas complexas multitudinárias, em especial sem que haja genuíno esforço por parte do

---

1. Agradecemos Rosane Tierno pela brilhante palestra proferida em 10.10.2019 no âmbito do Núcleo de Estudos de Direito Urbanístico da Escola Paulista da Magistratura – NEDU, oportunidade em que ela nos trouxe os dados sobre o caso complexo ora analisado, chamando a atenção sobre a deficiência do Judiciário na prestação de uma jurisdição que seja adequada para litígios pela posse da terra urbana desse tipo.

Poder Público em endereçar propriamente a questão social subjacente, não raramente se revela uma técnica absolutamente ineficaz para os fins a que se propõe[2].

À vista deste diagnóstico analisaremos a possibilidade de se aplicar as chamadas decisões estruturais a esses processos[3]-[4], isso como estratégia para se obter uma maior efetividade da jurisdição, com a progressiva melhoria da realidade que neles é retratada.

Finalmente pretendemos apontar para a relevância do princípio da cooperação judicial em processos dessa natureza[5], pelo qual passa a haver um fundamento legal expresso para que, mesmo sem a reunião de feitos conexos em um único juízo, haja coordenação de atos entre diferentes julgadores competentes para apreciar distintas facetas de um mesmo problema, perseguindo-se uma maior sinergia entre todos os atores que podem contribuir para o desenlace de um litígio que reclama ações públicas e privadas de variados matizes para ser pacificado.

2. RELEVÂNCIA DO CASO ESCOLHIDO

O pano de fundo teórico em que está inserido o trabalho é o da judicialização do espaço urbano.

A garantia de direitos sociais pelo ordenamento jurídico e as dificuldades para a sua efetivação pelo Estado, entre eles os direitos à moradia e a um meio ambiente

---

2. Para uma outra reflexão sobre o tema, ver NOGUEIRA, Simone Marques dos Santos; MENCIO, Mariana; COMARU, Francisco de Assis. Decisão judicial em causas complexas: o caso Cohab Nossa Senhora da Penha/Vila Nova Cachoerinha. *Cadernos Jurídicos da Escola Paulista da Magistratura* – Direito Ambiental, n. 48, São Paulo: EPM, mar./abr. 2019.

3. Sobre a ideia de "processo estrutural", que pode ser compreendido como um processo vocacionado a provocar importantes alterações em uma realidade qualificada como desconforme ao Direito, e no bojo do qual para a plena realização do provimento judicial pretendido é indispensável a colaboração entre diferentes atores na construção e implementação de um plano escalonado para a mudança esperada, ver ARENHART, Sérgio Cruz; OSNA, Gustavo; JOBIM, Marco Félix. *Curso de Processo Estrutural*, São Paulo: Ed. RT, 2021, p. 18 e ss.; DANTAS, Eduardo Sousa. *Ações estruturais e o estado de coisas inconstitucional* – a tutela dos direitos fundamentais em casos de graves violações pelo Poder Público, Curitiba: Juruá, 2019, p. 25 e ss. Em ambas as obras referidas os autores apontam como marco para uma reflexão do processo judicial sob essa nova perspectiva a atuação da Suprema Corte dos Estados Unidos, durante a segunda metade do século XX, no controle de políticas públicas segregacionistas então existentes naquele país.

4. "O problema estrutural se define pela existência de um estado de desconformidade estruturada – uma situação de ilicitude continua e permanente ou uma situação de desconformidade, ainda que não propriamente ilícita, no sentido de ser uma situação que não corresponde ao estado de coisas considerado ideal. Como quer que seja, o problema estrutural se configura a partir de um estado de coisas que necessita de reorganização (ou de reestruturação)" (DIDIER JR, Fredie; ZANETI JR, Hermes; OLIVEIRA, Rafael Alexandria de. Elementos para uma teoria do processo estrutural aplicada ao processo civil brasileiro. *Revista de Processo*, v. 303, ano 45, p. 45-91, São Paulo: Ed. RT, maio 2020, p. 49).

5. Para duas visões sobre as possibilidades decorrentes da previsão do dever de cooperação entre atores do processo e entre órgãos judiciais (arts. 6º e 67 a 69 do CPC), bem como dos respectivos limites, ver CÂMARA, Alexandre Freitas. *O novo Processo Civil brasileiro*. 2. ed. São Paulo: Atlas, 2016, p. 11-12 e 57-60; DONIZETTI, Elpídio. *Novo Código de Processo Civil* – comentado. 2 ed. São Paulo: Altas, 2017, p. 6-7 e p. 54-57.

natural e artificial equilibrado, conduz a um elevando número de ações perseguindo a respectiva tutela junto aos Tribunais[6].

Por outro lado, os problemas judicializados frequentemente não se resolvem facilmente na esfera do Poder Judiciário, sobretudo quando envolvem múltiplos interesses públicos e privados, reclamam gastos orçamentários normalmente contingenciados e se deparam com impasses próprios de uma gestão administrativa cujo atuar ainda não tem por foco primeiro o cidadão[7]-[8]-[9].

O processo judicial clássico individual, ademais, não possui a estrutura adequada para lidar com os conflitos urbanos multitudinários[10].

Esses são conflitos policêntricos, ou seja, conflitos complexos[11], com diversos atores sociais envolvidos, e que não "cabem" de forma satisfatória no modelo de lide que inspirou o desenvolvimento da nossa teoria sobre processo civil, preocupada em traçar os limites para o exercício da jurisdição adjudicatória entre dois litigantes que contendem sobre a existência e exigibilidade de uma obrigação.

---

6. Sobre o papel desempenhado pela construção de um modelo de Estado social/de bem-estar, em contraposição ao de tipo liberal, como meio de se garantir a própria manutenção da organização política em momentos turbulentos do século XX, ver BONAVIDES, Paulo. *Do Estado Liberal ao Estado Social*, 11. ed. São Paulo: Malheiros, 2013, p. 26 e ss. Sobre o controle judicial realizado pelo STF quanto à concretização de direitos sociais, ver ALMEIDA, Luiz Eduardo de. *Direitos sociais e seus limites* – uma construção a partir das decisões do STF, Curitiba: Juruá, 2017.

7. No que se refere às dificuldades enfrentadas para que nossa Administração Pública adote um modelo de agir mais eficiente, isso apesar de um quadro normativo plenamente compatível com tal aspiração, ver CUNHA FILHO, Alexandre Jorge Carneiro da. *Governança Pública* – um ensaio sobre pressupostos e instrumentos de uma ação estatal juridicamente eficiente, São Paulo: Quartier Latin, 2019.

8. Para uma reflexão detida sobre como o controle judicial de políticas públicas de moradia pode ser aprimorado em nosso país, ver ARAÚJO, Alexandra Fuchs de. *Controle Judicial de Políticas Públicas de Moradia para Baixa Renda* - uma Proposta Metodológica, tese de doutorado, São Paulo: Fadusp, 2021.

9. Para leituras contemporâneas que enfatizam a necessidade de se pensar o exercício do Poder sob a perspectiva do seu destinatário ou então da sua aptidão para a concretização de direitos fundamentais, ver MEDAUAR, Odete. Administração Pública: do ato ao processo. In: ARAGÃO, Alexandre Santos de; MARQUES NETO, Floriano de Azevedo (Coord.). *Direito Administrativo e seus novos paradigmas*, p. 405-419, Belo Horizonte: Fórum, 2008, p. 418-419; MOREIRA NETO, Diogo de Figueiredo. Déficit democrático do Estado brasileiro (legislativo e administrativo). In: FREITAS, Daniela Bandeira de; VALLE, Vanice Regina L. do (Coord.). *Direito Administrativo e Democracia econômica*. Belo Horizonte: Fórum, 2012, p. 109 e ss.; MARQUES NETO, Floriano de Azevedo. A bipolaridade do Direito Administrativo e a sua superação In: SUNDFELD, Carlos Ari; JURKSAITIS, Guilherme Jardim (Org.). *Contratos Públicos e Direito Administrativo*. São Paulo: Malheiros, 2015, p. 379 e ss.; BAPTISTA, Patrícia. *Transformações do Direito Administrativo*. 2 ed. Rio de Janeiro: Lumen Juris, 2019, p. 95 e ss.

10. PASQUALOTTO, Victória Franco. O processo civil entre litígios tradicionais e litígios multipolares complexos: a resposta do processo estrutural. In: ARENHART, Sergio Cruz; JOBIM, Marco Félix (Org.). *Processos estruturais*. Salvador: JusPodvim, 2019, p. 875 e ss.

11. ARENHART, Sérgio Cruz; OSNA, Gustavo; JOBIM, Marco Félix. *Curso de Processo Estrutural*. São Paulo: Ed. RT, 2021, p. 60 e ss.; DANTAS, Eduardo Sousa. *Ações estruturais e o estado de coisas inconstitucional* – a tutela dos direitos fundamentais em casos de graves violações pelo Poder Público, Curitiba: Juruá, 2019, p. 101-103; DIDIER JR, Fredie; ZANETI JR, Hermes; OLIVEIRA, Rafael Alexandria de. Elementos para uma teoria do processo estrutural aplicada ao processo civil brasileiro. *Revista de Processo*, v. 303, ano 45, p. 45-91, São Paulo: Ed. RT, maio 2020.

3. RESUMO DO CASO: CINCO AÇÕES TRAMITANDO EM VARAS DIFERENTES PARA TRATAR DE FACETAS DE UM MESMO PROBLEMA

O caso escolhido envolve, na verdade, cinco processos.

Na Ação Civil Pública 0001950-13.2011.8.26.0405, que tramitou na 1ª Vara da Fazenda Pública de Osasco, o Ministério Público se insurgia contra um loteamento irregular implementado no complexo Açucará. Pretendia que a Municipalidade fosse obrigada a retirar todos os moradores instalados em até 100 metros da divisa com a empresa Remac e providenciasse as obras de contenção, a fim de evitar desmoronamentos e recompor a estrutura do local. No final, requeria a procedência da ação, com a condenação da Prefeitura do Município de Osasco ao desfazimento do parcelamento objeto deste processo até 100 metros da divisa com o imóvel onde funcionava a empresa Remac, com a imposição de multa diária em caso de descumprimento da liminar.

A sentença proferida julgou a ação parcialmente procedente para condenar a Prefeitura Municipal de Osasco ao desfazimento do parcelamento do solo (demolição e desocupação) referente às residências situadas na faixa de 15 metros da borda do talude, considerando as que tinham 75% ou mais da edificação nesta faixa, com a retirada das respectivas famílias no prazo de 01 semana, bem como a realização de obras de contenção de desmoronamento e a adoção, no prazo de 6 meses, de medidas que assegurassem a recomposição da área verde que então existia no local, tudo isso sob pena de multa diária de R$ 10.000,00.

Como a sentença está em grau de apelação, ela ainda não foi cumprida.

Na mesma vara tramita outra Ação Civil Pública, a de n. 0052951-08.2009.8.26.0405, movida pelo Ministério Público em face da Prefeitura do Município de Osasco, do Centro de Cooperação Por Moradia Popular 1º de Maio, de Sonia Maria Rainho Gonçalves, da Associação Por Moradia Açucará e de Antenor Batista de Souza, com o objetivo de condenação dos réus no desfazimento do parcelamento existente no local, restaurando-se o imóvel ao seu estado primitivo, inclusive recompondo o meio ambiente danificado, além de indenização aos adquirentes das quantias gastas com as construções nos lotes.

Nessa segunda ação civil pública, o representante do Ministério Público relata novos danos ambientais e aumento do loteamento clandestino, em outra parte do terreno, e afirma que a Prefeitura não controla a expansão da ocupação desordenada do local.

Em relação ao mesmo território também foi ajuizada a ação de obrigação de fazer, de 0036257-56.2012.8.26.0405, agora pelo Município contra "dezenas de moradores", para desocupação de área pública, que tramitou na 2ª. Vara da Fazenda Pública de Osasco. Nesse caso, a área a ser desocupada é área pública, conhecida como "Sistema de Recreio do Loteamento do Jardim Três Montanhas", vizinha à área do primeiro processo mencionado. Há sentença de procedência, também em grau de recurso.

Ainda, envolvendo o mesmo território e também na 2ª Vara da Fazenda, tramitou a ação possessória de n. 0033699-48.2011.8.26.0405, promovida por Alex Marques Santos e outros em face da Municipalidade de Osasco. A área em disputa, ao que consta, seria remanescente de desapropriação realizada para implantação de aterro sanitário. Os autores alegaram que ocupavam imóvel no qual construíram suas moradias há mais de ano e dia e que estavam sendo ameaçados de despejo, sendo certo que a Prefeitura mandou desocupar compulsoriamente o imóvel. Requereram a concessão de tutela possessória. A liminar foi concedida, porém o pedido foi julgado improcedente quanto ao mérito.

Nesta demanda entendeu-se que a ocupação dos requerentes caracterizava-se pela precariedade e não induzia posse, razão pela qual não estava abrigada pela proteção possessória. Além disso, verificou-se, pela documentação que instruiu os autos, que se tratava de local impróprio para moradia, por corresponder à área de preservação permanente (manancial) e adjacente a aterro sanitário. Nesse diapasão, concluiu-se, em sentença proferida em 2013 e confirmada pelo Tribunal em 2015, por ser imperiosa a desocupação do imóvel pelos postulantes.

Houve a reintegração de posse em favor do Município, porém a área, não tendo sido aproveitada nem fiscalizada pelo Poder Público, foi novamente ocupada, só que por um número de pessoas ainda maior do que aquele que havia antes no local.

Finalmente, numa última ação, de n. 0023802-06.2005.8.26.0405, o Ministério Público formulou pedido inicial de desocupação da área verde e remoção dos ocupantes para regiões dignas, procedendo-se à recuperação ambiental da região. Houve acordo judicial para a saída dos moradores, porém a avença foi rompida, e hoje há aproximadamente 1000 famílias no local.

4. APRECIAÇÃO CRÍTICA DO PRECEDENTE

O caso examinado revela um padrão que se observa em muitos litígios envolvendo os chamados processos de interesse público no nosso Judiciário: demandas possessórias, envolvendo uma ou milhares de pessoas, costumam ser tratadas de modo análogo pelo nosso aparato de Justiça, seguindo idêntico trâmite ao de uma ação que discute um problema de vizinhança entre Tício e Caio[12], sem a devida atenção para

---

12. Há alguns anos um dos subscritores do presente ensaio chegou a apreciar uma ação civil pública proposta pelo Ministério Público contra uma pessoa física em razão de corte supostamente indevido de duas árvores em uma residência no bairro dos Jardins, em São Paulo, a mesma ferramenta usada por tal órgão estatal para a liberação de uma extensa área ocupada por um número indeterminado de pessoas como a descrita no caso analisado. Na ocasião foi apresentada pelo julgador uma proposta de conciliação, com a possibilidade de pagamento pelo infrator de algum valor em favor de alguma iniciativa que promovesse bens ambientais, o que foi prontamente recusado pelo promotor, sob o argumento de "indisponibilidade do interesse público" tutelado com a ação em comento.

com a efetividade dos provimentos jurisdicionais proferidos, o que normalmente depende do equacionamento adequado da questão social que lhes é subjacente.

Na situação posta tem-se áreas públicas e privadas, em parte revestidas de bens ambientais, que foram objeto de ocupação/invasão por parte de indivíduos carentes.

Para a retirada das pessoas do local Ministério Público e Município recorreram ao Judiciário sem um plano efetivo do que seria feito com os ocupantes/invasores, como se essa fosse uma questão de menor importância, ou seja, como se estes simplesmente fossem cumprir a ordem judicial sem oferecer qualquer resistência, desparecendo do local como se faz com objetos em espetáculos de mágica, encontrando, por vias próprias, o que até então ainda não tinham encontrado: espaço no território para exercer seu direito à moradia.

Talvez sob inspiração de teorias oitocentistas que estão na base da formação da nossa tradição jurídica, o Direito é visto como lei posta, a qual veicula comandos, cujo descumprimento reclama intervenção do Judiciário para que se imponha o cumprimento da obrigação específica violada[13].

Muitas vezes não se questiona se o dever cuja satisfação é exigida via Estado-juiz encontra condições de se efetivar na realidade, isso ao menos sem que se enfrente as causas que levaram à existência de uma determinada perturbação social.

Em algumas situações a impressão que se tem é que o mecanismo do processo judicial acaba sendo usado por certos atores apenas de modo protocolar.

Ou seja, houve a ocupação/invasão por terceiros de uma propriedade alheia, cenário para o qual não raramente o abandono/não uso de áreas particulares ou a falta de fiscalização sobre áreas públicas ambientalmente protegidas são fatores que funcionam como concausa.

Considerando o grande número de pessoas envolvidas na disputa a Administração pode não querer assumir o ônus político de exigir a pronta liberação do bem, e, assim, adotar como estratégia simplesmente propor uma ação reintegração, sem pedido de liminar.

Da parte do particular desapossado de seu imóvel, por outro lado, há hipóteses em que nem sempre se vê a sua real disposição em empreender esforços para retomar o que perdeu. Para uma área que está há anos sem aproveitamento pelo seu titular, o horizonte de ver uma pressão popular pela desapropriação do local para construção de moradias para a população hipossuficiente pode se revelar uma alternativa vantajosa. Dessa forma, ele também pode pretender usar uma medida judicial apenas para frustrar, sob a perspectiva da legislação, o caráter pacífico da posse nova, e, assim, evitar perder seu imóvel por usucapião.

---

13. ARGÜELLES, Juan Ramon de Paramo. *H.L.A. Hart y la Teoria Analitica del Derecho*, Madrid: Centro de Estudios Constitucionales, 1984, p. 140 e ss.

Em um quadro em que nem Poder Público nem proprietário podem estar efetivamente interessados na desocupação de um terreno, ao que se soma a grave questão social referida, dificilmente o juiz competente para a análise do caso conseguirá lhe dar um desfecho efetivo, sobretudo se apostar no seu encaminhamento segundo os ditames de um processo adversarial, a ser resolvido pela prolação de sentença que diga quem tem razão.

Aliás, o simples dizer o Direito em uma disputa como a descrita aparentemente não despertaria maiores dificuldades já que, em sendo incontroverso que os terceiros estão em local sem justo título, o *fiat justitia* determinaria a sua pronta remoção, só não se sabe exatamente para onde, do que os tortuosos impasses comuns de serem vistos na execução de ordens judiciais que se limitem a tratar do pedido expresso nesse tipo de ação de reintegração[14].

No precedente examinado, com suas cinco demandas propostas de modo desconectado, em varas diferentes, embora tendo por objeto um mesmo quadro fático, o caminho seguido pelo Judiciário foi esse tradicional, em que foram proferidos vários provimentos reconhecendo a necessidade de desocupação de uma determinada área.

Sintomático que a única ação em que o Município tenha conseguido ser reintegrado no imóvel não tenha sido proposta nem por ele nem pelo Ministério Público sendo que, em decorrência de sua negligência em cuidar do local e em se articular com outras esferas de governo para oferecer assistência social adequada aos removidos, este simplesmente foi reocupado, agora por um número de pessoas que reveste a situação em questão de ares de difícil reversibilidade.

5. ALTERNATIVA PARA TRATAMENTO DA QUESTÃO: O PROCESSO ESTRUTURAL

Um caminho possível na tentativa de dar um tratamento mais efetivo a um caso como o descrito seria encarar o respectivo processo sob uma perspectiva que parte da doutrina contemporânea vem chamando de estrutural[15].

---

14. Não por acaso autores que se esforçam para elaborar uma teoria do processo estrutural colocam a flexibilidade na análise do pedido como uma das características desse tipo de demanda, como se vê em DIDIER JR, Fredie; ZANETI JR, Hermes; OLIVEIRA, Rafael Alexandria de. Elementos para uma teoria do processo estrutural aplicada ao processo civil brasileiro. *Revista de Processo,* v. 303, ano 45, p. 45-91, São Paulo: Ed. RT, maio 2020, p. 69 e ss.; ARENHART, Sérgio Cruz; OSNA, Gustavo; JOBIM, Marco Félix. *Curso de Processo Estrutural*, São Paulo: Ed. RT, 2021, p. 133 e ss.

15. PASQUALOTTO, Victória Franco. O processo civil entre litígios tradicionais e litígios multipolares complexos: a resposta do processo estrutural. In: ARENHART, Sergio Cruz; JOBIM, Marco Félix (Org.). *Processos estruturais*. Salvador: JusPodvim, 2019. p. 869-929; DANTAS, Eduardo Sousa. *Ações estruturais e o estado de coisas inconstitucional* – a tutela dos direitos fundamentais em casos de graves violações pelo Poder Público, Curitiba: Juruá, 2019; DIDIER JR, Fredie; ZANETI JR, Hermes; OLIVEIRA, Rafael Alexandria de. Elementos para uma teoria do processo estrutural aplicada ao processo civil brasileiro. *Revista de Processo,* v. 303, ano 45, p. 45-91, São Paulo: Ed. RT, maio 2020; ARENHART, Sérgio Cruz; OSNA, Gustavo; JOBIM, Marco Félix. *Curso de Processo Estrutural*, São Paulo: Ed. RT, 2021.

Segundo essa visão, tanto a tomada de decisão do Estado-juiz nesse tipo de litígio, como as cautelas e medidas de apoio pensadas para sua execução levam em conta as vicissitudes próprias da arena das políticas públicas, o que implica a necessidade da criação de oportunidades para a interlocução entre todos os atores relevantes para o equacionamento da questão social de fundo, ainda que estes formalmente não sejam parte da relação jurídica incialmente instaurada no processo-judicial-base[16].

O próprio pedido do processo passa a ter que ser visto com alguma flexibilidade de modo a compatibilizá-lo com as necessidades cambiantes de uma realidade que pode sofrer alterações importantes com o passar do tempo (com aumento expressivo do número de ocupantes/invasores e/ou incremento de risco a bens ambientais, por exemplo)[17], isso sem falar na possibilidade de revisão da própria ideia de coisa julgada em decorrência das mesmas exigências da vida que teimam não observar os limites que lhe são dados pelo papel[18].

Como destaca Arenhart:

> Com esses instrumentos, enfim, vence-se a visão dicotômica do processo tradicional, permitindo que a relação processual se desenvolva de maneira plúrima, multifacetária e não necessariamente na base do antagonismo entre polos. O processo comum, de cunho individual, trabalha sempre com a lógica de que há duas visões sobre o problema, que são necessariamente antagônicas: um quer cobrar, mas o outro não quer pagar; um quer a propriedade de bem que é contestada por outro etc. No ambiente das políticas públicas, porém, a visão deve ser diferente. De um lado, porque os processos envolverão, sem dúvidas, várias visões e vários interesses diferentes, que não poderão ser agrupados apenas em dois blocos distintos. Por outro lado, porque essas visões não necessariamente são postas e incompatíveis, podendo em certas situações convergir a um denominador comum[19].

Nessa busca por um modelo processual mais adequado para o tratamento de litígios de interesse público, uma das principais vantagens da utilização de decisões estruturais aos processos que tratam de conflitos urbanísticos/ambientais diz respeito à necessidade de implementação de um efetivo diálogo institucional entre Poder Executivo e Poder Judiciário, enriquecido pela participação de outros órgãos estatais com funções indispensáveis para a administração da Justiça, como Ministério

---

16. DIDIER JR, Fredie; ZANETI JR, Hermes; OLIVEIRA, Rafael Alexandria de. Elementos para uma teoria do processo estrutural aplicada ao processo civil brasileiro. *Revista de Processo*, v. 303, ano 45, p. 45-91, São Paulo: Ed. RT, maio 2020, p. 70-72; ARENHART, Sérgio Cruz; OSNA, Gustavo; JOBIM, Marco Félix. *Curso de Processo Estrutural*, São Paulo: Ed. RT, 2021, p. 116 e ss.

17. DIDIER JR, Fredie; ZANETI JR, Hermes; OLIVEIRA, Rafael Alexandria de. Elementos para uma teoria do processo estrutural aplicada ao processo civil brasileiro. *Revista de Processo*, v. 303, ano 45, p. 45-91, São Paulo: Ed. RT, maio 2020; ARENHART, Sérgio Cruz; OSNA, Gustavo; JOBIM, Marco Félix. *Curso de Processo Estrutural*, São Paulo: Ed. RT, 2021, p. 133 e ss.

18. DIDIER JR, Fredie; ZANETI JR, Hermes; OLIVEIRA, Rafael Alexandria de. Elementos para uma teoria do processo estrutural aplicada ao processo civil brasileiro. *Revista de Processo*, v. 303, ano 45, p. 45-91, São Paulo: Ed. RT, maio 2020; ARENHART, Sérgio Cruz; OSNA, Gustavo; JOBIM, Marco Félix. *Curso de Processo Estrutural*, São Paulo: Ed. RT, 2021, p. 233 e ss.

19. ARENHART, Sérgio Cruz. Processos estruturais no direito brasileiro: reflexões a partir do caso da ACP do carvão *in Interesse Público* – IP, ano 18, n. 97. p. 243-257, Belo Horizonte, maio/jun. 2016.

Público e Defensoria Pública[20], em uma comunhão de esforços para pacificação de uma disputa complexa, provavelmente insuscetível de desenlace em bons termos pela via exclusiva da adjudicação.

Esse tipo de interação, que por vezes falta entre órgãos de uma mesma pessoa jurídica de direito público interno, é um grande desafio para nossa Administração, acostumada a assumir no processo judicial uma postura defensiva e reativa, disposta a percorrer todas as instâncias judiciais na defesa intransigente de suas posições institucionais, não raramente imputando a outros entes responsabilidades que seriam muito melhor geridas entre todas as esferas de governo de modo compartilhado[21].

Em uma situação como a retratada no precedente em comento a questão social subjacente, miséria que leva milhares de pessoas a estabelecer moradias precárias em local impróprio para tanto, deveria ser endereçada pelo Estado brasileiro como um todo, ou seja, Municípios, Estados e União, tal como previsto expressamente no art. 23 da nossa Constituição[22].

Nada obstante, na prática, o que se vê quando judicializado esse tipo de disputa é, no geral, um jogo de empurra negativo, com Municípios afirmando não ter recursos para atender toda a demanda por habitação social em seus territórios e o Estado, por sua vez, fingindo que o problema não é seu. Caso a trama formada tenha o desfecho esperado por qualquer deles, ou seja, no qual o Judiciário dê uma ordem de desocupação rápida que seja prontamente cumprida, provavelmente o que se terá será apenas o conflito mudando de lugar, com as pessoas afetadas indo ocupar outra área irregularmente, seja no mesmo Município, seja no Município vizinho, precariedade

---

20. Dado que, vale dizer, foi objeto de reconhecimento expresso por parte do nosso legislador ao tratar das demandas possessórias, como se observa do art. 565 do C.P.C.: "No litígio coletivo pela posse de imóvel, quando o esbulho ou a turbação afirmado na petição inicial houver ocorrido há mais de ano e dia, o juiz, antes de apreciar o pedido de concessão da medida liminar, deverá designar audiência de mediação, a realizar-se em até 30 (trinta) dias, que observará o disposto nos §§ 2º e 4º. § 1º Concedida a liminar, se essa não for executada no prazo de 1 (um) ano, a contar da data de distribuição, caberá ao juiz designar audiência de mediação, nos termos dos §§ 2º a 4º deste artigo. § 2º O Ministério Público será intimado para comparecer à audiência, e a Defensoria Pública será intimada sempre que houver parte beneficiária de gratuidade da justiça. § 3º O juiz poderá comparecer à área objeto do litígio quando sua presença se fizer necessária à efetivação da tutela jurisdicional. § 4º Os órgãos responsáveis pela política agrária e pela política urbana da União, de Estado ou do Distrito Federal e de Município onde se situe a área objeto do litígio poderão ser intimados para a audiência, a fim de se manifestarem sobre seu interesse no processo e sobre a existência de possibilidade de solução para o conflito possessório. § 5º Aplica-se o disposto neste artigo ao litígio sobre propriedade de imóvel".

21. Sobre o tema, ver ARRETCHE, Marta. Federalismo e políticas sociais no país – problemas de coordenação e autonomia in *São Paulo em Perspectiva*, 18(2): 17-26, 2004, em especial p. 23; e BERCOVICI, Gilberto. A descentralização de políticas sociais e o federalismo cooperativo brasileiro. *Revista de Direito Sanitário*, v. 3, n. 1, p. 13-28, São Paulo: USP, março de 2002.

22. Art. 23. É competência comum da União, dos Estados, do Distrito Federal e dos Municípios: (...) II – cuidar da saúde e assistência pública, da proteção e garantia das pessoas portadoras de deficiência; (...) VI – proteger o meio ambiente e combater a poluição em qualquer de suas formas; (...) IX – promover programas de construção de moradias e a melhoria das condições habitacionais e de saneamento básico; X – combater as causas da pobreza e os fatores de marginalização, promovendo a integração social dos setores desfavorecidos (http://www.planalto.gov.br/ccivil_03/constituicao/constituicao.htm. Acesso em: 10 out. 2021).

que logo, ainda que com outras roupagens, está fadada a voltar aos escaninhos dos Tribunais, num ciclo sem fim.

Se da parte da Administração, em suas diferentes esferas de governo, observa-se uma atuação descoordenada, revelando certa indiferença para com a realidade[23], por parte do Judiciário, por sua vez, a ação dos seus diferentes órgãos no tratamento de problemas como o examinado normalmente também deixa a desejar.

Em uma rotina que em muitos centros é marcada por uma avalanche de processos repetitivos gerados por grandes litigantes[24], a conduta esperada do juiz é a prolação de uma sentença o mais rápido possível para qualquer caso submetido à sua apreciação, isso em meio a uma cultura de pouco diálogo entre órgãos jurisdicionais com competências sobrepostas no que se refere a facetas de um mesmo litígio, sejam estes atrelados a um mesmo ramo da Justiça ou a ramos diversos.

Os estímulos produzidos por uma política judicial pautada exclusivamente em números, isto é, pela quantidade de atos produzidos pelos julgadores por unidade de tempo, põem, como é intuitivo, em segundo plano a questão da efetividade da jurisdição, ou seja, a reflexão sobre sua capacidade de contribuir para eliminar as causas das disputas que aportam ao Judiciário[25].

Pelo modelo de processo estrutural, na linha do quanto acima exposto, defende-se a adoção de uma nova lógica no âmbito do Judiciário no que se refere ao tratamento dos litígios de interesse público.

Assim, o juiz, estimulando o diálogo entre os atores capazes de oferecer resposta adequada ao caso analisado, também deve estar aberto ao diálogo com outros órgãos judiciais competentes para proferir decisões que possam impactar no êxito do desenlace do processo de sua atribuição, dado que, como referido, aparentemente não aconteceu no precedente abordado neste ensaio.

Alterando o foco da prolação da sentença para a pacificação do litígio, torna-se fundamental um provimento jurisdicional que seja revestido da plasticidade necessária para se conformar à política pública viável, de modo que as determinações que porventura tenham que ser impostas pelo Estado-juiz possam ir para além da

---

23. Para uma análise precisa dessa deficiência que caracteriza muitas condutas imputáveis à nossa Administração Pública, ver MARQUES NETO, Floriano A. A superação do ato administrativo autista *in* MEDUAR, Odete; SCHIRATO, Vitor Rhein. *Os caminhos do ato administrativo*. São Paulo: Ed. RT, 2011. p. 89-144.

24. Tema que finalmente começa a ser refletido no âmbito do Judiciário, como se poder ver em MORAES, Vânila Cardoso André de (Coord.). *As demandas repetitivas e os grandes litigantes – possíveis caminhos para a efetividade do sistema de justiça brasileiro*, Brasília: Enfam, 2016. Disponível em: https://www.enfam.jus.br/wp-content/uploads/2016/08/Demandas_repetitivas__Vanila_Cardoso.pdf. Acesso em: 20 out. 2021.

25. Para maiores detalhes sobre a visão crítica dos autores deste ensaio quanto ao método numérico que vem sendo usado para medir a eficiência do Judiciário, ver CUNHA FILHO, Alexandre J. C. da; ARAÚJO, Alexandra Fuchs de. Multiplicando litígios: a eleição da métrica sentenças-por-minuto como um meio sem fim. Que lições podemos extrair da insolvência da UNIMED Paulistana? In: COSTA, Daniel C. G. da; FONSECA, Reynaldo S. da; BANHOS, Sérgio S.; CARVALHO NETO, Tarcísio V. de (Coord.). *Democracia, Justiça e Cidadania*: desafios e perspectivas – homenagem ao Ministro Luís Roberto Barroso. Belo Horizonte: Fórum, 2020. t. 2, p. 311-327.

simples especificação do resultado a ser obtido, delegando um plano de ação aos interessados, com a finalidade de se atingir o objetivo almejado com o menor sacrifício dos envolvidos.

Em termos de legislação, a relativa novidade trazida pelo CPC que caminha no sentido preconizado para o processo estrutural é a valorização que o diploma dá para o princípio da cooperação entre os seus intervenientes[26]-[27], bem como a previsão expressa da possibilidade de cooperação entre juízes como ferramentas a serviço da efetividade da jurisdição[28].

Se no que diz respeito à cooperação entre as partes a diretriz encontra limites naturais quando há interesses opostos excludentes que potencialmente se digladiam em juízo[29], ao menos no que se refere ao Poder Público o postulado pode servir de um argumento de reforço para que o Estado, pelos seus diferentes órgãos, em seus diversos Poderes, passem a colaborar para o processo judicial não seja mais encarado como um fim em si mesmo, mas sim como um instrumento em prol da geração de efeitos positivos na realidade[30].

Já no que concerne à cooperação entre juízes descortina-se uma possível alteração de método para tratamento de lides de interesse público pelo próprio Judiciário, já que atos processuais cooperados, como até mesmo instruções conjuntas, agora passam a encontrar amparo legal expresso.

---

26. Art. 3º (...) § 2º O Estado promoverá, sempre que possível, a solução consensual dos conflitos. § 3º A conciliação, a mediação e outros métodos de solução consensual de conflitos deverão ser estimulados por juízes, advogados, defensores públicos e membros do Ministério Público, inclusive no curso do processo judicial (Disponível em: http://www.planalto.gov.br/ccivil_03/_ato2015-2018/2015/lei/l13105.htm. Acesso em: 10 out. 2021).

27. Art. 6º Todos os sujeitos do processo devem cooperar entre si para que se obtenha, em tempo razoável, decisão de mérito justa e efetiva (Disponível em: http://www.planalto.gov.br/ccivil_03/_ato2015-2018/2015/lei/l13105.htm. Acesso em: 10 out. 2021).

28. Art. 67. Aos órgãos do Poder Judiciário, estadual ou federal, especializado ou comum, em todas as instâncias e graus de jurisdição, inclusive aos tribunais superiores, incumbe o dever de recíproca cooperação, por meio de seus magistrados e servidores. Art. 68. Os juízes poderão formular entre si pedido de cooperação para prática de qualquer ato processual. Art. 69. O pedido de cooperação jurisdicional deve ser prontamente atendido, prescinde de forma específica e pode ser executado como: I – auxílio direto; II – reunião ou apensamento de processos; III – prestação de informações; IV – atos concertados entre os juízes cooperantes. (...) § 2º Os atos concertados entre os juízes cooperantes poderão consistir, além de outros, no estabelecimento de procedimento para: I – a prática de citação, intimação ou notificação de ato; II – a obtenção e apresentação de provas e a coleta de depoimentos; III – a efetivação de tutela provisória; IV – a efetivação de medidas e providências para recuperação e preservação de empresas; V – a facilitação de habilitação de créditos na falência e na recuperação judicial; VI – a centralização de processos repetitivos; VII – a execução de decisão jurisdicional. § 3º O pedido de cooperação judiciária pode ser realizado entre órgãos jurisdicionais de diferentes ramos do Poder Judiciário (Disponível em: http://www.planalto.gov.br/ccivil_03/_ato2015-2018/2015/lei/l13105.htm. Acesso em: 10 out. 2021).

29. DONIZETTI, Elpídio. *Novo Código de Processo Civil* – comentado. 2 ed. São Paulo: Altas, 2017.

30. Sobre a suficiência do quadro legal vigente para que a nossa Administração Pública encerre disputas pela via consensual, ver MEGNA, Bruno Lopes. O "compromisso" para prevenir ou regular a compensação a irregularidades: um "negócio jurídico administrativo-processual". In: CUNHA FILHO, Alexandre J. C. da; ISSA, Rafael H.; SCHWIND, Rafael W. *Lei de Introdução às Normas do Direito Brasileiro* – anotada. São Paulo: Quartier Latin, 2019. v. II, p. 380-388.

Esse tipo de providência, com economia de tempo e recursos para os envolvidos, para além de contribuir para que não sejam proferidas decisões contraditórias por diferentes julgadores debruçados sobre distintas facetas de um caso complexo, ainda tem o potencial de gerar uma verdadeira sinergia entre eles para o respectivo enfrentamento.

6. CONCLUSÃO

Neste ensaio tratamos de um caso complexo envolvendo conflito pela posse da terra urbana que, apesar de judicializado há anos (ou seria melhor dizermos hiperjudicializado, considerando o número de ações que foram propostas tendo por objeto uma mesma situação fática?), ainda não recebeu desenlace adequado pelo nosso aparato de Justiça.

Na apreciação crítica que fizemos do precedente destacamos alguns aspectos das condutas dos respectivos atores processuais que em nada contribuem para que litígios como o analisado não se repitam dia após dia nos escaninhos dos Tribunais, em uma ciranda que apenas agrava a ocupação desordenada do território, o que normalmente traz consequências deletérias de diversas ordens, como para a qualidade da moradia disponibilizada para a população economicamente vulnerável e o meio ambiente.

Em especial em um momento no qual o mundo atravessa o desastre biológico da Covid-19 e em que cientistas reclamam atenção para o papel do ser humano na tentativa de mitigar mudanças climáticas, imagina-se que, no nosso quintal, devemos fazer o possível para que o processo judicial, girando em falso na apreciação de problemas como o examinado, não seja indiferente para com os efeitos perversos gerados na realidade pela inação estatal.

A nosso ver, na linha do quanto exposto neste estudo, uma mudança nesse cenário exige sobretudo uma mudança de cultura, isso seja por parte do Estado-administração, como por parte do Estado-juiz, já que leis determinando/autorizando o que deve ser feito existem em abundância.

Resta saber se os ocupantes dos cargos estatais respectivos estarão à altura do desafio, que apenas recrudesce em uma quadra histórica de crise econômica, em que certos movimentos políticos elegeram o serviço público como bode expiatório para tudo o que atrapalha a liberdade do "cidadão de bem".

Vejamos como conseguiremos sair dessa encruzilhada, esperando que seja na direção que nos é dada pela Constituição de 1988, ou seja, no sentido do aprimoramento de um Estado de Bem-Estar, em que a organização política efetivamente se comprometa com o combate à miséria, isso por armas outras que a ação da polícia.

7. REFERÊNCIAS

ALMEIDA, Luiz Eduardo de. *Direitos sociais e seus limites* – uma construção a partir das decisões do STF. Curitiba: Juruá, 2017.

ARAÚJO, Alexandra Fuchs de. *Controle Judicial de Políticas Públicas de Moradia para Baixa Renda* – uma Proposta Metodológica, tese de doutorado, São Paulo: Fadusp, 2021.

ARENHART, Sérgio Cruz. Processos estruturais no direito brasileiro: reflexões a partir do caso da ACP do carvão. *Interesse Público* – IP, ano 18, n. 97. p. 243-257, Belo Horizonte, maio/jun. 2016.

ARENHART, Sérgio Cruz; OSNA, Gustavo; JOBIM, Marco Félix. *Curso de Processo Estrutural*, São Paulo: Ed. RT, 2021.

ARGÜELLES, Juan Ramon de Paramo. *H. L. A. Hart y la Teoria Analitica del Derecho*, Madrid: Centro de Estudios Constitucionales, 1984.

ARRETCHE, Marta. Federalismo e políticas sociais no país – problemas de coordenação e autonomia. *São Paulo em Perspectiva*, 18(2): 17-26, 2004.

BAPTISTA, Patrícia. *Transformações do Direito Administrativo*. 2 ed. Rio de Janeiro: Lumen Juris, 2019.

BERCOVICI, Gilberto. A descentralização de políticas sociais e o federalismo cooperativo brasileiro *in Revista de Direito Sanitário*, v. 3, n. 1, p. 13-28, São Paulo: USP, março de 2002.

BONAVIDES, Paulo. *Do Estado Liberal ao Estado Social*. 11. ed. São Paulo: Malheiros, 2013.

CÂMARA, Alexandre Freitas. *O novo Processo Civil brasileiro*. 2. ed. São Paulo: Atlas, 2016.

CUNHA FILHO, Alexandre Jorge Carneiro da. *Governança Pública* – um ensaio sobre pressupostos e instrumentos de uma ação estatal juridicamente eficiente, São Paulo: Quartier Latin, 2019.

CUNHA FILHO, Alexandre Jorge Carneiro da.; ARAÚJO, Alexandra Fuchs de. Multiplicando litígios: a eleição da métrica sentenças-por-minuto como um meio sem fim. Que lições podemos extrair da insolvência da UNIMED Paulistana? In: COSTA, Daniel C. G. da; FONSECA, Reynaldo S. da; BANHOS, Sérgio S.; CARVALHO NETO, Tarcísio V. de (Coord.). *Democracia, Justiça e Cidadania*: desafios e perspectivas – homenagem ao Ministro Luís Roberto Barroso. Belo Horizonte: Fórum, 2020. t. 2.

DANTAS, Eduardo Sousa. *Ações estruturais e o estado de coisas inconstitucional* – a tutela dos direitos fundamentais em casos de graves violações pelo Poder Público. Curitiba: Juruá, 2019.

DIDIER JR, Fredie; ZANETI JR, Hermes; OLIVEIRA, Rafael Alexandria de. Elementos para uma teoria do processo estrutural aplicada ao processo civil brasileiro. *Revista de Processo*, v. 303, ano 45, p. 45-91, São Paulo: Ed. RT, maio 2020.

DONIZETTI, Elpídio. *Novo Código de Processo Civil* – comentado. 2 ed. São Paulo: Altas, 2017.

MARQUES NETO, Floriano de Azevedo. A superação do ato administrativo autista *in* MEDUAR, Odete; SCHIRATO, Vitor Rhein. *Os caminhos do ato administrativo*. São Paulo: Ed. RT, 2011.

MARQUES NETO, Floriano de Azevedo. A bipolaridade do Direito Administrativo e a sua superação. In: SUNDFELD, Carlos Ari; JURKSAITIS, Guilherme Jardim (Org.). *Contratos Públicos e Direito Administrativo*. São Paulo: Malheiros, 2015.

MEDAUAR, Odete. Administração Pública: do ato ao processo. In: ARAGÃO, Alexandre Santos de; MARQUES NETO, Floriano de Azevedo (Coord.). *Direito Administrativo e seus novos paradigmas.*, Belo Horizonte: Fórum, 2008.

MEGNA, Bruno Lopes. O "compromisso" para prevenir ou regular a compensação a irregularidades: um "negócio jurídico administrativo-processual". In: CUNHA FILHO, Alexandre J. C. da; ISSA, Rafael H.; SCHWIND, Rafael W. *Lei de Introdução às Normas do Direito Brasileiro* – anotada. São Paulo: Quartier Latin, 2019. v. II.

MORAES, Vânila Cardoso André de (Coord.). *As demandas repetitivas e os grandes litigantes* – possíveis caminhos para a efetividade do sistema de justiça brasileiro, Brasília: Enfam, 2016, disponível em: https://www.enfam.jus.br/wp-content/uploads/2016/08/Demandas_repetitivas__Vanila_Cardoso.pdf. Acesso em: 20 out. 2021.

MOREIRA NETO, Diogo de Figueiredo. Déficit democrático do Estado brasileiro (legislativo e administrativo). In: FREITAS, Daniela Bandeira de; VALLE, Vanice Regina L. do (Coord.). *Direito Administrativo e Democracia econômica*. Belo Horizonte: Fórum, 2012.

NOGUEIRA, Simone Marques dos Santos; MENCIO, Mariana; COMARU, Francisco de Assis. Decisão judicial em causas complexas: o caso Cohab Nossa Senhora da Penha/Vila Nova Cachoerinha. *Cadernos Jurídicos da Escola Paulista da Magistratura* – Direito Ambiental, n. 48, São Paulo: EPM, mar.-abr. 2019.

PASQUALOTTO, Victória Franco. O processo civil entre litígios tradicionais e litígios multipolares complexos: a resposta do processo estrutural. In: ARENHART, Sergio Cruz; JOBIM, Marco Félix (Org.). *Processos estruturais*. Salvador: JusPodvim, 2019.

PARTE III
PRECEDENTES EM
DIREITO IMOBILIÁRIO

EFICÁCIA DO REGISTRO PARA AQUISIÇÃO DA PROPRIEDADE DE IMÓVEL POR ADJUDICAÇÃO COMPULSÓRIA: ANÁLISE DO ACÓRDÃO PROFERIDO NOS AUTOS DO RECURSO ESPECIAL 1.221.369-RS

Alexandre G. N. Liquidato

Doutor e Mestre em Direito Civil pela Faculdade de Direito da USP. Especialista em Interesses Difusos e Coletivos pela Escola Superior do Ministério Público de São Paulo (Centro de Estudos e Aperfeiçoamento Funcional do Ministério Público de São Paulo). Bacharel em Direito pela Faculdade de Direito da USP. Professor universitário em cursos de graduação e pós-graduação. Membro da Asociación Iberoamericana de Derecho Romano e da Rede de Direito Civil Contemporâneo. Advogado.

Sumário: 1. Introdução – 2. O acórdão proferido nos autos do recurso especial 1.221.369 – RS – 3. Discussão – 4. Conclusões – 5. Referências.

> *And poise the cause in justice' equal scales,*
> *Whose beam stands sure, whose rightful cause prevails.*
> *(Shakespeare, King Henry the Sixth part II, act 2, scene 1)*

1.   INTRODUÇÃO

Quase duas décadas passadas da promulgação do Código Civil, toda sorte de especulações se fez em torno da agora *madura* jurisprudência que se erigiu desde então. Obviamente, essa edificação não se fez apenas com os olhos e com a mente na Lei de 2002, mas também, e sobretudo – consciente ou inconscientemente – com o espírito repleto da doutrina e dos consolidados entendimentos dos tribunais sobre o Diploma de 1916.

Malgrado não haja compartimentações estanques no Direito, é de se reconhecer que o quadro acima referido se faz sentir particularmente nas chamadas zonas fronteiriças do direito civil. O melhor exemplo disso se pode verificar na faixa lindeira entre os campos de atuação do direito dos contratos e dos direitos reais, que, não raro, implicam o direito registral, particularmente no que toca ao regime da aquisição da propriedade sobre imóveis.

Assim, dentre as contribuições genuinamente criativas dos privatistas brasileiros aparece o compromisso de compra e venda, como peça central de toda uma política habitacional, que, desde a década de 1930, ditou boa parte da tônica do mercado imobiliário urbano. Mais que isso, esse contrato remete ao problema central da aquisição da propriedade sobre objetos imóveis e à eficácia do registro imobiliário, consagrado nos arts. 1227 e 1245 a 1247 do Código vigente.

Ocorreu, todavia, que após uma *interminável* tramitação, o Código Civil de 2002, "nasceu velho[1]" e por vezes, mostrou-se reacionário face à hermenêutica construída ao redor do Diploma que substituíra e da legislação extravagante que o orbitava. A sensação que isso podia causar tanto a operadores do direito como aos jurisdicionados oscilava entre um *mínimo* de inquietude e um *máximo* de insegurança diante da potencial inefetividade da nova lei.

Os componentes de uma *tempestade perfeita* se avizinhavam: de um lado havia a doutrina monolítica que se ergueu sobre o Código Civil de 1916, em consonância com tudo mais que boa parte da comunidade acadêmica produziu acerca do Decreto-Lei n.º 58/1937[2]; de outro, a prática judicial que harmonizou tudo isso com a realidade do mercado imobiliário brasileiro, mitigando o papel do registro do compromisso de compra e venda como fator de eficácia desencadeador do surgimento de um direito real, o que, em síntese, permitiu que a jurisprudência se consolidasse de tal sorte que fosse proferida, no ano 2000, a Súmula 239[3] do STJ; por último, somou-se a isso o Código Civil de 2002, cujo projeto ficou pronto em meados da década de 1970[4], expressando um pensamento conservador até mesmo para a época em que foi concebido.

É nesse contexto que o julgado que se propõe analisar aparece. Trata-se de acórdão[5] proferido pela Terceira Turma do Superior Tribunal de Justiça, que, por unanimidade[6], negou provimento a um recurso especial autuado sob o n. 1.221.369 – RS[7], relatado pela Min. Nancy Andrighi e julgado no dia 20 de agosto de 2013, isto é: pouco mais de dez anos após o início da vigência do Código Civil de 2002.

---

1. Quanto a isso vide: JUNQUEIRA DE AZEVEDO. Antonio. O direito pós-moderno e a codificação. *Estudos e Pareceres de Direito Privado*. São Paulo: Saraiva, 2004, p. 55-63.
2. BRASIL. Decreto-Lei 58, de 10 de dezembro de 1937. Dispõe sobre o loteamento e a venda de terrenos para pagamento em prestações. Rio de Janeiro, 10 dez. 1937. Disponível em: http://www.planalto.gov.br/ccivil_03/Decreto-Lei/1937-1946/Del058.htm. Acesso em: 20 ago. 2021.
3. Eis o texto do direito sumular referido: "O direito à adjudicação compulsória não se condiciona ao registro do compromisso de compra e venda no cartório de imóveis" (BRASIL. Superior Tribunal de Justiça. Súmula 239. Segunda Seção. Julgado em 28 jun. 2000. Data de publicação 30 jun. 2000. Disponível em: https://scon.stj.jus.br/SCON/sumstj/toc.jsp. Acesso em: 21 ago. 2021).
4. Acerca disso, vide: REALE, Miguel. *História do Novo Código Civil*. São Paulo: Ed. RT, 2005, p. 19-34; CALDERARE, Alfredo. Introduzione – Il diritto privato in Brasile: dal vecchio al nuovo codice civile. In: CALDERARE, Alfredo (Cur.). *Il Codice Civile Brasiliano*. Milano: Giuffrè, 2003, p. XV-XLVIII.
5. BRASIL. Superior Tribunal de Justiça. Recurso Especial 1.221.369 – RS (2010/0199181-0). Recorrente: Milton Vieira da Silva. Recorrido: João Estevão Libardi e outro. Relatora: Min. Nancy Andrighi. Data de registro 20.08.2013. Disponível em: www.stj.jus.br. Acesso em: 10 ago. 2021.
6. Participaram do julgamento, acompanhando o voto da Min. Relatora, os senhores Ministros: João Otávio de Noronha, Sidnei Beneti, Paulo de Tarso Sanseverino e Ricardo Villas Bôas Cueva.
7. Eis a ementa do acórdão: "Direito civil. Propriedade. Recurso especial. Ação anulatória. Compromisso de venda e compra. Registro imobiliário. Oposição. Adjudicação em hasta pública. Boa-fé.

   1. Discussão sobre se a aquisição do imóvel pelo recorrido, em virtude da celebração de compromisso de compra e venda quitado anos antes da penhora efetivada em sede da ação trabalhista, prevalece em relação

EFICÁCIA DO REGISTRO PARA AQUISIÇÃO DA PROPRIEDADE DE IMÓVEL POR ADJUDICAÇÃO COMPULSÓRIA | **325**

A importância desse julgado salta aos olhos, na medida que foi o *leading case* no sentido de uma interpretação que revitalizava a Súmula 239 do Superior Tribunal de Justiça, contra a expressão literal do Código Civil, nos casos de adjudicação compulsória de imóveis em que o compromisso de compra e venda (sobre o qual não se pactuou arrependimento) carecesse de registro.

2. O ACÓRDÃO PROFERIDO NOS AUTOS DO RECURSO ESPECIAL 1.221.369 – RS

O voto da Min. Nancy Andrighi, contém um relatório extremamente cuidadoso e repleto de detalhes que, com invejável esmero, descreve o processamento do feito desde o ajuizamento da demanda, até o exame de admissibilidade (na origem) do recurso especial. Daí, valer a pena reproduzir alguns excertos ricos de informações[8]. Assim, quanto à pretensão deduzida na petição inicial, escreveu a Ministra:

> Ação: anulatória de escritura pública de compra e venda c/c adjudicação compulsória, ajuizada por João Estevão Libardi Pelentir e outro contra Luiz Carlos Guimarães Benevenuto e Rudimar Tibulo, alegando, em síntese, que celebrou compromisso de compra e venda de imóvel rural

---

à propriedade do recorrente, que adjudicou o bem em hasta pública, seguindo os ditames legais, à época em que, de acordo com o registro imobiliário, ele se encontrava livre e desembaraçado de quaisquer ônus.

2. A ausência de decisão sobre os dispositivos legais supostamente violados, não obstante a interposição de embargos de declaração, impede o conhecimento do recurso especial. Incidência da Súmula 211/STJ.

3. Inexiste ofensa ao art. 535 do CPC, quando o tribunal de origem pronuncia-se de forma clara e precisa sobre a questão posta nos autos.

4. Conforme a estrita técnica processual, quando um terceiro apresenta oposição, pretendendo a coisa ou o direito sobre o que controvertem autor e réu, antes da audiência, ela correrá simultaneamente à ação principal, devendo ser julgada pela mesma sentença, que primeiramente deverá conhecer da oposição, dado o seu caráter prejudicial. Contudo, na hipótese, não se vislumbra a existência de qualquer prejuízo ao devido processo legal ou ao recorrente em razão do julgamento da oposição ter se dado, embora na mesma data, após o julgamento da anulatória.

5. O Código Civil de 1916, vigente à época da celebração do negócio de compra e venda pelos recorridos, de fato, exigia, no art. 530, o registro do título translativo da propriedade imóvel por ato *inter vivos*, onerosos ou gratuitos, para a transmissão do domínio do bem.

6. A jurisprudência conferia ao promitente comprador o direito à adjudicação compulsória do imóvel independentemente de registro (Súmula n. 239); e, quando registrado, o compromisso de compra e venda foi erigido à seleta categoria de direito real pelo Código Civil de 2002 (art. 1.225, inciso VII), sendo, portanto, oponível em relação aos terceiros.

7. Esta Corte, sobrepujando a questão de fundo sobre a questão da forma, como técnica de realização da justiça, vem conferindo interpretação finalística à Lei de Registros Públicos. Súmula 84/STJ.

8. Os recorridos agiram com boa-fé quando celebraram o compromisso de compra e venda do imóvel. O recorrente também agiu de boa-fé na hipótese, ao seguir todos os trâmites legalmente previstos para a aquisição da propriedade através da adjudicação do bem em hasta pública e registro do respectivo título no cartório de imóveis.

9. Diante das peculiaridades da hipótese, não se afigura razoável afastar o direito dos recorridos sobre o bem, que acreditaram ter adquirido por força do compromisso de compra e venda, e sobre o qual exercem a posse há aproximadamente 20 (vinte) anos.

10. Recurso especial desprovido".

8. Esclareça-se que a aparente hipertrofia de transcrições do acórdão comentado, foi proposital e teve como objetivo evitar paráfrases que pudessem sugerir que se tentou colocar palavras na boca da Min. Relatora, *interpolando*, de certo modo, o texto original do voto.

com o primeiro réu, o qual foi quitado nos anos de 1993 e 1994. Apesar de o autor estar na posse do bem desde a celebração do contrato, não lhe foi outorgada a escritura definitiva porque o procurador constituído pelas partes para tanto falecera. Além disso, o autor tomou conhecimento que o mesmo imóvel também fora vendido, em 1998, ao segundo réu, o qual, por sua vez, efetivou o registro da escritura no cartório de registro de imóveis do Município de Santo Antônio das Missões.

Em seguida, a relatora prossegue, aduzindo que em sede de contestação, os dois litisconsortes passivos argumentaram o seguinte:

o primeiro réu Luiz Carlos Guimarães Benevenuto reconheceu a venda do imóvel em questão ao autor, embora não tivesse conhecimento de que a escritura não havia sido lavrada por seu procurador, e afirmou, ainda, que não outorgou, mediante seu livre conhecimento, outra procuração para realizar nova venda do mesmo imóvel ao segundo réu, o qual teria agido de má-fé na hipótese. O segundo réu Rudimar Tibulo aduziu desconhecer a venda anterior e afirmou ter comprado e pagado o preço do imóvel.

Ainda mais, relatou-se a existência de oposição nos termos do art. 56[9] do Código de Processo Civil de 1973, que foi devidamente respondida conforme o art. 57[10] desse Diploma, *in verbis*:

Oposição: apresentada por Milton Vieira da Silva, sob o fundamento de que adquiriu o imóvel em questão mediante adjudicação judicial, nos autos da execução da reclamatória trabalhista ajuizada contra MAR Serviços de Hotelaria Bar e Restaurante, Luiz Carlos Guimarães Benevenuto e outros, sendo que a ação trabalhista foi ajuizada em 1989, a penhora do imóvel, efetivada em 1999, e o registro da adjudicação na matrícula do bem, em 2004. Relata, ainda, que em sede da referida ação trabalhista, foram opostos embargos de terceiro por Rudimar Tibulo, os quais foram julgados improcedentes por ter sido reconhecida a fraude à execução na segunda venda imóvel. Os embargos de terceiro opostos por João Estevão Libardi Pelentir e outro, por sua vez, não foram conhecidos em razão da sua intempestividade.

Contestação à oposição: apenas João Estevão Libardi Pelentir e outro apresentaram contestação, aduzindo, preliminarmente, a falta de interesse processual em relação aos réus Luiz Carlos Guimarães Benevenuto e Rudimar Tibulo e, no mérito, sustentam que adquiriram o imóvel em 1993 e 1994, quando ele se encontrava livre de quaisquer ônus, haja vista que constrição decorrente da penhora na ação trabalhista só ocorreu em 1999.

Sobreveio a sentença que julgou procedente o pedido para "declarar a nulidade da escritura pública de compra e venda" (*sic*) entre os dois réus e adjudicar o imóvel compulsoriamente ao autor. Além disso, "a oposição foi julgada improcedente, em razão do reconhecimento da validade do primeiro contrato de compra e venda" (*sic*)

---

9. Dizia o CPC de 1973: "Art. 56. Quem pretender, no todo ou em parte, a coisa ou o direito sobre que controvertem autor e réu, poderá, até ser proferida a sentença, oferecer oposição contra ambos".

10. Eis o texto de lei revogado: "Art. 57. O opoente deduzirá o seu pedido, observando os requisitos exigidos para a propositura da ação (arts. 282 e 283). Distribuída a oposição por dependência, serão os opostos citados, na pessoa dos seus respectivos advogados, para contestar o pedido no prazo comum de 15 (quinze) dias. Parágrafo único. Se o processo principal correr à revelia do réu, este será citado na forma estabelecida no Título V, Capítulo IV, Seção III, deste Livro".

EFICÁCIA DO REGISTRO PARA AQUISIÇÃO DA PROPRIEDADE DE IMÓVEL POR ADJUDICAÇÃO COMPULSÓRIA

celebrado entre o autor e o primeiro réu. Recorrida a sentença, o Tribunal de Justiça do Rio Grande do Sul a manteve[11].

Inconformado, o opoente lançou mão de embargos declaratórios, que foram rejeitados. Daí, ele ter interposto recurso especial, fundado em negativa de vigência de lei federal, que dentre outros dispositivos do Código de Processo Civil de 1973, tinha como cerne de direito material, a violação dos arts. 524; 530, I, 533; 859 e 860 do Código Civil de 1916[12]. Tal recurso, foi inadmitido na origem, o que deu causa ao agravo de instrumento contra a decisão denegatória, que foi conhecido e provido pela relatora, para o fim de determinar a subida do recurso especial.

Uma vez superadas todas as questões de direito processual que haviam sido aventadas, a Min. Nancy Andrighi, na fundamentação de seu voto cuidou especificamente da questão federal sobre a qual se debruça este estudo, sob a rubrica "Da propriedade do bem em questão. Compromisso de compra e venda quitado *vs.* registro de carta de adjudicação" (destaques da relatora).

Com o perdão do juízo de valor, o enfrentamento disso no corpo do acórdão faria arrepiar aos puristas do direito das coisas, do direito registrário, ou ainda àqueles que se apegam à expressão literal da lei:

> Na hipótese, deve-se verificar se a aquisição do imóvel pelo recorrido, por força da celebração de compromisso de compra e venda quitado anos antes da penhora efetivada na ação trabalhista, prevalece sobre a propriedade do recorrente, que adjudicou o bem em hasta pública, seguindo

---

11. Eis a ementa que foi referida no acórdão comentado: "Apelação cível. Ação de nulidade de compra e venda c/c adjudicação compulsória. Registro de imóveis. Nulidade da escritura pública de compra e venda. Cerceamento de defesa inocorrente. O r. não arrolou testemunhas, seu advogado compareceu somente na última audiência e não apresentou memorial e, ainda, sequer apontou qual prova não lhe foi oportunizada, além da prova oral. Portanto, infundada sua alegação. Mérito. Prova no sentido de que o A. adquiriu a área de terra em discussão anos antes do R.; pagou o preço, ato reconhecido pelo devedor. Também ficou demonstrado que a procuração utilizada para a segunda venda foi obtida de forma ardilosa e sem a vontade do outorgante, proprietário, que jamais recebeu o valor respectivo. Portanto, presente o vício de consentimento, sem efeito a venda feita ao r. Preliminar rejeitada. Apelação desprovida. Unânime. Apelação cível, oposição. Nulidade da sentença. Afronta ao art. 61 do CPC. Inocorrência. A sentença da ação anulatória de escritura foi proferida na mesma data em que proferida a sentença nesta oposição, nada de ilegal ou afrontoso ocorrendo à norma apontada pelo apelante, especialmente porque a ação anulatória continha os dados substanciais a definir o julgamento. Compromisso de compra e venda. Validade. Ficou demonstrado que a transferência da posse e dos direitos sobre o imóvel ocorreu muito antes da penhora, época em que não estava configurada a hipótese do incido II do art. 593 do CPC, merecendo ser protegido o direito pessoal dos compromissários compradores de boa-fé, daí a improcedência da oposição. Preliminar rejeitada. Apelação desprovida".

12. Eis os dispositivos do Código Civil de 1916 cuja vigência foi tida como negada:

    "Art. 524. A lei assegura ao proprietário o direito de usar, gozar e dispor de seus bens, e de reave-los do poder de quem quer que injustamente os possua.

    Art. 530. Adquire-se a propriedade imóvel:

    I – Pela transcrição do título de transferência no registro do imóvel.

    Art. 533. Os atos sujeitos a transcrição (arts. 531 e 532 ns. II e III). não transferem o domínio, senão da data em que se transcreverem (arts. 856, 860, parágrafo único).

    Art. 859. Presume-se pertencer o direito real à pessoa, em cujo nome se inscreveu, ou transcreveu.

    Art. 860. Se o teor do registro de imóveis não exprimir a verdade, poderá o prejudicado reclamar que se retifique".

os ditames legais, à época em que, de acordo com o registro imobiliário, ele se encontrava livre e desembaraçado de quaisquer ônus.

A fundamentação do voto vai mais longe e, com precisão, descreve a sistemática vigente para a aquisição da propriedade imóvel no sistema brasileiro, confrontando-a com a dinâmica dos fatos documentados nos autos e sopesando a técnica jurídica, com a escala de valores do órgão julgador face à ideia de boa-fé. Eis o que foi escrito no acórdão:

O recorrente, por vez, sustenta que a propriedade do bem imóvel somente se adquire com a transcrição do título aquisitivo no registro imobiliário, o que não foi feito pelos recorridos, embora aleguem ter celebrado compromisso de venda e compra com o antigo proprietário. Isso porque esse contrato é ineficaz em relação aos terceiros, gerando apenas obrigações entre os contratantes.

Acrescenta que, quando efetivada a penhora do imóvel na ação trabalhista, em 1999, o bem se encontrava registrado em nome do executado Luiz Carlos Guimarães Benevenuto, embora já tivesse, inclusive, sido alienado a Rudimar Tibulo em 1998 e dado em garantia hipotecária em duas oportunidades (1996 e 1999), sem que os recorridos tivessem tomado qualquer providência no sentido de registrar o título aquisitivo do imóvel, que alegam ter desde 1993/1994.

Tendo sido anulada a venda efetuada a Rudimar Tibulo, diante da comprovação da fraude à execução, sustenta o recorrente que legitimamente adjudicou o bem e providenciou a transcrição do respectivo título no registro imobiliário, adquirindo a sua propriedade, a qual deve se sobrepor à mera relação obrigacional decorrente do compromisso de compra e venda firmado, ainda que de boa-fé, pelos recorridos e o antigo proprietário do bem.

Está fora de dúvida que os recorridos agiram na mais absoluta boa-fé quando celebraram o compromisso de compra e venda do imóvel com Luiz Carlos Guimarães Benevenuto, tanto que, em nenhum momento, foi alegada sua má-fé; eles sempre exerceram a posse do bem; e o vendedor reconheceu a fraude na segunda alienação efetivada em favor de Rudimar Tibulo.

O Código Civil de 1916, vigente à época da celebração do negócio de compra e venda entre os recorridos e Luiz Carlos Guimarães Benevenuto, de fato, exigia, no seu art. 530, o registro do título translativo da propriedade imóvel por ato *inter vivos*, onerosos ou gratuitos, para a transmissão do domínio do bem, haja vista que os negócios jurídicos em nosso ordenamento jurídico, não são hábeis a transferir a propriedade. Assim, conforme reiteradas decisões desta corte, titular do direito é aquele em cujo nome está transcrita a propriedade imobiliária. Nesse sentido: REsp 667.242/PR; REsp 722.501/SP; REsp 1.113.390/PR; REsp 858.999/MS; REsp 848.070/GO, entre outros.

O Código Civil de 2002 repetiu a regra, dispondo que a transmissão da propriedade de bem imóvel opera-se com o registro do título translativo no Registro de Imóveis, sem o qual o alienante continua a ser havido como dono do imóvel (art. 1.245 do Código Civil).

Entretanto, por outro lado, a jurisprudência já conferia ao promitente comprador o direito à adjudicação compulsória do imóvel independentemente de registro (Súmula n. 239); e, quando registrado, o compromisso de compra e venda foi erigido à seleta categoria de direito real pelo Código Civil de 2002 (art. 1.225, inciso VII), sendo, portanto, oponível em relação aos terceiros.

Aliás, a jurisprudência do STJ, sobrepujando a questão de fundo sobre a questão da forma, como técnica de realização da justiça, vem conferindo interpretação finalística à Lei de Registros Públicos, tendo editado a Súmula 84, com a seguinte redação: "É admissível a oposição de embargos de terceiro fundados em alegação de posse advinda de compromisso de compra e venda de imóvel, ainda que desprovido do registro (REsp 848070/GO, 1ª Turma, Rel. Min. Luiz Fux, DJe de 25.03.2009).

EFICÁCIA DO REGISTRO PARA AQUISIÇÃO DA PROPRIEDADE DE IMÓVEL POR ADJUDICAÇÃO COMPULSÓRIA

Tanto assim que, na hipótese, os recorridos chegaram a opor embargos de terceiro em sede da execução trabalhista, os quais, entretanto, não foram conhecidos em razão da sua intempestividade.

Deve-se consignar, outrossim, que o recorrente também agiu de boa-fé na hipótese, haja vista que, antes de adjudicar o bem, em 2004 e proceder ao respectivo registro do título de propriedade, já havia (i) passado por todo o trâmite da ação trabalhista ajuizada em 1989, (ii) diligenciado a procura de bens penhoráveis do executado; (iii) requerido a penhora do imóvel em questão no ano de 1999; (iv) efetuado o respectivo o registro da constrição na matrícula em 14/11/2000; (v) verificado que o imóvel em questão havia sido vendido Rudimar Tibulo, em 1998; (vi) apresentado defesa na ação de embargos de terceiro ajuizada por Rudimar Tibulo, os quais foram julgados improcedentes diante do reconhecimento da fraude à execução.

E tudo isso ocorreu sem que tenha havido qualquer impugnação por parte dos recorridos que permaneceram inertes desde a quitação do compromisso de venda e compra celebrado, em 1993/1994, até a propositura da ação anulatória c/c adjudicação compulsória, visando à obtenção da escritura definitiva do bem.

Observe-se que, se o imóvel em questão não mais pertencia a Luiz Carlos Guimarães Benevenuto, quando da efetivação da penhora em sede da execução trabalhista, porque havia sido vendido aos recorridos, por meio de compromisso de venda e compra quitado em 1993/1994, mas não registrado na respectiva matrícula do imóvel, o recorrente não tinha como obter essa informação, salvo impugnação dos recorridos ou informação do antigo proprietário. Daí porque se concluir que o recorrente também agiu de boa-fé, ao seguir todos os trâmites legalmente previstos para a aquisição da propriedade através da adjudicação do bem em hasta pública e registro do respectivo título no cartório de imóveis.

Considerando que ambas as partes agiram de boa-fé, há que se fazer um juízo de ponderação a fim de se afirmar o direito de apenas uma delas à propriedade do imóvel em questão.

Embora seja indiscutível a diligência do recorrente na defesa dos seus direitos, tomando todas as providências legais cabíveis para assegurá-lo de maneira tempestiva, o fato é que, diante da existência do compromisso de compra e venda celebrado entre os recorridos e Luiz Carlos Guimarães Benevenuto, que foi quitado anos antes da efetivação da penhora em sede da ação trabalhista movida por Milton Vieira Da Silva, verifica-se a referida constrição sequer poderia ter sido realizada, quanto mais a alienação do bem em hasta pública com a consequente adjudicação pelo recorrente. Afinal, o imóvel, de fato, não pertencia mais ao devedor executado.

Não se pretende aqui afastar a importância dos registros públicos, mitigando sua função legal-mente estabelecida de atribuir a propriedade dos bens imóveis a determinada pessoa. A segurança jurídica que deles advém há que ser, ao contrário, exaltada e incentivada. Com efeito, todo esse imbróglio não teria ocorrido se o primeiro compromisso de venda e compra tivesse sido levado a registro na matrícula do imóvel pelos recorridos.

Contudo, há que se ter em conta que, diante das peculiaridades da hipótese, não se afigura razo-ável afastar o direito dos recorridos sobre o bem, do qual são possuidores há aproximadamente 20 (anos), e que acreditavam ter adquirido por meio do compromisso de venda e compra que celebraram com Luiz Carlos Guimarães Benevenuto, somente para privilegiar a formalidade do registro imobiliário.

Como bem lançou a Min. Relatora, a *ratio* do acórdão que se analisa é bastante clara: "assegurar, em determinadas hipóteses, o direito de uma pessoa sobre determi-nado bem imóvel independentemente da formalidade do registro do título aquisitivo". E assim, foi redigido o dispositivo abaixo transcrito:

Diante do exposto, conclui-se que, na hipótese, o imóvel em questão já não pertencia ao devedor Luiz Carlos Guimarães Benevenuto quando efetivada a penhora por força da execução trabalhista e, portanto, não deve prevalecer o ato constritivo e todos os demais dele decorrentes, inclusive, a adjudicação em favor do recorrente, conforme decidiu o acórdão recorrido, que fica mantido na sua integralidade.

Forte nestas razões, nego provimento ao recurso especial.

3. DISCUSSÃO

O ponto inicial que deve ser destacado da fundamentação do acórdão comentado é que as figuras do adquirente e do dono não se confundem. O primeiro é titular de posição subjetiva ativa obrigacional, que, se frustrada ou insatisfeita é redutível às pretensões descritas nos arts. 389 e 475 do Código Civil. Já o dono, ou *dominus*, é titular de direito real, caracterizado por preferência e sequela, oponível *erga omnes*.

O adquirente e tampouco o *dominus* se confundem com o promitente comprador. Este, em princípio, é titular de posição ativa obrigacional, engendrada pelo compromisso de compra e venda, tal qual a do adquirente. Todavia, desde que não haja cláusula de arrependimento, sua posição ativa tende a se converter, no plano da eficácia, em real, isto é, que transita do campo dos contratos para o do direito das coisas, conquanto some-se ao suporte fático do compromisso de compra e venda, o registro, que desempenha o papel de fator de eficácia diretamente visada. Daí falar-se em direito real conforme os arts. 5º e 22 do Decreto-Lei 58/37 e 1417 do Código Civil[13].

O que foi escrito acima, remete a outros problemas importantes para o direito civil, a saber: a) os diferentes sistemas da compra e venda no que toca à transmissão do domínio[14] e b) a eficácia do contrato preliminar, particularmente no que diz respeito aos diferentes graus de preliminaridade[15]. Ocorre, entretanto, que pelos limites objetivos que se impõem a este estudo (que não passa de um singelo comentário a um acórdão), há de se concentrar a análise nas questões abordadas direta ou indiretamente no julgado.

---

13. Acerca disso vide: ALMEIDA SANTOS, Francisco Cláudio de. *Direito do Promitente Comprador e Direitos Reais de Garantia (penhor – hipoteca – anticrese)*. São Paulo: Ed. RT, 2006, p. 19-45; ROMITTI, Mário Müller. Título IX – Do direito do promitente comprador. In: ARRUDA ALVIM, In: ARRUDA ALVIM, José Manoel de; ARRUDA ALVIM, Thereza Celina Diniz de (Coord.). *Comentários ao Código Civil Brasileiro*: Do direito das coisas; Arts. 1.390 a 1.510. Rio de Janeiro: Forense, 2004, v. XIII, p. 47-53; VIANA, Marco Aurélio S. Título IX – Do direito do promitente comprador. In: FIGUEIREDO TEIXEIRA, Sálvio de (Coord.). *Comentários ao Novo Código Civil*: Dos Direito Reais; Arts. 1.225 a 1.510. Rio de Janeiro: Forense, 2003, v. XVI, p. 685-697 e GAGLIANO, Pablo Stolze. Título IX – Do direito do promitente comprador. In: VILLAÇA AZEVEDO, Álvaro (Coord.). *Código Civil Comentado*: Direito das Coisas; Penhor; Hipoteca; Anticrese. São Paulo: Atlas, 2003, v. XIII, p. 224-243.

14. Acerca disso, vide por todos: RODRIGUES JUNIOR, Otávio Luiz. Título VI – Das várias espécies de contrato. In: VILLAÇA AZEVEDO, Álvaro (Coord.). *Código Civil Comentado*: compra e venda; troca; contrato estimatório. São Paulo: Atlas, 2008, v. VI, t. I, p. 19-29.

15. Vide por todos: TOMASETTI JR. Alcides. *Execução do contrato preliminar*. São Paulo: USP (tese), 1982, p. 22-27.

EFICÁCIA DO REGISTRO PARA AQUISIÇÃO DA PROPRIEDADE DE IMÓVEL POR ADJUDICAÇÃO COMPULSÓRIA **331**

Nesse sentido, é importante fixar um ponto de partida dogmático, a saber: que o fator determinante para a eficácia real do compromisso de compra e venda (em que não se pactuou arrependimento) é o registro (art. 1417 do Código Civil[16]) e não a configuração da boa-fé no caso concreto. Pois bem, inicie-se pela noção de *direito real de aquisição*, correspondente à posição ativa do promitente comprador.

De acordo com Martin Wolff[17], os ditos *direitos reais de aquisição* corresponderiam aos gravames de uma determinada coisa, que confeririam ao respectivo titular, o direito de tornar-se o dono. Dividem-se em três classes: a) os meros *direitos potestativos*[18], de tal sorte que o titular adquire o domínio unilateralmente, ou mediante um ato próprio somado a outro oficial (por exemplo, o registro); b) as *pretensões à transmissão*, quer de direito privado, quer de direito público e c) as *expectativas* à aquisição do domínio *sem ato jurídico algum*.

Acrescente-se a isso que a locução *direito real de aquisição* ou *direito real a adquirir* não passou incólume a críticas. Pontes de Miranda[19], com especial sagacidade, foi cáustico ao dizer:

> Se o direito, a que o art. 5º do Decreto-lei n. 58 "real", entrasse na classe dos direitos reais, claro seria que se teria de conhecer, primeiro, em que consistiria êsse direito real. Não é em fruir, nem em usar, nem em dispor. ¿Seria *direito real* a *adquirir*? Ora, o Decreto-lei n. 58, art. 16 (Decreto 3.079, art. 16) dá a ação para a outorga da escritura de compra-e-venda. Isso nada tem de peculiar à realidade do direito.

De qualquer forma, superou-se tudo isso à medida que o Código Civil de 2002 inseriu o "direito do promitente comprador do imóvel" (expressão muito menos tormentosa) na enumeração do art. 1225. Isso pode ter sido uma solução um tanto quanto nominalista, mas que deu cabo dessa discussão. O que importa neste passo é como o acórdão articulou as ideias de registro e de boa-fé.

De um lado, o voto da relatora afirma a sistemática adotada pelo Código Civil de 2002 (art. 1245) para a aquisição do domínio sobre imóveis por negócios jurídicos celebrados *inter vivos* – rigorosamente análoga à do Diploma de 1916 (art. 530[20]) –, para, em seguida, igualmente afirmar a aplicabilidade da Súmula 239 do Superior Tribunal de Justiça, cuja jurisprudência já havia sobrepujado "a questão de fundo sobre a questão de forma".

Isto, em si, não é um problema autêntico, conquanto seja absolutamente natural que a atividade judiciária adote expedientes hermenêuticos similares, para adequar

---

16. Isso, *mutatis mutandis* segue alinhado com o disposto nos arts. 5º e 22 do Decreto-Lei 58/37.
17. WOLF, Martin. Derecho de Cosas: posesión; derecho inmobiliario; propiedad. In: ENNECCERUS, Ludwig; KIPP, Theodor; WOLF, Martin. Tratado de derecho civil. *Rev. por Ludwig Raiser*. Trad. do alemão para o espanhol de Blas Pérez González e José Alguer. 3. ed. Barcelona: Casa Editorial Bosch, 1970, t. 3, v. 1.
18. Mais precisamente estudados hoje como poderes formativos geradores.
19. PONTES DE MIRANDA, Francisco Cavalcanti. *Tratado de Direito Privado*: Parte Especial; Direito das Coisas; Loteamento; Direitos de vizinhança. 4. ed. São Paulo: Ed. RT, 1983, t. XIII, p. 119-120.
20. Confira-se a nota 12.

o sistema positivo ao seu tempo. Mas, ainda assim, será concebível que o registro imobiliário seja matéria de forma? Essa aparente desimportância é admissível? Por mais "finalística" que seja qualquer interpretação, será que isso favorece a técnica jurídica?

Quer parecer que não. Ainda que o acórdão faça nesse sentido menção à Súmula 84[21] do STJ, é de se esclarecer que os precedentes originários do direito sumular cuidavam de embargos de terceiros opostos por compromissários compradores já imitidos na posse, cujos contratos não haviam sido registrados. Todavia, esses embargos de terceiros – ajuizados sob a dicção dos arts. 1046 e 1047[22] do CPC de 1973 – estavam lastreados (em termos de causa de pedir), na posse e não no registro.

Posse e registro convergem e se articulam no princípio da publicidade[23]. Este, no Brasil, está amplamente ligado à especialidade dos direitos reais e à segurança jurídica, de tal sorte que se admita falar em publicidade pela posse tanto quanto em publicidade pelo registro[24]. Assim, o contexto em que a Súmula 84 do STJ poderia ser evocada (até mesmo para fins puramente hermenêuticos) como fundamento para o julgado, de tal maneira que se revitalizasse a Súmula 239, seria o da publicidade pela posse.

Isso seria aceitável porque a mudança da situação possessória, aos olhos de terceiros, poderia, ainda que presumivelmente, sugerir a transmissão dos direitos incidentes sobre o imóvel que se compromissou vender[25]. Ousa-se ir mais além: por

---

21. Diz a Súmula 84 do STJ: "É admissível a oposição de embargos de terceiro fundados em alegação de posse advinda do compromisso de compra e venda de imóvel, ainda que desprovido do registro" (BRASIL. Superior Tribunal de Justiça. Súmula 84. Corte Especial. Julgado em 18 jun. 1993. Data de publicação 02 jul. 1993. Disponível em: https://scon.stj.jus.br/SCON/sumstj/toc.jsp. Acesso em: 21 ago. 2021).

22. Eis os dispositivos referidos no CPC de 1974: "Art. 1.046. Quem, não sendo parte no processo, sofrer turbação ou esbulho na posse de seus bens por ato de apreensão judicial, em casos como o de penhora, depósito, arresto, sequestro, alienação judicial, arrecadação, arrolamento, inventário, partilha, poderá requerer lhe sejam manutenidos ou restituídos por meio de embargos.

    § 1º Os embargos podem ser de terceiro senhor e possuidor, ou apenas possuidor.

    § 2º Equipara-se a terceiro a parte que, posto figure no processo, defende bens que, pelo título de sua aquisição ou pela qualidade em que os possuir, não podem ser atingidos pela apreensão judicial.

    § 3º Considera-se também terceiro o cônjuge quando defende a posse de bens dotais, próprios, reservados ou de sua meação.

    Art. 1.047. Admitem-se ainda embargos de terceiro:

    I – para a defesa da posse, quando, nas ações de divisão ou de demarcação, for o imóvel sujeito a atos materiais, preparatórios ou definitivos, da partilha ou da fixação de rumos;

    II – para o credor com garantia real obstar alienação judicial do objeto da hipoteca, penhor ou anticrese".

23. PONTES DE MIRANDA, Francisco Cavalcanti. *Tratado de direito privado*: parte especial; direito das coisas: direitos reais de garantia; penhor; hipoteca; anticrese. 3. ed. São Paulo: Ed. RT, 1983, t. XX, p. 13-14; PONTES DE MIRANDA, Francisco Cavalcanti. *Tratado de direito privado*: parte especial; direito das coisas: penhor rural; penhor industrial; penhor mercantil; anticrese; cédulas rurais pignoratícias, hipotecárias e mistas; transmissões em garantia. 3. ed. São Paulo: Ed. RT, 1984, t. XXI, p. 83.

24. Para maiores aprofundamentos vide: DE CUPIS, Adriano. Pubblicità: c) diritto civile. *Enciclopedia del Diritto*. Milano: Giuffrè, 1988, p. 997; BOCCHINI, Ermanno. Pubblicità: d) diritto commerciale. *Enciclopedia del Diritto*. Milano: Giuffrè, 1988, p. 1016.

25. SANTORO-PASSARELLI, Francesco. *Dottrine generali del diritto civile*. 9. ed. Napoli: Jovene, 1966, p. 238-239; DE CUPIS, Pubblicità..., p. 1004; FULGÊNCIO, Tito. *Da posse e das ações possessórias*: teoria legal

EFICÁCIA DO REGISTRO PARA AQUISIÇÃO DA PROPRIEDADE DE IMÓVEL POR ADJUDICAÇÃO COMPULSÓRIA **333**

vezes, conhecendo-se o perfil sociocultural do brasileiro médio ao contratar, a posse, que teria como causa a celebração de contrato poderia induzir o falso conhecimento de um fato (aquisição) ou de um direito (domínio). Isso implica a ideia de boa-fé[26].

Embora a boa-fé em sua vertente objetiva tenha sido consagrada no Código Civil de 2002 como cláusula geral e, em virtude disso, tenha recebido uma atenção maior da doutrina[27] e da jurisprudência, nem remotamente a espécie subjetiva foi excluída do sistema, ou diminuída a sua importância.

O que se pode extrair do acórdão é que o recorrido (promitente comprador) estava imerso num estado psicológico que se ancorava na crença de que tudo que fizera estava em conformidade com o direito, vez que assinara um instrumento de contrato, que pagara o preço e recebera, há muito, a posse do imóvel compromissado. Somente não lhe haviam outorgado a escritura porque o procurador do promitente vendedor falecera. Possivelmente, o recorrido ignorava as implicações disso, talvez por confiança, ou quiçá pela aparência de regularidade da situação.

Dessa maneira, o voto da ministra relatora deixou claro o reconhecimento da boa-fé subjetiva do recorrido. Por outro lado, o recorrente agiu o tempo todo de maneira honesta, leal e proba ao adjudicar o imóvel em execução trabalhista e proceder ao registro da carta de adjudicação junto à matrícula do imóvel, tendo sido igualmente asseverada sua boa-fé (objetiva) pela Ministra Relatora.

Nessa situação de *conflito aparente de boas-fés* restou ao Tribunal a desconfortável tarefa de escolher qual boa-fé seria protegida pela prestação jurisdicional. Ocorre, entretanto (e nisto se assenta a respeitosa crítica), que de todos os fundamentos possíveis, elegeu-se aquele que parte de uma premissa equivocada, a saber: que o imóvel passara a pertencer ao recorrido, muito antes da penhora trabalhista, com a pura e simples celebração do compromisso de compra e venda e a quitação do preço. Isto é: funcionalizou-se o sistema além dos limites quando conceitos foram distorcidos e julgou-se o recurso com apoio na afirmação de um fato que não aconteceu (inserção do domínio sobre o imóvel compromissado no setor patrimonial da esfera jurídica do recorrido).

A única justificativa para isso seria admissão da função corretora do exercício jurídico desempenhada pela boa-fé, de tal sorte que esta se preste a coibir "o exercício manifestamente desleal, incoerente, imoderado ou irregular de direitos subjetivos,

---

– prática. Atual. de José de Aguiar Dias. 8. ed. Rio de Janeiro: Forense, 1994, v. I, p. 72-73; LIQUIDATO, Alexandre G. N. *O contrato de penhor.* São Paulo: USP (tese), 2012, p. 98-102.

26. Sobre isso vide: LARENZ, Karl. *Derecho de obligaciones.* Trad. do alemão para o espanhol de Jaime Santos Briz. Madrid: Editorial Revista de Derecho Privado, 1958, t. I, p. 142-148; MENEZES CORDEIRO, António Manuel da Rocha e. *Da boa-fé no direito civil.* 2.reimp. Coimbra: Almedina, 2001, p. 477-490; MARTINS-COSTA, JUDITH. *A boa-fé no direito privado:* critérios para a sua aplicação. 2.ed. São Paulo: Saraiva, 2018, p. 277-292 e TOMASEVICIUS FILHO, Eduardo. *O princípio da boa-fé no direito civil.* São Paulo: Almedina, 2020, p. 87-103.

27. Há que se fazer especial destaque à importantíssima contribuição de Clóvis do Couto e Silva (COUTO E SILVA, Clóvis Veríssimo do. *A obrigação como processo.* Rio de Janeiro: FGV Editora, 2006, p. 32-43).

formativos, faculdades e posições jurídicas[28]". Todavia, nada disso é imputável ao recorrente que legitimamente adjudicou o imóvel e ficou rigorosamente na trágica situação de *ganhar, mas não levar.*

4. CONCLUSÕES

Por fim, imagina-se que a posição do julgador, notadamente num tribunal superior, seja absolutamente espinhosa. Mais do que nunca, fazer justiça significa uma escolha dentro de uma ordem de preferências, numa determinada escala de valores. No acórdão examinado, escolheu-se *uma boa-fé* em detrimento de *outra boa-fé*, como se fosse possível evitar-se um mal maior, ou uma injustiça mais gravosa.

Há muito relegou-se ao "museu do pensamento[29]" o *suum cuique tribuendi* (D. 1.1.10pr.) e passou-se a funcionalizar conceitos, ou ainda, dobrar todo o sistema positivo, conforme o sabor do caso concreto. A técnica jurídica não se conforta com isso: embora bastante úteis para a consecução de justiça em sentido material, soluções casuísticas são potencialmente perigosas vez que põem em jogo o sentimento de segurança jurídica e de confiabilidade no texto expresso de lei.

5. REFERÊNCIAS

ALMEIDA SANTOS, Francisco Cláudio de. *Direito do Promitente Comprador e Direitos Reais de Garantia* (penhor – hipoteca – anticrese). São Paulo: Ed. RT, 2006.

BOCCHINI, Ermanno. Pubblicità: d) diritto commerciale. *Enciclopedia del Diritto*. Milano: Giuffrè, 1988.

BRASIL. Decreto-Lei 58, de 10 de dezembro de 1937. Dispõe sobre o loteamento e a venda de terrenos para pagamento em prestações. Rio de Janeiro, 10 dez. 1937. Disponível em: http://www.planalto. gov.br/ccivil_03/Decreto-Lei/1937-1946/Del058.htm. Acesso em 20 ago. 2021.

BRASIL. Superior Tribunal de Justiça. Súmula 239. Segunda Seção. Julgado em 28 jun. 2000. Data de publicação 30 jun. 2000. Disponível em: https://scon.stj.jus.br/SCON/sumstj/toc.jsp. Acesso em: 21 ago. 2021.

BRASIL. Superior Tribunal de Justiça. Súmula 84. Corte Especial. Julgado em 18 jun. 1993. Data de publicação 02 jul. 1993. Disponível em: https://scon.stj.jus.br/SCON/sumstj/toc.jsp. Acesso em: 21 ago. 2021.

BRASIL. Superior Tribunal de Justiça. Recurso Especial 1.221.369 – RS (2010/0199181-0). Recorrente: Milton Vieira da Silva. Recorrido: João Estevão Libardi e outro. Relatora: Min. Nancy Andrighi. Data de registro 20.08.2013. Disponível em: www.stj.jus.br. Acesso em: 10 ago. 2021.

CALDERARE, Alfredo. Introduzione – Il dirito privato in Brasile: dal vecchio al nuovo codice civile. In: CALDERARE, Alfredo (cur.). *Il Codice Civile Brasiliano*. Milano: Giuffrè, 2003.

COUTO E SILVA, Clóvis Veríssimo do. *A obrigação como processo*. Rio de Janeiro: FGV Editora, 2006.

DE CUPIS, Adriano. Pubblicità: c) diritto civile. *Enciclopedia del Diritto*. Milano: Giuffrè, 1988.

FULGÊNCIO, Tito. *Da posse e das ações possessórias*: teoria legal – prática. Atual. de José de Aguiar Dias. 8. ed. Rio de Janeiro: Forense, 1994. v. I.

---

28. MARTINS-COSTA, op. cit., p. 625-626.
29. COUTO E SILVA, op. cit., p. 36.

EFICÁCIA DO REGISTRO PARA AQUISIÇÃO DA PROPRIEDADE DE IMÓVEL POR ADJUDICAÇÃO COMPULSÓRIA

GAGLIANO, Pablo Stolze. Título IX – Do direito do promitente comprador. In: VILLAÇA AZEVEDO, Álvaro (Coord.). *Código Civil Comentado*: Direito das Coisas; Penhor; Hipoteca; Anticrese. São Paulo: Atlas, 2003. v. XIII.

JUNQUEIRA DE AZEVEDO. Antonio. O direito pós-moderno e a codificação. *Estudos e Pareceres de Direito Privado*. São Paulo: Saraiva, 2004.

LARENZ, Karl. *Derecho de obligaciones*. Trad. do alemão para o espanhol de Jaime Santos Briz. Madrid: Editorial Revista de Derecho Privado, 1958, t. I.

LIQUIDATO, Alexandre G. N. *O contrato de penhor*. São Paulo: USP (tese), 2012.

MARTINS-COSTA, JUDITH. *A boa-fé no direito privado*: critérios para a sua aplicação. 2. ed. São Paulo: Saraiva, 2018.

MENEZES CORDEIRO, António Manuel da Rocha e. *Da boa-fé no direito civil*. 2. reimp. Coimbra: Almedina, 2001.

PONTES DE MIRANDA, Francisco Cavalcanti. *Tratado de Direito Privado*: Parte Especial; Direito das Coisas; Loteamento; Direitos de vizinhança. 4. ed. São Paulo: Ed. RT, 1983. t. XIII.

PONTES DE MIRANDA, Francisco Cavalcanti. *Tratado de direito privado*: parte especial; direito das coisas: direitos reais de garantia; penhor; hipoteca; anticrese. 3. ed. São Paulo: Ed. RT, 1983. t. XX.

PONTES DE MIRANDA, Francisco Cavalcanti. *Tratado de direito privado*: parte especial; direito das coisas: penhor rural; penhor industrial; penhor mercantil; anticrese; cédulas rurais pignoratícias, hipotecárias e mistas; transmissões em garantia. 3. ed. São Paulo: Ed. RT, 1984, t. XXI.

REALE, Miguel. *História do Novo Código Civil*. São Paulo: Ed. RT, 2005.

RODRIGUES JUNIOR, Otávio Luiz. Título VI – Das várias espécies de contrato. In: VILLAÇA AZEVEDO, Álvaro (Coord.). *Código Civil Comentado*: compra e venda; troca; contrato estimatório. São Paulo: Atlas, 2008, v. VI, t. I.

ROMITTI, Mário Müller. Título IX – Do direito do promitente comprador. In: ARRUDA ALVIM; ARRUDA ALVIM, José Manoel de; ARRUDA ALVIM, Thereza Celina Diniz de (Coord.). *Comentários ao Código Civil Brasileiro*: Do direito das coisas; Arts. 1.390 a 1.510. Rio de Janeiro: Forense, 2004. v. XIII.

SANTORO-PASSARELLI, Francesco. *Dottrine generali del diritto civile*. 9. ed. Napoli: Jovene, 1966.

TOMASETTI JR. Alcides. *Execução do contrato preliminar*. São Paulo: USP (tese), 1982.

TOMASEVICIUS FILHO, Eduardo. *O princípio da boa-fé no direito civil*. São Paulo: Almedina, 2020.

VIANA, Marco Aurélio S. Título IX – Do direito do promitente comprador. In: FIGUEIREDO TEIXEIRA, Sálvio de (Coord.). *Comentários ao Novo Código Civil*: Dos Direito Reais; Arts. 1.225 a 1.510. Rio de Janeiro: Forense, 2003. v. XVI.

WOLF, Martin. Derecho de Cosas: posesión; derecho inmobiliario; propiedad. In: ENNECCERUS, Ludwig; KIPP, Theodor; WOLF, Martin. *Tratado de derecho civil*. Rev. por Ludwig Raiser. Trad. do alemão para o espanhol de Blas Pérez González e José Alguer. 3. ed. Barcelona: Casa Editorial Bosch, 1970. t. 3, v. 1.

A ATA NOTARIAL E O CANCELAMENTO DAS AVERBAÇÕES E REGISTROS DE LOCAÇÃO NO FÓLIO IMOBILIÁRIO

André Medeiros Toledo

Doutorando em Direito pela Faculdade Autônoma de Direito (Fadisp). Mestre em Direito pela Universidade de Marília (Unimar). Graduado em Direito pela Universidade Federal da Paraíba (UFPB). Coordenador da Comissão de Direito Notarial e Registral do Instituto Brasileiro de Direito Imobiliário – IBRADIM. 19º Tabelião de Notas de São Paulo-SP.

Sumário: 1. Introdução – 2. O contrato de locação e sua repercussão no fólio imobiliário – 3. O cancelamento dos atos registrais decorrentes do contrato de locação – 4. A ata notarial no pedido de providências 1042854-51.2021.8.26.0100, 1ª Vara de Registros Públicos da Comarca da Capital-SP – 5. A ata notarial como título hábil ao ingresso no fólio real à luz da decisão colacionada – 6. Conclusões – 7. Referências.

1. INTRODUÇÃO

A ata notarial é modalidade de ato notarial positivada no art. 7º, III, da Lei 8.935/94[1]. Entre as várias definições dadas ao instituto pela doutrina, pode-se dizer, de forma geral, que a ata consiste em "instrumento público pelo qual o tabelião, ou preposto autorizado, a pedido de pessoa interessada, constata fielmente os fatos, as coisas, pessoas ou situações para comprovar a sua existência, ou o seu estado"[2].

Apesar de ser instituto pouco conhecido pelos práticos do Direito, a ata notarial vem adquirindo relevância cada vez maior para fins de instrução de processos judiciais, sendo ela documento com força de prova pré-constituída. Nesse sentido, a ata notarial é prevista expressamente pelo Código de Processo Civil (CPC) como instrumento probatório típico, conforme a redação do seu art. 384. Ressalte-se que a veracidade presumida se refere tanto à existência da ata, quanto do conteúdo que suporta e autentica, como consectária da fé pública, inerente à função notarial, conforme corrobora o art. 405 do CPC[3].

Em que pese a finalidade mais popular da ata notarial seja, como dito, a constituição de prova para fins judiciais, há, ainda, finalidades extrajudiciais que a ata notarial tem o condão de atender. Nesse diapasão, o presente artigo intenciona demonstrar a viabilidade da utilização da ata notarial junto aos registros imobiliários. Em específico, e à luz de jurisprudência selecionada, a ata notarial é aqui proposta

---

1. BRASIL, 1994.
2. GAIGER FERREIRA, RODRIGUES, 2010, p. 112.
3. BRASIL, 2015.

como instrumento hábil ao ingresso no fólio real para o cancelamento de averbações e registros decorrentes dos contratos de locação.

2. O CONTRATO DE LOCAÇÃO E SUA REPERCUSSÃO NO FÓLIO IMOBILIÁRIO

O fólio imobiliário – ou serviço de registro de imóveis – trata-se de repositório de todos os atos e fatos jurídicos que repercutem sobre a propriedade imobiliária e se perfaz no ponto cardeal do sistema de título e modo adotado no Brasil. Esse sistema consubstancia-se, entre outros, pelos princípios da tradição – o direito real só é constituído mediante o registro; da causalidade – o registro depende da preexistência de um negócio jurídico obrigacional; da publicidade – o registro confere eficácia *erga omnes* ao ato ou fato inscrito; e da legalidade – somente podem ingressar no fólio real os atos e fatos previstos na lei.

Com isso, a constituição, transmissão, modificação e renúncia da propriedade e dos demais direitos reais sobre ela incidentes dependem do registro no fólio real para sua eficácia e publicidade perante terceiros. Além disso, a lei também elenca outros fatos e atos jurídicos aptos a ingressarem no fólio imobiliário sob a forma de averbação ou registro.

Dentre esses atos, o contrato de locação de imóveis – justamente por repercutir na esfera dos poderes inerentes à propriedade, sobretudo no poder de usar – encontra fulcro legal para ingresso na matrícula do imóvel para fins de publicidade e, em alguns casos, eficácia ou constituição de ônus reais.

Há três hipóteses de ingresso do contrato de locação no fólio real: averbação para fins de publicidade do direito de preferência; registro da cláusula de vigência; e averbação da caução locatícia.

O direito de preferência do locatário opera-se *ex lege*, por determinação dos artigos 27 a 34 da Lei 8.245/1991, e consiste no direito do locatário de adquirir o imóvel locado no caso de disposição do bem antes do término da locação, em igualdade de condições com terceiros.

Ocorre que, conforme o artigo 33 da lei em comento, o locatário somente poderá haver para si o imóvel vendido para terceiro se o contrato estiver averbado, há pelo menos trinta dias antes da alienação, junto à matrícula do imóvel no registro imobiliário competente. Se não cumprir tais condições, terá apenas o direito de reclamar perdas e danos pela alienação.

Dessa forma, a eficácia e oponibilidade perante terceiros do direito de preferência depende da sua prévia averbação na matrícula do imóvel locado, perante o oficial de registro competente.

O Superior Tribunal de Justiça[4] já se manifestou no mesmo sentido:

---

4. BRASIL, 2012.

a averbação do contrato de locação no registro imobiliário é medida necessária apenas para assegurar ao locatário o direito real de perseguir e haver o imóvel alienado a terceiro. [...]. A falta dessa providência não inibe, contudo, o locatário de demandar o locador alienante por violação a direito pessoal, reclamando deste as perdas e danos que porventura vier a sofrer.

A cláusula de vigência tem por objetivo manter as condições pactuadas no contrato de locação em caso de alienação do bem para terceiro. Ou seja, em uma eventual alienação, o terceiro adquirente fica obrigado a respeitar o contrato de locação. Contudo, a eficácia dessa cláusula depende da sua menção expressa no contrato e do seu registro na matrícula do imóvel pelo oficial de registro competente. Sem o registro, eventuais terceiros adquirentes não são obrigados a observar a vigência do contrato após a aquisição (art. 8º, Lei 8.245/91). A cláusula de vigência deverá ser inscrita sob ato de registro *stricto sensu* na matrícula do imóvel, por força do art. 167, I, 3, Lei 6.015/73.

A caução locatícia é uma das espécies de garantia que podem ser exigidas do locatário, nos termos dos artigos 37 a 42 da Lei 8.245/91. Incidindo a caução sobre bem imóvel, deverá ser averbada junto à matrícula do imóvel que é oferecido em garantia. Ou seja, não se trata de averbação sobre o imóvel locado, mas sim sobre o imóvel que é oferecido em garantia do adimplemento do locatário com as prestações que se obrigou perante o locador.

Não há consenso na doutrina acerca da natureza jurídica deste instituto[5], no entanto, não se pode olvidar que a Lei de Registros Públicos a elencou como uma das hipóteses de averbação na matrícula do imóvel dado em garantia (art. 167, II, 8), bem como a própria Lei do Inquilinato (art. 38, §1º).

Diante disso, nota-se que o contrato de locação imobiliária possui relevantes implicações sobre os direitos dos contratantes e de terceiros interessados no imóvel. Além disso, o registro – *lato sensu* – do contrato é elementar à eficácia e oponibilidade perante terceiros de determinadas cláusulas, perfazendo-se como requisito de sua constituição, como no caso da caução, bem como na sua plena eficácia e oponibilidade perante eventuais adquirentes do imóvel, nos casos do direito de preferência e cláusula de vigência. Com isso, tem-se que o ingresso dos atos inerentes ao contrato de locação são indispensáveis para o pleno exercício dos direitos incidentais contratualmente estabelecidos entre locador e locatário.

3. O CANCELAMENTO DOS ATOS REGISTRAIS DECORRENTES DO CONTRATO DE LOCAÇÃO

Uma vez inscritos na matrícula do imóvel o direito de preferência, a cláusula de vigência ou a caução locatícia, seus efeitos emanam perante toda a coletividade, sendo vedado a quaisquer pessoas se oporem à sua existência.

---

5. KÜMPEL, Vitor Frederico; FERRARI, Carla Modina. *Tratado Notarial e Registral*. São Paulo: YK Editora, 2020, v. 5, t. II, p. 1762.

O artigo 252 da Lei de Registros Públicos[6] preconiza que "o registro, enquanto não cancelado, produz todos os efeitos legais ainda que, por outra maneira, se prove que o título está desfeito, anulado, extinto ou rescindido".

Diante disso, para que cessem os efeitos do registro dos atos decorrentes do contrato de locação, faz-se necessário o seu devido cancelamento, que ocorrerá por meio de averbação, mediante apresentação de título hábil[7].

O artigo 250 da mesma Lei faz breve menção a quais são os títulos que podem ensejar o cancelamento dos atos registrais: cumprimento de decisão judicial transitada em julgado; requerimento unânime das partes; requerimento do interessado com "documento hábil"[8].

Nota-se que a Lei elencou rol taxativo e genérico de títulos aptos ao cancelamento dos registros. Diante disso e da notável ausência de regulamentação própria na Lei de Registros Públicos ou na Lei de Inquilinato, o encerramento do prazo determinado para a locação não é apto, por si só, a provocar o cancelamento dos atos registrais decorrentes da locação.

A própria Lei do Inquilinato preconiza – para todas as espécies de locação que regulamenta – que, findo o prazo estipulado e permanecendo o locatário no imóvel sem oposição do locador, o contrato presume-se prorrogado por prazo indeterminado[9].

Com isso, não há segurança jurídica para se determinar o cancelamento dos atos registrais com o mero transcorrer do prazo contratualmente estabelecido, pois não se sabe se o contrato foi prorrogado tacitamente, ou, ainda, se há litígio pendente sobre o contrato.

Mesmo no caso da caução locatícia, o mero esgotamento do prazo determinado não enseja seu cancelamento direto. O artigo 39 da Lei do Inquilinato estabelece que, "salvo disposição contratual em contrário, qualquer das garantias da locação se estende até a efetiva devolução do imóvel, ainda que prorrogada a locação por prazo indeterminado".

Diante disso, tem-se que é possível promover o cancelamento dos atos registrais decorrentes da locação por requerimento expresso firmado entre locador e locatário, ou ainda, por decisão judicial transitada em julgado.

No entanto, surge um problema de ordem prática em situações nas quais, pelas mais variadas razões, alguma das partes não possa ser encontrada para anuir com o cancelamento do ato registrado.

---

6. BRASIL, 1973.
7. Idem, art. 248.
8. Há ainda menção de título específico, vinculado à rescisão de título de domínio em sede de regularização fundiária e que não guarda pertinência temática com o cancelamento de atos decorrentes do contrato de locação.
9. BRASIL, 1991, artigos. 47, 50 e 56.

A ATA NOTARIAL E O CANCELAMENTO DAS AVERBAÇÕES E REGISTROS DE LOCAÇÃO NO FÓLIO IMOBILIÁRIO

Ter-se-ia, nesses casos, a possibilidade de interpelação judicial para se promover o cancelamento dos atos. No entanto, exsurge nesse cenário a função dos serviços notariais e registrais de promover a pacificação dos conflitos e evitar a promoção de ações judiciais desnecessárias, cuja peleja possa ser resolvida extrajudicialmente perante esses serviços munidos de atributos como a fé pública, autenticidade e segurança jurídica.

Resta, portanto, nesses casos, como alternativa à via judicial, a hipótese do cancelamento por requerimento do interessado com documento hábil.

Ocorre que a Lei não define com precisão quais são os "documentos hábeis" para o cancelamento dos atos registrais. Com isso, deve-se recorrer à jurisprudência e doutrina para suprir a lacuna deixada pelo legislador.

4. A ATA NOTARIAL NO PEDIDO DE PROVIDÊNCIAS 1042854-51.2021.8.26.0100, 1ª VARA DE REGISTROS PÚBLICOS DA COMARCA DA CAPITAL-SP

O precedente selecionado para estudo neste artigo é a decisão firmada aos 25 de maio de 2021 pela 1ª Vara de Registros Públicos da Comarca da Capital do Estado de São Paulo (1VRPSP), ao apreciar o Pedido de Providências 1042854-51.2021.8.26.0100, de relatoria da MM. Desembargadora Vivian Labruna Catapani. No caso em comento, discutia-se a possibilidade do ingresso, no fólio real, de averbações de cancelamento de locações de imóveis a partir da apresentação de título comprobatório diverso dos elencados na Lei de Registros Públicos. Em suma, a parte requerente é proprietária de dois imóveis, gravados com averbação de locação frente a pessoas jurídicas, com fulcro em contratos de locação por tempo determinado e cujos vencimentos ocorreram em 1987 e 1992.

Além de não ter havido renovação dos aludidos contratos, a requerente apresentou certidão atestando a baixa na inscrição no Cadastro Nacional da Pessoa Jurídica (CNPJ) das locatárias, certidões dos distribuidores cíveis comprovando não haver ações renovatórias em seus nomes e ata notarial que constatou estarem os imóveis totalmente desocupados, livres de pessoas e coisas, demonstrando assim o encerramento das atividades das locatárias *in locu*. À luz dos documentos supracitados, a requerente intentava fazer constar no registro imobiliário averbação de cancelamento de um contrato de locação, firmado junto a duas pessoas jurídicas.

O oficial registrador imobiliário, por sua vez, recusou-se a proceder à averbação dos cancelamentos, sob justificativa de que os documentos apresentados não configuravam títulos hábeis a ingresso no fólio real, nos termos dos artigos. 248, 250 e 253 da LRP, que estabelecem, *numerus clausus*, os títulos capazes de ensejar averbação de cancelamento em matrículas e transcrições. Assim, o registrador entendeu que a averbação só poderia se dar mediante requerimento conjunto das partes ou apresentação de contrato de rescisão assinado pela locatária, sob pena de se fazer necessário requerimento judicial para viabilizar a inserção.

Em sede de decisão, a magistrada entendeu que o acervo probatório colacionado pela parte requerente era suficiente para demonstrar que as locações em disputa não mais subsistiam nem havia qualquer animosidade, pela parte locatária, de voltar a possuir o imóvel, de forma que a averbação de cancelamento, pelo registrador, seria ato importante para que as matrículas passassem a refletir a veracidade real dos fatos, tal qual se espera dos registros públicos.

Corroborando com esse entendimento, a douta julgadora citou o entendimento firmado nos três seguintes feitos: 1114314-32.2020.8.26.0100, 1003674-62.2020.8.26.0100 e 1109971-30.2019.8.26.0100, todos proferidos em sede de apreciação de pedidos de providência frente à 1ª Vara de Registros Públicos de São Paulo. Em todos os casos citados, discutia-se a viabilidade da averbação de cancelamento de locações há muito encerradas no plano fático, mas que permaneciam averbadas nas matrículas dos imóveis em disputa. No primeiro deles, houve, igualmente, apresentação, pela parte requerente, de ata notarial para constatação da desocupação do imóvel.

Em virtude dessas conclusões, o pedido de providências foi julgado procedente, determinando-se a averbação de cancelamento dos contratos de locação que gravavam as matrículas *sub judice*.

5. A ATA NOTARIAL COMO TÍTULO HÁBIL AO INGRESSO NO FÓLIO REAL À LUZ DA DECISÃO COLACIONADA

Como visto da decisão selecionada para estudo neste artigo, a ata notarial foi admitida com sucesso enquanto documento comprobatório da condição fática alegada pela postulante, qual seja, o encerramento das locações averbadas nas matrículas imobiliárias. Em outras palavras, não logrou êxito a argumentação do registrador no sentido de que o cancelamento, nos termos postulados, não poderia ocorrer mediante solicitação do interessado e que só seria possível diante do acionamento da via judicial, em processo envolvendo produção das provas.

Para melhor compreender a questão, faz-se necessária uma incursão nas normativas sobre cancelamento de averbações e registros, presentes na LRP e citadas na decisão em análise. Veja-se:

> Art. 248. O cancelamento efetuar-se-á mediante averbação, assinada pelo oficial, seu substituto legal ou escrevente autorizado, e declarará o motivo que o determinou, bem como *o título em virtude do qual foi feito.*
>
> Art. 250. Far-se-á o cancelamento:
>
> I – em cumprimento de decisão judicial transitada em julgado;
>
> II – a requerimento unânime das partes que tenham participado do ato registrado, se capazes, com as firmas reconhecidas por tabelião;
>
> III – *a requerimento do interessado, instruído com documento hábil.*
>
> IV – a requerimento da Fazenda Pública, instruído com certidão de conclusão de processo administrativo que declarou, na forma da lei, a rescisão do título de domínio ou de concessão de

A ATA NOTARIAL E O CANCELAMENTO DAS AVERBAÇÕES E REGISTROS DE LOCAÇÃO NO FÓLIO IMOBILIÁRIO

direito real de uso de imóvel rural, expedido para fins de regularização fundiária, e a reversão do imóvel ao patrimônio público.

Art. 253. Ao terceiro prejudicado é lícito, em juízo, fazer prova da extinção dos ônus, reais, e promover o cancelamento do seu registro.

(grifos nossos)[10]

Assim, quanto ao argumento do registrador, sobre necessidade de acionamento da via jurisdicional para a viabilização do cancelamento, em primeiro lugar, cabe dizer que as Varas de Registros Públicos de São Paulo possuem dupla atribuição: a judicial, voltada ao processamento de ações relacionadas a sua competência jurisdicional; e a administrativa, relacionada às atribuições de corregedoria permanente das serventias extrajudiciais do Estado. É o que diz o art. 38 da Código Judiciário do Estado de São Paulo (Decreto-Lei Complementar 3/69):

Artigo 38. Aos Juízes das Varas dos Registros Públicos, ressalvada a Jurisdição das Varas Distritais, compete:

I – processar e julgar os feitos contenciosos ou administrativos, principais, acessórios e seus incidentes relativos aos registros Públicos, inclusive os de loteamento de imóveis, bem de família, casamento nuncupativo e usucapião;

II – dirimir as dúvidas dos oficiais de registro e tabeliães, quanto aos atos de seu ofício e as suscitadas em execução de sentença proferida em outro juízo, sem ofender a coisa julgada;

III – decidir as reclamações formuladas e ordenar a prática ou cancelamento de qualquer ato de serventuário sujeito à sua disciplina e inspeção, salvo matéria da competência específica do outro juízo;

(...)[11]

Na decisão em comento, resta claro que o juízo provocado exerceu sua atribuição administrativa, tal qual prevista no inciso I do artigo acima, eis que o procedimento se tratou de pedido de providências frente à recusa do registrador competente em promover o cancelamento das averbações em disputa, e não em ação de conhecimento, com trâmites próprios. Portanto, do julgado administrativo em tela, depreende-se desnecessário recorrer à via judicial para o cancelamento de averbações, como quis o registrador em suas contrarrazões, bastando, pois, a existência de documentos hábeis a fundar a pretensão do interessado.

Assim, defende-se que a decisão proferida não restringiu o cancelamento de averbações, e, por extensão, registros, à satisfação da hipótese trazida pela leitura conjunta dos artigos. 250, I, e 253 da LRP, que tratam de decisões judiciais enquanto fundamentos da averbação de cancelamento, mas sim viabilizou o pleito registral de cancelamento com base no art. 250, III, da LRP, que trata da hipótese de averbação de cancelamento mediante apresentação de documentação hábil para tanto pelo interessado. É dizer que a decisão abre-nos a possibilidade para a postulação frente a registros imobiliários de cancelamentos de averbações e registros mediante reque-

---

10. BRASIL, 1973.
11. São Paulo, 1969.

rimento instruído com os documentos que constatem a existência do fato alegado, dentre os quais se destaca a ata notarial, instrumento de demonstração documental de fatos por excelência.

Nesse sentido, há muito, na doutrina e prática jurídicas, admite-se a utilização de atas notariais para fins de retificação do registro imobiliário, servindo de instrumento de constatação de erro evidente, nos termos do art. 213 da Lei de Registros Públicos (LRP) – Lei 6.015/73,[12] ou mesmo nos arts. 1 e 4 da Lei 8.935/94, que impõem aos atos notariais a observância dos postulados da segurança, eficiência e eficácia[13]. A novidade que se aventa, pois, é a utilização da ata não para retificação de documento, mas para a constatação de fato que ateste condição que influa na alteração de registros e averbações imobiliárias.

Nada obstante, propõe-se aqui a possibilidade de utilização da ata notarial para a verificação de fatos que incidam sobre a eficácia de determinado negócio jurídico independentemente de previsão autorizativa pelas partes.

O fundamento para tanto é a natureza mesma da atividade notarial, em sua função certificadora ou autenticadora, cujo ápice da consubstanciação se verifica justamente nos procedimentos ligados à lavratura de atas notariais.[14] Assim, a fixação de determinado fato, em tendo caráter de autenticação, independe da demonstração, pelo requerente, de aquiescência de todos os possíveis interessados no ato, pois é constatação objetiva, desconexa da vontade e demais subjetividades das partes.

Interessante notar que, tradicionalmente, a ata notarial possui função autentica-dora, de forma que, em regra, não cria, modifica nem extingue direitos. No entanto, a ata utilizada com a finalidade aqui proposta parece adquirir natureza dúplice, isto é, a partir da realização da autenticação dos fatos, leva à confirmação, modificação ou mesmo à extinção da cláusula acessória ou do negócio jurídico, consequências estas ligadas à função constitutiva, alterativa ou extintiva de direitos.

Voltando ao plano registral, a constatação de que é possível utilizar-se da ata notarial para atestar fatos que incidam na continuidade de negócios jurídicos inde-pendentemente de previsão contratual expressa das partes neste sentido é de especial importância nos casos em que se desconhece o paradeiro ou mesmo a existência de uma das partes do contrato. Tal como na decisão colacionada, em que a locatária dos contratos de locação que se pretendia cancelar era pessoa jurídica extinta, há inúmeras situações em que proprietários se veem adstritos à perpetuação de ônus reais inscritos no registro imobiliário que há muito não encontram suporte fático de existência e cujo cancelamento é obstado por não se saber o paradeiro da parte a quem o ônus beneficia.

---

12. NETO, 2004, 162-165.
13. GAIGER FERREIRA, RODRIGUES, 2010, p. 167.
14. LOUREIRO, 2020, p. 817.

Mudança de endereço, falecimento, inatividade ou desatualização dos dados cadastrais são apenas alguns dos exemplos de circunstâncias que poderiam inviabilizar o cancelamento de averbações e registros de forma administrativa, caso a alternativa da ata notarial, tal qual reconhecida na decisão destacada e aqui defendida, não fosse possível. Isso porque a interpretação comumente dada ao art. 250 da LRP por registradores imobiliários é de que, salvo o caso previsto na alínea IV daquele dispositivo,[15] o cancelamento só poderia ocorrer mediante requerimento conjunto das partes que tenham participado do ato a ser cancelado (inciso II), ou com requerimento por interessado instruído com documento hábil, entendido estritamente como contrato ou termo aditivo assinado por todas as partes do ato ou negócio objeto de cancelamento.

Com a mudança de paradigma trazida pela possibilidade de utilização da ata notarial para suprir a manifestação de partes que já não podem ser localizadas ou inexistem, permite-se que o registro reflita, com maior exatidão, a veracidade real sobre os titulares e direitos ali insertos, em atenção aos princípios norteadores da atividade registral. É o que ensina Luiz Guilherme Loureiro:

> Em virtude do princípio da legitimidade ou da presunção de veracidade, o Registro deve refletir a verdade não só no que se refere ao titular do direito registrado, mas também quanto à natureza e ao conteúdo deste direito. Assim, qualquer inexatidão do assento deve ser retificada a fim de que reflita perfeitamente a realidade.[16]

Desse modo, seria possível pensar na utilização da ata notarial para adequação dos registros imobiliários não só no caso de contratos de locação que já não produzem mais efeitos, tal qual a decisão colacionada tratou, mas também em casos em que seja necessário verificar a ocorrência fática de determinado evento que consubstancie hipótese suspensiva, resolutiva ou mesmo termo que afete o negócio jurídico refletido no registro. Exemplificativamente, pode-se mencionar os contratos que contêm cláusula resolutiva expressa, como ocorre, especialmente, nos contratos de execução diferida e nos de execução continuada, nos quais a ata poderia servir a comprovar a quitação do pagamento na ausência de possibilidade de emissão de termo de quitação pelo beneficiário, ou a ocorrência de condições outras que, nos termos do negócio implicado, descaracterizem a continuidade das cláusulas resolutivas ou suspensivas respectivas, viabilizando, assim, o cancelamento dos ônus por elas trazidos.

6. CONCLUSÕES

A ata notarial é instituto do direito que atende a distintas finalidades. Na maior parte das vezes, a ata é utilizada como instrumento probatório para fins judiciais, pelos

---

15. Reservado a situações ultra específicas, em que a requerente é a Fazenda Pública, portando certidão de conclusão de processo administrativo que ateste a rescisão de título de domínio ou de concessão de direito real de uso de imóvel rural, expedido para fins de regularização fundiária, e a reversão do imóvel ao patrimônio público; e que, portanto, não cabem no escopo do presente artigo, razão pela qual não serão aqui tratadas.

16. LOUREIRO, 2019, s.p.

seus requerentes. No entanto, a ata serve também a propósitos extrajudiciais, dentre os quais este artigo explorou a hipótese de sua utilização para fins de viabilização de cancelamento de averbações e de registros de forma administrativa, enquanto instrumento apto a comprovar situação de fato e com condão de ingressar no fólio real.

Utilizando-se por base decisão proferida em apreciação do Pedido de Providências 1042854-51.2021.8.26.0100, dada pela 1ª Vara de Registros Públicos do Tribunal de Justiça de São Paulo, em sua competência administrativa, observou-se que a ata notarial adquire importância precípua para a comprovação, revestida de fé pública e eficácia probatória, de fatos cujas constatações influam na continuidade de determinado negócio jurídico a eles condicionados.

Assim, defende-se que a decisão reflete o entendimento de que é possível o pleito registral de cancelamento de averbações e registros locatícios com base no art. 250, III, da LRP, ou seja, mediante requerimento do interessado instruído com os documentos que constatem a existência do fato alegado, sendo a ata notarial o instrumento de demonstração documental mais indicado para essa finalidade. Essa proposição implica na possibilidade de utilização da ata notarial para suprir a necessidade de se coletar a manifestação da vontade de partes que já não podem ser localizadas ou inexistem, e pode servir para além do cancelamento de averbações e registros referentes a contratos de locação que não mais perduram, sem que tenha havido distrato ou termo de entrega de locação documentado, para cancelamentos que digam respeito a cláusulas resolutivas expressas em contratos de execução diferida e continuada.

7. REFERÊNCIAS

BRASIL. Lei 6.015, de 31 de dezembro de 1973. Brasília, 1973. Dispõe sobre os registros públicos, e dá outras providências. Disponível em: http://www.planalto.gov.br/ccivil_03/leis/L6015.htm. Acesso em: 13 ago. 2021.

BRASIL. Lei 8.245, de 18 de outubro de 1991. Brasília, 1994. Dispõe sobre as locações dos imóveis urbanos e os procedimentos a elas pertinentes. Disponível em: http://www.planalto.gov.br/ccivil_03/leis/l8245.htm. Acesso em: 13 ago. 2021.

BRASIL. Lei 8.935, de 18 de novembro de 1994. Brasília, 1994. Regulamenta o art. 236 da Constituição Federal, dispondo sobre serviços notariais e de registro. Disponível em: http://www.planalto.gov.br/ccivil_03/leis/L8935.htm. Acesso em: 13 ago. 2021.

BRASIL. Lei 13.105, de 16 de março de 2015. Brasília, 2015. Código de Processo Civil. Disponível em: http://www.planalto.gov.br/ccivil_03/_ato2015-2018/2015/lei/l13105.htm. Acesso em: 13 ago. 2021.

BRASIL. Superior Tribunal de Justiça (quarta turma). Recurso Especial 912.223/RS. Recurso Especial (art. 105, iii, "a" e "c", da CF) – ação indenizatória – contrato de locação – bem alienado a terceiro – desrespeito ao direito de preferência do locatário – averbação do ajuste no registro imobiliário – prescindibilidade – perdas e danos – *quantum* a ser fixado em liquidação – recurso especial parcialmente conhecido e provido. Recorrente: Gang Comércio do Vestuário Ltda. Recorrido: Litoral Norte Ltda. Relator: Marco Buzzi, julgado em 06.09.2012, DJe 17.09.2012.

GAIGER FERREIRA, Paulo Roberto; RODRIGUES, Felipe Leonardo. *Ata Notarial*: doutrina, prática, e meio de prova. São Paulo: Quartier Latin, 2010.

KÜMPEL, Vitor Frederico; FERRARI, Carla Modina. *Tratado Notarial e Registral*. São Paulo: YK Editora, 2017.

LOUREIRO, Luis Guilherme. *Manual de Direito Notarial*. 4. d. Pituba: Juspodivm, 2020.

LOUREIRO, Luis Guilherme. *Registros Públicos: teoria e prática*. 10. ed. Salvador: Juspodivm, 2019.

ORLANDI NETO, Narciso. Ata notarial e a retificação do registro imobiliário. In: BRANDELLI, Leonardo. *Ata notarial*. Porto Alegre: IRIB, 2004.

SÃO PAULO. 1ª Vara de Registros Públicos do Tribunal de Justiça de São Paulo. Pedido de Providências: 1042854-51.2021.8.26.0100, São Paulo. Requerente: TPA Terraço República – Empreendimento Imobiliário Spe Ltda. Requerido: 5º Oficial de Registro de Imóveis da Capital. Relatora: Vivian Labruna Catapani. 2021. Disponível em: https://www.kollemata.com.br/locacao-cancelamento-ata-notarial-producao-de-provas.html. Acesso em: 13 ago. 2021.

SÃO PAULO. Decreto-Lei Complementar 3, de 27 de agosto de 1969. São Paulo, 1969. Código Judiciário do Estado de São Paulo. Disponível em: https://www.al.sp.gov.br/repositorio/legislacao/decreto.lei.complementar/1969/decreto.lei.complementar-3-27.08.1969.html. Acesso em: 13 ago. 2021.

O MÓDULO MÍNIMO
E A USUCAPIÃO NO STF

Marcos Alcino Azevedo Torres

Doutorado em Direito pela UERJ (2004) e Mestrado em Direito pela UERJ (1997). Graduação em Direito pela Faculdade Brasileira de Ciências Jurídicas (1980). Professor do Mestrado e Doutorado em Direito da UERJ, Professor Adjunto de Direito Civil da UERJ. Desembargador do Tribunal de Justiça do Estado do Rio de Janeiro, Presidente da 27ª Câmara Cível – especializada em Direito do Consumidor e Presidente da Comissão de Biblioteca do mesmo Tribunal. Presidente do Fórum Permanente de Direito da Cidade da EMERJ.

Carolyne Ribeiro

Doutoranda em Direito da Cidade pela UERJ. Mestre em Direito da Cidade pela UERJ. Pós-graduada em Direito do Estado pela UERJ. Graduada em Direito pela UFRJ. Advogada, editora da Revista Quaestio Iuris e bolsista CAPES.

Sumário: 1. Introdução – 2. O precedente – 3. Apontamentos sobre o julgado – 4. Conclusões – 5. Referências.

1. INTRODUÇÃO

A existência de assentamentos que são identificados no meio jurídico, social e político como irregulares é um problema persistente no Brasil, remonta ao fim do século retrasado os primeiros relatos sobre a ocupação desordenada do território. No entanto, na verdade a tão proclamada irregularidade é uma adjetivação que demanda reflexões para identificar em que ponto se encontra a tal irregularidade ou tais irregularidades. No geral a expressão é utilizada para identificar a ocupação de terras, seja rural ou urbana, na qual o(s) ocupante(s) não dispõe(m) de título que corresponde a aquisição de um direito sobre referida área. No enfoque geral, a ausência de título torna a ocupação irregular, ignorando aqueles que assim pensam que o instituto da posse é um instrumento jurídico de ocupação de imóveis e que, em regra, as pessoas ocupam áreas que estão sem qualquer utilização pelo titular, ou seja, que não cumprem qualquer função social, pressuposto de existência do próprio direito.

O irregular nestas ocupações também se refere, não se ignora, a inobservância de padrões urbanísticos construtivos estabelecidos pelos municípios e mesmo técnicas na arte de construir própria para a engenharia civil, causando catástrofes recorrentes, como os prédios que desabaram na localidade conhecida como Muzema e recentemente na comunidade de Rio das Pedras onde um imóvel de cerca de quatro andares, construído em terreno arenoso segundo noticiou a imprensa, com a morte de um jovem e sua filha, ficando sua esposa soterrada por horas até que os socorristas lograssem retirá-la.

Além disso, tais ocupações ditas irregulares produzem moradias precárias, sem de infraestrutura mínima para garantia de sobrevivência das pessoas, com locais de difícil acesso, servindo de esconderijo para criminosos de diversas ordens, como atualmente no Rio de Janeiro, a atuação dos grupos chamados de milícias.

Hoje, esses assentamentos estão presentes em todas as regiões brasileiras (pesquisa do IBGE divulgada no ano de 2020). São mais de 5 milhões de brasileiros vivendo nesses assentamentos, correspondendo a um percentual representativo de 7,8% da população brasileira.[1]

Na linha do que se disse acima, a falta de titulação da terra é uma das mais comuns, reflexo do acesso assimétrico a esse bem em nosso país. A carência econômica é também uma das principais causas da expressiva inobservância da legislação municipal urbanística, o que inclui normas sobre tamanho mínimo dos lotes e suas testadas, objeto desse trabalho.[2]

O estado brasileiro não tem sido eficaz em resolver a questão do acesso assimétrico à terra urbana regularizada, embora o direito de moradia esteja previsto como direito social fundamental que deve ser garantido pela administração pública. Assim, a demanda insolvável, que não tem condições de arcar com os custos da terra regularizada, acaba sendo impelida à ocupação irregular em assentamentos subnormais. Essa realidade fática levou o legislador a positivar diversos instrumentos buscando reconhecer essas situações formalmente.[3] Esse é o caso da usucapião, que embora seja instituto tradicionalmente tratado pelo direito civil como modalidade aquisitiva de bens, passou a ser tratado em lei especial (Lei 6969/81) e também em duas modalidades com assento na Constituição Federal (usucapião especial urbana e rural).

Para aquisição da propriedade pela usucapião era necessário nos termos da lei processual de 1973 da propositura de uma ação complexa, onde além do titular da propriedade constante do registro no polo passivo, a lei exigia a notificação das fazendas publicas Federal, Estadual e Municipal, ainda era necessária a citação dos confinantes do imóvel objeto da ação. Além destes aspectos processuais, no campo do direito material, havia necessidade de demonstração de que a coisa era hábil para ser adquirida pela usucapião, que a posse preenchia também os requisitos para tanto

---

1. NAVARRO, Roberto. Qual foi a primeira favela do Brasil? *Super Interessante*. Mundo estranho, 4 jul. 2018. GARCIA, Alexandre. Brasil tem mais de 5 milhões de moradias irregulares, diz IBGE. *R7*. Economia. 19 mai. 2020.
2. Segundo o IBGE o aglomerado subnormal consiste em "uma forma de ocupação irregular de terrenos de propriedade alheia – públicos ou privados – para fins de habitação em áreas urbanas e, em geral, caracterizados por um padrão urbanístico irregular, carência de serviços públicos essenciais e localização em áreas com restrição à ocupação. No Brasil, esses assentamentos irregulares são conhecidos por diversos nomes como favelas, invasões, grotas, baixadas, comunidades, vilas, ressacas, loteamentos irregulares, mocambos e palafitas, entre outros".
3. Podemos citar o direito de laje, a concessão de uso especial para fins de moradia, a legitimação de posse e a legitimação fundiária, entre outros.

no que diz respeito ao tempo e a própria qualidade da posse do requerente, influenciando, como ainda acontece no Código Civil, tal qualidade no tempo mínimo de posse a permitir a aquisição da propriedade, além do chamado *animus domini*.[4] Não bastasse isso, a administração pública, notificada da lide, face à sua desorganização por vezes não informava ao juízo a respeito de seu interesse na demanda e quando participava terminava por criar obstáculos ao deferimento da demanda escudadas, por vezes, em normas locais de ordenação do solo urbano.

Mesmo com as modificações introduzidas na ordem privada pelo Código Civil de 2002, reduzindo sobremodo o tempo de posse necessário para aquisição da propriedade pela via da usucapião, a previsão no CPC da modalidade extrajudicial e a eliminação no novo CPC da complexa ação do código de 1973, as dificuldades para o reconhecimento da propriedade pela posse qualificada pela função social acabam retirando a efetividade do instituto da usucapião, tornando todas as inovações legislativas na matéria em normas de pouca efetividade. Apesar disso, a usucapião é de fato um instrumento de grande importância, pois permite ao titular da posse de forma individual ou até mesmo coletiva buscar o reconhecimento do seu direito seja pela via judicial seja pela via extrajudicial. Difere a usucapião de outros instrumentos previstos na legislação de regularização fundiária (Lei 13465/17) que visam uma regularização coletiva e dependem da atuação do município, mas que evidenciam, de certa forma, a preocupação do legislador federal no estimulo à titulação da terra àqueles que necessitam dela.

A distância entre a realidade e o substrato fático exigido pelo ordenamento jurídico, indica a necessidade de encontrar-se soluções efetivas para problemas sociais decorrente da ausência de moradia adequada, que afligem nossas cidades demonstram a relevância da questão discutida no caso julgado que será objeto de exame a seguir.

2. O PRECEDENTE

O precedente que será analisado neste ensaio foi o caso julgado pelo Pleno do STF no Recurso Extraordinário 422.349 proveniente do estado do Rio Grande do Sul.[5] O julgamento no STF se iniciou no ano de 2010 na primeira turma, que decidiu levar a questão ao plenário por sua relevância social, e se encerrou no ano de 2015 com o Tribunal, por maioria e nos termos do voto do relator, conhecendo e provendo o recurso e fixando a tese 815.[6]

---

4. Cabe recordar que as modalidades previstas no Código Civil de 1916 tiveram seus prazos reduzidos quando publicado o Código Civil de 2002. A complexidade da usucapião foi apontada pelo Ministro Dias Toffoli em sua manifestação no caso (STF, p. 48).

5. BRASIL. STF. RE 422349/RS. Tribunal Pleno. Relator Min. Dias Toffoli, julgamento em 29 abr. 2015, publicação 5 ago. 2015, acórdão eletrônico repercussão geral – mérito DJe-153 Divulg 04.08.2015 Public 05.08.2015 *RTJ* VOL-00235-01 PP-00134.

6. "Preenchidos os requisitos do art. 183 da Constituição Federal, o reconhecimento do direito à usucapião especial urbana não pode ser obstado por legislação infraconstitucional que estabeleça módulos urbanos na respectiva área em que situado o imóvel (dimensão do lote)".

O caso, na origem, trata-se de uma ação de usucapião fundada na modalidade de usucapião especial urbana prevista na Constituição Federal de 1988 cuja pretensão não foi acolhida pelas instâncias inferiores, forte no argumento de que o imóvel objeto da lide não possuía a metragem mínima estabelecida na legislação municipal da localidade em que situado, para o fracionamento da terra conhecido como lote. A maioria da Corte considerou que a usucapião constitucional urbana não poderia ser obstada por um requisito previsto em legislação infraconstitucional, devendo ser observados unicamente os requisitos trazidos pela própria norma constitucional.[7]

Embora os ministros Roberto Barroso, Celso de Mello e Marco Aurélio tenham restados vencidos no julgado, a divergência não era quanto a questão central do caso, mas sim quanto a questões processuais e probatórias do caso concreto.[8]

A tese aprovada no exame do caso concreto pelo STF foi aplicada pelo Tribunal de Justiça do estado do Rio de Janeiro ao julgar caso semelhante àquele que serviu de paradigma ao STF. Tratava-se, no caso, de imóvel localizado no município do Rio de Janeiro com metragem inferior a estabelecida em norma municipal. Nesse caso, o Tribunal do Rio também entendeu, num primeiro julgamento pela improcedência da pretensão do autor da ação, tendo sido interposto recurso extraordinário determinando o STF o retorno dos autos para reexame para aplicação da tese 815 ao caso.[9]

3. APONTAMENTOS SOBRE O JULGADO

O relator, ministro Dias Toffoli, inicia sua análise pontuando que cumpridos os requisitos do artigo 183 da CF, a incidência da norma nele contida não pode ser obstada por uma norma municipal de hierarquia inferior, incidindo os princípios da supremacia da Constituição e da sua máxima efetividade.[10] A instância de origem havia decidido pela não aplicação do artigo 183 da CF, por entenderem que na hipótese deveria incidir norma municipal que cuidava da ordenação territorial, cuja competência foi atribuída pela Constituição Federal ao município.[11] Este entendimento tornava possível ao ente municipal, através de legislação local, obstar a aplicação em

---

7. Votaram favoravelmente: Dias Toffoli, Teori Zavascki, Rosa Weber, Fux, Cármem Lúcia e Lewandowski.
8. STF, op. cit., p. 40-47, 60 e 62.
9. "Apelação cível. Usucapião especial urbana. Imóvel usucapiendo, sem registro imobiliário, com área declaradamente inferior a 250 metros quadrados. Sentença de extinção sem exame do mérito, ao fundamento de que se trata de área com metragem inferior ao módulo urbano mínimo fixado em lei municipal. Em sede de recurso extraordinário, o supremo tribunal federal, com base no RE 422.349-RG/SP, julgado sob o regime de repercussão geral, cassou o acórdão proferido por esta colenda câmara que negara provimento ao apelo autoral, e determinou o retorno dos autos a este e. TJRJ para apreciar a questão com base nas premissas aduzidas no referido recurso extraordinário. Questão pacificada no STF – tese firmada no tema 815: (...). Feito prematuramente julgado. Necessidade da regular instrução processual e observância ao disposto nos arts. 941 a 945 do CPC/1973, sob pena de violação ao devido processo legal. Parecer da d. Procuradoria de justiça pela reforma da sentença. Precedente jurisprudencial. Recurso provido para anular a sentença e determinar o prosseguimento do feito" (TJRJ, apelação 0003335-91.2006.8.19.0202, des. Inês da Trindade Chaves de Melo – julgamento: 26.09.2018 – 13ª câmara cível).
10. STF, op. cit., p. 9-11.
11. STF, op. cit., p. 6.

seu território da norma constitucional originária, tornando o mandamento constitucional ineficaz, o que não se mostra possível, como ressaltado pelo ministro relator.[12]

A questão sobre a competência para legislar sobre o tema foi alvo de discussão no julgado e merece análise aprofundada. A usucapião é tradicionalmente um instituto de direito civil, que foi inserida no direito constitucional brasileiro pela Constituição de 1988, ainda vigente. Por longo período, a usucapião era regulada apenas no Código Civil de 1916, e por lei esparsa já referida, sem, contudo, ter qualquer previsão nas Constituições de 1824, 1891, 1934, 1937, 1946 e 1967.

Como a competência para legislar sobre direito civil é privativa da União (art. 22, I da CF), resta claro que a declaração de aquisição originária da propriedade pela usucapião não pode ser obstada por normas municipais, sob pena de usurpação de competência alheia, como ressaltou o ministro Luis Fux em seu voto no precedente e, exame.[13] Mas a questão da competência legislativa não se limita a esse ponto. Comparando a regulação do Código Civil de 1916 com a da Constituição de 1988 sobre a usucapião é possível perceber uma diferença essencial entre elas. O Código Civil não faz menção a metragem do imóvel, já a Constituição o faz expressamente, tanto no seu artigo 183 quanto no seu artigo 191. No primeiro, cuida de usucapião de área urbana de até 250 m²' e, no segundo, de área de terra, em zona rural, não superior a 50 ha', ampliando o módulo rural mínimo previsto na lei que cuidava da usucapião rural (Lei 6969/81) para o dobro.

A Constituição Federal não está apenas impondo um novo requisito para a usucapião, a questão aqui vai além da declaração do domínio da seara civil. Trata-se de norma híbrida que regula também a ordenação do território. Isso porque não seria condizente com uma interpretação sistemática de nosso ordenamento jurídico que a Constituição Federal reconhecesse um direito pela metade, ou seja, reconhecer a propriedade sem resguardar a regularização do imóvel junto ao ente municipal. A Constituição ao reconhecer o direito a usucapião, nesses casos, o faz de forma ampla, de modo a permitir que aquele vínculo entre pessoa e coisa seja juridicamente regularizado de modo pleno.[14]

Por sua vez, conforme previsão constitucional, a competência para legislar sobre direito urbanístico é concorrente. Compete a União dispor sobre normas gerais e estados e municípios têm competência suplementar (art. 24, I e §2 da CF).[15] Assim, quando a Constituição Federal estabelece metragens máximas para o reconhecimento da usucapião, ela está reconhecendo que módulos urbanos e rurais podem ter esses tamanhos. Trata-se de norma geral sobre o ordenamento do solo prevista na Constituição Federal que deve ser observada pelos entes municipais.

---

12. STF, op. cit., p. 49.
13. STF, op. cit., p. 31-32.
14. A propriedade é adquirida com o registro da sentença no cartório de imóveis (arts. 1227 c/c 1241, PU, ambos do CC c/c art. 167, I, 28, lei 6015/73) e depois a edificação é licenciada pelo município.
15. A União possui, ainda, competência privativa para estabelecer diretrizes para o desenvolvimento urbano em matéria de habitação (art. 21, XX, CRFB/88).

Os ministros Luis Fux, Dias Toffoli e Teori Zavascki seguiram esse raciocínio, embora considerassem que a normativa constitucional se limitava aos casos de imóveis usucapidos, permitindo assim que os municípios mantivessem regras gerais mais rígidas.[16] Essa posição não parece ser a mais adequada para a situação mas sim aquela apresentada no voto do ministro Marco Aurélio que fez uma observação bastante interessante a respeito da questão, embora as suas conclusões difiram da posição dos signatários deste ensaio.[17]

Como lembrado pelo Min. Marco Aurélio, muitas das vezes, da procedência da pretensão de usucapião restarão dois imóveis: o novo, que foi usucapido e o velho, a área remanescente que permanece na matricula registral anterior em nome do titular. Ora, essa área remanescente que não foi objeto da usucapião é um imóvel que pode ter uma metragem inferior àquela estipulada pelo município. Portanto, parece que a melhor interpretação é que as metragens indicadas na Constituição Federal devem ser consideradas como constante de uma norma geral sobre direito urbanístico e assim deve ser observada pelos municípios.

Um apego demasiado a questão das metragens mínimas dos lotes urbanos não se justifica. A cidade é um ente vivo em constante transformação e suas edificações refletem as mudanças legislativas na questão urbana. Muitas vezes, encontra-se em uma mesma rua edificações que estão mais próximas da calçada e outras mais recuadas, edifícios com alturas diversas e diferentes proporções entre edificação e lote. Não existe uma legislação urbanística única e periodicamente esses diplomas normativos são alterados moldando no tempo a questão relativa ao solo urbano. As diferentes formas que constituem a cidade são prova disso. Uma mesma legislação pode regular cada bairro ou região da cidade de forma diversa, enrijecendo padrões em certos locais e afrouxando em outros. Com o aumento da população urbana e a escassez de terra, é natural que terrenos menores passem a ser utilizados associados à evolução das técnicas de construção acabam facilitando esse uso.

A existência desses terrenos menores não é desconhecida do direito, pois o Código Civil regula a aquisição da propriedade através dos institutos da acessão pela aluvião, avulsão e álveo abandonado.[18] Essas áreas menores também podem ser fruto de obras públicas, como a construções de vias que cortam um tecido urbano já densamente povoado. Não existe nenhum prejuízo quanto ao registro, cuja preocupação se limita a exata retratação da realidade e com o princípio básico do sistema registral, qual seja o da continuidade. O que importa para o registro, dentro do princípio da especialidade é a caracterização detalhada das áreas, a objeto de usucapião e a área remanescente com a identificação fiel da delimitação entre os imóveis.

---

16. STF, op. cit., p. 17, 25 e 34.
17. STF, op. cit., p. 44-46.
18. Arts. 1250, 1251 e 1252, todos do CC/02.

O parâmetro estabelecido pela Constituição Federal, pode-se dizer, é bastante razoável. Na lei de parcelamento do solo a metragem mínima do lote de terreno urbano é de 125 m² e a de testada é de 5 m (art. 4, II, lei 6766/79), mas mesmo essa exigência pode ser afastada. A lei de regularização fundiária também autoriza o afastamento dessas restrições (art. 11, §1, Lei 13465/17). O Estatuto da Cidade, por outro lado, embora mencione a necessidade de observância de padrões mínimos (art. 2º, XIX do Estatuto), não os estabelece. Contudo, como o Estatuto da Cidade também prevê a usucapião especial de imóvel urbano para áreas de até 250 m² (art. 9), parece claro que esse padrão está em consonância com suas diretrizes.

O ministro Marco Aurélio expressou sua preocupação com a necessidade de que os imóveis tenham condições mínimas de habitabilidade, buscando assegurar não apenas a residência, mas a moradia digna.[19] Apesar do direito à moradia possuir status de direito fundamental a ser assegurado pelo estado brasileiro, o déficit habitacional vem crescendo. As políticas públicas implantadas, no passado como o BNH e mais recentemente com o programa Minha Casa Minha Vida, não foram capazes de atingir as camadas mais pobres da população.[20] Não bastasse isso, aqueles que conseguem uma moradia através da autotutela, construindo com suas próprias mãos à revelia dos padrões urbanísticos vigentes têm negado o reconhecimento daquela situação de fato.[21] Não é por não haver o reconhecimento jurídico da posse do ocupante, que aquela situação fática deixará de existir, pois as pessoas continuarão a morar em locais considerados impróprios para moradia, como área de preservação ambiental, já que o estado não assegura o direito como deveria. O mínimo que se pode fazer, então, é conferir uma segurança jurídica para essa moradia. Não se pode sob o argumento de proteger as pessoas lhes negar direitos.[22] Conferir segurança jurídica é uma forma de garantir o bem-estar dos habitantes da cidade.

A solução proposta pelo ministro Marco Aurélio foi rechaçada pelo colegiado. O texto constitucional confere ao usucapiente a propriedade e não a copropriedade. Não bastasse os diversos problemas decorrentes de um regime condominial, isso seria reconhecer juridicamente uma situação que não existe na realidade. O direito deve refletir a realidade, como ocorre na usucapião, porquanto o juiz

---

19. STF, op. cit., p. 45. A questão de falta de acesso do imóvel para a rua, lembrada pelo ministro, possui solução no direito civil, a passagem forçada (art. 1.285).
20. BALBIM, Renato; KRAUSE, Cleandro. Produção social da moradia: um olhar sobre o planejamento da habitação de interesse social no Brasil. *Revista Brasileira de Estudos Urbanos e Regionais*, v. 16, n. 1, maio – 2014, p. 192-195. WENCESLAU, Ethiene Vanila de Souza. *Elementos das desigualdades raciais nas políticas públicas habitacionais brasileiras: estudo da centralidade urbana à luz da execução do Programa federal de habitação popular Minha Casa, Minha Vida na cidade do Rio de Janeiro no período de 2010 a 2017*. 2020. 179f. Dissertação (mestrado em Direito da Cidade) – Faculdade de Direito, UERJ. Rio de Janeiro, 2020, p. 110 e 131.
21. ESPINOSA, Jaime Erazo (Coord.). *Infraestructuras urbanas en América Latina*. Quito: IAEN, 2013, p. 21.
22. Vide De Soto, Hernando. *O mistério do capital*. Tradução de Zaida Maldonado. Rio de Janeiro: Record, 2001. O aumento da segurança na transferência da propriedade é destacado também na análise econômica do direito (SALAMA, 2017, p. 69).

apenas declara a existência de uma situação fática prévia.[23] A usucapião longe de reconhecer um direito de propriedade absoluto, está privilegiando aquele que conferiu relevante função social ao bem imóvel cumprindo o estabelecido na Constituição Federal.

O município tem a função de controlar o uso, parcelamento e ocupação do solo urbano (art. 30, VIII, da CRFB/88). A omissão do ente público em cumprir a obrigação constitucional possui efeitos jurídicos decorrentes da prescrição do poder sancionador do município, como ressaltado pelo ministro Luis Fux em seu voto.[24] As irregularidades urbanísticas estão sujeitas aos efeitos deletérios do tempo, permitindo a consolidação da situação em prol da segurança jurídica e fazendo surgir direitos subjetivos em prol do titular do bem imóvel. A Constituição Federal taxativamente elencou as infrações imprescritíveis (art. 5, XLII e XLIV), não constando entre elas as irregularidades urbanísticas.[25] Muitas vezes o que se verifica é uma atuação do ente municipal em desconformidade com a boa-fé objetiva, pois ao mesmo tempo que impugna a pretensão do usucapiente, recebe dele tributos sobre o bem imóvel ocupado e concede, por vezes, licença para o exercício de atividades econômicas no local.

Embora a tese firmada pelo STF para o caso mencione apenas que os módulos urbanos (dimensão do lote de terreno) não serão obstáculo à usucapião constitucional urbana, é possível infirmar outros requisitos da decisão da suprema Corte. Os limites mínimos de testada para os imóveis decorrentes de legislação infraconstitucional não serão obstáculo ao reconhecimento da usucapião. É comum a administração pública chamada a intervir no pedido de usucapião utilizar esses padrões mínimos de testada para impedir o deferimento da pretensão do ocupante. A lei de parcelamento, por exemplo, estabelece um limite mínimo de 5 m para a frente do lote (lado do imóvel que confronta com a rua), como destacou o ministro Marco Aurélio.[26] O uso residencial divergente do zoneamento do local em que situado o imóvel também não pode ser obstáculo ao deferimento da usucapião. Assim, se a área ocupada por ex., para a residência, objeto da usucapião está situada em uma região considerada pelo município como comercial ou industrial, isso será irrelevante para o deferimento da demanda.

As considerações da Corte nesse caso são também aplicáveis à usucapião especial rural, pois a Constituição Federal também traz como requisito, nessa hipótese, a metragem não superior a 50 há, o que permite a interpretação de que poderá ocorrer a usucapião em lote rural de metragem inferior. A flexibilização é especialmente relevante para o Brasil, pois a maioria dos imóveis rurais são minifúndios que não

---

23. STF, op. cit., p. 46.
24. STF, op. cit., p. 32.
25. Para maior esclarecimento a respeito da prescrição em matéria urbanística vide RIBEIRO, Carolyne. *Ocupação irregular em área não edificante reservada para ocupação de infraestrutura*. Rio de Janeiro: Lumen Juris, 2021.
26. STF, op. cit., p. 44. Vide art. 4, II, Lei 6.766/79.

seguem os padrões dos módulos rurais estabelecidos na legislação.[27] A possibilidade foi defendida pelo ministro Dias Toffoli em seu voto que encontra respaldo na doutrina de Celso Bastos.[28]

A manifestação da Corte gera reflexos, ainda, nas outras modalidades de usucapião previstas no Código Civil. Como dito acima, a competência para legislar sobre direito civil é privativa da União, assim o pedido de reconhecimento da usucapião com base no código civil não pode ser obstado pela legislação urbanística municipal, sob pena de interferir em matéria na qual o município não tem competência para legislar. A inércia do ente municipal em fiscalizar a ordenação do território em tempo hábil se mostra, mais uma vez, juridicamente relevante para reforçar o argumento a favor da usucapião civil nesses casos.

4. CONCLUSÕES

A decisão do STF consolidada na tese 815 é um importante precedente que reafirma a relevância do instrumento da usucapião como vetor individual e coletivo para a regularização fundiária dos imóveis em nossas cidades. A Corte, ao corroborar que os requisitos da usucapião especial urbana se restringem àqueles elencados na Constituição Federal, conferiu melhor segurança jurídica ao instituto e assegurou sua aplicação de forma uniforme em todo território nacional. A usucapião, embora instrumento de transformação da posse em propriedade previsto há muito tempo em nosso ordenamento, resiste ele no tempo e se mostra sempre atual ao se pautar por preceito que ainda nos é tão caro, a função social do bem imóvel, seja urbano, seja rural.

5. REFERÊNCIAS

BALBIM, Renato; KRAUSE, Cleandro. Produção social da moradia: um olhar sobre o planejamento da habitação de interesse social no Brasil. *Revista Brasileira de Estudos Urbanos e Regionais*, v. 16, n. 1, p. 189-201, maio 2014.

BASTOS, Celso. *Comentários a constituição do Brasil*. São Paulo: Saraiva, 1990. v. 7.

BRASIL. Constituição (1824). *Constituição do Império do Brazil*. Rio de Janeiro, Conselho de Estado, 1824.

BRASIL. Constituição (1891). *Constituição da República dos Estados Unidos do Brasil*. Rio de Janeiro, DF: Senado, 1891.

BRASIL. Constituição (1934). *Constituição da República dos Estados Unidos do Brasil*. Rio de Janeiro, DF: Senado, 1934.

BRASIL. Constituição (1937). *Constituição da República dos Estados Unidos do Brasil*. Rio de Janeiro, DF: Senado, 1988.

---

27. CORREIA, Arícia Fernandes, MOURA, Emerson Affonso da Costa e MOTA, Mauricio Jorge Pereira da (Coord.). *Comentários à lei de regularização fundiária*. Rio de Janeiro; Lumen Juris, 2019, p. 15.
28. STF, op. cit., p. 13. BASTOS, Celso. *Comentários a constituição do Brasil*. São Paulo: Saraiva, 1990, v. 7, p. 347.

BRASIL. Constituição (1946). *Constituição da República dos Estados Unidos do Brasil*. Rio de Janeiro, DF: Senado, 1946.

BRASIL. Constituição (1967). *Constituição da República Federativa do Brasil*. Brasília, DF: Senado, 1967.

BRASIL. Constituição (1988). *Constituição da República Federativa do Brasil*. Brasília, DF: Senado, 1988.

BRASIL. Lei 6.015, de 31 de dezembro de 1973. Dispõe sobre os registros públicos, e dá outras providências. *Diário oficial da União*, Brasília, DF, 31 dez. 1973. Disponível em: http://www.planalto.gov.br/ccivil_03/leis/l6015compilada.htm. Acesso em: 13 mar. 2021.

BRASIL. Lei 6.766, de 19 de dezembro de 1979. Dispõe sobre o Parcelamento do Solo Urbano e dá outras Providências. *Diário oficial da União*, Brasília, DF, 20 dez. 1979. Disponível em: http://www.planalto.gov.br/ccivil_03/LEIS/L6766.htm. Acesso em: 27 fev. 2021.

BRASIL. Lei 10257, de 10 de julho de 2001. Regulamenta os arts. 182 e 183 da Constituição Federal, estabelece diretrizes gerais da política urbana e dá outras providências. *Diário oficial da União*, Brasília, DF, 11 jul. 2001. Disponível em: http://www.planalto.gov.br/ccivil_03/leis/leis_2001/l10257.htm. Acesso em: 21 maio 2021.

BRASIL. Lei 10406, de 10 de janeiro de 2002. Institui o Código Civil. *Diário oficial da União*, Brasília, DF, 11 jan. 2002. Disponível em: http://www.planalto.gov.br/ccivil_03/leis/2002/l10406.htm. Acesso em: 13 mar. 2021.

BRASIL. Lei 13.465, 11 de julho de 2017. Dispõe sobre a regularização fundiária rural e urbana, sobre a liquidação de créditos concedidos aos assentados da reforma agrária e sobre a regularização fundiária no âmbito da Amazônia Legal; institui mecanismos para aprimorar a eficiência dos procedimentos de alienação de imóveis da União; (...). *Diário oficial da União*, Brasília, DF, 8 set. 2017. Disponível em: http://www.planalto.gov.br/ccivil_03/_Ato2015-2018/2017/Lei/L13465.htm. Acesso em: 27 fev. 2021.

BRASIL. STF. RE 422349/RS. Tribunal Pleno. Relator Min. Dias Toffoli, julgamento em 29 abr. 2015, publicação 5 ago. 2015, acórdão eletrônico repercussão geral – mérito DJe-153 Divulg 04.08.2015 Public 05.08.2015 RTJ VOL-00235-01 PP-00134. Disponível em: https://redir.stf.jus.br/paginador-pub/paginador.jsp?docTP=TP&docID=9046379. Acesso em: 17 maio 2021.

CORREIA, Arícia Fernandes, MOURA, Emerson Affonso da Costa e MOTA, Mauricio Jorge Pereira da (Coord.). *Comentários à lei de regularização fundiária*. Rio de Janeiro: Lumen Juris, 2019.

DE SOTO, Hernando. *O mistério do capital*. Trad. Zaida Maldonado. Rio de Janeiro: Record, 2001.

ESPINOSA, Jaime Erazo (Coord.). *Infraestructuras urbanas em América Latina*. Quito: IAEN, 2013.

GARCIA, Alexandre. Brasil tem mais de 5 milhões de moradias irregulares, diz IBGE. *R7*. Economia. 19 mai. 2020. Disponível em: https://noticias.r7.com/economia/brasil-tem-mais-de-5-milhoes-de-mo-radias-irregulares-diz-ibge-19052020#:~:text=Sudeste%20tem%208%25%20de%20moradias%20em%20aglomerados%20subnormais&text=Dos%20mais%20de%2065%2C5,Brasileiro%20de%20Geografia%20e%20Estat%C3%ADstica). Acesso em: 16 jun. 2020.

IBGE. *Aglomerados subnormais*. O que é. Disponível em: https://www.ibge.gov.br/geociencias/organizacao-do-territorio/tipologias-do-territorio/15788-aglomerados-subnormais.html?=&t=o-que-e. Acesso em: 16 jun. 2020.

NAVARRO, Roberto. Qual foi a primeira favela do Brasil? *Super Interessante*. Mundo estranho, 4 jul. 2018. Disponível em: https://super.abril.com.br/mundo-estranho/qual-foi-a-primeira-favela-do-brasl/>. Acesso em: 16 jun. 2020.

RIBEIRO, Carolyne. *Ocupação irregular em área não edificante reservada para ocupação de infraestrutura*. Rio de Janeiro; Lumen Juris, 2021.

RIO DE JANEIRO. TJRJ, apelação n. 0003335-91.2006.8.19.0202, des. Inês da Trindade chaves de Melo, julgamento: 26.09.2018, décima terceira câmara cível. Disponível em: http://www4.tjrj.jus.br/EJURIS/ProcessarConsJuris.aspx?PageSeq=1&Version=1.1.11.0. Acesso em: 21 maio 2021.

SALAMA, Bruno Meyerhof. *Estudos em direito e economia: micro, macro e desenvolvimento*. Curitiba: editora Virtual, 2017.

WENCESLAU, Ethiene Vanila de Souza. *Elementos das desigualdades raciais nas políticas públicas habitacionais brasileiras: estudo da centralidade urbana à luz da execução do Programa federal de habitação popular Minha Casa, Minha Vida na cidade do Rio de Janeiro no período de 2010 a 2017*. 2020. 179f. Dissertação (mestrado em Direito da Cidade) – Faculdade de Direito, UERJ. Rio de Janeiro, 2020.

USUCAPIÃO ESPECIAL URBANA E A DECISÃO DO RECURSO EXTRAORDINÁRIO 422.349-RS

Jose Antonio Apparecido Junior

Doutor em Direito do Estado pela Universidade de São Paulo. Mestre em Direito Urbanístico pela PUC/SP. Procurador do Município de São Paulo. Advogado e consultor jurídico.

Sumário: 1. Introdução – 2. A usucapião especial urbana – 3. O julgamento do recurso extraordinário 422.349-RS e a tese de repercussão geral – 4. Decisões sobre a incidência das causas suspensivas do prazo prescricional no tocante à usucapião especial urbana – 5. Os reflexos da tese de repercussão geral fixada no recurso extraordinário 422.349-RS em casos com fundamentos constitucionais semelhantes: a regulação exauriente do tema da usucapião especial urbana na Constituição Federal – 6. Conclusão – 7. Referências.

1. INTRODUÇÃO

O presente estudo avalia, em rápidas linhas, a questão da completude da regulação do tema da usucapião especial urbana no texto constitucional a partir de decisões judiciais acerca de dois institutos específicos, regulados infraconstitucionalmente: o módulo mínimo de lote urbano, estabelecido nas legislações municipais, e as previsões, no Código Civil, de suspensão do prazo de prescrição

Tomando-se por base as atuais orientações do Judiciário no tocante a temas referentes à usucapião especial urbana, o ensaio trará considerações acerca da leitura do ordenamento jurídico urbanístico a partir de sua matriz constitucional, considerando, especialmente, os limites de atuação do legislador infraconstitucional, tendo em vista o olhar pretoriano.

Estabelecendo como pano de fundo o tratamento jurisprudencial dado às regulamentações infraconstitucionais dos institutos do lote mínimo e da suspensão do prazo prescricional em face da regulação constitucional da usucapião especial urbana, o ensaio buscará refletir sobre a extensão mínima dos efeitos do julgamento do Recurso Extraordinário n. 422.349-RS, que originou Tese de Repercussão Geral que garante o reconhecimento do direito à usucapião especial urbana em função da simples constatação dos requisitos do art. 183 da Constituição Federal, não podendo tal ser obstada por legislação infraconstitucional que estabeleça módulos urbanos na respectiva área em que situado o imóvel (dimensão do lote), buscando evidenciar os limites da ação do legislador frente às disposições fundamentais do direito urbanístico trazidas no texto constitucional.

2. A USUCAPIÃO ESPECIAL URBANA

A usucapião é um instituto clássico, estudado nas faculdades de direito desde seus albores. Em nosso atual ordenamento, o tema é regulado em várias acepções – além da usucapião especial constitucional urbana, prevista no art. 183 da Constituição e no art. 9º do Estatuto da Cidade (Lei Federal n. 10.257/2001), o ordenamento prevê a usucapião coletiva (art. 10 da Lei n. 10.257/2001), a usucapião ordinária (art. 1.242 do Código Civil), a usucapião extraordinária (art. 1.238 do Código Civil), bem como a usucapião familiar, novidade prevista no art. 1.240-A do Código Civil. Dessa maneira, é perceptível que se trata de um instrumento em constante mutação e essencial para a configuração do direito urbanístico nas cidades brasileiras, já que seu objetivo consiste em assegurar, a um só tempo, o direito à moradia e o direito à propriedade.

Em qualquer de suas várias modalidades, a usucapião guarda algumas características fundamentais. Ela se apresenta como modo originário da aquisição da propriedade[1], consistindo em um fato jurídico que permite a sua aquisição sem qualquer ônus ou gravame. Ela pode incidir sobre coisas consideradas no comércio, apropriáveis por particulares, atuando, ao mesmo tempo, como uma espécie de prescrição aquisitiva e extintiva de direitos, já que gera, no mesmo momento, a aquisição e a perda da propriedade. A partir da posse com *animus domini*, exercida de forma contínua[2] e ininterrupta[3], aquele que preenche os requisitos constitucionais ou legais adquire o bem por usucapião.

Especificamente no tocante à usucapião especial urbana, ela é regida pelo art. 183 da Carta Magna. Interessa a este breve ensaio, especialmente, o "caput" do dispositivo:

> Art. 183. Aquele que possuir como sua área urbana de até duzentos e cinquenta metros quadrados, por cinco anos, ininterruptamente e sem oposição, utilizando-a para sua moradia ou de sua família, adquirir-lhe-á o domínio, desde que não seja proprietário de outro imóvel urbano ou rural.

O texto constitucional fixa os elementos que caracterizarão esta espécie de usucapião:

a. "possuir como sua": a disposição constitucional remete ao *animus domini*, isto é, a disposição do bem como se fosse de efetiva propriedade do usucapiente, com reflexos diretos nas faculdades de uso, gozo, disposição e zelo sobre a coisa. Tal condição informa, por outro lado, que atos de mera detenção e tolerância se estabelecem como relações jurídicas nas quais se reconhece a dominialidade de outrem, não sendo hábeis, portanto, e fazer atuar o instituto;

---

1. Mesmo este tema merece, atualmente discussão, haja vista as consequências da usucapião familiar e da usucapião administrativa. Não é este, contudo, o objeto deste trabalho.
2. Aquela sem intervalos, que assim se mantém mesmo com esbulho, caso haja desforço imediato ou possessória em ano e dia (ação de força nova).
3. Aquela que não sofre as causas de interrupção da contagem previstas no Código Civil.

b. "área urbana": à tradicional noção da área urbana definida pela lei municipal e servida de parte de infraestrutura básica (art. 32, § 1º do Código Tributário Nacional), a Lei Federal 13.465, de 11 de julho de 2017 – Lei da REURB adicionou outro elemento de informação. Desde a sua edição, a legislação reconhece formalmente a existência dos núcleos urbanos em área rural (art. 11, inc. I da Lei Federal 13.465/2017), que conterão imóveis que podem ser objeto de usucapião especial urbana. Idealizada com a orientação de proporcionar a titulação de imóveis irregulares, a Lei do REURB, neste passo, acaba por determinar a expansão do perímetro urbano independentemente da regulação formal dada pelo Município. Aponte-se, ainda sob este aspecto, que a expansão do perímetro urbano propriamente dito deverá contar com projeto específico, com os elementos constantes no art. 42-B do Estatuto da Cidade;

c. "de até duzentos e cinquenta metros quadrados": o item é o objeto de explanação específica neste arrazoado, e será abordado com mais vagar adiante. Por ora, observa-se que o texto constitucional impõe a área máxima que pode ser objeto de usucapião nesta modalidade[4];

d. "cinco anos, ininterruptamente e sem oposição": nos termos do texto constitucional, a *acessio possessionis* é possível no núcleo familiar, isto é, é possível a transmissão desta posse por sucessão. Aponte-se, desde já, que a qualificação do prazo quinquenal (ininterruptamente e sem oposição) parece ser exauriente das condicionantes referentes a este aspecto da aquisição da usucapião – constatação que, como se verá, tem reflexos diretos na pretensão de utilização de normas infraconstitucionais em sua conformação ou modulação;

e. "sua moradia ou de sua família": a despeito da objetiva dicção do texto da Carta Magna, no Recurso Especial n. 1777404, de relatoria da Min. Nancy Andrighi, o Superior Tribunal de Justiça determinou que a exclusividade de uso residencial não é requisito expressamente previsto em nenhum dos dispositivos legais e constitucionais que tratam da usucapião especial urbana. Assim, "o uso misto da área a ser adquirida por meio de usucapião especial urbana não impede seu reconhecimento judicial, se a porção utilizada comercialmente é destinada à obtenção do sustento do usucapiente e de sua família". Em outros termos, de acordo com a interpretação jurisprudencial, se exige que ao menos parte da área seja destinada à moradia, desde que a área de uso não residencial guarde relação com o sustento do núcleo familiar beneficiado – presume-se, *in casu*, a hipossuficiência dos beneficiados;

f. "desde que não seja proprietário de outro imóvel urbano ou rural": novamente orientando a utilização do instituto para o benefício de famílias vulneráveis, entende-se, em regra, que basta a mera declaração dos possuidores, embora haja jul-

---

4. A usucapião especial urbana é chamada "usucapião *pro misero*", em razão da presunção da vulnerabilidade econômica da família que detém este único imóvel como sua moradia. Em recente julgado, contudo, o Supremo Tribunal Federal reconheceu que, a usucapião especial urbana pode ter por objeto em um apartamento em condomínio edilício, desde que respeitados os requisitos do texto constitucional. O Recurso Extraordinário n. 305416, de relatoria do Min. Marco Aurélio criou, assim, um novo tipo de população vulnerável no país: aquela que vive em um apartamento de até duzentos e cinquenta metros quadrados.

gados exigindo a demonstração do requisito mediante certidões (como na Apelação 0000686-82.2009.8.24.0082/SC).

O presente trabalho buscará abordar o tema central de seu debate a partir de uma discussão havida quanto ao item "d": as causas de suspensão do prazo prescricional aplicam-se à usucapião especial urbana?

3. O JULGAMENTO DO RECURSO EXTRAORDINÁRIO 422.349-RS E A TESE DE REPERCUSSÃO GERAL

Em abril de 2015 o Supremo Tribunal Federal, no julgamento do Recurso Extraordinário 422.349-RS, que teve como relator o Min. Dias Toffoli, fixou tese de repercussão geral com o seguinte conteúdo[5]:

> "Ementa. Recurso extraordinário. Repercussão geral. Usucapião especial urbana. Interessados que preenchem todos os requisitos exigidos pelo art. 183 da Constituição Federal. Pedido indeferido com fundamento em exigência supostamente imposta pelo plano diretor do município em que localizado o imóvel. Impossibilidade. A usucapião especial urbana tem raiz constitucional e seu implemento não pode ser obstado com fundamento em norma hierarquicamente inferior ou em interpretação que afaste a eficácia do direito constitucionalmente assegurado. Recurso provido. 1. Módulo mínimo do lote urbano municipal fixado como área de 360 m². Pretensão da parte autora de usucapir porção de 225 m², destacada de um todo maior, dividida em composse. 2. Não é o caso de declaração de inconstitucionalidade de norma municipal. 3. Tese aprovada: preenchidos os requisitos do art. 183 da Constituição Federal, o reconhecimento do direito à usucapião especial urbana não pode ser obstado por legislação infraconstitucional que estabeleça módulos urbanos na respectiva área em que situado o imóvel (dimensão do lote). 4. Recurso extraordinário provido."

O tema, no tribunal de origem, havia sido tratado de forma diversa. A 20ª Câmara Cível do Tribunal de Justiça do Rio Grande do Sul havia proferido, *in casu*, o seguinte julgado:

> "Usucapião especial urbano. Fracionamento de área em metragem inferior ao módulo definido pelo plano diretor para os lotes urbanos. Ilegalidade. Competência do município para definir metragem mínima dos terrenos destinados à moradia em sua circunscrição. Aplicação do artigo 30, incisos i, II, e VIII, da constituição federal e artigos 39 e 40, inciso I, da Lei 10.257/01. Inaplicabilidade do artigo 183 da Constituição Federal. Apelo não provido."[6]

A discussão entre os ministros, trazida no acórdão do C. Supremo Tribunal Federal, versou sobre alguns tópicos de caráter processual e principalmente, no que interessa a este estudo, acerca da condição da legislação infraconstitucional

---

5. BRASIL, Supremo Tribunal Federal. Recurso Extraordinário 422.349-RS, Rel. Min. Dias Toffoli. Sistema de consulta jurisprudencial disponível em: https://jurisprudencia.stf.jus.br/pages/search/sjur313906/false. Acesso em: 14 abr. 2021.

6. Rio Grande do Sul, Tribunal de Justiça. Apelação Cível 70006658702 Sistema de consulta jurisprudencial disponível em: https://www.tjrs.jus.br/novo/busca/?tipoConsulta=por_processo&return=proc&client=wp_index&combo_comarca=700&comarca=&numero_processo=70006658702&numero_processo_desktop=70006658702&CNJ=N&comarca=&nome_comarca=&uf_OAB=&OAB=&comarca=&nome_comarca=&nome_parte. Acesso em: 11 jul. 2021.

obstar a aquisição da propriedade imobiliária urbana por intermédio da usucapião especial prevista no art. 183 da Carta Magna, definindo-se, ao final, a apontada tese de repercussão geral.

Importante destacar que o tema em destaque vem sendo abordado nos tribunais superiores, recebendo tratamento homogêneo. Somente à guisa de exemplo, colaciona-se o Recurso Especial n. 1.360.017-RJ, julgado em maio de 2016[7], que assim é ementado:

> Recurso especial. Ação de usucapião. Usucapião especial urbana. Requisitos do art. 183 da CF/88 reproduzidos no art. 1.240 do CCB/2002. Preenchimento. Parcelamento do solo urbano. Legislação infraconstitucional. Legislação municipal. Área inferior. Irrelevância. Indeferimento do pedido declaratório. Impossibilidade. Julgamento pelo supremo tribunal federal. Repercussão geral. RE 422.349/RS. Máxima eficácia da norma constitucional. 1. Cuida-se de ação de usucapião especial urbana em que a autora pretende usucapir imóvel com área de 35,49 m². 2. Pedido declaratório indeferido pelas instâncias ordinárias sob o fundamento de que o imóvel usucapiendo apresenta metragem inferior à estabelecida na legislação infraconstitucional que dispõe sobre o parcelamento do solo urbano e nos planos diretores municipais. 3. O Supremo Tribunal Federal, nos autos do RE 422.349/RS, após reconhecer a existência de repercussão geral da questão constitucional suscitada, fixou a tese de que, preenchidos os requisitos do artigo 183 da Constituição Federal, cuja norma está reproduzida no art. 1.240 do Código Civil, o reconhecimento do direito à usucapião especial urbana não pode ser obstado por legislação infraconstitucional que estabeleça módulos urbanos na respectiva área em que situado o imóvel (dimensão do lote). 4. Recurso especial provido.

O julgado colaciona trechos da decisão do Supremo Tribunal Federal, destacando alguns excertos do voto do Min. Dias Toffoli, dentre os quais o seguinte:

> Para o acolhimento de uma pretensão como essa, basta o preenchimento dos requisitos exigidos pelo texto constitucional, não podendo ser erigido obstáculo outro, de índole infraconstitucional, para impedir que se aperfeiçoe, em favor de parte interessada, o modo originário de aquisição de propriedade.
>
> Tendo ficado estabelecido, pelas instâncias ordinárias, que os recorrentes efetivamente preenchiam os requisitos constitucionais formais, não seria possível rejeitar, pela interpretação de normas hierarquicamente inferiores à Constituição, a pretensão que deduziram com fundamento em norma constitucional.

Os julgados destacados utilizaram a argumentação constitucional para debate de um tema específico: a exigência de observância do lote mínimo prevista na legislação municipal para fins de usucapião especial urbana, tendo em vista a regulação constitucional alegadamente exauriente a respeito do instituto. O tema da decisão, por sua vez, permite trazer a lume outra discussão, também já presente em nossos tribunais: aquela que versa sobre a incidência das causas de interrupção e suspensão do prazo de usucapião previstas no Código Civil nos casos de usucapião especial urbana. Tendo por pano de fundo a possibilidade de determinarem-se como exau-

---

7. Superior Tribunal de Justiça. Recurso Especial 1.360.017-RJ: Sistema de consulta jurisprudencial disponível em: https://processo.stj.jus.br/processo/pesquisa/?tipoPesquisa=tipoPesquisaNumeroRegistro&termo=201101499236&totalRegistrosPorPagina=40&aplicacao=processos.ea. Acesso em: 11 jul. 2021.

rientes as disposições do texto constitucional no tocante ao prazo para a aquisição da usucapião especial urbana, cumpre, destarte, investigar sobre a possibilidade de que disposições infraconstitucionais afetem tais regras, postergando o reconhecimento da aquisição da propriedade por nesta modalidade de usucapião.

4. DECISÕES SOBRE A INCIDÊNCIA DAS CAUSAS SUSPENSIVAS DO PRAZO PRESCRICIONAL NO TOCANTE À USUCAPIÃO ESPECIAL URBANA

Como cediço, as causas suspensivas da prescrição paralisam temporariamente o seu curso, sendo certo que, superado o fato suspensivo, a prescrição continua a correr, computado o tempo decorrido antes dele. No caso da interrupção do prazo prescricional, ao revés, o tempo anteriormente transcorrido não é computado. As causas de suspensão da prescrição estão arroladas nos arts. 197 a 199 do diploma civil, enquanto as de sua interrupção estão no art. 202. Finalmente, dispõe a Lei 14.406/2002, o Código Civil Brasileiro, em seu art. 1.244, que "estende-se ao possuidor o disposto quanto ao devedor acerca das causas que obstam, suspendem ou interrompem a prescrição, as quais também se aplicam à usucapião".

Não é possível, nos estreitos limites deste estudo, dissertar sobre as naturezas das causas de suspensão e interrupção dos prazos prescricionais estabelecidos pela lei civil e suas aplicações ao instituto da usucapião especial urbana. É razoável, porém, para fins de encaminhamento das discussões ora suscitadas, debater sobre um tema específico, já abordado pela jurisprudência: a fluência do prazo prescricional contra incapazes nesta modalidade de usucapião.

Para tanto, colacionam-se duas decisões de importantes cortes de nosso país: os Tribunais de Justiça de São Paulo e de Minas Gerais. Inicialmente o julgado paulista[8]:

> Apelação cível. Usucapião especial urbana. Sentença de procedência. Irresignação das herdeiras contestantes. *Não corre o prazo da prescrição aquisitiva contra os absolutamente incapazes.* Inteligência dos art. 198, I e art. 1.244 do CC. Fluência do prazo apenas a partir de julho/2007, quando a mais nova das herdeiras deixou a incapacidade absoluta, tornando-se menor púbere. (...) Exegese do art. 183 da Constituição Federal e 1.240 do Código Civil. (TJSP; Apelação Cível 1004258-45.2014.8.26.0196; Relator (a): Rodolfo Pellizari; Órgão Julgador: 5ª Câmara de Direito Privado; Foro de Franca – 4ª Vara Cível; Data do Julgamento: 18.01.2021; Data de Registro: 18.01.2021).

O julgado da Corte Bandeirante é taxativo ao determinar que, mesmo no caso da usucapião especial urbana, o prazo de suspensão da prescrição não corre contra absolutamente incapazes. Utiliza, como fundamento de sua decisão, o art. 198, inc. I do Código Civil (suspensão do prazo prescricional contra os menores de dezesseis anos, nos termos previstos no art. 3º daquele diploma[9]) e o art. 1240 do mesmo

---

8. São Paulo, Tribunal de Justiça. Apelação cível 1004258-45.2014.8.26.0196. Sistema de consulta jurisprudencial disponível em: https://bityli.com/yo8d3. Acesso em: 11 jul. 2021.

9. Art. 198. Também não corre a prescrição: I – contra os incapazes de que trata o art. 3º; II – contra os ausentes do País em serviço público da União, dos Estados ou dos Municípios; III – contra os que se acharem servindo nas Forças Armadas, em tempo de guerra.

diploma, que trata da usucapião especial urbana em moldes semelhantes ao texto constitucional. Não é diferente a intelecção do tema dada pela Corte Mineira[10]:

> Ementa: Apelação cível – Ação de usucapião especial urbano – Art. 183, CF/88 – Área superior ao limite constitucional – Suspensão do prazo prescricional – Incapacidade – Lapso temporal não transcorrido – Impossibilidade do pedido – Recurso improvido. – Aquele que possuir como sua área urbana de até duzentos e cinquenta metros quadrados, por cinco anos, ininterruptamente e sem oposição, utilizando-a para sua moradia ou de sua família, adquirir-lhe-á o domínio, desde que não seja proprietário de outro imóvel urbano ou rural. – Imóveis com área superior ao limite constitucional não podem configurar objeto de Ação de Usucapião Especial Urbana por violarem um dos requisitos previstos na norma. – A contagem de prazo para fins de usucapião fica suspensa durante todo o período de incapacidade do proprietário do imóvel. Desta forma, este lapso temporal não poderá ser adicionado ao tempo de posse "ad usucapionem". – Sendo a posse do autor mansa, pacífica e ininterrupta por período de tempo inferior ao que requer a norma constitucional, não há o que se falar em usucapião do imóvel. – Recurso improvido. Apelação Cível 1.0702.16.007015-8/001 – Comarca De Uberlândia – Apelante(S): João Batista de Oliveira – Apelado(A)(S): José Carlos Rodrigues e Outro(A)(S), Solange Naves De Souza Lana Rhoades.

Neste julgado, o Tribunal de Justiça de Minas Gerais parte diretamente do texto constitucional para afirmar que, em função da incidência da causa interruptiva da prescrição, não houve o cômputo do prazo quinquenal para a aquisição da propriedade imobiliária urbana pelos autores da ação.

As duas decisões trazem aspectos em comum, destacando-se o fato de ambas colacionarem dispositivos infraconstitucionais que determinam a suspensão do prazo prescricional para declarar não atendidos os requisitos para a conformação do direito referente à usucapião urbana especial, em aparente contradição com a tese de Repercussão Geral fixada no Recurso Extraordinário 422.349-RS.

5. OS REFLEXOS DA TESE DE REPERCUSSÃO GERAL FIXADA NO RECURSO EXTRAORDINÁRIO 422.349-RS EM CASOS COM FUNDAMENTOS CONSTITUCIONAIS SEMELHANTES: A REGULAÇÃO EXAURIENTE DO TEMA DA USUCAPIÃO ESPECIAL URBANA NA CONSTITUIÇÃO FEDERAL

Para a abordagem inicial deste tópico, é preciso relembrar que a decisão do Supremo Tribunal Federal versou especificamente sobre norma de competência municipal (a dimensão mínima do lote urbano). A competência deste ente federativo para legislar sobre o tema é prevista nos arts. 30, inc. VII e 182 da Constituição Federal, sendo oponível a qualquer outro ente federado.

Pois bem. Como cediço, o controle de constitucionalidade das normas municipais junto ao Supremo Tribunal Federal é realizado ordinariamente no julgamento de casos concretos, com validade *inter partes*, no exercício do denominado "controle

---

10. Minas Gerais, Tribunal de Justiça. Apelação cível 1.0702.16.007015-8/001. Sistema de consulta jurisprudencial disponível em: https://bityli.com/xxUaC. Acesso em: 11 jul. 2021.

difuso de constitucionalidade" – não compete ao Pretório Excelso, em regra, analisar a contrariedade abstrata de legislação municipal frente ao texto da Constituição Federal. Em nosso sistema jurídico, a forma de promover a generalização do conteúdo de tais decisões – em que o pedido não é especificamente o tema constitucional (a questão constitucional é, tecnicamente, incidental) – é o instrumento jurídico-processual da Repercussão Geral.

A Repercussão Geral é um instrumento processual inserido na Constituição Federal de 1988, por meio da Emenda Constitucional 45, conhecida como a "Reforma do Judiciário". O objetivo desta ferramenta é possibilitar que a Suprema Corte selecione os recursos extraordinários que irá analisar, de acordo com critérios de relevância jurídica, política, social ou econômica, em mais uma tentativa de diminuir o número de feitos colocados sob sua apreciação e gerar eficiência na prestação jurisdicional.

Em julgamentos em que é manobrado o instrumento da Repercussão Geral, o tribunal decidirá primeiramente a respeito do assunto constitucional que teve a repercussão geral reconhecida, não se limitando aos fundamentos expostos na peça recursal sob análise. Concluído o julgamento, a tese formulada será aplicada de forma vinculante aos demais tribunais, consubstanciando o entendimento alcançado para resolver o processo individual uma verdadeira norma de barreira à atuação dos tribunais inferiores: uma vez decidido pelo tribunal de 2º grau de forma consoante a tese aprovada, não se admitirá o ajuizamento de recurso extraordinário, cabendo, ainda, utilização da ação de "reclamação" contra a decisão do tribunal de 2º grau que desrespeitar o pronunciamento do Supremo Tribunal Federal, desde que exaurida a instância ordinária. O instrumento da Repercussão Geral é, verifica-se, uma das facetas da denominada "abstrativização" do controle difuso de constitucionalidade, que permite a ampliação dos efeitos dos julgamentos de casos concretos sem que haja a necessidade de atuação do Senado nos termos do art. 52, inc. X da Constituição Federal.

Esclarecidos estes pontos, cabe novamente deitar os olhos na decisão proferida no Recurso Extraordinário 422.349-RS. No aresto, a tese fixada como de Repercussão Geral foi a seguinte: "preenchidos os requisitos do art. 183 da Constituição Federal, o reconhecimento do direito à usucapião especial urbana não pode ser obstado por legislação infraconstitucional que estabeleça módulos urbanos na respectiva área em que situado o imóvel (dimensão do lote)".

A ementa do julgado, que dá suporte à decisão sintetizada na tese fixada pela Corte, é explícita ao afirmar que "a usucapião especial urbana tem raiz constitucional e seu implemento não pode ser obstado com fundamento em norma hierarquicamente inferior ou em interpretação que afaste a eficácia do direito constitucionalmente assegurado".

Assim, em princípio, tendo em vista a necessidade de se compreender a formulação geral de tese de Repercussão Geral como a fixação de entendimento da questão constitucional especificamente considerada, é possível concluir que a usucapião urbana especial não pode ser obstada por legislação infraconstitucional não somente no caso específico previsto na tese fixada pelo C. Supremo Tribunal Federal, devendo tal regra de interpretação ser aplicada a casos semelhantes, na medida da compatibilidade do tema tratado *in concreto.*

Tal conclusão, por evidente, não pode acarretar o reconhecimento da inconstitucionalidade dos dispositivos da lei civil comentados retro em face da Constituição Federal.

Há que se constituir, isto sim, uma interpretação conforme do Código Civil, reconhecendo-se, nas hipóteses de usucapião especial urbana, a não incidência da determinação de suspensão do prazo prescricional em face de incapazes, haja vista o regramento exauriente do tema trazido na Constituição Federal. Laborar em sentido contrário significa, nos termos estabelecidos pelo Supremo Tribunal Federal, negar vigência ao texto constitucional, rompendo-se o dever de compatibilidade vertical da legislação ordinária frente à Constituição Federal.

6. CONCLUSÃO

A ementa do julgado do Recurso Extraordinário 422.349-RS, que dá suporte à decisão sintetizada na tese fixada pela Corte, é explícita ao afirmar que "a usucapião especial urbana tem raiz constitucional e seu implemento não pode ser obstado com fundamento em norma hierarquicamente inferior ou em interpretação que afaste a eficácia do direito constitucionalmente assegurado". O julgado, já em um primeiro olhar, permite constatar a peculiar constituição do subsistema jurídico-urbanístico brasileiro, que estabelece um diálogo imediato entre a Constituição Federal e a legislação dos municípios, dispensando, em muitos casos, a intermediação das constituições estaduais.

Especificamente no tocante ao tema da usucapião especial urbana, a decisão do Supremo Tribunal Federal no RE 422.349-RS tem um efeito mínimo que pode e deve ser reconhecido: o de que, em termos de regulação sobre o tema, o texto constitucional é exauriente. Desta forma, como afirmado, independentemente de quaisquer outras leituras possíveis a partir da decisão do Pretório Excelso, inclusive no tocante às demais causas suspensivas do prazo prescricional, parece ser lícito afirmar que as decisões colacionadas sobre o tema da usucapião especial urbana dos tribunais de São Paulo e Minas Gerais parecem laborar em sentido contrário à orientação do Supremo Tribunal Federal. Com efeito, ao determinar expressamente a incidência de dispositivos do Código Civil para concluir que não houve a constituição do direito dos interessados, as duas cortes integraram os elementos de formação do instituto da usucapião especial urbana em desacordo com o fixado pelo Pretório Excelso.

Revela-se, assim, a normatividade exauriente de determinados temas de direito urbanístico pela Carta Magna. O tema merece reflexão e aprofundamento, especialmente em razão de possibilidades de aplicação desta premissa em questões ainda não debatidas de forma mais detida por nossa doutrina e jurisprudência, tais como a possibilidade controle material da legislação urbanística em face dos planos diretores dos municípios, e o limite normativo das disposições gerais de direito urbanístico a serem editadas pela União. Representa desde já, contudo, a reafirmação do caráter normativo da Constituição Federal, e de sua importância na conformação e leitura do subsistema jurídico de direito urbanístico.

7. REFERÊNCIAS

APPARECIDO JUNIOR, Jose Antonio. *Direito Urbanístico Aplicado*. Curitiba: Juruá, 2018.

BARROSO, Luís Roberto. *Curso de Direito Constitucional Contemporâneo*. 5. ed. São Paulo: Saraiva, 2015.

CARVALHO FILHO, José dos Santos. *Comentários ao Estatuto da Cidade*. 5. ed. São Paulo: Atlas, 2013.

CARVALHO PINTO, Victor. *Direito Urbanístico*: plano diretor e direito de propriedade. 4. ed. rev. atual. e ampl. São Paulo: Ed. RT, 2014.

DALLARI, Adilson Abreu; FERRAZ, Sérgio. *Estatuto da Cidade* (Comentários à Lei 10.257/2001). São Paulo: Malheiros, 2014.

PEREIRA, Caio Mário da Silva. *Instituições de direito civil*. 19. ed. Rio de Janeiro: Forense, 2005. v. 4.

RIBEIRO, Benedito Silvério. *Tratado de Usucapião*. São Paulo: Saraiva, 2008.

SILVA, José Afonso da. *Direito urbanístico brasileiro*. 4. ed., rev. e atual. São Paulo: Malheiros Ed., 2006.

SOTTO, Debora. *Mais-valia urbanística e desenvolvimento urbano sustentável*: uma análise jurídica. Rio de Janeiro: Lumen Juris, 2016.

Sites

BRASIL. SUPREMO TRIBUNAL FEDERAL. Recurso Extraordinário 422.349-RS, Rel. Min. Dias Toffoli. Sistema de consulta jurisprudencial disponível em https://jurisprudencia.stf.jus.br/pages/search/sjur313906/false. Acesso em: 14 abr. 2021.

BRASIL. SUPERIOR TRIBUNAL DE JUSTIÇA. Recurso Especial 1.360.017-RJ: Sistema de consulta jurisprudencial disponível em: https://processo.stj.jus.br/processo/pesquisa/?tipoPesquisa=tipoPesquisaNumeroRegistro&termo=201101499236&totalRegistrosPorPagina=40&aplicacao=processos. ea. Acesso em 11 julho 2021.

MINAS GERAIS, Tribunal de Justiça. Apelação cível. 1.0702.16.007015-8/001. Sistema de consulta jurisprudencial disponível em: https://bityli.com/xxUaC. Acesso em: 11 jul. 2021.

RIO GRANDE DO SUL, Tribunal de Justiça. Apelação Cível 70006658702 Sistema de consulta jurisprudencial disponível em: https://www.tjrs.jus.br/novo/busca/?tipoConsulta=por_processo&return=proc&client=wp_index&combo_comarca=700&comarca=&numero_processo=70006658702&numero_processo_desktop=70006658702&CNJ=N&comarca=&nome_comarca=&uf_OAB=&OAB=&comarca=&nome_comarca=&nome_parte. Acesso em: 11 jul. 2021.

SÃO PAULO, Tribunal de Justiça. Apelação cível. 1004258-45.2014.8.26.0196. Sistema de consulta jurisprudencial disponível em: https://bityli.com/yo8d3. Acesso em: 11 julho 2021.

CONFLITOS POSSESSÓRIOS E INSEGURANÇA JURÍDICA

Domicio Whately Pacheco e Silva

Mestre em direito civil pela PUC/SP. Juiz de direito no Estado de São Paulo.

Gilberto Azevedo de Moraes Costa

Mestre em direito civil pela PUC/SP e em direito processual penal pela USP. Juiz de direito no Estado de São Paulo.

Sumário: 1. Introdução – 2. Análise de precedente: os fundamentos do acórdão proferido na apelação 0012028-28.1995.8.26.0405, do Tribunal de Justiça do Estado de São Paulo – 3. Crítica aos fundamentos adotados no precedente – 4. Conclusão – 5. Referências.

1. INTRODUÇÃO

Enfrenta-se situação de extrema desigualdade social no Brasil, e isso desencadeia um sem-número de controvérsias relacionadas à moradia e à produtividade de bens imóveis. Invasões coletivas de áreas urbanas e rurais são fenômenos frequentes. Indivíduos carentes, organizados em grupos, assenhoram-se de terrenos ou prédios urbanos, para fins de moradia;[1] surgem, então, favelas e cortiços. Famílias de camponeses, com suas barracas e instrumentos de trabalho agrícola, instalam-se em áreas rurais, produtivas ou não.

Embora sejam muito corriqueiros nos escaninhos forenses, os conflitos possessórios nem sempre recebem soluções uniformes. Em grande medida, essa insegurança está relacionada à desmesurada euforia da doutrina e da jurisprudência com a chamada *constitucionalização do direito civil*, com suas normas vagas, fluidas e incertas, mas sobretudo sedutoras, como, p. ex., a dignidade da pessoa humana, a função social e o direito à moradia.

Afirmava-se, outrora, que os juízes eram apenas a boca que pronunciava as palavras da lei – seres inanimados que não lhe podiam moderar nem a força, nem o rigor.[2]

---

1. Às vezes, o que buscam é a criação de um fato político, apto a desencadear consequências de natureza também política, mais especificamente a da sensibilização dos governantes no sentido de implantar políticas públicas que privilegiem o acesso à moradia, à terra e à reforma agrária. Cf. ZAVASCKI, Teori Albino. A tutela da posse na Constituição e no projeto do novo Código Civil. In: MARTINS-COSTA, Judith (Org.). *A reconstrução do direito privado*. São Paulo: Ed. RT, 2002, p. 858.
2. MONTESQUIEU, Charles de Secondat, Baron de. *O espírito das leis*: as formas de governo, a federação, a divisão dos poderes, presidencialismo *versus* parlamentarismo. Intr., trad. e notas de Pedro Vieira Mota. 6. ed. São Paulo: Saraiva, 1999, p. 178.

Até o final do século passado, predominava na doutrina pátria a visão positivista do direito, que, em síntese, conferia à legislação a utópica incumbência de, previamente, com a máxima precisão possível, regular todas as situações sociais imagináveis, sem que nenhuma margem de ação fosse deixada à criatividade do julgador.

Hoje, porém, a civilística e a jurisprudência tendem a abandonar a rigidez das regras, aplicáveis por meio de mera subsunção. Surge, nesse contexto, a *função social*, a proporcionar, ao lado de outras figuras similares, maior abertura do subsistema de direito privado. Ganham relevância os *fins* a que se destina o direito – aqueles fins inalcançáveis por outras formas de controle social.[3] Busca-se, em última análise, a *justiça*, em detrimento da *segurança jurídica*.[4]

No ordenamento jurídico brasileiro, a função social, a depender da específica estrutura normativa adotada, figura como princípio constitucional, como cláusula geral e como termo (ou conceito jurídico) indeterminado. Sempre está em conexão com certas instituições (propriedade rural e urbana, posse, empresa pública e privada, serviço de interesse coletivo e contrato).

Não se trata de mero *enfeite* dos textos legais, dado o seu caráter normativo. Ocorre que essa norma tende a ser adotada, na prática, como se fosse *solução mágica*, isto é, como se permitisse a composição dos conflitos relacionados à posse e à propriedade de acordo com as preferências ideológicas de cada julgador – muitas vezes, ao arrepio das regras positivadas. Afinal, até pela sua própria natureza, não se pode delimitar o alcance e a extensão de normas tão vagas quanto a função social.[5]

Como não foi eleito pelo povo, não compete ao juiz – a quem não se conferiu *discricionariedade* para interpretar e aplicar as normas –,[6] representar os integrantes de tal ou qual camada da sociedade, com a qual melhor se identificar.[7] Embora alguns

---

3. BOBBIO, Norberto. *Da estrutura à função*: novos estudos de teoria do direito. Trad. Daniela Beccaccia Versiani. Barueri: Manole, 2007, p. 57.
4. Há autores que criticam essa visão. Nesse sentido, cf. ASCENSÃO, José de Oliveira. *Direito civil*: teoria geral, 3. ed. São Paulo: Saraiva, 2010, v. 1: introdução: as pessoas: os bens, p. 25; RODRIGUES JUNIOR, Otavio Luiz. Estatuto epistemológico do direito civil contemporâneo na tradição de *civil law* em face do neoconstitucionalismo e dos princípios. *O direito*. Lisboa: Almedina, v. 143, II, 2011, p. 48. Em outro extremo, Evgeni Pachukanis entende que "a afirmação de Duguit, de que o proprietário será defendido somente no caso de ele cumprir a obrigação social, nessa forma tão geral, não tem sentido. Para o Estado burguês, ela é hipócrita; para o Estado proletário, ela é uma dissimulação dos fatos" (*A teoria Geral do direito e o marxismo*. Trad. Lucas Simone. São Paulo: Sundermann, 2017, p. 126).
5. Apesar disso, a expressão "função social" é mencionada, hoje, em nada menos do que 111.564 julgados de segundo grau do Tribunal de Justiça do Estado de São Paulo, conforme pesquisa realizada por meio de: https://esaj.tjsp.jus.br/cjsg/consultaCompleta.do. Acesso em: 12 ago. 2021.
6. Nesse sentido: "[...] mesmo nos casos difíceis, é razoável dizer que o processo tem por finalidade descobrir, e não inventar, os direitos das partes interessadas e que a justificação política do processo depende da validade dessa caracterização" (DWORKIN, Ronald. *Levando os direitos a sério*. Trad. Nelson Boeira. São Paulo: Martins Fontes, 2002, p. 430).
7. Maurice Hauriou observa que "hoy tenemos la conciencia de que el juez no debe tener ningún poder político y de que debe encerrarse en lo contencioso, e lo que es lo mismo, que no debe interponerse en la marcha de los poderes políticos cuando crean el Derecho, sino que únicamente puede negarse a aplicar a la resolución de los litigios el Derecho creado por estos poderes. El gran defecto del sistema americano es que, tal como se encuentra organizado, hace del juez un poder político y somete a los Estados Unidos al

entendam que o ordenamento jurídico retrataria as forças econômicas dominantes,[8] e que por isso precisaria ser modificado (ou de certo modo combatido), para que se conseguisse alcançar o ideal de justiça, ou mesmo, no limite, que mereceria ser extinto o próprio direito privado,[9] esse debate, definitivamente, extrapola o papel da jurisdição[10] e da própria ciência do direito, que evolui vagarosamente e não se destina a, mediante revoluções, alterar a distribuição das riquezas.

Parece imprescindível, pois, estimular o debate sobre a densificação normativa do princípio da função social e fomentar a observância das regras,[11] com o escopo de que possam ser solucionados, com maior previsibilidade – logo, com maior segurança jurídica –, os conflitos possessórios que grassam no país.

2. ANÁLISE DE PRECEDENTE: OS FUNDAMENTOS DO ACÓRDÃO PROFERIDO NA APELAÇÃO 0012028-28.1995.8.26.0405, DO TRIBUNAL DE JUSTIÇA DO ESTADO DE SÃO PAULO

Em atenção à metodologia empregada no presente estudo, examinaremos os fundamentos de acórdão oriundo da 23ª Câmara de Direito Privado do Tribunal de Justiça do Estado de São Paulo, datado de 9 de outubro de 2019, proferido nos autos da apelação 0012028-28.1995.8.26.0405, da Comarca de Osasco.

Discutia-se a reintegração de posse de imóvel urbano, invadido por grande número de pessoas não identificadas, que, ao longo de cerca de vinte anos de tramitação do processo, realizaram edificações no terreno, onde passaram a residir.

Em primeiro grau, vários anos depois da audiência de justificação e da ordem de reintegração de posse, julgou-se extinto o processo, sem resolução de mérito, pela perda superveniente do interesse processual. Pugnavam os recorrentes, em sua apelação, pela

---

gobierno de los jueces, porque ha llegado en la práctica a detener al poder legislativo en su misma función creadora de Derecho" (*Principios de derecho público y constitucional*. Trad. Carlos Ruiz del Castillo. Madrid: Reus, 1927, p. 337).

8. Karl Schmitt anota que "la moderna Constitución del Estado burgués de Derecho se corresponde en sus principios con el ideal de Constitución del individualismo burgués, y tanto que se suelen equiparar estos principios a Constitución y atribuir el mismo significado a las expresiones 'Estado constitucional' y 'Estado burgués de Derecho'" (*Teoría de la Constitución*. Madrid: Revista de Derecho Privado, 1934, p. 145).

9. Evgeni Pachukanis prega o fim do direito privado. Afirma, a respeito, que "as disputas jurídicas da doutrina sobre o significado do erro ou a repartição do ônus da prova em nada diferem dessas mesmas disputas diante do tribunal. A diferença aqui não é maior do que aquela que existia entre os torneiros de cavalaria e as guerras feudais. Os primeiros, como se sabe, eram conduzidos às vezes com um furor extremamente grande e não exigiam um dispêndio menor de energia e menos vítimas que as escaramuças verdadeiras. Só a substituição da economia individualista pela produção e distribuição social planificadas colocará um fim a esse gasto improdutivo de forças intelectuais humanas" (*A teoria Geral do direito e o marxismo*. Trad. Lucas Simone. São Paulo: Sundermann, 2017, p. 172).

10. Consoante Otávio Luiz Rodrigues Junior: "Na raiz de todos os problemas acima descritos, está essa distorção, que, a cada dia, com o silêncio de muitos civilistas, faz com que o Direito Privado assuma culpas históricas que não lhe pertencem e adote métodos e princípios que não se coadunam com seus fins" (Estatuto epistemológico do direito civil contemporâneo na tradição de *civil law* em face do neoconstitucionalismo e dos princípios. *O direito*. Lisboa: Almedina, 2011, v. 143, II, p. 64).

11. Naturalmente, o respeito às regras válidas, quando não houver, p. ex., vício de inconstitucionalidade.

declaração de nulidade da sentença, quer por não enfrentar todos os fundamentos em debate, quer porque teria desrespeitado os limites objetivos da demanda.

Após rechaçar a preliminar de nulidade, o relator reconheceu que os autores eram realmente os proprietários do terreno invadido, no qual terceiros construíram barracos de madeira, cujas paredes, pouco a pouco, foram substituídas por equivalentes de alvenaria. Mencionou as tentativas de citação e de regularização do polo passivo, a realização de mais de uma perícia para apuração da área invadida, os recursos interpostos, as contestações, as manifestações do Ministério Público e do Município de Osasco etc.

Entendeu o relator, entretanto, que houve "consolidação desse estado de coisas, de forma que assim, à evidência, era passada a ideia de que se estava a caminho a regularização da ocupação". A excessiva morosidade, a seu ver, então, teria gerado "expectativas alvissareiras para os ocupantes". Acrescentou que, no local, estavam instalados "todos os equipamentos urbanos convencionais, [...] sem faltar também a prestação de serviços de fornecimento de água e de coleta de esgoto, de energia elétrica, de coleta de lixo e de telefone", afora as "linhas de ônibus e [o fato de que] as vias de circulação contam com iluminação pública".

Apesar de declarar que os autores "mantinham na área como um todo caseiro para zelar e vigiá-la, e tão logo houve a invasão cuidaram de delatar o fato à autoridade policial" – houve mesmo, então, "ofensa à propriedade alheia", que "não podia ser considerada ociosa" –, concluiu o desembargador que "deve prevalecer o direito à moradia sobre o direito de propriedade", visto que "a coisa está ocupada por muitas famílias, há casas de alvenaria, vias públicas, comércio e fornecimento de utilidades públicas". A seu ver, embora tenham ajuizado, sem delongas, a ação de reintegração de posse, os autores tardaram a promover a execução da ordem, "e, após isso, a própria administração da Justiça e outros órgãos públicos em muito concorreram para o transcurso de duas décadas sem uma solução definitiva para o caso".

Ressaltou, em seguida, que a execução da ordem de reintegração de posse demandaria operação complexa, pois seria "necessária a remoção de todas as edificações sobre a área de terras objeto da ação sob exame, o que quer dizer que, mais cedo ou mais tarde, terá o município de Osasco de levar avante o decreto de declaração de utilidade pública dita área e assim desapropriá-la".

Atribuiu ao Município de Osasco a responsabilidade por indenizar os autores, "em razão da desapropriação indireta", pois teria implantado "equipamentos urbanos, ou mesmo tolerados os que se davam de forma clandestina". Lamentou que a solução fosse "penosa para os autores", mas asseverou que, "nas circunstâncias, é mais salutar a um número maior de pessoas", a quem "se deve garantir o direito de morar, direito esse que tem preeminência sobre o direito de propriedade do dono da coisa ocupada".

Ao longo da fundamentação, constam citações dos pensamentos de Luís Roberto Barroso, Cristiano Chaves de Farias, Nelson Rosenvald e Fábio Konder Comparato,

CONFLITOS POSSESSÓRIOS E INSEGURANÇA JURÍDICA **375**

acompanhados de trechos extraídos de outros precedentes do Tribunal de Justiça do Estado de São Paulo.

3. CRÍTICA AOS FUNDAMENTOS ADOTADOS NO PRECEDENTE

Em síntese, o conflito tratado no mencionado julgado travou-se entre os proprietários do imóvel e aqueles que, por meio de esbulho, se tornaram os respectivos possuidores. Seria descabido, aqui, por extrapolar a finalidade do estudo que nos foi proposto, apresentar conceitos doutrinários sobre a *propriedade* (v. artigo 1.228 do Código Civil) ou debater as intermináveis controvérsias acerca da natureza jurídica da *posse* – ou seja, se se cuida de mero *fato* ou se é *direito* (*real* ou *pessoal*).

Basta observar que as instituições estão diretamente imbricadas, a ponto de, à luz do artigo 1.196 do Código Civil, se depreender que a posse é o *exercício* de fato, pleno ou não, de algum dos poderes inerentes à *propriedade*; logo, possuidor seria aquele que, à vista de todos, agisse como agiria o proprietário em relação àquilo que é seu, assim como se comportam o locatário, em relação à coisa alugada, e o comodatário, quanto à que lhe foi emprestada.

A aludida decisão, favorável aos invasores, baseou-se na garantia do "direito de morar, direito esse que tem preeminência sobre o direito de propriedade do dono da coisa ocupada, particularmente se esse bem não estava cumprindo sua função social e se foi esse mesmo dono o responsável direto para que se instalasse um quadro de tumulto processual que consumiu duas décadas para se tentar solucionar".

Em outras palavras, pareceu entender o julgador que o *direito à moradia* sempre prevalecerá, se estiver em conflito com o *direito de propriedade*; notadamente, quando houver descumprimento da *função social* e se verificar a *morosidade no cumprimento da ordem de reintegração de posse*.

Ainda que sejam muito sedutores esses fundamentos, porque prestigiam pessoas desprovidas do mínimo necessário a uma vida digna, a verdade é que não se instaurou verdadeiro conflito entre o direito à moradia e o direito à propriedade, ambos de estatura constitucional (artigos 5º, *caput*, e 6º, da Constituição da República). Com efeito, os proprietários não estavam obrigados a fornecer moradia aos invasores, enquanto estes tinham o inegável dever de não violar a propriedade alheia – *esbulho possessório*, aliás, constitui crime tipificado no artigo 161, II e § 3º, do Código Penal.

Há nada menos do que doze menções expressas à *função social*, ao longo das trinta e quatro laudas ocupadas pelo voto condutor. Todavia, não chegaram a ser apresentados os fundamentos pelos quais se entendeu que o imóvel não cumpria, antes de ser invadido, a sua função social. Na verdade, reconheceu-se que não havia controvérsia acerca da titularidade do domínio nem sobre o efetivo exercício da posse pelos proprietários, que, no momento da invasão, mantinham caseiro para zelar pela área; admitiu-se que, tão logo constatada a invasão, o fato foi noticiado à autoridade policial; qualificou-se a invasão como "ato de ofensa à propriedade alheia"; declarou-se que a propriedade não podia ser considerada ociosa; atribuiu-se à administração da justiça e a outros órgãos públicos o não cumprimento, após duas décadas, da ordem de reintegração de posse. Mas se negou aos proprietários o direito de reaver a coisa daqueles que injustamente a possuíam, ao arrepio do que estabelece o artigo 1.228, *caput*, do Código Civil.

Não diz respeito à função social da propriedade e/ou da posse o debate sobre a conduta processual dos autores, a quem, no caso concreto, o relator atribuiu a culpa concorrente pela morosidade na remoção dos milhares de invasores e de suas casas de alvenaria. Há mecanismos, como as penas por ato atentatório à dignidade da justiça, por litigância de má-fé e a extinção por inércia ou por abandono do processo (v. artigos 77, 81 e 485, II e III, do Código de Processo Civil), que têm o propósito específico de coibir condutas processuais indesejáveis, sem interferência no debate das questões de fundo.

Afora essas imprecisões no manejo das categorias jurídicas, note-se que o mérito da demanda não chegou a ser apreciado: ao negar provimento ao recurso, chancelou-se a extinção do processo, por falta de interesse processual. Não se consegue extrair, tão só por meio da interpretação do texto do julgado, o real motivo de a pretensão dos autores ter deixado de, em tese, ser útil e necessária, mas apenas a conclusão de que eles não teriam mais o direito de reaver a coisa – na melhor das hipóteses, pelo que se asseverou *obiter dictum*, fariam jus à indenização pela desapropriação indireta do bem, a ser pleiteada em face do Município de Osasco.

Arruda Alvim, se lhe fosse dada a oportunidade de examinar os fundamentos do julgado, provavelmente sustentaria – tal como o fez em relação a acórdão similar – que a decisão é incompatível com o ordenamento brasileiro, no plano do direito infra-constitucional,[12] por desfigurar os elementos estruturais do direito de propriedade, em nome e por causa da função social. Explicaria, com razão, que a propriedade é direito fundamental, de modo que não se deveria compreender a função social como se pudesse desestruturar o direito de propriedade.[13]

Apesar das peculiaridades do julgado sob análise, não se trata de precedente isolado. Com recurso aos princípios da proporcionalidade e da dignidade da pessoa humana, p. ex., o Superior Tribunal de Justiça, em 2009, obstou o cumprimento de ordem de reintegração de posse (transitada em julgado) de área ocupada por mais de mil famílias, por entender que "o cumprimento da ordem judicial de imissão na posse, para satisfazer o interesse de uma empresa, será à custa de graves danos à esfera privada de milhares de pessoas", e que o cumprimento da ordem de deso-cupação "não acabará bem, sendo muito provável a ocorrência de vítimas fatais".[14]

---

12. ALVIM, Arruda. *Comentários ao Código Civil brasileiro*: livro introdutório ao direito das coisas e o direito civil. Rio de Janeiro: Forense, 2009, v. XI, t. I, p. 366-369.
13. ALVIM, Arruda. *Comentários ao Código Civil brasileiro*: livro introdutório ao direito das coisas e o direito civil. Rio de Janeiro: Forense, 2009, v. XI, t. I, p. 281.
14. Intervenção Federal 92/MT, rel. Min. Fernando Gonçalves, Corte Especial, j. 05.08.2009.

Em matéria de posse e propriedade, o recurso retórico a princípios constitucionais, como a dignidade da pessoa humana, o direito à moradia, o direito de acesso à propriedade, ou a postulados normativos, como o princípio da proporcionalidade, é fonte de insegurança jurídica, além de se prestar como incentivo à prática de invasões. Está correta a observação de Arruda Alvim, quando defende que, no plano dominial, a posse não prevalece em detrimento do direito de propriedade.[15]

Sob a perspectiva da análise econômica do direito, Luciano Benetti Timm e Renato Vieira Caovilla enxergam o alto risco da politização do direito ou a tentativa da dominação da racionalidade jurídica pela racionalidade política, em que a função social significaria a correção do desequilíbrio de poderes vigente na sociedade, para proporcionar, com "desapropriação às avessas", a justiça distributiva no âmbito do direito privado, a fim de neutralizar desigualdades sociais, com desprezo às consequências causadas ao sistema econômico, gerando incerteza jurídica.[16]

De fato, exige-se cautela no manejo de princípios desprovidos de densidade normativa, como o da função social, destinado, em especial, ao legislador,[17] a quem cabe fixar o que se deve entender por função social.[18] Embora não se possa desprezá-lo, parece mais adequado restringi-lo a fundamento constitucional para as regras da usucapião, da "desapropriação judicial" e da aquisição da propriedade do solo pela plantação ou construção (v. artigo 1.255, parágrafo único,[19] do Código Civil de 2002). Outro papel relevante da função social da posse seria o de solucionar conflitos possessórios em que houvesse discussão sobre a "melhor posse",[20] com aperfeiçoamento da ideia contida no artigo 507, parágrafo único,[21] do Código Civil de 1916, cujo texto não foi incorporado pelo Código Civil de 2002.[22]

---

15. ALVIM, Arruda; COUTO, Mônica Bonetti. *Comentários ao Código Civil brasileiro*: do direito das coisas (arts. 1.196 a 1.224). Rio de Janeiro: Forense, 2009, v. XI, t. II, p. 81.

16. TIMM, Luciano Benetti; CAOVILLA, Renato Vieira. Propriedade e desenvolvimento: análise pragmática da função social. In: CAMBLER, Everaldo Augusto (Org.). *Fundamentos do direito brasileiro*. Campinas: Millennium Editora, 2012, p. 214-215.

17. ALVIM, Arruda. *Comentários ao Código Civil brasileiro*: livro introdutório ao direito das coisas e o direito civil. Rio de Janeiro: Forense, 2009, v. XI, t. I, p. 260-261.

18. Entenda-se bem: não é necessária a existência de texto legal que traga o conceito de função social. Qualquer tentativa em tal sentido seria mal sucedida. Compete-lhe, portanto, a incumbência de editar leis que tenham como ideal (e fonte de inspiração) a ideia fluida de função social.

19. "Art. 1.255. [...] Parágrafo único. Se a construção ou a plantação exceder consideravelmente o valor do terreno, aquele que, de boa-fé, plantou ou edificou, adquirirá a propriedade do solo, mediante pagamento da indenização fixada judicialmente, se não houver acordo".

20. Nesse sentido, cf. FERNANDES JÚNIOR, João Gilberto Belvel. Funcionalização da posse e do *ius possessionis*: do novo sentido do *quieta non movere!* ao manejo abusivo das ações possessórias. *Revista de Direito Privado*. v. 72, p. 123. São Paulo: Ed. RT, dez. 2016.

21. Art. 507. [...] Parágrafo único. Entende-se melhor a posse que se fundar em justo título; na falta de título, ou sendo os títulos iguais, a mais antiga; se da mesma data, a posse atual. Mas, se todas forem duvidosas, será sequestrada a coisa, enquanto se não apurar a quem toque.

22. Consoante o Enunciado n. 239, da III Jornada de Direito Civil, promovida pelo Centro de Estudos Judiciários do Conselho da Justiça Federal: "Na falta de demonstração inequívoca de posse que atenda à função social, deve-se utilizar a noção de 'melhor posse', com base nos critérios previstos no parágrafo único do art. 507 do Código Civil/1916".

Se fossem adotadas semelhantes restrições, afastar-se-ia da função social da posse o papel de norma para solucionar todo e qualquer conflito possessório, como se fosse uma eterna carta na manga do intérprete. Em última análise, evitar-se-ia a discricionariedade excessiva do julgador – sempre tendente a encontrar solução mais compatível com suas inclinações ideológicas –, além de proporcionar maior previsibilidade aos julgados, o que, consequentemente, se prestaria a fortalecer a segurança jurídica.[23]

O chamado ativismo judicial não contribui para pôr fim aos conflitos. Afrontas ao direito posto, por quem assumiu a incumbência de observá-lo, demonstra a rebeldia do não rebelde. Recusar a reintegração de posse ao proprietário que preenche todos os requisitos para ter seu pedido atendido, ao fundamento de que prevalece o direito à moradia e a função social, configura comportamento afrontoso e contraditório.

4. CONCLUSÃO

É possível, diante da análise acima realizada, concluir que a *função social*, apesar de seu caráter normativo, não existe para ser interpretada ao gosto do aplicador. Não compete ao julgador, ainda que imbuído de boas razões morais, fazendo uso de seu poder decisório, corrigir problemas sociais. Não deve se arvorar no papel do legislador e do administrador, já que, ao agir assim, provoca insegurança jurídica.

Não se está aqui a dizer que não compete ao juiz a intepretação das leis e a fixação da norma aplicável ao caso concreto. O que se pretende deixar claro é que lhe está vedado se servir de princípios, cláusulas gerais e conceitos jurídicos indeterminados ao arrepio das regras positivadas.

Compete ao legislador, em primeiro lugar, a quem se atribuiu a competência para produzir as normas jurídicas, criar os mecanismos concretizadores da ideia subjacente à função social. Mediante debate e discussões de propostas, o parlamento, na qualidade de representante dos diversos grupos sociais muitas vezes antagônicos, conseguirá tornar densificar a função social de forma mais eficiente, por meio de regras.

Como princípio, a função social desempenha o seu mister quando são criadas, p. ex., regras que reduzem o prazo para a usucapião; quando se permite àquele que cultiva a terra com a sua força de trabalho que se torne, com mais celeridade, o proprietário daquela parcela do solo.

Há, ainda, que considerar o papel do Poder Executivo. Por meio de políticas públicas, tem a possibilidade garantir moradia às pessoas desprovidas de recursos materiais. E isso já ocorre, ainda que não haja a eficiência necessária, p. ex., com a construção de casas populares, com o pagamento de aluguel social etc.

---

23. Nesse sentido, cf. TAMAKI, Luiz Henrique. Função social da posse. *Revista dos Tribunais*, v. 956, p. 75. São Paulo: Ed. RT, jun. 2015.

5. REFERÊNCIAS

ALVIM, Arruda. *Comentários ao Código Civil brasileiro*: livro introdutório ao direito das coisas e o direito civil. Rio de Janeiro: Forense, 2009, v. XI, t. I.

ALVIM, Arruda; COUTO, Mônica Bonetti. *Comentários ao Código Civil brasileiro*: do direito das coisas (arts. 1.196 a 1.224). Rio de Janeiro: Forense, 2009, v. XI, t. II.

ASCENSÃO, José de Oliveira. *Direito civil*: teoria geral 3. ed. São Paulo: Saraiva, 2010. v. 1: introdução: as pessoas: os bens.

BOBBIO, Norberto. *Da estrutura à função*: novos estudos de teoria do direito. Trad. Daniela Beccaccia Versiani. Barueri: Manole, 2007.

DWORKIN, Ronald. *Levando os direitos a sério*. Trad. Nelson Boeira. São Paulo: Martins Fontes, 2002.

FERNANDES JÚNIOR, João Gilberto Belvel. Funcionalização da posse e do *ius possessionis*: do novo sentido do *quieta non movere!* ao manejo abusivo das ações possessórias. *Revista de Direito Privado*. v. 72,. São Paulo: Ed. RT, dez. 2016.

HAURIOU, Maurice. *Principios de derecho público y constitucional*. Trad. Carlos Ruiz del Castillo. Madrid: Reus, 1927.

MONTESQUIEU, Charles de Secondat, Baron de. *O espírito das leis*: as formas de governo, a federação, a divisão dos poderes, presidencialismo *versus* parlamentarismo. Intr., trad. e notas de Pedro Vieira Mota. 6. ed. São Paulo: Saraiva, 1999.

PACHUKANIS, Evgeni. *A teoria Geral do direito e o marxismo*. Trad. Lucas Simone. São Paulo: Sundermann, 2017.

RODRIGUES JUNIOR, Otávio Luiz. Estatuto epistemológico do direito civil contemporâneo na tradição de *civil law* em face do neoconstitucionalismo e dos princípios. *O direito*. Lisboa: Almedina, 2011. v. 143, II.

SCHMITT, Karl. *Teoría de la Constitución*. Madrid: Revista de Derecho Privado, 1934.

TAMAKI, Luiz Henrique. Função social da posse. *Revista dos Tribunais*. v. 956. São Paulo: Ed. RT, jun. 2015.

TIMM, Luciano Benetti; CAOVILLA, Renato Vieira. Propriedade e desenvolvimento: análise pragmática da função social. In: CAMBLER, Everaldo Augusto (Org.). *Fundamentos do direito brasileiro*. Campinas: Millennium Editora, 2012.

ZAVASCKI, Teori Albino. A tutela da posse na Constituição e no projeto do novo Código Civil. In: MARTINS-COSTA, Judith (Org.). *A reconstrução do direito privado*. São Paulo: Ed. RT, 2002.

PRINCÍPIO DA PROTEÇÃO À CONFIANÇA NO DIREITO IMOBILIÁRIO: O CASO DA AÇÃO DISCRIMINATÓRIA DO SEGUNDO PERÍMETRO DA COMARCA DE SÃO SEBASTIÃO/SP

Estela L. Monteiro Soares de Camargo

Especialista em Direito Tributário pelo Centro de Estudos de Direito Tributário. Membro do Conselho Consultivo da IBRADIM – Instituto Brasileiro de Direito Imobiliário. Formada pela Pontifícia Universidade Católica de São Paulo, em 1980. Diretora Presidente da Mesa de Debates de Direito Imobiliário – MDDI, exercendo sua coordenação desde 1.998. Coordenadora Geral das Comissões do IBRADIM – Instituto Brasileiro de Direito Imobiliário. Advogada.

Paulo Vitor Paula Santos Zampieri

Formado pela Universidade de São Paulo – USP em 2010. Membro da Mesa de Debates de Direito Imobiliário – MDDI. Advogado.

Sumário: 1. Introdução – 2. Breve resumo da ação discriminatória e seus desdobramentos imediatos – 3. Princípio da proteção à confiança no direito imobiliário – 4. Conclusão – 5. Referências.

1. INTRODUÇÃO

Diversos proprietários e possuidores de imóveis em São Sebastião/SP foram surpreendidos em 2018, com a abertura de matrículas imobiliárias em nome do Estado de São Paulo, tendo por objeto áreas que já se encontravam matriculadas, isto é, em sobreposição a terrenos e edificações localizadas naquele Município.

As matrículas em questão foram abertas em decorrência do julgamento de ação discriminatória de terras devolutas, ajuizada pela Fazenda Estadual no ano de 1939 e que, por mais absurdo que possa parecer, somente foi encerrada após mais de 70 anos de tramitação do feito.

Durante todo esse período, enquanto a ação judicial era apreciada pelo Poder Judiciário e seguia seu trâmite, toda uma realidade foi constituída sobre a área objeto da discriminatória, sem qualquer oposição clara por parte dos órgãos públicos.

Por essa razão é que a conclusão do feito, que gerou a abertura de tais matrículas, surpreendeu os moradores da região, desafiando a lógica da segurança jurídica e o princípio da proteção à confiança: até que ponto o Poder Público pode revisar atos administrativos em detrimento de uma realidade estabelecida ao longo de décadas, pautada pela mais absoluta boa-fé e com o olhar conivente do Estado? É o que se busca analisar neste caso concreto.

2. BREVE RESUMO DA AÇÃO DISCRIMINATÓRIA E SEUS DESDOBRAMENTOS IMEDIATOS

Conforme estabelece a Lei 601, de 18 de setembro de 1850 ("Lei de Terras"), são consideradas como "terras devolutas", em linhas gerais, aquelas que: (i) não estavam destinadas ao uso público nacional, provincial ou municipal; (ii) não se achavam no domínio particular por qualquer título legítimo; (iii) não se achavam dadas por sesmarias revalidadas pela Lei de Terras; e (iv) não se achavam ocupadas por posses legitimadas pela Lei de Terras[1].

Nestes termos, para fins de caracterização da "terra devoluta", "o ponto de partida (...) será a condição desse imóvel à data da promulgação da Lei 601. Se àquela época era isento de manifestação possessória, será devoluto; caso contrário, a 'devolutividade' não se caracteriza"[2].

A Constituição Federal de 1891 atribuiu aos Estados as minas e as terras devolutas, situadas nos seus respectivos territórios. À União, por sua vez, foram reservados os terrenos de marinha e a porção do território indispensável para a defesa das fronteiras, fortificações, construções militares e estradas de ferro federais[3].

Para segregar as terras devolutas do patrimônio particular, o Poder Público faz uso da "ação discriminatória".

Foi exatamente esse o caminho trilhado pela Fazenda do Estado de São Paulo no caso concreto ora sob exame. Tendo constatado a existência de terras devolutas no Município de São Sebastião, ajuizou ação discriminatória para ter reconhecido seu direito de domínio sobre a área em questão.

Esta ação discriminatória foi ajuizada em janeiro de 1939, perante o Juízo de Direito da Comarca de São Sebastião/SP, tendo por objeto as "terras abrangidas pelo Segundo Perímetro dessa Comarca [de São Sebastião/SP]", conforme descrição e mapas que foram anexados ao pedido.

A Fazenda Estadual indicou, ainda, alguns ocupantes do tal Segundo Perímetro, mencionando diversos bairros do Município de São Sebastião, dentre os quais:

---

1. "Art. 3º São terras devolutas:

   § 1º As que não se acharem applicadas a algum uso publico nacional, provincial, ou municipal.

   § 2º As que não se acharem no dominio particular por qualquer titulo legitimo, nem forem havidas por sesmarias e outras concessões do Governo Geral ou Provincial, não incursas em commisso por falta do cumprimento das condições de medição, confirmação e cultura.

   § 3º As que não se acharem dadas por sesmarias, ou outras concessões do Governo, que, apezar de incursas em commisso, forem revalidadas por esta Lei.

   § 4º As que não se acharem occupadas por posses, que, apezar de não se fundarem em titulo legal, forem legitimadas por esta Lei."

2. SILVA, Angela. Terras Devolutas. *Revista de Direito Imobiliário*. v. 14, p. 42-82, jul./dez. 1984.

3. CAMARGO, Estela M. L. M. S. e GUAZZELLI, Amanda Salis. A Titulação dos Imóveis Rurais no Brasil: Das Sesmarias às Matrículas Georreferenciadas. *Opinião Jurídica* 7: Direito Imobiliário. 2019, p. 45-49.

PRINCÍPIO DA PROTEÇÃO À CONFIANÇA NO DIREITO IMOBILIÁRIO **383**

Maresias, Paúba, Santiago, Toque-Toque Pequeno, Toque-Toque Grande, Calhetas, dentre outros.

Em documento anexo à inicial, a Fazenda relatou que o Segundo Perímetro abrangeria "pequenos agrupamentos de casas e povoados, próximos à beira-mar". Mencionou, ainda, a existência de "pequenos sítios, com lavouras exíguas, de cereais, *e moradias toscas dos ocupantes, algumas com pequenos cercados*".

O domínio público sobre a terra devoluta em questão foi reconhecido por sentença proferida em abril de 1944[4], encerrando-se a primeira etapa da ação discriminatória.

Após a prolação da sentença, iniciou-se, então, uma complexa fase de demarcação da área pública, sendo que a descrição da terra devoluta somente foi homologada por sentença datada de 24 de janeiro de 2002, confirmada por acórdão proferido em 19 de dezembro de 2006 (apelação 1.136.901-8, da 16ª Câmara de Direito Privado do Tribunal de Justiça do Estado de São Paulo).

Como era de se esperar, a Procuradoria Estadual enfrentou dificuldades práticas para registrar a Carta de Sentença extraída dos autos da ação discriminatória em questão.

Diante da demora na efetivação do aludido registro, o Ministério Público do Estado de São Paulo instaurou, em março de 2017, o Inquérito Civil 14.0677.0000226/2017, em face da Fazenda Pública do Estado de São Paulo e da Fazenda Pública do Município de São Sebastião, para averiguar eventual omissão injustificada em não levar a registro perante o Cartório de Registro de Imóveis de São Sebastião a carta de sentença expedida na ação discriminatória.

Nos autos do referido Inquérito Civil, foi expedido o Ofício 43/2017, pela Procuradoria Geral do Estado de São Paulo[5]. Neste Ofício, a Procuradoria alerta para a instabilidade social decorrente do registro da Carta de Sentença decorrente da ação discriminatória. Reconhece, ainda, que "o perímetro devoluto em questão abrange mais de 3.300 imóveis e o registro da Carta de Sentença implicaria no cancelamento de todas as matrículas respectivas, o que viria a dificultar ainda mais a regularização das ocupações que fossem possíveis futuramente".

Ademais, a Procuradoria Geral do Estado manifesta no referido Ofício o entendimento de que o Município deveria ser o destinatário de tais áreas, "remanescendo com o Estado apenas aquelas que entender por reservar para fins de consecução dos interesses públicos sob sua responsabilidade", com base no Decreto-Lei Complementar Estadual 9, de 31 de dezembro de 1969 (hoje já revogado)[6]. A Procuradoria alerta,

---

4. A referida sentença pode ser acessada nos autos do Recurso Especial 1.322.000/SP – STJ (fls. 17 a 29).
5. Referido documento consta das fls. 74 dos autos do agravo de instrumento 2174575-60.2017.8.26.0000, que tramitaram perante a 16ª Câmara de Direito Privado do Tribunal de Justiça do Estado de São Paulo.
6. Ao que parece, a referência feita pela Procuradoria decorre do seguinte dispositivo legal do mencionado Decreto: "Artigo 60. Pertencem ao patrimônio municipal as terras devolutas que se localizem dentro do raio de oito quilômetros contados do ponto central da sede do Município, e de doze, contados da Praça da

ainda, que o terreno de marinha deveria ser identificado e, se for o caso, excluído da área da discriminatória.

Pouco tempo após a instauração do Inquérito Civil de 2017[7], a carta de sentença extraída da ação discriminatória acabou sendo registrada perante o Cartório de Registro de Imóveis de São Sebastião, tendo sido abertas matrículas para diversas glebas devolutas. Ao que se tem notícia, esse registro ocorreu em outubro de 2018[8].

Antes mesmo de tal registro, em 21 de dezembro de 2017, a Fundação Instituto de Terras do Estado de São Paulo – ITESP e o Município de São Sebastião firmaram convênio para a execução de regularização fundiária[9]. Este convênio foi prorrogado em 18 de dezembro de 2020, vigorando até 04 de julho de 2022[10].

Na mesma época, a Prefeitura de São Sebastião editou a Lei Municipal 2.511 de novembro de 2017, que dispõe sobre a regularização de posse em terras devolutas municipais.

Referida Lei estabelece que o Município: (a) considera regularizados todos os imóveis urbanos, inseridos em terras devolutas municipais regularmente transmitidas pelo Estado de São Paulo, cuja titularidade tenha sido alvo de decisão judicial em ação de usucapião com trânsito em julgado; e (b) considera passível de regularização de posse, mediante termo de consolidação de domínio, todos os imóveis com registros imobiliários inseridos em terras devolutas municipais. Ainda, nos termos da referida norma, a regularização em questão será onerosa, ressalvadas determinadas exceções[11].

Para piorar a situação, imóveis particulares que tiveram suas áreas sobrepostas àquelas objeto da ação discriminatória, receberam a seguinte anotação em suas respectivas matrículas:

> "os imóveis em nomes de particulares sobrepostos pelos registros das Terras Públicas ficarão com sua disponibilidade suspensa até que seja regularizado seu domínio pelo Estado de São Paulo ou pelo Município de São Sebastião, à exceção daqueles imóveis sobrepostos por terras devolutas transferidas ao Município de São Sebastião, que foram adquiridos por usucapião, devidamente registrada na respectiva matrícula ou transcrição, em razão de previsão expressa na Lei Municipal 2.511/2017".

Sé do Município de São Paulo. Parágrafo único – Integram, igualmente, o patrimônio municipal, as terras devolutas localizadas dentro do raio de seis quilômetros, contados do ponto central dos distritos."

7. Referido inquérito civil acabou sendo arquivado, conforme promoção de arquivamento datada de 10 de dezembro de 2018.

8. A Prefeitura Municipal de São Sebastião/SP disponibiliza em seu site o mapa com a localização e identificação das Terras Devolutas, bem como as Matrículas que teriam sido abertas em decorrência do registro da Carta de Sentença (http://www.saosebastiao.sp.gov.br/reg_fundiaria.asp).

9. O extrato do referido convênio foi publicado no *Diário Oficial do Estado de São Paulo* de 28.12.2017.

10. O extrato da prorrogação da vigência do convênio foi publicado no *Diário Oficial do Estado de São Paulo* de 28.01.2021.

11. De acordo com o art. 2º da referida Lei Municipal, a regularização de posse de interesse social será gratuita ao ocupante brasileiro, pessoa física, não proprietário de outro imóvel, que mantiver, sem oposição, posse efetiva, por prazo mínimo e ininterrupto de 5 (cinco) anos, de imóvel não superior a 250,00 m², em área passível de regularização urbanística e ambiental.

3. PRINCÍPIO DA PROTEÇÃO À CONFIANÇA NO DIREITO IMOBILIÁRIO

O que parece completamente absurdo no caso concreto é o fato de que a ação discriminatória foi ajuizada em 1939 e somente foi levada a cabo no final de 2018, quando então foi finalmente registrada a Carta de Sentença extraída dos autos da referida ação. Ou seja, foram quase 80 anos para que o Estado de São Paulo efetivamente tivesse um título da terra devoluta perante o Cartório de Registro de Imóveis local.

A realidade não teve paciência para aguardar o julgamento da ação discriminatória. Os pequenos sítios com "moradias toscas dos ocupantes" mencionados na peça inicial se transformaram em áreas amplamente ocupadas, com inúmeras casas e diversos condomínios.

Boa parte dessa ocupação foi realizada com base em títulos de propriedade devidamente registrados perante o Cartório de Registro de Imóveis, com matrículas abertas e sem qualquer apontamento a respeito da existência da ação discriminatória.

Vale dizer, enquanto a ação era lentamente conduzida perante o Poder Judiciário, o Estado de São Paulo manteve-se inerte, deixando de adotar qualquer providência para alertar o particular da existência da referida ação. O Município, por sua vez, abriu vias públicas, autorizou a construção de edificações, concedeu alvarás para instituição e especificação de condomínios.

A partir do final de 2018, entretanto, o particular se viu incrédulo diante da novidade: a área que ele acreditava ser de seu patrimônio pertence ao Poder Público e deverá ser regularizada – onerosamente, na maior parte das vezes – perante o Município de São Sebastião.

Frise-se, o mesmo Município que lhe cobra tributos sobre a propriedade, que autorizou a edificação de tantos prédios, que concedeu alvarás a diversos condomínios, agora alega que o particular deve lhe adquirir o domínio definitivo sobre a área em questão.

Não se pretende aqui avaliar a constitucionalidade ou legalidade desse tipo de regularização, vale dizer, se o procedimento de regularização proposto pelo Município observa a Constituição Federal e respeita as normas vigentes.

O foco do presente artigo é analisar a medida adotada pelo Estado e pelo Município sob o enfoque da segurança jurídica, mais especificamente, à luz do princípio da proteção à confiança.

Este princípio da proteção à confiança tem por fundamento a necessidade de se respeitar justamente a relação de confiança que o particular, de boa-fé, depositou em determinada conduta adotada pelo Poder Público ou em atos praticados pela Administração Pública. Nas palavras de Ingo Wolfgang Sarlet:

> "A segurança jurídica, na sua dimensão objetiva, exige um patamar mínimo de continuidade do (e, no nosso sentir, também no) Direito, ao passo que, na perspectiva subjetiva, significa a proteção da confiança do cidadão nesta continuidade da ordem jurídica no sentido de uma segurança individual das suas próprias posições jurídicas."[12]

Não se está aqui negando, é claro, a possibilidade de o Poder Público revisar os atos administrativos ou de tutelar seus interesses legítimos. O que se coloca em análise é que, em determinados casos, essa possibilidade de revisão está sujeita a limites. É o que Wilson Steinmetz chama de tensão entre estabilidade e flexibilidade:

> "De um lado, o interesse do particular em manter um direito, benefício ou vantagem instituído e deferido por ato normativo estatal com a aparência de legitimidade e, por isso, digno de confiança. De outro, o poder-dever do Estado de anular, revogar ou retratar atos normativos – gerais e abstratos ou individuais e concretos – antijurídicos ou que não mais se adequam às transformações do próprio Estado ou da sociedade."[13]

Como relata o Prof. Almiro do Couto e Silva, o princípio da proteção à confiança nasceu na Alemanha, fruto de construção jurisprudencial, como forma de estabelecer a preservação de atos inválidos ou nulos (ou, pelo menos, de seus efeitos), quando presente e indiscutível, a boa-fé[14].

Essa questão da preservação da boa-fé já foi analisada na Ação Cível Originária nº 79, julgada pelo Supremo Tribunal Federal – STF em março de 2012[15], exemplificando de forma bastante clara a aplicação desse princípio em matéria de direito imobiliário.

Na referida ação, a União buscava a declaração de nulidade de títulos outorgados pelo Estado do Mato Grosso, sem a necessária autorização do Senado Federal, em arrepio às exigências constitucionais.

Ao julgar a ação, o Ministro Cezar Peluso reconheceu que os títulos foram concedidos sem observar o ordenamento então vigente. Entretanto, o julgador levou em consideração que os contratos em questão haviam sido celebrados há mais de meio século e que, nesse período, toda uma realidade foi constituída: foram edificadas cidades, acessões e benfeitorias de toda ordem. E mais: os títulos de domínio foram concedidos pelo Estado do Mato Grosso (ente federado), o que "despertou nos adquirentes fundada convicção da legalidade dos negócios".

Por essa razão, aplicou-se o princípio da proteção à confiança. Nas palavras do Min. Cezar Peluso:

---

12. SARLET, Ingo Wolfgang. A Eficácia do Direito Fundamental à Segurança Jurídica: Dignidade da Pessoa Humana, Direitos Fundamentais e Proibição de Retrocesso Social no Direito Constitucional Brasileiro. *Revista de Direito Constitucional e Internacional*, v. 57, p. 5-48. out-dez. 2006.

13. STEINMETZ, Wilson. Segurança Jurídica hoje: princípio da proteção à confiança. *Direito Constitucional Brasileiro*. São Paulo: Ed. RT, 2014, v. 1, p. 310.

14. COUTO E SILVA, Almiro do. O Princípio da Segurança Jurídica (Proteção à Confiança) no Direito Público Brasileiro e o Direito da Administração Pública de Anular seus Próprios Atos Administrativos: o prazo decadencial do art. 54 da lei do processo administrativo da União (Lei 9.784/99). *Revista Eletrônica do Direito do Estado*. n. 2. Salvador: Instituto de Direito Público da Bahia, abr./maio/jun. 2005.

15. STF, Ação Cível Originária 79, Rel. Min. Cezar Peluso, j. 15.03.2012.

"não vejo como nem por onde pronunciar, meio século depois, a nulidade das concessões de domínio feitas pelo Estado de Mato Grosso a pessoas jurídicas (as empresas de colonização) e físicas (colonos), sem grave ofensa aos princípios constitucionais e não menor transtorno a importantes relações de vida, constituídas e estabilizadas sob aparência de plena regularidade"[16].

Nesse mesmo sentido, ainda, a Ação Cível Originária 158/SP, que também tramitou perante o STF, sob a relatoria da Ministra Rosa Weber (julgamento em 12.03.2020).

Nesta ação, a União buscava anular títulos de domínio concedidos pelo Estado de São Paulo, sob o argumento de que as áreas pertenciam à União (e não ao ente federado). O STF reconheceu, entretanto, a impossibilidade de anulação dos atos em questão, considerando o expressivo tempo decorrido desde a concessão dos títulos de domínio (mais de cinco décadas) aliado ao desenvolvimento urbano da região, hoje repleta de residências.

Esses precedentes evidenciam, portanto, a necessidade de se respeitar os títulos de propriedade, em razão do longo tempo decorrido e da realidade constituída ao longo desse prazo, em atenção ao princípio da proteção à confiança. Em outras palavras, legitimam o eventual pleito dos proprietários de imóveis na região de São Sebastião, afetados pela abertura de novas matrículas tendo por objeto áreas devolutas do Estado de São Paulo.

É claro que a situação dos proprietários de imóveis atingidos pela discriminatória não seria exatamente equivalente aos dos possuidores de áreas na região.

De toda forma, é interessante notar que o Tribunal de Justiça de São Paulo tem enfrentado diversos pleitos envolvendo pedidos de usucapião de imóveis inseridos dentro do Segundo Perímetro de São Sebastião (ou seja, em área pública).

Alguns desses julgados, afastaram a possibilidade de usucapião dos imóveis, em razão de estarem inseridos em área devoluta/pública. Consideraram, assim, a vedação de usucapir bens públicos, vigente no ordenamento desde o Código Civil de 1916[17].

De outro lado, diversos julgados foram em sentido contrário. Ao analisar ação de usucapião ajuizada com relação a imóvel inserido no citado Segundo Perímetro de São Sebastião, o Tribunal Paulista já considerou procedente o pedido inicial. O principal fundamento adotado, neste caso e em alguns outros semelhantes, foi a comprovação da posse do imóvel em período anterior ao Código Civil de 1916. De toda forma, foi levado em consideração o fato de que: (i) há décadas o Município de São Sebastião cobra IPTU relativo ao imóvel; e (ii) o Poder Público manteve-se inerte ao longo dos anos, permitindo a consolidação da ocupação privada de toda a área[18].

---

16. No mesmo sentido, foi julgada a Ação Cível Originária 158/SP, Rel. Ministra Rosa Weber, j. 12.03.2020.
17. A esse respeito, por exemplo: TJ/SP, Apelação 1001415-64.2015.8.26.0587, 10ª Câm. Dir. Priv., Rel. Des. J.B. Paula Lima, j. 26.11.2019 e TJ/SP, Apelação 0001984-87.2012.8.26.0587, 10ª Câm. Dir. Priv., Rel. Des. Penna Machado, j. 08.10.2019.
18. TJ/SP, Apelação nº 4000633-74.2013.8.26.0587, 7ª Câm. Dir. Priv., Rel. Des. Mary Grun, j. 04.09.2018.

Também há diversos outros acórdãos que julgaram procedente a ação de usucapião, com base na tese de que a própria sentença da discriminatória teria admitido a possibilidade de justificação da posse por parte dos ocupantes[19]. Em alguns deles, o fundamento sequer parece ter sido a posse anterior ao Código Civil de 1916.

De uma forma ou de outra, a maioria dos julgados parece apontar para um objetivo, ainda que não o façam de forma expressa: proteger as relações já consolidadas ao longo do tempo e sem qualquer oposição clara por parte do Poder Público. Ou seja, busca-se assegurar a segurança jurídica e, acima de tudo, a proteção à confiança.

4. CONCLUSÃO

O presente artigo buscou apresentar para debate o julgamento da ação discriminatória ajuizada pelo Estado de São Paulo em 1939 e concluída apenas nos últimos anos. Trata-se de um caso emblemático, que atinge diversos imóveis localizados no Município de São Sebastião.

Como mencionado, é salutar que o referido caso seja analisado sob a perspectiva do princípio da proteção à confiança.

O Município de São Sebastião tem proposto uma regularização onerosa (na maior parte das vezes) do domínio dos particulares afetados pela ação discriminatória. Mas a pergunta que se faz é a seguinte: poderia o Município ou o Estado ignorarem a realidade consolidada ao longo dos anos, com a conivência destes?

Com base no princípio da proteção à confiança, parece-nos que não. O Poder Público deve respeitar comportamentos adotados pelo particular ao longo do tempo – e de boa-fé –, com base em atos e documentos do próprio Poder Público.

5. REFERÊNCIAS

CAMARGO, Estela M. L. M. S. e GUAZZELLI, Amanda Salis. A Titulação dos Imóveis Rurais no Brasil: Das Sesmarias às Matrículas Georreferenciadas. *Opinião Jurídica* 7: Direito Imobiliário. 2019.

COUTO E SILVA, Almiro do. O Princípio da Segurança Jurídica (Proteção à Confiança) no Direito Público Brasileiro e o Direito da Administração Pública de Anular seus Próprios Atos Administrativos: o prazo decadencial do art. 54 da lei do processo administrativo da União (Lei 9.784/99). *Revista Eletrônica do Direito do Estado.* Salvador: Instituto de Direito Público da Bahia, n. 2, abr./maio/jun. 2005.

SARLET, Ingo Wolfgang. A eficácia do direito fundamental à segurança jurídica: dignidade da pessoa humana, direitos fundamentais e proibição de retrocesso social no direito constitucional brasileiro. *Revista de Direito Constitucional e Internacional*, v. 57, out./dez. 2006.

SILVA, Angela. Terras Devolutas. *Revista de Direito Imobiliário.* v. 14. jul./dez. 1984.

STEINMETZ, Wilson. Segurança Jurídica hoje: princípio da proteção à confiança. *Direito Constitucional Brasileiro.* São Paulo: Ed. RT, 2014. v. 1.

---

19. Nesse sentido, a Apelação Cível 1003665-31.2019.8.26.0587, 6ª Câm. Dir. Priv., Rel. Des. Marcus Vinicius Rios Gonçalves, j. 05.07.2021, na qual são indicados diversos outros julgados.

A LIMITAÇÃO DO CONCEITO DE CRÉDITO IMOBILIÁRIO PELA COMISSÃO DE VALORES MOBILIÁRIOS

Fernanda Costa Neves do Amaral

Formada pela Pontifícia Universidade Católica de São Paulo (PUC/SP). Especializada em Direito Empresarial Econômico pela Fundação Getúlio Vargas (FGV/SP). Atua na área de negócios e investimentos imobiliários e mercado de capitais. Mestranda em Direito Comercial pela PUC/SP. Professora do curso de Investimentos Imobiliários do Insper São Paulo, e da Universidade Secovi, na disciplina do Fundos de Investimento Imobiliário. Membro da Mesa de Debates de Direito Imobiliário ("MDDI"). Advogada.

Sumário: 1. Introdução – 2. Breves considerações sobre o posicionamento da CVM a respeito do conceito de crédito imobiliário – 3. Crítica à limitação da possibilidade de empréstimos sem destinação específica serem utilizados como lastro de CRI apenas quando concedidos a pessoas naturais – 4. Conclusões – 5. Referências.

1. INTRODUÇÃO

A conceituação de crédito imobiliário é tema que vem sendo constantemente debatido pela Comissão de Valores Mobiliários, ao ensejo da definição do que pode, ou não, ser considerado lastro de Certificados de Recebíveis Imobiliários.

A securitização de recebíveis imobiliários foi criada pela Lei 9.514/97 e representou um grande avanço na regulamentação do mercado brasileiro de financiamentos. Criou o Sistema de Financiamento Imobiliário ("SFI"), a alienação fiduciária de bens imóveis e a securitização imobiliária. Os Certificados de Recebíveis Imobiliários ("CRI") foram definidos como sendo títulos de crédito nominativos, de livre negociação, lastreados em créditos imobiliários, de emissão exclusiva das companhias securitizadoras.

O registro das companhias securitizadoras de crédito imobiliário, assim como a oferta pública de distribuição de CRI é regulada pela Instrução da Comissão de Valores Mobiliários 414, de 30 de dezembro de 2004 ("ICVM 414/04"), já que os CRI foram classificados como valores mobiliários pelo Conselho Monetário Nacional, reclamando a regulamentação e supervisão da CVM, conforme previsto na Lei 6.385/76.

A intenção do legislador ao criar este sistema, foi dar amparo a um novo ciclo de expansão econômica, donde se mostrou premente, conforme se extrai da Exposição de Motivos da Lei,[1] a reconstrução, em novos moldes, dos mecanismos

---

1. Conforme se depreende da Exposição de Motivos da Lei 9.514/97. Disponível em: https://www.camara.leg. br/proposicoesWeb/prop_mostrarintegra;jsessionid=node0q419wjy5c9bz9u38rat9111t642462.node0?-codteor=1130748&filename=Dossie+-PL+3242/1997. Acesso em 24/08/2021

de financiamento imobiliário, criando-se instrumentos que possibilitassem a livre operação de crédito para o setor e a mobilização dos capitais necessários à sua dinamização.

Entretanto, nem a Lei 9.514/97 nem a ICVM 414/04 definiram o que pode ser considerado crédito imobiliário para fins de composição de lastro dos CRI.

Diante disso, e do peculiar dinamismo do mercado de capitais, que busca soluções alternativas aos financiamentos tradicionais, normalmente vinculados ao sistema bancário, a autarquia tem sido constantemente provocada a validar o que pode ser considerado crédito imobiliário.

Comprovadamente, a emissão de CRI tem se mostrado eficaz no financiamento do setor imobiliário, seja para o desenvolvimento de novos empreendimentos imobiliários, residenciais e comerciais, seja para a antecipação de créditos imobiliários por meio da cessão de tais créditos, devolvendo recursos para novos investimentos, ou ainda como possibilidade de financiamento a empresas detentoras de patrimônio imobiliário. O volume de emissões de CRI, até agosto de 2021, é de R$ 87,1 bilhões.[2]

Diante disso, tem muita relevância a conceituação do crédito imobiliário, passível de compor lastro de CRI, para conferir segurança jurídica e previsibilidade às operações de securitização, mantendo a alternativa ao alcance dos empreendedores imobiliários.

O objetivo deste artigo é, ao abordar o atual entendimento da CVM a respeito do conceito de crédito imobiliário, especialmente para tratar da limitação, apenas em relação às pessoas naturais, da possibilidade de caracterização, como lastro de CRI, dos empréstimos sem destinação específica, modalidade conhecida no mercado como "home equity".

2. BREVES CONSIDERAÇÕES SOBRE O POSICIONAMENTO DA CVM A RESPEITO DO CONCEITO DE CRÉDITO IMOBILIÁRIO

A evolução do conceito de crédito imobiliário e a construção de novas definições, pela diretoria colegiada da CVM é ampla e interessante.

Para a conceituação de crédito imobiliário, a CVM tem adotado a pragmática distinção entre origem e destinação. Em breve síntese, para os leitores não familiarizados com o setor de securitização e dada a sua singularidade, já que esse tipo de distinção é incomum em outras modalidades de crédito, a autarquia caracteriza como crédito imobiliário "pela origem", todos aqueles que decorrem da exploração de um imóvel ou de seu financiamento, e por destinação, todos os créditos com direcionamento específico, seja para a construção, aquisição ou reforma de um ou mais imóveis.

---

2. Segundo o anuário da Uqbar, maior plataforma brasileiro no mercado de finanças estruturadas do Brasil. Disponível em: https://www.uqbar.com.br/anuarios2021/. Acesso em: 24 ago. 2021

Essa bifurcação do conceito de crédito imobiliário foi consolidada a partir de um julgado do Colegiado da CVM, do ano de 2003,[3] relatado pelo Diretor Luis Antonio de Sampaio Campos, a respeito do indeferimento de um pedido de registro de oferta de CRI que tinha como lastro recebíveis decorrentes de cessão fiduciária de contratos de fornecimento de energia elétrica.

Em seu relatório, o Diretor Luis Antonio afirmou que o cerne da questão seria a definição do que seria um crédito imobiliário para fins de emissão de Certificados de Recebíveis Imobiliários, ponderando que o crédito imobiliário deveria ser aquele que decorre da exploração do imóvel ou do financiamento do imóvel; que surge, ou garante-se, dos frutos e rendimentos de um imóvel ou de negócio imobiliário. Essa modalidade configuraria o crédito imobiliário pela origem.

Além da conceituação dos créditos imobiliários pela sua origem, a CVM adota a conceituação do crédito imobiliário por destinação. A orientação atual é resultado de uma série de precedentes que foram ampliando o conceito, antes limitado a devedores da área imobiliária.

Atualmente, os requisitos para a caracterização do crédito imobiliário por destinação estão consolidados no Ofício-Circular 1/2021, da Superintendência de Registro de Valores Mobiliários da CVM, que determina que a documentação da oferta do CRI contenha a relação exaustiva dos imóveis para os quais serão destinados os recursos oriundos da emissão, com indicação dos percentuais de utilização para cada imóvel, de modo a configurar o vínculo previsto pelo inciso I do art. 8º da Lei 9.514/97[4]. Além disso, os documentos da emissão devem conter o cronograma indicativo da utilização dos recursos, que deverá ocorrer até o prazo final da emissão, e a obrigação do agente fiduciário de verificar, ao longo do prazo dos CRI, no mínimo, semestralmente, o efetivo direcionamento de todo o montante obtido com a emissão para os referidos imóveis. A CVM admite ainda que os recursos da oferta sejam destinados, no todo ou em parte, ao reembolso de despesas com a aquisição, construção e/ou reforma de imóveis, incorridas no máximo nos 24 meses que antecederem o encerramento da distribuição.

---

3. Processo CVM RJ 2002/3032. Recurso contra decisão da SRE de indeferimento de registro de Certificado de Recebíveis Imobiliários – CRI Interessados: Companhia Brasileira de Securitização – CIBRASEC Relator: Luiz Antonio de Sampaio Campos. Disponível em http://www.tlon.com.br/attachments/article/12649/PROC-CVM-2002-3032-TLON.pdf. Acesso em: 24 ago. 2021

4. Art. 8º A securitização de créditos imobiliários é a operação pela qual tais créditos são expressamente vinculados à emissão de uma série de títulos de crédito, mediante Termo de Securitização de Créditos, lavrado por uma companhia securitizadora, do qual constarão os seguintes elementos:

    I – a identificação do devedor e o valor nominal de cada crédito que lastreie a emissão, com a individuação do imóvel a que esteja vinculado e a indicação do Cartório de Registro de Imóveis em que esteja registrado e respectiva matrícula, bem como a indicação do ato pelo qual o crédito foi cedido;

    II – a identificação dos títulos emitidos;

    III – a constituição de outras garantias de resgate dos títulos da série emitida, se for o caso.

    Parágrafo único. Será permitida a securitização de créditos oriundos da alienação de unidades em edificação sob regime de incorporação nos moldes da Lei 4.591, de 16 de dezembro de 1964.

O reconhecimento da possibilidade de conceituação de crédito pela sua origem imobiliária, possibilitou, além de outros aspectos, que empréstimos sem destinação específica com garantia real imobiliária fossem validados como lastro de CRI.

Em decisão proferida no recurso interposto por CM Capital Markets DTVM Ltda. e Barigui Securitizadora S.A. contra decisão da Superintendência de Registros de Valores Mobiliários – SRE, no âmbito do pedido de registro da oferta pública de distribuição de Certificados de Recebíveis Imobiliários das séries 62ª e 63ª da 1ª emissão da Barigui Securitizadora S.A., o colegiado da CVM, por maioria, reconheceu a possibilidade de créditos decorrentes de empréstimo concedido sem destinação específica, com garantia real imobiliária, passarem a ser elegíveis como lastro de CRI[5].

Na decisão referida, os Diretores Pablo Renteria, Henrique Machado e Gustavo Gonzalez votaram a favor do provimento do recurso, reconhecendo que o empréstimo a pessoal natural com pacto adjeto de alienação fiduciária de imóvel em garantia constitui crédito imobiliário na sua origem, uma vez que o proprietário tira proveito econômico do seu imóvel, mediante a outorga da garantia real, para obter recursos a custos reduzidos. Complementaram os argumentos favoráveis, aduzindo que nessa modalidade de mútuo, verifica-se a vinculação do valor de alienação do imóvel à satisfação do crédito, visto que o credor tem a segurança de receber a prestação devida a partir do produto obtido com a execução da garantia, em caso de inadimplemento.

Os diretores destacaram que a análise técnica da Superintendência de Registros da CVM não identificou riscos aos investidores ou ao bom funcionamento do mercado de valores mobiliários que pudessem advir da qualificação do mútuo com garantia real imobiliária como lastro de CRI. Ao contrário, entenderam que o fato de ser um empréstimo dotado de garantia imobiliária, concedido por instituição integrante do sistema financeiro, segundo a regulamentação do Banco Central do Brasil, é um fator que tende a atenuar o risco assumido pelo adquirente do CRI.

Concluíram a análise ressaltando a importância de a CVM continuar a desenvolver estudos sobre a extensão do conceito de crédito imobiliário e suas repercussões no funcionamento e desenvolvimento do mercado de valores mobiliários.

A decisão da CVM no caso citado se alinhou ao conceito utilizado pelo Banco Central do Brasil, que já considerava o empréstimo sem destinação específica com garantia de hipoteca ou alienação fiduciária de imóveis um crédito imobiliário, passível de compor lastro de Letras de Crédito Imobiliário ("LCI"), definidas no artigo 12 da Lei 10.931/04 como títulos de emissão de determinadas instituições finan-

---

5. A íntegra da decisão encontra-se no site da CVM.
   Disponível em http://conteudo.cvm.gov.br/decisoes/2018/20180116_R1/20180116_D0894.html. Acesso em: 24 ago. 2021.

ceiras, lastreada por créditos imobiliários garantidos por hipoteca ou por alienação fiduciária de coisa imóvel.

Nesse sentido, vale ressaltar que a Lei 9.514/97 atribuiu ao Conselho Monetário Nacional,[6] órgão ao qual estão sujeitos o Banco Central e a CVM, a competência para regulamentar outras condições para emissão e resgate de CRI, podendo inclusive diferenciar tais condições de acordo com o tipo de crédito imobiliário vinculado à emissão. Especificamente em relação aos CRI, por se tratar de valores mobiliários, a regulação da CVM é específica e imperativa. Contudo, não era coerente a assimetria do conceito entre os dois órgãos. A decisão do caso Barigui pacificou a questão.

Não obstante essa validação, o empréstimo sem destinação específica com garantia real imobiliária só foi reconhecido como lastro pela CVM quando concedido às pessoas naturais.

Em nossa opinião, a limitação é imprópria, e merece ser revista pela CVM.

3. CRÍTICA À LIMITAÇÃO DA POSSIBILIDADE DE EMPRÉSTIMOS SEM DESTINAÇÃO ESPECÍFICA SEREM UTILIZADOS COMO LASTRO DE CRI APENAS QUANDO CONCEDIDOS A PESSOAS NATURAIS

Como afirmado anteriormente, a CVM, por meio de seu Colegiado, agiu com acerto ao permitir a utilização dos contratos de mútuo com pacto adjeto de alienação fiduciária ou hipoteca como lastro de CRI. Com efeito, essa espécie de contrato, conhecido no mercado como "home equity", é propulsor do mercado secundário de imóveis. O proprietário do imóvel, como reconhecido na decisão do caso Barigui, tira proveito do seu imóvel para, com essa utilização, obter crédito com taxas mais atrativas, diante da garantia imobiliária.

A relação entre a solidez de garantias e sua liquidez impacta imediatamente o crescimento de negócios imobiliários. A criação da alienação fiduciária em garantia, por meio da Lei 9.514/97 comprova essa afirmação, como demonstra o gráfico da Abecip (Associação Brasileira das Entidades de Crédito Imobiliário e Poupança) abaixo reproduzido:

---

6. Art. 41. O Conselho Monetário Nacional poderá regulamentar o disposto nesta Lei, inclusive estabelecer prazos mínimos e outras condições para emissão e resgate de CRI e diferenciar tais condições de acordo com o tipo de crédito imobiliário vinculado à emissão e com o indexador adotado contratualmente.

Imóveis Financiados pelo SBPE e FGTS – Unidades

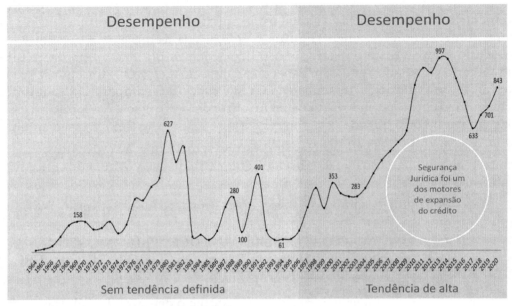

Fonte: Abecip, Banco Central e Caixa Econômica Federal

O procedimento de excussão da alienação fiduciária, de forma extrajudicial, como previsto na Lei 9.514/97, é causa direta desse aumento de liquidez, diante de sua celeridade, notadamente se comparado com os processos de execução judicial da hipoteca. O processo facilitado de reintegração de posse dos imóveis retomados, que pode ser exercido diretamente pelo próprio adquirente, também deixou mais simples e conferiu segurança jurídica aos compradores dos imóveis nos leilões previstos na Lei 9.514/97.

A partir dessa constatação, os agentes financeiros passaram a ter mais incentivo e interesse na concessão de crédito com garantia real imobiliária, sem destinação específica de recursos.

Merece destaque a alteração feita em 2006 na Circular do Banco Central do Brasil 2122/64, que regulamenta o funcionamento das companhias hipotecárias e disciplina de forma taxativa as suas atribuições. A partir dessa alteração, feita pela Resolução Bacen 3.425/06, foi prevista a possibilidade de ser incluído no objeto social de tais companhias a concessão de empréstimos garantidos por hipoteca ou alienação fiduciária de imóveis. A autorização, antes desse ajuste, era exclusiva para financiamentos com garantia imobiliária. Embora ambos sejam modalidade de crédito, a regulamentação bancária, divide o contrato de mútuo em espécie de empréstimo ou financiamento, tratando o primeiro como um mútuo sem destinação específica e o financiamento como aquela espécie de mútuo com uma destinação específica[7].

O incremento da concessão de crédito imobiliário acarreta um círculo virtuoso na economia, e naturalmente, no mercado imobiliário, desiderato do legislador ao editar a Lei 9.514/97. Injeta novos recursos na economia, movimenta a compra e venda de imóveis.

Segundo Luciano Benetti Timm e Rafael Bicca Machado[8], tão relevante é a função do crédito no mundo moderno, que afirmam os economistas que o estágio em que vivemos se caracteriza como sendo uma economia do crédito. Apontam que o crédito, hoje em dia, é um pressuposto necessário da atividade econômica. "Não se discute que é graças ao crédito que os comerciantes, industriais, agricultores e transportadores conseguem imprimir a seus negócios o volume exigido pela intensidade da vida atual. Não é só, porém. Não se concebe a existência de qualquer particular que já não se haja valido do crédito, para adquirir alimentos, roupas, utensílios domésticos, automóveis ou a própria casa."

Diante dessa relevância do crédito para a economia e para o mercado imobiliário, não se mostra fundamentada juridicamente, sequer em questões prudenciais quanto a risco de crédito, a restrição feita pela CVM na decisão Barigui, ao tomador dos empréstimos com garantia real imobiliária, impedindo que pessoas jurídicas tenham acesso a essa mesma modalidade de crédito, utilizando seus imóveis como garantia e exercendo, na plenitude, a função social da propriedade, assegurada no artigo 170 da Constituição Federal.

Melhim Chalhub, tratando da função social da propriedade, ensina que a noção é construída a partir de um critério delimitador do conteúdo da situação jurídica, que cria obrigações e deveres concretos para seu titular. A função indica a maneira como um instituto ou direito deve operar, delineia o seu perfil estrutural, configura, no caso, um poder-dever do proprietário[9].

Prossegue a lição, indicando que na atualidade, o princípio passa a merecer maior atenção, atribuindo-se, na caracterização da propriedade, maior relevância ao conteúdo econômico e social dos bens, considerada sua destinação e o adequado aproveitamento do seu potencial. Destaca o fenômeno da substituição da propriedade pelo crédito, que provoca importantes transformações na forma de apropriação dos bens, sua exploração e circulação, a que Emmanuel Levy qualificou como "substituição de um regime de posse por um regime de valores", já que:

---

7. Banco Central do Brasil. Disponível em: https://www.bcb.gov.br/cidadaniafinanceira/tiposemprestimo. Acesso em: 27 jul. 2021.
8. TIMM, Luciano Benetti e MACHADO, Rafael Bicca. Direito, Mercado e função social. *Revista da AJURIS*, 2006 – researchgate.net.
9. CHALHUB, Melhim Namem. Função Social da Propriedade. *Revista da EMERJ*, v. 6, n. 24, 2003. Disponível em: https://www.emerj.tjrj.jus.br/revistaemerj_online/edicoes/revista24/revista24_305.pdf. Acesso em: 24 ago. 2021.

"A atividade econômica delineada a partir da revolução industrial pressupõe a necessidade de transformação das coisas em mercadorias, cuja aquisição se admite seja feita não somente para apropriação definitiva, perpétua, mas também temporária, para que sejam trocadas por dinheiro, donde o valor da propriedade está associado à liquidez que o mercado lhe atribui."[10]

"Nessa perspectiva, o que conta é a circulação do direito, é a possibilidade de conversão da propriedade em dinheiro, em termos mais ou menos imediatos, bem como a mobilização patrimonial, e é isso o que dá a medida do valor da propriedade e lhe atribui liquidez, cujo papel é extraordinariamente relevante, em razão da necessidade de realização do potencial econômico da propriedade".

Chalhub cita Gustav Radbruch, para quem "a propriedade degenera, ao transformar-se no conceito de patrimônio ou de riqueza", na medida em que o patrimônio é expresso em numerário e tende a converter-se sempre em dinheiro, sendo certo que o dinheiro, em si, não é uma coisa, mas um instrumento para se obter coisas, da mesma forma que o é o crédito, e que:

"é evidente que as coisas, o dinheiro e os créditos, passaram a constituir na atual organização econômica uma nova unidade conceitual que está longe de coincidir, hoje, com o antigo conceito de propriedade, apenas cruzando-se com ela. Nessa perspectiva, o que conta é a circulação do direito, é a possibilidade de conversão da propriedade em dinheiro, em termos mais ou menos imediatos, bem como a mobilização patrimonial, e é isso o que dá a medida do valor da propriedade e lhe atribui liquidez, cujo papel é extraordinariamente relevante, em razão da necessidade de realização do potencial econômico da propriedade."

Finalmente, ainda segundo Benetti e Machado, de acordo com uma análise econômica do Direito, o sistema jurídico cumpre maior função social num modelo regulatório em que o Direito respeita, protege e reforça o mercado, pois admite que este é um fato e uma necessidade social, permitindo que ele se desenvolva, beneficiando toda a coletividade que nele interage.

4. CONCLUSÕES

Exposta a evolução do conceito de crédito imobiliário, vimos que a CVM admite a sua classificação por origem ou destinação. Considerado pela origem, pode ser considerado crédito imobiliário aquele que surge ou garante-se de um imóvel.

A validação da CVM da possibilidade de mútuos com pacto adjeto de alienação fiduciária de imóvel em garantia caracterizarem-se como créditos imobiliários passíveis de compor lastro de CRI, por assim se classificarem pela origem, considerou, para tanto, o proveito econômico do proprietário, que obtém crédito a custos reduzidos, mediante a disposição de seu imóvel, para outorga da garantia real. Nesse caso, a propriedade define o crédito e um não existiria sem o outro.

Desse modo, não há qualquer justificativa jurídica ou mercadológica para se restringir esse direito de crédito em relação às pessoas jurídicas proprietárias de

---

10. CHALHUB, Melhim Namem. Artigo citado.

imóveis. A restrição, fere a função social da propriedade e o princípio da igualdade de direitos entre as pessoas naturais e jurídicas.

Desse modo, a revisão do posicionamento da CVM, para estender a possibilidade de que empréstimos concedidos a pessoas jurídicas proprietárias de imóveis, garantidos por alienação fiduciária ou hipoteca dos mesmos imóveis seja também validado como lastro de CRI, é medida que se impõe, para preservar a igualdade e o direito de propriedade das pessoas jurídicas, em prol da economia e do mercado imobiliário.

5. REFERÊNCIAS

BRASIL, Exposição de Motivos da Lei 9.514/97. Disponível em: https://www.camara.leg.br/proposicoesWeb/prop_mostrarintegra;jsessionid=node0q419wjy5c9bz9u38rat9111t642462.node0?codteor=1130748&filename=Dossie+-PL+3242/1997. Acesso em: 24 ago. 2021.

BRASIL, Processo CVM RJ 2002/3032. Interessados: Companhia Brasileira de Securitização – CIBRASEC Relator: Luiz Antonio de Sampaio Campos. Disponível em: http://www.tlon.com.br/attachments/article/12649/PROC-CVM-2002-3032-TLON.pdf. Acesso em: 24 ago. 2021.

BRASIL, Processo CVM Proc. SEI 19957.008927/2017-73. Interessados: CM Capital Markets DTVM LTDA. e Barigui Securitizadora S.A. Disponível em: http://conteudo.cvm.gov.br/decisoes/2018/20180116_R1/20180116_D0894.html. Acesso em: 24 ago. 2021.

CHALHUB, Melhim Namem. Função Social da Propriedade. *Revista da EMERJ*, v. 6, n. 24, 2003, p. 310. Disponível em: https://www.emerj.tjrj.jus.br/revistaemerj_online/edicoes/revista24/revista24_305.pdf. Acesso em: 24 ago. 2021.

TIMM, Luciano Benetti e MACHADO, Rafael Bicca. Direito, Mercado e função social. *Revista da AJURIS*, 2006 – researchgate.net.

ATIVIDADE IMOBILIÁRIA E LUCRO PRESUMIDO: ENTRE FATURAMENTO E GANHO DE CAPITAL, A SOLUÇÃO DE CONSULTA COSIT 7/2021

Raphael Assef Lavez

Doutorando e Mestre em Direito Tributário e Bacharel em Direito pela Universidade de São Paulo. Pesquisador visitante na *Wirtschaftsuniversität Wien* (Áustria). Especialista em Direito Tributário Internacional pelo Instituto Brasileiro de Direito Tributário. Professor de cursos de pós-graduação (Fipecafi, IBDT, Ibmec/RJ). Sócio do Rivitti e Dias Advogados (São Paulo/SP).

Victor Bernardo Kupper

Bacharel em Direito pela Universidade de São Paulo. Associado do Rivitti e Dias Advogados (São Paulo/SP).

Sumário: 1. Introdução – 2. Histórico do posicionamento do fisco – 3. A solução de consulta COSIT 7/2021 – 4. Conclusão.

1. INTRODUÇÃO

No contexto das operações com imóveis, tem sido comum que as sociedades empresárias que desenvolvem atividades imobiliárias – incorporação imobiliária, aquisição, venda e locação de imóveis próprios – alienem bens imóveis que, inicialmente, não estavam destinados à venda. E, já há algum tempo, essas empresas questionam o tratamento tributário a ser dispensado ao resultado dessas vendas. A controvérsia pode ser bem demonstrada a partir de um exemplo corriqueiro no dia a dia de tais empresas. Por vezes, os imóveis de propriedade de uma empresa no setor imobiliário são registrados em conta do ativo não circulante, visto que geram receitas de locação. Por razões de conveniência, da situação do mercado ou da empresa, ou mesmo diante de rescisões de contratos de locação, é possível que tais imóveis sejam disponibilizados para venda – mesmo porque a atividade de compra e de venda de imóveis próprios constitui objeto dessas empresas. Nesse caso, coloca-se em questão se o resultado dessa venda qualifica-se, do ponto de vista contábil e tributário, como um ganho ou perda de capital na alienação de bem do ativo não circulante ou, ao contrário, se se trata de receita bruta ou faturamento, na medida em que a venda de tais bens constitui a própria atividade operacional da empresa.

O problema se coloca, pois, a depender da qualificação da operação, o tratamento tributário é completamente distinto, no caso de pessoas jurídicas optantes pelo lucro presumido. Isso porque, à luz dos artigos 25 e 29 da Lei 9.430/96 e dos artigos 15 e

20 da Lei 9.249/95, relativos à apuração da base de cálculo do IRPJ e da CSLL, bem como do artigo 3º da Lei 9.718/98, relativo à base de cálculo da Contribuição ao PIS e da COFINS, o lucro presumido é composto pelo valor resultante da aplicação dos percentuais de presunção sobre a receita bruta, definida pelo art. 12 do Decreto-Lei 1.598/77. A essa parcela operacional do lucro presumido acrescem-se os ganhos de capital e demais resultados e rendimentos de natureza não operacional e, portanto, não abrangidos pela primeira parcela. Daí a questão: se entendida a alienação de tais imóveis, anteriormente destinados à locação, como representativos da atividade operacional da empresa, os percentuais de presunção previstos na legislação serão aplicados sobre o faturamento para fins de apuração da base de cálculo do IRPJ e da CSLL na sistemática do lucro presumido; adicionalmente, haverá a incidência da Contribuição ao PIS e da COFINS sobre o faturamento na sistemática cumulativo. Por outro lado, prevalecente a qualificação como ganho de capital, de natureza não operacional, o resultado líquido da alienação será integralmente acrescido à base de cálculo do IRPJ e da CSLL, sem incidência da Contribuição ao PIS e da COFINS.

Como se vê, a depender da qualificação da operação, muda completamente o tratamento tributário aplicável, de modo que o presente artigo avaliará a evolução do posicionamento da Receita Federal do Brasil até a recente publicação da Solução de Consulta COSIT 7/2021, que introduziu novos critérios para a definição do regime tributável pertinente a operações dessa natureza.

2. HISTÓRICO DO POSICIONAMENTO DO FISCO

Como se disse, os contribuintes vinham debatendo e questionando a Administração há mais de dez anos acerca da correta interpretação da legislação e do consequente enquadramento da receita decorrente da venda de imóveis.

Tanto assim que, já em 2006, havia posição da Secretaria da Receita Federal na 10ª Região Fiscal, a partir da Solução de Consulta 139, de 29 de agosto de 2006. Naquela oportunidade, a discussão era a comercialização de veículos suscetíveis de contabilização tanto no ativo permanente como na conta de estoques, visto que a empresa consulente tinha em seu objeto social tanto a venda quanto a locação de veículos.

Naquele momento, a Secretaria Regional definiu que não haveria necessidade de apuração de ganho de capital na transferência dos bens do ativo não circulante para as contas de estoque. A consulta firma que a alienação de bens do ativo não circulante se sujeita ao ganho de capital, mas permite a reclassificação contábil dos bens, diante das circunstâncias apresentadas pelo contribuinte. Dessa forma, uma vez transferidos ao estoque, os veículos alienados gerariam receitas de venda que se sujeitariam aos percentuais de presunção do lucro presumido.

Anos depois, referendando essa linha de raciocínio no sentido de prevalência da orientação comercial e econômica pertinente aos bens para fins de apuração da base de cálculo do IRPJ e CSLL na sistemática do lucro presumido, a COSIT emitiu a Solução de Consulta 254/2014. Nesse caso, a avaliação já se deu em relação à atividade imobiliária, ficando definido que "as receitas decorrentes da venda de imóveis, efetuadas por pessoa jurídica que exerça de fato e de direito atividade imobiliária, sob a sistemática do lucro presumido, sujeitam-se ao percentual de presunção de oito por cento para apuração da base de cálculo do IRPJ" – ou de 12% para a CSLL. Isso se aplicaria mesmo que os imóveis disponibilizados para venda tivessem sido adquiridos antes da inclusão da venda de imóveis próprios no objeto social da empresa.

Do conteúdo da solução de consulta, é válido notar o reconhecimento de que a dinâmica e organização das entidades empresariais exigem, por vezes, a redefinição de suas atividades e a deliberação acerca do destino a ser dado a seu patrimônio. Nesse sentido, há uma clara afirmação da liberdade da empresa para definir a melhor forma de utilização de seus bens na exploração de suas atividades.

Por isso, a COSIT entendeu que seria legítimo permitir que a empresa definisse quais bens integrariam seus estoques, incluídos "tanto aqueles adquiridos com o propósito negocial de venda, quanto aos bens previamente integrantes de seu patrimônio, para os quais há decisão de redirecioná-los ao comércio".

Veja-se, assim, que a Solução de Consulta conclui que, ao formar o estoque de imóveis para venda, a pessoa jurídica que exerça a atividade imobiliária e seja optante pelo lucro presumido deve considerar a receita de venda dos imóveis como receita bruta. Assim, essa receita deverá compor a base de cálculo presumido do IRPJ e da CSLL por meio a aplicação dos percentuais de 8 % (oito por cento) e 12 % (doze por cento), respectivamente.

Àquela altura, o momento em que a atividade imobiliária foi incluída no objeto social da pessoa jurídica não recebeu qualquer relevância. Bastava que, quando auferidas as receitas de venda, a empresa exercesse, de fato e de direito, a atividade imobiliária.

Nessa mesma linha, seguia a Solução de Consulta COSIT 169/2015, reconhecendo que "para fins de determinação da base de cálculo do imposto, a pessoa jurídica que explore atividade imobiliária relativa à compra e venda de imóveis deve aplicar o percentual de 8% (oito por cento) sobre a receita bruta, auferida no período de apuração, decorrente da revenda de imóveis".

Dessa consulta, se extrai importante fundamento para o tratamento correto das receitas de venda de imóveis pelas pessoas jurídicas que exercem a atividade imobiliária. Tomando por base os incisos I e IV do artigo 12 do Decreto-Lei 1.598/77, a consulta destaca que, "além do produto da venda de bens nas operações de conta própria, do preço da prestação de serviços em geral e do resultado auferido nas operações de conta alheia, *a receita bruta compreende ainda as demais receitas que sejam decorrentes da atividade principal da pessoa jurídica*" (destacamos). Essa disposição é fundamental pois, além de sujeitar aos percentuais de presunção o produto da venda de bens nas operações de conta própria, o referido artigo 12 mantém que as *demais* receitas decorrentes da atividade principal da pessoa jurídica devem receber o mesmo tratamento: essas espécies de receita devem compor a base de cálculo do IRPJ e da CSLL devidos pelas pessoas jurídicas optantes pelo lucro presumido, mediante aplicação dos coeficientes de presunção previstos no art. 15 da Lei 9.249, de 1995. Nos termos da própria consulta, "não há que se falar, portanto, em tributação como ganho de capital de receitas que sejam derivadas do exercício da atividade principal da pessoa jurídica".

A esse propósito, cabe destacar que a atividade principal deve ser compreendida como aquela correspondente ao objeto social da pessoa jurídica, ou a que seja efetivamente realizada no cotidiano da empresa, quando houver algum afastamento dos objetivos expressos no ato de constituição da pessoa jurídica. Essa definição é fundamental, visto que, nos casos concretos, os contribuintes necessitam de respaldo para o tratamento dessas receitas – a atividade imobiliária deve ser efetivamente exercida, caso se pretenda tratar a receita da venda de imóveis como receita bruta da pessoa jurídica.

Tendo em vista o conteúdo vinculante dessas Soluções de Consulta, contribuintes vinham definindo seus procedimentos seguindo a orientação de que, no caso de atividade imobiliária relativa à compra e venda de imóveis, a decisão de redirecioná-los ao comércio quando previamente integrantes do patrimônio da empresa era possível, levando ao registro desses bens na formação do estoque de imóveis; consequentemente, a tributação por ocasião da alienação de imóveis destinados ao comércio, no caso de empresa optante pelo lucro presumido que explorasse atividade imobiliária, deveria incidir sobre a base correspondente à operação mercantil, ou seja, mediante aplicação dos percentuais de presunção de 8% para o IRPJ e de 12% para CSLL sobre a receita bruta de venda.

Nesse mesmo sentido, havia decisão do Conselho Administrativo de Recursos Fiscais, corroborando o entendimento de que a previsão estatutária da atividade de compra e venda de imóveis próprios justifica a tributação do valor recebido pela alienação de imóvel como receita bruta da atividade, não havendo que se falar em apuração de ganho de capital:

> Venda de imóveis próprios. Previsão nos estatutos. Tributação como receita da atividade. Descabe falar em ganho de capital na alienação de imóveis próprios quando sua compra e venda for atividade da empresa reconhecida em seus estatutos na data da alienação, não importando que o bem esteja contabilizado no ativo permanente, podendo tal receita, portanto, ser tributada como receita da atividade, mormente quando a fiscalização não logrou êxito em provar que a alteração do objeto social da empresa seria apenas de fachada[1].

Não sem razão, portanto, que as pessoas jurídicas interessadas compreendiam que, constando a atividade de compra e venda de imóveis próprios no objeto social da empresa, e sendo essa atividade de fato praticada, não haveria que se falar em ganho de capital na venda de imóvel redirecionado aos estoques a partir do ativo não

---

1. CARF, Acórdão 1401-001.789, Relator Conselheiro Antonio Bezerra Neto, Sessão de 15 de fevereiro de 2017.

circulante. Nesse caso, o único tratamento possível seria a consideração dos valores como receita bruta da pessoa jurídica.

Entretanto, ao final de 2018, a própria COSIT decidiu em sentido diametralmente oposto, ainda que sob circunstâncias semelhantes. Do relatório da Solução de Consulta 251, vê-se que a consulente era optante pelo lucro presumido, e tinha "por objeto social, desde a sua constituição, a compra e a venda de bens imóveis, inclusive intermediação dessas operações, bem como a locação de imóveis próprios ou de terceiros". Além disso, destaca-se que a empresa via a necessidade de "vender alguns imóveis antigos, hoje ainda alugados e registrados no ativo imobilizado, pretendendo antes da venda transferir o bem imóvel ainda locado e registrado no ativo imobilizado para o ativo circulante, passando o imóvel a integrar o estoque de mercadorias/produtos/bens objeto de venda a terceiros em geral, enquadrando assim a futura receita como oriunda da atividade imobiliária".

Desses breves trechos, vê-se que a operação pretendida pela pessoa jurídica era precisamente o que as consultas anteriores avaliavam: a reclassificação contábil dos imóveis – do ativo não circulante para os estoques –, e a posterior alienação desses bens, reconhecendo o produto da venda como receita bruta da atividade imobiliária.

Mas a COSIT viu no artigo 15, § 4º da Lei 9.249/95 uma limitação: a receita da atividade seria aquela oriunda da venda dos imóveis, *desde que construídos ou adquiridos para a revenda*. De acordo com o entendimento da Administração, essa não é a situação do imóvel que "ingressou no patrimônio da sociedade mediante subscrição do capital social e inscrição no imobilizado em razão da sua destinação original coerente com tal inscrição contábil".

Assim, a reclassificação contábil do imóvel seria irrelevante para fins tributários; de qualquer modo, o tratamento do produto da venda do imóvel estaria vinculado à forma como esse bem ingressou no patrimônio da pessoa jurídica. Tendo sido a aquisição original destinada à constituição do ativo não circulante da empresa, a tributação da alienação seria invariavelmente sujeita à apuração de ganho de capital – cujo resultado, como já visto, é acrescido à base de cálculo do IRPJ e da CSLL sem se sujeitar aos coeficientes de presunção de lucro.

Dessa forma, a compreensão da operação sob análise pelo Fisco foi integralmente modificada. E não se pode negar que essa alteração frustrava todas as pessoas jurídicas que, com base no posicionamento anterior da Administração, consideravam possível a reclassificação contábil de imóveis e a tributação dos resultados da venda como receita bruta da atividade imobiliária.

3.   A SOLUÇÃO DE CONSULTA COSIT 7/2021

Em março de 2021, foi publicada nova Solução de Consulta pela COSIT, tratando mais uma vez da reclassificação contábil de imóveis e das consequências tributárias desse procedimento.

O relatório da Solução de Consulta COSIT 7/2021 sintetiza o entendimento que a pessoa jurídica desejava submeter à avaliação: "à luz do redirecionamento de imóveis anteriormente locados à atividade comercial de compra e venda, que faz parte de seu objeto social, deve submeter tais receitas ao percentual de presunção de 8% e 12%, bem como à incidência da Contribuição para o PIS/Pasep e da Cofins às alíquotas de 0,65% e 3%, respectivamente, e não à apuração de ganho de capital do que decorreria a não submissão à Contribuição para o PIS/Pasep e à Cofins".

Vê-se que, com base em consultas anteriormente proferidas pela Receita Federal, a pessoa jurídica consulente entendia, em vista do redirecionamento de imóveis de propriedade da empresa do ativo não circulante para os estoques, não haveria impedimento para que a receita de venda desses bens fosse tratada como receita bruta – visto que a aquisição e venda de imóveis próprios fazia parte do objeto social da pessoa jurídica.

Ao cotejar a atividade da empresa e a legislação sobre o tema – especialmente, o artigo 25 da Lei 9.430/96, o artigo 215 da IN RFB 1.700/17 e os artigos 11 e 12 do Decreto-Lei 1.598/77 –, a COSIT conclui que "a forma de escrituração contábil das operações por parte do contribuinte não é algo que tenha o condão de determinar, por si só, a norma de incidência tributária".

Nesse ponto, a mais recente manifestação da Administração tributária fez uma alteração significativa em relação a todos os posicionamentos anteriores: considerando que a empresa explora o ramo imobiliário, as receitas da atividade de compra e venda de imóveis devem ser tratadas como receita bruta e lucro operacional, *independentemente da classificação contábil* dos imóveis.

Essa mudança reflete, na verdade, a consequência lógica de uma premissa que vinha sendo adotada pela COSIT até 2018, anteriormente mencionada: que a orientação comercial e econômica pertinente aos bens deve prevalecer para fins de apuração da base de cálculo dos tributos federais devidos sobre o produto da alienação dos imóveis.

Nesse sentido, a classificação contábil dos imóveis não deveria ser o elemento que define o tratamento tributário da alienação. Aqui, a Solução de Consulta COSIT 7 retoma as disposições dos artigos 11 e 12 do Decreto-Lei 1.598/77 para afirmar que as receitas originadas das atividades abrangidas pelo objeto social da empresa devem ser tratadas como receita bruta.

De outro lado, deve-se observar que a consulta firmou requisitos importantes para a definição do tratamento do produto da alienação dos imóveis. Ainda que classificados no ativo não circulante, os imóveis *devem estar relacionados ao núcleo das operações* da pessoa jurídica – no caso de empresas que explorem o ramo imobiliário, a locação ou venda de imóveis. Nesse ponto, haveria dois tratamentos possíveis:

(i) se a prática habitual da empresa for a manutenção de imóveis para locação e posterior venda, e essa atividade for parte do objeto social da empresa, os imóveis farão parte do ciclo operacional da pessoa jurídica – por conseguinte, a receita da venda se sujeita ao percentual de presunção do lucro para fins de tributação pelo IRPJ e CSLL, e ao regime cumulativo de PIS e COFINS; ou (ii)se os imóveis possuírem apenas a função de contribuir com a consecução do objeto social – por exemplo, o imóvel que era a sede da pessoa jurídica –, a venda estará sujeita às regras de apuração do ganho de capital. Vale dizer que o tratamento *independe* de eventual reclassificação contábil do imóvel para o ativo circulante.

Em síntese, para que a receita da venda dos imóveis seja tratada como receita bruta da pessoa jurídica, a Solução de Consulta COSIT 7/2021 impõe os seguintes requisitos:

1   A venda de imóveis deve constar do *objeto social da pessoa jurídica*;

2   Os imóveis devem fazer parte do ciclo operacional da empresa – ou seja, enquanto estão classificados no ativo não circulante, os benefícios econômicos devem ser obtidos com a *efetiva locação* do imóvel. Por isso, o entendimento não se aplica à venda de imóvel que serviu como sede, ou onde a empresa exercia atividades administrativas.

Diante do exposto, o entendimento atual do Fisco é de o produto da alienação de imóveis anteriormente direcionados à locação, nos casos em que a venda de imóveis faz parte do objetivo social da pessoa jurídica, deve se submeter aos percentuais de presunção de 8% e 12% para IRPJ e CSLL, bem como à incidência cumulativa da Contribuição ao PIS e da COFINS, às alíquotas de 0,65% e 3% – estando afastada a regra de apuração de ganho de capital.

4.   CONCLUSÃO

A posição recente da COSIT, veiculada na Solução de Consulta 7/2021, nos parece acertada sob dois aspectos: primeiro, ao retomar a posição da Administração que vigorava até 2018, no sentido de permitir que o produto da alienação de bens imóveis por pessoa jurídica que exerça atividade imobiliária seja tratado como receita bruta; e segundo, ao fazer prevalecer a orientação comercial das atividades exercidas pela empresa, privilegiando a liberdade de destinação dos bens de seu patrimônio e descartando a classificação contábil do ativo como elemento determinante do tratamento tributário a ser dispensado à venda de imóveis.

OS *PLAYERS* DO SETOR IMOBILIÁRIO NO COMBATE À LAVAGEM DE DINHEIRO

Fabyola En Rodrigues

Sócia da área de Direito Penal Empresarial no Demarest Advogados.

Thaís Tereciano

Advogada da área de Direito Penal Empresarial no Demarest Advogados.

Henrique Anders

Advogado da área de Direito Imobiliário no Demarest Advogados.

Sumário: 1. Introdução – 2. Objetivo do provimento 88/2019 – 3. O papel do tabelião e do registrador – 4. Desafios e acertos no atendimento ao provimento 8/2019 – 5. Conclusão.

1. INTRODUÇÃO

Apesar de grande parte de os negócios jurídicos fazer uso dos serviços notariais e de registro, não havia até então uma norma que concedesse aos órgãos de controle e de investigação o acesso independente de solicitação específica, às milhares de informações que, diariamente, são objeto de atos registrais e notariais nos cartórios brasileiros.

Esse cenário de ausência de regulação abria a possibilidade da utilização das estruturas dos cartórios para conferir aparência de legalidade a atos ilícitos, muitas vezes de modo a viabilizar a pulverização de dinheiro obtido mediante a prática de crimes e contravenções, contribuindo para que uma série de crimes graves jamais fossem apurados pelas autoridades.

Na busca por reduzir a prática de atos ilícitos com aparente legalidade, envolvendo os serviços notariais e de registro, a Corregedoria Nacional de Justiça editou o Provimento 88/2019, que entrou em vigor em 03.02.2020, trazendo como grande novidade a inclusão dos (i) tabeliães de notas, (ii) registradores de contratos marítimos, (iii) tabeliães de protesto, (iv) registradores de imóveis, (v) registradores de títulos e documentos e civis de pessoas jurídicas e (vi) autoridades consulares, como agentes colaboradores com o sistema brasileiro de prevenção e de combate à lavagem de dinheiro e financiamento ao terrorismo, tornando-os obrigados a enviar comunicações de operações suspeitas ao Conselho de Controle de Atividades Financeiras

(COAF),[1] assim como a adotar diversos deveres de *compliance* já estabelecidos pelo GAFI e demais organismos internacionais.[2]

2. OBJETIVO DO PROVIMENTO 88/2019

Nos dizeres do Provimento 88/2019, art. 5º, os agentes colaboradores devem: "avaliar a existência de suspeição nas operações ou propostas de operações de seus clientes, dispensando especial atenção àquelas *incomuns ou que, por suas características*, no que se refere a *partes* envolvidas, *valores, forma* de realização, *finalidade, complexidade, instrumentos* utilizados ou pela *falta de fundamento econômico ou legal*, possam configurar *indícios dos crimes de lavagem* de dinheiro ou de financiamento do terrorismo, *ou com eles relacionar-se*".

O Provimento 88/2019 segue as regras de colaboração de Prevenção à Lavagem de Dinheiro que, de maneira geral, impõem às instituições obrigadas a criação de registros e manutenção de cadastros com informações precisas e atualizadas (*know your client*), a comunicação às autoridades competentes de atos e transações suspeitas de lavagem de dinheiro, e que desenvolvam políticas internas de *compliance*, consistentes na qualificação de funcionários, na elaboração de programas, normas e regulamentos para prevenção e identificação de lavagem de dinheiro, bem como na implementação de mecanismos internos para impedir ou reprimir operações direta ou indiretamente ligadas à prática de crimes.[3]

---

1. O Provimento 88/2019 foi alterado pelo Provimento 90, de 12.02.2020. Nos termos da nova redação, havendo indícios da prática de crime de lavagem de dinheiro ou de financiamento do terrorismo, ou de atividades a eles relacionadas, os cartórios deverão efetuar a comunicação no dia útil seguinte ao término do exame da operação ou proposta de operação.
2. De acordo com o art. 7º do Provimento 88/2019, notários e registradores deverão estabelecer e implementar políticas de prevenção à lavagem de dinheiro e ao financiamento do terrorismo compatível com seu volume de operações e com seu porte, que devem abranger, no mínimo, procedimentos e controles destinados à:
   I – realização de diligência razoável para a qualificação dos clientes, beneficiários finais e demais envolvidos nas operações que realizarem;
   II – obtenção de informações sobre o propósito e a natureza da relação de negócios;
   III – identificação de operações ou propostas de operações suspeitas ou de comunicação obrigatória;
   IV – mitigação dos riscos de que novos produtos, serviços e tecnologias possam ser utilizados para a lavagem de dinheiro e para o financiamento do terrorismo; e
   V – verificação periódica da eficácia da política e dos procedimentos e controles internos adotados.
   § 1º A política tratada neste artigo deve ser formalizada expressamente por notários e registradores, abrangendo, também, procedimentos para:
   I – treinamento dos notários, dos registradores, oficiais de cumprimento e empregados contratados;
   II – disseminação do seu conteúdo ao quadro de pessoal por processos institucionalizados de caráter contínuo;
   III – monitoramento das atividades desenvolvidas pelos empregados; e
   IV – prevenção de conflitos entre os interesses comerciais/empresariais e os mecanismos de prevenção à lavagem de dinheiro e ao financiamento do terrorismo.
3. BADARÓ, Gustavo Henrique; BOTTINI, Pierpaolo Cruz. *Lavagem de dinheiro*: aspectos penais e processuais penais: comentários à Lei 9.613/1998, com as alterações da Lei 12.683/2012. 3. ed. São Paulo: Ed. RT, 2016, p. 41.

Com base no Provimento, 88/2019, os responsáveis pelas serventias e oficiais de cumprimento passaram a ter de elaborar "Política de prevenção à lavagem de dinheiro e ao financiamento do terrorismo e Procedimentos e controles internos", bem como elaborar "Manuais e rotinas internas sobre regras de condutas e sinais de alertas", orientando seus serventuários, bem como promover treinamentos de seus serventuários, acerca das políticas, procedimentos e controles internos de prevenção à lavagem de dinheiro e ao financiamento do terrorismo no âmbito de suas serventias, podendo indicar, entre seus prepostos, oficiais de cumprimento.

Como se trata de um sistema próprio e específico para combater a lavagem de dinheiro e o financiamento ao terrorismo, esse Provimento não exclui a necessidade de comunicação à polícia judiciária ou ao Ministério Público a respeito de outros ilícitos que porventura forem identificados pelos notários e registradores no desenvolvimento de suas atividades (como crimes de falsidade e estelionato, por exemplo).[4]

Referida normativa tem significativa relevância para fins de prevenção à lavagem de dinheiro, em especial, no setor imobiliário, sobre o qual nos dedicaremos com maior ênfase, na medida em a transferência de propriedade sobre imóveis depende, na grande maioria dos casos, da utilização de instrumento público (escritura lavrada por um notário) e registro junto ao um cartório de registro de imóveis, assim vários mecanismos utilizados por criminosos acabam por envolver, mesmo que de modo indireto ou inconsciente, a atuação de notários e de registradores, para branquear recursos ilícitos.[5]

Nesse contexto, o Provimento 88/2019 elegeu focar sua atenção: (i) no cliente do serviço notarial, isto é, todo o usuário que comparecer perante um notário interessado em um ato notarial (compra e venda, constituição de direitos reais, ou qualquer outro ato por meio de escritura pública); (ii)cliente do registro imobiliário, o titular de direitos sujeitos a registro; (iii) cliente do registro de títulos e documentos e do registro civil da pessoa jurídica: todos aqueles qualificados/identificados nos instrumentos sujeitos a registro; (iv) cliente do serviço de protesto de títulos: todas as pessoas (naturais ou jurídicas) que forem identificadas em títulos apresentados, incluindo seu apresentante; e (v) o beneficiário final: a pessoa natural em nome da qual uma transação é conduzida ou que, de forma direta ou indireta, possui, controla ou influencia significativamente uma pessoa jurídica, conforme definição da Receita Federal do Brasil (RFB).

A título de exemplo, citamos a aquisição de bens imóveis com preços diferentes daqueles que seriam considerados como prática de mercado – prática que, de maneira geral, pode ser utilizada no auxílio ao criminoso na converterão de ativo ilícito em outro ativo com aparente licitude, de modo a esconder a verdadeira origem do

---

4. MIRON, Rafael Brum. *Notários e registradores no combate à lavagem de dinheiro*. 2. ed. ampl. Rio de Janeiro: Lumen Juris, 2020, p. 181.
5. MIRON, op cit, p. 69.

recurso ilícito, e a criar uma percepção de que a renda utilizada para aquisição foi gerada por fonte lícita.

Outro expediente comumente utilizado é a valorização artificial de bens que ocorre quando o criminoso adquire um determinado imóvel, o registra por um valor inferior ao da aquisição e, após, aliena esse bem pelo valor real, fazendo o registro de maneira correta. Por meio desse mecanismo, é possível "lavar" a diferença entre o valor real da aquisição do imóvel e o valor registrado, considerando-a como um ganho de capital no momento da alienação.

Nesta esteira, o Provimento 88/2019 veio no esforço de estabelecer filtros e controles adicionais, para a detecção da utilização dos meios notariais e registrais oficiais e públicos, para a prática de atos ilícitos.

Cabe esclarecer que, ainda em 2012, o legislador brasileiro seguiu a orientação de diversos órgãos internacionais e promoveu alterações na Lei 9.613/98, ampliando significativamente os sujeitos obrigados a coibir a prática de lavagem de bens e valores para alcançar players do setor imobiliário.

A partir da Lei 12.683/12, pessoas físicas ou jurídicas que exercem atividades de promoção imobiliária ou compra e venda de imóveis, ainda que de caráter eventual, passaram a ter o dever legal de cumprir uma série de obrigações no desenvolvimento de suas atividades, sob pena de incorrerem em prejuízos graves como aplicação de advertências, multa de até R$ 20.000.000,00 (vinte milhões de reais), inabilitação temporária (até 10 anos) para o exercício do cargo de administrador da pessoa jurídica (imobiliária) e cassação ou suspensão da autorização para o exercício da atividade de corretor ou funcionamento da imobiliária.

Neste sentido, o Provimento 88/2019 vem trazer ainda mais força ao combate à prática de lavagem de dinheiro valendo-se do setor imobiliário, já que atos suspeitos podem ser identificados pelo notário, por exemplo, na confecção de escrituras públicas de transmissão / constituição de direitos reais imobiliários, as quais devem sempre contar com valores e especificações sobre as respectivas quitações.

3. O PAPEL DO TABELIÃO E DO REGISTRADOR

Quanto ao tabelião e ao registrador, eles poderão identificar práticas suspeitas no momento de registro/averbação do título ao verificar, por exemplo, discrepâncias injustificadas de valores relativos a determinado imóvel se comparado com o valor de outros negócios realizados, além de *red flags* pelo envolvimento de pessoas expostas politicamente, evidencias de tentativas de ocultar o real proprietário de bens e transações sucessivas em curto lapso temporal envolvendo a mesma propriedade, sem uma justificativa econômica ou de direito plausível.

Neste ponto, é importante esclarecer que a comunicação de prática suspeita de lavagem de dinheiro por parte do tabelião e do registrador *não se confunde com a comunicação de um crime*, sendo um mero reporte de um ato incomum, que não condiz com a prática habitual desempenhada nas relações negociais.

Isso significa dizer que nem toda comunicação de ato incomum deverá ser incluída em um Relatório de Inteligência Financeira e comunicada ao Ministério Público ou à polícia judiciária para fins de apuração de crime ou contravenção penal.

Tal observação é importante, pois afasta a responsabilidade desses agentes por uma obrigação que não é deles, ou seja, a de apurar e concluir pela existência ou não de um crime ou contravenção penal.

Ocorre que, de acordo com os dados fornecidos pelo COAF, entre fevereiro de 2020 e dezembro de 2020, o setor de cartórios realizou mais de um milhão de comunicações ao COAF, marca que nunca havia sido ultrapassada por nenhum outro setor regulado além do bancário.[6]

Diante deste cenário, podemos concluir que está ocorrendo uma espécie de "sobrenotificação" no setor, muito em função da incompreensão das obrigações previstas no Provimento 88/2019, ou do temor pelas consequências de eventual descumprimento.

4.   DESAFIOS E ACERTOS NO ATENDIMENTO AO PROVIMENTO 8/2019

De fato, o controle buscado pelo Provimento 88/2019 encontra dificuldades práticas por parte dos tabeliães e registradores, tendo em vista ser fortemente pautado em critérios subjetivos para que se suspeite e se realize a indicação da prática de um ato suspeito. Contudo, há situações em que os dados objetivos da operação em questão geram fortes suspeitas aos tabeliães e registradores de imóveis, as quais acabam se confirmando posteriormente, graças à informação ao COAF e posterior investigação, como temos acompanhado alguns casos inclusive veiculados pela mídia.

Sendo assim, já se pode verificar que o Provimento 88/2019 tem proporcionado novas oportunidades de identificação de atos ilícitos que até então não eram detectadas e devidamente investigadas, o que demonstra um importante avanço no combate às práticas ilícitas.[7] Contudo, ressaltamos que sua implementação também não deve servir para dar vazão a exageros, nem por parte dos registradores e notários no exercício de sua discrição na realização de indicações de suspeitas ao COAF, nem das autoridades fiscalizadoras dos registradores e notários, para que não se perca a efetividade do Provimento.

---

6.   Disponível em: https://www.gov.br/coaf/pt-br/acesso-a-informacao/Institucional/coaf-em-numeros-1. Acesso em: 02 jun. 2021.

7.   Notícias recentes: https://noticias.uol.com.br/colunas/juliana-dal-piva/2021/09/03/ana-cristina-apartamento-rachadinha-mansao-jair-bolsonaro-ex-assessor.htm.
https://oglobo.globo.com/politica/mansao-em-brasilia-o-21-imovel-negociado-por-flavio-bolsonaro-em--16-anos-24905973.
https://odocumento.com.br/pf-desarticula-esquema-de-sonegacao-de-impostos-e-movimentacoes-financeiras-ilicitas-em-sao-paulo/.

Não se pode perder de vista que o dever dos tabeliães, registradores e players do mercado imobiliário é apenas o de comunicar as práticas suspeitas aos órgãos de controle, não cabendo a tais agentes evitar a prática de lavagem de bens e valores.

A bem da verdade, eventual responsabilização criminal de tais indivíduos ficará limitada a condutas dolosas em razão da ausência de previsão legal, no Brasil, da modalidade culposa do crime de lavagem de dinheiro,[8] além do fato de que tais agentes não podem e não possuem o dever legal de agir para evitar a prática de tal crime.[9]

Por essa razão, eventual omissão na comunicação a título de culpa, por exemplo, não enseja a responsabilização criminal do notário e do registrador, embora seja possível a sua responsabilização cível e administrativa.

5. CONCLUSÃO

A nosso ver, seguindo tendências internacionais, o Brasil tem caminhado positivamente na institucionalização de normas jurídicas que visando o combate a crimes de lavagem de dinheiro e o financiamento ao terrorismo. Este esforço institucional tem apoiado também o combate à corrupção no país, e tem sido fundamental para a preservação e desenvolvimento de um ambiente juridicamente seguro, propiciando investimentos no país, fomento e desenvolvimento da economia.

O Provimento 88/2019 vem ampliar formalmente a base de agentes colaboradores no combate a tais crimes. Contudo, entendemos que essa inclusão não deve dar vasão a inseguranças por conta de exageros e abusos, que por vezes acabam dificultando as atividades financeiras e econômicas no Brasil, que ao final se tornam contra o intuito primário da legislação e do próprio Provimento.

---

8. No Brasil, apenas o comportamento doloso é objeto de repreensão, caracterizado como aquele no qual o agente tem ciência da existência dos elementos típicos e vontade de agir naquele sentido. Isso significa dizer que não basta a constatação objetiva da ocultação ou dissimulação: é necessário demonstrar que o agente conhecia a procedência criminosa dos bens e que agiu com consciência e vontade de encobri-los. Neste sentido: BADARÓ, Gustavo Henrique. BOTTINI, Pierpaolo Cruz. *Lavagem de dinheiro*: aspectos penais e processuais penais: comentários à Lei 9.613/1998, com as alterações da Lei 12.683/2012. 3. ed. São Paulo: Ed. RT, 2016, p. 138.
9. Código Penal, art. 13, § 2º: "A omissão é penalmente relevante quando o omitente devia e podia agir para evitar o resultado. O dever de agir incumbe a quem: a) tenha por lei obrigação de cuidado, proteção ou vigilância; b) de outra forma, assumiu a responsabilidade de impedir o resultado; c) com seu comportamento anterior, criou o risco da ocorrência do resultado".

CONVERSÃO DE REINTEGRAÇÃO DE POSSE EM DESAPROPRIAÇÃO INDIRETA: ANÁLISE À LUZ DE DECISÃO DO TJ/SP

Rachel Leticia Curcio Ximenes

Doutora e Mestra em Direito Constitucional pela PUC-SP. Especialista em Proteção de Dados pelo INSPER, PUC/SP e pelo Mackenzie. Pós-graduada em Direito Notarial e Registral pela Escola Paulista da Magistratura (EPM-SP). Bacharel em Direito pela PUC-SP. Professora de Proteção de Dados e de Direito Notarial e Registral. Presidente da Comissão de Direito Notarial e de Registros Públicos da OAB-SP. E-mail: rachelximenes@yahoo.com.br.

Sumário: 1. Introdução – 2. Função social da propriedade – 3. Reintegração de posse e desapropriação indireta – 4. Do caso em análise – 5. Da possibilidade de conversão – 6. Conclusão – 7. Referências.

1. INTRODUÇÃO

A temática jurisprudencial da conversão de reintegração de posse em ação de indenização por desapropriação indireta é de suma importância para a consolidação, pelo Poder Judiciário, de um aparato sólido de precedentes acerca da função social da propriedade, elencada no art. 5º, XXIII, da Constituição Federal.

Por diversas vezes, as ocupações de imóveis, de cunho precário e populoso, geram celeumas no que tange às temáticas dos direitos humanos e de moradia, discutindo-se se os ocupantes cumprem efetivamente a função social da propriedade.

Assim, pelo impacto social advindo dessa espécie decisória, e pelas problemáticas enfrentadas de cunho fiduciário, existem decisões relevantes no âmbito dos Tribunais Estaduais e Superiores. Dessa forma, pela relevância do tema para a atualidade, analisar-se-á recente decisão do Tribunal de Justiça do Estado de São Paulo ("TJSP") que bem define a complexidade e relevância do cenário posto.

Posteriormente, realizar-se-ão esmiúces quanto aos conceitos e requisitos de reintegração de posse, desapropriação indireta, passando pelo que define a jurisprudência dos Tribunais acerca da possibilidade e caraterísticas da conversão à indenização por desapropriação indireta, findando com uma análise crítica acerca da questão trazida.

2. FUNÇÃO SOCIAL DA PROPRIEDADE[1]

É preciso, antes de tudo, fazer pequenas conceituações para que, de fato, entenda-se o quanto abordado pelo presente artigo. Nesse sentido, inicia-se o trabalho, sem

---

1. Capítulo desenvolvido a partir de CHALHUB, Melhim; ABELHA, André. Projetos de retrofit e conversão de uso em condomínios pulverizados: como superar o desafio da unanimidade? Disponível em https://www.

o intuito de esgotar os temas, com a conceituação da função social da propriedade e seus fundamentais legais junto ao direito brasileiro.

Voltando um pouco na história, podemos constatar que a concepção de propriedade, no mundo greco-romano, estava intrinsecamente ligada à ideia de religião, à adoração do deus-lar, à casa familiar. A propriedade privada, então, era parte da constituição social desta civilização, sem possibilidade de alteração[2].

Tendo como referência a revolução francesa, que é dada como o marco no processo de conceituação da propriedade moderna, passou-se a discutir a utilidade social como fundamento do direito individual de propriedade[3], segundo a qual seu exercício é condicionado pela destinação social do bem sobre o qual recai[4], impondo ao seu titular um poder-dever de agir não apenas em seu benefício, mas também de outros.[5]

Neste sentido, tínhamos que a terra possuía um caráter de direito natural e absoluto, sendo o Estado inerte quanto às questões do direito sagrado, natural e absoluto do homem, provindo deste entendimento uma obrigação de não fazer, com caráter *erga omnes*, excluindo-se o direito da coletividade.[6]

Foi a partir da revolução francesa que se criou a ideia principal de demarcação jurídica da propriedade, incumbindo à Constituição de organizar o Estado, resguardando o direito do monismo jurídico, isto é, a existência de um único direito – o estatal – sendo responsável o Estado moderno de assegurar a liberdade, igualdade e a propriedade, estando esta última como prioridade[7].

---

migalhas.com.br/coluna/migalhas-edilicias/349230/projetos-de-retrofit-e-conversao-de-uso-em-condo-minios-pulverizados. Acesso em: 27 set. 2021.

2. "Como observa Fustel de Coulanges, 'a casa de um grego ou de um romano encerrava um altar'. A incolumidade outorgada à Domus era proteção ao fogo sagrado, aos Penates, aos deuses Lares. (...) Tal o respeito devido à casa, que, invito domino, não lhe podia ser ultrapassada a soleira ainda quando para o fim de chamamento a juízo" (HUNGRIA, Nelson. *Comentários ao Código Penal*. 4. ed. Rio de Janeiro: Forense, 1958, v. 6, p. 204-205.

3. Nas argutas palavras de Judith Martins-Costa, "a noção de função social da propriedade começa a sua história com base nas formulações acerca da figura do abuso de direito, pela qual foi a jurisprudência francesa gradativamente impondo certos limites ao poder absoluto do proprietário. A abordagem, contudo, ainda ocorrida no plano dos 'limites'... Este entendimento inicial sofreu forte ruptura nos finais do século XIX pela pena de Leon Duguit, que promoveu uma crítica radical à noção mesma de direito subjetivo, propondo substituí-lo pela 'noção realista de função social', daí assentando, em célebre dito, que a propriedade é uma função social". MARTINS-COSTA, Judith. Diretrizes *Teóricas do Novo Código Civil Brasileiro*. São Paulo: Saraiva, 2002, p. 146-147.

4. SERPA LOPES, Miguel Maria de. *Curso de direito civil*. 3. ed. Rio de Janeiro: Livraria Freitas Bastos, 1964, v. 6, p. 242. Invocando Léon Duguit, diz o autor que a razão de ser do direito individual é a utilização da propriedade de acordo com sua função social, pois, "se a afetação de uma coisa à utilidade individual está protegida, deve-se antes de tudo à utilidade social dela resultante".

5. GRAU, Eros Roberto, *A ordem econômica na Constituição de 1988*. 2. ed. São Paulo: Malheiros, 2001, p. 275. Diz o autor que a função social da propriedade impõe "ao proprietário – ou a quem detém o controle, na empresa – o dever de *exercê-lo* em benefício de outrem e não, apenas, de *não o exercer* em prejuízo de outrem."

6. VARELLA, Marcelo Dias. *Introdução ao Direito à reforma agrária* – o direito face aos novos conflitos sociais. Leme/SP: Editora de Direito, 1998. p. 199.

7. ARAUJO, Cloves dos Santos. *Os fundamentos político-filosóficos da propriedade moderna, suas rupturas e a função social*. 2005. p. 06. Disponível em: http://periodicos.uefs.br/ojs/index.php/revistajuridica/article/view/1816/1267. Acesso em: nov. 2021.

CONVERSÃO DE REINTEGRAÇÃO DE POSSE EM DESAPROPRIAÇÃO INDIRETA **415**

Desde então a propriedade foi concebida como uma situação jurídica complexa, ativa e passiva, impondo deveres, positivos e negativos, correspondentes à realização da finalidade social à qual se destinam os bens objeto do direito de propriedade, segundo sua natureza e as circunstâncias que justifiquem sua tutela.

Cumpre trazer à tela que foi a legislação francesa que serviu como modelo princípio das demais normas que sobrevieram na França e em outros Estados que mantinham, primordialmente, a economia burguesa. Foi nesse momento, inclusive, que surgiu, em meados do século XIX o instituto expropriatório, trazido pelo ordenamento francês e que foi adotado pelas demais constituições europeias, que passaram a prever a desapropriação da propriedade frente a real necessidade ou por meio de utilidade pública[8].

Além do quanto já tratado pela influência da legislação Francesa sob os demais Estados da Europa, os países da América Latina, observando o sucesso dos mecanismos, sofreram forte influência e passaram a prever, em suas ordens constitucionais, a expropriação, detalhando os requisitos necessários para a utilidade pública, bem como a previsão de indenização que fosse justa. Surgindo com a Constituição Imperial Brasileira de 1824, passando pela Uruguaia de 1829; a Chilena de 1833; a Argentina de 1853[9], dentre outras, o instituto da expropriação, com fundamento na necessidade ou utilidade pública, passou a ser um instrumento presente nos Estados, sendo importantíssimo para o tema aqui tratado, como veremos logo abaixo.

Retornando aos ditames da função social da propriedade, no Brasil, essa concepção está refletida na Constituição de 1988, que condiciona o exercício de tal direito a interesses da coletividade, mediante parâmetros de qualificação, para imóveis urbanos e rurais (arts. 5°, XXII, XXIII, XXVI, 182, 184, 185 e 186), e considerando sua exploração em atividades empresariais (art. 170, II e III). Em relação à propriedade de imóveis urbanos, a noção de função social da propriedade privada é determinada pelos requisitos de realização das funções sociais da cidade.[10]

Nessa ordem de ideias, ganha relevo a qualificação do direito urbanístico como uma nova disciplina jurídica (Constituição Federal, art. 24, I[11]) que fixa linhas gerais relativas à "política urbana", às "funções da cidade", à qualificação da "propriedade urbana" (art. 182, § 2°) e do "solo urbano" (art. 182, § 4°), consolidando "uma concepção renovada da propriedade solo urbano, que nada mais seria que a consideração de uma *propriedade urbanística*" cujo conteúdo é condicionado aos requisitos de realização das funções da cidade[12].

---

8. LIMA, Paulo Jorge de. *Desapropriação por interesse social*. São Paulo: Fulgor, 1965. p. 68-69.
9. LIMA, Paulo Jorge de. *Desapropriação por interesse social*. São Paulo: Fulgor, 1965, p. 84-85.
10. CHALHUB, Melhim Namem, *Direitos Reais*. São Paulo: Ed. RT, 2. ed., 2014, p. 67 e ss.
11. Art. 24. Compete à União, aos Estados e ao Distrito Federal legislar concorrentemente sobre: I – direito tributário, financeiro, penitenciário, econômico e urbanístico.
12. LIRA, Ricardo Pereira, *Elementos de direito urbanístico*. Rio de Janeiro: Renovar, 1997, p. 158.

O § 1º do art. 1.228 do Código Civil, de modo expresso, abraçou a função social da propriedade, ao estabelecer que esse direito deve ser exercido "em consonância com as suas finalidades econômicas e sociais e de modo que sejam preservados ... o equilíbrio ecológico e o patrimônio histórico e artístico". Isto "impõe ao titular o dever de respeitar situações jurídicas e interesses não proprietários socialmente tutelados, atingidos pelo exercício do domínio"[13]. A função social legitima o direito de propriedade[14].

A propriedade, um dia absoluta, só com limites externos dentro dos quais o proprietário era livre para explorá-la como bem lhe aprouvesse, hoje encontra a função social como a sua própria razão de existir[15]. Mais do que isso, a situação jurídica proprietária envolve terceiros, e a balança penderá para um lado ou para o outro a depender de qual solução atenderá melhor, no caso concreto, a função social[16].

Sobre o tema, trazemos o quanto tratado pelo Dr. Fabio Konder Comparato[17] que expos que a função social nada mais é se não um dever fundamental, onde, reconhecido seu descumprimento, esse enseja na violação ao direito fundamental de acesso à propriedade, conforme reconhecido na própria Constituição Federal, em seus artigos 183 e 191. Deste modo, a função social da propriedade não figura no mundo jurídico como somente uma recomendação, mas, de todo modo, como uma vinculação efetiva para os particulares.

Se o direito de propriedade – e as faculdades que o compõem – está funcionalizado, e não pode ser visto apenas sob o aspecto estrutural, seu exercício disfuncional pode ensejar consequências adversas ao titular do domínio, incluindo a perda do direito de reivindicar o imóvel[18].

---

13. TEPEDINO, Gustavo José Mendes. Os direitos reais no novo Código Civil. *Temas de direito civil*. Rio de Janeiro: Renovar, 2006, t. II, p. 158.

14. Pietro Perlingieri há muito já professava essa ideia, e que o titular do domínio só merece a tutela do ordenamento jurídico na medida em que o seu comportamento esteja de acordo com os valores vigentes. Se o proprietário não atribui ao seu bem a função que dele se espera, o direito a ele conferido perde a razão de existir (PERLINGIERI, Pietro. *Introduzione alla problematica della proprietà*. Napoli: Jovene, 1970, p. 71).

15. Ainda na doutrina italiana acerca da função social da propriedade, v. BIANCA, C. Massimo. *Diritto Civile*: la proprietà, Milano: Giuffrè editore, 2005, v VI, p. 170 e ss.; e RODOTÀ, Stefano. *Il terribile diritto*. Studi sulla proprietà privata. 2. ed. Bologna: Il Mulino, 1990, p. 31 e ss.

16. Francisco Eduardo Loureiro escreve que "a propriedade é uma relação jurídica complexa, que reúne não só um feixe de poderes, como os de usar, gozar, dispor e reivindicar a coisa, mas também deveres em relação a terceiros proprietários e a terceiros não proprietários. Ao lado dos tradicionais poderes que fazem da propriedade um valor de sinal positivo, há, também, valores emergentes, que têm como universo de referência o sistema social". LOUREIRO, Francisco Eduardo. *A propriedade como relação jurídica complexa*. Rio de Janeiro: Renovar, 2003, p. 43-44. Ver também: TEPEDINO, Gustavo José Mendes. Contornos constitucionais da propriedade privada. *Temas de direito civil*. 3. ed. Rio de Janeiro: Renovar, 2004, t. I, p. 323.

17. COMPARARATO, Fábio Konder. Direitos e deveres fundamentais em matéria de propriedade. In: STROZAKE, Juvelino (Coord.). *A Questão Agrária e a Justiça*, p. 145.

18. A Oitava Câmara Cível do Tribunal de Justiça de São Paulo, em acórdão relatado pelo Des. José Osório, julgou uma ação reivindicatória de uma grande área, que, embora reconhecidamente esbulhada, transformara-se numa comunidade de baixa renda. O relator, invocando a função social da propriedade, entendeu que a remoção dos moradores seria "*uma correção cirúrgica de natureza ético-social, sem anestesia, inteiramente incompatível com a vida e a natureza do direito*" (TJSP. 8ª Câmara Cível. Apelação 212.726-1/8, julgamento em 16.12.1994. Acórdão unânime. *Justiça e Democracia, Revista Semestral de Informação e Debate*, 1 (1996),

3. REINTEGRAÇÃO DE POSSE E DESAPROPRIAÇÃO INDIRETA

Entendida a função social desempenhada pela propriedade, principalmente no que tange ao direito brasileiro, passemos a analisar os desdobramentos desse instituto. Começamos pela a ação de reintegração de posse, que pode ser conceituada como medida judicial "movida pelo esbulhado, a fim de recuperar posse perdida em razão da violência, clandestinidade, ou precariedade e ainda pleitear indenização por perdas e danos"[19].

O pedido de reintegração de posse deve ser analisado com fulcro nos requisitos legais para a sua concessão (art. 560 e 561 do CPC). Sem a devida comprovação da posse, esbulho, data do esbulho e a perda da posse não será possível o deferimento da reintegração ou de concessão de tutela respectiva[20].

Acerca da necessidade de comprovação da posse, traz Alcântara[21]:

> Importante ressaltar que a posse não pode ser considerada como propriedade, mas é protegida como uma exteriorização dela, o que evidencia o acolhimento, entre nós, da teoria objetiva da posse. (...) parte-se da ideia de que quem tem posse tem também a propriedade, e se protege aquela como forma mais rápida de assegurá-la.[22]

De modo geral, podemos inquerir que o instituto da reintegração de posse ocorre a partir do momento que um bem é tomado, seja por meio violento, ou que seja impossibilitado ao seu titular de opor resistência. Contextualizado juridicamente, pode-se tratar como esbulho o ato em que tem como objetivo a retirada de posse de alguém de modo injusto ou com emprego de violência. Se por um lado a posse pode ser considerada como o ato de possuir o bem, a reintegração, por sua vez, presume-se na recuperação da coisa que foi ilegitimamente e ilegalmente usurpada.

Nas palavras de Antônio Carlos Marcato[23]:

---

p. 239-242). Também antes do atual Código Civil, veio a ser invocado pela Sexta Câmara Cível do Tribunal de Justiça do Estado do Rio Grande do Sul, que apreciou uma lide idêntica, ficando a ementa com o seguinte teor: "Ação reivindicatória. Improcedência. Área de terra na posse de centenas de famílias, há mais de 22 anos. Formação de verdadeiro bairro, com inúmeros equipamentos urbanos. Função social da propriedade como elemento constitutivo do seu conceito jurídico. Interpretação conforme a Constituição. Inteligência atual do art. 524 do CC. Ponderação dos valores em conflito. Transformação da gleba rural, com perda das qualidades essenciais. Aplicação dos arts. 77, 78, e 589 do CC. Consequências fáticas do desalojamento de centenas, senão milhares, de pessoas, a que não pode ser insensível o juiz. Nulidade da sentença rejeitada por unanimidade. Apelação desprovida por maioria" (TJRS. 6ª. Câmara Cível. Apelação Cível 597163518, Des. Relator (vencido) João Pedro Freire. Julgado em 27.12.2000).

19. DINIZ, Maria Helena. *Código Civil anotado*. São Paulo: Saraiva, 2015, p. 104.
20. Art. 560. O possuidor tem direito a ser mantido na posse em caso de turbação e reintegrado em caso de esbulho. Art. 561. Incumbe ao autor provar: I – a sua posse; II – a turbação ou o esbulho praticado pelo réu; III – a data da turbação ou do esbulho; IV – a continuação da posse, embora turbada, na ação de manutenção, ou a perda da posse, na ação de reintegração.
21. ALCÂNTARA, Fábio Bonomo de. *Resumo de direito processual civil*: procedimentos especiais. Leme: J. H. Mizuno, 2006.
22. ALCANTARA, 2006, p. 46.
23. MARCATO, Antônio Carlos. *Procedimentos especiais*. 8. ed., 2. tir. rev., atual. e ampl., incluindo a ação monitória introduzida pela Lei 9.079/95. São Paulo: Malheiros Editores, 1999.

Esses fatos deverão ser demonstrados documentalmente, exigindo-se a prova cabal de pelo menos dois deles: a posse do autor e a data do esbulho ou turbação. A exigência é facilmente compreensível, pois não demonstrada a posse do autor descaberá a proteção possessória por ele pretendida; ademais, é de vital importância a fixação da data da ofensa, já que com base nela se apurará o procedimento adequado, vale dizer, tratando-se de ação de força nova o rito será o especial, e de força velha, o ordinário (...)[24].

Em suma, a ação de reintegração de posse é cabível quando o possuidor visa recuperar a posse, haja vista que a ofensa exercida contra a legítima posse o impediu de continuar no exercício de suas prerrogativas legais.

Por outro lado, podemos trazer que a desapropriação indireta é assim chamada porque não há, por parte do poder público, o ajuizamento de ação expropriatória. O que se discute em tal processo é o direito do particular à indenização em razão do esvaziamento econômico total ou parcial da propriedade em razão de limitações administrativas ambientais e/ou urbanísticas, e/ou pelo desapossamento efetivo do bem.

Por exemplo, a instituição de um parque nacional ou estadual implica, por força de lei, o desapossamento do imóvel abrangido pela medida[25].

Para Justen Filho, a desapropriação indireta é uma prática inconstitucional:

"A desapropriação indireta consiste no apossamento fático pelo Poder Público, *sem autorização legal ou judicial*, de bens privados. Trata-se, em última análise, de *prática inconstitucional*, cuja solução haveria de ser a restituição do bem ao particular, acompanhada de indenização por perdas e danos, e a *punição draconiana para os responsáveis pela ilicitude*". [26] (Grifo nosso)

Sobre esse ponto, é preciso destacar o quanto tratado pela Constituição Federal, em seu art. 22, inciso II, onde tão somente a União pode legislar sobre o assunto.

---

24. MARCATO, 1999, p. 121.
25. Conforme a Lei 9.985/2000, art. 11, § 1º, o parque "é de posse e domínio públicos". De acordo com a mesma lei, os efeitos dominiais e possessórios variam conforme o tipo de unidade de conservação: (i) Art. 9º, § 1º A Estação Ecológica é de *posse* e domínio públicos, sendo que as áreas particulares incluídas em seus limites serão desapropriadas, de acordo com o que dispõe a lei; (ii) Art. 10, § 1º A Reserva Biológica é de *posse* e domínio públicos, sendo que as áreas particulares incluídas em seus limites serão desapropriadas, de acordo com o que dispõe a lei; (iii) Art. 12, §1o. O Monumento Natural pode ser constituído por áreas particulares, desde que seja possível compatibilizar os objetivos da unidade com a utilização da terra e dos recursos naturais do local pelos proprietários; (iv) Art. 13, § 1º. O Refúgio de Vida Silvestre pode ser constituído por áreas particulares, desde que seja possível compatibilizar os objetivos da unidade com a utilização da terra e dos recursos naturais do local pelos proprietários; (v) Art. 15, §1o. A Área de Proteção Ambiental é constituída por terras públicas ou privadas; (vi) Art. 16, § 1º A Área de Relevante Interesse Ecológico é constituída por terras públicas ou privadas; (vii) Art. 17, § 1º A Floresta Nacional é de *posse* e domínio públicos, sendo que as áreas particulares incluídas em seus limites devem ser desapropriadas de acordo com o que dispõe a lei; (viii) Art. 18, § 1º A Reserva Extrativista é de domínio público, com uso concedido às populações extrativistas tradicionais; (ix) Art. 19, § 1º A Reserva de Fauna é de *posse* e domínio públicos, sendo que as áreas particulares incluídas em seus limites devem ser desapropriadas de acordo com o que dispõe a lei; (x) Art. 20, § 2º A Reserva de Desenvolvimento Sustentável é de domínio público, sendo que as áreas particulares incluídas em seus limites devem ser, quando necessário, desapropriadas, de acordo com o que dispõe a lei; e (xi) Art. 21. A Reserva Particular do Patrimônio Natural é uma área privada, gravada com perpetuidade, com o objetivo de conservar a diversidade biológica.
26. JUSTEN FILHO, Marçal. *Curso de Direito Administrativo*. 3. ed. São Paulo: Saraiva, 2008. p. 528.

Nesse sentido, vem a desapropriação no sentido de respaldar a sociedade, como meio de garantia de lazer, segurança, saúde, educação etc.

Indo além do tratado acima, a desapropriação ganha respaldo por textos infra legais, quais sejam: a Lei 4.132/1962 (especifica os casos de desapropriação por interesse social); Lei 4.593/1964 (desapropriação para obras de combate à seca no Nordeste); Decreto-Lei: 1.075/1970 (imissão provisória na posse em imóveis residenciais urbanos); Lei 8.629/1993 (reforma agrária); Lei Complementar 76/1993, com as alterações da Lei Complementar 88/1996: dispõe sobre o procedimento contraditório especial, de rito sumário, para o processo de desapropriação de imóvel rural, por interesse social, para fins de reforma agrária; dentre outros.

Um dos fundamentos para a desapropriação indireta se encontra no art. 35 do Decreto-lei 3.365/41, segundo o qual "os bens expropriados, uma vez incorporados à Fazenda Pública, não podem ser objeto de reivindicação, ainda que fundada em nulidade do processo de desapropriação", sendo que "qualquer ação, julgada procedente, resolver-se-á em perdas e danos".

Fato é que o instituto da desapropriação indireta causa litígios no mundo jurídico, porquanto há quem defenda que sua aplicação é ilegal. Vejamos o que trata Harada[27]:

> A chamada desapropriação indireta não chega a ser um instituto de direito por ser um mero instrumento processual para forçar o Poder Público a *indenizar o ato ilícito*, representado pelo desapossamento da propriedade particular, sem o devido processo legal que é a desapropriação[28]. (Grifo nosso)

Kiyoshi Harada[29] elenca dois requisitos essenciais para o surgimento do dever de indenizar:

> Dois são os requisitos indispensáveis para a propositura dessa ação: (a) que tenha havido *apossamento administrativo do imóvel, ou que este tenha sido despojado de sua utilidade*, por tempo ilimitado, por ação do poder público; (b) que o *autor seja o titular do domínio da área apossada*. Carlos Alberto Dabus Maluf cita um terceiro requisito que seria a prova de pagamento de impostos incidentes sobre o imóvel apossado. (Grifo nosso)

Nessa mesma seara, a jurisprudência do Superior Tribunal de Justiça também estabeleceu como requisitos:

> Administrativo e processual civil. Embargos de divergência em recurso especial. Decreto 750/93. Preservação da mata atlântica. Limitação administrativa. Inexistência de esvaziamento do conteúdo econômico da propriedade. Precedentes de ambas as turmas e da própria seção de direito público do STJ. 1. A desapropriação indireta pressupõe três situações, quais sejam: (I) apossamento do bem pelo Estado sem prévia observância do devido processo legal; (II) afetação do bem, ou seja, destiná-lo à utilização pública; 7 (III) irreversibilidade da situação fática a tornar ineficaz a tutela

---

27. HARADA, Kiyoshi. *Precatório judicial. Boletim de Direito Municipal, São Paulo, NDJ*, n. 11, nov.2007.
28. HARADA, 2007, p. 223.
29. HARADA, Kiyoshi. *Desapropriação: Doutrina e Prática*. 11. ed. Grupo GEN, 2015. p. 223.

judicial específica. (...) (EREsp 922786/SC, STJ – Primeira Seção, Rel. Min. Benedito Gonçalves, julgamento: 09.09.09, DJ: 15.09.2009).

Por outro lado, ao verificar que há indenização pela desapropriação indireta, essa se caracteriza como meio posto para que o proprietário do bem atingido possa receber o valor correspondente à perda ocasionada. A ação tem função precípua de buscar o teor indenizatório, devendo o Estado adimplir com a mesma indenização que pagaria caso tivesse iniciado a apropriação direta[30].

O direito à indenização está previsto no artigo 5º, XXIV, da Constituição Federal, o qual determina que "a lei estabelecerá o procedimento para desapropriação por necessidade ou utilidade pública, ou por interesse social, mediante justa e prévia indenização em dinheiro".

Nesse sentido indenizatório, traz o artigo 35 do Decreto-Lei 3.365/41:

"Art. 35 – Os bens expropriados, uma vez incorporados à Fazenda Pública, não podem ser objeto de reivindicação, ainda que fundada em nulidade do processo de desapropriação. Qualquer ação, julgada procedente, resolver-se-á em perdas e danos".

A fim de elucidar o tema de indenização, trazemos o que trata o Colendo Superior Tribunal de Justiça, que dispôs:

"Embargos à execução de sentença – ação de desapropriação indireta – litisconsórcio necessário – inexistência – procuração ad judicia validade – execução provisória – necessidade de caução – violação do art. 475, II – inocorrência – extração de carta de sentença – inexistência de recolhimento de custas – matéria que não deve ser alegada em embargos do devedor – execução de honorários advocatícios – legitimidade da parte – Súmula 389 DO STF – *1. A ação de indenização por desapropriação indireta decorre de verdadeiro esbulho possessório, posto não precedida do Decreto expropriatório regular, revestindo-se, assim, de caráter nitidamente indenizatório, reclamando a aplicação das regras da solidariedade, que ensejam o litisconsórcio facultativo.* Precedente do STJ. 2. Ademais, por expressa disposição do art. 623, I, do Código Civil de 1916, cada condômino pode reivindicar a propriedade comum de terceiro, e a ação de desapropriação indireta é sucedâneo da ação reivindicatória. Não há que se falar, portanto, em ilegitimidade do condômino. 3. Entretanto, a legitimidade para propor a desapropriação indireta não implica o direito de receberem os condôminos a totalidade da indenização. Aliás, o próprio Código de Processo Civil (CPC, art. 291) prevê a possibilidade de cotitulares levantarem, em juízo, apenas a cota que lhes pertence, como sói ocorrer nas obrigações individuais. 4. A procuração ad judicia tem validade até posterior revogação pelo mandante, ou renúncia por parte do mandatário. 5. Na execução provisória, a caução é exigível apenas por ocasião do levantamento do dinheiro. Precedentes. 6. Havendo julgamento superveniente do Tribunal, a suprir eventual ausência de submissão do julgado ao duplo grau de jurisdição obrigatório, não há falar-se em violação do art. 475, II, do CPC. Aplicação analógica do disposto no art. 462 do mesmo Diploma Legal. 7. A ausência de recolhimento das custas referentes à extração de Carta de Sentença é questão que não deve ser alegada em sede de embargos do devedor, que visam a infirmar o título ou o crédito exequendo. 8. Inobstante possua o advogado direito autônomo quanto aos honorários advocatícios, a jurisprudência consolidada do STJ reconhece à parte a legitimidade para a execução de referidas verbas. 9. "Salvo limite legal, a fixação de honorários de advogado, em complemento da condenação, depende das circuns-

---

30. DI PIETRO, Maria Sylvia Zanella. *Direito Administrativo*. 22. ed. São Paulo: Atlas, 2009. p. 160.

tâncias da causa, não dando lugar a recurso extraordinário." (Súmula 389 do STF) 10. Recurso parcialmente conhecido e, nessa parte, improvido" (STJ – RESP 300196 – SP – Rel. Min. Milton Luiz Pereira – DJU 15.12.2003 – p. 00183) (Grifo Nosso).

4. DO CASO EM ANÁLISE

A 22ª Câmara de Direito Privado do TJSP, em apelação relatada pelo Desembargador Roberto Mac Cracken, com acórdão publicado no DJe em 16.08.2021, converteu ação de reintegração de posse em indenização por desapropriação indireta em área no entorno do aeroporto Leite Lopes, em Ribeirão Preto/SP, ocupada por mais de 3 mil pessoas de baixa renda.

O órgão colegiado considerou que a ocupação em área de grandes proporções por populações de baixa renda, com o intuito de moradia, acarreta grande onerosidade de reversão, e que os ocupantes, por muitas vezes, cumprem efetivamente o papel da função social da propriedade. Ademais, os Desembargadores pontuaram que o não cumprimento da função social, anterior à ocupação, decorreu precipuamente da inércia do Poder Público.

O caso em tela envolve imóveis que integram o "Jardim Jóquei Clube", com área de 218.128,45m². Os proprietários insurgiram-se contra a ocupação em 2014.

Os autores da ação não haviam realizado construções no terreno, nem haviam dado ao imóvel outra destinação rural ou urbana, e alegaram que tal inatividade advinha da dificuldade de obtenção de autorização da Prefeitura para a execução de obras de infraestrutura.

O pedido foi julgado improcedente em 1ª instância, ensejando a interposição de recurso de apelação ao TJSP. Por ocasião do julgamento, o relator ponderou que a despeito da posse legítima dos proprietários, e apesar do pagamento do tributo incidente sobre o bem, a posse coletiva e ininterrupta dos invasores, ainda que clandestinamente, atendeu à função social da propriedade.

Ademais, segundo o acórdão, não se tratou de esbulho perpetrado por um indivíduo em prejuízo dos demais. Assim, convergindo com o juízo de primeiro grau, o TJSP reconheceu a posse dos requeridos. Acerca da precariedade das instalações, a decisão pontuou a função pública na promoção de programas de melhorias habitacionais e de saneamento básico.

Por fim, entendeu-se pela conversão da reintegração de posse em ação de indenização por desapropriação indireta com fulcro nos princípios processuais da celeridade e economicidade processual. A ementa é a seguinte:

Ação de reintegração de posse. 1. Coisa julgada. O feito foi originalmente julgado procedente, inclusive com acordo para desocupação. Invocando os princípios da celeridade e da economia processual, foi determinada, nos mesmos autos, a citação por edital dos demais ocupantes. Relações processuais distintas, que impõe afastar a preliminar de coisa julgada. *2. Confissão e revelia.* As defesas apresentadas beneficiam os ocupantes que não apresentaram contestação, considerando a existência de litisconsórcio unitário, ante a imposição de decisão uniforme a todos os requeridos que ocuparam de forma coletiva a área "sub judice". 3. *Posse. Ocupação de área de grandes proporções, desde 2014, por famílias de baixa renda, com escopo de moradia, em efetivo exercício ininterrupto da posse. A situação fática consolidada no tempo apresenta colossal custo de reversão. Melhor posse dos requeridos, sob o enfoque da função social da propriedade. Pedido de reintegração de posse improcedente. 4. Desapropriação indireta. O fato de a área não cumprir plenamente sua função social, antes da ocupação, também decorreu da inércia do Poder Público, considerando a iniciativa dos autores em regularizar o empreendimento imobiliário.* Em prestígio aos princípios da celeridade e da economia processual, de rigor converter a presente ação de reintegração de posse em ação de indenização por desapropriação indireta, acolhendo o pedido alternativo deduzido pelos autores em razões recursais. Recuso de apelação provido (Apelação 1005900-93.2014.8.26.0506, Rel. Roberto Mac Cracken, 22ª Turma de Direito Privado, julgado em 16/08/2021). (Grifo nosso)

5.   DA POSSIBILIDADE DE CONVERSÃO

Em que pese os debates e controvérsias doutrinárias e de jurisprudência, perdurou por muito tempo o entendimento jurisprudencial pela inviabilidade de converter a ação de reintegração de posse (rito especial) em ação indenizatória pela desapropriação indireta (rito ordinário), fundado no entendimento de inexistência de fungibilidade entre os ritos processuais.

Em outras palavras, o proprietário que ajuizasse ação reintegratória, quando já caracterizada a incorporação do bem pelo Poder Público, teria seu processo extinto sem resolução de mérito por carência de interesse processual.

Dada as circunstâncias normativas e doutrinárias, em 2018 o Superior Tribunal de Justiça mudou esse quadro. No julgamento do Recurso Especial 1.442.440-AC[31], a Corte Superior determinou a conversão de ação possessória em indenizatória (desapropriação indireta):

> A ação possessória pode ser convertida em indenizatória (desapropriação indireta) – ainda que ausente pedido explícito nesse sentido – a fim de assegurar tutela alternativa equivalente ao particular, quando a invasão coletiva consolidada inviabilizar o cumprimento do mandado reintegratório pelo município.

Deste modo, com fulcro legal no princípio da fungibilidade, utilizada qualquer das medidas possessórias e, se no decorrer do trâmite processual, ocorrer a incorporação do bem ao patrimônio público, a ação deve ser transformada em ação de desapropriação indireta[32].

---

31. STJ, *Enunciado de Jurisprudência 619*. Processo: REsp 1.442.440-AC, Rel. Min. Gurgel de Faria, por unanimidade, julgado em 07.12.2017, DJe 15.02.2018. Publicação em 09.03.2018. Disponível em: https://www.stj.jus.br/publicacaoinstitucional/index.php/informjurisdata/issue/view/591/showToc. Acesso em: 15 nov. 2021.

32. Nesse sentido, Matheus Carvalho: "Desse modo, entende-se que, caso o proprietário presencie o esbulho estatal, ele pode se valer dos institutos processuais cabíveis a impedir a invasão, tais como o interdito proibitório, em casos de ameaça de esbulho e até mesmo, a ação de reintegração de posse, nas situações em que o ente estatal já tenha efetivamente esbulhado seu bem. Somente não poderá pleitear o retorno do bem ao

Vejamos o que traz o Supremo Tribunal Federal:

Ação de desapropriação indireta. Foro competente. A chamada ação de desapropriação indireta e, na sua substancia, ação reivindicatória que se resolve em perdas e danos, diante da impossibilidade de o imóvel voltar a posse do autor, em face do caráter irreversível da afetação pública que lhe deu a administração pública. Aplicação do art. 95 do CPC. Recurso extraordinário. Conhecido e provido (Brasil. STF – Supremo Tribunal Federal. Classe: RE – Recurso extraordinário. Processo: 102574 UF: PE. Relator: Soares Munoz. Publicação: DJ 08.11.1984 PP-18772 Ementa v-01357-03 PP-00673 RTJ V-00112-01 P-00433).

Cumpre ressaltar aqui que diferentemente da desapropriação direta, não há rito especial na ação de desapropriação indireta, de cunho indenizatório, impondo-se a aplicação do rito ordinário. Para essa diferenciação, é importante salientar o quanto Tratado por Carvalho[33]:

Por desapropriação direta se entende aquela realizada pela Administração Pública quando esta cumpre as normas jurídicas que legitimam a consumação do ato expropriatório, ou seja, é respeitado todo o prévio processo exigido. [...] Quando a Administração cumpre as normas atinentes, diz-se que exerceu uma desapropriação direta, mas devemos ter algumas reservas, pois alguns dispositivos do Dec.-Lei 3.365/41 não foram recepcionados pela Carta vigente, sendo notoriamente inconstitucionais. [...] Já a desapropriação indireta é conceituada como uma construção pretoriana (fomentada pelos juízes e tribunais), criada para dirimir conflitos concretos entre o direito de propriedade e o princípio da função social, nas hipóteses em que a administração pública ocupa propriedade privada sem observância de prévio processo de desapropriação (quando observa o prévio processo diz-se desapropriação direta), para implantar obra ou serviço público. Estas palavras são excessivamente simpáticas para definir desapropriação indireta; preferimos chamá-la de ato abusivo consubstanciado em esbulho praticado pela Administração Pública contra o cidadão em total desrespeito à Constituição Federal. Em suma, a Administração Pública toma para si bem alheio, sem qualquer atenção às regras que autorizam a desapropriação, agindo em odiosa ilegalidade.

Já em relação a conversão operada, ainda que ausente pedido explícito, não há o que se falar em configuração de julgamento *ultra petita* ou *extra petita*, diante da impossibilidade de devolução da posse à requerida, sendo descabido o ajuizamento de outra ação quando uma parte do imóvel já foi afetada ao domínio público, mediante apossamento administrativo.

Pelegrini[34], ao tratar sobre o assunto, dispôs:

Assim é que, sendo o indivíduo privado de seu bem, deverá ser ressarcido com o recebimento em pecúnia do valor exatamente correspondente ao valor do bem que lhe foi compulsoriamente retirado, de modo que lhe seja possível o pleno restabelecimento da situação patrimonial anterior ao ato expropriatório.

---

seu patrimônio, se este já houver sido utilizado para a execução e atividade pública". CARVALHO, Matheus. *Manual de Direito Administrativo*. 3. ed. Salvador: Juspodivm, 2016. p. 1004.

33. CAVALHO, Feliciano de. Desapropriação indireta e a constituição federal. *Revista da PGE*, v. 14, n. 16, p. 120-121. Fortaleza, 2005-2006.

34. PELEGRINI, Márcia. Precatórios Judiciais decorrentes de expropriação – conteúdo e extensão do princípio da justa indenização. *Interesse Público* – IP. n 17, ano 5, p. 06. Belo Horizonte, 2003.

Em suma, a solução da controvérsia, em cada caso, exige que sejam levados em consideração os princípios da proporcionalidade, da razoabilidade e da segurança jurídica, em face das situações já consolidadas, de modo a não piorar uma situação em relação à qual se busca a pacificação social, visto que geralmente vivem nessas áreas ocupadas, inúmeras famílias, as quais concedem função social às terras em litígio, exercendo seu direito fundamental à moradia.

É preciso ter em mente que o quantum indenizatório deve ser justo, recompondo o proprietário na exata medida de sua perda, sendo capaz de adquirir outro imóvel que se assemelha em condições àquele perdido. Celso Bandeira de Mello[35] tratou sobre o tema, ao trazer que:

> Indenização justa, prevista no art. 5º, XXIV, da Constituição, é aquela que corresponde real e efetivamente ao valor do bem expropriado, ou seja, aquela cuja importância deixa o expropriado absolutamente indene, sem prejuízo algum em seu patrimônio. Indenização justa é a que se consubstancia em importância que habilita o proprietário a adquirir outro bem perfeitamente equivalente e o exime de qualquer detrimento.

Ao se observar o caso trazido em tela, julgado pelo Tribunal de Justiça de São Paulo, podemos constatar que, quando da conversão de ação de reintegração de posse para ação de desapropriação indireta, o fato se deu pela observância de cumprir a função social que vinha sendo desempenhada pela propriedade. Isso porque, ao não se fazer a retirada da população de baixa renda da área pretendida, resultou-se em ato impeditivo para a pretensão de reintegração de posse, visto que o solo ocupado estava sendo devidamente empregado para os fins sociais.

Embora a área seja particular, não enseja em desobrigação do poder público em regulariza-lo. Fato é que, a atividade urbana tem intrínseca relação com o poder público, devendo este, intervir quando necessário para o pleno exercício de sua função de planejamento, obedecendo e cumprindo o seu papel conferido pela Constituição Federal, em seu artigo 174 – agente normativo e regulador, na propriedade privada, de modo a trazer maior configuração e fomentar as funções sociais da cidade, melhorando as condições dos munícipes.

É preciso ter em mente que quando o Estado descumpre seu dever de gestão, este deve ser responsabilizado de acordo com os termos das normas jurídicas. Mesmo que a responsabilização seja por omissão, esta é objetiva, bastando para tanto que haja a comprovação do dano e do nexo causal, resultando no reparo do dano causado.

Farias e Rosenvald[36] preceituam que "a posse é um modelo jurídico autônomo à propriedade, sendo que a razão de seu acautelamento pela ordem jurídica provém primordialmente do valor dado ao uso dos bens através do trabalho e do seu apro-

---

35. BANDEIRA DE MELLO, Celso Antônio. *Curso de Direito Administrativo*. São Paulo: Malheiros, 2019.p. 728-729.
36. FARIAS, Cristiano Chaves de; ROSENVALD, Nelson. *Direitos reais*. X. ed. Rio de Janeiro: Lumen Juris, 2011, p. 192.

veitamento econômico. *O não aproveitamento de um bem representa inegavelmente um dano social*". (Grifo Nosso).

Ressalte-se, por fim, que embora a decisão do Superior Tribunal de Justiça em admitir a conversão das ações gere atritos e celeumas no mundo jurídico, o fato de haver uma indenização pelo imóvel afetado, dada a impossibilidade de o bem retornar ao patrimônio privado[37], não é em vão, visto que o imóvel desapropriado passa a desempenhar um papel social, cumprindo, enfim, com sua função social constitucional.

6. CONCLUSÃO

Por todo exposto, verifica-se que a temática abordada apresenta extrema relevância no que tange à função social da propriedade, elencada no art. 5º, XXIII da Constituição Federal. Enquanto foi possível verificar, de forma breve, o processo de construção da ideia de função social da propriedade, onde passa a figurar enquanto interesses sociais no âmbito da tutela da propriedade, deixando de ser um direito absoluto para resultar em situação jurídica que se compõe de direitos, deveres obrigações e ônus.

Partindo da aplicação ao direito brasileiro, até chegarmos na Constituição Federal atual, pudemos verificar que é garantido o direito de propriedade, porém, sendo autorizada, com base na supremacia do interesse público sobre o privado a intervenção do Estado em determinadas situações de modo a trazer benefícios coletivos.

Em que pese a diferenciação feita entre ação de reintegração de posse e desapropriação indireta, pudemos verificar que a partir do julgado Superior Tribunal de Justiça, ao permitir a conversão da ação possessória em indenizatória, nos parece a melhor alternativa para resolver antigas discussões que perduram por anos no judiciário brasileiro, como, por exemplo, a questão da Comunidade do Horto Florestal no Rio de Janeiro e questões de regularização fundiária.

É preciso ter em mente que embora possa, em um primeiro momento, ser uma ideia que cause confusão, é constitucionalmente assegurado o direito à uma inde-

---

37. Confiram-se: (i) "(...) O Superior Tribunal de Justiça já se manifestou no sentido da possibilidade de conversão da ação possessória em indenizatória, em respeito aos princípios da celeridade e economia processuais, a fim de assegurar ao particular a obtenção de resultado prático correspondente à restituição do bem, quando situação fática consolidada no curso da ação exigir a devida proteção jurisdicional, com fulcro nos arts. 461, § 1º, do CPC/1973" (REsp 1442440/AC, Rel. Ministro Gurgel De Faria, Primeira Turma, julgado em 07.12.2017, DJe 15.02.2018); (ii) "(...) *o juízo de primeira instância, aplicando os princípios da economia e celeridade processual, converteu a ação de reintegração de posse em desapropriação indireta ao constatar a impossibilidade da execução da medida liminar de reintegração – em razão da quantidade de famílias assentadas no imóvel – intimando o réu acerca da medida interlocutória, para apresentar nova contestação*" (REsp 1075856/CE, Rel. Ministro Luiz Fux, Primeira Turma, julgado em 09.06.2009, DJe 05.08.2009). (Grifo nosso); e (iii) "(...) A jurisprudência desta E.g. Corte e do STF, com fundamento nos princípios da economia e celeridade além da tutela das obrigações de fazer, não fazer e entregar coisa certa distinta de dinheiro, consagrou a orientação de que é possível que a ação reintegratória seja convertida em ação de indenização por desapropriação indireta" (Recurso Especial 1.060.924 – RJ (2008/0113189-7), Rel. Ministro Castro Meira, j. em 03.11.2009; 2ª Turma)".

nização prévia e justa, não ficando o proprietário desamparado frente a modalidade empregada pelo poder público.

Os princípios da função social da propriedade e do direito à moradia também precisam ser considerados neste caso. Ademais, esta conversão baseia-se nos princípios processuais da economicidade e celeridade, a fim de assegurar ao particular a obtenção de resultado prático correspondente, quando situação fática consolidada no curso da ação, exigindo a devida proteção jurisdicional autorizada na jurisprudência.

7. REFERÊNCIAS

BRASIL. Constituição (1988). Constituição da República Federativa do Brasil de 1988. Brasília, DF: Senado Federal: Centro Gráfico, 1988.

BRASIL. Lei 13.105, de 16 de março de 2015. Código de Processo Civil. Brasília, DF: 2015. Disponível em: http://www.planalto.gov.br/ccivil_03/_ato2015-2018/2015/lei/l13105.htm. Acesso em: 26 set. 2021.

BRASIL. Decreto-lei 3.365, DE 21 DE JUNHO DE 1941. Dispõe sobre desapropriações por utilidade pública. Rio de Janeiro, 1941. Disponível em: http://www.planalto.gov.br/ccivil_03/decreto-lei/del3365.htm. Acesso em: 26 set. 2021.

BRASIL. Tribunal de Justiça de São Paulo. Apelação 1005900-93.2014.8.26.0506, Rel. Roberto Mac Cracken, 22ª Turma de Direito Privado, julgado em 17.08.2021. Acesso em: 13 set. 2021. Disponível em: https://esaj.tjsp.jus.br/cposg/show.do?processo.codigo=RI0066MTG0000&conversationId=&paginaConsulta=0&cbPesquisa=NUMPROC&numeroDigitoAnoUnificado=1005900-93.2014&foroNumeroUnificado=0506&dePesquisaNuUnificado=1005900-93.2014.8.26.0506&dePesquisaNuUnificado=UNIFICADO&dePesquisa=&tipoNuProcesso=UNIFICADO.

BRASIL. Superior Tribunal de Justiça. Recurso Especial 1.060.924 – RJ (2008/0113189-7), Rel. Ministro Castro Meira, j. em 03.11.2009; 2ª Turma. Disponível em: https://scon.stj.jus.br/SCON/GetInteiroTeorDoAcordao?num_registro=200801131897&dt_publicacao=11/11/2009. Acesso em: 13 set. 2021.

BRASIL. Superior Tribunal de Justiça. REsp 1075856/CE, Rel. Ministro Luiz Fux, Primeira Turma, julgado em 09.06.2009, DJe 05.08.2009. Disponível em: https://scon.stj.jus.br/SCON/GetInteiroTeorDoAcordao?num_registro=200801558529&dt_publicacao=05/08/2009. Acesso em: 13 set. 2021.

BRASIL. Superior Tribunal de Justiça. REsp 1442440/AC, Rel. Ministro Gurgel De Faria, Primeira Turma, julgado em 07/12/2017, DJe 15.02.2018. Disponível em: https://scon.stj.jus.br/SCON/GetInteiroTeorDoAcordao?num_registro=201400582864&dt_publicacao=15/02/2018. Acesso em: 13 set. 2021.

BRASIL. Superior Tribunal de Justiça. Enunciado de Jurisprudência 619. Disponível em: https://www.stj.jus.br/publicacaoinstitucional/index.php/informjurisdata/article/view/3908/4134. Acesso em: 15 nov. 2021.

CARVALHO FILHO, José dos Santos. *Manual de Direito Administrativo*. 25. ed. Rio de Janeiro: Lumen, 2011.

CARVALHO, Matheus. *Manual de Direito Administrativo*. 3. ed. Salvador: Juspodivm, 2016.

DI PIETRO, Maria Sylvia Zanella. *Direito Administrativo*. 20. ed. São Paulo: Atlas, 2007.

DINIZ, Maria Helena. *Código Civil anotado*. São Paulo: Saraiva, 2015.

HARADA, Kiyoshi. *Desapropriação*: Doutrina e prática. 11. ed. Grupo GEN, 2015.

JUSTEN FILHO, Marçal. *Curso de Direito Administrativo*. 3. ed. São Paulo: Saraiva, 2008.

HUNGRIA, Nelson. *Comentários ao Código Penal*. 4. ed. Rio de Janeiro: Forense, 1958. 4 ed, v. 6, Rio de Janeiro: Forense, 1958.